Esta colecção tem como objectivo proporcionar textos que sejam acessíveis e de indiscutível seriedade e rigor, que retratem episódios e momentos marcantes da História, seus protagonistas, a construção das nações e as suas dinâmicas.

MUNDOS EM GUERRA

2500 ANOS DE CONFLITO ENTRE O OCIDENTE E O ORIENTE

TÍTULO ORIGINAL
Worlds at War: The Long Struggle between East and West
Copyright © 2008, Anthony Pagden
Todos os direitos reservados

TRADUÇÃO
Miguel Mata

REVISÃO
Luís Abel Ferreira

DESIGN DE CAPA
FBA

IMAGEM DE CAPA
Alexandre atravessando o rio Granico, Charles Le Brun
© Wakefield Museums and Galleries, West Yorkshire, Reino Unido
The Bridgeman Art Library /AIC

DEPÓSITO LEGAL Nº 289751/09

Biblioteca Nacional de Portugal - Catalogação na Publicação

PADGEN, Anthony

Mundos em guerra: 2500 anos de conflito entre Ocidente e Oriente
(História narrativa)
ISBN 978-972-44-1435-5
CDU 327
355

PAGINAÇÃO, IMPRESSÃO E ACABAMENTO
PAPELMUNDE
para
EDIÇÕES 70, LDA.
Fevereiro de 2009

Direitos reservados para Portugal por
EDIÇÕES 70

EDIÇÕES 70, Lda.
Rua Luciano Cordeiro, 123 – 1º Esqº
1069-157 Lisboa / Portugal
Telefs.: 213190240 – Fax: 213190249
e-mail: geral@edicoes70.pt

www.edicoes70.pt

Esta obra está protegida pela lei. Não pode ser reproduzida,
no todo ou em parte, qualquer que seja o modo utilizado,
incluindo fotocópia e xerocópia, sem prévia autorização do Editor.
Qualquer transgressão à lei dos Direitos de Autor será passível
de procedimento judicial.

ANTHONY PAGDEN

MUNDOS EM GUERRA
2500 ANOS DE CONFLITO ENTRE O OCIDENTE E O ORIENTE

70

Para Giulia

Agradecimentos

Tenho uma grande dívida de gratidão para com a minha mulher, Giulia Sissa. Além de me ter dado a ideia inicial para o livro e de me ter guiado por todas as passagens relativas à Antiguidade Clássica, ela ajudou-me, durante longas conversas que tivemos em muitas partes do mundo, a formar as minhas perspectivas acerca da maior parte dos assuntos abordados pelo livro. Nunca lhe poderei pagar toda a sua sabedoria e erudição, a sua perspicaz inteligência, a sua generosidade e, acima de tudo, todo o seu amor.

Strobe Talbott tirou um tempo precioso à sua administração do Brookings Institute e à escrita de um livro muito importante – e relacionado com este – sobre a governação no mundo para ler quase todo o manuscrito. Sem os seus muitos e pacientes conselhos, este livro seria algo muitíssimo menor. O meu agente, Andrew Wylie, contribuiu muito para dar forma à ideia original para o livro, e foi incansavelmente encorajador durante todo o processo. Dois leitores anónimos obrigaram-me a rever muito do que eu tinha escrito sobre o Islão. Estou-lhes imensamente grato, e à sua oposição criativa. Quaisquer deficiências que existam ainda são da minha única e exclusiva responsabilidade. Gostaria também de agradecer a Mathew Cotton, da Oxford University Press, e Will Murphy, da Random House, por me terem ajudado a transformar um manuscrito por vezes maçudo e prolixo numa obra mais fluida e, espero eu, mais cativante. Estou igualmente grato a Kate Hind e Mary Payne pela sua incansável assistência na preparação do manuscrito para a imprensa, e ao meu filho, Felix Alexander Pagden-Ratcliffe, por algumas frases felizes.

Prefácio

I

Vivemos num mundo cada vez mais unido. As fronteiras que outrora existiram entre os povos dissolvem-se inexoravelmente e as antigas divisões, entre tribos e famílias, aldeias e paróquias, e até entre nações, estão a desintegrar-se. O estado-nação com o qual a maioria dos povos do mundo ocidental vive desde o século XVII poderá ter ainda muito tempo de vida, mas torna-se cada vez mais difícil vê-lo como a ordem política do futuro. Durante milhares de anos, poucas pessoas se afastaram mais de quarenta e cinco quilómetros do seu local de nascimento (um cálculo baseado nos locais mencionados nos Evangelhos indica ter sido esta a distância máxima percorrida por Jesus Cristo desde o seu lar; neste aspecto, pelo menos, ele não foi excepcional). Lugares que, há menos de um século, eram remotos, inacessíveis e perigosos, tornaram-se pouco mais do que atracções turísticas. Hoje em dia, no mundo ocidental, percorremos quase todos centenas ou milhares de quilómetros durante as nossas vidas, imensamente prolongadas. E ao fazê-lo, «colidimos» inevitavelmente com pessoas diferentes com crenças diferentes, vestindo roupas diferentes e com opiniões diferentes. Há cerca de trezentos anos, quando o processo a que hoje chamamos «globalização» estava a começar, esperava-se que estas «colisões», este reconhecimento forçado das diferenças que existem no mundo, limasse as arestas que a maioria das pessoas adquire cedo na vida, tornando-as mais «polidas» e «urbanas» – como se dizia no século XVIII –, mais habituadas às preferências dos outros, mais tolerantes das suas crenças e ilusões e, consequentemente, mais capazes de viverem em harmonia umas com as outras.

Em parte, foi isto que aconteceu. O lento desaparecimento das fronteiras nacionais e dos sentimentos nacionalistas que se verificou no último meio século deu origem a mudanças substanciais e a alguns benefícios reais. Os antigos antagonismos que despedaçaram a Europa por duas vezes no século passado (e em inúmeras outras ocasiões durante os séculos anteriores) já não existem, e esperamos que nunca mais possam ser ressuscitados. O virulento racismo que dominou tantos dos modos como o outro era visto no Ocidente durante o século XIX poderá não ter desaparecido, mas certamente que diminuiu. As formas mais antigas de imperialismo já não existem, ainda que muitas das suas feridas continuem por cicatrizar. Na maioria dos lugares, a palavra «nacionalismo» é quase uma obscenidade. Infelizmente, o anti-semitismo ainda está connosco, mas os lugares onde é aceite são em menor número do que há cem anos. Ao contrário do que muitos – pelo menos, na Europa – esperavam e acreditavam até há pouco tempo, a religião não morreu. Mas o certo é que já não constitui a causa de grandes conflitos confessionais (mesmo na Irlanda do Norte, último bastião das grandes guerras religiosas dos séculos XVI e XVII, o diferendo está a ser discretamente resolvido; além do mais, teve sempre mais a ver com a política regional e a identidade nacional do que com a fé).

No entanto, algumas das antigas linhas de fractura que dividiram os povos ao longo dos séculos continuam muito presentes. Uma delas é a divisão e o antagonismo entre aquilo que era considerado a Europa e a Ásia, e depois, quando estas palavras começaram a perder o seu significado geográfico, o «Oriente» e o «Ocidente».

Esta divisão, frequentemente ilusória, sempre metafórica mas ainda imensamente poderosa, é antiga. Os termos «Oriente» e «Ocidente» são, obviamente, ocidentais; mas foi provavelmente um povo oriental, os antigos Assírios, durante o segundo milénio a. C., quem primeiro distinguiu entre o Ocidente, que designavam por *Ereb* ou *irib*, «terras do sol poente», e o Oriente ou Ásia – *Asu* – «terras do sol nascente». Contudo, eles não concebiam a existência de uma fronteira natural entre ambos, nem atribuíam nenhum significado especial à distinção. A consciência de que Ocidente e Oriente eram não só regiões diferentes do mundo mas também regiões repletas de povos diferentes, com culturas diferentes, adorando deuses diferentes e, muito crucialmente, com perspectivas diferentes face ao modo de viverem as suas vidas, devemo-la não a um povo asiático, mas a um povo ocidental – os Gregos. Foi um historiador grego do século v a. C., Heródoto, quem primeiro parou para se perguntar o que é que dividia Ocidente e Oriente, e porque é que dois povos que eram parecidos em muitos aspectos nutriam um ódio recíproco tão duradouro.

Este Oriente, tal como Heródoto o conhecia, as terras situadas entre a península europeia e o Ganges, era habitado por um grande número de povos diferentes, e ele debruçou-se encantado sobre as suas estranhas peculiaridades. Todavia, não obstante o seu tamanho e variedade, pareciam ter algo em comum, algo que os diferenciava dos povos da Europa, do Ocidente. As suas terras eram férteis, as suas cidades opulentas. Eram ricos – muito mais ricos do que os miseráveis Gregos – e podiam ser imensamente sofisticados. E também eram fogosos e selvagens, e oponentes formidáveis no campo de batalha, algo que todos os Gregos admiravam. Mas apesar de tudo isto, eram abjectos e servis. Viviam reverenciando atemorizadamente os seus soberanos, que consideravam não homens como eles, mas sim deuses([1]).

Para os Gregos, o Ocidente era – tal como fora para os Assírios – a orla do mundo, o entardecer – *Hesperus* em grego –, o lugar onde, de acordo com a mitologia, viviam, junto ao Oceano, as suas filhas, as Hespérides, guardiãs de uma macieira que dava maçãs douradas, oferecida pela deusa Terra como presente de casamento a Hera, mulher de Zeus, pai de todos os deuses. Os povos que habitavam esta região também eram diversos e estavam frequentemente divididos, mas além disso partilhavam algo: amavam a liberdade mais do que a vida, e viviam governados por leis e não por homens, e muito menos por deuses.

Com o tempo, os povos da Europa e as suas populações de colonos ultramarinos – isto é, aqueles que hoje vivem naquilo que é comummente considerado o «Ocidente» – acabaram por se considerarem detentores de uma identidade comum. Esta identidade e a forma como é compreendida alteraram-se radicalmente desde a Antiguidade até ao presente. E também é óbvio que, por muito forte que sejam esta herança comum e esta história partilhada, não impediram os sangrentos e calamitosos conflitos entre os povos que delas beneficiavam. Estes conflitos terão diminuído desde 1945 e, tal como demonstra a recente disputa quanto à justiça da invasão do Iraque, liderada pelos EUA, são mais frequentemente travados sem recurso à violência, mas não desapareceram por completo.

O termo «Oriente» era – e muitas vezes ainda é – usado para descrever os territórios da Ásia a oeste dos Himalaias. Obviamente, na Ásia, antes da ocupação de grande parte do continente pelas potências europeias, nos séculos XIX e XX, praticamente ninguém considerava a ideia de que as nações da região pudessem ter muita coisa – ou até alguma coisa – em comum. Tal como todos os marcadores geográficos, Ocidente e Oriente são evidentemente relativos. Para quem vive em Teerão, o Ocidente pode ser Bagdad. A divisão corrente e convencional da Ásia em Próximo, Médio e Extremo Orientes nasceu no século XIX, tendo o seu ponto focal na Índia britânica. O Próximo ou o Médio Orientes localizavam-se entre a Europa e a Índia, o Extremo depois da Índia([2]). Todavia, para os habitantes da região, esta classificação não tinha, como é evidente, qualquer valor.

No século XVIII, um termo relativamente novo – «Oriente» – entrou em uso para descrever qualquer território que se encontrasse entre as costas do Mediterrâneo Oriental e o Mar da China. Muitos ocidentais atribuíam a estes territórios uma identidade partilhada, mas não única. Quando estudei persa e árabe em Oxford, na década de 70, fi-lo num edifício chamado Instituto de Estudos Orientais, onde, debaixo do mesmo tecto, se estudava persa, sânscrito, turco, hebraico, coreano, chinês (para não falar no hindi, no tibetano, no arménio e no copta). A duas ruas de distância (para oriente), todas as línguas da Europa eram igualmente estudadas sob o mesmo tecto, num edifício imponente chamado Instituição Taylor. Chamavam-se – e chamam-se – «Línguas Modernas», identificando-as firmemente como as verdadeiras sucessoras das línguas do mundo antigo, o grego e o latim (que eram estudadas noutro edifício e conhecidas simplesmente por *Literae Humaniores* ou «Humanidades»).

No início a divisão entre Europa e Ásia era exclusivamente cultural. Os Persas e os Partos – as duas grandes raças asiáticas e «bárbaras» do mundo antigo – possuíam claramente aquilo que viria a ser designado por «caracteres nacionais». Mas nas suas origens eram muito parecidos com os Gregos e – com algumas reservas – com os Romanos, os quais, ao atribuírem a si próprios antepassados míticos em Tróia, também se haviam convertido num povo originalmente asiático. Porém, mais tarde, quando o cristianismo e, com ele, a busca das fontes da história da humanidade na Bíblia, se apoderaram da maior parte da Europa, tornou-se um lugar--comum explicar as origens da diversidade humana como consequência da repovoação do mundo depois do Dilúvio. Os filhos de Noé tinham descido do monte Ararat e partido para cada um dos três continentes, e por «eles foram as nações divididas na terra após o Dilúvio» (a descoberta de dois outros continentes – a América e a Austrália – constituiu uma séria ameaça a esta história. Contudo, tal como acontece com toda a exegese bíblica, interpretações engenhosas ultrapassaram o problema). Pensava-se que Sem fora para a Ásia (daí a subsequente classificação de judeus e Árabes como «povos semitas»), Jafet para a Europa e Cam para África.

Este relato da pré-história humana ainda era levado a sério nalguns quadrantes, no século XIX, devido, em larga medida, ao seu potencial racial. Mas embora parecesse não somente oferecer uma boa explicação (pelo menos, do ponto de vista cristão) para a razão pela qual os povos da Europa eram tão diferentes dos da Ásia (já para não falar na África), foi sempre menos significativo do que o argumento de que o que dividia os dois continentes não se encontrava nas origens da humanidade e muito menos na raça, mas sim nas diferenças na concepção do mundo dos homens e do mundo dos deuses.

Na realidade, a Europa nem sequer era um continente separado, mas sim uma península da Ásia. O grande poeta, dramaturgo, historiador e filósofo francês do século XVIII, François-Marie Arouet, mais conhecido pelo nome «Voltaire», observou que, se nos situássemos imaginariamente algures perto do Mar de Azov, imediatamente a leste da Crimeia, ser-nos-ia impossível dizer onde terminava a Europa e começava a Ásia. Talvez fosse então preferível, concluiu ele, abandonar ambos os termos[3]. A palavra hoje corrente «Eurásia» – que é uma tentativa, senão de os abandonar, pelo menos de os fundir – não encerra apenas uma verdade geográfica óbvia, mas também uma verdade cultural em termos genéricos.

Na mitologia grega, os povos da Europa devem a sua origem a uma princesa asiática. A ciência grega – e subsequentemente toda a ciência ocidental –, como os Gregos bem sabiam, tinha as suas origens na Ásia. As crenças religiosas pagãs eram uma amálgama de características europeias – ou como diríamos hoje, «indo-europeias» – e asiáticas. Era precisamente esta a fonte do espanto de Heródoto. Como veremos, ele concebeu uma explicação que teve uma vida longa e poderosa. Mas o facto de terem sido travadas guerras tão terríveis e prolongadas entre povos que, pelo menos até ao século XVII, tiveram tão pouco a dividi-los pode ser atribuído à conhecida afirmação de Sigmund Freud de que os mais terríveis de todos os conflitos humanos decorrem daquilo a que ele chamou «o narcisismo das pequenas diferenças». Odiamos e receamos aqueles com quem mais nos parecemos, muito mais do que aqueles para os quais somos estranhos e remotos.

A distinção entre Ocidente e Oriente também é geograficamente instável. Para os Assírios, «Ocidente» pouco mais significava do que «as terras de lá», ou aquilo a que os Gregos, por razões mitológicas próprias, chamavam «Europa» – uma palavra originalmente aplicada apenas à região central da Grécia, depois à Grécia continental e por fim, na época de Heródoto, à totalidade da massa terrestre por trás da Grécia. Mas também era uma região vaga, uma pequena e, durante muito tempo, relativamente insignificante península da vasta massa terrestre asiática, sem limites ocidentais óbvios excepto o Oceano, o enorme corpo aquático que se julgava rodear os três continentes. Na sua origem, a palavra inglesa *«west»* era um advérbio de lugar. Com efeito, significava «mais abaixo, mais longe». Na Idade Média, a palavra «Ocidente» já era usada pelos europeus para descrever a Europa, e em finais do século XVI tornou-se associada a um movimento para a frente, com juventude e vigor, e por fim, com a expansão da Europa – para ocidente – com «civilização»([4]). Desde o século XVIII, tem sido aplicada não só à Europa, mas também aos colonos europeus ultramarinos, ao mundo europeu em sentido mais lato.

Desde a Antiguidade, os geógrafos europeus socorreram-se de muita imaginação e engenho para tentarem estabelecer fronteiras que fizessem sentido entre a Europa e a Ásia. Uma foi o Helesponto – os modernos Dardanelos – a estreita extensão de água na saída final do Mar Negro, considerada, pelos povos antigos de ambos os lados, uma divindade cuja função era manter os dois continentes afastados. E aí tem mais ou menos permanecido, como frequentemente insistem aqueles que se opõem às tentativas da moderna Turquia para se definir como um Estado europeu. Contudo, mais a norte, a fronteira torna-se nebulosa e incerta. Começou por ser fixada no rio Don, o que teve o efeito de colocar a maior parte da Rússia moderna no «Oriente». Todavia, em finais do século XV, avançou para as margens do Volga; no fim do século XVI, chegou ao Ob, no século XIX ao Ural e aos Urais, até que, no século XX, se fixou definitivamente nas margens dos rios Emba e Kerch.

No entanto, quando hoje falamos de Ocidente ou Oriente, referimo-nos, tal como os antigos, a algo mais do que a simples geografia. Referimo-nos a peculiaridades culturais, aos objectivos e ambições de grupos de pessoas de grande heterogeneidade. E referimo-nos também, obviamente, aos «Valores Ocidentais», muito citados mas pouco discutidos, e que hoje incluirão, grosso modo, os direitos humanos, a democracia, a tolerância, a diversidade, a liberdade individual, o respeito pela lei e um secularismo fundamental. Em Setembro de 2006, quando a organização terrorista Al-Qaeda, em resposta a uma observação pouco diplomática do papa Bento

XVI, jurou prosseguir a «Guerra Santa», a *Jihad*, até à «destruição final do Ocidente», não se estava propriamente a referir a um lugar específico, mas a todos os lugares onde estes valores são mais ou menos respeitados([5]). Consequentemente, o seu «Ocidente» tem que englobar uma boa parte do Oriente tradicional: o Japão, a Índia e até a Turquia.

O início dos conflitos entre Ocidente e Oriente, dos quais a guerra da Al-Qaeda contra o Ocidente constitui a manifestação mais recente, é tão antigo que pertence à mitologia. Começaram com a guerra que é provavelmente a mais célebre da história, travada entre os Aqueus, Gregos do nordeste do Peloponeso, e um povo quase mítico da Ásia Menor, os Troianos, por causa da desonra infligida ao rei espartano Menelau, cuja mulher, Helena, fora raptada por um presumido *playboy* troiano chamado Páris Alexandre.

Para os Gregos da geração de Heródoto, a Guerra de Tróia, ou antes, o relato que dela faz Homero na *Ilíada*, celebrava o nascimento de Hélade, e posteriormente da Europa, e o seu triunfo sobre a Ásia. Esta não é a perspectiva de Homero. Os seus Gregos e Troianos partilham valores idênticos, e aparentemente falam a mesma língua. Também veneram os mesmos deuses, que tomam partido na contenda em função dos seus próprios caprichos e até aparecem no campo de batalha. A guerra foi causada por humanos, furibundos e incontroláveis, mas aconteceu porque a Terra se queixou a Zeus, pai dos Deuses, que não conseguia suportar tantos humanos.

No entanto, para gerações posteriores, que organizaram as suas identidades e anseios culturais em torno do poema de Homero, a queda de Tróia converteu-se no início de uma história da luta pela supremacia entre dois povos cujas diferenças se tornavam cada vez mais marcadas com o tempo. Quando Alexandre Magno invadiu o poderoso Império Persa, em 334 a. C., fê-lo numa recriação minuciosamente dramatizada do ataque grego a Tróia, desempenhando ele próprio o papel do maior dos heróis gregos, Aquiles. Para os antigos e seus herdeiros, a divisão entre Ocidente e Oriente tornou-se um facto imutável da natureza. «Todo o mundo natural», declarou peremptoriamente o erudito romano Varrão, no século I, «está dividido em terra e ar, tal como toda a terra se divide em Ásia e Europa»([6]).

Mas Tróia, Alexandre e Roma foram apenas o começo. Nos séculos que se seguiram à extinção do Império Romano, a geografia cultural, política e religiosa do Ocidente e do Oriente alterou-se quando novos povos, com novas identidades, irromperam em ambas as regiões: tribos germânicas nómadas no Ocidente, povos mongóis, turcos e árabes no Oriente. Mas

17

MUNDOS EM GUERRA

cada vaga sucessiva, ao esgotar o seu ímpeto, reassumiu a antiga contenda entre um Ocidente em eterna mutação e um Oriente igualmente amorfo. Em Tróia, fora acesa uma chama que arderia ao longo dos séculos, enquanto aos Troianos se sucediam os Persas, aos Persas os Fenícios, aos Fenícios os Partos, aos Partos os Sassânidas, aos Sassânidas os Árabes, e aos Árabes os Turcos otomanos.

O sultão otomano Mehmed II, conquistador de Constantinopla, a capital do Império Bizantino, em 1453, tinha plena consciência desta história. Em 1462, ao visitar o suposto cenário da Guerra de Tróia, plantou-se na costa onde os invasores gregos tinham acostado os seus navios e declarou que, através dos seus esforços, os herdeiros daqueles mesmos Gregos haviam sido obrigados a pagar «o preço certo, depois de muitos anos, pela sua injustiça para connosco, asiáticos, naquela época e tantas outras vezes em tempos subsequentes». Quase meio milénio mais tarde, em 1918, as tropas britânicas e italianas entraram na cidade que o próprio Mehmed transformara de Constantinopla, capital do Império Bizantino, em Istambul. Os Aliados permaneceram na cidade menos de cinco anos mas foram muitos os que, na época, saudaram a ocupação como a segunda «Queda de Constantinopla», o dia em que o Ocidente pusera fim àquilo a que Heródoto chamara a «inimizade perpétua».

A luta entre as várias civilizações da Europa e da Ásia tem sido longa e duradoura, mas não foi contínua nem ininterrupta. Existiu uma paz podre ao longo das fronteiras entre os mundos bizantino e otomano, enquanto a cultura greco-romana e a religião cristã desapareciam do Médio Oriente. Os chamados Mouros, Berberes e Árabes do Norte de África, que ocuparam uma grande parte da Península Ibérica no século VIII, viveram com os seus súbditos cristãos, durante séculos, uma existência de instável cooperação – uma «convivência» –, embora existisse um estado de guerra formal entre muitos deles. Em finais do século XVI, prevaleceu uma frágil cooperação entre Otomanos, Espanhóis, Venezianos e Genoveses no Mediterrâneo Oriental, com o envolvimento, em mais do que uma ocasião, de navios otomanos em conflitos entre cristãos. Tanto os reis Valois de França e os Habsburgos espanhóis procuraram assistência otomana e safávida no conflito aparentemente eterno entre si.

Mas estes arranjos foram sempre incertos, sempre temporários. Os velhos antagonismos, as visões opostas acerca do que a natureza ou Deus pretendiam para o homem e as memórias de hostilidades recentes, cuidadosamente alimentadas por sucessivas gerações de historiadores, poetas e

PREFÁCIO

pregadores de ambos os lados da barreira, nunca deixaram de estar presentes para justificarem o regresso a uma luta na qual, como vira o imperador aqueménida Xerxes, nos finais do século V a. C., «não pode haver uma via média»([7]).

A linha da frente tem sofrido alterações ao longo dos tempos, mas a percepção que ambos os lados têm daquilo que os separa permanece, alimentando-se, como todas as percepções deste tipo, de memórias históricas acumuladas, algumas razoavelmente correctas, outras totalmente falsas. Este livro é uma tentativa de traçar essas histórias verdadeiras e fictícias, e explicar como chegaram ao seu estado actual. Embora eu não finja estar simplesmente a contar uma história, nem tenha tentado esconder a minha preferência por uma sociedade esclarecida, liberal e secular, nem disfarçar o facto de que acredito que os mitos criados por todas as religiões monoteístas – aliás, todas as religiões – causaram mais mal à raça humana do que qualquer outro conjunto de convicções, a presente obra não é mais uma história de como o Ocidente veio a dominar o Oriente e a maior parte do mundo conhecido. Se o cristianismo parece ficar ligeiramente melhor do que o Islão nesta narrativa talvez seja apenas porque, tal como explico no Capítulo 8, estava menos bem equipado para enfrentar as forças destrutivas libertadas pelas suas próprias inconsistências internas, o que o impossibilitou de resistir às várias formas de secularização que, nos finais do século XVIII, o tinham praticamente eliminado da vida civil e política do Ocidente. É claro que muitos europeus e um número ainda maior de americanos continuam a chamar-se a si próprios cristãos, e alguns até o serão. E poucas pessoas negarão que o aparecimento do cristianismo foi um dos momentos culturais definidores na história do Ocidente – embora a tentativa de Giscard d'Estaing de o introduzir na malograda constituição da União Europeia como uma das definições de «europeidade» tenha sido rotundamente rejeitada. Mas durante os últimos trezentos anos ou mais, tal como sucessivos papas, patriarcas e bispos se lamentaram, a trajectória civil e política das nações do Ocidente, independentemente das convicções religiosas pessoais dos seus povos, tem seguido o seu curso como se praticamente nunca tivesse existido nenhuma religião.

«Necessitamos da história», disse o grande filósofo alemão Friedrich Nietzsche, «para a vida e para a acção… Queremos servir a história porque a história serve a vida»([8]). Espero que, à sua maneira, este livro de história também sirva a vida, mostrando, ainda que fugazmente, que os trágicos conflitos decorrentes das tentativas de algumas potências ocidentais reordenarem uma parte substancial do «Oriente» tradicional à sua própria imagem pertencem a uma história muito mais antiga e potencialmente muito mais calamitosa do que a maioria delas se dá minimamente conta.

II

Todos os livros nascem por acaso. Uma manhã, ao pequeno-almoço, a minha mulher, a classicista Giulia Sissa, estava a olhar para uma fotografia, no *The New York Times*, de um grupo de iranianos prostrados em oração. «Que irónico!», observou ela. «Foi exactamente este hábito de prostração dos antigos Persas que tanto horrorizou os Gregos.» E acrescentou: «talvez pudesses escrever um livro relacionado com estas matérias». Escrevi, e é a ela que o livro deve a sua inspiração, a forma e a maioria dos títulos dos capítulos.

Mas todos os acasos têm as suas pré-histórias. Nos finais da década de 60, eu estava desempregado, à espera de entrar para a universidade e ganhando precariamente a vida como tradutor *free-lancer*. Decidi passar um Verão com a minha irmã, cujo marido estava adstrito à Alta Comissão Britânica em Chipre. Quando não estava ocupado a traduzir uma biografia bastante monótona de Cézanne, passei o tempo a visitar locais arqueológicos, a acompanhar a minha irmã e o meu cunhado a recepções de embaixadas, e a vaguear pelo bairro turco de Nicósia, fascinado por uma cultura com a qual nunca contactara.

Chipre, o lendário local de nascimento de Vénus e onde, segundo a mitologia, se tinham instalado alguns dos heróis gregos da Guerra de Tróia, uma ilha que fora egípcia e persa, macedónica e romana, convertendo-se depois no refúgio do rei cruzado Guy de Lusignan, tornando-se subsequentemente veneziana, otomana e, por fim, britânica, situa-se precisamente em cima da linha de fractura que desde a Antiguidade divide o Ocidente do Oriente. Em 1878, o sultão otomano cedeu a ilha aos Britânicos. Em 1960, após uma renhida luta pela independência, tornou-se a República de Chipre, com um parlamento greco-turco. No entanto, três anos mais tarde, o governo do arcebispo Makarios caiu, os deputados turcos foram efectivamente expulsos e a ilha foi dividida em zonas turca e grega (e assim continua), ao longo de uma linha que separou a parte norte da parte sul da ilha. A zona grega era próspera e europeia, e constituía, para todos os efeitos, aquilo que o resto do mundo reconhecia como a República de Chipre. A zona turca era um enclave autónomo, pobre e como que sitiado, apenas reconhecido (tal como ainda hoje) pela Turquia.

Quando lá estive, a fronteira entre as duas zonas ziguezagueava arbitrariamente pelas terras, separando aldeias e cidades que, na época dos seus anteriores governantes imperiais – otomanos e britânicos –, tinham vivido ou sido obrigadas a viver juntas em relativa harmonia. Agora, de um lado da linha encontravam-se os Gregos, que se descreviam como herdeiros da civilização mais antiga do Ocidente – na época, considerei esta afirmação um absurdo, pois as pessoas não se pareciam minimamente com Péricles ou Platão (embora tivessem os seus nomes). No outro lado estavam os Turcos, que suportavam o fardo de uma história diferente. O seu passado imperial, tal como o britânico, constituía uma memória relativamente recente. Para muitos deles, a sua ascendência otomana era motivo de orgulho. Para outros, era um embaraço, um obstáculo ao seu desejo de se tornarem uma nação europeia moderna. Devo confessar que sentia mais simpatia pelos Turcos do que pelos Gregos.

A capital, Nicósia, também estava dividida, como Berlim estivera até 1989, em dois sectores separados por uma estreita faixa de terra conhecida por «Linha Verde», patrulhada, na época, por uma força de manutenção de paz da ONU, quase sempre inactiva. Ninguém era impedido de atravessar a linha, e muitos turcos deslocavam-se regularmente ao sector grego para fazer compras, e alguns até para trabalhar. Mas os Gregos nunca se aventuravam no sector turco, garantindo a pés juntos que se o fizessem nunca regressariam. De quando em quando, eu sentava-me a beber um chá turco doce com um homem chamado Kemal Rustam, proprietário de uma pequena loja que vendia livros e antiguidades roubadas, e que actuava como um oficial de ligação informal entre os governos turco e grego. Aprendi muito com ele, em primeira e segunda mão, sobre o que era viver numa fronteira, e naquela fronteira em particular. Ele era um dos turcos que se deslocavam regularmente à zona grega, e quando a minha sobrinha foi baptizada ele assistiu ao baptizado: um muçulmano descrente, sorrindo ironicamente no meio de um grupo de cristãos maioritariamente descrentes. Naquela simples vida quotidiana, as terríveis forças religiosas e étnicas que dividiam a ilha desde a independência e que começavam a dividir todo o Médio Oriente pareciam remotas, grotescas e absurdas.

Chipre fez-me descobrir a história otomana e o Islão. Também me mostrou o quão perenes podiam ser as antigas divisões entre Ocidente e

Oriente, e enraizou em mim o desejo de querer saber mais acerca da forma como tinham moldado as histórias de ambos.

No ano seguinte, fui para Oxford para estudar persa e árabe, tendo esboçado vagamente o plano de escrever uma dissertação sobre as relações entre os governantes safávidas do Irão e de Portugal no século XVII. Mas o plano não deu em nada e eu centrei a minha atenção noutros lugares, em Espanha e no império espanhol na América. Contudo, embora a Pérsia tivesse desaparecido dos meus horizontes – pelo menos parcialmente –, ninguém que estude qualquer aspecto da história de Espanha, mesmo a mais ocidental de todas as suas possessões, pode permanecer muito tempo ignorante da presença do Islão ou do seu papel na criação da Europa moderna.

Os Turcos também nunca deixaram de me fascinar. Em meados da década de 70, e muito por capricho, visitei a Turquia Oriental, uma área genericamente rotulada de «Curdistão» e que se situa entre o lago Van e as fronteiras entre a Turquia, o Iraque e o Irão. Naquela altura – tal como hoje –, os Curdos pressionavam os seus distantes amos em Istambul para conseguirem uma pátria independente, e embora a região estivesse aberta aos estrangeiros tinha estado muito recentemente sob lei marcial e todas as indicações eram no sentido de que voltaria a estar em breve – tal como se verificou. Eu tinha um amigo que servira na Embaixada Britânica em Ancara, que possuía contactos de alto nível – Turcos e Curdos –, sempre quisera conhecer o Oriente e necessitava de um companheiro de viagem. Era uma oportunidade boa demais para ser desperdiçada.

Não fui muito longe, contraí febre paratifóide em Van. Mas cheguei ao sopé do monte Arafat, disparei infrutiferamente sobre águias indiferentes com um chefe de polícia nos arredores de Tatvan, pesquei com dinamite num rio pouco fundo perto de Mus, e falei com os sobreviventes esfarrapados da milícia curda de Mustafá Barzani, fugidos do Iraque. Dormi sob o frio céu da Anatólia na companhia de pastores transumantes, com os quais conheci, em primeira mão, um pouco da antiga hospitalidade, e alguns dos horrores, particularmente para as mulheres, que encerram aqueles modos de vida «tradicionais», tão celebrados por ocidentais sentimentalistas que nunca tiveram que os experimentar.

Todas aquelas imagens, e a cortesia e generosidade com que eu – estrangeiro, infiel, sem bons motivos para lá estar e com muito poucos contactos – fui constantemente tratado, ficaram para sempre comigo. Mas talvez a impressão mais vívida que tenho na mente seja a de algo que aconteceu quase no fim da viagem.

PREFÁCIO

Uma manhã, dei comigo no cimo de uma colina nos arredores da moderna Van, miserável e decrépita, a olhar para as ruínas de uma cidade. Fora construída quase inteiramente de tijolos de lama cozidos ao sol, os quais, durante anos e anos, desde que a cidade fora abandonada, se tinham lentamente dissolvido sob as chuvas invernais até restar apenas a muralha, reduzida a meio metro de altura. Era uma visão inesquecível. Apenas se conseguiam descortinar ruas e ruas com os vestígios de antigas casas, lojas, praças e mercados, interrompidos, aqui e ali, por uma ruína de pedra, mais alta e menos destruída. À primeira vista, não parecia muito diferente das fotografias da cidade alemã de Dresda depois dos bombardeamentos aéreos de Fevereiro de 1945.

Porém, o que tinha arrasado aquela cidade quase por inteiro não foram bombas, mas sim o abandono e as chuvas. O turco que me conduzira de automóvel ao local explicou-me que o lugar era muito antigo e que estava deserto há séculos. Perguntei-lhe quem lá habitara. «Povos antigos», respondeu ele, implicando que teriam sido, pelo menos, pré-islâmicos, «povos muito antigos». Tinham nome? Não, retorquiu ele, os seus nomes tinham-se perdido. Era o que lhe tinham ensinado na escola. Quanto ao resto, o lugar era um mistério e, tal como todas as outras ruínas, só os estrangeiros se interessavam por ele. Ele parecia absolutamente certo e totalmente sincero.

Mas eu sabia que o local fantasmagórico que estávamos a observar fizera parte da antiga capital arménia de Van e que, longe de ter sido abandonado «há muito», a sua população fora chacinada durante os massacres arménios de 1915 – algo a que quase toda a gente, excepto o governo turco, se refere hoje como o Genocídio Arménio. Entre 1894 e 1896, as tropas otomanas pilharam e destruíram sistematicamente as aldeias arménias, matando, segundo a maioria dos relatos, 200 000 pessoas, naquilo que o *New York Times* descreveu, talvez na primeira utilização do termo, como «outro Holocausto arménio». Os Arménios tinham sido mortos, em grande medida, por serem suspeitos de constituírem uma quinta coluna cristã, conspirando com os inimigos do Império Otomano para criarem uma pátria independente. Quando eclodira a Primeira Guerra Mundial, tinham procurado ajuda junta da Rússia, o inimigo mais intratável do império, e em Maio de 1915, com auxílio russo, haviam criado um Estado arménio independente. Durou pouco mais de um mês. Depois e, deve dizer-se, no meio de boatos sobre o massacre de Turcos e Curdos pelos arménio-russos vitoriosos, as autoridades de Istambul retaliaram, deportando toda a população arménia da região para o sudeste da Anatólia. Durante este processo, milhares de arménios foram sistematicamente torturados e massacrados, as suas casas e haveres foram destruídos ou confiscados, as suas igrejas foram profanadas e a sua antiga capital ficou deserta, e por fim, tal como testemunhava involuntariamente mas com eloquência o meu guia turco, toda a memória da sua existência fora apagada por completo[9].

O que vi naquele dia mostrou-me um pouco da ferocidade dos conflitos étnicos, e do fosso abismal que ainda existe entre Ocidente e Oriente, algo que ninguém vivendo em segurança no Ocidente, pelo menos até 11 de Setembro de 2001, teria alguma vez imaginado.

A. P.
Los Angeles – Paris – Veneza, 2006

Capítulo 1

Inimizade Perpétua

I

Tudo começou com um rapto. A jovem chamava-se Europa e era filha de Agenor, rei da cidade de Tiro, na costa de Sídon, no actual Líbano. Europa, muito branca e loura, estava sentada junto à água, fazendo uma grinalda com jacintos, violetas, rosas e tomilho, quando Zeus, pai dos deuses, saiu do mar na forma de um touro branco, «com o seu hálito cheirando a açafrão». As suas servas fugiram mas ela ficou e, na versão do poeta romano Ovídio,

> Perdeu gradualmente o medo, e ele
> Ofereceu-lhe o peito para as suas carícias de virgem
> E os cornos para ela ornar com grinaldas de flores.([1])

Cupido, que se materializara esvoaçando a seu lado, pô-la suavemente em cima do dorso da criatura. O touro levou-a para o mar, atravessou o estreito que separava dois mundos e chegou a Creta, onde, nos prados de Gortina, fizeram amor sob um enorme e frondoso plátano([2]).

Em Creta, ela daria à luz três filhos, Minos, Radamante e Sarpédon, e legaria o seu nome a um continente. Depois de se ter fartado dela, como se fartava de todas as suas consortes humanas, Zeus casou-a com Astério, rei de Creta, que adoptou os seus filhos semi-divinos.

Este é o mito do Rapto de Europa. Durante séculos, foi a história da fundação dos povos europeus, e fonte daquilo que veio a chamar-se «Ocidente». Mas dado que o lar de Europa fora na Ásia, significava que o «Ocidente» nascera do «Oriente». Paul Valéry, grande poeta francês do século XX, perguntou, «O que é então esta Europa? Uma espécie de promontório do Velho Continente, um apêndice da Ásia?» Sim, respondeu ele, mas que «dá naturalmente para o Ocidente»[3].

Tal como acontece com todos os mitos, existe outra versão, mais mundana. Foi sugerida pela primeira vez pelo historiador grego Heródoto, e retomada por Lactâncio, um teólogo cristão do século III desejoso de desmontar e desmistificar as perturbantes fantasias eróticas que lhe chegavam do mundo pagão. Nesta versão, que Heródoto atribuía aos Persas, o Rapto de Europa é um acto de vingança pelo rapto, por marinheiros fenícios, de Io, filha de Ínaco, rei de Argos. Depois, escreve Heródoto, «alguns gregos, cujos nomes os Persas não registaram» – na verdade, eram Cretenses, conhecidos, devido à sua selvajaria, por «javalis de Ida»[*] – entraram no porto fenício de Tiro «e levaram a filha do rei, Europa, pagando-lhes na mesma moeda». Lactâncio atribui a estes Cretenses um navio em forma de touro como explicação para Zeus, e diz que Europa foi um presente para o rei Astério, uma versão retomada, séculos mais tarde, pelo poeta italiano Boccaccio, que acrescentou o seu próprio toque a uma história já de si confusa ao rebaptizar o monarca cretense de «Jove»[4].

E os raptos míticos prosseguiram. Os Cretenses eram aquilo a que Heródoto chamava «europeus», e dado que Europa era uma mulher asiática a sua violação foi considerada uma afronta por todos os asiáticos. Mais tarde, outro europeu, Jasão, navegará até ao Mar Negro e apoderar-se-á de Medeia, filha de Eetes, rei da Cólquida, e do Velo de Ouro que ela o ajudara a roubar. Posteriormente, por vingança, os Troianos, um povo oriundo da actual Ásia Menor, apoderam-se de Helena – que não opôs grande resistência –, mulher de Menelau, rei de Esparta, e levam-na para Tróia. Agamémnon, irmão de Menelau, reúne um exército, atravessa o mar e sitia a grande cidade de Tróia durante dez longos anos.

Heródoto, o «Pai da História», como lhe chamou o grande jurista romano Marco Túlio Cícero, procurava uma solução para a pergunta a que todas estas histórias afirmavam responder mas a que nenhuma de facto respondia. Porque é que «estes dois povos – Gregos e Persas – se digladia-

---

[*] Montanha sagrada na ilha de Creta («Ida» significa «Deusa»). (*N. do T.*)

vam?» Heródoto crescera com a hostilidade entre Gregos e Persas e sentira as suas consequências. Nascera em Halicarnasso, a moderna Bodrum, na costa da Turquia, por volta de 490 a. C., o ano em que o «Grande Rei» persa, Dario I, realizara a primeira tentativa, em larga escala, de uma potência asiática para subjugar toda a Europa. Halicarnasso era uma cidade grega, mas na época do nascimento de Heródoto e durante todo o tempo que ele lá passou, na sua juventude, esteve sob domínio persa. Ele vivera entre dois mundos, aparentemente em paz mas nem sempre à-vontade um com o outro, e queria saber como é que uma inimizade relativa entre dois povos se transformava em longos anos de ódio. Em busca da resposta, ele dedicou o resto da vida e toda a sua energia criativa à narração da história da momentosa luta entre a Ásia e a Europa, que viria a ser designada por «Guerras Pérsicas» – uma série de conflitos que duraram de 490 a. C. a 479 a. C.

Ele sabia que as histórias de Io e Europa e da Guerra de Tróia eram meros pretextos. Aquelas lutas, quase míticas, tinham sido travadas à sombra dos deuses, quando os seres humanos raramente exerciam a sua própria vontade. Mas Heródoto é um dos primeiros escritores a verem os seres humanos como responsáveis pelas suas acções. Os deuses continuam presentes, mas são criaturas nebulosas. Continuam a falar, através de sinais, de augúrios e das duvidosas e ambíguas vozes dos oráculos, mas não dão origem aos acontecimentos. Quem agora domina e controla o mundo é a humanidade.

Tal como a Guerra de Tróia, as Guerras Pérsicas foram lutas titânicas entre a Europa e a Ásia. Mas foram conflitos históricos e não mitológicos, e as suas consequências foram tão precisas como as suas origens. Heródoto falou com muitos dos combatentes enquanto reunia o material para a que chamava simplesmente os seus «inquéritos», as suas *Histórias*, e nutria evidentemente uma grande simpatia por todos eles, independentemente das suas origens. Embora nunca tenha aprendido persa (às vezes, parece acreditar que todos os nomes persas terminam em «s»), ele afirma estar na posse de informações cuja proveniência só poderia ser de fontes persas, e a sua perspectiva dos Persas, embora se conforme ocasionalmente com o posterior estereotipo preconceituoso grego do «oriental», é mais flexível do que a da maioria dos autores subsequentes.

Apesar disso, a sua visão é necessariamente grega, e porque o seu relato é o único detalhado que temos das guerras, foi a sua visão que, durante séculos, moldou a nossa compreensão do que aconteceu e porquê. A arqueologia moderna proporcionou-nos um relato por vezes muito diferente da ascensão dos Aqueménidas – a dinastia que reinava sobre o que hoje designamos por Império Persa(*) – e do tipo de sociedade que governaram. Tendo em conta esta nova perspectiva, parece que Heródoto não foi apenas o pai da história mas também, como lhe chamou o filósofo e biógrafo greco-romano Plutarco, o «pai das mentiras»([5]). Mas o que está em causa não é a precisão literal da sua história. Na verdade, as *Histórias* não são apenas uma tentativa de narrar uma sucessão de guerras: constituem também uma representação das origens culturais, políticas e, até certo ponto, psicológicas do mundo grego. Embora resmungasse que não conseguia compreender «porque é que foram dados três nomes, e ainda por cima de mulheres [Europa, Ásia e África], a uma terra que, na realidade, é só uma»([6]), Heródoto compreendia claramente a distinção entre «Europa» e Ásia. E também tinha um sentido claro do que era a «grecidade», e um termo – *to hellenikon* – para a descrever. Eram, disse ele, «os mesmos sangue, língua, religião e costumes». Esta é a origem do sentido de identidade europeia, «ocidental». Mas é também o reconhecimento de que nenhuma identidade é completa, e de que a Grécia – a Europa – tinha uma dívida enorme para com aquele que foi, durante séculos, o seu mais perene inimigo.

A «grecidade» seria comum a todos, mas Heródoto tem a plena consciência de que as cidades da Grécia antiga, apesar de semelhantes em muitos aspectos, também eram sociedades muito diferentes; e se partilhavam os mesmos deuses, versões da mesma língua e, mais dubiamente, o mesmo sangue, os seus costumes eram frequentemente muito diferentes. Quando Heródoto descreve o que separa os Gregos dos seus adversários asiáticos, está habitualmente a pensar nos valores atenienses, e particularmente em valores democráticos.

Os Gregos da época de Heródoto viviam em pequenas cidades que também eram, excepto as que se encontravam sob domínio persa, comunidades políticas autónomas – chamamos-lhes hoje cidades-estados –, dispersas ao longo do litoral do Mediterrâneo, da Sicília a Chipre e às costas do Egeu na Ásia Menor. Embora os povos deste mundo fossem todos «helenos», não tinham uma história de coabitação pacífica. Até Agosto de 338 a. C., quando, na Batalha de Queroneia, Filipe da Macedónia lhe pôs definitivamente fim, o mundo grego antigo foi, na realidade, uma arena de alianças sempre em mutação. Tal como os Persas frequentemente observam nas páginas de

---

(*) O Império Aqueménida foi fundado em 550 a. C. e destruído por Alexandre Magno em 330 a. C. (*N. do T.*)

Heródoto, os Gregos tiveram sempre muita dificuldade para fazerem causa comum contra qualquer inimigo. Além do mais, a fronteira entre a Europa e a Ásia era extremamente porosa. Havia cidades gregas florescendo sob domínio persa, e muitos gregos influentes que fugiam à ira do seu próprio povo procuravam asilo na corte persa.

Heródoto não ignora nem minimiza estes factos. O que o preocupa é mostrar que o que divide os Persas dos Gregos ou os asiáticos dos europeus é algo de mais profundo do que meras diferenças políticas. É uma visão do mundo, uma afirmação do que é ser um ser humano e viver como tal. E embora as cidades da Grécia e, num sentido mais lato, da «Europa», possuíssem personalidades muito diferentes, tivessem ocasionalmente criado sociedades muito diferentes e estivessem dispostas a traírem-se umas às outras quando lhes convinha, não deixavam de partilhar os elementos comuns dessa visão. Todas sabiam distinguir entre liberdade e escravatura, e todas estavam empenhadas, em termos gerais, naquilo que hoje identificaríamos como uma visão individualista da humanidade.

O grande dramaturgo ateniense Ésquilo tinha plena consciência deste facto. Combatera na mítica Batalha de Salamina, no Outono de 480 a. C., o primeiro grande combate naval da história europeia e uma vitória grega que selou o destino não apenas da Grécia mas de toda a Europa[7]. Na obra de Ésquilo, *Os Persas* – a peça dramática mais antiga existente em qualquer língua –, Atossa, viúva de Dario, o Grande Rei, e mãe do seu sucessor, Xerxes, cujos navios foram destruídos em Salamina, tem um sonho. É uma história com muitos sonhos. Ciro, antecessor de Dario, sonhara que Dario lhe aparecera com asas nos ombros: uma asa lança uma sombra sobre a Europa, a outra sobre a Ásia. Durante a campanha, Xerxes sonhará com a sua própria queda, ao tentar cumprir a profecia dos seus antepassados[8].

Atossa sonha com a derrota do filho, e também tem uma visão das origens históricas do conflito que a provoca. «Nunca», diz ela, «foi uma visão mais clara»

> Do que o que vi na noite passada
> Na bondosa escuridão.
> Vou contar-vos:
> Pareceu-me
> Que surgiram duas mulheres
> Bem vestidas,
> Uma trajando o luxo persa,

A outra numa simples túnica grega,
Ambas mais altas do que qualquer mulher viva,
E de uma beleza perfeita,
E irmãs dos mesmos pais.
E como pátria, lar,
Uma recebeu solo grego,
A outra a terra bárbara.

Neste sonho, a Grécia e a Pérsia, a Europa e a Ásia, são irmãs. Como todas as irmãs, são diferentes, e neste caso as diferenças, a opulência de uma em oposição à simplicidade da outra, serão uma das marcas definidoras das imagens perenes dos dois povos. As irmãs começam rapidamente a discutir e Xerxes, tentando «refreá-las e amansá-las», prende-as ao seu carro. Uma, a Ásia, «ergueu-se

Orgulhosa no seu arnês,
E manteve a boca
Bem governada pelas rédeas.

Mas a outra, a Grécia,

empina-se, teimosa,
E com as mãos
Arranca o arnês do carro
E arrasta-o com força bruta,
Lançando para longe o freio, e
parte a canga ao meio
e ele cai.
O meu filho cai.([9])

A Grécia, a Europa, diz o sonho, não será subjugada por ninguém. Quem tentar «refreá-la» provocará a sua própria destruição, e os espectadores, muitos dos quais, tal como o dramaturgo, tinham estado em Salamina, sabem que é exactamente isso que Xerxes vai fazer.

Este drama oferece-nos o que é provavelmente o único testemunho presencial que temos da Batalha de Salamina. Mas não deixa de ser uma peça de teatro, uma ficção que, à semelhança das *Histórias* de Heródoto, trata do que faz os Gregos serem como são, e que os faz tão diferentes dos Persas. Tal como Heródoto, Ésquilo sabe que essas características tiveram a sua origem no conflito e foram por ele sustentadas, acima de tudo pelo conflito entre a Europa e a Ásia, do qual Salamina seria a devastadora cena final.

II

A partir de meados do século VI a. C. até ao incêndio de Persépolis, a capital persa, por Alexandre Magno, em 330 a. C., a história grega desenrolou-se à sombra do Império Persa([10]). No entanto, pelos padrões da Antiguidade, a sua ascensão foi relativamente rápida e a sua existência relativamente breve. O povo ao qual nos referimos como Persas era uma pequena tribo instalada num território localizado entre o Golfo Pérsico e os desertos centrais do Irão, chamado, na Antiguidade, Persis (actualmente Fars), do qual a tribo derivou o seu nome. Durante muito tempo, formaram parte do império dos Medos, aos quais pagavam tributo. Cerca de 550/549 a. C., o líder persa Ciro, chefe do clã aqueménida da tribo Pasárgada, sublevou-se contra os Medos, derrotou o seu rei, Astíages, e fundiu os dois povos num único reino. Durante alguns anos, antes da rebelião de Ciro, os Medos tinham-se expandindo para leste, para a Anatólia, onde haviam entrado em conflito com o reino da Lídia, que tinha a capital em Sárdis, uma cidade que viria a desempenhar um papel importante na história da Pérsia.

Em 585 a. C., os dois reinos negociaram a paz e fixaram a fronteira no rio Hális(*). Todavia, em 547 a. C., o rei da Lídia, Creso, fabulosamente rico – rico como Creso, diz o ditado –, atravessou o Hális e invadiu a Capadócia. Após uma série de batalhas inconclusivas, e com o Inverno a aproximar-se, Creso retirou para Sárdis, contando retomar as hostilidades na Primavera, com a ajuda de aliados egípcios e jónios. Na Anatólia, o Inverno pode ser terrível, e poucos comandantes tentariam efectuar um cerco com ventos gélidos e fortes nevões. Mas Ciro perseguiu o exército de Creso até Sárdis. Decorridos catorze dias, tomou a cidade de assalto e capturou o monarca inimigo.

Depois de garantir o controlo da Lídia, Ciro enviou dois generais medos, Mazares e Hárpago, à conquista das cidades da Jónia, Caria, Lícia e Frígia, enquanto ele se preparava para atacar a Babilónia, os Báctrios, os Sacas e, por fim, o Egipto. Em Outubro de 539 a. C., entrou na Babiló-

---

(*) Na Anatólia. (*N. do T.*)

nia, aparentemente bem acolhido pelos seus apreensivos habitantes, que espalharam ramos verdes à sua frente, tal como fariam, dois séculos mais tarde, a Alexandre Magno, e «um estado de paz foi imposto à cidade». Ciro tornara-se o herdeiro dos reis da Babilónia, um foco de fidelidade dos povos do Crescente Fértil até às fronteiras do Egipto([11]).

Em 538 a. C., Ciro promulgou um decreto autorizando os judeus exilados na Babilónia por Nabucodonosor a regressarem à sua pátria, o que levou o profeta Isaías a saudá-lo como «ungido do Senhor». À semelhança de tantos monarcas posteriores, Ciro afirmou as suas pretensões de soberania sobre todo o mundo conhecido. «Sou Ciro, rei do mundo», lê-se numa inscrição, «grande rei, rei legítimo, rei da Babilónia, rei da Suméria e de Akkad, rei das quatro orlas da terra». «Rei das religiões do mundo»([12]). Os monarcas persas subsequentes assumiriam títulos similares. Todos se intitulavam «Grande Rei» ou «Rei dos Reis», um título que os seus predecessores medos já teriam provavelmente tomado dos Assírios e que na sua forma persa moderna, *Shahanshah*, seria assumido pelas sucessivas dinastias de governantes iranianos até 1979.

Aos olhos dos Gregos, estas exageradas pretensões tornar-se-iam um sinal do que mais temiam e receavam nos Persas: o seu imperialismo. Para os Gregos do século v a. C., o horizonte político tinha como limite a cidade-estado, e até Alexandre Magno nenhum grego pretenderia ser o governante legítimo de qualquer povo exceptuando o seu. O universalismo, que se tornaria uma característica central do expansionismo europeu, foi, como tantas outras coisas na cultura europeia, uma criação de origem oriental.

Contudo, à semelhança de todos os potenciais senhores do mundo, Ciro tinha problemas constantes nas orlas do seu império. Tribos nómadas ou semi-nómadas pressionavam as fronteiras, tal como fariam nas fronteiras da maioria dos impérios subsequentes. A eterna luta entre pastores e agricultores, entre os descendentes de Caim e os de Abel, acabaria por levar à queda da Bagdad seljúcida, de Pequim, de Roma e de Bizâncio. A *nemesis* de Ciro foram os Masságetas, um povo adorador do Sol e sacrificador de cavalos que habitava nas costas orientais do Cáspio. No Verão de 530 a. C., Ciro conduziu um exército para leste. Saiu-lhe ao encontro a rainha dos Masságetas, Tómiris. Depois de tentar seduzi-la, sem sucesso, Ciro procurou atravessar o rio Araxes, que separava os dois exércitos, recorrendo a várias jangadas e pontes, uma operação que os seus descendentes tentariam por duas vezes para atravessarem o Helesponto. Enquanto estava ocupado nestas manobras, Tómiris enviou-lhe uma mensagem que seria repetida, em várias versões, por muitos críticos de uma expansão imperial excessiva. «Rei dos Medos», dizia, «aconselho-te a desistires da tua empresa pois não te é possível saberes se, no fim, te será proveitosa. Governa o teu povo e tenta aceitar que eu governe o meu». Tal como ela previra, Ciro não aceitou o conselho e avançou ao seu encontro. A batalha que se seguiu foi, na opinião de Heródoto, «mais violenta do que qualquer outra travada entre nações estrangeiras». No fim, a maior parte do exército persa fora destruída e Ciro estava morto[13]. Diz a lenda que Tómiris cortou a cabeça de Ciro e atirou-a para um prato cheio com o sangue do rei. «Tu», disse ela, «que te alimentaste durante tanto tempo do sangue dos outros, bebe agora até te saciares».

A Ciro sucedeu Cambises, seu filho, o qual, cinco anos mais tarde, invadiu o Egipto e foi aceite como um novo faraó da XXVII Dinastia. Heródoto, que à semelhança de outras fontes gregas pinta um retrato muito negro do seu reinado, afirma que ele governou com uma «selvajaria maníaca» após assassinar Smerdis, seu irmão, tendo depois aparentemente enlouquecido[14]. Na opinião de Heródoto, só a loucura poderia ter levado um soberano estrangeiro a «troçar de ritos sagrados e costumes tradicionais». Tal como a maioria dos Gregos e dos Persas, Heródoto estava convencido de que todas as religiões e todos os costumes locais deviam ser respeitados. Um dos sinais ou possivelmente a causa da loucura de Cambises foi a sua tentativa de matar um boi sagrado – mais não conseguiu do que espetarse na coxa – que os Egípcios acreditavam ser a presença viva do deus Ápis[15]. Em 522 a. C., Cambises voltou a ferir-se acidentalmente com uma arma no mesmo sítio. Desta vez, morreu de gangrena. O trono persa caiu nas mãos de dois magos, membros de uma casta sacerdotal e de um grupo tribal de ascendência meda, de cujo nome deriva a palavra «magia», e que tiveram um papel de relevo na difusão do zoroastrismo por todo o Império Aqueménida (e três dos seus distantes descendentes, os «sábios do Oriente», viajaram até Jerusalém para prestarem homenagem ao Menino Jesus). Todavia, o reino dos magos foi breve. No ano seguinte, sete membros da alta nobreza persa assassinaram-nos e massacraram todos os magos que conseguiram encontrar, de tal modo que «se a escuridão não tivesse posto fim à chacina, a tribo teria sido exterminada»[16].

Cinco dias depois, terminados os tumultos, os conspiradores reuniram-se para decidirem o que fazer a seguir. Qual deles deveria ser rei? Teve então lugar entre três deles um debate notável – e muito provavelmente apócrifo – sobre a melhor forma de governo. Tornou-se conhecido por «Debate Constitucional» e, à semelhança de todos os debates políticos deste tipo realizados no mundo antigo, as três formas de governo discutidas foram a democracia, a oligarquia e a monarquia. Heródoto, que mais uma vez é a nossa única fonte, afirma que «alguns dos Gregos recusavam-se a acreditar que [os discursos] tinham sido feitos, mas foram». Além do mais, Heródoto insiste que um dos conspiradores, Otanes, avançou uma proposta que era o oposto total da imagem prevalecente da monarquia, da sociedade e da cultura persas em geral, da imagem que fora sempre central na forma como os Gregos representavam o seu antigo inimigo e, por contraste, se representavam a si próprios.

É muitíssimo provável que os Gregos cépticos de Heródoto tivessem razão. A discussão sobre a melhor forma de governo era uma característica da vida política grega, uma tradição que eles legaram aos Romanos e que estes, por sua vez, legaram ao Renascimento e, subsequentemente, à Europa moderna[17]. Para os Gregos, a Pérsia não era um sítio onde pudesse ter lugar qualquer discussão sobre o modo de governar um povo – algo que implicava que as pessoas tinham escolha e poderiam ter uma palavra a dizer. Não era um mundo onde qualquer tipo de discussão pusesse fazer alguma diferença. Na reveladora imagem das duas irmãs de Ésquilo, a Ásia era a que sempre mantinha «a boca governada pelas rédeas» da governação despótica[18].

A verdade é que não existe nenhum registo histórico independente que confirme que os Persas possuíssem algo que se assemelhasse a uma tradição de debate político, e muito menos que tenham alguma vez questionado a legitimidade ou a desejabilidade da monarquia. O próprio Dario, que foi um dos três disputantes e que emergiu vitorioso do debate, deixou uma espécie de autobiografia que, talvez como seria de esperar, não menciona nenhuma disputa relativa à sucessão. «Há muito que somos príncipes», lê-se, «há muito que a nossa família é real. Oito dos meus familiares foram reis, eu sou o nono: somos nove em duas linhagens»[19]. A história de Heródoto é provavelmente fictícia, uma das razões pelas quais ele tanto insiste na sua veracidade. Contudo, a sua importância não está no que nos diz acerca da vida política da antiga Pérsia, mas sim no que nos diz acerca de como os Gregos viam os Persas e se viam a si próprios.

Otanes, o qual, significativamente, instigara a revolta contra os magos, é o primeiro a falar e sugere que os Persas abandonem a sua tradição monárquica em benefício do governo popular, «que goza do melhor dos nomes, *isonomia* – 'a ordem da igualdade política'»[20]. Embora o conflito com a Grécia ainda seja subsequente, o que os leitores de Heródoto teriam claramente compreendido das palavras de Otanes é que os Persas fariam melhor em adoptarem a forma de governo que tornara os Gregos únicos no mundo antigo. «Penso», começa Otanes, «que passou o tempo de qualquer homem entre nós ter o poder absoluto. A monarquia não é agradável nem boa».

As razões de Otanes para falar assim são reconhecidamente gregas. Os monarcas apenas respondem perante si próprios. «Como se pode enquadrar a monarquia numa ética adequada», pergunta ele, «quando ela deixa um homem fazer o que lhe apetece, sem nenhuma responsabilidade ou contro-lo?» Afinal de contas, os monarcas são humanos, e, tal como todos os seres humanos, são invejosos e orgulhosos. Mas ao contrário dos outros seres humanos, os monarcas são habitualmente persuadidos por estes defeitos que são maiores do que os outros homens, e desta ilusão decorrem inevi-tavelmente «actos de violência selvagem e antinatural», do tipo, recorda Otanes aos seus ouvintes, da perpetrada por Cambises e pelos magos. Os reis são caprichosos e gostam de ser reverenciados, mas ao mesmo tempo desprezam os que os reverenciam como «lambe-botas».Têm inveja dos seus melhores súbditos e apenas se comprazem na companhia dos piores. Dão sempre ouvidos a toda a espécie de mentiras aduladoras. E o pior de tudo é que «destroem a estrutura das antigas leis e tradições, obrigam as mulheres a servi-los e matam os homens sem julgamento».

Contraste-se tudo isto, propõe ele, com o governo do povo. «Em pri-meiro lugar, tem o melhor dos nomes para o descrever – igualdade perante a lei». Os magistrados são escolhidos por sorteio – era esta a prática em Atenas – «e todas as questões estão abertas a debate». Consequentemente, conclui Otanes, «acabemos com a monarquia e elevemos o povo ao poder, pois o povo é a comunidade»[21]. Eis, pois, os princípios orientadores da democracia ateniense: abertura, responsabilização e o primado da lei. Na vasta literatura grega relativa à natureza da política existem muitas críticas da democracia, e muito poucas manifestações claras a seu favor. Existe alguma ironia no facto de uma das mais conhecidas ter sido posta na boca de um persa.

Entre os Persas, Otanes é o único a partir do princípio de que a gover-nação é mais do que o simples exercício do poder. É o único a apresentar o argumento – ao qual os Persas fazem orelhas moucas – de que a política também tem a ver com justiça e com aquilo a que os Gregos chamavam «a vida boa», que a política não pode, em última análise, estar separada da ética. A justiça e uma vida vivida com ética são as virtudes essencialmente gregas que os Persas voltarão constantemente a encontrar, geralmente, tal como nos diz Heródoto, com incredulidade. E no fim serão elas, e não o número nem a força das armas ou até a simples coragem, a salvar a Grécia de se tornar apenas mais uma província do poderoso Império Persa.

A Otanes segue-se Megabizo, que propõe a tradicional via média: o governo não de um só nem de todos, o governo de poucos. É certo, diz ele, concordando com Otanes, que a monarquia deve ser abolida. Mas não é boa ideia entregar o poder ao povo, pois «as massas são volúveis – em nenhum lado se encontram mais ignorância, irresponsabilidade ou violência». São criaturas incapazes de reflexão, «lançam-se às cegas na política como um rio transbordante». Seria intolerável «fugir aos mortíferos caprichos de um rei para se ser apanhado pela brutalidade igualmente indiscriminada da turba». Não, é muito melhor confiar os assuntos do Estado a uns poucos escolhidos, os «melhores homens» (os *aristoi* em grego, daí o termo «aristocracia»), pois é inteiramente natural que os «melhores homens dêem origem às melhores políticas».

Por fim, é a vez de Dario argumentar a favor da monarquia. Obviamente, Dario sai vencedor e fá-lo, em grande medida, acenando com o espectro da ameaça que, mais do que qualquer outra, assombrou a imaginação política do mundo grego antigo: a guerra civil. Dario argumenta que tanto a democracia como a oligarquia resultarão inevitavelmente em conflitos pessoais. E com o tempo, estes levarão inevitavelmente «a guerras civis e ao derramamento de sangue: e desse estado de coisas, a única saída é o regresso à monarquia – uma prova cabal de que a monarquia é a melhor forma de governo». Assim, tal como mais cedo ou mais tarde todos os povos descobrem, a monarquia é inevitável. E a monarquia também é – este último argumento é apresentado como o trunfo de Dario – a forma de governo tradicional persa, e «devemos abster-nos de mudar costumes antigos e que nos serviram bem no passado. Fazê-lo não nos traria nenhum benefício».

Finalmente, quando todos os conspiradores votam a favor da manutenção da monarquia, a resposta de Otanes é retirar-se da corrida. «Não desejo governar», diz ele, «nem ser *governado*». Apenas pede que ele e os seus descendentes não sejam obrigados a submeterem-se a nenhum monarca. Os outros aceitam esta condição e, diz Heródoto, «a família de Otanes continua a ser a única família livre na Pérsia».

Neste momento da sua história, os Persas poderiam ter seguido o caminho que os Atenienses haviam tomado em finais do século VI a. C., quando

Clístenes introduziu em Atenas o governo da maioria. Heródoto, que escreve praticamente uma crónica do poder da democracia para triunfar sobre a monarquia, deu-lhes a sua oportunidade, mas eles recusaram-na. Existem muitas razões que os levaram a fazê-lo. O apelo de Otanes ao estabelecimento de uma democracia não tem muita força, pois baseia-se largamente nas características indesejáveis da monarquia. Ele não oferece nenhuma visão dos eventuais benefícios de um mundo governado por muitos, da liberdade e da autodeterminação. Mas sem uma tradição de reflexão e debate políticos, como poderia ele fazê-lo?

Porém, o insucesso de Otanes tem menos a ver com a qualidade da sua oratória do que com a natureza, a imagem dos Persas, de todos os povos da Ásia, que Heródoto oferece aos seus leitores – uma imagem partilhada pela maioria dos Gregos –, a de um povo intensamente desconfiado de toda e qualquer acção pessoal ou individual. Por exemplo, diz-se que os Persas são um povo religioso, mas nenhum devoto está «autorizado a orar por qualquer bênção pessoal ou privada, mas apenas pelo rei e pelo bem geral da comunidade, da qual faz parte»[22]. Ao longo das suas *Histórias*, Heródoto permeia constantemente a sua narrativa com episódios e apartes destinados a mostrar os Persas, não obstante toda a sua coragem e ferocidade, como cobardes, servis, reverentes e provincianos, incapazes de iniciativas individuais, mais uma horda do que um povo[23].

Por exemplo, quando os Espartanos enviam um mensageiro a Ciro, o Grande, avisando-o de que se ele atacar qualquer cidade grega da Jónia eles levá-lo-ão a arrepender-se disso, Ciro perguntou «quem eram os Espartanos e quantos eram, para se atreverem a dar-lhe tal ordem». Depois de ser informado, Ciro retorquiu, «Nunca tive medo de homens que possuem um local de reuniões especial no centro da sua cidade, onde juram isto e aquilo e se enganam uns aos outros. Se eu me envolver com essa gente, não vai ter que se preocupar com a Jónia, vai ter problemas seus de sobra»[24]. Durante as Guerras Pérsicas, os sucessores de Ciro cometerão constantemente o erro de confundirem número com poderio militar e debate com fraqueza, o erro de partirem do pressuposto de que a discórdia, mesmo em ocasiões de guerras intestinas, impedia um povo de se unir contra um inimigo comum.

Pouco antes da Batalha de Plateia, no fim da guerra, quando o general Mardónio tentava retirar da Grécia o que restava do exército persa, os tebanos, que apoiavam os Persas nesta fase do conflito, convidaram o alto comando persa para um banquete. Durante o jantar, um dos generais persas disse ao seu companheiro grego(*), um homem a quem Heródoto chama Tersandro, que sabia muito bem que daí a pouco tempo a maioria dos Persas presentes no jantar e os sobreviventes do exército persa, acampados do outro lado do rio, estariam mortos. Quando lhe perguntaram porque é que não tentava opor-se, ele respondeu, «Meu amigo [...]. Aquilo que Deus ordena nenhum homem pode impedir. Muitos de nós sabemos que o que eu disse é verdade; mas somos obrigados pela necessidade, continuamos a aceitar as ordens do nosso comandante»([25]). Esta conversa, que ele afirma ter-lhe sido contada pelo próprio Tersandro, impressionou fortemente Heródoto. Ali estava a passividade persa face ao inevitável, ali estava a recusa persa de enfrentar a autoridade quando a necessidade o exigia, de confrontar rei ou comandante com uma verdade indesejável e a necessidade de agir. Veremos que esta imagem se iria tornar a imagem perene não apenas dos Persas, mas de toda a «Ásia».

A monarquia vence o «Debate Constitucional» não devido a um desejo ou necessidade de justiça, nem por causa dos seus méritos intrínsecos como forma de governo. A monarquia triunfa porque, tal como Dario observa, fora um monarca a criar o Império Persa, pelo que a monarquia é um dos «costumes antigos» dos Persas. Vence porque os Persas, embora talvez não se importem de adoptar «costumes estrangeiros», se isso significar apenas vestirem-se como os Medos ou os Egípcios, ou até aceitarem «a pederastia, que tinham aprendido com os Gregos», são avessos a abandonarem as suas tradições. Consideram-se sempre o melhor de todos os povos. É este etnocentrismo que, aos olhos de Heródoto, os torna tão vulneráveis. Incapazes de aceitarem qualquer crítica do exterior, incapazes de se aperceberem das fraquezas existentes nas suas tradições e nos seus costumes, também são incapazes de mudar ou de se adaptar às circunstâncias, o que será a sua ruína.

Os Gregos optaram pela *isonomia*, que todas as gerações posteriores identificariam com a democracia. Fizeram-no porque só eles, por razões que Heródoto não expõe, são capazes de tomar semelhante opção. Os valores associados ao respeito pelo primado da lei e à disposição para desafiar a autoridade quando ela parece errar, juntamente com a correspondente devoção à cidade, à família e aos deuses, são convicções que, apesar de humanas e inteligíveis a todos, somente os Gregos são capazes de abraçar.

(*) Segundo o costume grego, os convivas reclinavam-se nos canapés individualmente ou aos pares. (*N. do T.*)

Os Persas rejeitam Otanes porque, como deixa bem claro a história de Tersandro, não podem fazer outra coisa. Para os Persas, abraçarem a democracia seria o mesmo que converterem-se noutro povo. Tornarem-se Gregos. O debate de Heródoto – se é que o debate ou algo de semelhante teve lugar – constitui a primeira vez na história que um povo asiático é confrontado por um dos seus membros com a possibilidade de se «ocidentalizar» e a rejeita. Não seria a última.

Terminado o debate e desaparecido Otanes, restava decidir qual dos conspiradores se tornaria Grande Rei. Segue-se o relato de um dos métodos mais absurdos alguma vez registados para decidir quem é mais adequado para rei. Resta-nos partir do princípio de que, independentemente das suas fontes, Heródoto pretendesse nesta altura que os seus ouvintes atenienses, talvez fartos da sua teorização política, se rissem do absurdo óbvio com que aqueles persas, não obstante a sua solene reflexão sobre a melhor forma de governo, se deixavam tão facilmente enganar.

Eis o que aconteceu.

Os seis conspiradores combinaram montar nos seus cavalos nos arredores da cidade, e que o trono ficaria para aquele cujo cavalo fosse o primeiro a relinchar após o crepúsculo. Dario sai vencedor através de um inteligente estratagema que mostra que ele era – pelo menos – o mais ardiloso dos seis. O seu palafreneiro, Oibares, retirou uma égua dos estábulos e prendeu-a nos arredores da cidade. De seguida, conduziu o garanhão de Dario à volta da égua até o pobre animal bufar de exasperação, deixando-o depois montá-la. Na manhã seguinte, os seis homens saíram a cavalo pelas portas da cidade. Assim que o cavalo de Dario chegou ao local onde a égua estivera amarrada na noite anterior, lançou-se em frente e relinchou. «No mesmo instante, embora o céu estivesse limpo, viu-se um relâmpago e ouviu-se um trovão, como se fosse um sinal do céu; a eleição de Dario ficou garantida, e os outros cinco saltaram dos cavalos e curvaram-se a seus pés»[26].

Dario I, «Dario, o Grande», ascende ao poder através de um estratagema, o que se adequa a um homem acerca do qual Heródoto diz que os Persas o descreviam como um «vigarista [...] sempre à procura do lucro» – e é escolhido por um cavalo[27].

Mas vigarista ou não, Dario tornou-se um grande construtor imperial. Introduziu uma moeda comum, à base de moedas de ouro e de prata, conhecidas, em sua honra, por «dáricos» (e também foi o primeiro líder da história a ter a sua imagem cunhada em moeda). Introduziu um novo sistema legal em todo o império. «Pela graça de Ahura Mazda», escreveu ele, «estas terras caminharam em conformidade com a minha lei, como lhes ordenei que fizessem.» Tal como esta inscrição sugere, ele poderá ter sido responsável pelo estabelecimento do zoroastrismo como religião dominante da elite persa. Não restam dúvidas de que afirmou ter reconstruído os santuários zoroastristas destruídos em guerras anteriores. Hoje em dia, o zoroastrismo é principalmente associado aos parsis da Índia e considerado uma religião essencialmente pacífica. É verdade que encerra poucas das possibilidades mortíferas inerentes ao paganismo, ao cristianismo ou ao Islão. Mas também é um credo profundamente maniqueísta, segundo o qual o mundo está dividido entre o princípio ou deus da luz – Ahura Mazda – e o da escuridão – Ahriman –, e entre ambos existe uma condição de guerra incessante. Embora haja poucas indicações de que os Aqueménidas tenham conduzido o tipo de guerra ideológica que os monoteístas posteriores travariam entre si, não havia nada no zoroastrismo que os impedisse de o fazerem[28].

Dario também deu ao império uma capital digna da sua dimensão e poder. Os Aqueménidas tinham governado a partir de Susa, mas Susa era uma cidade estrangeira, de origem elamita, com uma longa história de ocupações por outros povos. Sufocadas as revoltas que se tinham inevitavelmente seguido à sua ascensão ao trono, Dario dedicou-se à criação de uma cidade digna dos seus feitos e dos da sua dinastia. Estabeleceu-a na planície do rio medo(*), no sopé da «Montanha da Misericórdia», e chamou-lhe Parsa. Os Gregos começaram por lhe chamar «Persai», literalmente «Persas». Posteriormente, veio a ser chamada, até hoje, Persépolis – «cidade dos Persas», que Ésquilo traduziu erradamente por «Perseptolis», «destruidor de cidades»[29]. Com Dario, o poder aqueménida atingiu a maioridade.

III

A ascensão de Dario ao trono foi também o início do conflito com a Grécia, o início do desejo de unir Europa e Ásia sob uma tirania asiática que, na narrativa de Heródoto, constitui a ilimitada arrogância dos monarcas persas. Nas *Histórias*, as Guerras Pérsicas são descritas como dois actos num drama no qual o povo asiático, infinitamente mais poderoso,

---

(*) O Pulwar, no Irão. (*N. do T.*)

ataca um povo ocidental fraco mas infinitamente mais capaz e virtuoso, e perde. Ambos os actos começam com a travessia da Ásia para a Europa, o que significou transportar um exército através do Helesponto, uma operação que os dois lados consideravam, na melhor das hipóteses, temerário, e talvez até contranatura. Ambos os actos terminam com batalhas nas quais os Gregos, contra todas as probabilidades, derrotam forças persas esmagadoramente superiores, primeiro em Maratona, depois em Salamina.

O conflito entre Gregos e Persas teve o seu início cerca de 499 a. C., quando os jónios, Gregos asiáticos que tinham sido subjugados por Ciro após a sua vitória sobre Creso, juntamente com os Gregos de Chipre e os Carianos da Anatólia, se sublevaram contra os seus amos persas. No ano seguinte, os Atenienses, persuadidos por Aristágoras de Mileto(*) de que a Ásia estava «cheia de coisas boas» e de que os Persas seriam fáceis de derrotar porque – imaginava ele – não tinham escudos nem lanças, decidiram intervir e enviaram uma esquadra de vinte navios para a Jónia. Este acto foi, nas palavras de Heródoto, «o início dos males para Gregos e bárbaros»([30]).

A esquadra ateniense, reforçada por cinco trirremes de Erétria(**), rumou a Éfeso. Os Gregos desembarcaram e marcharam para o interior, até Sárdis, a antiga capital de Creso. Conquistaram a cidade e arrasaram-na pelo fogo, destruindo um templo de Cíbele, «uma deusa adorada pelos nativos». A destruição de uma cidade fazia parte dos riscos da guerra. Contudo, a destruição de um lugar sagrado violava o código pelo qual viviam Gregos e Persas. Era uma ofensa contra uma divindade e não podia ser esquecida nem ficar impune. Quando Dario foi informado daquele acto de impiedade – seria o primeiro de muitos –, jurou vingar-se dos Gregos. Disparou uma flecha para o ar, entoando, «Permite-me, Deus, que eu castigue os Atenienses», e ordenou a um dos seus servos que lhe repetisse, três vezes por dia, antes de ele se sentar para comer, «Senhor, lembrai-vos dos Atenienses».

Após a destruição de Sárdis, os Atenienses, não conseguindo apoderar--se de nenhuma das «coisas boas» que era suposto haver na Ásia, retira-

---

(*) Aristágoras era genro e sobrinho de Histieu, que os Persas tinham instalado como tirano de Mileto. Quando Histieu foi nomeado conselheiro de Dario I, Aristágoras apoderou-se do controlo da cidade. (*N. do T.*)

(**) Cidade da costa ocidental da ilha de Eubeia, muito próxima do território ateniense. (*N. do T.*)

ram e recusaram continuar a participar na revolta jónia. Mas Dario não esquecera nem perdoara. Da perspectiva grega, que significa geralmente ateniense, a expedição fora uma tentativa para libertar outros Gregos e vingar a sua subordinação a uma potência bárbara. Na perspectiva persa, as coisas devem ter parecido muito diferentes. As cidades gregas da Ásia constituíam a parte mais rica, populosa e sofisticada do mundo grego. Era ridículo os Atenienses descreverem-nas como necessitadas de libertação. Na verdade, a Dario deve ter parecido apenas uma questão de tempo até as comunidades gregas do outro lado do estreito, na Europa, – pequenas, independentes, empobrecidas e devastadas pelo facciosismo –, passarem para o domínio persa.

Dario começou a reunir um vasto exército a partir de todos os povos que lhe deviam fidelidade, e adoptou uma nova estratégia para as cidades gregas sob o seu domínio. Depois de a revolta jónia ser sufocada, Dario depôs os tiranos que haviam governado as cidades e reorganizou-as de acordo com o relativamente novo e primitivo modo de governo ateniense: a democracia. Heródoto considerou este súbito acto de libertação como uma refutação «daqueles gregos que não acreditam que Otanes declarou aos sete conspiradores que a Pérsia deveria ter um governo democrático»[31]. Mas houve provavelmente um motivo mais imediato para a iniciativa de Dario. A democracia era uma criação muito recente. Depois de, em 510 a. C., Atenas ter expulso o tirano Hípias (que desempenharia um papel importante no embate entre Atenienses e Persas), e do colapso de uma tentativa de estabelecimento de uma oligarquia com ajuda espartana, o político ateniense Clístenes reformou a constituição ateniense de modo a quebrar o poder das famílias ricas, cujas disputas tinham assolado a cidade durante séculos. Dividiu os povos da Ática(*) em dez novas tribos, organizadas em linhas inteiramente artificiais, enfraquecendo substancialmente as antigas ligações tribais e familiares. Foi depois estabelecido um corpo, conhecido por Conselho dos Quinhentos(**), com a função de preparar os trabalhos da assembleia maior e gerir os assuntos financeiros e externos. Cada tribo nomeava anualmente quinze membros, escolhidos por sorteio. Cerca de 500 a. C., um local de reunião para a assembleia, a *ekklesia*, foi escavado da rocha numa colina que dominava a cidade, conhecida por «Pnix». A partir de então, este corpo passou a reunir-se regularmente para definir as políti-

---

(*) Península que tem como cidade dominante Atenas. (*N. do T.*)

(**) A *Boule*. (*N. do T.*)

cas do Estado. Era aberta a todos os cidadãos masculinos livres, e chegava a ter a participação de mais de seis mil pessoas. Apesar de simples e sujeito à corrupção e à manipulação, o governo criado por Clístenes foi a base de todas as constituições democráticas subsequentes.

Ao estabelecer governos similares na Jónia, Dario poderá ter esperado não apenas garantir a segurança da sua retaguarda enquanto penetrava na Europa, mas também oferecer a vários gregos europeus a perspectiva de se libertarem de um domínio tirânico local sob a égide de um benevolente império estrangeiro. Mais uma vez, apenas podemos basear as nossas especulações no relato de Heródoto, mas Dario parece ter tomado uma medida que seria emulada por muitos construtores imperiais europeus: ele oferecia aos seus povos súbditos não apenas protecção contra inimigos externos, mas também a garantia da preservação dos seus modos de vida específicos. Em troca, exigia fidelidade e apoio em tempo de guerra.

Se foi de facto esta a intenção de Dario, teve algum êxito inicial. Em 491 a. C., foram enviados arautos à Grécia com pedidos de que as cidades providenciassem ao Rei dos Reis terra e água – o símbolo tradicional de submissão. Em Atenas e Esparta, os infelizes emissários foram atirados para um poço, com instruções para providenciarem eles a sua própria terra e água. Mas a maioria dos outros Estados submeteu-se.

Em 490 a. C., as forças de Dario desembarcaram na costa da Ática e o seu comandante, Dátis, declarou a intenção do seu amo de subjugar Erétria e Atenas. Erétria foi a primeira a cair. Dividida internamente, a cidade foi traída por dois democratas, Euforbo e Filágrio, após seis dias de resistência. Os Persas despojaram e incendiaram os templos como vingança pelo sacrilégio ateniense em Sárdis, e reduziram todos os habitantes à escravatura([32]). «Animado pela vitória e confiando que poderia tratar Atenas da mesma maneira», o grande exército zarpou para a Ática. Hípias, o tirano deposto que se juntara aos Persas na esperança de reconquistar o poder, guiou-os até à planície de Maratona porque, diz-nos Heródoto, era «o melhor lugar para a cavalaria manobrar».

Os Atenienses correram a enfrentá-los e enviaram aos Espartanos um estafeta, Fidípides, para lhes pedir ajuda, alertando-os para o facto de não ser apenas Atenas mas sim toda a Grécia que estava em perigo. Os Espartanos receberam-no cortesmente mas responderam-lhe que embora desejassem prestar auxílio, não podiam fazê-lo imediatamente porque era o nono dia do mês e a tradição impedia-os de entrarem em campanha antes da lua cheia([33]). Depois de correr quase 230 km, dia e noite, o pobre Fidípides terá caído morto após entregar esta mensagem. O seu nome foi praticamente esquecido, mas é à memória da sua espantosa corrida que a moderna prova da Maratona deve o seu nome.

O exército ateniense, contando unicamente com o apoio de uma pequena força de Plateia, estava pressionado ao limite: era suficientemente forte nas alas, mas no centro a sua profundidade era de poucas fileiras. Mas apesar da sua fraqueza numérica não hesitaram, escreveu o orador Andócides, um século mais tarde, «em postar-se à frente de todos os Gregos como uma muralha, em marchar contra os bárbaros [...] considerando que só o seu valor era capaz de fazer frente às multidões inimigas»([34]). Depois de realizado um sacrifício preliminar, que pareceu prometer sucesso, os Atenienses avançaram em corrida, esperando fugir aos formidáveis archeiros persas antes de eles terem tempo de se preparar.

Os Persas, que parecem ter acreditado – um erro que cometeriam mais de uma vez – que uma força tão pequena, sem archeiros nem cavalaria, não ousaria enfrentá-los, foram apanhados desprevenidos. O combate durou todo o dia, até que os Persas debandaram e retiraram para os navios da forma que puderam. Morreram 6400 persas e somente 162 atenienses([35]). Mais tarde, depois da lua cheia, apareceram 2000 espartanos, que admiraram os cadáveres e ficaram a pensar na matança que tinham perdido. Tal como acontecerá novamente dez anos depois, em Salamina, a democrática Atenas salvara o mundo grego da escravidão.

Maratona marcou o fim da primeira das Guerras Pérsicas. Fez cair o pano sobre o primeiro acto da grande tragédia de Heródoto sobre da luta entre a Europa e a Ásia, entre Gregos e bárbaros. Desde esse dia, Maratona foi aceite como um ponto de viragem na história da Grécia, e subsequentemente de toda a Europa. Foi o momento em que a resiliência de uma forma política invulgar – a democracia – e a confiança dos Gregos na sua noção peculiar de liberdade foram testadas e emergiram triunfantes. No século XIX, o filósofo liberal inglês John Stuart Mill disse que Maratona fora um acontecimento mais importante na história *inglesa* do que a Batalha de Hastings([*]). Porque a história de Inglaterra, tal como Mill a compreendia, era a história de um povo livre que lutara, durante séculos, contra inimigos ultramarinos (mais recentemente, a França napoleónica) e contra potenciais reis despóticos para preservar os valores representados pela Atenas do século IV a. C.

([*]) Que em 1066 abriu caminho à conquista normanda da Inglaterra, forjando uma nova nação. (*N. do T.*)

Geração após geração, o nome de Maratona seria usado para suscitar anseios e aspirações de povos subjugados por tiranias estrangeiras. Séculos depois de o Império Persa ter deixado de existir, a memória de Maratona mobilizaria os Gregos contra outra horda asiática, os Turcos otomanos. «As montanhas contemplam Maratona», escreveu lorde Byron, em 1818, ao observar o cenário da batalha,

> E Maratona contempla o mar;
> E ao devanear no local, sozinho, durante uma hora,
> Sonhei que a Grécia ainda poderia ser livre;
> Em cima das sepulturas dos Persas,
> Não consegui considerar-me um escravo.

Mas para Dario, Maratona não foi, de modo nenhum, o fim do conflito. De facto, ele parece ter considerado a batalha como pouco mais de um revés temporário num projecto muito maior para controlar não só a Grécia continental, mas também todas as ilhas do Egeu[36]. A vitória ateniense, completamente inesperada, apenas fez aumentar a fúria do Grande Rei, tornando-o ainda mais decidido a punir os Gregos pelo que se tornara agora um duplo insulto. Consequentemente, começou a preparar outra invasão. Porém, antes de conseguir completar os seus preparativos, morreu, em Novembro de 486 a. C.[37]. Deixou um território que se estendia das costas do Mediterrâneo Oriental e dos Balcãs até além do vale do Indo, do Mar Negro ao Cáspio, do Nilo à Península da Arábia. A soberania sobre estas vastas e variadas terras passou para o seu filho, Xerxes – *Xsayarsa*, em persa antigo: «aquèle que governa heróis» –, um cognome irónico à luz da sua subsequente carreira.

No princípio, Xerxes parece ter estado menos interessado em prosseguir a política de seu pai para a Grécia do que em subjugar o Egipto, revoltado contra os seus senhores aqueménidas há algum tempo. Em 485 a. C., Xerxes enviou um exército para o Egipto, esmagou a rebelião e, nas palavras de Heródoto, «reduziu o país a uma condição de pior servidão do que no reinado anterior». Xerxes foi então persuadido por um primo ambicioso, Mardónio, a virar a sua atenção para a Europa. «Os Atenienses injuriaram-nos consideravelmente», recordou ele a Xerxes. «Destrói-os», prosseguiu Mardónio, «e o teu nome será honrado em todo o mundo». Além do mais, acrescentou ele com matreirice, invertendo a imagem habitual das diferenças entre a Europa e a Ásia, a Europa era «um lugar muito

MUNDOS EM GUERRA

belo, que produzia todo o tipo de pomares. A terra era tudo o que devia ser. Em suma, era demasiado boa para qualquer mortal, excepto para o rei da Pérsia».

Antes de se empenhar noutra aventura europeia e de reunir os vastos exércitos que seriam necessários, Xerxes convocou uma conferência. Em toda a sua história, declarou Xerxes, os Persas «nunca permaneceram inactivos», e ele não fazia tenções de «ficar atrás dos reis que se sentaram neste trono antes de mim». Ele descobrira como aumentar grandemente o tamanho do império acrescentando-lhe um país que era tão grande e rico como o seu, aliás, maior e mais rico, e ao mesmo tempo «obter satisfação e vingança». «Lançarei uma ponte sobre o Helesponto», declara Xerxes, «entrarei com um exército na Europa, na Grécia, e punirei os Atenienses pelo ultraje que cometeram contra meu pai e contra nós». E prossegue, «aumentaremos tanto o poder da Pérsia que as suas fronteiras serão o próprio céu de Deus, de modo a que o sol não olhe para nenhuma terra que não esteja dentro das nossas fronteiras. Com a vossa ajuda, atravessarei a Europa de um extremo ao outro e farei dela um só país»([38]).

Xerxes uniria aquilo que as viagens míticas de Io, Europa e Helena tinham desunido. Sob a soberania persa, a inimizade, cuja origem se podia traçar ao início dos tempos, seria sanada, e o mundo, ou todo o mundo que ele conhecia, seria um só. É claro que seria também um mundo no qual toda a população do globo, tal como ele o concebia, seria escrava do Rei dos Reis. Mais de um século depois, um grego, Alexandre da Macedónia, reuniria um exército ainda maior do que o de Xerxes e avançaria em sentido contrário, de Ocidente para Oriente, na esperança de alcançar o mesmíssimo objectivo.

Mardónio levantou-se e deu a sua opinião sobre os Gregos. Eram, disse ele, bastante belicosos, e estavam sempre prontos para começarem uma luta no calor do momento, sem sensatez nem discernimento. Mas apesar de falarem todos a mesma língua, eram um povo dividido, e para resolverem os seus diferendos – «através da negociação, por exemplo, ou de uma troca de pontos de vista» – só sabiam lutar uns contra os outros. Aquele povo nunca conseguiria resistir ao poder unido de um monarca persa. Os Persas são novamente apresentados como incrédulos face à ideia de que um povo atolado em querelas internas conseguisse unir-se quando tal fosse necessário. Mas Heródoto e os seus leitores sabem que é a liberdade que os Gregos têm para se digladiarem e a sua igualdade perante a lei que os torna tão bons guerreiros. Clístenes libertara-os, e era como consequência da sua liberdade que eles tinham, nas palavras de Heródoto, crescido em força e provado, se é que eram precisas provas,

> quão nobre é a igualdade perante a lei [*isonomia*], não apenas num aspecto mas em todos; pois enquanto tinham sido oprimidos por tiranos, não haviam tido mais êxito na guerra do que qualquer dos seus vizinhos, mas depois de libertados do jugo, revelaram-se os melhores combatentes do mundo.

Os escravos «furtam-se sempre ao dever no campo de batalha» porque apenas combatem contra a sua vontade e contra os seus interesses, e em nome de terceiros. Pelo contrário, os homens livres, mesmo ao combaterem pela sua cidade, combatem unicamente por si próprios[39]. No Ocidente, a liberdade foi sempre assim, cultivada porque servia os interesses do poder[40].

No entanto, e tal como Xerxes fará, Mardónio aposta na força do número e na natureza despótica do governo persa. «Assim sendo, meu senhor», pergunta ele, «quem vos poderá resistir quando marchardes contra eles com os milhões da Ásia seguindo-vos e toda a armada persa?» Quando Artabano, o venerável tio de Xerxes, se opõe ao plano de invasão porque, diz ele, soando demasiado como um grego, «sem um debate no qual ambos os lados de uma questão são expostos não é possível escolher o rumo melhor», e recorda a Xerxes que, afinal de contas, os Atenienses, contra todas as probabilidades, haviam destruído o exército persa em Maratona, Xerxes levanta-se indignadamente. «És irmão de meu pai, e só isso te salva de pagares o preço que o teu discurso oco e ridículo merece». Artabano é condenado a ficar na Pérsia, com as mulheres. Mais uma vez, o debate racional fora suprimido precisamente por aquilo que Otanes identificara como uma das maiores fraquezas da monarquia: a incapacidade do monarca para não escutar unicamente os que lhe dizem o que quer ouvir.

Mas apesar de toda a sua raiva despótica, Xerxes tem um argumento mais racional. Afinal de contas, recorda ele ao tio, foram os Gregos que começaram o conflito ao entrarem na Ásia e incendiarem a capital persa de Sárdis. Agora, resta aos Persas lançarem uma invasão para vingarem a destruição do exército de Dario ou ficarem pacientemente à espera de serem invadidos. «Tudo o que possuímos passará para os Gregos», diz Xerxes, «ou tudo o que eles possuem passará para os Persas. Estas são as alternativas que temos à nossa frente; na inimizade que existe entre nós, não pode haver uma via média»[41].

Xerxes começou a reunir um exército capaz de conquistar toda a Grécia, um exército, diz Heródoto, muito maior do que qualquer outro, maior até do que os exércitos míticos que Agamémnon e Menelau tinham reunido para sitiarem Tróia. O seu tamanho exerceria fascínio durante séculos e séculos. Em meados do século II, um jovem retórico grego, Élio Aristides (que voltaremos a encontrar), comparou perante um público romano a sua tentativa de capturar as glórias de Roma com «um esforço para descrever o maravilhoso tamanho de um exército como o de Xerxes»[42].

Esta expedição, pelo menos na forma como foi representada pelos Gregos, vencedores finais, não seria um mero acto de vingança por um santuário profanado, e muito menos uma expedição punitiva contra os aliados de súbditos rebeldes. Seria uma marcha para ocidente, para abafar a viagem para oriente dos heróis semi-divinos que tinham provocado a destruição da primeira cidade asiática(*).

Na Primavera de 480 a. C., Xerxes partiu de Sárdis, desceu o vale do Caíco, entrou na Mísia e prosseguiu pela planície de Tebas até chegar ao fabuloso sítio de Ílion. Xerxes subiu à cidadela de Príamo, último soberano de Tróia, e sacrificou mil cabeças de gado à Atena Troiana. Xerxes viera da Ásia para retomar a Guerra de Tróia. O ciclo de inimizade entre a Europa e a Ásia estava prestes a reiniciar-se[43].

Mas Xerxes necessitava de mais do que um exército. Necessitava de atravessar o Helesponto com ele e penetrar na Europa. Para o efeito, construiu uma ponte de barcos através da estreita extensão de água que separa os dois continentes. Mas mal ficou completa, a estrutura foi varrida por uma súbita tempestade. Enraivecido pelo revés, Xerxes mandou decapitar os engenheiros que tinham construído a ponte, como se as condições meteorológicas fossem da sua responsabilidade.

Mas nem isto o satisfez, e Xerxes cometeu um acto que, para os Gregos, resumiu não apenas a sua tirania pessoal, mas também o despotismo existente no mundo que ele governava. Furioso, Xerxes descarregou a sua ira sobre o próprio Helesponto. Tal como a maioria dos povos da Antiguidade, os Gregos e os Persas acreditavam que os rios e outras extensões de água eram seres divinos, divindades que podiam, quando zangadas, ser aplacadas e conciliadas. Mas apenas Xerxes parece ter acreditado que também podiam ser punidas por não acederem aos desejos dos homens. Mandou lançar ao Helesponto um par de grilhetas, e chicotear as suas águas.

(*) Ou seja, Tróia. (*N. do T.*)

Enquanto os homens de Xerxes executavam esta infrutífera e absurda tarefa, receberam ordens para «proferirem [...] as seguintes palavras, bárbaras e presunçosas: 'Torrente salgada e amarga, o teu amo pune-te pela injúria que lhe causaste, ele que nunca te injuriou. Mas Xerxes, o Rei, atravessar-te-á, com ou sem a tua permissão'»([44]). Isto poderá parecer-nos apenas petulante, mas para os leitores gregos de Heródoto foi uma prova adicional da arrogância de Xerxes, da sua falta de respeito para com os deuses, tal como não respeitava o seu próprio povo.

A ponte destruída foi substituída por duas pontes novas, amarrando com cordas mas de seiscentas embarcações de todos os tipos. Foi espalhado mirto e queimado incenso sobre as pontes. No cimo de uma colina próxima, Xerxes, sentado num trono branco, fez libações de uma taça dourada e orou virado para o sol nascente. Depois, começou a travessia. Durou sete dias e noites, sem interrupções, com as tropas, nas palavras de Heródoto, «avançando debaixo do chicote». Segundo uma inscrição contemporânea existente nas Termópilas, eram três milhões – certamente um exagero. Mas a observação do orador ateniense Lísias de que Xerxes construíra «uma estrada sobre o mar e navegara a sua armada por terra» tornar-se-ia um lugar-comum retórico para a megalomania([45]).

Depois de terem atravessado e de ter sido reunida uma armada de 1207 trirremes, Xerxes passou as forças em revista([46]). Apesar de todo o seu esplendor bárbaro, do muito que as suas armas cintilavam e brilhavam sob o sol matinal, por muito que fizesse a terra tremer ao marchar, aquela força maciça era, aos olhos dos Gregos, um sinal revelador da fraqueza do Grande Rei. Os Gregos eram poucos e estavam frequentemente divididos, mas a «grecidade» que partilhavam podia convertê-los, ainda que brevemente, num povo, *ethnos*. O exército de Xerxes era uma horda, unido não por um sentimento de identidade ou missão, mas por um medo comum, o medo da ira e do chicote de Xerxes. Aos olhos dos Gregos, aqueles homens não eram guerreiros, eram escravos. E pelo menos num sentido – muito literal – eles tinham razão. O único estatuto legal de todo e qualquer súbdito do Grande Rei era o de *bandaka* (escravo), um conceito que derivava da definição babilónica do súbdito como um *ardu* ou propriedade do monarca. Decorrido pouco mais de um século, Isócrates, o grande orador ateniense, perguntou como seria possível «os seus modos de vida gerarem um general capaz ou um bom soldado? As suas gentes são praticamente uma turba [...] mais bem treinada para a servidão do que os escravos no nosso país»([47]).

Xerxes mandou chamar Demarato, um espartano exilado que se juntara à horda persa na esperança de se vingar dos seus conterrâneos. Foi a ocasião para Heródoto encenar um daqueles encontros entre Gregos e Persas, entre asiáticos e europeus, que servem para nos recordar o que os separa e porque é que, em última análise, só lhes resta lutarem até uns destruírem os outros. De pé, à frente do seu gigantesco exército, Xerxes pergunta a Demarato se os Gregos ousarão resistir-lhe. «A minha opinião», diz Xerxes, «é que todos os Gregos e todos os outros povos ocidentais juntos seriam insuficientes para resistirem ao ataque do meu exército».

Demarato responde que embora a Grécia tenha uma «antiga herança» de pobreza, alcançou a sabedoria e adquiriu a força da lei, e foi isso que manteve a pobreza e o despotismo à distância. A riqueza asiática *versus* a pobreza europeia será um tema recorrente na concepção ateniense da inimizade duradoura entre os dois continentes. Para comentadores posteriores, tais como Isócrates, foi uma fonte de inveja, uma causa justa para Filipe da Macedónia e seu filho, Alexandre, inverterem a situação e invadirem o poderoso Império Aqueménida e o seu coração, a própria Pérsia. Mas na boca dos Gregos de Heródoto é fonte de orgulho. Os Gregos podem não ter o poder económico dos Persas, mas possuem em abundância algo de que os Persas, apesar de toda a sua riqueza, carecem marcadamente: a força e a coragem que resultam de serem livres. Mesmo que os Espartanos – e é a eles que Demarato agora se refere – fiquem reduzidos a uns meros mil homens, esses mil homens farão frente ao maciço exército persa. Xerxes ri-se.

> Demarato, que coisa extraordinária para dizer! Deixa-me expor a minha ideia o mais racionalmente possível: como é possível que mil homens, ou dez mil, ou cinquenta mil, façam frente a um exército tão grande como o meu – e ademais, sem terem um mesmo amo?

Os Persas podem ser excitados para o combate, ou obrigados a lutar por medo do que o seu comandante lhes possa fazer se não combaterem. E os Gregos? São perfeitamente livres de fazerem o que lhes aprouver. Porque combateriam contra uma superioridade tão esmagadora?

Em resposta, Demarato explica a verdadeira natureza da força grega. Os Gregos, diz Demarato, são livres, sim, «mas não inteiramente livres. Têm um amo, e esse amo é a Lei. Temem-na muito mais do que os súbditos de Xerxes o temem a ele». Xerxes desatou a rir e, bem-humorado, deixou Demarato ir-se embora[48].

Xerxes tinha bons motivos para se sentir confiante. Não só o seu exército era maior do qualquer outro jamais reunido por algum soberano, como também os seus inimigos estavam a experimentar muitas dificuldades para constituírem uma coligação contra ele. Os Gregos podiam temer a lei mas, tal como Xerxes correctamente observara, a sua independência tornava-os quezilentos e facciosos, relutantes a perdoarem injúrias passadas mesmo no seu interesse colectivo. Confrontado com muito pouca resistência, Xerxes subjugou sucessivamente as pequenas cidades gregas que foi encontrando pelo caminho até que, por fim, restavam apenas alguns Estados recalcitrantes do Peloponeso, Esparta, Corinto e a própria Atenas.

Em Agosto, o espartano Leónidas, à frente de um exército de cerca de sete mil homens, uma força minúscula quando comparada com a multidão persa, tentou bloquear o avanço do inimigo nas Termópilas. Os Gregos conseguiram conter o grande exército de Xerxes durante vários dias, até que um traidor revelou a existência de um trilho secreto pelas montanhas. Leónidas foi apanhado de surpresa pela retaguarda por um contingente das tropas de elite de Xerxes, os «Imortais». Os Gregos lutaram com denodo e conseguiram não só eliminar um grande número de Imortais, mas também dois irmãos de Xerxes. Contudo, por fim, a pequena força foi esmagada e Leónidas, cravado de lanças e moribundo, conseguiu agarrar a coroa de Xerxes antes de tombar. O rei bárbaro arrancou-lhe o coração e descobriu que estava coberto de pelos[49].

A Batalha das Termópilas apenas conseguiu travar o avanço de Xerxes durante poucos dias. No entanto, para gerações futuras tornou-se um símbolo da coragem das causas perdidas, usado para glorificar a defesa do Álamo contra as forças do general mexicano Santa Ana, em 1836, e para encorajar o alistamento na Wehrmacht de adolescentes ainda sem idade suficiente, perto do fim da Segunda Guerra Mundial, quando o Terceiro Reich de Adolf Hitler começou a desintegrar-se[50].

A vitória persa nas Termópilas abriu o caminho para a Grécia Central. Quatro meses depois de atravessar o Helesponto, Xerxes entrou na Ática. Encontrou Atenas deserta, excepto alguns «servos do templo e os necessitados», que tentaram barricar a Acrópole contra os invasores. A resistência não durou muito tempo. Os Persas escalaram a muralha em frente da Acrópole, arrombaram as portas do templo de Atenas, chacinaram toda a gente que lá se encontrava, despojaram o santuário de todos os seus tesouros e incendiaram o edifício. Xerxes tornara-se um profanador de templos, algo que ele e o seu sucessor, Dario III, viriam a lamentar. Mas também se tornara, ainda que brevemente, senhor absoluto de Atenas([51]).

O resto dos habitantes tinha fugido para a ilha de Salamina, onde a esquadra aliada aguardava para os evacuar. Cerca de 380 navios estavam comprimidos no estreito entre Salamina e o porto do que é hoje o Pireu. Em águas menos congestionadas, no mar alto, espreitava a armada persa, muito superior em número. A única esperança de sobrevivência parecia residir numa fuga imediata. Foi então que o comandante ateniense, Temístocles, argumentou que os Gregos, em vez de arriscarem a destruição no mar alto e a consequente perda de Salamina e das cidades ainda invictas do Peloponeso, deveriam enfrentar o inimigo no estreito.

Recorrendo a ameaças, subornos e subterfúgios, Temístocles venceu o debate e a esquadra preparou-se para o combate. No entanto, estava efectivamente bloqueada. Tanto quanto sabemos – e sabemos muito pouco acerca delas –, as trirremes eram, pelos padrões modernos, embarcações pequenas, com pouco mais de 30 m de comprimento e um máximo de 4,5 m de largura, com 170 remadores distribuídos por bancos de três em ambos os lados da embarcação. E também eram frágeis, muito pouco espaçosas e difíceis de manobrar. Bastava a Xerxes esperar até que a fadiga, a escassez de mantimentos e o mau génio das várias facções gregas anulassem o acordo que Temístocles lhes impusera, após o que poderia aniquilar facilmente a esquadra grega. Mas Xerxes decidiu atacar.

Era o dia 22 de Setembro de 480 a. C. – Xerxes sentou-se num trono com pés de prata, no sopé do monte Egáleo, que dominava o estreito, e ficou à espera da inevitável vitória. Junto a ele, estava sentado o seu secretário, para registar o comportamento dos seus súbditos, caso algum decidisse desertar.

Ao alvorecer, os Gregos saíram do estreito e atacaram a armada persa. «A primeira coisa que ouvimos», declara em *Os Persas*, de Ésquilo, o mensageiro que leva as notícias da derrota a Susa, e que pode muito provavelmente estar a basear-se nas recordações que o próprio Ésquilo tinha do evento, «foi um grande clamor, um uivo do vento, os Gregos

> Cantando juntos, gritando de alegria
> E o Eco devolveu imediatamente
> dos rochedos da ilha,
> alto e claro,
> aquele grito de guerra.

O terror invadiu todos os Persas.
Tínhamos sido enganados:
Os Gregos
Não estavam a fugir, não,
Entoavam aquele sinistro cântico triunfal
Como homens que correm para o combate
Certos da vitória([52]).

Os Persas tiveram algum sucesso inicial. Mas depois, quando a esquadra ateniense começou a empurrá-los, as galeras da retaguarda, que tinham avançado em massa na esperança de fazerem «algum serviço perante os olhos do rei», viram-se abalroadas à popa pelos outros navios da armada persa. O tamanho da frota e a ausência de um plano de batalha claro revelaram-se fatais. «A esquadra grega agia como um todo», observa Heródoto com satisfação, «enquanto que os Persas tinham perdido a formação e já não combatiam de acordo com nenhum plano». «Primeiro», declara o mensageiro, «a torrente da armada persa

Resistiu. Mas quando os nossos navios
Se comprimiram no estreito,
Sem se conseguirem auxiliar mutuamente,
Feriram-se uns aos outros com os seus dentes de ferro,
E quebraram-se as ordens dos remos.
Os navios gregos, aproveitando a oportunidade,
Moveram-se à nossa volta, arpoando e virando
Os nossos cascos.
Perante os nossos olhos, o mar desapareceu:
Ficou coberto de destroços e de cadáveres flutuando.

Os Persas debandavam em total confusão. As trirremes que tentaram lutar foram abalroadas pelos Atenienses e por uma esquadra egineta, que se postara à saída do estreito, à espreita das embarcações inimigas que tentassem escapar. «Parecíamos atuns ou peixes apanhados na rede», lamenta-se o mensageiro,

pois eles continuaram, espetando-nos e esventrando-nos
Com remos partidos e bocados de destroços,
E os gemidos e os gritos afogaram

O barulho do mar até que
O rosto negro da noite tudo envolveu[53].

Duzentos navios persas, um terço da armada, afundaram-se. Ariabignes, irmão de Xerxes, juntamente com centenas de marinheiros persas e aliados, afogaram-se porque, ao contrário dos Gregos, não sabiam nadar. Além do mais, as suas longas vestes prejudicavam-lhes os movimentos e eles ficaram presos aos destroços dos navios, com os seus corpos «submersos e ao sabor das ondas, sem vida». O que restava da armada persa arrastou-se para Falérios(*), onde beneficiava da protecção do exército, e foi recebida pela fúria de Xerxes[54]. «Um rei estava sentado no cimo do penhasco», escreveu Byron,

Que domina Salamina, nascida do mar;
Em baixo, havia milhares de navios,
E homens de muitas nações; e todos lhe pertenciam!
Ao alvorecer, ele contou-os
E onde estavam, quando o sol se pôs?

Fora a maior batalha naval da Antiguidade. E fora também uma vitória alcançada pela perícia ateniense e, em grande medida, por navios atenienses, liderados por um comandante ateniense. Consequentemente, acabou por ser compreendida como uma grande batalha ateniense. Acima de tudo, foram Atenas e a forma de governo singularmente ateniense – a democracia – que salvaram os Gregos de se tornarem escravos do Grande Rei, e Atenas emergiria de Salamina como o principal Estado do mundo grego.

Duas coisas ajudaram a reforçar esta imagem de Salamina não como apenas um grande triunfo grego, mas também uma grande vitória da democracia. Em primeiro lugar e em larga medida, fora obra de um homem provavelmente muito ligado ao partido democrata «radical» de Atenas. Temístocles viria a ser suspeito de traição e condenado à morte à revelia, e – ironia final – acabou por procurar refúgio junto de Xerxes, tendo sido, tanto quanto sabemos, um dos poucos gregos que aprendeu persa. Mas na imaginação popular e, em particular, na narrativa do grande historiador ateniense Tucídides, ele permaneceria o herói que salvara a Grécia da escravidão[55].

(*) Baía arenosa situada a cerca de 10 km de Atenas, principal porto da cidade até à construção do Pireu por Temístocles, em 491 a. C. (*N. do T.*)

Salamina fora também uma batalha naval. Fora ganha por marinheiros, não por soldados. Ao contrário da infantaria pesada, os célebres hoplitas, homens suficientemente abastados para providenciarem o seu próprio equipamento, os marinheiros – a «gente dos remos» – eram geralmente recrutados entre os pobres (razão pela qual Platão, um aristocrata desenganado, a considerava muito inferior à vitória de Maratona, alcançada pelos aristocráticos hoplitas)([56]). Salamina fora uma batalha na qual aqueles que tinham mais a ganhar com a democracia haviam conseguido defender a Europa de um tirano oriental. Transformaria Atenas na potência naval dominante no Mediterrâneo, e lançou as bases do que veio a ser designado por «Império Ateniense».

A batalha alteraria para sempre não apenas a natureza do mundo grego, mas também o futuro da Europa e das relações da Europa com a Ásia. «Estava em jogo o destino da história do Mundo», escreveu, em 1830, o filósofo alemão Georg Friedrich Hegel.

> De um lado, o despotismo oriental – um mundo unido sob um mesmo amo e soberano; do outro, Estados separados – insignificantes em extensão e recursos – mas animados pela individualidade livre, frente a frente, prontos para o combate. Nunca na História se manifestou tão gloriosamente [...] a superioridade do poder espiritual sobre a grandeza material»([57]).

Após a batalha, os Gregos prepararam-se para um ataque persa por terra. Nada aconteceu. A única iniciativa de Xerxes foi executar os seus capitães fenícios por alegada cobardia. Furiosos, os Fenícios regressaram a casa, seguidos, pouco depois, pelos Egípcios, deixando efectivamente Xerxes sem marinha. O Grande Rei, receando que a esquadra grega navegasse até ao Helesponto para destruir a ponte de barcos e cortar-lhe a retirada, entregou o comando do exército a Mardónio e regressou a Susa([58]).

As forças terrestres de Xerxes, sob o comando de Mardónio, ficaram para trás. Porém, desmoralizadas e divididas, foram derrotadas em Plateia, em 479 a. C., e na Primavera do mesmo ano, em Mícale. Foram assim aniquiladas duas das seis forças persas comandadas por Mardónio. Uma terceira foi chamada à Pérsia para combater as populações revoltadas da Ásia Ocidental. As restantes arrastaram-se de regresso à Pérsia, o melhor que puderam. Tal como Élio Aristides diria, séculos mais tarde, ao imperador Antonino Pio, Xerxes «suscitara admiração menos pela sua grandeza

MUNDOS EM GUERRA

do que pela grandeza da sua derrota»[59]. Com aquela derrota, as Guerras Pérsicas chegaram aparentemente ao fim. Para celebrar a batalha final, os aliados gregos ergueram, em Delfos, um monumento constituído por três serpentes entrelaçadas, inscritas com os nomes das trinta e uma cidades-estados que tinham resistido aos Persas. Séculos depois, o imperador romano Constantino mandou levá-lo para a sua nova capital oriental, Constantinopla. A base ainda lá se encontra, no Hipódromo, no centro de Istambul, uma cidade que, ironicamente, foi, durante centenas de anos, a capital dos novos senhores da Ásia: os Turcos otomanos.

As batalhas das Termópilas, Maratona e Salamina tinham, tal como Lísias viria a observar, «garantido permanentemente a liberdade da Europa»[60]. Se Xerxes tivesse tido êxito, se os Persas tivessem subjugado toda a Grécia continental e convertido as cidades-estados gregas em satrapias do Império Persa, se a democracia grega tivesse sido extinguida, não teriam existido o teatro grego, a ciência grega, Platão, Aristóteles, Sófocles, Ésquilo. A incrível explosão de energia que se verificou durante os séculos V e IV a. C., e que lançou as bases da civilização ocidental, nunca se teria verificado. É obviamente impossível dizer o que teria acontecido numa Grécia governada pela Pérsia, mas uma coisa é certa: entre 490 e 479 a. C., o futuro do mundo ocidental esteve perigosamente em jogo.

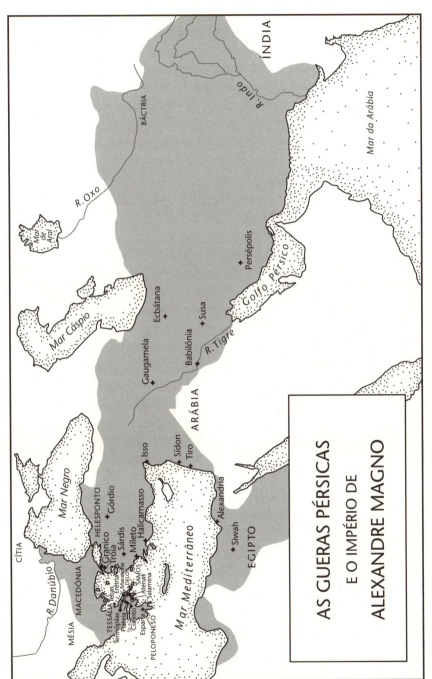

Capítulo 2

À Sombra de Alexandre

I

O fim das Guerras Pérsicas alterou fundamentalmente a relação entre a Europa e a Ásia. A história que Heródoto narra é a história de uma luta entre duas civilizações, duas formas de entender a autoridade política, dois modos de vida e, em última análise, duas concepções da humanidade. Mas os seus Persas não são os «outros» no sentido em que este termo é hoje abusivamente utilizado. Não obstante todas as suas diferenças, os Gregos e Persas de Heródoto partilham uma etnia comum, que os distingue das raças mais exóticas por ele descritas, criaturas como os lotófagos, os fabulosos «comedores de lótus» que se alimentavam exclusivamente do fruto desta planta, ou os atarantes, que não têm nomes próprios e amaldiçoam o Sol[1]. Estes eram e continuariam a ser irremediavelmente «outros». Mas os Persas, não. Apesar do muito que abomina a tirania de Xerxes, Heródoto tem uma grande admiração pela coragem persa. E até admira a grandeza persa – embora isto contraste fortemente com a muito apregoada simplicidade dos Gregos –, e tem um respeito muito particular pelo que descreve como a insistência dos Persas em dizerem sempre a verdade – ao contrário dos Gregos, eternos matreiros.

No entanto, as Guerras Pérsicas provocaram um endurecimento da distinção entre os Gregos e todos os outros habitantes do mundo, os «bárbaros». Originalmente, a palavra «bárbaro» – *barbaros* –, que tan-

MUNDOS EM GUERRA

to relevo adquiriria na longa história da percepção europeia do mundo não europeu – significava apenas os não falantes de grego, cujas muitas línguas os faziam soar, aos ouvidos dos Gregos, como pessoas a gague-jarem: *bar bar*.

Porém, gerações posteriores adoptariam um significado muito mais ne-gativo do termo. Dado que na perspectiva dos Gregos a fala articulada era prova da capacidade de raciocínio (*logos*), o facto de o resto da humanida-de parecer constituído de tagarelas incoerentes podia ser entendido como significando que somente os Gregos eram seres racionais, logo, verdadeira-mente humanos. Para os filósofos e os médicos, esta divisão reflectiu uma divisão existente na personalidade humana. Desde Platão e Aristóteles, a mente, a psique, passou a ser – até ao século XVII – dividida em duas partes: uma parte racional, localizada no cérebro, e uma parte irracional, composta de todas as paixões e sensações, localizadas algures no corpo, por vezes no fígado, outras vezes nos intestinos ou nos genitais, mais frequentemente no coração. Estas duas metades digladiavam-se constantemente. No ser verdadeiramente civilizado – isto é, o grego –, a mente racional triunfava quase sempre sobre a irracional. Nos bárbaros, acontecia frequentemente o contrário.

É assim, em termos gerais, que Aristóteles parece ter compreendido a distinção. Para Aristóteles, os bárbaros também poderiam – mas ele nunca teve a certeza absoluta – ser «escravos por natureza», criaturas sem quali-dades morais nem capacidade de discernimento independente, mas dotadas de um cérebro suficiente para interpretarem as ordens do amo quando ne-cessário e de músculo bastante para as executarem. Por esta razão, disse ele (citando o trágico grego Eurípides), «é próprio que os Gregos governem os bárbaros»([2]). A acreditarmos em Plutarco, Aristóteles também disse a Alexandre Magno, seu pupilo, quando este deu início às suas campanhas na Ásia, para tratar unicamente os Gregos como seres humanos e con-siderar todos os outros povos que subjugasse como animais ou plantas. Plutarco também diz que Alexandre, sensatamente, ignorou este conselho do seu mentor, pois se o tivesse seguido teria «enchido os seus reinos com exilados e rebeliões clandestinas»([3]). Não podemos saber o quão difun-dida entre os Gregos era esta perspectiva do «bárbaro». Contudo, Platão, escrevendo pouco tempo antes de Aristóteles, no seu diálogo *Político*, faz o orador principal, o «Estrangeiro de Eleia» (uma cidade do Sul de Itália) queixar-se de que

À Sombra de Alexandre

Neste país, separam as raças helénicas das restantes, e a todas as outras raças, que são inúmeras e não têm relações de sangue entre si, atribuem o único nome de «bárbaras»; e por causa deste único nome, julgam que elas são uma única espécie([4]).

Muitas gerações posteriores de europeus – ainda hoje – deram como adquirido que os Gregos eram extremamente etnocêntricos. Segundo afirmou o filósofo alemão do século XVIII Immanuel Kant, a tendência dos Gregos para rotularem o resto da humanidade como «bárbaros», foi «uma fonte perfeita que contribuiu para o declínio dos seus Estados»([5]). Mas Kant estava essencialmente errado. Sim, os Gregos eram etnocêntricos – todos os povos são. Mas de entre todos os povos, os Gregos foram dos menos culpados. Afinal de contas, possuíam uma palavra – *anthropos* – para descreverem não apenas os Gregos, mas todos os seres humanos. Outros povos poderão ter possuído termos similares, mas estes não são fáceis de identificar. Tal como observou o grande antropólogo francês Claude Lévi-Strauss, «muitas tribos primitivas referem-se a si próprias simplesmente com o seu termo para "homens", mostrando que, aos seus olhos, uma característica essencial do homem desaparece além dos limites do grupo»([6]).

Não era assim com os Gregos. No entanto, apesar da sua enorme curiosidade acerca do mundo exterior, apesar de os Gregos serem, nas suas próprias palavras, «eternos viajantes», *poluplanês*, a distinção entre «eles» e «nós», entre Gregos e «bárbaros» – o que significava, para todos os efeitos, entre Gregos e asiáticos –, tornou-se consideravelmente mais rígida após as Guerras Pérsicas.

As Guerras Pérsicas também alteraram de outras formas as imagens da predominância da Europa sobre a Ásia. Para muitos – até para Ésquilo, ao que parece –, a espantosa vitória dos Gregos em Salamina fora um acto de recompensa divina. Não fora a superioridade numérica – tal como em *Os Persas* o mensageiro diz a Atossa –, nem a manha ou a coragem que tinham dado aos Gregos o seu triunfo.

Foi um Poder,
Algo não humano,
Que fez pender a balança da sorte
E ceifou as nossas forças([7]).

«Zeus, severo juiz» – recorda ao público o espectro de Dario, o Grande –, «castiga os pensamentos demasiado soberbos»([8]).

Mas na versão de Heródoto, os deuses, embora espreitem constantemente dos bastidores, não intervêm directamente nos assuntos dos homens. Tal como Maratona, Salamina é descrita como uma vitória alcançada pelos homens através do seu valor individual e, mais perenemente, por obra das virtudes da cultura política democrática a que pertencem([9]). Para Tucídides, que transmitiu tudo isto à geração seguinte, os deuses não desempenham nenhum papel na acção. A partir de então, a humanidade seria responsabilizada pelos seus actos e senhora do seu próprio destino. Os deuses – e posteriormente Deus – podem estar presentes para ajudar, para guiar, mas nunca mais assumirão um papel activo e intrusivo – excepto nas ocasiões mais fantásticas – nos assuntos dos homens. Veremos que mais tarde – muito mais tarde – isto assumirá a forma que nos é familiar mas que os antigos ainda desconheciam, de uma distinção entre religião e sociedade, entre a autoridade do governante e a do sacerdote. E veremos também que será esta a força mais poderosa na formação da identidade do «Ocidente» e a garantir o seu sucesso.

II

Mas a derrota de Xerxes não pôs fim à ameaça persa. Em 478/477 a. C., para evitar a quase desastrosa ausência de coesão entre os Gregos que marcara a sua resposta às ofensivas persas, foi constituída uma liga «cujo princípio orientador», diz-nos Tucídides, «era devastar as terras do rei como vingança pelos males sofridos»([10]). Conhecida hoje por Liga de Delos, dado que os seus membros, para debaterem as políticas a seguir, concordaram reunir-se na ilha sagrada de Delos, onde também foi guardado o tesouro da Liga, foi formada pelas cidades jónias da costa ocidental da Ásia Menor, do Helesponto e da Propôntida(*). Embora de estatuto igual ao dos outros membros, Atenas era, de facto, o mais poderoso. Inicialmente, a liga teve muito êxito. As guarnições persas foram expulsas da Trácia e do Quersoneso, e foi restabelecido o controlo grego ao longo das costas ocidental e sul da Ásia Menor.

«Controlo grego» significou cada vez mais «controlo ateniense». Em 462 a. C., Trasos tentou abandonar a liga mas foi derrotada dois anos de-

---

(*) O Mar da Mármara. (*N. do T.*)

pois e forçada a aderir novamente. Quando Naxos tentou afastar-se, cerca de 467 a. C., foi igualmente obrigada a regressar à liga. Muitas outras cidades foram «acolhidas» na liga contra a sua vontade. O golpe final aconteceu em 454 a. C., quando o tesouro foi transferido de Delos para Atenas – alegadamente para sua protecção. Mas ninguém teve dúvidas quanto ao significado da medida. A Liga de Delos convertera-se – em tudo menos no nome – no Império Ateniense. Tal como a maioria dos impérios, beneficiou uns e prejudicou outros. Para Tucídides, bem como para muito panegiristas atenienses, foi justificado pela necessidade de continuar a defender a Grécia contra a ameaça perpétua dos invasores bárbaros[11].

Em 466 a. C., o comandante ateniense Címon derrotou uma força persa combinada em terra e no mar, no estuário do rio Eurimedonte. Foi um grande triunfo e dado que, à semelhança de Salamina, o combate fora travado sob liderança ateniense, realçou ainda mais o poder de Atenas. Cerca de 450 a. C., outro líder ateniense, Cálias, cunhado de Címon, negociou uma paz duradoura com Artaxerxes, sucessor de Xerxes. O novo Grande Rei aceitou limitar todas as actividades persas aos territórios a leste de Fasélis e fora do Euxino(*). Por seu lado, os Gregos aceitaram retirar de Chipre e da parte oriental do Egipto. Embora os Persas pareçam ter violado repetidamente os termos do tratado na Ásia Menor, a ameaça persa à Grécia continental e ao Egeu deixou aparentemente de existir – pelo menos, durante algum tempo –, e Atenas ficou livre para consolidar o seu domínio sobre os seus «aliados», cada vez mais descritos como «as cidades que os Atenienses governam».

Atenas convertera-se num império através de um processo simples e que seria repetido muitas vezes na história mundial. Nas vésperas da Guerra do Peloponeso, entre a Liga de Delos e uma liga de Estados liderada por Esparta, o embaixador de Atenas disse aos Espartanos que os Atenienses haviam sido «obrigados a avançar o nosso domínio de acordo com a natureza das coisas, principalmente por medo, depois pela honra, e finalmente pelo lucro»[12]. O medo, a honra e o lucro – por esta ordem – permaneceriam os motivos constantes por detrás das novas forças de dominação que os Atenienses tinham introduzido na Europa – e ainda hoje é assim.

A Guerra do Peloponeso durou, com algumas intermitências, de 431 a 404 a. C. Esparta e os seus aliados emergiram vencedores. No entanto, o

---

(*) Fasélis era uma cidade da Lícia (situada a 57 km da moderna cidade turca de Antalya); o Euxino é o Mar Negro. (*N. do T.*)

conflito enfraqueceu tanto ambos os lados que resultou no colapso total do mundo das cidades-estado gregas. Mal cessaram as hostilidades, eclodiu uma nova guerra entre Gregos e Persas. Este conflito continuou até 387/386 a. C., quando o Grande Rei Artaxerxes II conseguiu impor a chamada «Paz do Rei», que restabeleceu o controlo persa sobre as cidades-estado gregas da Ásia Menor. Todavia, em finais do século IV a. C., o poder aqueménida estava seriamente enfraquecido por rebeliões no Egipto e em Chipre, pelo que não foi tentada nenhuma grande invasão da Europa continental. Em 361 a. C., os governadores regionais persas – chamados «sátrapas» ou «detentores do poder» – das cidades costeiras da Ásia sublevaram-se contra o Grande Rei, ao mesmo tempo que os Egípcios declaravam guerra a Artaxerxes – um conflito que se arrastaria até 342 a. C.[13].

Os Aqueménidas conseguiram sobreviver, e Artaxerxes III (358-338 a. C.) esmagou as revoltas na Ásia Menor e até reconquistou o Egipto. Contudo, o seu êxito foi largamente ilusório. Tornara-se claro que o grande Império Persa atingira os limites do seu poder e começava agora a desintegrar-se lentamente. Porém, as cidades-estado gregas não estavam em posição de se aproveitarem da situação. A Guerra do Peloponeso enfraquecera seriamente todos os participantes. Em 346 a. C., Isócrates descreveu Tebas, Argos, Esparta e Atenas «reduzidas a um mesmo nível de desastre»[14]. Mais um exagero retórico, embora Atenas ainda fosse poderosa e a sua supremacia marinha no Mediterrâneo, Tebas e Argos haviam-se convertido em anacronismos e até Esparta, outrora poderosa, perdera tantos recursos que a sua população masculina adulta era de menos de mil homens.

As divisões internas não tinham impedido os Gregos de porem Xerxes de joelhos. Mas o Grande Rei acabara por ter razão ao afirmar que um dia eles se exauririam em intermináveis conflitos intestinos. «Trata-se», disse o historiador e funcionário público menor Herodiano, escrevendo na segurança do mundo romano, «de uma condição antiga entre os Gregos, que esgotaram a Grécia digladiando-se entre si e desejando destruir os que pareciam proeminentes»[15].

Mas enquanto Atenas e as cidades do Peloponeso e da Ática definhavam, nascia, a norte, um poder grego de um tipo muito diferente. A Macedónia, uma região montanhosa que se estendia do sopé do monte Olimpo, a sudoeste, ao longo da costa do Golfo Termaico, até à Trácia, a nordeste, ligando os Balcãs à península grega, existia há muito nas margens do mundo helénico. Embora os seus povos falassem uma variação do grego e

À SOMBRA DE ALEXANDRE

partilhassem com os Gregos os mesmos deuses e muitas práticas culturais, eram geralmente desprezados como bárbaros rústicos, demasiado afeiçoados à caça, à peleja e à bebida.

A Macedónia também se diferenciava da maioria dos outros Estados gregos por ser uma monarquia e não uma cidade-estado. Mas era populosa e potencialmente rica, e retirara muitos benefícios da ocupação persa, entre 512 e 476 a. C. Apenas as disputas dinásticas e as intervenções estrangeiras tinham impedido o reino de desempenhar um papel de relevo nos assuntos da Grécia. Isto alterou-se em 359 a. C., com a ascensão de um monarca carismático e implacável, Filipe II. Nos 23 anos do seu reinado, Filipe transformou a Macedónia no mais poderoso dos Estados gregos. Foi ele quem criou o aparentemente invencível exército macedónio, que em Agosto de 338 a. C., em Queroneia, na Beócia, a noroeste de Tebas, alcançou uma vitória esmagadora sobre uma aliança de cidades do Sul da Grécia, lideradas por Atenas e Tebas. Para comemorar a vitória foi erguido um magnífico leão de pedra, que ainda se encontra no local. A Batalha de Queroneia converteu Filipe no senhor do mundo grego e transformou a Macedónia numa superpotência inatacável que surgiu em sonhos a Daniel, profeta do Antigo Testamento, como «um animal horroroso, aterrador, e de uma força excepcional. Tinha enormes dentes de ferro; devorava, depois fazia em pedaços e o resto calcava-o com os pés»[16].

Isócrates, sempre insistente, disse a Filipe que era chegada a altura de recordar a antiga e eterna inimizade entre Gregos e Persas. «Tão enraizada na nossa natureza é a nossa hostilidade para com eles», declarou,

> que até no que diz respeito às nossas histórias, gostamos mais das que falam da Guerra de Tróia e das Guerras Pérsicas [...] a própria poesia de Homero conquistou maior fama porque ele glorificou nobremente os homens que lutaram contra os bárbaros, razão pela qual os nossos antepassados decidiram atribuir à sua arte um lugar de honra nas nossas competições musicais e na educação da nossa juventude, de modo que, ao ouvirmos repetidamente os seus versos, possamos aprender de cor a inimizade que há muito existe entre nós e eles[17].

Por fim, tal como Isócrates ansiava, Filipe declarou guerra ao Império Persa, com a intenção, afirmou ele, de vingar o sacrilégio que Xerxes perpetrara no templo da deusa Atena, na Acrópole, e de libertar novamente as cidades da Ásia Menor dos seus amos estrangeiros.

Mas não se trataria uma mera expedição punitiva, de uma simples guerra de libertação. Seria uma guerra de desgaste, não em nome da Macedónia mas de toda a Grécia, uma guerra que poria definitivamente fim ao poderio persa. Na Primavera de 336 a. C., uma força expedicionária de aproximadamente 10 000 homens, liderada por Filipe, atravessou o Helesponto. Mas não chegou muito longe. No Outono, e antes de ter lugar qualquer recontro significativo com o exército persa, Filipe foi assassinado e o grande exército retirou para a Grécia continental([18]).

O homem que herdou o trono de Filipe foi o seu filho, Alexandre III, conhecido na história como Alexandre Magno. Dois anos após a morte de seu pai, reuniu outro exército: 43 000 infantes, armados com as temíveis *sarissas* de 6 metros de comprimento, e 5500 cavaleiros – o maior exército a partir alguma vez de solo grego. Um chefe de guerra grego preparava-se novamente para fazer o caminho de Xerxes em sentido contrário, de ocidente para oriente. Para deixar o facto bem vincado, Alexandre desceu até Eleúsa, a extremidade mais a sul do Quersoneso. Aí se situava o ponto de travessia para a Tróada, o montanhoso canto noroeste da Ásia Menor, que flanqueava o Helesponto, o lugar de onde uma força grega unida, liderada por Agamémnon, lançara o seu ataque sobre Tróia naquela que fora a primeira invasão pan-helénica da Ásia.

Ali se localizava também o túmulo de Protesilau, supostamente o primeiro grego a desembarcar em Tróia e primeira vítima da Guerra de Tróia. A Tróada também era sagrada para Atenas, cujo templo fora profanado pelos homens de Xerxes, tal como um contingente persa, em 480 a. C., pilhara a sepultura de Protesilau. Alexandre realizou complexos sacrifícios junto ao túmulo de Protesilau, e quando o exército ia a meio da travessia sacrificou a Posídon, deus dos mares, e às Nereides, e derramou uma libação ritual nas águas do Helesponto. O significado destes actos não teria escapado a ninguém. Alexandre estava empenhado numa expedição para vingar as atrocidades cometidas contra todo o povo grego e os seus deuses. E ele, que se auto-intitulava descendente de Hércules, Aquiles e Ájax, e que alegadamente trazia sempre consigo uma cópia do poema de Homero anotada por Aristóteles, repetiria os feitos dos heróis da *Ilíada*, seus antepassados, mas agora contra um inimigo muito mais letal do que o poderoso adversário que eles tinham enfrentado. Nalguns aspectos, os seus actos de obediência perante as divindades que presidiram à travessia do exército poderão ter sido convencionais. Porém, o contraste entre eles e a tentativa de Xerxes – ainda presente na memória – de flagelar e acorrentar o Helesponto não poderia ser mais forte.

À SOMBRA DE ALEXANDRE

Atravessado o estreito, Alexandre, imitando Protesilau, foi o primeiro a desembarcar. Equipado com a armadura completa, postou-se em frente das suas tropas, atirou uma lança cerimonial sobre a praia e declarou que os deuses lhe tinham concedido a Ásia como território «conquistado pela lança». Depois, significativamente, acrescentou uma oração para que «aquelas terras não o rejeitassem como rei»[19]. Alexandre não desejava apenas conquistar; desejava governar e, conforme lhe ensinara a história do longo conflito entre Persas e Gregos, sabia que a governação requeria o consentimento – ainda que relutante – dos governados.

Para o efeito, não invocou apenas deuses da Grécia. No seu entendimento, também eram deuses da Ásia. Não o moderno Ahura Mazda, mas a Atena Troiana, cujo santuário, em Ílion, ele visitou. Segundo Plutarco, Alexandre realizou uma corrida com os seus companheiros, nus, «de acordo com o costume», à volta da coluna que supostamente marcava o túmulo de Aquiles, e ofereceu complexas honrarias aos heróis mortos da Guerra de Tróia. De seguida, trocou a sua armadura cerimonial pelas relíquias existentes no santuário. A partir de então, Alexandre entraria sempre em combate levando à sua frente aquilo que acreditava serem as armas dos seus antepassados homéricos.

Até ao momento, cada um dos seus passos fora representado como uma guerra para corrigir injustiças passadas, à semelhança da campanha de Tróia. Mas as ambições de Alexandre eram maiores do que as de Agamémnon e seus seguidores. Os seus exércitos não iam apenas à conquista; apresentavam-se a reconciliar e a unir, não a prolongar mas a pôr termo à inimizade perpétua de Heródoto entre a Europa e a Ásia. Em memória de Andrómaca, a princesa troiana cativa(*), Alexandre concedeu dádivas opulentas à comunidade de Ílion, e realizou um sacrifício apotropaico a Príamo, último rei de Tróia, procurando assim expiar o seu assassínio por Neoptólemo, filho de Aquiles – e suposto antepassado de Alexandre(**).

Estava montado o cenário para a conquista grega da Ásia, acto final num drama que começara, séculos antes, com o rapto de Helena, rainha de Esparta, por um príncipe asiático.

(*) Mulher de Heitor, morto por Aquiles, tornada escrava de Neoptólemo após a queda de Tróia . (*N. do T.*)

(**) Neoptólemo e Andrómaca geraram Molosso, antepassado de Olímpia, mãe de Alexandre Magno. (*N. do T.*)

Os exércitos persa e macedónio enfrentaram-se pela primeira vez nas margens do rio Granico (hoje Kocabas)(*), em Maio de 334 a. C. Alexandre, no seu papel entretanto tornado familiar de novo Aquiles, envergando a armadura que retirara do templo de Atena em Ílion e com um capacete curiosamente muito pouco homérico – com duas grandes asas brancas –, lançou-se fogosamente na refrega. Atacou dois nobres persas, Roesaces e Espitridates, e teria sido morto pela súbita espada de um terceiro não fosse a intervenção de Clito, conhecido por «Clito, o Negro», irmão da ama-seca de Alexandre. As forças persas, dispondo de uma esmagadora superioridade numérica, foram efectivamente aniquiladas, devido, em larga medida, às tácticas temerárias mas inspiradas de Alexandre. Dario perdeu o genro, Mitrídates, o filho, Arbules, o tio da mulher, Fárnaces, e muitos outros nobres persas. O alto comando persa ficou seriamente desfalcado. O caminho para a Ásia estava totalmente aberto. O grego Calístenes, sobrinho de Aristóteles, que acompanhava a expedição como seu historiador oficial, associou o local da batalha à deusa grega Némesis e afirmou que tinha sido travada no mesmo mês da queda de Tróia[20].

Alexandre enterrou os seus mortos, ordenou que fosse erguida uma estátua comemorativa de bronze, da autoria do grande escultor Lísipo, e enviou trezentas panóplias persas para o Pártenon, em honra de Atena. Eram, observou ele na sua dedicatória, os primeiros frutos da sua guerra de vingança. Os mercenários gregos sobreviventes que tinham combatido por Dario, helenos que haviam lutado contra helenos, foram enviados para a Macedónia para acabarem os seus dias como trabalhadores agrícolas, um destino muito mais degradante e possivelmente muito pior do que a morte no campo de batalha.

Começou então a emergir uma política de reconciliação, destinada a tornar a nobreza persa «disposta» a aceitar Alexandre como seu verdadeiro soberano. Os oficiais persas caídos no Granico foram adequadamente enterrados ao lado dos Gregos. Ao contrário do que teria sido habitual, o exército foi proibido de saquear e pilhar as cidades asiáticas subjugadas. Os camponeses que desceram das montanhas para se oferecerem como escravos ao seu novo senhor foram mandados embora como súbditos livres, «cada um para a sua propriedade»[21].

Uma a uma, as cidades do Império Aqueménida – Sárdis, Éfeso, Mileto, Fasélis [Lícia], Aspendo [Panfília], Celenas e Górdio – renderam-se ao

---

(*) Perto da moderna cidade de Biga, no Noroeste da Turquia. (*N. do T.*)

jovem rei, que parecia invencível. Em Górdio, Alexandre deteve-se tempo suficiente para realizar um daqueles actos simbólicos cuja memória sobreviveu muito depois de esquecidas as suas conquistas.

Mostraram-lhe, no templo de Zeus Basileu, o lendário carro de Górdio, o fundador da dinastia frígia. A canga estava atada ao timão por correias de casca de cerejeira num nó complexo e feito de tal modo que não se viam as pontas – era aparentemente impossível de desatar. Segundo uma antiga profecia, aquele que conseguisse desatar o «nó górdio» tornar-se-ia senhor da Ásia. Acompanhado pelos seus cortesãos e por uma multidão de mirones frígios e macedónios, Alexandre subiu à acrópole. Durante algum tempo, tentou desatar o nó, certamente ciente de que um fracasso, em frente de tantas testemunhas interessadas, seria desastroso. Por fim, furioso e frustrado, terá alegadamente dito, «Que diferença faz *como* o desato?» De seguida, desembainhou a espada e cortou o nó. Nessa noite, levantou-se uma violenta tempestade que Alexandre e os seus adivinhos interpretaram como um sinal da aprovação de Zeus, após o que Alexandre proclamou publicamente, pela primeira vez, as suas pretensões legítimas à soberania de toda a Ásia. Para os historiadores posteriores, este acto tornou-se um sinal de apoio divino à campanha, e ainda hoje «cortar o nó górdio» é uma metáfora para uma acção ousada e violenta na tomada de uma decisão extremamente difícil[22].

No princípio do Inverno de 333 a. C., em Isso, na Cilícia(*), Alexandre derrotou um exército persa vastamente superior em número, garantindo o controlo do que é hoje o Próximo Oriente, até ao Eufrates. Ficou também na posse da mulher de Dario, Estatira, da mãe, Sisigâmbis, e de várias princesas da casa real. A captura das persas por Alexandre tornou-se um tema lendário e, muito mais tarde, um tópico favorito em quadros mitológicos da Renascença. Em todas estas pinturas, as mulheres reais, orgulhosas mas prostradas, são retratadas oferecendo a obediência ao seu novo senhor. Em vez de as condenar a uma vida de escravatura ou pior, o jovem rei levanta-se do trono e oferece a mão a Estatira. Alexandre, disse-lhes ele, não viera para as destruir, mas «fizera legitimamente a guerra pela soberania da Ásia». É a representação do conquistador magnânimo, do verdadeiro herói que sabe ser generoso na vitória.

E assim aconteceu. Mas a magnanimidade de Alexandre fazia parte de um plano geral. Ao contrário do que teria sido habitual, em vez de libertar as mulheres em troca de um resgate, ele manteve-as consigo. Alexandre te-

---

(*) Antigo nome da região sul da Península da Anatólia. (*N. do T.*)

ria certamente aprendido muito acerca dos costumes persas com o seu tutor, Aristóteles, e tal como as suas acções posteriores tornam claro, ele saberia que na casa real aqueménida a sucessão podia ser transmitida pela linha feminina[23]. Além do mais, ao praticamente adoptar a família de Dario como sua, Alexandre não estava apenas a despojar o Grande Rei dos seus reinos, estava também a destitui-lo do seu estatuto, o qual, com o tempo, ele próprio assumiria. Alexandre chegou ao ponto de se dirigir a Sisigâmbis como «mãe», e diz a lenda que ela se tornou tão dedicada ao seu novo «filho» que quando ele morreu, dez anos mais tarde, se deixou morrer à fome por desgosto.

Alexandre confirmou todos os membros da família de Dario – até o seu jovem filho – nos seus títulos e insígnias anteriores, providenciou dotes reais às filhas de Dario e quando Estatira morreu, em 331 a. C., ofereceu-lhe um funeral régio. Mas as coisas não ficariam por aqui. Ainda no mesmo ano, Alexandre saiu com o exército da Cilícia, atravessou o Norte da Síria e entrou na Fenícia. No entanto, deixou as princesas reais em Susa, com instruções para que fossem educadas à maneira grega. Elas estavam destinadas a desempenhar um importante papel simbólico na sua tentativa de união da Europa com a Ásia.

Alexandre também tirou a Dario um cofre de ouro no qual colocou os rolos que constituíam a sua cópia da *Ilíada*, que se tornou conhecida por «cópia do cofre», e passou a dormir com ele – e com um punhal – debaixo da cama.

O exército macedónio avançou para sul, ao longo da costa da Síria. Num local que hoje dá pelo nome de Amrit, Alexandre recebeu um embaixador de Dario. Às aberturas de paz do Grande Rei, algo insuficientes, Alexandre respondeu que estava a exercer vingança pelas injustiças cometidas pela pérsia, que Dario era um usurpador do trono persa e que ele, Alexandre, era agora o verdadeiro soberano de toda a Ásia – tal como reconheceram de bom grado os nobres persas cujas graças ele conquistara. Dario poderia ter paz, mas só se estivesse preparado para aceitar Alexandre como seu suserano. Alexandre estava a converter progressivamente uma guerra de conquista e vingança na fundação de um novo Estado imperial que cumpriria a antiga ambição aqueménida de unir as duas metades do mundo conhecido. Mas não seria uma união de amos e escravos. Tal como Alexandre proclamava em cada cidade que se lhe rendia, seria uma união de homens livres com um único soberano, que passaria a ser grego em vez de persa.

Não surpreendentemente, Dario rejeitou estas pretensões. Alexandre entrou no Egipto, desde sempre um súbdito incerto e rebelde do Grande

Rei. Foi acolhido como libertador e coroado com a coroa do faraó. Em 30 de Setembro ou 1 de Outubro de 331 a. C., na planície de Gaugamela, perto da actual Irbil, no Norte do Iraque, os Gregos derrotaram o segundo grande exército que Dario reunira contra eles. Foi o combate decisivo. Alexandre assumiu o lugar de Dario em todas as terras a oeste dos montes Zagros. Proclamou-se imediatamente Grande Rei e mandou dizer a todos os Estados gregos da Ásia que «as tiranias estavam abolidas e que poderiam viver de acordo com as suas próprias leis»[24]. No Inverno de 331-330 a. C., Babilónia capitulou sem resistência e os seus habitantes receberam-no com flores e incenso, numa recriação da entrada de Ciro na cidade, em 539 a. C. À semelhança de Ciro, Alexandre afirmou ter vindo «impor» a paz, aceitou a titulatura formal da antiga realeza babilónica e decidiu fazer da cidade a nova capital dos seus domínios asiáticos.

De seguida, Alexandre virou as suas atenções para o interior do império, para as cidades da própria Persis. Em Janeiro de 330 a. C., entrou na grande capital persa, Persépolis.

Durante toda a campanha, Alexandre estivera relativamente restringido na forma de tratar com as populações subjugadas ou, pelo menos, os seus haveres. Os seus homens limitaram-se a observar enquanto os tesouros das grandes cidades persas entravam sucessivamente nos cofres de Alexandre. Mas começaram a agitar-se. Para evitar um eventual motim, Persépolis foi entregue ao exército vitorioso. Alexandre encorajou as tropas a matarem todos os homens que encontrassem, «considerando que lhe seria vantajoso».

Durante um dia inteiro, as casas da nobreza foram saqueadas, as mulheres subjugadas e tudo o que não podia ser levado foi destruído. Entretanto, Alexandre inspeccionava os cofres do Grande Rei, descobrindo-se que continham 120 000 talentos datando da época de Ciro, o Grande. Alexandre guardou consigo uma pequena parte desta riqueza astronómica e enviou o resto para Susa e Ecbátana. Para o efeito, teve que requisitar todos os animais de carga do exército e 3000 camelos. Não faz sentido tentar calcular o valor actual deste tesouro, mas foi estimado que representava o equivalente ao total das receitas do Império Ateniense no seu auge, no século V a. C., durante quase trezentos anos[25]!

Os magníficos palácios e templos do Grande Rei, a grande Câmara das Audiências, o Salão das Cem Colunas de Xerxes, todo o complexo de edifícios que constituía o centro espiritual do império e se espraiava, qual vasto palco, ao longo dos terraços frente à cordilheira de Kuhn-i-Rahmet – tudo isto, espectacular mesmo em ruínas, fora poupado. Mas não por muito tempo. Alexandre poderá ter estado à espera do festival do Ano Novo persa, na esperança de que os nobres persas, amedrontados, o reconhecessem como novo Grande Rei e representante de Ahura Mazda na terra. Mas esperou em vão. Em Maio, era já tarde demais. O Ano Novo passara e os sacerdotes persas continuavam hostis. No espírito de Alexandre, Persépolis tornara-se «a cidade mais odiada da Ásia» e um possível ponto focal para uma revolta.

Em finais de Maio, Alexandre ofereceu sacrifícios cerimoniais em honra dos seus triunfos recentes e deu um banquete no palácio. Reza a história que ficou podre de bêbedo – algo que, diz também a lenda, era frequente. Taís, uma cortesã ateniense e amante de um dos seus generais, Ptolomeu, arengou inflamadamente aos presentes e instou Alexandre a recordar-se do seu voto de vingança pelo incêndio do Pártenon por Xerxes. Que melhor vingança haveria do que incendiar o palácio de Xerxes? O próprio Alexandre conduziu Taís numa dança ébria pela grande escadaria acima, enquanto as cortesãs, as *hetairai*, tocavam flauta para os convidados. Diz-se que, à entrada do Salão Magno, Alexandre terá hesitado antes de cometer o maior acto isolado de vandalismo da história antiga. Mas a hesitação foi breve. Depois, lançou a primeira tocha para o grande salão de Xerxes. As enormes vigas de cedro que constituíam o tecto e os painéis de cedro das paredes irromperam rapidamente em chamas – as cinzas ainda lá se encontravam na década de 50. O exército, atraído pela conflagração, pilhou e vandalizar tudo o que escapou às chamas. Os soldados apoderaram-se de todas as moedas que Alexandre não tinha levado, de todo o ouro, de todas as jóias. Saquearam o arsenal, em busca de espadas e punhais (mas deixaram para os arqueólogos milhares de pontas de flecha de bronze e de ferro). Destruíram tudo o que não podiam transportar facilmente, decapitaram estátuas e desfiguraram os baixos-relevos[26].

O palácio permaneceria uma ruína esventrada e abandonada, visitado apenas por saqueadores e arqueólogos até ser parcialmente restaurado pelo último Grande Rei persa, em 1971, para celebrar aquilo que ele, Muhammed Reza Xá Pahlavi, filho de um oficial do exército que se apoderara do trono através de um golpe, em 1925 – dando à dinastia que fundava o nome de uma antiga forma da língua persa(*) –, contava convencer os seus

---

(*) O pahlavi (ou pahlevi) é uma mistura de aramaico imperial, de onde deriva a sua caligrafia, ideogramas e parte do vocabulário, com iraniano médio, de onde provêm as suas terminações e a maior parte do seu vocabulário. É essencialmente um sistema de escrita. (*N. do T.*)

À SOMBRA DE ALEXANDRE

súbditos, cada vez mais descontentes, serem dois milénios de governação aqueménida. Durante uma semana, um grupo de dignitários internacionais comeu pavão assado recheado com *foie gras* e consumiu 25 000 garrafas de champanhe fornecidas pelo Maxim de Paris (as comemorações terão custado 200 milhões de dólares, uma fortuna gigantesca em 1970).

No auge das festividades, rodeado de soldados vestidos de guerreiros aqueménidas, o xá proclamou-se herdeiro de Dario e Xerxes. «Para ti, Ciro, Grande Rei, Rei dos Reis», disse ele perante os seus convidados,

> De mim, Shahanshah do Irão, e do meu povo, saudações! [...] Encontramo-nos aqui, neste momento em que o Irão renova o seu compromisso com a História, para te testemunharmos a imensa gratidão de um povo inteiro, imortal Herói da História, fundador do império mais antigo do mundo, grande libertador de todos os tempos, digno filho da humanidade[27].

Cinco anos mais tarde, o xá substituiu o calendário lunar islâmico por uma versão do antigo calendário solar «imperial» zoroastrista, com início na suposta fundação da Dinastia Aqueménida, vinte e cinco séculos antes. O ano muçulmano de 1396 (1976) tornou-se 2535. Mas nada disto surtiu o efeito desejado. Em 1979, o xá foi deposto por uma revolução orientada, a partir de Paris, por um clérigo descontente chamado Khomeini. A monarquia iraniana foi substituída por uma república islâmica. Ironicamente, foi a primeira vez que uma teocracia muçulmana adoptou abertamente o nome – mas não as práticas – de uma instituição política pagã e ocidental. O novo senhor do Irão não queria saber de nostalgias «persas», e o que restava de Persépolis esteve quase para ser arrasado com escavadoras a mando do braço direito de Khomeini, o *ayatollah* Sadegh Khalkhali.

Heródoto – como Alexandre bem saberia – pusera Xerxes a declarar, à partida para a conquista da Europa, que «Tudo o que possuímos passará para os Gregos, ou tudo o que eles possuem passará para os Persas»[28]. No último acto do drama, tudo o que os Persas possuíam passou efectivamente para os Gregos. Primeiro, o Grande Rei foi abandonado pelos seus confederados, depois encarcerado numa jaula dourada com grilhetas de ouro, e finalmente assassinado, pouco antes de cair nas mãos de Alexandre, perto da moderna Shahr-i-Qumis[29]. A guerra de retaliação chegara formalmente ao fim. Como seria de esperar, Alexandre tratou o seu rival derrotado com a devida cerimónia, executou publicamente os assassinos e mandou transportar o cadáver para Persépolis para aí receber um enterro real.

Depois, os Macedónios marcharam para oriente, para consolidarem o seu domínio sobre o que restava do Império Persa. Durante uma das suas campanhas, Alexandre capturou a célebre Roxana, filha de Oxiartes, um nobre iraniano-bactriano, conhecida pelos contemporâneos como «estrelinha» e alegadamente a mulher mais bela da Ásia. Pouco depois, Alexandre desposou-a. Ao longo dos séculos, o casamento foi celebrado, em poemas e quadros, como uma união de amor – o mais famoso entre europeus e asiáticos antes de António e Cleópatra, três séculos mais tarde. Mas também foi o primeiro de muitos casamentos políticos entre os Persas e os seus conquistadores ocidentais e, na perspectiva do grande historiador alemão do século XIX, Johann Gustav Droysen, prova de uma política não apenas para unir Gregos e Persas, mas de originar uma «fusão» das duas raças, combinar Europa e Ásia numa única – como diríamos hoje – sociedade «multi-cultural»[30].

Mas o casamento, mesmo com a bela Roxana, não atrasou Alexandre. Movendo-se numa grande extensão, pelo que é hoje o Irão Oriental e o Afeganistão Ocidental, atravessou o Hindu Kush e invadiu a Báctria (actual Afeganistão). Na Primavera de 326 a. C., derrotou o monarca indiano Poro na Batalha do Hidaspes, não obstante ter sido confrontado, pela primeira vez, com esquadrões de elefantes de força lendária. Aí fundou duas cidades, Niceia e Bucéfala, em honra do seu famoso cavalo, Bucéfalo, que morrera de exaustão após a batalha. Depois, prosseguiu o seu caminho[31]. Mas entretanto, chegou a monção, e quando ele atingiu o rio Beas, que o separava das terras do Ganges, já chovia há setenta dias. Por fim, o exército recusou-se a avançar mais.

À semelhança de Aquiles, o seu herói homérico predilecto, Alexandre refugiou-se na sua tenda. Durante três dias, conteve a fúria e esperou por uma mudança de atitude. Nada aconteceu. O exército recusava-se a avançar. Numa última tentativa para salvar a face, fez o sacrifício habitual para a travessia de um rio. Os sinais revelaram-se – convenientemente – muito pouco auspiciosos. Agora que podia interpretar a sua retirada não como uma concessão aos homens mas sim à vontade dos deuses, aceitou fazer meia volta. Alexandre regressou a Persépolis, seguindo depois para Babilónia. Após a sua partida, o lendário herói indiano Chandragupta expulsou as tropas que Alexandre deixara na região e recuperou a parte que ele conquistara do Punjab. Os povos da Índia não voltariam a ser incomo-

À Sombra de Alexandre

dados praticamente durante mais de um milénio, até à chegada, em 1526, vindo da mesma direcção, de um povo turco que viria a ser conhecido pela palavra persa *mughals* – «mongóis». Tal como avisara os seus leitores o historiador Megástenes, que Alexandre nomeara sátrapa da Aracósia e da Gedrósia(*), não se deve acreditar em nada do que se ouça acerca dos Indianos, pois são gente que nunca foi subjugada – e aos olhos dos Gregos, um povo nunca subjugado era um povo desconhecido([32]).

Em 324 a. C., Alexandre regressou a Susa, onde o esperavam as princesas persas que ele lá deixara sete anos antes. Alexandre preparou-lhes uma grandiosa cerimónia de casamento, os célebres «casamentos de Susa». Alexandre e noventa e nove membros do seu séquito tomaram mulheres da nobreza persa e desposaram-nas de acordo com os ritos persas. As cerimónias duraram cinco dias e cinco noites, com músicos, dançarinos e actores trazidos de todo o mundo grego. Tal como seu pai, Alexandre era inflexivelmente polígamo. Embora já fosse casado com Roxana, tomou duas outras noivas, a filha mais velha de Dario e a mais nova de Artaxerxes III, ficando ligado pelo matrimónio aos seus dois antecessores aqueménidas. Alexandre tornara-se, de facto, «o último dos Aqueménidas». Tal como eles, assumiu pretensões à soberania universal inéditas para um grego. Não tardaria a reunir outro exército para conquistar a Índia, após o que viraria a sua atenção para ocidente, até às costas do Atlântico.

Estas ambições não deram em nada. Em finais de Maio de 323 a. C., Alexandre participou num banquete durante o qual, fazendo fé nos relatos tradicionais, bebeu literalmente até à morte. O clímax aconteceu numa troca de brindes na qual ele terá bebido, de uma só vez, seis litros de vinho não diluído. Dobrou-se sobre si próprio, acossado por violentos espasmos, e soçobrou num coma do qual os seus médicos foram incapazes de o despertar. Nos seus últimos momentos, terá supostamente legado o reino «ao mais forte». Era uma garantia de desastre, e o que logicamente se sucedeu foi um desastre. Imediatamente após a sua morte teve início uma série de guerras intestinas, travadas em linhas étnicas e tribais. Atenas revoltou-se contra aquilo que vinha há muito considerando ser uma tirania macedónica, e Aristóteles, receando acabar como Sócrates e declarando que pretendia poupar à cidade o cometimento de outro crime contra a filosofia, fugiu para o exílio.

(*) A satrápia aqueménida da Aracósia ocupava parte do Sudeste do Afeganistão e do Norte do Paquistão, e a da Gedrósia estendia-se do rio Indo ao Sul do Estreito de Ormuz. (*N. do T.*)

MUNDOS EM GUERRA

Tudo o que Alexandre conquistara foi dividido entre os seus generais. Ptolomeu apoderou-se do Egipto, roubou o cadáver de Alexandre de Babilónia e levou-o para Mênfis e depois para Alexandria, onde séculos mais tarde outro conquistador mundial, o imperador romano Augusto, o coroaria com ouro. As cidades-estado gregas e o Norte acabaram nas mãos de uma sucessão de senhores da guerra macedónios. A Ásia Ocidental, de longe o maior quinhão, foi arrebatada por um dos veteranos de Filipe, o zarolho Antígono, e depois pelo antigo chefe dos Portadores de Escudos(*), Seleuco, cujos sucessores criaram um império que, no seu apogeu, se estendeu da Trácia às fronteiras da Índia – quase todo o território outrora ocupado pelos Aqueménidas([33]).

III

Esta é a história de Alexandre. Há séculos que ele é visto como o arquétipo do construtor imperial. Há séculos que se debate, mais ou menos continuamente, o seu legado. Terá ele sido verdadeiramente um menino de ouro, um génio conquistador, ou antes, na perspectiva do filósofo Séneca, apenas um rufião brutal, «inchado além dos limites da arrogância humana», de uma imoderação muito pouco edificante, um selvagem que decapitou o general no qual seu pai mais confiara, Parménio, então com 70 anos de idade, e executou o seu filho, Filotas, com base numa falsa acusação de traição, e trespassou Clito, que lhe salvara a vida no Granico, durante um acesso de fúria ébria([34])? É verdade que Alexandre deixou um rasto de morte e desolação na Ásia, e que entre 331 e 326 a. C. foi pioneiro, no Afeganistão e na Báctria, numa forma daquilo que hoje designamos por «limpeza étnica».

Porém, apesar de toda a sua brutalidade indiferente – e às vezes por causa dela –, converteu-se rapidamente num modelo a seguir e num exemplo a ultrapassar. Foi emulado por Júlio César, Pompeu e Marco António, pelo imperador Trajano, por Napoleão e certamente por inúmeros outros imperialistas em potência. Mas terá o seu império sido como todos estes homens o compreenderam, ou simplesmente aquilo que um historiador moderno descreveu como «uma espécie de Líbano continental», um caos de sistemas tribais antagónicos e senhores da guerra impla-

---

(*) Os hipaspistas, a infantaria de elite macedónica. (*N. do T.*)

cáveis que, sob os seus soberanos aqueménidas, fora um mundo mais ou menos harmonioso([35])?

Mas Alexandre não ficou conhecido por «Magno», «o Grande», devido aos seus êxitos militares. Para as gerações posteriores, o que o tornou muito mais do que um chefe militar particularmente brilhante foi a convicção de que ele foi o primeiro grego, o primeiro europeu, a pôr em prática ambições verdadeiramente universais, a pretender não apenas conquistar o mundo mas torná-lo um só. Alexandre, proferiu entusiasticamente o loquaz novelista latino do século v, Apuleio, foi «o único conquistador, na memória da humanidade, a fundar um império universal»([36]). Esta opinião era e continua a ser muito generalizada. Enquanto que Dario I e Xerxes tinham penetrado na Europa com a intenção de escravizar os seus povos, o feito de Alexandre não se limitara à derrota do Império Persa: fora a união da Europa com a Ásia, dos helenos com os bárbaros.

Ao fazê-lo, Alexandre introduziu na Grécia e subsequentemente em toda a Europa uma ambição de universalismo que determinaria o futuro do continente até à sua fragmentação, em meados do século xx, ou, argumentariam alguns, que foi levada para o outro lado do Atlântico, para os Estados Unidos. Em 1926, o jurista e historiador inglês W. W. Tarn escreveu que Alexandre «Retirou o mundo civilizado de um sulco e plantou-o noutro. Deu início a uma nova época; nada poderia voltar a ser como fora… O particularismo foi substituído pela ideia do "mundo habitado", pertença comum dos homens civilizados»([37]). Tarn escreveu estas palavras pouco depois da criação da Liga das Nações, e com um crescente sentimento de esperança de que as inimizades que haviam conduzido à Primeira Guerra Mundial não tardariam a ser substituídas por uma paz universal perpétua. A Liga das Nações – tal como a sua sucessora, as Nações Unidas – pregava a Fraternidade do Homem. Para Tarn, Alexandre ajudara a tornar essa ideia uma possibilidade.

Em parte, a afirmação de que Alexandre tinha ambições, se não exactamente de «unificador da humanidade», pelo menos de unificador da Europa e da Ásia, é comprovado pelas suas acções – a sua persistente alusão a si próprio como verdadeiro soberano legítimo da Pérsia, a integração de estrangeiros no exército e na administração, os casamentos de Susa, o banquete que deu em Ópis após um motim das suas tropas exaustas, durante o qual orou pela «harmonia e comunhão de governação entre Macedónios e Persas». E a sua tentativa de helenização de grandes áreas do antigo mundo persa sobreviveu-lhe por muito tempo. O poderoso Império Selêucida foi uma monarquia helenística dominada por uma aristocracia macedónica falante de grego, e floresceu desde a morte de Alexandre até à sua conquista pelos Romanos, entre 190 e 64 a. C.

É claro que a visão alexandrina de Europa e Ásia unificadas contemplava uma Europa inquestionavelmente dominante. Mas à semelhança da maioria dos Gregos do seu tempo, o desprezo de Alexandre pela Ásia era, na melhor das hipóteses, ambíguo. Tal como o seu tutor, Aristóteles, Alexandre admirava obviamente a monarquia persa, e importou para a Grécia muitas das suas características. Alexandre construiu uma corte complexa, com uma guarda pessoal, um harém e eunucos, algo que estivera completamente ausente da tradicional *polis* grega. Alexandre nomeou comandantes persas para cargos militares e administrativos da maior importância. Importou tropas persas para os regimentos, que tinham sido exclusivamente reservados aos Macedónios, e criou novos regimentos compostos exclusivamente por asiáticos. Concedeu aos seus súbditos asiáticos e gregos títulos honoríficos asiáticos, tais como «Parente»[38]. Inventou um diadema real, de desenho macedónico e persa, vestiu os seus cortesãos de púrpura, adoptou uma versão modificada do vestuário aqueménida e até tentou, sem grande sucesso, introduzir entre os seus seguidores gregos o mais detestado de todos os hábitos persas, o de rebaixamento perante o soberano ou *proskynesis*(*). Mais tarde, quando o seu manto foi assumido pelos imperadores de Roma, também eles imitariam não apenas o seu modo de vestir mas também a panóplia e o cerimonial imperiais asiáticos que ele introduzira na Europa.

Alexandre também tentou estabelecer uma espécie de ponte entre as crenças religiosas gregas e persas. Nunca conseguiu conciliar o paganismo grego com a adoração de Ahura Mazda, e não obstante a sua adopção de vestuário, de títulos e de cônjuges persas, ele não iria converter-se num zoroastrista (de facto, reza a lenda que foi Alexandre quem destruiu o original dos escritos de Zoroastro, o Avesta, gravados em letras de ouro em 12 000 peles de boi e arquivados na biblioteca real de Istakhr).

Mas já que não podia adoptar a religião do *Shahanshah*, optou pela segunda melhor alternativa. Tal como a maioria dos governantes do mundo antigo, Alexandre acreditava-se descendente de seres semi-divinos: de

---

(*) Segundo Heródoto, este gesto de submissão poderia implicar, dependendo do estatuto dos indivíduos envolvidos, um beijo nos lábios ou na face, uma vénia ou até uma prostração completa. (*N. do T.*)

À SOMBRA DE ALEXANDRE

Andrómaca e Aquiles, do lado da mãe, e de Hércules, pelo pai. No entanto, o maior tributo que um homem podia prestar a si próprio era divinizar-se. Aristóteles ensinara-lhe que um verdadeiro rei era um deus entre os homens, pelo que Alexandre decidiu tornar-se um deus. Alexandre contou ao cronista Calístenes que durante uma visita ao santuário de Ámon, no oásis líbio de Siwah, fora saudado pelo deus como seu filho, e que pedira que depois de morrer o seu corpo fosse sepultado em Siwah. Ámon poderia ser de origem líbia, mas os Egípcios reconheceram em Alexandre o deus-carneiro Ámon e os Gregos, instalados na vizinha Cirene, viram nele Zeus. Em ocasiões públicas, Alexandre assumia-se como Ámon, com vestes púrpuras e cornos de carneiro, e o grande pintor ateniense Apeles retratou-o com o raio de Zeus num célebre quadro para o Artemísio(*), em Éfeso[39]. Ao escolher Ámon/Zeus como seu pai divino, Alexandre optara não só pela divindade que gerara Perseu e Hércules, mas que também pertencia a ambas as culturas, persa e grega, asiática e europeia.

As pretensões de Alexandre a uma ascendência divina e, por implicação, à sanção divina para o seu domínio, introduziram uma dimensão inteiramente nova nas percepções europeias da governação. Os Gregos tinham sempre escolhido os seus líderes entre os melhores homens (*aristoi*), os quais, enquanto indivíduos, podiam – e faziam-no com frequência – reclamar-se descendentes de uma divindade. Mas permaneciam totalmente humanos nas suas relações com os outros homens. Contudo, a realeza divina fora uma característica da governação aqueménida desde a época de Ciro, e constituíra sempre uma parte integral daquilo que os Gregos consideravam como despotismo persa. «Mantêm as suas almas num estado de medo abjecto e servil», escreveu Isócrates, «postando-se à porta do palácio real, prostrando-se... ajoelhando perante um mortal, dirigindo-se-lhe como se fosse uma divindade e dando menos importância aos deuses do que aos homens»[40].

Mas mesmo que Alexandre não professasse nenhum desejo de manter os seus súbditos num medo abjecto e servil, ele sabia que um soberano que se julgasse destinado a senhor do universo não poderia deixar de ser divino ou, pelo menos, o representante favorecido da divindade. Com Alexandre, a monarquia helenística tornou-se teocrática, uma tradição que foi continuada pelos imperadores de Roma. Júlio César foi o primeiro a procurar

---

(*) Ou Templo de Ártemis (Diana), uma das Sete Maravilhas da Antiguidade. (*N. do T.*)

ser proclamado divino, mas só o conseguiu em 42 a. C., depois de ser assassinado. A partir de então, todos os imperadores romanos pagãos garantiram a sua própria divinização, e com esta o império que exerciam não era – como fora com o Senado – apenas um direito terreno à governação, mas sim um poder quase mítico que lhes estava exclusivamente reservado. No século III, o imperador Aureliano introduziu novamente em Roma o culto persa do Sol Invicto, e Diocleciano considerou-se a si próprio Jóvio, a representação terrena de Júpiter. A unidade da humanidade, uma ambição romana desde o início da República, foi, nas palavras de Tarn, «finalmente satisfeita no culto oficial do imperador, decorrente do culto de Alexandre após a sua morte»[41].

Nos mitos que surgiram por toda a Europa e Ásia após a sua morte, Alexandre tornou-se o defensor das civilizações, o herói que constrói uma muralha para manter à distância os gigantes gémeos Gog e Magog, criaturas rábidas e cruéis que comem escorpiões, gatinhos, fetos abortados e carne humana, ocasionalmente identificados com os Citas[*] e mais tarde, após a queda de Roma, com os Godos. Somente no fim dos tempos, com a vinda do Anticristo, conseguiriam estas criaturas irromper pela muralha de Alexandre para devorar um mundo em pânico. Hoje em dia, Alexandre recebe as orações dos pescadores gregos e é adorado como santo pela Igreja Copta do Egipto[42].

Este Alexandre, defensor e unificador da humanidade, não foi apenas um mito grego, romano ou europeu. Mesmo depois de os antigos domínios aqueménidas terem sido subjugados por *outra* religião estrangeira, o Islão, Alexandre, conhecido no mundo muçulmano por «Iskandar», continuou a constituir uma fonte de legitimidade para novos poderes com inclinações teocráticas e ambições mundiais similares. Alexandre surge no Alcorão como *Zil-Carnain*, «o dos dois cornos» (Alcorão 18.83), presumivelmente devido ao seu famoso capacete, aquele que constrói uma gigantesca muralha de cobre na extremidade do mundo para proteger a «civilização» – compreendida como o mundo do Islão – de Gog e Magog. Em relatos persas, indianos e otomanos da sua vida, Alexandre torna-se um profeta, um adivinho, um homem em busca da vida eterna. Para gerações de monarcas persas muçulmanos, Iskandar permaneceu um modelo do soberano mundial, notável pelo seu ascetismo e sabedoria, precursor do reino universal

---

[*] Povo de cavaleiros nómadas de etnia iraniana que habitava a Cítia, uma vasta região correspondente à Ucrânia, à Rússia e à Ásia Central. (*N. do T.*)

À SOMBRA DE ALEXANDRE

do Islão, que um dia incluirá todo o globo. «O meu nome é Xá Ismael», escreveu o fundador da Dinastia Safávida, que governou o Irão entre 1502 e 1736, num dos seus versos de auto-glorificação:

Sou o Khizrvivo, e Jesus, filho de Maria,
Sou o Alexandre dos meus contemporâneos.

Acima de tudo, temos o Alexandre que introduziu na Ásia os valores da civilização grega, o respeito pela liberdade individual e a autodeterminação, o Alexandre que deu finalmente aos Persas a *isonomia* que Otanes lhes oferecera e que eles tinham recusado. Este Alexandre, afirma Plutarco, esperara não ser recordado como conquistador, mas como «enviado pelos deuses para ser o conciliador e árbitro do Universo». Foi ele que, «recorrendo à força das armas contra aqueles que não conseguiu unir pela razão... uniu povos das mais diversas origens e ordenou... a todos os homens que vissem a *oikoumene* [o mundo inteiro] como a sua pátria... Ele ensinou-lhes que a prova do Helenismo estava na virtude e a do barbarismo na perversidade»([43]).

Este Alexandre ensinou os sogdianos a sustentarem os seus pais idosos em vez de os matarem, os Citas a enterrarem os seus mortos e os aracósios a lavrarem a terra, e impediu os Persas de desposarem as mães. Se o papel do filósofo é civilizar o inculto e intratável carácter humano, Alexandre, que «alterou comprovadamente a natureza selvagem de inúmeras tribos, deve ser considerado um grande filósofo».

Plutarco transformou Alexandre na corporalização prática da visão do filósofo estóico Zenão de um mundo constituído por «uma comunidade e uma entidade política». Foi Alexandre que «os instou [à humanidade] a considerarem como sua pátria toda a terra habitada»([44]). Esta pátria seria uma monarquia mundial, mas governada de acordo com as virtudes políticas gregas da igualdade perante a lei, da liberdade e do individualismo. É certo que Filipe e Alexandre foram responsáveis pela erradicação definitiva da antiga cultura democrática das cidades-estado gregas, mas pelo menos a *isonomia* de Heródoto continuou parcialmente a existir. Os governantes da Hélade podiam ter-se convertido em monarcas mas continuavam a respeitar a lei e a considerar os seus súbditos como indivíduos que não podiam ser escravizados. Podiam albergar anseios de domínio sobre todo o «mundo habitado», mas continuavam a saber respeitar a diferença e a reconhecer o mérito individual. Foi por esta razão que, em 1748, o «pai da sociologia moderna», Charles-Louis de Secondat, barão de Montesquieu, dedicou um capítulo inteiro às realizações de Alexandre na sua grande obra-prima, *O Espírito das Leis*.

Alexandre, disse ele, resistira àqueles que – nomeadamente Aristóteles – o tinham instado a tratar os Gregos como senhores e os Persas como escravos. Por «pensar unicamente em unir as duas nações, em eliminar a distinção entre conquistadores e subjugados», ele tinha «adoptado os costumes dos Persas para não os perturbar ao fazê-los adoptar os costumes dos Gregos». Tratara-se de uma conquista de reconciliação, na qual «as antigas tradições e tudo o que registava a glória ou a vaidade daqueles povos» fora intencionalmente preservado, de modo que o próprio Alexandre, ou assim pareceu, «conquistou apenas para ser o monarca de cada nação e o primeiro cidadão de cada cidade»[45].

À sua maneira, esta imagem é tão profundamente improvável como as outras, mas vingou, em muitas versões diferentes, até aos nossos dias. Em 2003, quando a jurista iraniana Shirin Ebadi, ao aceitar o Prémio Nobel da Paz, declarou que enquanto iraniana era descendente de Alexandre Magno, o qual fora, ao seu jeito, um dos primeiros defensores dos direitos humanos, ela fez eco de uma fábula histórica que remonta, numa linha sinuosa, à morte de Dario.

O facto de devermos esta imagem de Alexandre civilizador, unificador de Ocidente e Oriente, tema de lendas nos dois lados do Helesponto, a Plutarco, um grego do século I que viveu sob domínio romano e o celebrou, é significativo. Seria evidentemente Roma a refinar e difundir a cultura que Alexandre ajudara a criar, muito mais longe do que o próprio imaginara. «A Grécia que ensinou Roma», escreveu Tarn, «foi o mundo helenístico que Alexandre criou; a antiga Grécia pouco contava, até que os especialistas modernos recriassem a Atenas de Péricles. Na medida em que o mundo moderno deriva a sua civilização da Grécia, esta deve largamente a sua oportunidade a Alexandre»[46]. Consequentemente, viremo-nos agora para Roma.

Capítulo 3

Um Mundo de Cidadãos

I

Num dia de Primavera do ano de 143 ou 144, um jovem retórico chamado Élio Aristides, oriundo de Mísia, uma pequena cidade grega da Ásia Menor, ergueu-se do seu lugar no Ateneu, um edifício grandioso no centro de Roma, e pronunciou uma longa oração sobre a «grandeza e magnificência» da Cidade Eterna[1]. No mundo antigo, os retóricos, oradores profissionais, providenciavam um entretenimento público em larga escala extremamente popular, pelo menos para as classes cultas. Aristides era particularmente brilhante, tão brilhante que o imperador Marco Aurélio se terá alegadamente disposto a esperar várias horas para o ouvir. Nesta ocasião, Aristides falou – em grego – sobre a criação e as glórias de Roma e do seu império para uma audiência enorme e que talvez tenha incluído o próprio imperador Antonino Pio[2]. Em muitos aspectos, a «Oração Romana» de Aristides, como tantas outras do mesmo tipo, foi uma nova apresentação de fontes gregas conhecidas – Platão, Isócrates, Políbio e Plutarco. Aos leitores modernos, poderá parecer, à primeira vista, pouco mais do que a esperada bajulação de um jovem provinciano com grandes ambições. Mas o seu relato do que significavam Roma e o cosmos romano captura uma visão do mundo bastante generalizada na época e muito depois do desaparecimento do império. Aristides também era um patriota grego e membro da elite que governava as cidades gregas em nome dos seus amos romanos. No cerne da sua celebração da grandeza romana estava uma pergunta muito grega.

Seria justo, perguntou aos seus ouvintes (os homens que agora o governavam a ele e aos seus compatriotas gregos), que Roma dominasse os destinos da maior civilização do mundo ocidental, maior até, dadas todas as suas realizações, do que a própria Roma? Será que os Romanos mereciam verdadeiramente a obediência ou mesmo a reverência dos herdeiros de Aristóteles e Platão, Péricles e Alexandre? A resposta de Aristides foi um sim inequívoco. Sim, porque os Romanos tinham levado a paz e a estabilidade a um mundo impossivelmente tumultuoso. Sim porque, em última análise, os Romanos e as legiões romanas protegiam a Grécia não só dos conflitos internos que haviam provocado a sua ruína depois da Guerra do Peloponeso, mas também dos seus inimigos hereditários a leste[3].

Aristides era apenas um dos muitos gregos plenamente conscientes de que deviam a sua segurança às legiões romanas e as suas carreiras ao patrocínio romano. O historiador Políbio, que se tornou íntimo do grande general romano Cipião Emiliano, o historiador e senador Díon Cássio, o espirituoso e esteta Luciano, cada um à sua maneira, tinham sentimentos semelhantes aos de Claudiano de Alexandria, um poeta do século III, segundo os quais Roma, longe de ser uma conquistadora, fora para eles, mais do que uma imperatriz, uma mãe que «chamou "cidadãos" a todos os que subjugou e acolheu no seu longo e pio abraço»[4].

Quando Aristides chegou à cidade, em meados do século II, Roma estava no seu apogeu. Em 117, o imperador Trajano, depois de derrotar os Dácios, na moderna Roménia, e de anexar a Arábia Petreia(*), a Mesopotâmia e a Arménia, levara as fronteiras imperiais à sua maior extensão de sempre. O império espraiava-se da cordilheira do Atlas, a sul, até à Escócia, a norte, e do vale do Indo, a leste, até ao Atlântico, a oeste, um território de aproximadamente 13 milhões de quilómetros quadrados (os EUA têm pouco mais de 9 milhões de quilómetros quadrados) e uma população estimada em 55 milhões de habitantes. Tal como disse Aristides, usando uma imagem que seria repetida muitas vezes no futuro, era um império no qual o sol nunca se punha[5]. A paz e o primado da lei, que no passado tinham reinado mais na imaginação do que de facto, pareciam ter verdadeiramente descido sobre a face da terra romana, e para a maioria dos Romanos a terra era simplesmente

---

(*) O território anexado e transformado por Trajano na província romana da Arábia Petreia era o reino dos Nabateus, com capital em Petra. (*N. do T.*)

a terra, a *oikoumene*, para usar a palavra grega que o próprio Aristides empregou, a palavra que Heródoto foi o primeiro a usar: «o mundo habitado».

«Uma liberdade clara e universal de todo e qualquer medo foi concedida ao mundo e àqueles que nele habitam», afirmou entusiasticamente Aristides([6]). Essa liberdade fora alcançada com aquilo que seria generalizadamente considerado na Europa como a melhor forma de governo: a chamada «constituição mista» – parcialmente democracia, parcialmente aristocracia, parcialmente monarquia, permitindo a pessoas de todos os quadrantes exercerem alguma influência sobre o governo que as governava. Roma, disse Aristides, «estabeleceu uma constituição muito diferente das do resto da humanidade», que fora sempre governada por monarcas, aristocratas ou democratas, «em função de opções ou do acaso». Apenas os Romanos haviam conseguido difundir pelo globo «uma forma de governo semelhante a uma mistura de todas as constituições mas sem os aspectos negativos de nenhuma». O debate constitucional de Heródoto encontrara a sua resolução perfeita em Roma. Não é, pois, de admirar que Aristides se tenha dirigido a Antonino e aos seus antepassados como «os únicos governantes... de acordo com a natureza», fazendo soar a sua afirmação a mais do que simples bajulação([7]).

Na verdade, a Idade dos Antoninos ou, como ficaram conhecidos, dos «Cinco Imperadores Bons» – Nerva (96-98), Trajano (98-117), Adriano (117-138), Antonino Pio (138-161) e Marco Aurélio (161-180) –, foi, sob todos os aspectos, uma idade de ouro. Séculos depois, o grande historiador inglês Edward Gibbon, analisando os desastres que se abateram sobre este Éden após a morte de Marco Aurélio, declarou que «Se um homem fosse chamado a identificar o período da história do mundo durante o qual a condição da raça humana foi mais feliz e próspera, ele nomearia, sem hesitar, o que mediou entre a morte de Domiciano [96] e a subida ao trono de Cómodo [180]». Foi, acrescentou ele, uma época em que «o Império Romano incluiu a melhor parte da terra e a porção mais civilizada da humanidade»([8]).

II

É claro que nem sempre fora assim.

À semelhança da própria Europa, Roma tinha origens mitológicas. Existem muitas versões diferentes e sobrepostas, mas numa delas, cuidadosamente elaborada para agradar ao imperador Augusto, Roma fora outra

MUNDOS EM GUERRA

criatura da fusão da Europa com a Ásia, e outro triunfo mítico da Europa *sobre* a Ásia. Durante o saque de Tróia pelos Gregos, Eneias, príncipe troiano e filho da deusa Afrodite, foge da cidade em chamas levando às costas o seu velho pai, Anquises, e conduzindo o filho, Ascânio, pela mão. Eneias inicia uma série de viagens para ocidente que o conduzem finalmente às costas do Lácio, na actual Itália Central.

Depois de uma prolongada luta contra os habitantes nativos – os latinos –, ele fundará a cidade e o Estado de Roma. Roma será a verdadeira criadora da «Europa» e do «Ocidente». Mas Eneias é troiano e de ascendência asiática (ainda que divina), o que significa que, tal como a Europa, Roma terá que partilhar a sua identidade mítica com a Ásia. O autor desta história foi o grande poeta romano Virgílio, e o seu poema – a *Eneida* –, o maior épico latino, destinava-se a ser o equivalente romano da *Ilíada* de Homero.

Com o tempo, os Romanos, não obstante o seu orgulho por supostamente descenderem dos senhores míticos do Mediterrâneo Oriental – Augusto chegou mesmo a reclamar-se descendente directo do próprio Eneias –, desenvolveram alguma desconfiança relativamente aos povos da Ásia e um forte desejo de afirmarem a sua singularidade racial, linguística e cultural. Uma associação demasiado estreita com um povo asiático poderia ser interpretada como uma ameaça à integridade da pátria romana. Consequentemente, no décimo segundo e último livro do poema, Virgílio faz com que os deuses decidam o fim da guerra entre os invasores troianos de Eneias e os latinos. A deusa Juno, que apoia os latinos, aceita deixar os dois povos estabelecerem relações matrimoniais e darem origem a uma nova raça. Mas insiste que esta nova raça se assemelhe aos latinos, se vista como os latinos e fale como os latinos, e que os seus costumes – *mores* – sejam latinos. Apenas preservarão dos seus antepassados orientais os deuses, pois esses deuses são também os deuses dos Gregos e património comum de toda a humanidade[9]. E tal como os latinos tinham absorvido os Troianos, também o novo povo criado pela fusão, os Romanos, absorveria todos os povos do «mundo», da Inglaterra à Síria. Tal como os Troianos, estes povos não tardariam a tornar-se latinos nos seus costumes, cultura, leis, religião e, frequentemente, também na língua.

Mas a *Eneida* é uma fábula. A Roma histórica tivera os seus inícios, no século VII a. C., como uma pequena cidade-estado de agricultores e comerciantes, ocupando um território de alguns quilómetros quadrados no Baixo Tibre, algo semelhante aos Estados gregos, que lhe forneceram o seu modelo cívico. Roma começou, lenta mas inexoravelmente, a expandir-se para o território dos seus vizinhos. Ao fazê-lo, seguiu igualmente o exemplo grego, e a partir do século IV a. C. as histórias destes dois povos da Antiguidade seguiriam caminhos muito similares. Em 338 a. C., pela mesma altura em que Filipe e Alexandre entravam na Ásia com exércitos falantes de grego, a chamada Liga Latina, que garantira um frágil equilíbrio entre as várias raças de Itália, desfez-se.

Seguiu-se meio século de guerras contra Samnitas, Etruscos, Celtas e Gregos, durante as quais Roma subjugou e extinguiu a maioria das outras culturas da península. Em 264 a. C., quando os exércitos romanos chegaram à Sicília, uma região na esfera de influência grega, Roma já era uma potência a ter em conta na orla do mundo grego. Conta-se até a história de que Roma enviou uma embaixada a Alexandre quando ele se encontrava em campanha na Pérsia, e que Alexandre, ao ver como os embaixadores romanos estavam vestidos e constatar o seu amor ao trabalho e uma óbvia devoção à liberdade, lhes fez perguntas sobre a constituição política de Roma e vaticinou grandes realizações para o novo Estado. Mais tarde, as culturas grega e romana fundir-se-iam no chamado «mundo greco-romano», o qual, por sua vez, forneceria os alicerces culturais e políticos daquilo que hoje consideramos o «Ocidente».

Em 168 a. C., os Romanos tinham já transformado a Grécia numa província. Mas foi também da Grécia que eles derivaram não só os seus exemplos políticos, mas também a maior parte da sua cultura, das suas artes e ciências, dos seus estilos literários, dos seus deuses e até os penteados das suas mulheres. «A Grécia conquistada», escreveu o poeta Horácio, «conquista o seu selvagem vencedor e introduz as suas artes no rústico Lácio»[10]. Os Romanos tinham tanta admiração pela cultura grega, que no ano de 17 a. C., quando Augusto organizou as grandes celebrações da Nova Era, que assinalaram o início do principado – o que as gerações posteriores passaram a considerar o princípio do Império Romano –, os hinos foram em latim e em grego[11].

O facto de a «Oração Romana» de Aristides, o mais elevado e arrebatador dos muitos tributos elevados e arrebatadores ao império que sobrevivem da sua época de ouro, ter sido proferido por um grego e em grego constitui, em si próprio, um tributo à dívida que a civilização romana tinha para com os seus antecessores helenísticos[12]. Aristides refere-se aos Gregos como «pais adoptivos» de Roma, e em certo sentido eles foram-no efectivamente[13]. As regiões de língua grega do império foram as únicas nas quais o latim não substituiu o idioma local. Pelo contrário, mestres gregos viajavam por todo o mundo romano, ensinando grego aos patrícios. Ao ouvir um visitante «bárbaro» dirigir-se-lhe em grego e latim, o imperador Cláudio terá retorquido, «Já que vens armado com as nossas duas línguas...»[14]. Até os menus e as alcunhas dos rapazes e raparigas à venda nos bordéis de Pompeia eram bilingues.

Tal como todas as formas de dívidas culturais, esta não era inteiramente desprovida de ambiguidades. Uma imitação acarreta sempre um certo nível de mal-estar. Os Americanos importam antiguidades europeias, empregam chefes de cozinha europeus e decoram as suas casas – os que podem – num estilo que é geralmente uma caricatura dos luxuosos estilos europeus, mas isto não os torna menos desconfiados da matreirice ou da «sofisticação» europeias, ou ainda, nos mundos em que Henry James viveu, no fim do século XIX, da decadência e senescência europeias.

A paixão romana pela Grécia também era um pau de dois bicos, com a diferença de que, para os Romanos, os Gregos ocupavam um terreno médio entre a Europa – ou pelo menos a Itália – e a Ásia. As cidades gregas da Ásia Menor, as quais, desde os tempos de Heródoto, tinham populações mistas gregas e iranianas, eram particularmente suspeitas. A imagem das suas gentes como manhosas, «orientais», gravara-se firmemente na mente romana devido ao massacre das comunidades italianas de algumas urbes gregas da Ásia, às ordens do persa helenizado Mitrídates IV do Ponto, em 88 a. C.(*). Algumas cidades, talvez cientes de que o seu futuro estava no império, tentaram cobrir a sua retaguarda. O povo de Treles chegou mesmo a contratar um iraniano nativo para cometer os massacres. Mas noutras, nomeadamente em Éfeso e Pérgamo, dois importantes centros religiosos, os Italianos foram arrancados dos santuários e templos e chacinados aos milhares.

Estes acontecimentos gravaram em Roma a imagem dos Gregos como falazes e falsos. Até Cícero, um dos intelectuais romanos mais helenizados, nutria um profundo desprezo pelo que considerava ser o carácter grego. «Para eles», escreveu, «a falsidade é uma segunda natureza».

(*) Num episódio conhecido por Vésperas Asiáticas, Mitrídates VI, o Grande, Rei do Ponto, tentando conter a influência romana na Anatólia, na Ásia Menor, orquestrou a execução de cerca de 80 000 cidadãos romanos ou de qualquer pessoa que tivesse um sotaque latino. (*N. do T.*)

Um Mundo de Cidadãos

Posso afirmar isto acerca de toda a raça dos Gregos. Reconheço-lhes a literatura, reconheço-lhes conhecimentos em muitas artes, não lhes nego o encanto do seu discurso, a argúcia do seu intelecto, a riqueza da sua dicção [...]. Mas a verdade e a honra na prestação de um testemunho nunca foi coisa apreciada por aquela nação: desconhecem o significado da sua importância, o valor que reside nesta questão. Donde vem o ditado «testemunha a meu favor que eu testemunho a favor de ti»? Julga-se que é gálico ou hispânico, não julga? Pois é tão grego que até aqueles que não compreendem grego conhecem a palavra grega para esta expressão[15].

Por outras palavras, demasiado espertalhões. E mentirosos e falsos. Os Romanos chamavam a isto *Graeca fides* – «fidelidade grega». De um modo que ficaria célebre, Virgílio fizera o sumo-sacerdote troiano Laocoonte declarar, ao ver o Cavalo de Tróia, «Receio os Gregos e os seus presentes». Os Gregos eram matreiros como Ulisses, fúteis e mimados, e passavam demasiado tempo com prostitutas, a beber e em festas. Os Romanos tinham uma palavra para este tipo de comportamento: chamavam-lhe *pergraecari*, «fazer de grego». Os homens gregos também se interessavam demasiado pelos adolescentes jovens, um costume que, na opinião de Cícero, tinham sido responsáveis por introduzir, como uma doença infecciosa, em Roma[16].

O sentimento generalizado em Roma era de que os Gregos tinham absorvido demasiadas coisas dos seus vizinhos verdadeiramente «orientais». Alexandre Magno tinha efectivamente helenizado uma grande parte da Ásia, mas durante este processo os próprios Gregos tinham sido orientalizados. Se Alexandre tivesse avançado para ocidente, conforme planeara, e tivesse enfrentado os Romanos em combate, especulou o historiador romano Lívio, os Romanos teriam certamente vencido porque Alexandre já estaria irremediavelmente corrompido pela sua estada na Pérsia[17].

Os Romanos receavam que a Grécia pudesse ser outro Cavalo de Tróia, com o ventre não repleto de guerreiros mas de toda a espécie de corrupções sedutoras e sinistras. A Grécia providenciara as bases culturais e religiosas de Roma, mas na época de Cícero a maioria dos Romanos já acreditava que a portadora dos verdadeiros valores da Europa era Roma.

Na sua óptica, estes valores resumiam-se numa única palavra, evocativa mas extremamente subjectiva: *virtus*, a virtude. Hoje em dia, pensamos

MUNDOS EM GUERRA

na virtude em ternos daquilo que são qualidades morais essencialmente cristãs: probidade, honestidade, lealdade, modéstia, generosidade, etc. Os Romanos também apreciavam estas coisas. Contudo, a nossa compreensão da palavra é, em grande medida, uma criação de um filósofo cristão do século V chamado Boécio, e que, em linha com as primitivas opiniões cristãs acerca da moral, coloca muito mais ênfase no dar a outra face do que no significado romano do termo. A palavra provém do latim, *vir*, que significa «homem», do qual derivámos obviamente a palavra «viril». Na verdade, *virtus* significa simplesmente «virilidade», o que, para os Romanos, equivalia aos atributos do verdadeiro guerreiro. E o verdadeiro guerreiro tinha como características a coragem física, a força moral, a constância e a dignidade ou gravidade (*majestas* e *gravitas*). Devia exibir clemência – à qual o filósofo estóico e dramaturgo Séneca dedicou um tratado inteiro –, brandura, quando a brandura se impunha, e magnanimidade[18]. Acima de tudo – e aqui tinha muito em comum com os seus sucessores cristãos –, devia exibir fidelidade ou confiança (*fides*), que era a vontade de manter relações justas, de honrar contratos e, ao mesmo tempo, prestar a devida fidelidade ao imperador e aos deuses[19]. Os Romanos consideravam-se a si próprios – de longe – os verdadeiros detentores da virtude. Tal como para os Gregos, o resto do mundo estava repleto de «bárbaros» ou, como lhes chama Cícero, «provincianos»[20].

A percepção que os Romanos tinham destes povos, e em particular a de Cícero, eram evidentemente muito influenciadas por escritos gregos anteriores sobre o assunto. Mas também derivavam da experiência. À medida que o Império Romano se expandiu para oriente, em direcção às fronteiras da Índia, para ocidente, pela Germânia e até à Britânia, para norte, para as estepes e terras dos Citas, Sármatas, Alanos e posteriormente dos Hunos, e para sul, ao longo da costa de África, a percepção romana de quem eram os «bárbaros» foi-se alterando. No século I emergira já uma certa dicotomia, não apenas entre Romanos e bárbaros, mas também entre categorias de bárbaros, entre os do Norte e do Oeste da Europa, representados por Germanos, Godos e Gauleses, e os do Oriente, os Namíbios, Egípcios, Sírios, Persas, «Árabes moles» – como lhes chamou o poeta Claudiano(*) – e, acima de tudo, os Partos.

Os Romanos viviam há séculos em estreita proximidade com estes dois grupos de povos. Tinham conseguido dominar alguns; tinham recru-

---

(*) «Moles» no sentido de indolentes – o poeta refere-se aos Beduínos. (*N. do T.*)

tado outros, particularmente da Europa Ocidental, para as legiões; por sua vez, muitos haviam sido absorvidos e tinham adquirido o estatuto de cidadãos romanos. As características dos bárbaros ocidentais, embora fossem, em muitos aspectos, exóticos e frenéticos, não eram muito diferentes das virtudes romanas reconhecíveis. Os Gauleses e os Germanos eram orgulhosos mas corajosos, cruéis mas honestos. Honravam os deuses e a família e, tal como os antigos Romanos, estavam sempre dispostos a sacrificarem-se pela pátria.

Pelo contrário, os «orientais» não tinham praticamente nada que os recomendasse, excepto, talvez, um certo talento artístico. Tal como haviam sido para Heródoto, eram considerados simultaneamente indolentes e cruéis, voluptuosos, lascivos, homens que desposavam as suas irmãs ou mães, que não sepultavam devidamente os mortos e expunham os doentes aos elementos. E apesar da sua selvajaria indiferente, eram notoriamente exuberantes e efeminados. «Ah! Que vergonha revelar o destino que os persegue», escreveu, no século I, o poeta satírico Petrónio, que fizera parte do círculo íntimo de Nero, pelo que sabia do que falava, «Na tenra infância, como fazem os Persas»,

> Todos procuravam o seu deleite
> Nas prostitutas, no andar afectado dos efeminados,
> Nos cabelos esvoaçantes, nas vestes novas e frequentemente
> mudadas,
> Em tudo o que cativa a mente dos homens[21].

Tudo isto era traduzido por uma única palavra latina: *vanitas*. Este termo denotava muito mais do que a simples «vaidade». Era o gosto pelas aparências e a falsidade, exemplificada pelos cosméticos e pelo vestuário excessivamente luxuoso que mascarava a pessoa que os usava, na realidade muitíssimo menos vistosa e interessante. Descrevia o vazio, a esterilidade, a imprudência, a vã eloquência e uma espécie de não-ser. Acima de tudo, implicava instabilidade. O Oriente era a terra da *vanitas* e das tiranias porque os bárbaros arianos, apesar de inimigos ocasionalmente vigorosos, eram facilmente conquistados pelo cerimonial e pelos costumes, e sendo vazios por dentro apenas conseguiam ver os ornamentos do poder e não as virtudes que o sustentavam. Os estereótipos da ausência de liberdade e da obediência servil que Heródoto atribuíra aos Persas foram aplicados pelos Romanos a todos os povos da Ásia. No século I, o poeta épico romano Lucano disse desdenhosamente que os asiáticos nunca poderiam saber o que era a desgraça de perderem a liberdade porque nunca a tinham tido. «Que a Síria seja escrava», acrescentou ele, «bem como a Ásia e o Oriente, que está acostumado a reis»[22]. A imagem do oriental servil era ainda mais realçada em Roma pela impressão, falsa mas generalizada, de que todos os escravos vendidos do império provinham do Oriente[23].

A expansão do império na Ásia colocou uma ameaça constante aos valores nos quais Roma supostamente se baseava. Tal como todos os construtores de impérios, os Romanos receavam a corrupção que o império lhes trouxera, temiam a atracção pelo outro e a tentação de se «tornarem nativos», como os Britânicos viriam a dizer. À semelhança de todos os construtores de impérios, pareciam acreditar que embora os seus valores – em particular, a virilidade e a simplicidade que haviam presidido à fundação da república – fossem necessariamente superiores a quaisquer outros, eles eram, como povo, susceptíveis à infiltração e à degradação. Além do mais, os asiáticos, Gregos, Anatólios e Sírios não constituíam uma presença difusamente ameaçadora em fronteiras distantes. Imigrantes de todo o Oriente, «especialistas na lisonja, desonestos, lascivos e promíscuos», tinham chegado ao coração do mundo romano, protestou o poeta Juvenal, parecendo que o rio sírio Orontes «desaguou há muito no Tibre, trazendo consigo os seus hábitos, as suas flautas e as suas harpas estridentes»[24].

Esta foi uma das razões que levaram o historiador Salústio, em meados do século I, a denunciar toda a expansão além-Europa como uma ameaça à integridade romana[25].

A Ásia, com a sua paixão pela riqueza e pelo luxo, com a sua suavidade combinada com uma crueldade aparentemente insana e com a ambiguidade sexual, era também a fonte de todas aquelas religiões, simultaneamente místicas e sensuais, materializadas nos cultos que derivavam das «superstições» judaicas, sírias e egípcias: o culto de Ísis, as sociedades secretas que se congregavam em torno dos Oráculos Sibilinos, o mitraísmo e, finalmente, aquele que seria o mais devastador de todos, o cristianismo, propagado, através das legiões, da Ásia até às fronteiras da Escócia. Não admira, pois, que os imperadores mais cruéis e dissolutos, Calígula e Nero, tivessem sido enfeitiçados pela Ásia, pelos seus deuses, pela sua arte, pelas suas múltiplas religiões. Nero teria alegadamente desprezado todas as divindades romanas e venerado unicamente a deusa síria Astargatis (ou Istar). Quando o rei parto Tiridates o visitou e se lhe dirigiu como a incarnação de Mitra, Nero respondeu adoptando «a religião dos magos», na qual terá mesmo sido iniciado pelo próprio Tiridates.

Nos primórdios da sua ascensão ao domínio mundial, Roma tivera uma colisão traumática e quase fatal com uma grande potência asiática: Cartago. Cartago era uma colónia fenícia na costa de África, ocupando a maior parte do Norte e centro da actual Tunísia, do Sul e Oeste da Sardenha e partes do Sul de Espanha. O seu objectivo era o controlo da maior parte das rotas marítimas para ocidente. Desde o seu aparecimento, na *Ilíada* e na *Odisseia*, os Fenícios tinham adquirido algumas das características do «oriental». Ulisses, que também sabe ser falso, chama-lhes mentirosos e vigaristas, matreiros, «versados na manha»[26]. Na opinião de Cícero, haviam sido eles os responsáveis pela introdução, junto dos Gregos, dos luxos e da ganância que haviam acabado por lhes sapar a virilidade[27].

Durante séculos, os Cartagineses tinham entrado intermitentemente em conflito com os Etruscos e os Gregos. Quando os Romanos chegaram à Sicília, em 264 a. C., viram-se inevitavelmente envolvidos numa luta de cujo desfecho dependeria o domínio de todo o Mediterrâneo. Cartago horrorizava-os. Os homens usavam o cabelo e a barba artificialmente encaracolados; o seu vestuário era nitidamente efeminado; ambos os sexos exibiam uma paixão aparentemente insaciável por perfumes. Tatuavam-se, usavam cosméticos e jóias sofisticadas – colares, braceletes, amuletos, brincos e anéis para o nariz. Dirigiam-se uns aos outros de acordo com convenções exageradas que exigiam a prostração perante os socialmente superiores, um costume que os Gregos tinham abominado nos Persas. A sua língua, com os seus estranhos sons guturais, foi retratada pelo dramaturgo cómico romano Plauto como uma algaraviada de animais.

A religião fenícia era similarmente grotesca. O temível panteão de divindades – Baal Hammon, a sua consorte, Tanit, Eshmun e Melqart – exigia sacrifícios humanos e a chacina regular de crianças como oferendas, e impunha aos suplicantes proibições alimentares absurdas. Os seus templos eram locais feios e enormes; e quando não estavam a curvar-se perante os seus monstruosos deuses, os Cartagineses adoravam pedras sagradas e divindades domésticas igualmente obscenas e absurdas. As cidades fenícias eram enormes cidadelas em terraços, caóticas e excessivamente decoradas, completamente diferentes das cuidadosas proporções das urbes greco-romanas. Até os sistemas de governo cartagineses, que não estavam, verdade seja dita, muito longe do romano – e que tinham sido extravagantemente elogiados por Aristóteles – pareciam falazes, demasiado complicados e

MUNDOS EM GUERRA

totalmente consagrados à promoção do comércio e do lucro, actividades
que os Romanos consideravam necessárias mas pouco virtuosas. Tal como
«fidelidade grega», *punica fides*, «fidelidade púnica», tornou-se sinónimo
de mentira, mendicidade, violação de tratados([28]).

Em contraste, os Romanos eram, como sempre, evidentemente, directos, honestos, correctos e sérios. Assim, a pouca distância da Península Itá-
lica, do outro lado do estreito, existia uma cultura que parecia aos Romanos
corporizar, como tinham corporizado os Persas para os Gregos da época de
Heródoto, todos os vícios do Oriente: a corrupção e a imoralidade, a sober-
ba combinada com o servilismo e a duplicidade com a ferocidade.

Em 264 a. C., eclodiu a guerra entre as duas potências. Conhecida por
Primeira Guerra Púnica, durou até 241 a.C.. Roma consolidou o seu controlo da Sicília, e apoderou-se da Sardenha e da Córsega. Em reposta, os
Cartagineses começaram a construir um novo império na Península Ibérica
e a dotar-se de um exército capaz de derrotar os Romanos. Em 216 a. C., o
general cartaginês Aníbal, que aos nove anos de idade fora obrigado pelo
pai, Amílcar, a jurar hostilidade eterna contra Roma, atravessou os Alpes
com uma força militar enorme, recrutada entre todos os inimigos bárbaros
tradicionais de Roma, levando consigo um lendário esquadrão de trinta e
oito elefantes, provavelmente mais assustadores de ver do que de enfrentar.
Assim teve início a Segunda Guerra Púnica, que se arrastaria até 201 a.C..
Foram dezassete anos durante os quais, nas palavras de Lívio, os Romanos
«não falaram uma única vez em fazerem a paz»([29]).

Em 218 a. C., Aníbal derrotou um exército comandado por Públio Cornélio Cipião, o primeiro de uma família lendária de generais romanos, nas
margens do Ticino. No ano seguinte, os Romanos foram novamente vencidos, junto ao Lago Trasimeno, e, no dia 2 de Agosto de 216 a. C., quase
todas as legiões romanas disponíveis na Itália foram aniquiladas na célebre
Batalha de Canas (hoje Monte di Canne)([30]). Desde a sua chegada a Itália, Aníbal matara ou capturara cerca de 100 000 legionários, juntamente
com centenas de membros das classes senatorial e equestre, incluindo dois
cônsules. No espaço de vinte e quatro meses, um terço das tropas romanas
de primeira linha tinha sido morto, ferido ou escravizado. Podia ter sido o
fim da República([31]). Uma noite, Públio Cornélio Cipião recolheu-se à sua
tenda para dormir e sonhou que via chegar da Ásia

> forças com couraças de bronze, reis aliados uns aos outros e po-
> vos de toda a espécie avançando contra a Europa, o fragor dos cava-

los e o som das lanças, massacres sangrentos e pilhagens terríveis, os escombros de torres, a demolição de muralhas e a indescritível devastação do território([32]).

Mais uma vez, a Ásia estava a postos, tal como estivera em Maratona, para escravizar a Europa. O exército de Aníbal montou acampamento a 5 km das muralhas de Roma. E Roma esperou pelo assalto final. Mas as forças cartaginesas estavam exaustas, e quando, num inteligente movimento de flanco, um exército romano atacou a própria Cartago, Aníbal regressou à pátria. No entanto, durante algum tempo, parecera efectivamente que as «forças com couraças de bronze» da Ásia iriam saquear a Cidade Eterna, e se o tivessem feito não haveria praticamente nada que as impedisse de devastarem a Europa.

Em 202 a. C., Roma passou à ofensiva. Na Batalha de Zama, perto da actual Saqiyat Sidi Qusuf, na Tunísia, os exércitos cartagineses foram rotundamente batidos por Cipião, o Africano. Cartago ainda conseguiu sobreviver cinquenta anos mas em 149 a. C., após seis dias de combates de rua, a cidade foi saqueada e arrasada por um exército romano comandado por outro Cipião, Cipião Emiliano(*). A carnificina foi horrível. No fim, Cipião amaldiçoou ritualmente o local e mandou espalhar sal no solo, jurando que nunca mais lá cresceriam povoações nem colheitas. Segundo o historiador grego Políbio, que estava ao lado de Cipião, o general agarrou-lhe na mão e declarou: «É glorioso. Mas tenho o pressentimento de que um dia acontecerá o mesmo à minha nação»([33]). Num último acto de aniquilação, a principal biblioteca de Cartago foi doada simbolicamente aos reis númidas(**), extinguindo-se finalmente com ela a cultura cartaginesa([34]).

Com a destruição da sua arqui-inimiga, os Romanos tinham impedido – ou assim lhes pareceu – o que poderia muito bem ter sido a «orientalização» de todo o Mediterrâneo. Cartago fora também a única potência com força suficiente para travar a expansão romana. Com o seu desaparecimento, não havia praticamente nada que impedisse os exércitos

---

(*) Públio Cornélio Cipião Emiliano Africano Numantino, neto adoptivo de Cipião, o Africano. (*N. do T.*)

(**) Os Númidas compunham-se de várias tribos berberes semi-nómadas que habitavam a região da Argélia e eram considerados um povo bárbaro, selvagem e inculto. (*N. do T.*)

MUNDOS EM GUERRA

romanos e, na sua peugada, as cidades, as leis e a administração romanas, bem como a língua latina, de se apoderarem gradualmente de todo o Mediterrâneo, o qual, no século I a. C., se convertia no «Nosso Mar», *mare nostrum*.

Depois, Roma avançou para a própria Ásia. O vasto Império Selêucida, que outrora se estendera da Anatólia, através da Síria e da Babilónia, ao Irão e à Ásia Central, caiu nas mãos dos Romanos. E embora os Selêucidas fossem macedónios e não iranianos, e herdeiros quase legítimos de Alexandre Magno, os Romanos consideravam-nos tão decadentes, presunçosos e efeminados como os verdadeiros «orientais». A própria Macedónia não teve melhor sorte. Os Romanos não tinham esquecido que o rei macedónio Filipe V se aliara a Cartago, em 215-214 a. C.(*), e na Batalha de Pidna, em 168 a. C., o que restava da periclitante monarquia de Filipe e Alexandre passou para o domínio romano.

No entanto, para o mundo romano posterior, o povo que veio a corporizar todos os vícios da Ásia foram os Partos. Originariamente eram os Parni, uma tribo semi-nómada da confederação Dahae, do Norte da Hircânia(**). Os Partos eram famosos pela sua cavalaria envolta em protecções de malha e pelos seus arqueiros montados, e os cavalos que criavam, na Niseia(***), eram apreciados até na China. No século III a. C., o seu líder, Ársaces, tinha expulso os Selêucidas da Síria e do Iraque.

À semelhança dos Cartagineses, os Partos eram, aos olhos dos Romanos, a imagem perfeita da barbárie asiática. Apesar dos seus assinaláveis êxitos contra as legiões romanas, apesar do facto de autores como o geógrafo grego Estrabão verem o Império Parto como o único rival de Roma, a imagem que prevalecia era de revoltas constantes contra o poder central e de intrigas furiosas e sanguinárias no seio da casa real, com os seus matricídios, parricídios e fratricídios (uma situação não muito diferente, como qualquer romano notaria, da história da Dinastia dos Júlios-Cláudios). «O seu carácter nacional», conclui o historiador e zoólogo Pompeu Trogo, «é impetuoso, truculento, falso e insolente [...]. Obedecem aos seus líderes mais por medo do que por respeito. São incontinentes nos seus hábitos sexuais [...] e não se pode confiar na sua palavra nem nas suas promessas»([35]). Perante os seus olhos, os Romanos tinham uma

---

(*) Durante a Segunda Guerra Púnica. (*N. do T.*)

(**) Região a sul do Mar Cáspio. (*N. do T.*)

(***) No Turquemenistão. (*N. do T.*)

galeria de déspotas cruéis, irracionais, lascivos e supersticiosos – Artabano, Vardanes, Gotarzes, Vologeso –, nos quais a *luxuria* e a *vanitas* dos Aqueménidas se combinavam com a selvajaria dos Arsácidas(*) para criar «outro mundo», um *orbis alius*, um mundo invertido, a própria antítese da virtude romana([36]).

O que marca todas estas descrições é, mais uma vez, a insistência na ausência de liberdade dos asiáticos. À semelhança dos seus predecessores aqueménidas, com os quais se identificavam estreitamente, os Partos eram vistos como um povo impelido exclusivamente pelo medo, não pela escolha. «Manténs os teus súbditos dominados pelo medo», disse Séneca ao rei parto, «nunca te deixam dar descanso ao teu arco; são os teus piores inimigos, abertos ao suborno e ansiosos por um novo amo»([37]).

Ali estava novamente uma horda, uma turba, não uma nação. Tal como haviam demonstrado os exércitos de Xerxes, uma horda podia ser capaz de grandes feitos e eram muitos aqueles que, em Roma, estavam preparados para reconhecer a perícia dos Partos em combate e a sua coragem – para não falar na sua ferocidade. Mas a maioria estava convencida, tal como Heródoto estivera, de que o Império Parto acabaria por ter o mesmo destino que todos os despotismos orientais. E assim foi, ao ser primeiramente destruída pelos Romanos, liderados por Sétimo Severo, em 198, e depois pelos Sassânidas. Consumidos pelos seus próprios vícios e reféns de uma incapacidade servil de se constituírem em algo que se assemelhasse a um povo, eram «provincianos» naturais que deviam, na óptica de Cícero, para seu bem e para bem de todos, estar sob a sábia tutela de Roma.

Tal como acontecera com os Gregos, a percepção romana da fragilidade incontornável de todas as tiranias orientais derivava não apenas de um amor à liberdade supostamente «inato», mas mais concretamente da confiança depositada numa forma de governo específica. Tal como Aristides observou, aquilo que tornara Roma no governante legítimo do mundo grego era «uma forma de governo semelhante a uma mistura de todas as constituições mas sem os aspectos negativos de nenhuma», num mundo de republicanismo romano.

(*) Dinastia fundada por Ársaces, rei dos Partos, que se tornou independente do Império Selêucida, em 238 a. C. O Império Parto foi derrubado pelos Sassânidas em 226 d. C. (*N. do T.*)

III

Durante todo o período da sua inexorável absorção de grandes áreas da Ásia, Roma foi uma república, uma *respublica* (literalmente, a «coisa pública», talvez melhor traduzida pelo antigo termo inglês «*commonwealth*»). Ao contrário de Atenas, não era certamente uma democracia, mas fora sempre um Estado cuja constituição consignava a manutenção de um equilíbrio entre a arraia-miúda – a *plebs* – e as classes patrícias que dominavam o Senado. O próprio Império era e seria, pelos menos em nome, até ao fim, o «Império do Povo Romano», governado pelo «Senado e pelo Povo de Roma» – *Senatus PopulusQue Romani* –, SPQR, os símbolos que as legiões levavam à sua frente para o combate, que adornavam todos os edifícios públicos e que ainda se podem encontrar gravados em tampas de bueiros por toda a cidade.

O povo era sempre imensamente poderoso, ainda que sem direcção. Controlar Roma significava frequentemente controlar a turba, e a turba podia sempre ser mobilizada por um general popular contra os seus inimigos políticos. Em 184 a. C., quando Cipião, o Africano, o popular vencedor da Batalha de Zama, foi acusado por Névio, o tribuno do Senado, de ter aceite subornos de Antíoco, o imperador selêucida, situado no que é hoje a Síria, ele não fez nenhum esforço para refutar as acusações (aliás, era muito provavelmente culpado). Em vez disso, virou-se para a enorme multidão que se juntara para assistir ao seu julgamento. «Hoje», declarou ele, «é o aniversário da grande batalha em solo africano na qual eu derrotei Aníbal, o Cartaginês, o mais resoluto inimigo do *vosso império.*» Apontando para Névio, acrescentou, «Não sejamos ingratos para com os deuses. Ignoremos este miserável e ofereçamos graças a Jove.» Depois, dirigiu-se ao Capitólio. A multidão seguiu-o e Névio viu-se sozinho e derrotado[38]. Todos os comandantes militares sabiam que para se controlar Roma era necessário ter o amor do povo.

Para os Romanos, tanto plebeus como patrícios, o império e a república eram um só. Hoje, partimos demasiadamente do princípio de que, de uma forma ou de outra, os impérios foram sempre monarquias. Mas nem sempre foi assim. Como vimos, a democrática Atenas criou efectivamente um império. O mesmo fizeram a República de Veneza, nos séculos XV e XVI, e os Estados Unidos, no século XIX (e muitos argumentariam que ainda o mantêm). E também a URSS – que era, afinal de contas, a União das *Repúblicas* Socialistas Soviéticas. E ainda, nalguns aspectos, a moderna China, que também se descreve como uma república, bem como a antiga Roma.

Porém, com o tempo, como aconteceu com muitas repúblicas, os comandantes do exército romano tornaram-se excessivamente poderosos e cada vez mais relutantes em seguirem os desejos do Senado. Em 48 a. C., uma luta entre dois cônsules, Júlio César e Pompeu, que resultou na derrota de Pompeu na Batalha de Farsália e na sua subsequente morte no Egipto, deixou César no controlo de todo o império.

César era um comandante militar brilhante e um mestre da língua latina, um orador cativante, um famoso dândi (inventou uma janota toga rendada), mulherengo e epiléptico. E era desmedidamente ambicioso. César reclamou o cargo de ditador (geralmente assumido apenas em momentos de crise e por um período de tempo limitado) e de cônsul vitalício, e depois de exercer muitas pressões e ameaças conseguiu ser declarado um deus. Com estas iniciativas, a república converteu-se, em tudo menos no nome, numa monarquia. César também desejava apaixonadamente ser nomeado rei, um título antigo e particularmente associado, na mente do povo, aos tempos de desordem e repressão que tinham antecedido a criação da república.

Os membros mais bajuladores do seu círculo terão espalhado boatos de que os Livros Sibilinos(*) haviam profetizado que Roma só se veria livre do seu mais antigo e terrível inimigo asiático, os Partos, se se convertesse numa monarquia([39]). Reza a história que por fim, quando os representantes do povo lhe ofereceram relutantemente a coroa, César, afirmando-se indigno, recusou-a, contando que lhe seria oferecida uma segunda vez. Mas tal não aconteceu. Furioso, retirou-se – as suas palavras tinham sido levadas a sério e ele não podia fazer mais nada.

O resultado destas manobras, afirma Plutarco, foi torná-lo «abertamente e mortalmente odiado» pela arraia-miúda, e fornecer um «pretexto útil para aqueles que o odiavam há muito mas tinham dissimulado os seus sentimentos».

Rei ou não, aos olhos de muitos, o comportamento de César para com o Senado tornara-o uma ameaça à liberdade da república. No dia 15 de Março de 44 a. C. – os Idos de Março –, foi apunhalado até à morte, na escadaria do Senado, por um grupo de republicanos e ex-pompeianos descon-

---

(*) Os *Libri Sibyllini*, uma compilação de oráculos comprados a uma sibila por Tarquínio, o Soberbo, último rei de Roma, foram consultados em momentos de crise durante a república e o império. (*N. do T.*)

tentes liderados por Bruto e Cássio, dois dos seus antigos companheiros. Mas ao contrário do que os seus assassinos tinham esperado, a morte de César nada contribuiu para a restauração da república. Mergulhou Roma numa sucessão de guerras civis que quase destruíram o império e o mundo romano – algo que nenhum romano alguma vez esqueceria.

As guerras civis foram um momento definidor na história de Roma e em toda a história do Ocidente. Não se limitaram a opor Romanos contra Romanos; ameaçaram dividir o império para sempre, em duas metades: ocidental e oriental. E também foram representadas, pelos vencedores, como uma luta entre Ocidente e Oriente, uma contenda que estabeleceria para sempre o domínio das virtudes romanas – europeias – sobre as do lânguido, corrupto e lascivo Oriente.

Após o assassínio de Júlio César, dois homens emergiram como seus potenciais sucessores: Octaviano, sobrinho e herdeiro designado de César, e Marco António, um dos mais bem sucedidos e poderosos dos seus generais. Em Novembro de 43 a. C., o Senado, na esperança de evitar uma guerra entre ambos, nomeou António, Octaviano e Emílio Lépido – governador da Hispânia e de partes da Gália – «triúnviros para a restauração do Estado» por um período de cinco anos. A administração do império foi dividida entre eles, e António, com a anuência dos outros dois, empreendeu a reorganização da metade oriental.

Em 41 a.C., António convocou Cleópatra VII, rainha do Egipto, para um encontro em Tarso. Foi uma decisão fatídica. Cleópatra era uma famosa sedutora que sabia que o seu encanto podia ser bem empregue na defesa do seu reino. Seis anos antes, Júlio César sitiara e conquistara Alexandria mas fora seduzido por Cleópatra, que lhe dera um filho e o persuadira a deixá-la como rainha de um reino quase independente sob controlo romano.

À chegada de António, ela decidiu-se pela mesma estratégia. Estando, nas palavras de Plutarco, «na idade em que a beleza de uma mulher se encontra no auge e a sua mente é mais madura» (tinha 28 anos), ela podia confiar no sucesso. Depois de ignorar várias ordens para se apresentar a António, ela entrou finalmente em cena, nos seus termos e na altura pretendida.

Subiu o rio Cidno numa barca com popa de ouro, «com as velas púrpuras enfunadas, enquanto os remadores acariciavam as águas com remos de prata, que mergulhavam ao ritmo da música da flauta». Cleópatra estava na popa, sob um dossel de tecido dourado, trajando como Vénus, «como a vemos nos quadros», observa Plutarco, ladeada por rapazes vestidos de

Cupido que a refrescavam com leques. Em vez de uma tripulação, a galera trazia a bordo as mais belas das suas aias, trajando como as Nereides e as Graças, alguma ao leme, outras no cordame e nas velas, e um perfume indescritivelmente rico, exalado por inúmeros turíbulos, desprendia-se da embarcação até às margens do rio.

Quando o cortejo chegou finalmente junto de António, que se encontrava na praça do mercado, «sentado no trono do seu tribunal», espalhou-se pela cidade a palavra de que «Vénus viera festejar com Baco para felicidade da Ásia»([40]).

O impacto de todo aquele luxo oriental surtiu o efeito desejado e António apaixonou-se, levando o sábio francês do século XVII, Blaise Pascal, a fazer o seu famoso comentário sobre o papel do acaso na história: «A face da terra seria muito diferente se o nariz de Cleópatra fosse um nadinha mais pequeno.» Não sabemos se foi o seu nariz ou, como muitos sugeriram, a sua conversa – ela era uma mulher verdadeiramente brilhante – que enfeitiçou António. Mas fosse o que fosse, Cleópatra empregou-o em António com um efeito devastador. «Platão», observa secamente Plutarco, «fala em quatro tipos de lisonja, mas Cleópatra conhecia mil.» Ela empregou-os todos, e manteve-se sempre junto de António.

António passou o Inverno seguinte com Cleópatra, na capital egípcia, Alexandria, e um ano depois ela deu à luz gémeos, Alexandre Hélio («o Sol») e Cleópatra Selene («a Lua»), a qual, segundo todos os relatos herdou a beleza, o encanto e a natureza combativa da mãe. Tornara-se claro que António esperava manter-se na posse do Império Oriental, como seu domínio pessoal ou como base para conquistar Roma a Octaviano. Em 39 a. C., António visitou Atenas, onde foi entusiasticamente acolhido e declarou ser a presença viva do deus Dionísio. Depois, António e Cleópatra ofereceram-se um ao outro como a incarnação de duas divindades egípcias, Osíris e Ísis, e uniram-se em matrimónio sagrado pela prosperidade de toda a Ásia. Em 36 a. C., Cleópatra teve outro filho, e deu-lhe o nome de Ptolomeu Filadelfo («Que Ama Seus Irmãos»).

Em 34 a. C., António anexou a Arménia, regressou ao Egipto com o rei, Artavasdes, acorrentado, e desfilou-o em procissão triunfal pelas ruas de Alexandria. Foi um acto quase inédito, pois tradicionalmente os triunfos apenas tinham lugar em Roma e eram dedicados à divindade tutelar da cidade, Júpiter Capitolino. Celebrar um triunfo em Alexandria era dar a entender que a cidade se convertera na capital do império. E para piorar as coisas, António organizou uma cerimónia magnífica na qual Cleópatra, sentada num trono de prata (o de António era de ouro), incarnou a deusa egípcia Ísis, «senhora da casa da vida». Nas chamadas «Doações de Alexandria», António proclamou Cleópatra «Rainha dos Reis e Rei dos Reis», e soberana do Egipto, Chipre, Líbia e Síria, juntamente com Cesarião – o filho que ela tivera de Júlio César –, contestando efectivamente a posição de Octaviano como herdeiro de César. O resto do reino, a oriente e ocidente do Eufrates, foi dividido entre Alexandre Hélio, vestido para a ocasião à maneira dos Medos e coroado com uma tiara parta, e Ptolomeu Filadelfo, trajando como um macedónio. Cleópatra Selene foi nomeada rainha de Cirene.

O Império Romano fora, ainda que simbolicamente, dividido em ocidente e oriente. Ou pelo menos foi esta a percepção quando as notícias da cerimónia chegaram a Roma. «As pessoas consideraram aquilo como uma arrogância e um gesto teatral», escreve Plutarco, «que parecia indicar que ele odiava o seu próprio país»[41]. Na visão criada por historiadores posteriores, a maioria apologistas de Octaviano e dos seus sucessores, António, pelo amor de uma mulher, tinha-se transformado num sátrapa.

Séneca, cujo desprezo por tudo o que era oriental até incluía Alexandre Magno, afirmou acreditar que embora António tivesse certamente sido «um grande homem, de grande intelecto», fora responsável por permitir que se introduzissem no império costumes estrangeiros e vícios que os Romanos desconheciam». Lascivo, descontrolado e borrachão, ele tornara-se o instrumento submisso de uma oriental. «Assim, que ninguém mais o considere cidadão romano», escarneceu, decorrido mais de meio século, o senador grego Díon Cássio, «mas sim um egípcio: não lhe chamemos António, mas antes Serápis [Osíris], nem pensemos nele como tendo alguma vez sido cônsul ou *imperator*(*), mas apenas gimnasiarca(**)».

Em Roma, Octaviano iniciou uma campanha de propaganda contra António, que continuaria muito depois da morte deste. Em 32 a. C., conseguiu forçar a maioria dos apoiantes de António a fugirem da cidade. De seguida, apoderou-se do testamento de António e publicou-o, um acto que, dado que António o confiara às Virgens Vestais, constituiu um semi-sacrilégio. Alegadamente, o testamento dava conta de que António legava o império aos filhos que tivera de Cleópatra, e pedia para ser sepultado em Alexandria – uma cláusula que alimentou ainda mais os boatos de que a sua intenção era transferir a capital do império de Itália para o Egipto.

(*) Comandante militar. (*N. do T.*)

(**) Do Lat. *gymnasiarcha* < Gr. *gymnasíarchos*, director de ginásio. (*N. do T.*)

Octaviano obteve do Senado a anulação formal do poder que restava a António e uma declaração de guerra a Cleópatra, uma medida que, para todos os efeitos, fazia de António um traidor, a menos que ele a abandonasse imediatamente, algo que Octaviano sabia que ele nunca faria. Depois, Octaviano lançou-se em perseguição do seu rival. Após um conflito prolongado na Grécia Ocidental, durante o qual as vantagens iniciais de António se foram lentamente perdendo – muito por via da perícia de Agripa, o almirante de Octaviano –, as forças comandadas pelos dois homens enfrentaram-se, no dia 2 de Setembro de 31 a. C., em Ácio, um promontório arenoso à entrada do Golfo de Ambrácia, no Noroeste da Grécia. Além de Italianos, as forças de Octaviano incluíam Germanos, Gauleses e Dácios. O exército de António fora recrutado no Egipto e na Líbia, na Etiópia e na Arábia. Octaviano terá arengado às suas tropas com uma retórica tipicamente pejorativa. «Alexandrinos e Egípcios», disse-lhes ele, «que adoram répteis e animais como deuses, que embalsamam os seus próprios corpos para lhes darem uma aparência de imortalidade, que são temerários na afronta mas de fraca coragem, e que, pior ainda, são escravos de uma mulher e não de um homem», não estariam à altura dos verdadeiros Romanos na hora de combater [42].

No oitavo livro da *Eneida*, Vénus, mãe de Eneias, dá-lhe um escudo e permite-lhe ver o futuro na sua superfície, até ao triunfo final da Roma de Augusto. Nesta versão, o exército e a esquadra de António compõem-se de

Auxiliares bárbaros, tropas de reis orientais;
De Árabes, vindos de perto, e de Báctrios, vindos de longe,
De línguas discordantes e de uma guerra confusa;
E sumptuosa em vestes garridas, para a peleja,
Segue-o o seu fatídico destino – a consorte egípcia! [43]

É quase possível ouvir o sibilo de repugnância na última linha, o sibilo da áspide, invocada algumas linhas mais à frente, que será a perdição de Cleópatra.

As tropas de António eram muito mais numerosas do que as de Octaviano, e ele também possuía o dobro dos navios do seu adversário, mais pesados, maiores e mais bem armados. E atrás deles, formados em linha, estavam sessenta fornecidos por Cleópatra, que se encontrava a bordo de uma barca dourada, aguardando a vitória.

No princípio, a batalha naval pareceu correr a favor de António. Mas depois, compreendendo onde estava a verdadeira fraqueza do seu adversário, Agripa obrigou António a prolongar a sua linha de batalha, quebrou-a e começou a atacar os navios de Cleópatra. A estratégia deu frutos. Em vez de cercar os navios de Agripa, Cleópatra, inacostumada ao combate, foi tomada de pânico e fugiu, atravessando a linha de António e desorganizando por completo o que restava da sua formação. Nesse momento, diz Plutarco, António «comprovou um ditado que antes se dizia por brincadeira, que a alma de um amante reside no corpo do outro». Em vez de reagrupar os seus navios, António abandonou-os, saltou para uma quinquirreme e «correu atrás da mulher que o arruinara e que em breve completaria a sua destruição»[44].

Ao anoitecer, a esquadra de António, desprovida de liderança, tinha desertado para Agripa ou fora destruída. Os soldados de António, acampados na costa, ficaram uma semana à espera do seu comandante. António não apareceu, e eles desertaram para Octaviano. Chegara ao fim o conflito e a tentativa de António de converter Roma num despotado oriental.

Pelo menos, foi este o relato que os vencedores nos deixaram.

Séculos mais tarde, junto ao mesmo mar, lorde Byron reflectiu lamentosamente sobre a perda:

> Eis o golfo de Ambrácia, onde em tempos se perdeu
> Um mundo por uma mulher, coisa bela e inofensiva!
> Naquela baía ondulante, muitos chefes romanos e reis asiáticos
> Conduziram as suas hostes navais
> A duvidosa peleja e certa matança.
> Vede onde foram erguidos os troféus do segundo César,
> Agora definhando, como as mãos que os ergueram.
> Anarcas imperiais, duplicando o sofrimento humano!
> Deus! Criaste o teu globo para ser conquistado e perdido por
> homens assim?[45]

Cleópatra e o seu amante conseguiram fugir para Alexandria com sessenta galeras e o tesouro de António. Octaviano levou mais de um ano a apanhá-los, mas quando o fez tornou-se claro que qualquer resistência seria infrutífera. Quando o vitorioso exército romano entrou na cidade, suicidaram-se. Ela cometeu um dos suicídios mais célebres da história, encostando uma áspide «ao peito, branco como a neve». Aparentemente, Octaviano estava tão desejoso de a levar para Roma em triunfo que, segundo o historiador Suetónio, mandou chamar encantadores de serpentes psilos para que lhe sugassem o veneno da ferida – sem sucesso(*). Teve que se contentar com Cleópatra Selene(**), que desfilou acorrentada atrás do seu carro quando ele regressou a Roma, senhor, conforme repetiriam continuamente os seus propagandistas em prosa e em verso, do mundo inteiro.

Antes de abandonar Alexandria, Octaviano mandou remover a múmia de Alexandre do seu santuário. Depois de a contemplar longamente, coroou a cabeça mirrada com um diadema de ouro e espalhou flores sobre o corpo. Quando os encarregados do mausoléu lhe perguntaram se gostaria de ver também as múmias dos Ptolomeus, ele retorquiu: «Vim ver um rei, não uma fila de cadáveres.»

Octaviano tornara-se senhor de todo o mundo romano e, pelo menos durante algum tempo, a ameaça do Oriente foi eliminada. O Egipto seguiria o caminho da Macedónia e converter-se-ia numa província romana, e a memória do seu passado helenístico e faraónico seria apagada[46]. Séculos mais tarde, como veremos, Napoleão Bonaparte chegaria às mesmas costas, declarar-se-ia um novo Alexandre e juraria corrigir todo o mal que Octaviano fizera.

Uma grande parte do «orientalismo» de Marco António é uma invenção da propaganda augustina subsequente, entusiasticamente subscrita pelo poeta romano Lucano e por Plutarco. É certamente verdade que ele fez do Egipto a sua base e que, com a ajuda de Cleópatra e sem dúvida instigado por ela, estendeu o poder do seu reino, embora se tenha recusado a anexar os territórios de Herodes da Judeia, como Cleópatra lhe terá aparentemente pedido. Mas o «Oriente» de António estava muito longe de ser o Oriente dos Persas; nem sequer era o Oriente do Egipto faraónico. Desde que Ptolomeu I (367-282 a. C.), conhecido por «Salvador», macedónio e ex-general de Alexandre, se apoderara do controlo do Egipto, o país era uma monarquia helenizada. É certo que os Ptolomeus eram tratados como faraós egípcios e monarcas helenísticos. Apoiaram os cultos nativos, cooperaram com o poderosíssimo clero de Mênfis, no Baixo Egipto, e desde que o costume foi iniciado por Ptolomeu V(***), passaram a ser coroados ao antigo estilo egípcio.

(*) Os psilos, um povo da Cirenaica, eram alegadamente possuidores do poder de encantarem serpentes e de curarem as suas mordeduras. (*N. do T.*)

(**) Filha de Marco António e Cleópatra. Os seus irmãos, Alexandre Hélios e Ptolomeu Filadelfo, também desfilaram no triunfo de Octaviano. (*N. do T.*)

(***) Em 204 a. C. (*N. do T.*)

Até introduziram uma versão grega da divindade egípcia Osíris, com o nome de Serápis, com o propósito de se dotarem de um patrono greco-egípcio. Mas estas fusões eram comuns no mundo antigo e serviam objectivos políticos que os próprios Romanos compreendiam facilmente.

Os Ptolomeus permaneceram Gregos, vivendo de acordo com costumes gregos e observando leis gregas. Cleópatra terá aprendido egípcio (e também, fazendo fé em Plutarco, medo, etíope, hebraico, árabe, parto e «troglodita»)(*), mas foi o primeiro Ptolomeu a fazê-lo. É verdade que António instalou a sua base em Alexandria e que teve três filhos da rainha do Egipto, mas existem muito poucos indícios de que a tenha desposado e parece claro que a sua grande ambição não era tornar-se um déspota oriental, mas sim imperador – César – de Roma. De facto, pondo de parte as suas associações com Osíris – possivelmente apócrifas –, a pior ofensa de António ao decoro romano parece ter sido o uso de frágeis sandálias gregas em vez dos sólidos sapatos romanos.

Mas o registo histórico foi facilmente ignorado. Em narrativas posteriores acerca do grande confronto entre Octaviano e António, a vitória do primeiro nas guerras civis e a criação do principado são representadas como a purga do mundo romano da mácula do orientalismo, da *vanitas* exibida nas frivolidades de António na corte egípcia e na sua adopção de divindades egípcias. A vitória de Ácio resultou na anexação total do Reino do Egipto, colocando uma grande parte da Ásia sob o jugo de Roma. Tal como Salamina, Ácio foi uma batalha naval na qual o futuro de um Ocidente livre e virtuoso foi preservado da extinção às mãos de um Oriente tirânico e corrupto.

IV

Por detrás desta tentativa de demonização de António encontrava-se uma intranquilidade mais profunda. Dado o humilhante fracasso de seu tio, Octaviano recusara assumir o título de rei, mas não deixara de se proclamar imperador – *Imperator*. Em 27 a. C., assumiu outro título, Augusto («venerável»), pelo qual é hoje conhecido, e estabeleceu um novo Estado imperial, com um único governante, a que hoje nos referimos como principado.

(*) A língua dos «trogloditas», um povo situado por muitos historiadores e geógrafos gregos e romanos na costa africana do Mar Vermelho. (*N. do T.*)

Augusto insistiu sempre que, em vez de criar um novo Estado sobre as ruínas da república, se limitara a restaurar aquilo que veio a ser chamado a «causa do povo»; e na propaganda oficial da entidade política que se convertera, para todos os efeitos, num império monárquico, fora o povo quem outorgara ao imperador os seus *imperium et potestas* – «autoridade e poder»([47]). Nos relatos da sua vida, os «Feitos do Divino Augusto»([*]), que mandou gravar em colunas de bronze e instalar em todas as grandes cidades do império, Augusto declarou: «libertei a república, que estava oprimida pelo domínio de uma facção».

No século IV, o último grande historiador latino do Império Romano, Amiano Marcelino, ainda descrevia os imperadores romanos como servos da *res publica*, que tinha «confiado a gestão da sua herança aos Césares como se fossem seus filhos». De facto, houve sempre alguma ambiguidade nos títulos assumidos pelos imperadores romanos. «Augusto», que foi adoptado por todos os imperadores subsequentes, denota os poderes semi-sacralizados que os monarcas helenísticos assumiam. *Princeps* – «primeiro entre os homens» – sugere, pelo menos, que havia outros como ele, e a palavra *Imperator*, que significa «aquele que exerce o *imperium*», descrevia apenas a esfera de autoridade executiva que todos os magistrados romanos possuíam.

Apesar disto, e não obstante a continuação do poder político do Senado e a constante alusão, até ao fim, ao *Senatus Populus Que Romani*, o principado de Augusto transformou-se rapidamente numa fachada atrás da qual tomou forma um novo tipo de regime oligárquico. Embora a igualdade e as liberdades civis sobrevivessem – pelo menos, durante algum tempo –, as formas mais antigas de partilha do poder que tinham constituído a fonte do êxito da república foram desmanteladas, ao ponto de, no início do século III, os juristas Gaio e Ulpiano poderem afirmar, sem recearem ser contraditos, que o *imperium* daquele que era agora chamado «príncipe imperador» absorvera o do povo romano.

Mas apesar de tudo o que marcou a inexorável erosão de todas as liberdades que tão prezadas haviam sido durante a república, a nova ordem de Augusto pareceu oferecer a perspectiva de um poder sem igual: perante o povo romano, surgiu uma visão de exércitos aparentemente invencíveis e de crescimento económico ilimitado. Acompanhando a nova riqueza e segurança, surgiu uma idade de ouro da literatura latina, a época do poeta

---

([*]) *Res Gestae Divi Augusti*. (*N. do T.*)

épico Virgílio, do poeta Ovídio (o qual, no entanto, foi banido por Augusto para Tomis, no Mar Negro, devido à sua participação num escândalo que envolveu a casa imperial), cujas obras tiveram possivelmente mais impacto sobre a literatura europeia do que as de qualquer outro autor clássico, dos poetas Horácio, Tibulo e Propércio, e de Lívio, talvez o maior historiador romano. Cada um à sua maneira, todos estes escritores celebraram as realizações – passadas, presentes e futuras – da nova ordem, numa altura em que Roma se tornara verdadeiramente, nas palavras de Lívio, *caput orbis terrarum*, «a cabeça do mundo», quando os exércitos e o direito romanos estabeleceram uma paz romana – a *Pax romana* – em todo o mundo[48].

Mas as promessas do reinado de Augusto foram relativamente breves. Após a sua morte, o império caiu nas mãos de uma sucessão de governantes corruptos e incompetentes, aparentados uns com os outros e que constituíram uma casa imperial conhecida por Dinastia dos Júlios-Cláudios. De facto, embora o imperador romano fosse detentor de um poder absoluto e pessoal, o império era e foi até ao fim uma delegação do povo. Isto significou que o problema que afecta todas as monarquias – como transferir o poder de uma geração para a seguinte – nunca pôde ser resolvido. Ao contrário dos governantes posteriores da Europa, os imperadores romanos nunca foram «Reis», monarcas hereditários cujas pessoas e cargos se consideravam imbuídos do divino. As decisões tomadas por um imperador nunca poderiam obrigar os seus sucessores. A continuidade assegurada, durante a república, pela presença de uma classe senatorial, falhou e desapareceu por completo, e a oligarquia de Augusto converteu-se, com os seus sucessores, numa tirania, e por fim, na opinião de muitos romanos, em algo muito próximo de uma monarquia oriental.

Foi com os Júlios-Cláudios que a Roma imperial adquiriu a imagem na qual se têm baseado tantos livros e filmes populares: orgias ébrias, práticas sexuais cruéis e fantásticas, combates de gladiadores e a chacina interminável de vítimas inocentes culpadas desta ou daquela ofensa ao regime, tudo isto levado à cena por imperadores efeminados e lascivos que entregavam de bom grado a governação dos seus vastos domínios a subordinados corruptos e bajuladores. Tal como acontece com todas as imagens populares, esta tem muito de pura fantasia. Uma grande parte foi alimentada, quando não simplesmente inventada, pelas suas vítimas mais notáveis, os cristãos. Mas nem tudo é invenção. Foi sugerido que alguns destes actos poderão ter sido provocados por envenenamento por chumbo. Onze aquedutos abasteciam diariamente a cidade com 1100 m^3 de água, que eram depois distribuídos pelas residências através de uma canalização de chumbo. Os antropólogos descobriram níveis de chumbo dez vezes superiores ao normal em ossos datando deste período. O efeito da água sobre os que a consumiam não deve ter sido de menosprezar.

Quer sofressem de envenenamento por chumbo, de instabilidade mental hereditária ou de outra aflição menos tangível, foram poucos os imperadores, entre Augusto e Nerva, com muita coisa a abonar em seu favor. O primeiro, Tibério, depois de ter adquirido uma reputação de borracho e devasso em Roma, retirou-se para Capri, onde construiu uma vila magnífica. Ainda se podem ver as suas ruínas, no cimo do penhasco de onde ele costumava ver os corpos dos que o tinham ofendido caírem no mar, «depois de prolongadas e sofisticadas torturas». Ali construiu também, nas palavras do historiador Suetónio, uma «casa de entretenimento privado», onde grupos de raparigas e rapazes, arrebanhados por todo o império, se entregavam a «práticas contra-natura» para excitarem a sua minguante paixão. Entretanto, o Estado era administrado pelas mãos incapazes do comandante da guarda imperial, Sejano. Durante anos, a Hispânia e a Síria não tiveram governadores. Os Partos apoderaram-se da Arménia, os Dácios e os Sármatas devastaram a Mésia e os Germanos invadiram a Gália.

A Tibério seguiu-se Gaio, conhecido por Calígula, «botinha», um neurótico agitado e sádico com propensão para o incesto – que cometia publicamente com cada uma das suas três irmãs em banquetes extravagantes, enquanto a sua mulher e cúmplice, Milónia Cesónia, o observava de uma varanda. Até Tibério viu a espécie de criatura na qual se tornaria provavelmente o seu sucessor. «Estou a criar uma víbora para o povo romano», declarou ele. O presságio cumpriu-se em toda a sua plenitude. Calígula adorava ver torturas e execuções, pelo que as organizou em grande número. Exprimiu o seu desprezo pelo Senado ao nomear cônsul o seu cavalo, e terá gritado, durante um acesso de raiva, o seu desejo de que o povo romano, em cujo nome governava, tivesse uma única garganta para lha poder cortar de um só golpe. No fim, como tantos outros imperadores imoderados, acabou assassinado pela guarda do palácio, juntamente com a mulher e o filho.

A Calígula sucedeu seu tio, Cláudio, um homem fraco e doentio que sofria provavelmente de paralisia cerebral e que, devido às suas mãos sempre trémulas e a um modo de falar entaramelado, fora alvo de incontáveis partidas durante o reinado do sobrinho. Mas apesar de todas as humilhações sofridas na juventude, Cláudio era um homem culto e perspicaz, e tinha dotes de historiador e gramático. Era fluente em grego, e conseguiu acrescentar – ainda que temporariamente – três letras ao alfabeto latino[49]. Embora se tenha aparentemente tornado tão cruel e sanguinário como os seus predecessores depois de alcançar o poder, acabou por ser o único membro da dinastia a ocupar-se seriamente, ainda que de forma errática, da governação, e a ele se deve a concessão da cidadania romana às províncias do império. Mas Cláudio cometeu o erro de desposar duas mulheres mortíferas, primeiro a famosa Messalina e depois Agripina, que o despacharam misturando cogumelos venenosos no seu prato de cogumelos favorito.

Ficou aberto o caminho para o mais destrutivo de todos, Nero, que matou a mãe e a tia e mandou executar a mulher, Octávia, com base numa falsa acusação de adultério. Nero imaginava-se um poeta, um músico e um atleta, e competiu em concursos teatrais e corridas de carros (saindo-se sempre vencedor). Estas actividades divertiam a populaça mas escandalizavam o Senado. Ele também foi acusado, quiçá injustamente, de ficar na sua vila em Âncio, durante o grande incêndio de 64, tocando lira enquanto Roma ardia e, nas palavras do historiador Tácito, «cantando a destruição de Tróia, comparando os infortúnios do presente com as calamidades da antiguidade». Após a conflagração, 50 hectares do centro esventrado da urbe foram arrasados para darem lugar a um magnífico e luxuoso palácio, repleto de ouro e jóias – «uma extravagância de grande vulgaridade», escarnece Tácito – e apropriadamente chamado «Casa Dourada», *Domus Aurea*[50]. Mais tarde, Trajano, repugnado, enterrou toda a estrutura debaixo de um gigantesco monte de terra, onde ainda se encontra, parcialmente escavada e aberta ao público.

Não se contentando com a construção de loucuras arquitectónicas onde os seus cidadãos tinham residido, Nero também «praticou toda a espécie de obscenidades» e aviltou «quase todas as partes do seu corpo» – pelo menos, é o que diz a má-língua de Suetónio. Tentou transformar um infeliz rapaz chamado Esporo numa rapariga castrando-o, após o que o desposou, «com dote, véu nupcial e tudo», e o levou para o palácio imperial, onde o instalou como sua mulher. Um senador observou causticamente que Roma seria muito mais feliz se o pai de Nero, Domício, tivesse tomado uma noiva semelhante.

Finalmente, o Senado não conseguiu tolerar mais. Num raro gesto de solidariedade, os senadores declararam-no inimigo público. Nero refugiou-se na vila do seu liberto, Faonte. Porém, sabendo que seria assassinado as-

UM MUNDO DE CIDADÃOS

sim que pusesse os pés na rua, optou por se suicidar. Diz Suetónio que as suas últimas palavras foram: «Que grande artista morre comigo!»

Com a morte de Nero, saudada nas ruas de Roma com «generalizado regozijo», extinguiu-se finalmente a Dinastia dos Júlios-Cláudios. Os sucessores imediatos de Nero, de Galba (68-69) a Domiciano (81-96), entraram e saíram de cena em constante conflito com o Senado e com as legiões afectadas por continuadas divisões internas. No célebre ano de 69, houve nada menos que quatro imperadores. Esta triste história chegou ao fim em 98, com a eleição do primeiro dos chamados imperadores antoninos, Trajano, que não só expandiu significativamente o império pela primeira vez desde a república, como também lhe devolveu alguma paz e estabilidade.

Com a subida ao poder de Antonino Pio, em 138, parecia que, após séculos de lutas e guerras civis intermitentes, Roma estava finalmente tranquila. Com as fronteiras protegidas onde se julgava serem os limites, se não do «mundo habitado», pelo menos do mundo onde podia existir civilização, Roma tornara-se finalmente naquilo que, desde os tempos da república, sempre afirmara ser: a materialização de uma harmonia divina que trouxera à humanidade, para usar a analogia de Aristides, a «ordem universal... como uma luz brilhante sobre os assuntos provados e públicos dos homens», que Zeus, pai dos deuses, outrora conferira ao mundo natural. Neste novo alvorecer, «uma liberdade clara e universal de todo e qualquer medo foi concedida ao mundo e aos que nele vivem»[51].

Para Aristides, Roma não era apenas a maior de todas as civilizações, era também a final e mais perene de uma sucessão de impérios. Primeiro, pelo menos nas contas de Aristides, existira o império dos Aqueménidas, e depois o de Alexandre. Apesar de terem ambos sido grandes e extensos, haviam sido construídos sobre areia. Alexandre tinha finalmente «abolido a governação dos Persas, mas ele próprio praticamente não governara»[52]. Finalmente, havia Roma, que absorvera tudo o que a precedera e que, na convicção de Aristides, duraria para sempre. Tal como muitos dos seus contemporâneos, Aristides compreendia o tempo como um progresso que conduzira ao momento presente, um momento que seria projectado inalterado no futuro. Um mundo que, em todos os aspectos, representava a perfeição atingível pela humanidade, não poderia, em nenhum sentido significativo, progredir mais. Poderiam verificar-se mudanças tecnológicas – embora, na verdade, tivessem havido muito poucas desde o século V a. C. –, mas era impossível imaginar que uma diferente ordem política, diferentes costumes ou outra religião pudessem algum dia substituir os que agora

MUNDOS EM GUERRA

existiam. E ainda era menos possível imaginar que algum fosse preferível aos existentes. Aristides – e com ele uma grande parte do mundo romano culto – foi possivelmente o primeiro a abraçar uma visão tão insensata e implausível, mas não seria certamente o último.

Se Roma era o último dos impérios mundiais, e se Roma encerrara a marcha da história, então Roma incluiria seguramente a totalidade do globo. A ideia de que o Império Romano e «o Mundo» eram idênticos começara a ganhar forma pelo menos nos tempos da república. Em 75 a. C., foram cunhadas moedas com imagens de um ceptro, um globo, uma coroa de louros e um leme, símbolos do poder de Roma sobre todas as terras e oceanos do mundo([53]). Duas décadas mais tarde, Cícero falava do «nosso povo, cujo império engloba agora o mundo inteiro»([54]), e quando Augusto ascendeu ao poder, «o Mundo» – *orbis terrarum* – e o império eram já identificados como um Estado global, apenas limitado, nas palavras de Virgílio, pelo Oceano – *Oceanus* –, que era concebido como um deus, e por um rio gigantesco que rodeava os três continentes, a Ásia, a Europa e a África.

Se Roma foi verdadeiramente, para usar a expressão de Plínio, o Velho, autor da maior história natural do mundo antigo, a «ama e mãe de todas as terras», escolhida pelos deuses «para dar humanidade aos homens, para se tornar a única terra nativa de todos os povos do mundo», o que a fez assim([55])? A força das armas, combinada com uma capacidade de mobilização e organização inédita no mundo antigo, constitui parte da resposta. Os benefícios tecnológicos que o Império Romano tinha para oferecer eram todos bastante óbvios: a sua arquitectura, os seus banhos públicos, a capacidade de trazer água de montes distantes ou de aquecer as salas de mármore de uma vila nos ermos de Northumberland. Todas estas coisas e muitas outras falavam uma língua universal que se revelou irresistível. Durante séculos, persuadiram patrícios não romanos, da África à Escócia, a identificarem-se com o império([56]). Mas havia sempre mais qualquer coisa: um modo de vida, aquilo que Cícero identificou como «a nossa sábia percepção de uma única verdade»([57]).

Estas grandiosas afirmações eram certamente propaganda, mas uma propaganda que continuou a ser muitíssimo eficaz enquanto o Estado romano foi visto a viver de acordo com a sempre grandiloquente imagem que tinha de si próprio. Tal como Aristides a concebia, Roma era um mundo que prometia não só a possibilidade de progressão social, mas também segurança e protecção contra os «tumultos e desordens facciosos» prevalecentes antes da chegada das legiões e que continuaram a verificar-se nos territórios selvagens além das fronteiras de Roma. Roma era poder. Roma era esplendor. Mas Roma, «mãe das cidades», também era amor. Até o nome da urbe, *Roma*, podia alterar-se para *Amor*. No século III, nas paredes da igreja de Santa Maria Maggiore, foi garatujado *Roma summus amor*: «Roma, amor supremo»[58].

V

De facto, os Romanos tinham aprendido que para um império sobreviver ao seu fundador e resistir aos intrusos tinha que inspirar nos povos subjugados, se não sempre amor, então certamente uma lealdade interessada. Não se deve duvidar minimamente da brutalidade nem da implacabilidade e eficiência da máquina militar romana. A ocupação romana da Europa foi a mais sangrenta aventura colonizadora jamais empreendida por uma potência europeia. Os massacres de Hernán Cortés no México e os de Pizarro no Peru, no século XVI, ou as actividades de Cecil Rhodes na Matabelelândia, no século XIX, nem sequer se aproximam. Nos últimos vinte anos da conquista da Gália por Júlio César, talvez de uma ferocidade acima da média mas de modo nenhum ímpar, um milhão de gauleses perdeu a vida e outro milhão foi vendido como escravo, aniquilando toda uma geração(*). Mas se tivesse sido meramente uma questão de poderio militar, Roma teria caído tão depressa como ascendera à proeminência. «Um império», declarou o historiador romano Lívio, «apenas é poderoso enquanto os seus súbditos se regozijam nele»[59]. Para sobreviver, um império tinha que fazer amigos, não escravos. Tinha que persuadir os povos que subjugava de que o seu modo de vida sob a tutela do conquistador seria muito melhor do que o anterior à conquista. Os Romanos tinham também aprendido que para se manter a paz em todo o espaço que consideravam o mundo, para se pôr definitivamente fim às mortíferas inimizades que tinham dividido Gregos e Persas e Gregos e bárbaros, tinha que prevalecer um domínio, uma cultura. Obviamente, fora também esta a ambição de Alexandre. Mas Alexandre não vivera tempo suficiente, e aos seus sucessores faltara a capacidade para transformarem a sua visão numa realidade.

(*) Valerá a pena referir que a conquista da Gália por César – a Guerra das Gálias – decorreu apenas entre 58 e 51 a. C. (*N. do T.*)

Aristides não tinha quaisquer dúvidas de que haviam sido a virtude romana e, acima de tudo, a concepção de governo romana, as responsáveis pela grandeza romana. Os Persas, disse ele aos que o ouviam, muito como Heródoto fizera, «não sabiam governar, e os seus súbditos não cooperaram porque é impossível ser-se bom súbdito quando os governantes são maus». Os Grandes Reis persas tinham olhado para os que os serviam como escravos e desprezavam-nos, «enquanto puniam como inimigos os que eram livres. Consequentemente, passavam a vida a destilar e a recolher ódio»([60]).

Em contraste, só os Romanos «governam homens livres... [e] conduzem os assuntos públicos em todo o mundo civilizado exactamente como se fosse numa cidade-estado»([61]). Roma recolhera para si tudo o que havia de melhor e de mais útil na terra, todos os bens manufacturados, artes e arquitectura, todas as colheitas, têxteis e ornamentos preciosos, «de modo que quem quiser ver essas coisas terá que visitar todo o mundo civilizado ou vir a esta cidade»([62]). Fizera-o porque, tal como Aristides não se cansa de sublinhar, os diversos povos e nações que compunham o império eram livres, governados de acordo com os seus direitos, respeitados e protegidos, eram leais e orgulhavam-se de serem não apenas Frígios, Egípcios ou Gauleses, mas também, e talvez acima de tudo, Romanos. «Todo o mundo civilizado», proclamou Aristides, «ora pela eterna duração deste império».

Roma foi sempre algo mais do que um império. Para aqueles que atraiu, era aquilo a que os Romanos chamavam *civitas*, a palavra da qual, muito mais tarde, derivaria um termo moderno muitíssimo mais ambíguo: «civilização». Era uma sociedade que, embora tivesse olhado sempre para a cidade de Roma, carecia de uma localização fixa e um dia englobaria efectivamente toda a humanidade naquilo a que Cícero chamava uma única comunidade «de deuses e homens». Deste modo dependia, na prática, de um processo de reciprocidade e assimilação. De facto, os Romanos tinham aprendido que a sua governação, e com ela a sua própria existência, só sobreviveria, nas palavras de Aristides, «até as pedras flutuarem nos mares e as árvores deixarem de lançar rebentos na Primavera», se os seus povos súbditos, os «bárbaros», de Ocidente e Oriente, fossem persuadidos a absorverem algo denominado pelo teólogo cristão Tertuliano, no século II, *romanitas* – «romanidade».

E absorveram-na. Do Norte da Britânia ao Norte de África, da Hispânia aos actuais Síria e Iraque, as elites locais adaptaram-se ao modo de vida romano. Para os seus súbditos mais hábeis e mais afortunados, o império tornou-se um vasto recurso, muitíssimo mais enriquecedor dos que os estreitos limites oferecidos pelas suas comunidades de origem. Residindo em cidades romanas, adoptaram o vestuário e os costumes romanos, e a língua latina, e com o tempo acabaram por se considerar romanos. Em quase todas as províncias romanas podiam encontrar-se pessoas de todo o império. Nos finais da república, a própria Roma já se transformara numa vasta metrópole cosmopolita, muito como Londres, Paris ou Nova Iorque seriam no seu tempo.

Ocasionalmente, depois dos séculos II e III, nem sequer os próprios imperadores foram romanos ou sequer italianos, pelo menos de nascimento. Trajano nasceu na Hispânia. Sétimo Severo, que se tornou imperador em 198, era de origem púnica, de Léptis Magna, na actual Líbia, fora recentemente romanizado e, segundo todos os relatos, falava latim com um forte sotaque regional. O grande imperador reformador do século III, Diocleciano, era filho de um liberto da Dalmácia, e o seu sucessor, Galério, iniciou a vida como pastor nos Cárpatos. E todos eles, como tantos funcionários menores do Estado romano, embora fossem Romanos orgulhosos e conversassem em latim (ou grego), também se orgulhavam da sua ascendência. Por exemplo, Sétimo Severo, em honra dos seus alegados antepassados cartagineses, chegou ao ponto de mandar restaurar o túmulo do maior e mais bem sucedido de todos os inimigos históricos de Roma, Aníbal[63].

Quando Aristides chegou a Roma, a cultura romana, expressa em grego e latim, estendia-se do Tigre ao Atlântico, e de Elefantine, no Alto Nilo, à Muralha de Adriano, no Norte da Britânia. Os oficiais das legiões colocadas na Britânia estavam alojados numa vila italiana que dava para os montes Grampianos, na Escócia, e uma cidade romana, com anfiteatro, biblioteca e estátuas de filósofos clássicos, vigiava as montanhas de Hodna, em Timgad, no Sul da Argélia[64].

Não sabemos quanto do mundo antigo pré-romano sobreviveu à romanização. Mas o que é notável é o facto de *não* sabermos. Não sobreviveu praticamente nenhum vestígio de qualquer literatura pré-romana, oral ou escrita, nem de qualquer história pré-romana dos povos do coração do império, no Mediterrâneo Ocidental e no Noroeste e Centro da Europa. Abaixo do nível da aristocracia urbana, os costumes mais antigos e as línguas anteriores devem ter sobrevivido. Várias línguas célticas, algumas das quais, numa ou noutra versão, sobreviveram até hoje, devem ter sido faladas durante os quase quatro séculos de ocupação romana da Britânia. Mas se assim foi, não deixaram vestígios escritos[65]. Verifica-se o mesmo

MUNDOS EM GUERRA

com os centros urbanos romanos no Norte de África. A única língua a sobreviver à romanização foi obviamente o grego, e o grego era a segunda língua do império, a língua que todo o patrício romano culto falava e a língua da administração daquilo que se tornaria, depois de Diocleciano dividir o império, em finais do século III, o Império do Oriente.

Tão poderosa e difundida era esta cultura que também sobreviveu aos séculos de constante erosão e desmembramento que, com o tempo, se tornaram o prolongado estertor de morte do Império Romano. Mais de um século após o colapso do Império Romano do Ocidente, o jurista bizantino Modestino, sem ter minimamente em conta que a Princesa das Cidades já não existia, ainda declarava, um pouco em desespero de causa, que «Roma é a pátria comum de todos nós»[66]. Para Modestino, que nunca a vira, Roma tornara-se muito mais do que um lugar. Tornara-se um modo de vida, uma civilização.

E ninguém queria ver o seu fim. A queda de Roma já foi atribuída a muitas causas, mas o ódio que muitos povos súbditos têm sentido pelos seus distantes amos imperiais raramente foi uma delas. Os «bárbaros» que acabaram por destruir o império fizeram-no de dentro. Mais do que porem fim ao domínio romano, pretendiam apropriar-se de uma parte considerável dele para si próprios. Finalmente, quando os Visigodos de Alarico saquearam Roma, em Agosto de 410, fizeram-no não porque desejassem destruir a grande cidade, mas porque o seu imperador não os autorizara a instalarem-se nos seus domínios.

Mesmo na derrota, a atracção exercida pela grandeza de Roma era aparentemente irresistível. No final do século, caído o Império Romano do Ocidente nas mãos dos «bárbaros», Teodorico, rei dos Ostrogodos (493--526) reflectia que «Todo o godo que se preza quer ser como um romano; só um romano pobre quereria ser como um godo»[67]. Tal como James Wilson observou, em 1790, ao ponderar sobre o possível futuro dos Estados Unidos como a nova Roma do Ocidente, «pode dizer-se não que os Romanos se espalharam por todo o globo, mas sim que os habitantes do globo se precipitaram sobre os Romanos»[68]. Wilson vaticinou – correctamente – que tal como acontecera com Roma, assim aconteceria com os Estados Unidos(*).

(*) James Wilson (1742-1798), um dos signatários da Declaração de Independência dos Estados Unidos, foi um dos principais redactores da Constituição americana e um proeminente teórico jurídico. (*N. do T.*)

116

UM MUNDO DE CIDADÃOS

Mas devemos dar o devido desconto às palavras dos retóricos, e não podemos ignorar a brutalidade nem a crueldade escondidas muito perto da superfície. O poder de Roma esteve sempre presente para sustentar os benefícios da civilização, e por vezes esse poder parece-nos – como pareceu ao longo da história – de uma monstruosidade extrema.

Por exemplo, existiam os notórios jogos, os combates de gladiadores, a chacina ritual de prisioneiros – homens e mulheres – por animais selvagens. Eram organizados por todo o império, mas na segunda metade do século I o Imperador Domiciano restringiu-os a Roma, para celebrar uma vitória ou um matrimónio, ou para chorar a morte de um parente (masculino). Por alturas da queda da república, os jogos estavam já consagrados como um meio para conquistar as graças do povo, ao alcance de quem os pagasse. Com a chegada do principado, tornaram-se cada vez maiores, mais espectaculares e mais sanguinários. Em Roma, o poder podia degenerar muito facilmente dos elevados ideais louvados por Aristides para a simples questão de oferecer um entretenimento macabro – e pão – a uma turba tumultuosa e violenta.

À semelhança da Grécia, Roma foi criada com o trabalho escravos. Hordas de servos cultivaram os campos e construíram os enormes edifícios cujas ruínas ainda nos maravilham. Operaram as frotas, minaram ouro e prata nas montanhas, forneceram a mão-de-obra – por vezes altamente especializada – necessária para o fabrico de todo o tipo de artigos, dos sapatos às espadas. E é claro, trabalharam em todos os sectores da vida doméstica, em todos os lares patrícios e em muitas casas mais humildes. Calculou-se que no fim do século I a. C., só em Itália, existiriam dois milhões de escravos, um rácio aproximado de três escravos para cada indivíduo livre. E também integravam a administração quotidiana do Estado. Escravos gregos trabalhavam como professores e administradores. O secretário particular de Cícero, que inventou uma forma de estenografia que recebeu o seu nome, era um escravo chamado Tirão(*). Até os médicos podiam ser escravos e esperavam ser pagos pelos seus serviços, que eram regulamentados pela lei[69].

Em muitos aspectos, estes homens e mulheres eram mais bem tratados do que os africanos transportados aos milhares para o outro lado do Atlân-

---

(*) Marco Túlio Tirão (103-4 a. C.) é tido como o inventor das chamadas «notas tirónias», originalmente constituídas por cerca de 4000 sinais, alegadamente para conseguir escrever os discursos de Cícero. (*N. do T.*)

tico, entre os séculos xv e xix, para trabalharem nas plantações de tabaco e açúcar das Américas. A conduta dos seus amos era controlada pela lei, e eles podiam inclusivamente apelar aos tribunais. Mas não deixavam de ser escravos, propriedade de outrem; em termos legais, não eram pessoas, eram «coisas».

Os benefícios que o império tinha para oferecer poderiam ser partilhados por conquistadores e subjugados – pelo menos, por uma grande parte destes últimos –, mas isso não tornava a vida tão previsível, tranquila ou segura como muitos desejariam. O gárrulo enciclopedista romano do século I, Aulo Gélio, conta uma história que demonstra expressivamente a potencial precariedade da vida de um provinciano socialmente importante. Em 123 a. C., um cônsul, o mais importante de todos os magistrados romanos, fez uma visita oficial à cidade de Teano Sidicino, no Lácio, a sul de Roma. A sua mulher exprimiu o desejo de se lavar nos banhos dos homens – que eram sempre mais sumptuosos do que os das mulheres. O questor ou administrador da cidade, um certo Marco Mário, foi chamado e recebeu ordens para mandar os homens que se encontravam nos banhos vestirem-se e abandonarem o local. Ele correu a cumprir as suas ordens. Mas não foi suficientemente lesto para a mulher do cônsul, que se queixou ao marido de que a tinham feito esperar, e que quando finalmente entrara nos banhos estes não estavam devidamente limpos. O cônsul mandou colocar um poste no meio do fórum. O infeliz questor, «o homem mais ilustre da cidade», foi atado ao poste, arrancaram-lhe as roupas e espancaram-no com varas à vista de todos os cidadãos. Dado que os castigos corporais – privados e públicos – se restringiam, em quase todos os casos, aos escravos, semelhante tratamento significa que o pobre homem ficou com a vida arruinada, e tudo por causa dos caprichos da mulher de um cônsul[70]. Este tipo de comportamento despótico não era excepcional. Na cidade vizinha de Frentino, um questor atirou-se das muralhas para escapar a um castigo similarmente humilhante, e outro abandonou a família e fugiu para o exílio[71].

É verdade que estes casos datam de um período mais antigo, quando os latinos ainda eram formalmente aliados e não cidadãos de pleno direito da *civitas* romana. Mas este tipo de comportamento autocrático por parte dos altos funcionários do Estado foi sempre algo a temer durante todo o período do domínio romano. Roma absorvera o mundo, e Roma impusera as suas leis e instituições ao mundo. Os funcionários de Roma corporizavam este poder, e nada do que eles desejavam lhes podia ser negado (e pelos vistos, às mulheres também não).

Mas se as realidades da vida sob domínio romano raramente eram tão cor-de-rosa como alguém como Aristides as apresentava, também devemos ter em conta que a escravatura era comum no mundo antigo. As suas origens são, no mínimo, pré-históricas, e para a maioria dos Romanos – não para todos –, tal como para a maioria dos Gregos, a escravatura fazia parte da ordem natural das coisas.

Pelo contrário, os jogos foram um passatempo exclusivamente romano. Eram inimaginavelmente cruéis, mas também eram inegavelmente populares. O domínio imperial romano era certamente brutal, mas não de uma forma incaracterística. Os magistrados romanos eram frequentemente caprichosos e autocráticos, mas não muito mais do que muitos servidores de Estados posteriores – até democráticos. E embora os seus homólogos modernos sejam obrigados a empregar métodos mais suaves e só possam explorar supersticiosamente os seus cargos para agradarem às mulheres, também podem ser igualmente destrutivos de vidas individuais. No mundo antigo, não existiu nenhuma sociedade menos cruel e caprichosa do que Roma, mas existiram muitas que o foram muito mais. O que Roma oferecia era inclusão, segurança e um modo de vida passível de oferecer a indivíduos como Aristides a oportunidade para florescerem em lugares muito distantes do estreito círculo provinciano ao qual, em qualquer outra sociedade do mundo antigo, teria ficado confinado.

No coração da *civitas*, o que a mantinha unida e que lhe deu o seu nome era a cidadania. A cidadania, na sua forma moderna, é uma criação romana, e teve mais influência a moldar os valores cívicos do Ocidente do que quase qualquer outro factor. Em 212, o imperador Caracala proclamou um édito concedendo a cidadania a todos os homens livres residentes no império: «Concedo a cidadania [dos Romanos] a todo o mundo»[72]. O Édito de Caracala – ou para lhe dar o seu verdadeiro nome, *constitutio Antoniniana* – foi acolhido como um espectacular acto de generosidade, e desde então tem sido considerado como o acto supremo de universalismo romano. Tal como o excêntrico teólogo contemporâneo, Tertuliano, avisou os cristãos que se pudessem sentir tentados a verem a sua fé como uma razão para a dissidência política, «este império do qual sois servos é uma suserania sobre cidadãos, não uma tirania»[73].

O Édito de Caracala conferiu a cidadania a todo o império ou, o que era praticamente a mesma coisa, a todo o mundo. Mas o que Caracala efectivamente fez em 212 foi selar uma política que constituíra uma das forças do mundo romano desde os primeiros dias da república. Roma fora sempre mais aberta aos estrangeiros do que qualquer outro Estado do mundo antigo. O historiador Tácito relata como, no ano de 40, o imperador Cláudio tentou estender a cidadania além dos limites tradicionais da Itália, propondo que determinados gauleses fossem admitidos no Senado. Os membros mais conservadores da assembleia irromperam num clamor de protesto. «Em tempos», gritou um senador, «bastavam-nos os nossos cidadãos nativos... agora, é-nos imposta uma nação de estrangeiros, um bando de cativos, por assim dizer».

Ao que Cláudio respondeu:

> Não obstante o seu poderio nas armas, o que se revelou também fatal para Atenas e Esparta não foi a sua política de manterem os povos subjugados à distância, por terem nascido estrangeiros? Mas foi tal a sagacidade de Rómulo, nosso fundador, que num único dia ele chegou a combater e naturalizar vários povos[74].

O seu argumento vingou, não só porque fora o argumento do imperador, mas porque Cláudio sabia que estava a apelar a uma tradição considerada tão antiga como a própria cidade.

Com a subida ao poder do imperador Adriano, em 117, a política imperial de unificação foi intensificada, realçando os benefícios inclusivos do domínio romano, minimizando as diferenças entre culturas e classes, e sublinhando as similaridades da relação de cada indivíduo com o próprio imperador. Para onde quer que olhasse, o cidadão romano podia ver ou experimentar os símbolos da governação imperial: as pedras miliárias, os retratos imperiais, os estandartes militares, os feriados e as omnipresentes estradas romanas[75]. A própria Roma era frequentemente descrita como *moderator* – uma palavra muito menos forte do que soberano ou governador, mais próxima de regulador ou supervisor. O imperialismo romano acabou por ser visto não como uma forma de opressão, como a conquista, por um povo, das terras, dos bens e das pessoas de outros povos, mas sim como uma forma de domínio benévolo que não envolvia conquista mas sim protectorado. Nas palavras de Cícero acerca da república imperial que serviu, «teríamos sido mais apropriadamente denominados um protectorado [*patrocinium*] do que um império mundial»[76]. Ou como disse, mais tarde, o imperador Antonino Pio: «Sou o guardião [*custos*] do mundo».

Foi precisamente a isto que Aristides chamou «a vossa maravilhosa cidadania», declarando que não havia «nada igual nos registos de toda a humanidade» e que ela unira «a maioria do talento, da coragem e da liderança existentes no mundo». Até a divisão mais antiga e hostil de todas, a fronteira entre a Europa e a Ásia, fora finalmente dissolvida. «Nem o mar, nem os continentes», prosseguiu ele,

> constituem obstáculos à cidadania, e a Ásia e a Europa não são tratadas de maneira diferente neste aspecto. Em todo o vosso império, todos os caminhos estão abertos a todos. Ninguém que seja digno de ser governado ou de merecer confiança permanece estrangeiro. Uma comunidade civil do Mundo foi estabelecida como uma República Livre sob um único e melhor governante e professor da ordem; e todos se unem como num centro cívico comum, para que cada homem receba o que lhe é devido[77].

À semelhança de tantas outras coisas no mundo romano, a cidadania tinha antecedentes gregos. Mas o cidadão grego era um *polites*, um membro de uma *polis*, uma palavra que, com o tempo, veio a significar algo como o «Estado» moderno e da qual deriva obviamente o termo «política». Contudo, o seu significado original era «cidadela». A cidadania grega era, pois, baseada num local específico, a *polis* – a cidade –, e carecia de significado fora das muralhas. Quando perguntaram a Diógenes, o Cínico, de que lugar era cidadão, ele retorquiu, «Sou um cidadão do Mundo» – *cosmopolites*, um cosmopolita. A resposta pretendeu ser desdenhosa, um insulto a todas as formas de civilidade, e não uma expressão de universalismo. E se atribuirmos alguma credibilidade à sátira de Luciano sobre a filosofia, na qual o *cosmopolites* é retratado como uma figura ridícula, a ideia de que se podia ser cidadão sem cidade ainda era, em finais do século I, inimaginável para os Gregos.

Pelo contrário, a palavra latina *civis* deriva de uma raiz indo-europeia que denota a ideia de família e, em particular, de um estranho admitido na família: por outras palavras, um convidado ou hóspede. Talvez seja melhor traduzida não por «cidadão», mas por «concidadão». Assim, o próprio vocabulário encerrava a ideia de uma sociedade composta por parentes, mas sempre aberta aos estranhos[78]. Dado que a *civitas* não era um lugar mas o corpo dos direitos e deveres do cidadão, podia ser estendida a qualquer sítio. Roma não se limitara a unir a Europa e a África, transformara ambas numa única civilização. E dado que a *civitas* também não designava lugar, raça ou povo, um gaulês, hispano ou egípcio podia declarar, na célebre frase, «Sou um cidadão romano» – *civis Romanus sum* –, sem nunca ser obrigado a abdicar da sua outra identidade local.

Independentemente do lugar onde se encontrasse, dentro dos confins legais do império, um cidadão ameaçado de castigo e que não tivesse recebido um julgamento justo podia «apelar ao povo» na pessoa do imperador. No mundo antigo, o cidadão romano era o único a beneficiar de uma espécie de *habeas corpus* e de protecção contra a justiça arbitrária dos altos funcionários imperiais. Ninguém demonstra mais claramente o alcance e a força disto do que aquele persistente irritante para as autoridades do Oriente romano: São Paulo.

Numa ocasião, depois de pregar a sua nova religião em Jerusalém, Paulo teve que ser salvo de uma multidão em fúria por uma coorte pretoriana. Atiraram-no para a prisão, e passado algum tempo foi levado perante o tribuno. «Ser-me-á permitido dizer-te uma palavra?», perguntou Paulo ao tribuno, em grego. «Tu sabes grego?», retorquiu o tribuno, com alguma surpresa. «Não és, então, o egípcio que, há tempos, provocou uma rebelião e arrastou para o deserto os quatro mil sicários?» «Eu sou judeu, de Tarso», respondeu Paulo, «cidadão de uma notável cidade da Cilícia»([79]). O tribuno mandou levá-lo para a caserna e ordenou que o chicoteassem até que ele revelasse «porque motivo assim gritavam contra ele». Foi então que Paulo jogou o seu trunfo.

> Mas, quando iam amarrá-lo para ser açoitado, Paulo disse ao centurião de serviço: «Tendes autoridade para açoitar um cidadão romano, que nem sequer foi julgado?».
>
> Ouvindo isto, o centurião correu a avisar o tribuno: «Que vais fazer?», disse, «Esse homem é cidadão romano!» O tribuno foi ter com Paulo e perguntou-lhe: «Diz-me, tu és cidadão romano?» Ele respondeu: «Sou.» O tribuno continuou: «Eu adquiri por muito dinheiro esse direito de cidadania.» Paulo retorquiu: «Pois eu já nasci com esse direito.» Os que o iam interrogar retiraram-se imediatamente e o tribuno ficou cheio de medo, ao saber que tinha mandado algemar um cidadão romano([80]).

Paulo foi levado para Cesareia para que o seu caso fosse investigado por Félix, o procurador da Judeia. Félix parece ter tratado Paulo bem. Manteve-o sob uma espécie de prisão domiciliária durante dois anos, de forma a não ofender a comunidade judaica, mas não tomou mais nenhuma medida contra ele. Todavia, o sucessor de Félix, Pórcio Festo, era menos benévolo, e quando os judeus de Jerusalém, exasperados por terem entre si aquele intrometido transviado teológico, «logo apresentaram contra ele muitas acusações graves, cuja autenticidade não eram capazes de provar». Festo decidiu julgá-lo, uma experiência similar à de Cristo e que, se tivesse ido avante, teria provavelmente acabado para Paulo como acabara para o seu mestre. Mas Paulo não era um carpinteiro de Nazaré. Ele disse severamente a Festo: «Estou perante o tribunal de César.

> Devo ser julgado aqui. Não fiz mal nenhum aos judeus, como sabes perfeitamente. Mas se, de facto, sou culpado, se cometi algum crime que mereça a morte, não recuso morrer. Se, porém, não há fundamento nas acusações dessa gente contra mim, ninguém tem o direito de me entregar a eles. Apelo para César!» Então, depois de conferenciar com o seu conselho, Festo respondeu: «Apelaste para César, irás a César»[81].

O julgamento foi interrompido e Paulo foi conduzido a Roma sob escolta militar. Seria julgado, condenado e decapitado[82]. Não conseguiu escapar ao seu destino, mas fez-se justiça.

VI

Paulo tornar-se-ia o portador de um novo tipo de universalismo, cujas pretensões iam muito mais além do que a jurisdição dos Césares, mas ninguém poderia ter sido mais sensível à importância da protecção e à dignidade oferecidas pela pertença à *civitas* romana. E poucos estariam mais cientes do quanto a imagem da nova ordem cristã sem fronteiras devia à visão cívica daquilo a que Cícero chamara a «república de todo o mundo».

Tal como o caso de Paulo deixa claro, a cidadania era primariamente um estatuto legal, e nunca poderia ter existido sem a criação de um sistema legal extensivo, complexo e abrangente. Num sentido obviamente histórico, foi Roma que criou o que é hoje compreendido no Ocidente pelo termo banalizado de «primado da lei». É certo que os Gregos também se tinham regido pela lei. Tal como Demarato avisara Xerxes, era a lei – e apenas a lei – que os Gregos reconheciam como amo, e que receavam «muito mais do que os súbditos de Xerxes o temem». Mas a lei romana era muito mais do que um travão, ou até do que a garantia de igualdade que Heródoto atribui à lei. Era o que mantinha unidos os muitos e diversos povos do mundo romano.

De acordo com a lei, a cidadania romana era uma pretensão universal a um estatuto unitário. Implicava aquilo a que hoje chamaríamos direitos. A igualdade perante a lei era evidentemente a base das pretensões gregas à liberdade e à justiça. Era o que distinguia os Gregos dos Persas e, por acréscimo, de todos os outros bárbaros. Mas o conceito de direito – talvez o termo mais importante do vocabulário político-legal do Ocidente – é uma invenção romana. Os Romanos, com base na sua longa experiência de administração de um império extenso, o qual, ao contrário das ligas do mundo grego, era concebido como uma única pátria, desenvolveram um sistema legal de grande complexidade. Com a expansão do império, esta lei tornou-se a lei de toda a Europa, e apesar de ter sido muito modificada pelos costumes legais das tribos germânicas que tinham ocupado o império no século v, tem permanecido a base do nosso entendimento do que é a lei. Foi a grande realização intelectual dos Romanos, tal como a filosofia moral e as ciências naturais haviam sido as dos Gregos.

A história do direito romano tem início com as Doze Tábuas, que terão sido compostas entre 451 e 450 a. C., com o objectivo de pôr termo à manipulação da lei por sacerdotes e patrícios. Esta medida garantiu que, a partir de então, todas as leis consuetudinárias seriam dotadas de uma base legislativa e promulgadas por decreto. E também garantiu que no mundo romano, e subsequentemente em todo o Ocidente, da Grã-Bretanha aos Estados Unidos, a lei seria secular e independente – não obstante as muitas tentativas de interferência – das ordens divinas. Ao contrário das leis que governavam a maioria dos povos da Ásia, da *Sharia* do mundo islâmico aos decretos imperiais da China, a lei romana, ainda que venerada, não era sacrossanta. Podia ser alterada e modificada para responder a novas circunstâncias, pois a lei derivava, como nunca se cansaram de dizer os juristas romanos posteriores, do facto. A lei baseava-se no costume e na prática. Era a voz do povo falando como deus – *vox populi, vox dei*, dizia o ditado –, não a voz de deus falando ao povo. Não se sustentava na teoria, mas sim na «experiência das coisas». E ao fazê-lo, era irredutivelmente existencial([83]).

Com a expansão do mundo romano e das suas necessidades, aumentou o corpo de lei consuetudinária. Os juristas romanos posteriores tentaram reunir todos estes estatutos numa série de códigos, dos quais o mais duradouro

UM MUNDO DE CIDADÃOS

foi compilado sob a égide de Justiniano, senhor do Império do Oriente, no século VI. A codificação de Justiniano divide-se em quatro grandes livros, com mais de um milhão de palavras: o Código, o Digesto, as Novelas e as Instituições(*). Até então, o direito romano, como todo o direito comum e consuetudinário, fora codificado muito raramente e sempre de forma incompleta. O gigantesco projecto de Justiniano foi uma tentativa de parar o tempo. Tal como a maioria dos grandes legisladores, ele esperara que a sua definição da lei se revelasse tão completa e definitiva que não haveria mais a necessidade de advogados para a interpretarem, nem lugar para aquilo a que ele chamou «a vã discórdia da posteridade»([84]). Obviamente, enganou-se. A sua codificação foi apenas o começo de uma vasta proliferação de comentários e interpretações que, a partir do século XI, se tornaram a base de todo o ensino e administração do direito na Europa. «Os títulos vãos das vitórias de Justiniano desfizeram-se em poeira», escreveu admirativamente Gibbon, «mas o nome do legislador está inscrito num belo e eterno monumento [...]. A razão pública dos Romanos foi silenciosamente ou cuidadosamente transfundida nas instituições domésticas da Europa; e as leis de Justiniano ainda merecem o respeito e a obediência de nações independentes»([85]).

E o direito romano era precisamente uma «razão pública», um direito civil, um direito derivado do costume através da indução racional. Inicialmente, o direito civil aplicara-se unicamente às gentes de Roma; com a expansão, passou a aplicar-se a todo o império. Mas os Romanos também criaram uma categoria legal chamada «lei das nações». Em termos práticos, fazia parte do direito civil romano, aplicável aos cidadãos romanos e aos estrangeiros. Todavia, num sentido mais amplo, era considerada, nas palavras do jurista Gaio, no século II, «a lei observada por todas as nações». Este conceito teria um impacto prolongado e poderoso sobre todo o pensamento jurídico europeu. À medida que as potências europeias se foram expandindo para outras áreas do globo, muitas das quais os Romanos nunca tinham sequer imaginado existirem, tornou-se a base para o actual

---

(*) A legislatura de Justiniano, publicada entre 529 e 534, denomina-se *Corpus Juris Civilis*. É composta pelo Código (*Codex Justinianus*), uma recolha das leis imperiais destinada a substituir o Código de Teodósio; o Digesto (*Digesta* ou *Pandectae*), uma compilação de excertos de livros de jurisconsultos do período clássico; as Instituições (*Institutiones Justiniani*), um manual elementar para o ensino do direito; e as Novelas (*Novellae* ou leis novas), um conjunto de cerca de 150 leis imperiais. (*N. do T.*)

125

MUNDOS EM GUERRA

«direito internacional público», e em teoria – mas nem sempre na prática – ainda governa todas as acções da «comunidade internacional».

Os Romanos foram também os primeiros a elaborarem leis para regularem a conduta e a legitimidade da guerra. Para os Gregos, bem como para a maioria dos povos antigos, a guerra era um simples facto de necessidade e sobrevivência. O máximo que Alexandre fizera para justificar as suas conquistas fora atirar uma lança para território inimigo e declará-lo seu. Não eram necessárias justificações legais. Contudo, os Romanos desenvolveram a noção – à qual todos os povos ocidentais se têm mantido fiéis – de que toda a guerra deve, de algum modo, ser defensiva[86]. A guerra era sempre, pelo menos em teoria, um meio de último recurso, o que significava que só poderia ser empreendida para obter compensação por um alegado acto de agressão contra os Romanos ou seus aliados. «O melhor Estado», observa Cícero, «nunca empreende a guerra, excepto para cumprir a palavra dada ou em defesa da sua segurança»[87]. Assim, a guerra era um meio de punir um agressor e de obter compensação por danos sofridos. A partir deste pressuposto básico, foi desenvolvida uma teoria cuja força moral ainda está viva: a teoria de «Guerra Justa». Uma Guerra Justa conferia ao agressor o direito de empreender a guerra – o *jus ad bellum*. A guerra era governada por um conjunto de acordos acerca de como devia ser travada e dos benefícios que o vencedor tinha direito a retirar dela – o *jus in bello*.

A maioria dos Romanos, incluindo Cícero, reconhecia inteiramente que Roma – à semelhança dos Estados Unidos e da União Soviética, nas décadas de 50 e 60 – tinha frequentemente adquirido clientes com o único propósito de os «defender» contra inimigos reais ou imaginários cujos território pretendia adquirir. Mas os usos impróprios que têm sido frequentemente dados às leis da guerra não diminuem a importância da sua existência, e esta devemo-la aos Romanos.

Todavia, para os juristas romanos, a lei era mais do que um conjunto de regras pelas quais a *civitas* devia ser governada. Era também a suprema expressão da racionalidade humana. «Independentemente de como possamos definir o homem», escreveu Cícero,

> uma única definição aplica-se a todos os homens [...]. Pois as criaturas que receberam da Natureza a dádiva da razão receberam igualmente a razão correcta, pelo que também receberam a dádiva da lei [...]. E se receberam a lei, receberam a justiça. Todos os homens

receberam a razão; consequentemente, todos os homens receberam a justiça([88]).

«Todos os homens». Cícero referia-se não apenas aos que eram cidadãos romanos, mas potencialmente a toda a humanidade, aos habitantes daquilo que ele designou – numa frase que seria repetidamente citada pelos seus herdeiros cristãos – *respublica totius orbis*, a «república de todo o mundo». Para Cícero, esta república humana universal era a corporização de uma lei comum universal para toda a humanidade([89]). Este conceito, como tantas outras coisas no pensamento ocidental, foi uma ideia original de Platão, refinada por Aristóteles. Mas a forma na qual Cícero a adoptou, e na qual se tornou, em certa medida, a ideologia do Império Romano, pelo menos com os antoninos, foi uma criação de outra escola antiga de filósofos – chamados, em virtude dos edifícios abertos e com colunatas onde se reuniam, os estóicos([*]).

O estoicismo é possivelmente a mais consistentemente influente de todas as antigas escolas de filosofia. Pelo menos, foi certamente a que exerceu o impacto mais duradouro sobre as culturas do Ocidente. Embora fundado por Zenão de Cício, no início do século IV a. C., como um sistema filosófico preciso, com o tempo, o estoicismo veio a significar muitas coisas para muitas pessoas diferentes. É mais bem conhecido na figura do sábio estóico, que olha para todo o sofrimento (e para a maioria das formas de prazer que não são puramente intelectuais) como externo a si próprio, que cultiva a paz interior, um sentido de si próprio que está fora do alcance do mal que os outros lhe poderiam infligir. Os Gregos chamavam a isto ataraxia – a doutrina da liberdade da ansiedade e das preocupações([**]). Quando hoje dizemos que alguém é estóico, é mais ou menos a isso que nos referimos (e também queremos dizer praticamente a mesma coisa quando dizemos que alguém está a ser «filosófico», que é uma indicação do quanto o pensamento estóico tem sido central para o entendimento ocidental do que é a «filosofia»).

Mas o estoicismo era mais do que uma simples resignação. Também abraçava a noção de que o mundo natural era um todo harmonioso, com um propósito distinto e transcendental. E no centro desta convicção es-

---

([*]) Do Lat. *stoicu* < Gr. *stoikós*, do pórtico. (*N. do T.*)

([**]) Literalmente «impassibilidade», com o significado de tranquilidade da alma, ausência de perturbação. (*N. do T.*)

tava a afirmação de que todos os seres humanos, independentemente das suas culturas ou crenças, partilhavam uma identidade comum enquanto humanos. Esta tem início com o amor filial mas não tarda a estender-se, na pessoa verdadeiramente sábia, à família e amigos, seguidamente aos membros da mesma comunidade ou nação, e por fim a toda a humanidade. Nas palavras de Cícero: «Do [amor filial] deriva também uma forma de preocupação natural partilhada pelos humanos entre os humanos, a preocupação de que pelo simples facto de ser humano, um humano não deve ser considerado estranho em relação a outro humano»([90]). É este sentimento – a que os estóicos gregos chamavam *oikeiosis* – que se encontra no cerne da rejeição estóica da ideia de que os humanos se devem definir unicamente pelo tipo de sociedade em que o acaso os fez nascer; pelo contrário, devemos identificarmo-nos com a raça como um todo. A isto chama-se hoje, em termos gerais, «cosmopolitismo».

O significado disto é mais bem expresso por um dos mais cativantes estóicos romanos, o imperador Marco Aurélio. Numa série de notas «para mim próprio» – escritas em grego –, que chegaram até nós com o título de *Pensamentos para mim próprio*, ele reflectiu que

> Enquanto imperador Antonino, Roma é a minha cidade e o meu país; mas enquanto homem, sou um cidadão do mundo […]. A Ásia e a Europa são meros cantos do globo, o Grande Oceano é uma simples gota de água, o monte Atos é um grão de areia no universo. O presente instante do tempo é apenas um ponto quando comparado à eternidade([91]).

O próprio Zenão já propusera esta visão do verdadeiro destino da raça. «Não devíamos», disse ele aos seus seguidores,

> viver em cidades e demos [grupos tribais], distinguidos por regras de justiça separadas, mas sim considerar todos os homens como membros da mesma tribo e concidadãos; e devia haver apenas uma vida e ordem [*koinos*], como um único rebanho alimentando-se na mesma pastagem.

Isto é muito ecuménico. Toda a humanidade devia viver junta, independentemente da raça, do local de nascimento ou da nacionalidade. Tornou-se a base para a visão de Cristo sobre a nova Igreja, e o mais antigo tradutor inglês dos Evangelhos fez eco de Zenão, conscientemente ou não, ao fazer São João pedir que em Cristo haja apenas «um só rebanho e um só pastor» (10,16).

Mas há outra forma de compreender estes sentimentos, menos ecuménica. As palavras de Zenão só chegaram até nós porque foram registadas por Plutarco. E Plutarco só se deu ao trabalho de as repetir porque, como vimos, ele considerava Alexandre Magno como a corporização das ideias de Zenão, do seu «sonho ou imagem nebulosa de uma comunidade bem organizada e filosófica»([92]). Se a humanidade devia ser uma só, então a humanidade não devia, tal como insistiria um cosmopolita moderno, rejeitar a ideia de pertencer a esta ou àquela nação. Pelo contrário, a humanidade não devia pertencer a muitas nações, apenas a uma. Para Zenão (possivelmente) e certamente para Plutarco, essa nação fora o império de Alexandre. Para os Romanos, claramente, só poderia ser Roma ou, mais precisamente, a *civitas* romana.

Aristides compreendera bem esta questão.

> Abristes de par em par as portas do mundo civilizado e destes àqueles que o desejaram a oportunidade de verem por si próprios; atribuístes a todos leis comuns e pusestes termo às condições anteriores, divertidas de descrever mas que, observadas racionalmente, eram intoleráveis; possibilitastes aos povos do mundo casarem em qualquer lugar, e organizastes todo o mundo civilizado numa única família([93]).

Ao estender estas dádivas a todo o mundo habitado, Roma não garantira apenas paz, posteridade, ordem e justiça. Também tinha – pelo menos, no entendimento de Aristides – transformado a própria humanidade. Tal como o filósofo político britânico Ernest Barker declarou, em 1923 – antes da «vil época desonesta» da década de 30 ter precipitado a Europa e o mundo na mais feroz divisão jamais experimentada pela humanidade –, «a ideia que alimentou os melhores dos Romanos foi a de um Mundo-Estado, a lei universal da natureza, a irmandade e a igualdade dos homens»([94]).

Aristides concluiu a sua oração com uma retumbante visão do mundo, antes e depois da ascensão de Roma. Antes de Roma, o mundo fora – à semelhança do cosmos, antes de Zeus lhe impor uma ordem celestial – «palco de luta, confusão e desordem». Agora, sob o domínio romano, a humanidade deixou a «Idade do Ferro» na qual vivia. Agora: «Cidades cintilam com brilho e encanto, e toda a terra foi embelezada como um jardim. O fumo que se erguia das planícies e os sinais de fogo para amigos e inimigos desapareceram, como que soprados, da terra e do mar». As trirremes que outrora caçavam nos mares deram lugar aos navios mercantes. Os deuses receberam o que lhes era devido e «ajudam nas realizações do vosso império e confirmam-vos na sua posse»([95]). Todas as estradas vão dar a Roma. Os portos estão congestionados com navios. Chegam bens de longe, da Índia e da Arábia. «Tudo se reúne aqui, comércio, transporte marítimo, agricultura, metalurgia, todas as artes e ofícios que existem ou existiram, todas as coisas engendradas ou cultivadas na terra. O que não se vê aqui, é porque nunca existiu nem existe»([96]).

Os antoninos tinham corporizado a visão imperial estóica como nenhum outro imperador fizera ou faria. No dia em que Aristides se levantou para falar no Ateneu, Roma era, em todos os aspectos, uma sociedade universal, aberta a todos os que aceitassem o domínio dos Césares. Era bastante indiferente às variações nos costumes, e não ligava às diferenças religiosas desde que não interferissem com o respeito devido ao imperador. Mas tal como todas as idades de ouro, também esta não tardaria a extinguir-se. Em 180, subiu ao poder Cómodo, que mudou o nome dos meses e, durante algum tempo, à cidade de Roma, e que se tornou obcecado em combater como gladiador (mas sem perigo para a sua pessoa). Estavam de volta os tempos terríveis dos piores Júlios-Cláudios([*]).

Cómodo morreu estrangulado, em Dezembro de 192, e a sua memória foi imediatamente condenada. Mas em todos os aspectos de importância, o império dos antoninos desaparecera para não mais voltar. O sucessor de Cómodo foi Sétimo Severo, que durante dezoito anos restaurou a ordem no império e manteve a paz. Pouco antes de morrer, em York, em Fevereiro de 211, disse aos filhos para «não discordarem entre si, darem dinheiro aos

---

(*) No início do ano de 192, Cómodo, um dos grandes egocêntricos e megalómanos da história, refundou ritualmente Roma, baptizando-a de *Colonia Lucia Annia Commodiana*. As legiões foram redesignadas *Commodianae*, a frota que trazia anualmente os cereais importados de África tornou-se *Alexandria Commodiana Togata*, e o próprio povo romano passou a chamar-se *Commodianus*. Quanto aos meses do ano, cada um foi agraciado com um dos doze nomes do imperador: *Lucius, Aelius, Aurelius, Commodus, Augustus, Herculeus, Romanus, Exsuperatorius, Amazonius, Invictus, Felix, Pius*. O dia em que estas e outras reformas do mesmo tipo foram decretadas recebeu o nome de *Dies Commodianus*. (*N. do T.*)

soldados e ignorarem o resto». Crasso, pragmático e denotando a incapacidade de sustentar um mundo que, para se manter coeso, necessitava de muito mais do que do poder militar, este conselho também constituiu, à sua maneira, o trágico epitáfio da «Oração» de Aristides. E foi ignorado. O exército apoderou-se do controlo do Estado, e a partir de 211 até à ascensão de Diocleciano, em 284, os pretendentes ao trono foram mais de setenta. «As perpétuas ascensões e transições da quinta ao trono e do trono ao túmulo poderiam ter divertido um filósofo indiferente», escreveu Gibbon, «se fosse possível a um filósofo permanecer indiferente às calamidades gerais da espécie humana»([97]).

Em 260, o imperador Valeriano e o seu estado-maior foram capturados pelo senhor da guerra parto Sapor I. Na Gália, na Britânia e na Hispânia, um «Império Gaulês» dissidente foi criado por um dos comandantes de Galieno([*]), apropriadamente chamado Marco Cassiano Póstumo. Outro império, o da lendária rainha Zenóbia, com a sua capital no oásis de Palmira, na Síria, controlou uma grande parte da Ásia Menor entre 267 e 272. Palmira era arménia mas as suas gentes, oriundas de toda a Ásia, pareciam Persas aos Romanos, e Zenóbia – «Mãe do Rei dos Reis», como era chamada –, trajando inconfundivelmente à oriental, assemelhava-se totalmente a uma potencial sucessora dos Aqueménidas. Zenóbia nunca pretendera separar Palmira de Roma. A sua ambição, depois da ascensão do imperador Aureliano, em 270, foi garantir a divisão do Império, com Aureliano imperador do Ocidente e o seu filho, Whaballat – que os Romanos conheciam por Septímio Vabalato –, do Oriente. No princípio de 272, Aureliano marchou para leste e derrotou Zenóbia em Antioquia. Ela retirou para sul e proclamou o filho como único imperador e Augusto. Porém, no Verão, Palmira caiu perante o vitorioso exército romano e Zenóbia foi capturada quando procurava o auxílio dos temidos Persas([98]).

Aureliano foi um monarca bem sucedido e eficiente que conseguiu unir o império, mas as suas reformas foram de curta duração. A *civitas* romana só emergiria do seu pesadelo de declínio a pique em 312, sob a mão de ferro de Constantino, o Grande. Mas nessa altura estaria já diminuída e dividida, e embora fosse capaz de sobreviver por quase mais um século no Ocidente e mais de um milénio no Oriente, tornara-se um mundo completamente diferente.

([*]) Públio Licínio Egnácio Galieno, co-imperador com seu pai, Valeriano (253-260), e imperador (260-268). (*N. do T.*)

MUNDOS EM GUERRA

Mas o sonho de uma cidadania universal, corporizado principalmente pelos antoninos, sobreviveria. Sobreviveria à ascensão, a leste, dos Sassânidas, os quais, tal como os Partos, se afirmavam herdeiros dos Aqueménidas, e que esperavam concluir o que Xerxes começara. Sobreviveria às forças dos Hunos, de Visigodos e Ostrogodos, de Vândalos e Mongóis. Sobreviveria até à dissolução final do império no Ocidente. Sobreviveria, como sobreviveu até hoje, como uma das características mais perenes da civilização europeia e «ocidental». Mas aquilo que, em última análise, o levaria do Império Romano para os Estados fragmentados e desordenados que herdariam o manto cultural da «república de todo o mundo» foi uma religião nova e, como tantas outras coisas nesta história, de origem asiática: o cristianismo.

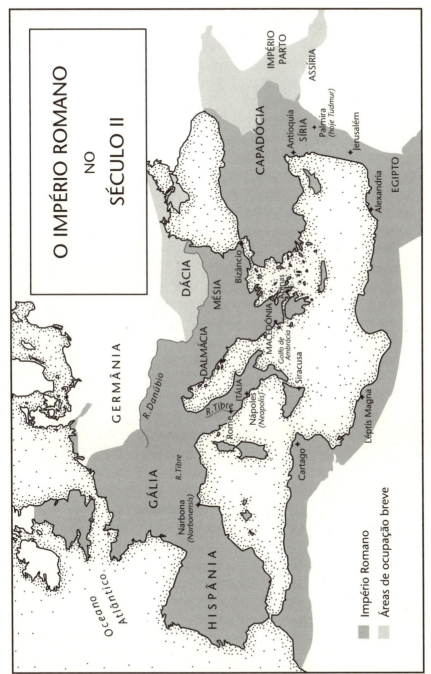

Mapa 2

Capítulo 4

O Triunfo da Igreja

I

Ano de 413. Na cidade romana de Hipona, na costa norte-africana, na actual Argélia, um bispo cristão com 59 anos de idade estava sentado no seu gabinete. Escrevia um livro destinado a tornar-se possivelmente o texto cristão mais influente, depois dos Evangelhos e das cartas de São Paulo. O nome do bispo era Agostinho e o livro, o seu «grande e árduo trabalho», como lhe chamava, intitula-se *A Cidade de Deus*. Era a resposta aos pagãos que afirmavam, sonora e furiosamente, que os desastres que se haviam abatido recentemente sobre Roma eram um castigo infligido pelos deuses antigos por se ter permitido que o seu lugar fosse ocupado por um culto novo, vulgar e supersticioso, oriundo da Judeia.

Três anos antes de Agostinho começar a escrever o seu livro, acontecera o impensável. Roma fora saqueada pelos exércitos de Alarico, rei dos Visigodos, que tinham feito praticamente a mesma coisa a Atenas, catorze anos antes. Ao poeta Claudiano, pareceu que se abatera sobre a civilização mundial uma nova praga, liderada por um novo Aníbal([1]). Durante três dias, as hostes de Alarico comportaram-se como se julgava tradicionalmente que era hábito dos Godos: saquearam, pilharam, violaram e chacinaram. Embora a grande cidade estivesse há muito exposta a incursões bárbaras e a sua população tivesse sido, por duas vezes nos últimos dois anos, obrigada a recorrer ao canibalismo para não morrer à fome, isto nada fora em comparação com o que aconteceu durante aqueles três dias intoleravelmente quentes de Agosto([2]). Pelágio, um monge britânico de visita e que assistiu a tudo, descreveu como «quando o som estridente das trombetas e os uivos dos Godos» fenderam o ar, Roma, «a senhora do mundo, tremeu, esmagada pelo medo». Toda a ordem natural que existira no mundo, que separara o inferior do superior, que mantivera a hierarquia e o estatuto, que preservara as famílias e que garantira que a marcha do tempo prosseguia ininterruptamente – tudo aquilo de que Roma, durante séculos, fora garantia –, perecera em três breves dias. A barbárie penetrara no coração do mundo civilizado. «Onde estavam os certos e distintos níveis de dignidade?», lamentou-se Pelágio. «Toda a gente estava misturada, tremendo de medo; todo o lar tinha a sua dor e um terror omnipresente oprimia-nos a todos. Escravo e nobre eram um só. À frente de todos nós assomava o mesmo espectro da morte»([3]).

Nos meses que seguiram ao saque, milhares de refugiados fugiram para sul. Muitos deles, na sua maioria patrícios furiosos e ressentidos, apareceram no Norte de África, e exigiram uma explicação para o desastre. Santo Agostinho ofereceu-a. Ao contrário do que os cristãos acreditavam, afirmou ele, Deus não libertara a sua fúria contra Roma por muitos dos seus habitantes permanecerem leais às divindades pagãs; e ao contrário do que os pagãos acreditavam, Roma não fora punida por ter abandonado os antigos deuses. Roma pagara certamente pelos seus pecados, mas com o tempo toda a humanidade iria também pagar. Roma, disse Agostinho, fora «abalada mas não transformada», tal como lhe acontecera «noutras épocas, antes da pregação do nome de Cristo». Consequentemente, consolou ele os seus leitores, «não há que desesperar da sua recuperação»([4]). É certo que a cidade caíra nas mãos dos bárbaros, claramente considerados por Agostinho como os mais inferiores de todos os seres humanos. Mas sobreviveria. Era e tinha que continuar a ser eterna, pois convertera-se na materialização do cristianismo.

Para Agostinho, tal como para a maioria dos cristãos posteriores, o mundo civilizado deslocara-se inexoravelmente da Grécia para a Roma pagã e de Roma para o cristianismo. A cada passo, tornara-se mais universal, mais próximo dos valores não só da única religião verdadeira, mas também do único modo de vida virtuoso, sustentável, equitativo e justo. Para Aristides, o mundo romano dos antoninos fora o culminar do constante crescimento da civilização. A marcha do império para ocidente, da Pérsia aqueménida para a Grécia helenística e para a própria Roma, parara

O Triunfo da Igreja

finalmente nas margens do Tibre. Para Agostinho, esta história fora apenas o prelúdio do reino universal que Cristo inaugurara e que agora fluiria ininterruptamente até à segunda e última vinda.

Se Deus enviara o seu único filho gerado à terra durante o reinado do primeiro dos verdadeiros imperadores, Augusto, era porque Deus pretendia que o Império Romano perdurasse tanto tempo quanto a Sua criação. Tal como os cristãos não se cansavam de observar, o profeta Daniel previra esta situação. Na visão de Daniel, quatro impérios mundiais, representados por quatro feras – um leão com asas de águia, um urso, um leopardo e um monstro com «enormes dentes de ferro [...] e dez chifres» –, que se sucederiam até o Altíssimo inaugurar um «reino que nunca será destruído»([5]). Este reino, o Reino dos seguidores de Cristo na terra, ao qual Agostinho chamava «A Cidade» – a *civitas* – «de Deus», estava agora perto.

O cristianismo nascera como uma heresia do judaísmo, mas poucos o teriam admitido na época. Tal como tantas outras coisas que vieram a definir o mundo ocidental, tivera a sua origem no Oriente. O Cristo inevitavelmente presente nas palavras dos Evangelhos era, na maior parte dos aspectos, um homem santo tipicamente oriental, e algumas das fontes mais profundas das crenças cristãs mais persistentes – o deus morto, o nascimento de uma virgem, a incarnação – ainda eram mais asiáticas. Apesar dos esforços da Igreja para encobrir a ascendência dos seus fundadores, a identidade asiática de Cristo regressava persistentemente para a assombrar. Muito mais tarde, em meados do século XVII, Samuel Purchas, cronista das viagens de exploração europeias, com a sua visão caracteristicamente equivocada da formação histórica da Europa, ainda falava de «Jesus Cristo, que é a via da verdade e da vida, e que há muito concedeu o Divórcio à ingrata Ásia, onde nasceu, e à África, local da sua fuga e refúgio, tornando-se quase inteiramente europeu»([6]).

Contudo, os seguidores imediatos de Cristo, e em particular o *cives* romano São Paulo, foram lestos em tentarem transformar um culto de negação do mundo e centrado num profeta errante na religião de Estado de sucessivos impérios mundiais. Abraçaram avidamente a protecção do império e as suas ambições universalistas, transformando-a para os seus próprios fins. Para Plínio, que era pagão, fora o númen dos deuses o responsável pelo propósito de Roma de «dar humanidade ao homem». Para os cristãos, fora a vontade – *voluntas* – do seu Deus.

MUNDOS EM GUERRA

«Deus ensinou a todas as nações», escreveu Aurélio Prudêncio, panegirista cristão do século IV,

> a curvarem a cabeça sob as mesmas leis e a tornarem-se romanas [...]. Uma lei comum tornou-as iguais, uniu-as através de um único nome e fê-las, apesar de conquistadas, entrar em laços de irmandade. Vivemos, em todas as regiões concebíveis, de um modo não muito diferente do que se uma única cidade e pátria rodeassem os concidadãos de uma mesma muralha([7]).

Quando Agostinho tratou de explicar a pagãos e cristãos porque é que Deus deixara a Cidade Eterna cair nas mãos implacáveis de Alarico, há mais de um século que Roma era, na maior parte dos aspectos, um império cristão. Na perspectiva dos cristãos, tudo o que era traduzido pela palavra grega *paideia* – o conhecimento clássico, a filosofia clássica, a ética de Platão e Aristóteles, que já estava a ser utilizada para apoiar os ensinamentos morais algo escassos contidos no Novo Testamento – só podia ser preservado no seio e através do mundo romano. Tal como Agostinho dissera ao seu amigo Paulino de Nola, em 408, na Cidade Celestial os cristãos não estariam «de passagem nem seriam estrangeiros residentes, mas sim cidadãos de pleno direito». Agora, a linguagem romana da cidadania estendia-se até ao Reino de Deus([8]). Era a verdadeira e final «tradução do império», que Aristides nunca poderia ter previsto.

Mas Agostinho sabia que estava a olhar para pelo menos dois séculos de uma história profundamente conturbada. De facto, os cristãos tinham abraçado Roma de bom grado, mas Roma tivera muitíssima relutância em abraçá-los a eles. A ausência de raízes do cristianismo, o facto de ser precisamente uma seita universal, demonstrando um respeito mínimo pelos antepassados e carecendo de laços firmes e locais, sem pátria, horrorizava a maioria dos pagãos. E à semelhança de todas as religiões monoteístas, o cristianismo era intolerante. Só pode haver um Deus, um modo de o venerar e de compreender o lugar que a espécie humana ocupa na sua criação. Em contraste, os Romanos pagãos estavam preparados para tolerar todo o tipo de religiões, desde que não ofendessem directamente os deuses de Roma.

E havia também a questão do culto do imperador. A veneração do divino Augusto pouco mais representava do que um juramento de fidelidade ao Estado. Mas para os cristãos era uma blasfémia, à qual não se submeteriam.

O Triunfo da Igreja

Os pagãos também se sentiam revoltados pelo aparente deleite dos cristãos no martírio. Por muito que os cristãos interpretassem esta realidade como prova de «grande *virtus* [de] um poder milagroso em nós», para a maioria dos Romanos e para os pagãos em geral demonstrava unicamente uma grosseira indiferença pelas suas mulheres, filhos, pais e amigos. Luciano chamou-lhe «idiotice senil»([9]). Mas apesar das perseguições – embora as vítimas nunca tenham sido tantas como os apologistas cristãos gostavam de referir –, e apesar do crescente fosso moral e cultural que dividia o cristianismo do paganismo, o número de convertidos à nova religião não parava de aumentar([10]).

A razão continua a ser um mistério. Como religião imperial, o cristianismo, com a sua insistência em oferecer a outra face, na renúncia e no perdão, no triunfo final dos fracos e dos pobres sobre os poderosos e os prósperos, não parece ter muito a seu favor. É verdade que prometia o renascimento imediato aos seus adeptos e uma espécie de proximidade com Deus – algo inteiramente ausente do paganismo. Mas não era a única religião a fazê-lo. O seu principal rival era o mitraísmo, um culto de mistério pérsico-helenístico que em meados do século II se espalhara das fronteiras do Império Sassânida a quase todo o mundo romano, do Mar Negro à Britânia e do Egipto ao Reno. Mitra era um deus de contrato e lealdade, o que o tornava particularmente congénito para a elite romana (a qual, no entanto, não parece tê-lo apoiado com fundos públicos). Também estava estreitamente associado a Apolo e ao *Sol invictus*, o «Sol Invicto», dois deuses que, como veremos, Constantino, o Grande, adorara e continuara a tolerar mesmo depois da sua espectacular conversão ao cristianismo. E também tinha algumas associações claras ao zoroastrismo. O mitraísmo pareceria muito mais atractivo do que o cristianismo. Era suficientemente múltiplo na forma para agradar aos pagãos, que não tinham muita paciência nem queda para o monoteísmo, e apoiava fervorosamente a natureza divina do imperador. E também possuía o atractivo, que partilhava com o cristianismo, de ser um culto de mistério: qualquer pessoa podia aderir, mas era necessária uma iniciação e a iniciação transformava o iniciado numa pessoa à parte; oferecia aos homens – e, facto crucial, às mulheres – a possibilidade de pertencerem a uma elite.

MUNDOS EM GUERRA

II

Existe uma possível razão, senão para o triunfo do cristianismo, então pelo menos para a morte do paganismo. O mundo no qual teve lugar o início do processo de cristianização estava, de forma lenta mas irreversível, a fragmentar-se. Desaparecera a idade de ouro que Aristides acreditara ser o fim da história. Já no ano de 200, uma grave recessão atingira o Mediterrâneo. Em meados do século, as legiões romanas tinham sofrido derrotas terríveis às mãos dos Sassânidas, dos Godos e de outras tribos germânicas, e a guerra civil levara o governo imperial à beira da desintegração[11]. «O meu reino não é deste mundo», dissera Cristo. Enquanto ruía o maior reino deste mundo, o aparentemente indestrutível e eterno Império Romano, a perspectiva de outro reino que oferecia a santidade da bem-aventurança numa vida eterna no além – algo praticamente ausente do paganismo – era claramente muitíssimo atractiva.

Em finais do século, tornara-se impossível garantir a coesão do poderoso e demasiado extenso império de Roma. Numa última tentativa para manter intacto o que ainda restava, o imperador Diocleciano dividiu o império em duas metades, ocidental e oriental, e criou dois imperadores para lhe sucederem: Maximiano no Oriente, Constâncio no Ocidente. Quando Constâncio morreu, em York, no ano de 306, sucedeu-lhe Constantino, seu filho. Porém, após uma complexa série de manobras dinásticas, Maxêncio, filho de Maximiano, apoderou-se da maior parte de Itália, incluindo a própria capital imperial.

Em 312, procurando afirmar o que considerava serem os seus direitos hereditários, Constantino invadiu a Itália. Depois de derrotar a vanguarda de Maxêncio perto de Turim e em Verona, marchou para sul, para Roma. Maxêncio, liderando forças muito mais numerosas do que as de Constantino, saiu-lhe ao encontro. No dia 28 de Outubro, os dois exércitos acamparam em Saxa Rubra, perto da Ponte Mílvia – hoje conhecida por *ponte Milvio* –, pela qual a Via Flamínia atravessa o Tibre, a norte de Roma.

Anos mais tarde, Constantino disse sob juramento ao seu biógrafo, Eusébio de Cesareia, que enquanto planeava a sua campanha contra Maxêncio ficara preocupado com a suposta perícia do rival como necromante (Constantino era extremamente supersticioso). Constantino tinha adoptado o deus-sol Apolo como sua divindade tutelar e, pelo sim pelo não, favorecia também o culto do Sol Invicto. Orou ansiosamente a estas divindades, pedindo-lhes ajuda. Uma tarde, enquanto treinava o exército, viu uma cruz de luz no céu, sobreposta ao sol, parcialmente rodeada pelas palavras «com este sinal vencerás»([12]). Constantino orara ao Sol, o Sol enviara-lhe um sinal: o símbolo da religião cristã, que ainda tinha uma má reputação. Alguns anos antes, ele recebera uma mensagem semelhante do deus Apolo, que lhe oferecera uma coroa de louros e lhe prometera que ele reinaria durante trinta anos. Era irrelevante se esta nova aparição significava que o deus cristão era uma manifestação de Apolo, ou se o Sol era o símbolo do poder de Cristo. O que estava claro era que o deus dos cristãos lhe prometera a vitória em Seu nome. Na véspera da batalha, Constantino também teve um sonho profético, algo que acontecia frequentemente aos comandantes no mundo antigo. Neste sonho, apareceu-lhe o próprio Cristo, para esclarecer quaisquer mal-entendidos. Trazia um sinal e ordenou a Constantino que o copiasse e o levasse para o combate no seu estandarte – tornou-se o famoso lábaro. Na descrição de Eusébio, consistia em uma grande haste com uma cruz banhada a ouro e um monograma composto pelas duas primeiras letras do nome de Cristo em grego, *Chi* e *Ro*. Para reforçar a magia, Constantino mandou pintá-lo nos escudos dos soldados e no seu próprio capacete.

No dia seguinte, quando os dois exércitos se enfrentaram, as forças de Maxêncio, não obstante a sua superioridade numérica e os poderes mágicos do seu líder, foram aniquiladas. A carnificina foi terrível e a multidão, que incluía o próprio Maxêncio, tentou retirar pela ponte para a relativa segurança da cidade. Na confusão, Maxêncio foi empurrado pela borda e afogou-se nas águas turvas do Tibre. Constantino entrou em Roma em triunfo, recuperou o corpo de Maxêncio da lama, cortou-lhe a cabeça e desfilou-a pelas ruas espetada numa lança. O Senado condenou obedientemente a memória do tirano e elegeu prontamente Constantino como «Augusto superior». No futuro, os panegiristas cristãos de Constantino chamar-lhe-iam «Constantino, o Grande».

Constantino tornara-se senhor do mundo romano ocidental. O deus cristão cumprira as suas promessas, pelo que, em gratidão, Constantino tratou imediatamente de recompensar os seus seguidores. Em 313, em Milão, juntamente com Licínio, o Augusto do Império do Oriente, proclamou um édito devolvendo aos cristãos todos os edifícios que tinham sido confiscados ou danificados durante as intermitentes perseguições que haviam assinalado reinados anteriores. O «Édito de Milão», como veio a ser chamado, também definiu, em termos muito claros, uma política de liberdade religiosa universal. «A ninguém, seja quem for», dizia, «deve ser negada a liberdade de se devotar ao culto dos cristãos ou às religiões que considerar mais adequadas para si próprio». Mas apesar da grande tolerância expressa por este decreto, tornara-se já claro que o cristianismo estava prestes a apoderar-se do Estado romano, tal como São Paulo sempre esperara que acontecesse. E quando aconteceu, a liberdade individual de escolha de religião, garantida na segunda parte do Édito, seria silenciada para sempre.

Nos anos que se seguiram, Constantino concedeu privilégios especiais ao clero e cumulou de benesses a Igreja. Construiu para o papa uma enorme basílica – uma palavra que significa «casa do rei» – em Roma, no local onde se localizara o quartel da Guarda Pretoriana, e lançou as fundações da Igreja de São Pedro, que se tornaria o centro de toda a Cristandade ocidental. Edificou outra igreja, a de São João Latrão. Ergueu uma enorme basílica, com uma cúpula dourada, em Antioquia, e construiu a Igreja do Santo Sepulcro, em Jerusalém. Os cristãos responderam ao novo regime com um entusiasmo compreensível. Bispos provinciais passaram a integrar a corte imperial. O teólogo Lactâncio – um dos mais virulentos das antigas religiões – foi nomeado tutor de Crispo, filho de Constantino. Eusébio de Cesareia tornou-se não apenas o biógrafo oficial do imperador, mas também o primeiro historiador da igreja, exibindo pelo mundo romano um entusiasmo inédito desde os tempos de Aristides.

A conversão de Constantino não foi como muitos cristãos a viriam a apresentar, nem como muitos esperavam que tivesse sido. Talvez o imperador se tenha professado cristão, mas nunca demonstrou o mínimo interesse pela ética cristã, pelo modo de vida cristão ou pelas formas de culto cristãs, nem por nada que constasse dos Evangelhos. Proibiu a prática da crucificação e a marcação pública dos cativos no rosto, que ofendiam a noção cristã da santidade do corpo, e poderá inclusivamente ter posto fim aos sacrifícios pagãos. E proibiu que se maculasse com quaisquer vítimas sacrificiais o culto imperial que sobrevivera à sua conversão – mas apenas como celebração secular de uma dinastia([13]).

Para Constantino, o cristianismo foi, acima de tudo, um meio para unir um reino dividido, e é significativo o facto de, numa carta que dirigiu aos povos do Império do Oriente, em 324, ele o ter descrito simplesmente como «a Lei»([14]). Apenas foi baptizado no leito de morte – embora isto não fosse invulgar para a época – e a verdade é que nunca procurou suprimir o paganismo com o zelo que desejaria a maioria dos cristãos, ávida de vingança por séculos de perseguições. Aceitou honras pagãs dos cidadãos de Atenas. Pagou as despesas de viagem de um sacerdote pagão que dese-

O TRIUNFO DA IGREJA

java visitar os monumentos pagãos do Egipto, e saudou um filósofo pagão como seu colega. Três anos após a sua vitória sobre Maxêncio, foi erguido, em Roma, um arco triunfal para assinalar o acontecimento. O Arco de Constantino, um dos arcos triunfais mais bem preservados de toda a cidade, não apresenta nenhum vestígio de imagens cristãs. Quando, em Março de 321, Constantino decretou que no «venerável dia do Sol» os tribunais e todas as oficinas deveriam estar fechadas e que a população urbana deveria descansar, parecia albergar ainda algumas dúvidas quanto à relação entre o Sol Invicto e o Deus cristão – e ainda hoje, em inglês e alemão, o dia do descanso, o dia dedicado ao seu culto, é o «dia do Sol»(*).

Mas Constantino também não foi um mero «imperador temente a Deus», que se limitava a tolerar o cristianismo e cortejava ocasionalmente o clero cristão, tal como haviam sido alguns dos seus predecessores. Ele foi um verdadeiro «apologista cristão coroado»([15]). Pouco depois da Batalha da Ponte Mílvia, para que ninguém tivesse dúvidas, mandou erguer uma estátua sua em Roma, com uma cruz na mão direita e na base uma inscrição que dizia, segundo Eusébio, «Através deste sinal de salvação, marca verdadeira do valor, salvei a vossa cidade e libertei-a do jugo da tirania; além disso, tendo libertado o Senado e o Povo de Roma, restaurei-os à sua antiga glória». A primeira parte, a associação de Cristo ao valor militar, soa suspeitosamente pagã, mas a segunda reitera aquilo que, para futuras gerações, se tornaria o único entendimento possível da história da humanidade: o cristianismo restaurara Roma, e através de Roma abraçara o mundo([16]). A sua conversão, declarou Constantino, salvara o império. Tinha, como Lactâncio e Eusébio tão vigorosamente defendiam, transformado o cristianismo, na teoria e na prática, no único protector da antiga ordem clássica num novo mundo. O que Cícero imaginara como a «república do mundo» convertera-se – numa frase do papa Gregório Magno, dita no século VI – na «Santa República».

Mas Constantino decretou a obrigatoriedade absoluta de tolerância das antigas crenças. «Que todos aqueles que estão errados», sossegou ele os pagãos, em 324, «desfrutem da paz. Toda a gente preservará o que a sua alma desejar, e ninguém atormentará ninguém»([17]). Ele cumpriu as suas promessas e o paganismo permaneceu uma presença enérgica – ainda que em queda – no centro da vida romana no Ocidente, até ao ano de 410.

(*) Ou seja, o *dies Solis* romano converteu-se em *Sunday* e *Sonntag*. (*N. do T.*)

No Oriente, onde se inspirava mais directamente nas suas fontes gregas, o paganismo continuou a ser a religião de um dedicado grupo de intelectuais e administradores até ao fim do século VI, quando o imperador Justiniano, o grande arquitecto do direito romano, iniciou um programa de conversão de todos os pagãos remanescentes, e dos judeus. Pode considerar-se um tributo a esta política romana tardia de tolerância e persuasão o facto de que enquanto a perseguição de cristãos por pagãos, de cristãos por cristãos, de judeus por cristãos, de muçulmanos por cristãos (e de cristãos por muçulmanos) raramente deu origem a consequências significativas a longo prazo, em finais do século VI o paganismo estava efectivamente extinto em todo o território dos antigos impérios romanos do Ocidente e do Oriente.

Em 324, Constantino obrigou Licínio a abdicar. Ao fazê-lo, reuniu as metades oriental e ocidental do Império Romano. O império continuou a ser governado a partir de Roma e ainda era latino. Mas não era possível fugir ao facto de que o cristianismo era, na origem, uma religião asiática, e no século IV havia-se já enraizado profundamente na antiga cultura filosófica grega (há muita verdade na moderna afirmação de que o cristianismo pouco mais é do que um «judaísmo helenizado»). Talvez em reconhecimento deste facto e porque a sua posição em Roma, não obstante a vitória sobre Maxêncio, fora sempre precária, Constantino começou a construir uma nova cidade, uma «Nova Roma», como veio a ser chamada. Escolheu como local a antiga cidade grega de Bizâncio, na costa do Bósforo, na antiga fronteira entre a Europa e a Ásia, e chamou-lhe – em grego – Constantinopla, «cidade de Constantino». Reconstruiu o hipódromo da urbe original à semelhança do Circo Máximo de Roma e, como observou sarcasticamente São Jerónimo, desnudou todas as outras cidades do império das suas estátuas para adornar as ruas e praças de Constantinopla. Quando tudo isto foi dedicado, no dia 11 de Maio de 330, Constantino mandou cunhar uma moeda de ouro para assinalar a ocasião, fazendo-se apropriadamente representar na pose de Alexandre Magno. Um novo monarca grego chegara para defender o mundo civilizado dos seus inimigos e unir de novo a Europa e a Ásia.

Constantino tornou-se cristão porque viu no cristianismo um meio para unir um Estado profundamente fracturado. Mas a sua escolha de credo foi bastante estranha, ou pelo menos denunciou muito pouca compreensão do quão intolerantes e facciosos os cristãos eram capazes de ser. Durante o seu reinado, tentou, sem grande sucesso, sanar as diferenças entre o corpo principal da Igreja e dois grupos dissidentes: os donatistas e os arianos. Os primeiros eram membros de uma igreja puritana de mártires, do Norte de

O Triunfo da Igreja

África. Os segundos eram seguidores de Ário, um clérigo alexandrino que defendia que Jesus, como Filho de Deus, era forçosamente distinto de Deus como Seu Pai. Além do mais, Deus existira desde sempre, enquanto que Jesus nascera num local e numa altura precisos, pelo que deveria ter havido «um tempo em que Ele não existia». Para muitos membros da Igreja, a controvérsia ariana constituía uma fonte de grande inquietação, até porque apontava algumas falhas lógicas graves na concepção da Trindade. Mas no que dizia respeito a Constantino, as quezílias morais e teológicas que dividiam a nova religião não tinham literalmente significado nenhum. O que lhe importava era o facto de a Igreja dever ser única e estar estreitamente identificada com o Estado, e que o Estado fosse o seu amo indiscutível. Em 325, Constantino convocou todos os bispos para um concílio, em Niceia. Foi o primeiro concílio do seu tipo mas, ao contrário dos que se seguiram, não teve a presidi-lo um sacerdote, mas sim o imperador. Emitiu a primeira declaração doutrinal formal, conhecida por Credo de Niceia, criando uma ortodoxia para toda a Igreja, oferecendo uma resposta à leitura aparentemente irrefutável que Ário fazia das Escrituras, e condenando o arianismo como heresia. Ao convocar um concílio de líderes da Igreja e confirmar os seus decretos, Constantino estabelecera-se como a autoridade suprema sobre a Igreja. Reclamou o direito de arbitrar os seus assuntos, e de convocar concílios de bispos se assim o entendesse. Reclamou o direito de exilar membros do clero, de confiscar igrejas e de proibir reuniões religiosas se lhe se afigurassem potencialmente divisórias. Constantino tornara-se chefe de uma Igreja que deveria ser universal – «católica»(*), como veio a ser chamada –, um império como a própria Roma, e como ela eterno[18]. O conceito de uma civilização ocidental, até então associado a Alexandre e depois ao império mundial romano, seria transformado de um sentimento de valores partilhados – mas fluidos – num credo.

III

A visão de uma Igreja única e universal era claramente consonante com os ensinamentos fragmentados e incertos de Cristo e com as interpretações de São Paulo, mais robustas e programáticas, das suas implicações teológicas e sociais. Mas o universalismo de Paulo, em particular

---

(*) Do grego *katholikós*. (*N. do T.*)

MUNDOS EM GUERRA

– e Paulo é o verdadeiro fundador da Igreja Católica –, não se baseava em nenhuma compreensão política de como o futuro se poderia desenrolar. O «homem novo» cristão era um verdadeiro cosmopolita. Vivia em qualquer lugar e sob qualquer tipo de governante. Não eram os costumes nem as leis comuns que o uniam aos seus companheiros, mas sim a sua irmandade em Cristo. O cristianismo paulino era uma espiritualização ou concretização do sonho estóico de uma única ordem mundial. Com esta nova ordem, a diferença desapareceria na irmandade do Deus que era também o Filho do Homem. Este «homem novo», disse São Paulo aos colossenses, habitantes de uma cidade situada na margem do rio Lico, na Ásia Menor ocidental,

> aquele que, para chegar ao conhecimento, não cessa de ser renovado à imagem do seu Criador. Aí não há grego nem judeu, circunciso e incircunciso, bárbaro, cita, escravo, livre, mas Cristo, que é tudo e está em todos. (Cl 3,10-11)

A universalidade outrora materializada na noção romana de cidadania seria continuada pela ideia cristã da comunidade de todos os crentes. Mas ao tornar espiritual o corpo que manteria o *oikoumene* coeso, São Paulo negou ao homem novo cristão qualquer identidade política ou até social. A entrada para a Igreja não implicava nenhuma alteração do estatuto do neófito. Nesta terra, o cativo continuaria no cativeiro, o homem livre manteria a liberdade.

Até a escravatura, o caso mais extremo de diferença social, permanecia inalterada pelo cristianismo. Agostinho argumentara que a escravatura era claramente um castigo por um qualquer pecado. O cristão que dava consigo escravizado poderia não saber exactamente o que fizera, mas a sua escravidão era prova bastante de que algo tinha feito. Nada poderia alterar este facto, pelo que o escravo nem sequer podia reclamar um direito natural a tentar libertar-se.

O encontro entre todos estes grupos étnicos, religiosos e culturais diferentes – Citas, judeus, Gregos, bárbaros e Romanos – teria lugar num plano completamente distinto e mais elevado. Paulo fora um bom cidadão romano, Cristo fora um súbdito romano obediente. Nem um nem outro tinham optado por desafiar o poder de Roma; nem um nem outro tinham visto qualquer futuro para o seu credo fora de Roma. E ambos tinham traçado uma clara distinção entre Igreja e Estado, entre o espiritual e o secular.

Quando os fariseus, esperando que ele se traísse, lhe perguntaram se os judeus deviam pagar impostos ao Estado romano, Jesus pediu que lhe mostrassem uma moeda romana. Entregaram-lhe uma com a efígie do deificado Tibério. Perguntou: «De quem é esta imagem e esta inscrição?» «De César» – responderam. Disse-lhes então: «Dai, pois, a César o que é de César e a Deus o que é de Deus» (Mt 22, 20-21). Foi uma resposta inteligente, que livrou Jesus de uma situação potencialmente perigosa. Mas também é uma das afirmações mais significativas dos Evangelhos. Cristo proferiu-a com a intenção de deixar bem claro que o seu reino não era «deste mundo». Ele não tinha nenhum diferendo com César porque César não tinha pretensões à sua alma. Jesus, ou quem quer que tenha proferido estas palavras, não fazia a mínima ideia daquilo em que se tornaria a religião cristã em seu nome, e também não teria previsto a forma como a sua simples afirmação moldaria o futuro dessa mesma religião.

Para Agostinho, tratava-se de uma questão do espírito. Os cristãos tinham concluído o processo histórico iniciado pelos Gregos, mas ao fazê-lo haviam-no manifestamente alterado. Os pagãos gregos e romanos eram criaturas de uma única espécie: seres humanos, com virtudes mas destituídos de méritos espirituais, e embora muitos pudessem ser inocentes, não tinham sido redimidos por Cristo. Eram cidadãos de um único mundo. Mas desde a vinda de Cristo existiam dois mundos ou, nas palavras de Agostinho, duas cidades. Havia a cidade terrena, fundada por Caim, onde todos os seres humanos eram obrigados e viver os seus dias; e havia a «Cidade de Deus», a Igreja de Cristo e os seus membros na terra.

A palavra *civitas* descrevia-as a ambas. Não existia outra linguagem para capturar a unidade pré-ordenada dos ungidos de Deus. Mas para Agostinho, o secular e o espiritual, apesar de inevitavelmente interligados, também estavam irremediavelmente separados, pelo menos até a segunda vinda dissolver toda a história humana. A «Cidade Terrena», da qual o Império Romano fora a manifestação suprema, embora destinada a soçobrar no fim dos tempos, era uma presença necessária num mundo que, devido ao pecado original, teria sido, sem ela, de constante violência e desordem. Para Agostinho, e ao contrário do que afirmara tão apaixonadamente Aristides, o Império Romano não duraria para sempre. Só a Cidade de Deus seria eterna. Mas apesar de humano, frágil e transitório, o império era uma entidade política muito melhor do que as suas antecessoras, e sobreviveria enquanto se mantivesse fiel às virtudes sobre as quais fora fundada. Os Romanos, disse Agostinho, tinham recebido «a glória terrena de um império que ultrapassava todos os outros» como recompensa pelas

> virtudes com as quais percorreram o difícil caminho que os conduziu finalmente a essa glória... Ignoravam a riqueza privada em benefício do bem comum. Resistiam à avareza, aconselhavam o seu país com uma mente firme e não eram culpados de nenhuma ofensa à lei, nem de nenhum desejo ilícito[19].

Em contraste, a Cidade Celestial é eterna, «dado que ninguém lá nasce porque ninguém lá morre. Esta verdadeira felicidade não é a bondade, mas sim a dádiva de Deus [...] Naquela Cidade, o sol não brilha "sobre os bons e sobre os maus"; o "sol da justiça" apenas lança a sua luz sobre os bons». Agostinho estava unicamente preocupado com os valores que as duas cidades corporizavam, não com a administração das respectivas esferas de jurisdição. Mas ao estabelecer uma divisão tão profunda e insistente entre as vidas interior e exterior da humanidade, algo que era praticamente ininteligível ao mundo pagão, *A Cidade de Deus* abrira uma brecha entre o temporal e o espiritual, uma brecha que se cristalizaria na terrível e prolongada luta entre os presumíveis herdeiros das duas cidades: o papa e o imperador. A contenda arrastar-se-ia até os líderes seculares da Europa conseguirem finalmente arrancar a autoridade às igrejas nos seus territórios. Mais tarde, como veremos, esta divisão teria grandes consequências para a história da luta do Ocidente contra um novo e terrível poder vindo da Ásia.

Quando Agostinho começou a escrever *A Cidade de Deus*, estava a assistir ao princípio do fim do Império Romano do Ocidente. E também estava consciente da existência de outro tipo de divisão, no seio da própria Cidade de Deus, embora nunca tivesse previsto as suas consequências. Em 395, o Império Romano, precariamente unido por Constantino, foi novamente dividido, e desta vez definitivamente. No Ocidente, a parte oriental veio a ser chamada, em função do local onde se situava a sua capital, «Império Bizantino». Era mais rico, mais poderoso e mais extenso – e duraria muitíssimo mais tempo – do que o frequentemente anárquico Império Romano do Ocidente, o qual, por sua vez, declinaria inexoravelmente até dar lugar a uma série de pequenos reinos quezilentos e atrasados.

Quando os Godos de Alarico aparecerem nas fronteiras do Império Romano do Ocidente, Constantinopla já se tornara a Nova Roma, a maior cidade a oeste da China, com uma população de meio milhão de almas e dois quilómetros de docas para acostar os navios cerealíferos necessários para a sua alimentação. Até Antioquia e Alexandria, as segundas maiores cidades do Império Bizantino, eram agora tão grandes como a própria Roma. Ao contrário das apinhadas urbes do Ocidente, Constantinopla era atravessada por grandes avenidas e exibia amplas praças que Roma apresentara antes de serem ocupadas por edifícios de apartamentos. Ao contrário da maioria dos que existiam em Roma, os seus palácios não eram ruínas parcialmente demolidas, mas sim edifícios magníficos com arcadas e colunatas, jardins interiores e fontes. E os habitantes da cidade eram tão sumptuosos como os seus edifícios. «Os Gregos», escreveu posteriormente um visitante árabe, obviamente maravilhado, «são muito ricos em ouro e pedras preciosas. Vestem trajes de seda, rendilhados e bordados a outro; vendo-os assim vestidos e montados nos seus cavalos, bem poderíamos pensar que eram todos filhos de reis»[20].

Inevitavelmente, a cultura que se desenvolveu no Oriente tornou-se cada vez mais distante da sociedade que, ao mesmo tempo, emergia lentamente no Ocidente latino. Até ser finalmente subjugada pelos Turcos otomanos, em 1453, Bizâncio considerar-se-ia sempre como o império de Roma, e os seus habitantes como romanos. Mas a língua da corte e da religião – mas não, significativamente, a do direito – foi sendo cada vez mais o grego, e a sociedade helenizou-se progressivamente. O *basileus*(*) bizantino estava muito mais próximo de um sacerdote-rei heleno ou persa do que o seu homólogo ocidental. Consequentemente, cresceu à sua volta uma corte faustosa e que, da perspectiva do Ocidente – mais rude, mais simples e «bárbaro» – parecia ocasionalmente indistinta dos esplendores de um potentado asiático: era luxuosa, ornamental e complexa.

Uma grande parte de Bizâncio situava-se em território que, desde a Antiguidade, era considerado pertencente à Ásia. Adjacente às suas fronteiras orientais localizava-se a outra superpotência do mundo antigo tardio: o Império Sassânida. E tal como acontece entre todos os vizinhos, por muito hostis que sejam uns aos outros, existia muito tráfego comercial nos dois sentidos, atravessando fronteiras fluidas e imprecisas. No início do século VII, muitos cristãos orientais viviam onde é hoje o Iraque, sob a autoridade política do «Rei dos Reis» sassânida. Aos habitantes do distante Ocidente latino, os Gregos pareciam ter mais em comum com os seus inimigos formais do que com os seus bárbaros correligionários d'além-Bósforo. Por

---

(*) Em grego: «rei», «soberano». (*N. do T.*)

alguma razão, a moderna palavra «bizantino» tende a significar não tanto algo ou alguém de Bizâncio, mas sim algo que é complicado, distorcido, excessivamente complexo e provavelmente falso.

O tipo de cristianismo que se desenvolveu no Oriente começou rapidamente a diferir do que emergiu no Ocidente. As diferenças eram muitas, mas uma das mais marcadas e que, durante séculos, se gravaria na paisagem política e cultural do Oriente e do Ocidente, era a relação entre Igreja e Estado, entre o secular e o sagrado.

Para Constantino, o Grande, fora óbvio que o cristianismo, tal como o paganismo e todas as formas de observância religiosa, deveria ser um instrumento de governação. Tal como os Gregos, os Romanos tinham compreendido isto desde sempre. Independentemente do que pudessem pensar pessoalmente dos seus deuses, independentemente daquilo em que pudessem ou não acreditar, a piedade era um dever tão político quanto religioso, razão pela qual Virgílio descreve o heróico fundador de Roma, Eneias, «inultrapassável nas armas e na piedade». O Estado romano cristão primordial não viu nenhum motivo para alterar esta situação. Os imperadores pagãos tinham sido literalmente deuses, ainda que tivessem que esperar até à sua morte para serem deificados. Ao contrário do que acontecera com o Senado, o seu *imperium* não fora apenas um mundano direito à governação, mas sim um poder quase místico que lhes estava exclusivamente reservado. Nem Constantino nem nenhum dos seus sucessores podia reclamar essa divindade – os bispos tiveram que lhes recordar frequentemente este facto –, mas embora estivessem destinados a serem apenas simples mortais, eram sempre mais do que simples homens. E se não se podiam deificar, fizeram a segunda melhor coisa: tornaram-se representantes de Deus na terra.

Os imperadores pagãos tinham assumido o título de «Sumo Pontífice» – *Pontifex Maximus* –, e até Constantino o fizera. Esta prática caíra em desuso com o triunfo definitivo do cristianismo, mas o imperador bizantino continuou a considerar-se e a ser reconhecido pelas autoridades eclesiásticas como soberano do mundo habitado – o *oikoumene*, uma palavra crescentemente identificada com a comunidade cristã – e, consequentemente, vice-rei de Deus na terra[21]. O imperador era coroado por um patriarca que ele próprio escolhera. Ao contrário dos outros mortais, ele podia entrar no santuário. Ao contrário dos outros mortais, os quais, em toda a Cristandade – até à Reforma –, partilhavam na comunhão apenas o corpo de Cristo,

O Triunfo da Igreja

o *basileus* partilhava do corpo e do sangue de Cristo, como um sacerdote ordenado (que ele não era). Por ocasião de determinadas festas, pregava o sermão na grande basílica de Hagia Sophia, a igreja da Santa Sabedoria. Deus tinha os seus palácios na terra, e o imperador também. No Código Legal de Teodósio II, datado de 438, todo o palácio imperial, incluindo os estábulos, é declarado sagrado. O imperador era também a única fonte da lei. Na célebre frase do imperador Justiniano, ele era um «legislador sem peias», e a lei era sempre a expressão da sua «franca boa-vontade». E a lei não era apenas civil, era também eclesiástica.

Isto não significava que não existissem tensões entre a Igreja e o Estado, entre o patriarca e o imperador. Tal como no Ocidente, a Igreja mantinha a sua independência. E dado que, tal como no Ocidente, a Igreja interpretava as leis de Deus e intervinha em seu nome, a sua autoridade, na opinião da maioria dos clérigos, era forçosamente superior à do Estado. «O domínio do poder real», declarou, sem meias palavras, São João Crisóstomo, «é uma coisa, o domínio do poder sacerdotal é outra; e o segundo prevalece sobre o primeiro»[22]. Bizâncio era, pelo menos em teoria, governado como uma diarquia – um governo com autoridade dual –, frequentemente comparada às duas partes da pessoa humano: a alma e o corpo. O imperador escolhia o patriarca mas o patriarca podia – e fazia-o – exigir ao imperador uma declaração de ortodoxia antes de o coroar. E também podia excomungá-lo. Leão VI foi excomungado em 906, e Miguel Paleólogo em 1262. Mas não obstante tudo isto, a linha sempre ténue que dividia as coisas de César das de Cristo era muito mais ténue no Oriente do que no Ocidente. Até ao fim, a «Grande Igreja» continuou a exercer a sua independência e a afirmar a sua autoridade sobre o laicado.

IV

No Ocidente, a história da Igreja e do que restava do Império Romano seguiu um rumo muito diferente. Quando os Godos de Alarico entraram em Roma, o império já se encontrava fragmentado e em evidente e avançado declínio. O que restou de Roma após o saque refloresceu brevemente, mas quando, em 476, o germano Odoacro depôs o último imperador, Rómulo – depreciativamente referido por «Augústulo», «Pequeno Augusto» –, o Império Romano do Ocidente extinguiu-se definitivamente. A antiga *civitas* romana transformou-se gradualmente numa sucessão de feudos, prin-

MUNDOS EM GUERRA

cipados, ducados, cidades-estados e bispados. Todos eram nominalmente cristãos, e embora os tipos de cristianismo que praticassem fossem frequentemente antagónicos, todas estas entidades, excepto em breves períodos de rebelião, estavam ligadas, pelo menos espiritualmente, ao papado, a única potência internacional sobrevivente com algum significado. O papa era um príncipe por direito próprio, era o chefe titular de um Estado secular que ocupava grandes áreas do Sul e centro de Itália. Mas também era o líder de uma comunidade religiosa que sempre afirmara que um dia abarcaria todo o globo, e por causa disso tudo o que restava do estatuto do antigo *imperium* romano estava precariamente investido na sua pessoa.

Durante a maior parte dos séculos V e VI, a Europa esteve num estado de caos permanente. Depois, entre 771 e 778, Carlos I, rei dos Lombardos e dos Francos, subsequentemente conhecido por Carlos, o Grande, ou Carlos Magno, tornou-se o único soberano dos povos francos, conquistou o reino lombardo do Norte de Itália e subjugou e cristianizou as tribos das actuais Baixa Saxónia e Vestefália. No ano de 800, em nome do povo e da Cidade de Roma, o papa Leão III conferiu-lhe o título de «imperador». Com este gesto, renasceu o Império Romano do Ocidente, e renasceu significativamente através de um acto de bênção espiritual.

Num dos extremos do Mediterrâneo, em Constantinopla, este acto unilateral de criação foi entendido como uma tentativa deliberada para destruir a unidade da Cristandade. Desde a deposição de Rómulo Augústulo, trezentos anos antes, existira apenas um imperador – e residira em Constantinopla. A coroação de Carlos Magno quebrara a linha de sucessão apostólica que remontava ao próprio Constantino, o Grande. Tentando salvar uma situação acerca da qual nada podia fazer, a corte bizantina reconheceu relutantemente Carlos Magno como co-imperador, restabelecendo efectivamente a divisão entre Ocidente e Oriente criada por Diocleciano. Mas com a coroação de Carlos Magno, o cisma entre as duas metades do mundo cristão, há algum tempo latente, veio novamente à superfície.

Carlos Magno assumiria no Ocidente a imagem do imperador ideal que «estendera o império até Jerusalém», uma afirmação que se tornaria uma das principais inspirações para as Cruzadas. «O pio Carlos», escreveu um certo Jocundo de Maastricht, no século XI, «que pela pátria e pela igreja não temia a morte, viajou por todo o mundo e combateu os inimigos de Cristo», ainda que, em consonância com o ideal cristão da guerra justa, só os tivesse vencido «pela espada» quando não conseguira «subjugá-los com as palavras de Cristo»[23].

152

O Triunfo da Igreja

Para dizer a verdade, Carlos Magno não viajou por todo o mundo, não conquistou Jerusalém nem fez muito para combater os inimigos de Deus, e também esteve muito longe de restaurar o antigo *imperium* romano, mesmo dentro das fronteiras tradicionais da Europa. E o seu sucesso foi de curta duração. Em 924, o império que ele criara fora dissolvido em Itália, e a França e a Alemanha estavam prestes a tornarem-se reinos separados.

As forças que acabaram por levar à criação do que veio a ser conhecido por «Europa das Nações» – forças posteriormente atribuídas a um «individualismo» característico – já estavam demasiado avançadas para que qualquer potência, por muito forte que fosse, conseguisse travá-las durante muito tempo. Em meados do século XII, todos os reis da Europa afirmavam ser o «Imperador no seu próprio Reino», e o que restava do Império Carolíngio foi gradualmente confinado aos modernos países da Alemanha, Áustria, Hungria, Holanda e República Checa.

Carlos Magno pode não ter criado um novo império romano, mas ajudou a recriar o universalismo outrora associado a Roma. O novo imperador era, tal como Constantino fora, o defensor da Igreja. Era o «segundo gládio» da Cristandade – o papa era o primeiro. Em 1157, em reconhecimento deste papel, o então imperador, Frederico I, acrescentou a palavra *sacrum* ao seu título e o império tornou-se não apenas Romano mas também «Sacro». Este resquício do antigo *imperium* romano não era, como observou sarcasticamente Voltaire, no século XVIII, «nem Sacro, nem Romano, nem Império», mas possuía um considerável prestígio internacional e sobreviveria durante setecentos anos, até ser finalmente eliminado por Napoleão, em Agosto de 1806(*).

Em teoria, o imperador do Ocidente era o paladino formal da Cristandade, o defensor armado do papado. Porém, na prática, a coroação de Carlos Magno deu origem a uma luta entre o papa e o imperador, entre o secular e o sagrado, que se arrastaria durante séculos. Como vimos, uma das grandes forças do cristianismo era a capacidade de distinguir claramente entre as obrigações para com César e as obrigações para com Deus, permitir a existência de uma ordem política e social independente do escrutínio divino. Mas não era fácil manter esta distinção face às ambições de uma Igreja cada vez mais poderosa. Paulo poderia ter sido um súbdito leal do

---

(*) Após as vitórias de Ulm e Austerlitz, Napoleão impôs aos Austríacos o Tratado de Pressburgo (26 de Dezembro de 1805), que dissolveu efectivamente o Império. (*N. do T.*)

Império Romano, mas os seus sucessores consideravam-se apenas súbditos de Deus e acabaram por acreditar que os governantes seculares da Cristandade deveriam ser seus súbditos. Enquanto que no Império Romano do Oriente fora o imperador que procurara apropriar-se dos poderes da Igreja, no Ocidente era o papa que tentava assumir os poderes do imperador.

A situação transformou-se em crise em Março de 1075, quando o papa Gregório VII emitiu vinte e sete proposições colectivamente conhecidas por «Dictatus Papae». Diziam que o pontífice devia exercer o supremo poder legislativo e jurídico em toda a Cristandade, e reclamavam o seu direito a depor quaisquer príncipes temporais e espirituais. «O Pontífice está autorizado a depor os bispos», dizia a décima segunda proposição. «Ninguém pode condenar uma decisão da Santa Sé», declarava a vigésima. E a de maior alcance político era a última: «o Pontífice pode desligar os vassalos de homens injustos do seu juramento de fidelidade»([24]). Com efeito, embora o papa não tivesse reclamado governar outros territórios que não os da Igreja, estava a arrogar-se o direito de decidir quem o faria e como. Esta posição veio a ser conhecida por «plenitude do poder papal», e não tardou a ser estendida, pelos advogados da Igreja, de forma a englobar todos os soberanos e respectivos súbditos, fossem eles cristãos ou não. À semelhança do que afirmavam ser os imperadores romanos desde Antonino Pio, em meados do século I, o papa tornara-se «Senhor do Mundo» ou «Guardião do Cosmos». E obviamente, estava também a confundir perigosamente as coisas de César com as de Deus.

O decreto de Gregório constituiu um desafio directo a todas as cabeças coroadas da Europa, mas a pessoa mais directamente ameaçada foi o soberano secular mais importante da Cristandade, pelo menos no nome: o imperador, Henrique IV. Iniciou-se uma luta que ficou conhecida por «Questão das Investiduras». O que estava aparentemente em jogo era o direito do imperador «investir» – nomear – os bispos nas dioceses do império. Mas a verdadeiro motivo do conflito, como tornava manifestamente óbvio o «Dictatus» de Gregório, era decidir quem deteria a soberania absoluta no mundo cristão: o papa ou o imperador.

A resposta de Henrique à proclamação de Gregório foi imediata e dramática. Em Janeiro de 1076, na dieta – o conselho imperial – realizada na cidade alemã de Worms, ordenou aos bispos do império que excomungassem Gregório, denunciando-o como «já não papa mas falso monge». «Eu, Henrique, rei pela Graça de Deus», declarou ele insensatamente, «com todos os meus bispos, digo-te, desce, desce e sê amaldiçoado para sem-

O Triunfo da Igreja

pre.» O papa respondeu, excomungando o imperador, o que, de acordo com os termos do «Dictatus», libertava os seus súbditos da fidelidade que lhe haviam jurado. Os barões alemães, cujas ambições eram há muito cerceadas pelo império, aproveitaram-se imediatamente para renunciarem à sua fidelidade ao imperador e desencadearam a chamada «Grande Revolta Saxónica».

Henrique viu-se ultrapassado pelos acontecimentos e, dada a sua incapacidade para debelar a sublevação, decidiu que a sua única esperança de sobrevivência era penitenciar-se. Partiu com a mulher e o filho, no auge do Inverno, e atravessou o desfiladeiro do monte Cenis, nos Alpes, para se encontrar com o papa no castelo de Canossa, no Norte de Itália. Reza a história que ficou junto às muralhas, vestido apenas com a camisa de um penitente e descalço sobre o gelo, durante três dias, à espera de ser admitido na fortaleza. Ao terceiro dia, Gregório concedeu-lhe uma audiência, e em Janeiro de 1077 levantou a excomunhão em troca da promessa de Henrique de observar os termos do «Dictatus».

A reconciliação foi dramática mas de curta duração. Depois de os barões rebeldes terem sido derrotados, em 1081, Henrique marchou sobre Roma com um exército, determinado a depor Gregório e substitui-lo por um pontífice mais complacente. Gregório pediu ajuda aos normandos do Sul de Itália. Estes conseguiram derrotar Henrique mas saquearam Roma. Furibundo, o povo romano tomou conta da situação e obrigou Gregório a fugir para o Sul, onde veio a morrer, em 1086.

Apesar desta e doutras derrotas subsequentes às mãos de soberanos seculares impacientes, o papado continuaria intermitentemente, durante seis séculos, a tentar concretizar as suas caprichosas pretensões à suserania sobre todo o mundo. Cristo teria estabelecido uma divisão entre o seu reino e os reinos terrenos mas, segundo Mateus, também declarara, «Foi-me dado o poder no Céu e na Terra» (Mt 28,18), e isso, concluíra, entre outros, o grande teólogo do século XIII, São Tomás de Aquino, significava que o próprio Cristo fora o verdadeiro «senhor do mundo», sendo o imperador Augusto meramente o seu regente.

Contudo, apesar destas pretensões declaradas, o papado nunca mais teve hipóteses de ameaçar seriamente a autoridade do Estado. Reis e príncipes faziam os impossíveis para aparentarem viver uma vida cristã, dado que, como Maquiavel observaria mais tarde, «não existe nenhuma qualidade que [um príncipe] não deva aparentar ter». A religiosidade vai a par com a piedade e com expectativas de honestidade e integridade, e é isso que todo o súbdito espera do seu príncipe. Mas as leis que o príncipe observa são inequivocamente seculares([25]). O Estado tinha as suas próprias razões, e tratando-se do Estado eram praticamente inquestionáveis. E têm continuado a ser. Isto tem colocado frequentemente a Igreja em posições morais difíceis, em particular na sua notória passividade face à perseguição nazi e fascista dos judeus, e ao seu aval declarado ao regime do general Franco, em Espanha. Em 1956, naquela que foi seguramente uma das mais extremas – e questionáveis – declarações da independência das leis do Estado relativamente às da Igreja, e até aparentemente às de Deus, o papa Pio XII decretou que nenhum cristão poderia recusar servir o seu país por razões de consciência. «Um católico», declarou ele, «não pode apelar à sua consciência como motivo para se recusar a servir e a cumprir deveres fixados pela lei», mesmo que, ao que parece, essas leis – na célebre frase – não «obriguem em consciência»([26]).

Embora não conseguisse intervir directamente nos assuntos seculares, a Igreja deu ao Estado um poderoso apoio ideológico. Apropriando-se da noção estóica de humanidade universal que fora central na concepção romana da *civitas* universal, o cristianismo conferiu às emergentes monarquias europeias uma visão de poder potencialmente ilimitado que as levaria a todos os cantos do globo. Já no século v, o papa Leão Magno declarara que o chamado «globo terrestre» (*orbis terrarum*) dos Romanos se tornara o «globo cristão», e foi isto que, decorrido um século, Gregório Magno traduziu por «Santa República».

Assim, foi a Igreja que forneceu o poder ideológico subjacente aos grandes impérios ultramarinos de Espanha, França e Portugal. Os Portugueses declararam solenemente que compravam escravos na costa ocidental de África para os libertarem da sua servidão espiritual face a divindades pagãs e hábitos impuros, na certeza «da salvação dessas almas, outrora perdidas»([27]). Era um negócio lucrativo, mas não deixava de ser a obra de Deus. A Espanha levou os seus exércitos até às portas da China para propagar a fé e cercar o globo, preparando o caminho para a Segunda Vinda. Missionários franceses espalharam-se por todo o Canadá na peugada dos negociantes de peles, na esperança de transformarem os índios em católicos e súbditos franceses. É claro que todas estas potências se saíram muitíssimo bem, economicamente e politicamente, ao praticarem a obra de Deus. Na apropriada frase empregue, em 1624, pelo puritano inglês Edward Winslow, as terras dos pagãos eram lugares onde «a religião e o lucro andam de mãos dadas»([28]).

O que tornou possível esta coabitação da religião com o lucro e o Estado secular foi a ênfase cristã na liberdade individual. Deus estabelecera leis para a humanidade – para toda a humanidade, não apenas para os cristãos. Dessas leis, ditara directamente dez a Moisés. Muitas outras, a maioria vagas afirmações de ética, haviam sido transmitidas por Seu filho, Jesus. Mas as restantes tinham sido inscritas no chamado «Livro da Natureza», e para a humanidade o ler bastava-lhe aplicar o poder da razão que lhe fora concedido por Deus.

Apenas os mais cegos e irracionais dos fundamentalistas cristãos afirmariam que Deus ditara directamente às Suas criaturas os meios para garantirem a sua felicidade e bem-estar. Pelo contrário, Deus criou o mundo de modo a que, se a razão puder operar livremente, os meios através dos quais cada indivíduo alcança aquilo a que os Gregos chamavam *eudaimonia*, felicidade e realização humana, tornar-se-ão naturalmente óbvios. Em última análise, o que contava era a razão e o livre arbítrio, o direito e a capacidade de escolha do indivíduo, e não as ordens divinas. O cristianismo criara uma distinção entre o secular e o sagrado, entre as coisas de César e as de Deus, que não existia nas suas fontes judaicas nem pagãs. Paradoxalmente, fora isto que lhe permitira preservar, no seu cerne, as noções essencialmente seculares e pagãs da universalidade da espécie humana e da dignidade e autonomia do indivíduo.

O cristianismo absorveu e reorientou o seu passado pagão. É verdade que também o repudiou vivamente. Mas mesmo que todos os deuses da Antiguidade não passassem de meras superstições impuras, a cultura que os adoradores dessas divindades tinham construído era generalizadamente reconhecida – e foi-o por Santo Agostinho – como a maior que o mundo jamais conhecera. Se percorrermos as ruas de Roma, poderemos ver inúmeros edifícios e monumentos pagãos transformados em símbolos e locais de culto cristãos através da simples aposição de uma cruz ou da imagem de um santo.

Perto do Coliseu, em Roma, situa-se a Coluna de Trajano. Foi erguida no ano de 113, para assinalar o triunfo do imperador Trajano sobre os Dácios – os povos da moderna Roménia. Em espiral, ao longo da coluna, imagens cuidadosamente esculpidas de bárbaros derrotados sobem em direcção ao cimo, a uma plataforma onde originalmente estava uma estátua do imperador. Num dado momento, após a conversão de Roma, Trajano foi removido e substituído por uma estátua igualmente imperial de São Paulo. Hoje, dá a sensação de que todos aqueles bárbaros que sobem laboriosamente em torno da coluna se vinham desde sempre aproximando não só da sua incorporação na *civitas* romana, mas também, sem eles nem o seu vencedor saberem, da sua absorção pela Igreja de Cristo. É a imagem mais poderosa que conheço do Triunfo da Igreja.

No entanto, não obstante toda a sua imagem de poder e uniformidade, a Igreja cristã do Ocidente estava e continuaria a estar flagelada por dissidências internas, até que por fim, no princípio do século XVI, se cindiu em duas e depois em muitas, condição em que ainda se encontra. Algumas destas divisões tiveram a ver com questões teológicas, outras com questões comportamentais. Algumas decorreram da preocupação de preservar aquilo que muitos fiéis consideravam a Igreja apostólica primitiva contra os poderosos senhores – seculares e religiosos – que tinham efectivamente desviado a missão de Cristo para os seus próprios e frequentemente questionáveis propósitos.

Um dos conflitos mais graves e prolongados que afligira o mundo cristão derivava de um problema que o cristianismo herdara das suas antigas origens asiáticas, e que é também um dos mais perturbantes problemas que afectam todos os credos monoteístas. Tratava-se da convicção de que o mundo espiritual está dividido em bem e mal, em anjos e demónios, mas a origem de tudo isto é uma divindade indivisível. Este problema chama-se o problema do mal. Era e continua a ser irresolúvel. As doutrinas do Pecado Original, da Queda da redentora Graça de Deus, do Livre Arbítrio foram inventadas como meios de transferir a responsabilidade do Criador para a sua Criação. Contudo, nenhuma delas se revelou duradouramente bem sucedida.

A única solução, radical e severa, era uma forma de dualismo. De um lado estaria Deus – ou um deus –, fonte de tudo o que era bom no mundo. Do outro, em incessante oposição, estaria o Diabo – ou um diabo ou outro deus –, responsável por tudo o que era mau. A religião dualista mais influente e difundida da Antiguidade está associada ao profeta iraniano Zoroastro, que floresceu provavelmente entre 660 e 583 a. C., por alturas da criação do império de Ciro, o Grande. Não sabemos o quanto Zoroastro foi buscar às antigas crenças iranianas, mas não restam dúvidas que se inspirou nelas. Deus exibe uma marcada tendência para se repetir. Nos Gathas, a parte mais antiga das escrituras zoroastristas conhecidas por Avesta, Zoroastro é descrito como «aquele que possui as fórmulas sagradas» – por outras palavras, ele era, tal como todos os profetas, o único verdadeiro. Originais ou não, os ensinamentos de Zoroastro atraíram imensos seguidores e o zoroastrismo, com a ascensão de Dario I, em 522 a. C., converteu-se gradualmente na religião semi-oficial do Império Aqueménida.

Zoroastro dividiu o universo entre os princípios da Luz – Ahura Mazda – e da Escuridão – Ahriman. A luta cósmica entre ambos prosseguiria até ao fim dos tempos, e era dever de cada homem ajudar onde pudesse no combate eterno contra Ahriman, esmagando as suas criaturas – como os escorpiões – sempre que as encontrasse, e observando sempre o bem, o que consistia principalmente em dizer escrupulosamente a verdade (o que pode ser uma razão pela qual uma das virtudes que Heródoto atribui aos Persas é a estrita aderência à verdade). Zoroastro também afirmava que os elementos – ar, terra, água e fogo – eram sagrados. Consequentemente, os zoroastristas expunham os seus mortos em altas plataformas de madeira – conhecidas por «torres do silêncio» – para serem limpos pelos abutres para que eles próprios não fossem poluídos. Embora viesse a sobreviver a sucessivas invasões do Irão, e ainda sobreviva no exílio, entre os parsees (ou parsis) de Maharashtra e do Gujarat, na Índia, o zoroastrismo era visto pela maioria dos monoteístas como inquietantemente politeísta.

No ano de 241, outro profeta iraniano, chamado Mani, recebeu uma mensagem de Deus, uma mensagem que ele acreditou – tal como Maomé acreditaria – que completava todas as revelações anteriores. Mani viajou até à Índia e reuniu um grande e diverso grupo de seguidores. À semelhança de Zoroastro, Mani tentou colocar o mal fora do bem e de Deus, e também como Zoroastro, dividiu o universo em dois princípios: o «Pai da Grandeza» e o «Pai da Escuridão». Todavia, a esta visão basicamente zoroastrista, Mani acrescentou mitos retirados do Antigo e do Novo Testamentos, os da Mãe da Vida e do seu filho, o Primordial. A luz do bem espalha-se pelo mundo material, domínio de Ahriman. Consequentemente, toda a matéria é maldita. O deus enviou uma sucessão de mensageiros – Jesus, Buda, Zoroastro – para ajudarem a libertar Adão do mundo material, ao qual está preso desde a criação. Na opinião de Mani, o último destes mensageiros é o próprio Mani. Ele é o «Selo dos Profetas», um título que Maomé viria a assumir no Alcorão[29]. Mani gozou de um considerável sucesso, beneficiando da protecção inicial do xá sassânida Sapor I. No entanto, o clero zoroastrista via-o como uma ameaça e desencadeou uma terrível campanha contra ele. Em 276, foi atirado para a prisão por Vahram I, e lá morreu. O sincretismo de Mani foi amplo e eclético, o que constituiu um dos seus atractivos numa região onde o cristianismo, o zoroastrismo e o budismo, juntamente com seitas gnósticas, lutavam e ocasionalmente cooperavam

MUNDOS EM GUERRA

entre si. Tal como Agostinho notou, embora para os cristãos ortodoxos aquelas pessoas tivessem «ido tão longe na sua loucura que não ouvem o que disse o Senhor», não deixavam de «estar connosco no reconhecimento da autoridade do Evangelho»[30].

Como todas as formas de dualismo, o maniqueísmo era essencialmente uma religião estática, uma religião que apenas pedia aos crentes que realizassem um determinado número de rituais e esperassem pelo fim dos tempos. «Não consegui discernir nela nenhum progresso», observou Agostinho. E era esta imobilidade, este virar das costas a todas as complexidades da condição humana, de perdão e redenção que os cristãos defendiam, que em última análise tornara o maniqueísmo abominável para ele[31]. Era uma típica religião persa – logo, «oriental» –, literal, inflexível, ritualista e desumana. Diocleciano, que em 297 publicara um édito contra o maniqueísmo, rotulara-o significativamente como uma criação «dos Persas, que são nossos inimigos».

O maniqueísmo, apesar de perseguido em todo o Império Sassânida e na Cristandade, fez conversos entre os Turcos uigures da Mongólia Superior, onde se converteu temporariamente na religião do Estado, e penetrou na China, onde sobreviveu até ao século XIV. E também perdurou em várias seitas cristãs poderosas, ainda que de vida relativamente curta: os paulicianos na Arménia do século VII, e os bogomilos nos Balcãs, entre os séculos X e XV. Todavia, a mais importante foram os cátaros ou albigenses, na França dos séculos XII e XIII, que travaram uma guerra contra a Igreja e o rei que a apoiava, e edificaram, no cimo de colinas, enormes fortalezas cujas ruínas ainda enchem a paisagem rochosa do Languedoc.

Com a destruição dos cátaros, desapareceram da Europa Ocidental todos os vestígios de qualquer maniqueísmo formal. Mas no Oriente assumiu uma nova forma, que se revelaria uma ameaça mais formidável e duradoura ao Ocidente do que Aqueménidas, Partos ou Sassânidas tinham alguma vez sido: o Islão.

Capítulo 5

A Chegada do Islão

I

Em 628, um homem que dava pelo nome de Dihya bin Khalifa al-Kalbi apresentou-se ao imperador bizantino Heráclio, em Jerusalém. Trajava como os Árabes, «um povo de ovelhas e camelos» do qual os Bizantinos tinham alguma experiência como soldados mercenários e comerciantes de peles, couro, manteiga clarificada e artigos de lã, mas que na verdade conheciam muito pouco e respeitavam ainda menos. Para os cristãos, eram descendentes de Ismael, filho de Abraão pela sua escrava Agar, logo perpetuamente à margem do resto da humanidade. Este Dihya bin Khalifa al-Kalbi levava uma carta com uma mensagem simples do seu amo, um profeta chamado Maomé, auto-proclamado líder de uma obscura comunidade da Península Arábica. A mensagem dizia que se o imperador aceitasse a religião do profeta, que em árabe se chamava simplesmente «Islão» ou «obediência», ele e o seu reino estariam a salvo e Deus proporcionar-lhe-ia «uma dupla recompensa». E acrescentava que se o imperador aceitasse pagar o imposto de capitação exigido pelo profeta, evitaria a guerra com os Árabes. Caso contrário, seria destruído[1].

Não há registo da reacção de Heráclio a esta afronta. Os biógrafos de Maomé afirmam que ele o reconheceu secretamente como o profeta «mencionado pelo nome nos nossos evangelhos», mas que não ousou agir por medo do que o seu próprio povo lhe pudesse fazer. É improvável. O soberano persa recebeu uma carta semelhante e rasgou-a furiosamente. O negus da Etiópia, recipiente de uma terceira carta, converteu-se imediatamente ao Islão, mas os sessenta mensageiros que enviou a Maomé com as boas novas pereceram todos no mar[2].

Se alguma destas cartas foi verdadeiramente enviada – e esta história das cartas é provavelmente uma ficção –, nem o imperador bizantino nem o imperador persa, nem sequer o negus da Etiópia, fariam ideia de quem era o dito Maomé. A Península Arábica era um lugar remoto e árido, habitado apenas por povos que já os Assírios conheciam pela sua força militar. Outros, com eles aparentados, estavam espalhados ao longo das fronteiras entre a Pérsia e Bizâncio, e à entrada para o Deserto Sírio. À semelhança da maioria dos povos fronteiriços, incluindo, ainda hoje, os árabes do deserto da Jordânia, conduziam caravanas de camelos, comerciavam e alistavam-se nos exércitos imperiais de ambos os lados. «Percorriam continuamente grandes e vastas extensões, sem terem um lar, sem terem morada fixa nem leis», escreveu, em finais do século IV, o historiador latino Amiano Marcelino, com toda a repulsa do citadino culto face ao nómada. «Vagueiam tão extensamente que as mulheres casam num lugar, dão à luz noutro e criam os filhos noutro ainda»[3].

O Império Bizantino estivera protegido das piores depredações destas aves de rapina por um Estado fronteiriço chamado Ghassan, composto por Árabes cristãos que recebiam um subsídio anual pelos seus serviços. As fronteiras da outra superpotência do mundo antigo, o Império Sassânida, tinham similarmente beneficiado da protecção de um Estado vassalo chamado Hira, também constituído por Árabes cristãos. Em parte, fora com estes grupos que os Árabes da península tinham aprendido as suas técnicas militares, que empregavam em incessantes guerras tribais, bem como o uso dos têxteis, o hábito de beberem vinho – que consumiam em grandes quantidades, o que levaria Maomé a proibir a ingestão de qualquer tipo de álcool –, e provavelmente a escrita. A informação fluía através das fronteiras nos dois sentidos, proporcionando aos Árabes informações militares valiosas acerca dos dispositivos dos impérios bizantino e sassânida. Mas em Constantinopla ou na capital persa, Ctesifonte, estaria disponível muito pouca informação sobre este profeta arrivista e aquilo que teria parecido, a Bizantinos e Persas, as suas ridículas pretensões de lhe ter sido confiada uma nova visão religiosa, destinada a substituir os cultos ciosamente protegidos do cristianismo ortodoxo e do zoroastrismo.

A CHEGADA DO ISLÃO

Nós sabemos muito mais. Contudo, dado que tudo o que sabemos acerca da vida de Maomé, tal como acontece com a vida de Jesus, foi escrito pelos seus devotos seguidores, por vezes muito tempo depois dos acontecimentos que descrevem, a maioria da informação é, na melhor das hipóteses, suspeita. Segundo a biografia (*Sira*) aceite do Profeta, Maomé nasceu no «Ano do Elefante», entre 570 e 580, em Meca, uma próspera cidade mercantil do Hejaz, a parte noroeste da Península Arábica.

O seu pai pertencia aos Banu Hashim, uma família respeitada mas humilde que fazia parte da todo-poderosa tribo nortenha dos Coraixitas. Pouco se sabe sobre a mãe; chamar-se-ia Amina («crente, fiel») bin Wahb e pertencia supostamente ao clã dos Banu Zuhra. No momento do seu nascimento, Maomé emitiu uma luz que permitiu à mãe ver os castelos de Bostra, na longínqua Síria, o que a levou a concluir que ele seria uma criança invulgar. Mas Maomé perdeu os seus pais muito cedo e foi criado pelo tio, Abu Talib – era órfão e pobre, um princípio de vida apropriado para qualquer profeta. Na juventude, adquiriu uma reputação de honesto e actuou ocasionalmente como árbitro em disputas locais, o que lhe valeu a alcunha de *al-Amin*, «o Fiel». Por volta dos 25 anos de idade, casou com uma viúva rica chamada Cadija bint Khuwaylid, bastante mais velha do que ele. Este golpe de sorte elevou-o a uma posição de prosperidade e de alguma importância social.

Uma noite, pelo seu quadragésimo aniversário, no ano de 610, perto do fim do mês do Ramadão, quando dormia numa gruta do monte Hira, foi despertado por uma voz celestial que o informou de que ele era o Mensageiro de Deus. Aterrorizado, fugiu para junto da mulher, chorando e gritando «Esconde-me. Esconde-me.» A voz fez-se de novo ouvir, declarando ser o anjo Gabriel e ordenando a Maomé que «lesse». «O que devo ler?», perguntou ele. Em vez de responder, o anjo tomou-o nos braços e fez com que lhe saíssem da boca as seguintes palavras – caracteristicamente abstrusas – de Deus: «Lê, em nome do Senhor, que tudo criou, criou o homem de um coágulo. Lê, porque o teu Senhor é generoso, que ensinou pela pena aquilo que o homem não sabia» (Alcorão 6.1-5).

Maomé emergiu desta experiência sem saber se tinha sido visitado por Deus ou por Satã. Um relato refere que foi um monge cristão chamado Bahira que reconheceu a similaridade entre as experiências de Maomé e as de Moisés, conseguindo persuadir Maomé de que ele tivera uma visão divina.

A partir de então e até ao fim da sua vida, Maomé recebeu regularmente mensagens de Deus, via Gabriel. E também realizou uma célebre visita ao

163

céu. Uma noite, foi levado por Gabriel a Jerusalém, montado num cavalo alado. Encontrou-se com Abraão, Moisés e Jesus – os três profetas aos quais ele sucedera e que suplantara –, e conduziu-os em oração. Depois, subiu por uma escada – «mais bela do que qualquer outra que vira» – até ao céu, onde lhe foi concedida uma pitoresca visão do Inferno, um breve encontro com Jesus e José, Aarão e Moisés, e um vislumbre do Paraíso. Este continha uma «donzela com lábios vermelhos-escuros», e pouco mais([4]).

Em 650, dezoito anos após a morte de Maomé, o conteúdo destas várias revelações foi coligido e escrito por um dos seus discípulos, Zaid ibn Thabit, para constituírem o Alcorão. A palavra Alcorão significa «leitura» ou «récita», e acredita-se que o livro é literalmente composto pelas palavras de Deus. Também estas eram em árabe. «Revelámos-te o Alcorão em árabe para que o possas compreender», diz a décima segunda *sura* ou versículo([5]). O facto de Deus ter falado a Maomé em árabe deu origem não apenas a um novo texto sagrado, mas também uma nova linguagem sagrada – ao ponto de ser considerado blasfémia alterar a ortografia na qual foi primeiramente transcrita, e que hoje é arcaica. Mas apesar de transmitida a Maomé desta forma – num determinado tempo e numa determinada língua –, a récita é considerada pelos crentes como incriada, eterna, divina e imutável.

O Alcorão está dividido em versículos de comprimento variado e contém leis, orações, ameaças, proibições, descrições do Céu, do Inferno e do dia do Juízo Final, conselhos sobre como o marido se deve comportar com a mulher, que partes do corpo se devem lavar antes da oração (até aos cotovelos e dos pés aos tornozelos), como agir em peregrinação, como lidar com uma herança, um homicídio, um roubo, e assim por diante. A sua mensagem fundamental é a de que existe apenas um Deus, que se revelou através de uma série de profetas, dos quais Maomé é o último e o maior. Ele é o «Selo dos Profetas», o *rasul Allah*, o «mensageiro de Deus», pelo que as suas palavras são literalmente as palavras de Deus.

O Alcorão pretendia oferecer, entre outras coisas, uma orientação para a conduta futura da humanidade – tal como o Antigo e o Novo Testamentos. Dado ser, por vezes, um documento confuso, desconexo e, em muitos casos, do ponto de vista legal, extremamente ambíguo, tornou-se rapidamente manifesto, após a morte de Maomé, que os seus preceitos teriam que ser complementados a partir de qualquer outra fonte.

Os cristãos tinham enfrentado um problema similar. Os Evangelhos não estavam mais bem equipados do que o Alcorão para lidarem com as contingências de um mundo em rápida mutação. Na tentativa de resolverem o problema, os cristãos tinham procurado orientação – sobre assuntos não sagrados – nos escritos políticos e éticos do mundo clássico pagão. Dado que para os muçulmanos não existiam assuntos que não fossem sagrados, eles não podiam fazer facilmente o mesmo, embora uma geração muito posterior de eruditos se tenha efectivamente inspirado bastante nas fontes clássicas.

Tudo o que constituía autoridade tinha que provir directamente, de um ou de outro modo, do último e unicamente autêntico intercessor com Deus: o próprio *rasul Allah*.

Decorridas algumas gerações após a morte de Maomé, um vasto corpo do *Hadith* ou «Tradições» desempenhava esta função. Tratam-se dos ditos e acções atribuídos ao Profeta. Cada um assume a forma de uma cadeia de autoridades: «Ouvi a… que ouviu de… que ouviu a… que ouviu o Profeta dizer ou fazer». Alguns são evidentemente falsos e outros nem tanto, mas todos são profundamente duvidosos. Um método de crítica conhecido por «descrédito e autenticação» (*al-jarh wa'l-ta'dil*) foi desenvolvido para estabelecer aqueles nos quais se deve ou não acreditar. Isto consiste, em geral, em examinar os elos – *isnad* – da cadeia de autoridades.

A qualquer pessoa que conheça, mesmo sem grande profundidade, o processo de transmissão oral em sociedades analfabetas, este procedimento deve parecer, na melhor das hipóteses, profundamente artificioso (mas não mais, certamente, do que a afirmação de que as palavras registadas nos Evangelhos, retiradas e substancialmente manipuladas para fins ideológicos, uma geração após a morte de Jesus, reflectem verdadeiramente as suas palavras). Não existe nenhuma codificação oficial do *Hadith*, mas seis compilações elaboradas no século IX e no princípio do século X são hoje generalizadamente consideradas como autoridades.

As gentes de Meca eram maioritariamente politeístas. À semelhança dos pagãos, parecem ter sido bastante tolerantes das crenças alheias. Tal como disse um deles, não havia nenhuma razão para que um homem não pudesse escolher a religião que lhe agradasse – e até, se assim o entendesse, criar uma. Toleraram as primeiras tentativas de Maomé para lhes fazer passar a mensagem de Gabriel, ainda que, na opinião de muitos, ela pusesse demasiado ênfase na singularidade de Deus, na malvadez da idolatria e na iminência do julgamento divino. Só quando Maomé começou a denegrir as divindades pagãs é que eles se sentiram ofendidos, e propuseram-lhe

MUNDOS EM GUERRA

troceiramente nomeá-lo rei ou providenciar-lhe alguém para o curar das suas alucinações. Mas tal como a pobreza, a zombaria é um rito de passagem necessário para todos os profetas. Algo enigmaticamente, Deus consolou Maomé: «Zombaram dos Enviados que te precederam, Maomé, mas aqueles de entre eles que zombaram foram rodeados com aquilo de que haviam zombado» (Alcorão 6.10).

Os Mequenses tinham motivos religiosos mas também económicos para estarem desconfiados de Maomé e do seu tipo de intransigência monoteísta. Meca era uma cidade de peregrinação. No centro encontrava-se – e ainda se encontra – a Caaba («o cubo»), um santuário negro que antes do advento do Islão albergava um ídolo chamado Hubal. No canto oriental, fora encastoada na parede uma pedra negra – a *al-hajar al-aswad* –, possivelmente um fragmento de um meteoro, que se tornara um objecto de veneração. Os oligarcas que governavam Meca faziam muito dinheiro com a rota dos peregrinos, e embora Maomé nunca tivesse levantado nenhuma objecção às peregrinações eles receavam, com alguma razão, que o seu inflamado tipo de monoteísmo acabasse por lhes prejudicar o ganha-pão. Começaram a persegui-lo. Durante algum tempo, a posição de Maomé manteve-se relativamente segura graças à protecção do seu tio, Abu Talib, que era pagão. Mas os seus seguidores, que agora se chamavam a si próprios «muçulmanos» ou «aqueles que se submeteram» a Deus, estavam mais expostos, e a dada altura Maomé enviou alguns para a Etiópia, para se refugiarem.

Em 622, com os muçulmanos já em número suficiente para constituírem uma comunidade independente, Maomé mudou-se para uma povoação localizada num oásis 450 km a norte de Meca, então chamado Yathrib. Foi acompanhado por cerca de setenta dos seus companheiros, chamados *Muhajirs*, cujos descendentes adquiriram um estatuto especial na história subsequente do Islão. Esta emigração ou «retirada» – a Hégira, como ficou conhecida(*) – é a primeira data incontestada da vida de Maomé e da história primitiva do Islão, e assinala o início do calendário lunar muçulmano: o ano um([6]). E também marcou uma revolução na história da emergente religião do Profeta. Em Meca, Maomé nunca passara de um cidadão privado sem grande proeminência ou significado. Em Yathrib, entretanto rebaptizada Medina, «Cidade do Profeta», ele tornou-se o árbitro de uma comunidade. Em Meca, pregara o Islão; em Medina, tratou de o converter

---

(*) Do Ár. *hijra*, fuga. (*N. do T.*)

A CHEGADA DO ISLÃO

na religião da cidade. E foi em Medina que tomou forma o modelo distinto da futura comunidade islâmica ou *umma*. Maomé promulgou a chamada «Constituição de Medina», embora este nome seja tardio e enganador. Não se trata propriamente de uma constituição, mas sim de um conjunto de proclamações e, em muitos aspectos, pouco mais do que uma reafirmação dos costumes de regulação da propriedade, do casamento e de outras relações no seio da comunidade árabe tradicional. O que a *umma* tinha de novo e que, a longo prazo, acarretaria consequências não só para a sociedade islâmica mas também para todo o mundo, era o seu enfoque na lealdade. Como quaisquer outras tribos, as tribos árabes tinham sido definidas pelo sangue, o que significava que o seu tamanho era, na melhor das hipóteses, reduzido. No entanto, a *umma* era definida pela fé, o que significava que as suas dimensões eram literalmente ilimitadas.

Maomé criara efectivamente uma única comunidade político-religiosa, «religião e Estado» (*din wada dawla*), para usar uma frase empregue pelos juristas medievais. E à semelhança de Cristo, criara também a possibilidade de uma comunidade universal, e os seus seguidores – mas não ele – considerá-la-iam como englobando toda a humanidade. Apesar de as políticas islâmicas, em particular as dos sucessores de Maomé, os califas, estarem mais preocupadas com o mundo árabe e seus vizinhos imediatos do que com o cosmos, o universalismo da mensagem de Maomé foi uma das fontes do seu poder e atracção, e era inevitável. Ainda está bem vivo, e tem, ao longo dos séculos, colocado irremediavelmente o Islão num conflito directo e persistente com o cristianismo.

Os cristãos acabaram por aceitar relutantemente a improbabilidade da conversão do mundo inteiro, ao contrário do que fora previsto, conduzindo ao fim dos tempos para a humanidade. Hoje em dia, também quase todos os muçulmanos reconhecerão provavelmente que a visão do fim dos tempos contida no *Hadith* – Jesus regressando à terra de armadura, matando o anticristo às portas de Lida, na Palestina, exterminando o porco e quebrando todas as cruzes dos cristãos – levará muito tempo a concretizar-se, e talvez possa até ser discretamente ignorada[7]. Mas nenhuma destas duas religiões abandonou formalmente as suas pretensões a ser a única e a verdadeira, condenando todos os que se apegam a outras fés à eterna danação. Nos séculos que se seguiram ao desaparecimento dos impérios do mundo antigo, os legados universalistas que ambas as religiões herdaram do judaísmo têm sido o factor individual mais determinante para o conflito entre elas.

Mas neste aspecto, existia uma importante distinção entre o cristianismo e o Islão. Como vimos, para Cristo e até para São Paulo, a comunidade religiosa, apesar de universal, não reclamava nenhuma autoridade social nem política. O que era de Cristo continuava a ser inequivocamente de Cristo, mas era-o – aliás, *só* podia sê-lo – enquanto o que era de César continuasse a ser inequivocamente de César. Até as leis dos infiéis, por muito tirânicas que fossem, obrigavam os cristãos que viviam sob a sua jurisdição.

Mas Maomé escolheu um caminho diferente. Em Medina, ele só poderia garantir a sobrevivência da sua nova fé criando não apenas uma comunidade religiosa autónoma, mas também uma autoridade política para a complementar. Com efeito, ele tornou-se o xeque de uma nova tribo. Mas enquanto que os xeques anteriores, tal como os líderes da maioria das sociedades de guerreiros, tinham sido homens com uma autoridade muito limitada, derivando exclusivamente o seu poder da comunidade que os nomeara e que podia substituí-los quando assim o entendesse, Maomé afirmou derivar o seu poder directamente de Deus. «Sempre que discordarem acerca de alguma matéria, a questão deverá ser submetida à apreciação de Deus e de Maomé», dizia um dos artigos da «Constituição de Medina»[8]. O Profeta era absoluto e não aceitava nenhuma mediação nem desafio. «Homens!», mandara-lhe Deus dizer, «Eu sou o Mensageiro de Deus para todos vós... Deus é quem tem o domínio dos Céus e da Terra» (Alcorão 7.158).

O muçulmano tem a obrigação de «praticar o bem e proibir o mal», e deve conquistar a sua felicidade através do serviço de Deus (*ibada*), o qual, por sua vez, exige a mais absoluta obediência. O muçulmano faz parte de uma comunidade de crentes – «E assim surja de vós uma geração cujos membros pratiquem o bem, respeitem o estabelecido, proíbam o reprovável» (Alcorão 3.104)[9] –, no seio da qual não pode haver separação entre religião e política. Maomé realizara exactamente aquilo que o imperador Constantino pretendera infrutiferamente conseguir no Concílio de Niceia: a identificação total do reino secular com o sagrado e a correspondente elevação do governante à posição de um ser divinamente instalado e inspirado. O fundador do Islão já foi considerado «o seu próprio Constantino»[10].

Consequentemente, no Islão só pode haver uma lei. Chama-se *Sharia*, uma palavra cujo significado primário é «caminho para o bebedouro» – na sociedade do deserto, onde o Islão nasceu, era o mais procurado e abenço-

A Chegada do Islão

ado de todos os lugares. A *Sharia* é a expressão directa da vontade de Deus, derivada do Alcorão e do *Hadith* pela comunidade de eruditos conhecida por *ulema*. Trata de todos os mandamentos de Deus relativos às actividades do homem. É uma doutrina de deveres que cobrem toda a vida religiosa, política, social, doméstica e privada dos muçulmanos. Na prática, é uma criação dos *ulema*, mas apesar das suas origens puramente humanas, como tudo o que deriva de Maomé, deriva também de Deus. A ideia de que possa existir, como existe no Ocidente, uma lei secular, uma lei criada pela inteligência humana e não por ordem divina e que, consequentemente, está sujeita não apenas à mudança – pelo menos, no que diz respeito às suas prescrições – mas também à revogação, é algo que não faz o mínimo sentido para muitos muçulmanos.

E sendo a lei de Deus, a *Sharia* é considerada eterna, logo imutável. Mas isto não significa que não possa ser submetida a uma avaliação racional. A *fiqh* – a ciência que determina como a *Sharia* deve ser aplicada em cada caso – foi dividida em duas áreas distintas: a ritual (*ibadat*), que era constituída por instruções sobre como orar, jejuar, ir em peregrinação, etc., e a *mu'amalat*, que se aplicava às relações sociais. A partir de finais do século VIII, esta última estabeleceu-se como uma ciência jurídica distinta, algo similar à jurisprudência ocidental, baseando-se consideravelmente no raciocínio análogo (*qiyas*) e no julgamento consensual (*ijma*).

Dado que, em última análise, o que estava em causa era a interpretação de alguns textos que são ocasionalmente de extrema opacidade, desenvolveram-se várias escolas jurídicas (*madhhab*), tal como aconteceu no Ocidente. Contudo, no século IX, quatro destas escolas, cada uma baseada no parecer de um dos grandes especialistas (*fuqaha*), tinham já conseguido excluir as restantes. Eram elas a Hanafita, cujo nome deriva de Abu Hanifa, que morreu em 767, a Maliquita (Malik, morreu em 795), a Shafita (al-Shafici, morreu em 820) e a Hanbalita (Ibn Hanbal, morreu em 855).

No Ocidente, a lei era, desde a Antiguidade, tida como uma criação do homem para as necessidades do homem. É uma lei civil, existencial, baseada no facto. E porque os factos e a própria natureza da existência mudam, a lei pode – deve – mudar. A *Sharia* também é uma criação do homem, mas ao contrário da lei ocidental não se baseia numa codificação de práticas consuetudinárias, mas sim na suposta palavra de Deus. Como tal, a sua capacidade de mudar está severamente limitada. Os deuses, particularmente os únicos, não estão acostumados a ter dúvidas que os levem a mudar de ideias.

A *umma* era uma teocracia. No mundo em que Maomé nascera, isto era muito invulgar. Nenhum dos povos que Maomé conhecia nem os dois grandes Estados imperiais que flanqueavam a Península Arábica, Bizâncio e a Pérsia – embora os seus governantes reclamassem algum apoio divino –, insistiam na indivisibilidade das suas ordens e das de Deus. Cristo e Zoroastro – o segundo menos ambiguamente do que o primeiro – tinham reconhecido explicitamente a distinção entre Igreja e Estado. De todos os povos dos antigos Próximo e Médio Orientes, somente os sumérios terão eventualmente iniciado a sua história com comunidades associadas a templos e governadas por sacerdotes-reis. Mas mesmo que assim tenha sido, acontecera muito antes e na época do nascimento de Maomé já ninguém se lembrava deles. No entanto, a singularidade deste aspecto da mensagem de Maomé e do tipo de sociedade que ele criou em Medina parece ter passado quase despercebida.

Maomé não tardou a revelar-se tão capaz como chefe de guerra do que como estratego político. Depois de a *umma* estar seguramente estabelecida em Medina, ele virou a sua atenção para o local onde nascera. Em Março de 624, em Badr, um grupo de guerra muçulmano surpreendeu uma caravana de Meca repleta de mercadorias. A caravana escapou mas o exército enviado de Meca para a defender foi destruído por trezentos muçulmanos, assistidos por um exército de anjos invisíveis. O êxito da operação e a presença dos anjos foram interpretados como um sinal de favor divino. «Deus defendeu-vos em Badr quando estáveis humilhados», diz o Alcorão. «Temei a Deus! Para que sejais agradecidos!» (3.123).

A vitória de Badr fez aumentar exponencialmente a reputação e autoridade da comunidade muçulmana, e deu a Maomé o controlo absoluto de Medina. Ele tornara-se suficientemente forte para lidar com os restantes grupos independentes, os judeus e os cristãos. Inicialmente, Maomé contou conquistá-los facilmente para o Islão, e parece ter também acreditado que as diferenças teológicas eram mínimas ou não existentes. Enganou-se em ambos os casos. Os cristãos tinham o seu próprio profeta, e que era, nem mais nem menos, o Filho de Deus, e não estavam interessados em abdicar da sua divindade em troca das pretensões de um simples mortal. Quanto aos judeus, abominavam a ideia de que o seu Deus, o Deus de Israel, pudesse ter escolhido o último e maior dos seus profetas entre os árabes.

Maomé acusou ambos os grupos de terem falsificado as suas escrituras para esconderem as profecias acerca das revelações sobre a vinda do «Selo dos Profetas». Para Maomé, Jesus – chamado Isa no Alcorão – era um verdadeiro profeta, que tinha efectivamente, tal como afirmavam os Evangelhos, realizado milagres (Alcorão 2.253) e que, segundo um versículo do Alcorão, subira inclusivamente ao Céu (Alcorão 3.55). Mas os cristãos, não satisfeitos com estes sinais de aprovação divina, tinham distorcido o seu legado, transformando-o num deus e insistindo bizarramente que ele fora crucificado.

Acusações semelhantes foram feitas aos judeus. Maomé reconhecia Abraão como «monoteísta e submisso, pois não esteve entre os idólatras» (Alcorão 3.67) – ou seja, como a fonte original das três fés monoteístas. Embora os judeus não tivessem empreendido nenhuma acção contra os muçulmanos, a sua obstinação era intolerável na «Cidade do Profeta». Das três tribos judaicas residentes em Medina, uma, os Banu Qaynuqa, foi expulsa após uma insurreição malograda contra a autoridade de Maomé, em 625. Seguiram-se, pouco depois, os Banu Nadir, acusados de conspirarem para assassinarem Maomé. Estas duas tribos juntar-se-iam à povoação judaica de Khaybar, cerca de 160 km a norte de Medina. A terceira tribo, os Banu Qurayzah, não teve tanta sorte. Acusados de espiarem por conta de Meca, depois de um exército dessa cidade ter sitiado Medina, na Primavera de 627, foram massacrados: os homens foram chacinados e as mulheres e crianças vendidas como escravas. Mais tarde, Maomé concluiu um tratado com os judeus de Khaybar e outro com os cristãos de Najran, mas isto foi apenas um breve interregno naquilo que se transformaria numa hostilidade perpétua entre o Islão e os judeus e cristãos. «Os judeus dizem: "Esras é filho de Deus". Os cristãos dizem: "O Messias é filho de Deus". Essas são as palavras das suas bocas; imitam as palavras dos seus antepassados [são politeístas]. Que Alá os combata! Como se afastam da verdade!» (Alcorão 9.30).

À medida que foram sendo apagados os vestígios da sua inspiração noutras religiões, o Islão tornou-se não apenas um conjunto de modificações a tradições monoteístas preexistentes, alimentado a partir de fontes judaicas e cristãs, mas uma religião inteiramente nova, que um dia uniria um vasto conjunto de povos etnicamente e linguisticamente diversos, da Arábia à Indonésia e à costa ocidental de África.

Em Janeiro de 630, após uma série de negociações inconclusivas entre os Coraixitas e os representantes de Maomé, um exército muçulmano atacou e ocupou Meca. Os Coraixitas capitularam quase sem luta. Os outros de Meca, excluindo os que eram acusados de crimes contra o Profeta e seus seguidores, mantiveram as suas vidas e bens, e a cidade passou de um local de peregrinação pagão a um dos lugares santos do Islão. Maomé limpou ritualmente a Caaba dos 360 ídolos que existiam em redor do edifício, estilhaçando-os com um toque do seu bordão. Depois, adoptou a Caaba como lugar de peregrinação que todos os muçulmanos são obrigados a visitar pelo menos uma vez na vida – devem caminhar sete vezes em seu redor e, se possível, tocar ou beijar a pedra negra.

Comparado com os dois outros monoteísmos dos quais depende parcialmente, o Islão é uma fé simples, o que constitui certamente uma das razões do seu sucesso. Apresenta poucos obstáculos intelectuais aos fiéis. A teologia islâmica é imensamente rica, mas carece dos paradoxos estruturais e das clamorosas inconsistências da teologia cristã. Não pede aos neófito que acredite num nascimento de uma virgem, num deus morto, na ressurreição do corpo, na transubstanciação ou no dogma mais bizarro de todos: um Deus que é três em um e cujo filho é pai de si próprio. Compreensivelmente, todas estas coisas eram confusas e repugnantes para os muçulmanos. O Islão tem seitas, formas de espiritualismo, misticismo e ascetismo, tal como existem na Cristandade, mas nunca se viu a braços com um cisma semelhante ao que ameaçou o cristianismo desde o princípio e que, no século XVI, acabou por dividi-lo em dois campos irreconciliáveis. A divisão entre sunitas e xiitas – que abordarei de seguida – apresenta algumas destas características, mas não é tão marcada nem nunca foi – até ter sido recentemente exacerbada por interferências externas – tão feroz como as divisões que existem entre calvinistas e católicos.

Ao contrário do que foi sugerido a tantos cristãos pelos conflitos confessionais do século XVI, não existe nada que indique aos fiéis muçulmanos que possam existir desacordos derivados da implausibilidade e incoerência do credo. E o Islão também carece das complexas ritualização e hierarquia que se encontram no cristianismo. Existem ritos e rituais mas não existe Igreja, no sentido de organização religiosa. Existem mesquitas, não existe «a Mesquita». Existem os *ulema* (*mullahs* na Pérsia), mas não existem mediadores licenciados entre Deus e os homens, não existe nenhuma casta – como existe no catolicismo – dotada de poderes especiais conferidos por Deus. O imã presente em todas as mesquitas é apenas alguém que conduz os fiéis em oração. Os muftis (intérpretes da *Sharia*) do Império Otomano e, mais recentemente, os *mujtahids* e *ayatollahs* do Irão, ocupam posições algo semelhantes às dos funcionários da Igreja. Mas nem sequer o clero

A Chegada do Islão

iraniano – como tantas vezes é chamado – possui a autoridade religiosa investida nos sacerdotes cristãos.

Na ausência de qualquer ritual ou liturgia desenvolvidos, a conversão ao Islão é notavelmente simples e directa. Basta ao neófito, perante duas testemunhas muçulmanas, repetir uma vez a profissão de fé, a *Shahada*. Esta consiste numa única e célebre frase: «Não há outra divindade senão Deus e Maomé é seu Profeta.» De seguida, é apenas pedido ao crente – ao muçulmano – que se submeta à vontade deste Deus único – o que significa respeitar a *Sharia* – e que observe os Cinco Pilares do Islão, impostos por Deus a todos os muçulmanos através da revelação: a *Shahada*, a oração (*Salat*), que deve ser cumprida cinco vezes por dia; a caridade (*zakat* ou *sadaqat*); o jejum (*sawm*), do alvorecer ao crepúsculo, durante o mês do Ramadão; e finalmente a peregrinação a Meca (*Hajj*), que todos os muçulmanos com meios e capacidade devem realizar pelo menos uma vez na vida.

Nenhuma destas obrigações constituirá um problema ou uma ofensa para os não muçulmanos. Todavia, existem várias obrigações comunais que o serão, das quais a mais importante e perturbadora é a *Jihad*. O significado literal desta palavra árabe é «esforço», «empenho» ou «luta», e o termo é geralmente seguido da frase «no caminho de Deus». Alguns, em particular os teólogos xiitas clássicos e os reformadores mais modernos, ao tentarem procurar um entendimento com o Ocidente, interpretaram o significado de *Jihad* como uma luta espiritual ou moral. Tal como se poderia argumentar que todo o verdadeiro cristão tem o dever (embora não seja um artigo de fé) de persuadir todo o não cristão a converter-se, também todo o muçulmano tem por obrigação persuadir todo o não muçulmano a aceitar o Islão.

Todavia, Maomé tinha sobre esta matéria – e sobre quase todas as outras – uma perspectiva profundamente maniqueísta. A mensagem de Deus, tal como é transmitida pelo Alcorão, é frequentemente difícil de compreender. Porém, relativamente a esta questão é claríssima: quem não está com Deus, está contra Deus. «A rectidão distingue-se da aberração», diz a segunda sura, «Deus é amigo dos que crêem: tira-os das trevas para a luz. Os que descrêem têm por amigos os demónios, que os levam da luz para as trevas» (Alcorão 2.256-257). Se o não crente não renega voluntariamente os seus ídolos, deve ser obrigado a fazê-lo à força. «Ó Profeta! Incita os crentes ao combate! Se entre vós há vinte homens perseverantes, vencereis a duzentos; se entre vós há cem, vencereis a mil» (Alcorão 8.65)

(O versículo seguinte é bastante menos optimista quanto aos números)(*). Consequentemente, a esmagadora maioria dos juristas tem interpretado a *Jihad* como uma obrigação militar. «Aprende a disparar», diz um dos *hadiths*, «pois o espaço entre o alvo e o arqueiro é um dos jardins do Paraíso». «Aquele que morre sem ter participado numa campanha», diz outro, «morre numa espécie de descrença»([11]).

Tradicionalmente, o mundo está dividido em duas «casas»: a Casa do Islão (*dar al-islam*) e a Casa da Guerra (*dar al-harb*), que inclui todos os não muçulmanos. Entre ambas existe um permanente estado de guerra, que perdurará até o mundo inteiro aceitar a verdade da revelação de Maomé. Esta guerra é a *Jihad*. Por exemplo, os Otomanos referiam-se à cidade de Belgrado, que ficava na linha da frente da sua luta contra a Cristandade, como a «Casa da *Jihad*». E a *Jihad* é a guerra de Deus. As opiniões sobre o que isto significa variam, mas uma coisa é certa. A *Jihad* nunca pode ser terminada. Não é legalmente possível nenhum tratado de paz entre as duas casas, embora sejam aceitáveis tréguas, sem nunca excederem dez anos. Mas a guerra não pode ser terminada antes da vitória final e – para os muçulmanos devotos – inevitável.

No entanto, embora todos os não muçulmanos sejam inimigos do Islão e assim devam permanecer até se cumprir o tempo de Deus – altura em que serão convertidos ou colocados sob domínio muçulmano – não são todos iguais. Existe um grupo que se destaca. É o *ahl al-kitab* ou «povos do livro» – os judeus e os cristãos. Estes distinguem-se dos simples pagãos ou idólatras por terem recebido uma revelação do mesmo Deus que revelou o Alcorão a Maomé, pelo que, de certo modo, observam uma religião reconhecida. O Islão fez várias concessões importantes a estes povos – em princípio, mas nem sempre na prática. A lei islâmica, concede-lhes o estatuto de *ahl al-dhimmah* ou «povos protegidos». Podem auto-governar-se de acordo com os seus costumes e através de governantes próprios. Isto tornou-se a base do sistema dos *millets*(**) que desempenharia um papel crucial na governação do Império Otomano. Todavia, os «povos protegidos» eram aquilo que hoje

---

(*) «Agora Deus alivia-vos da vossa obrigação, pois sabe que entre vós também há debilidade; se entre vós há cem homens perseverantes, vencerão a duzentos; se há mil, vencerão a dois mil, com a permissão de Deus. Deus está com os perseverantes» (Alcorão 8.66). (*N. do T.*)

(**) Comunidades confessionais ou grupos religiosos minoritários, protegidos pela lei e dotados de alguma autonomia administrativa. (*N. do T.*)

A Chegada do Islão

designaríamos por «cidadãos de segunda». Tinham que pagar anualmente um imposto de capitação (*jizya*), para poderem praticar a sua religião, estando-lhes no entanto proibidas quaisquer observâncias externas, por exemplo, o toque dos sinos ou as orações públicas. Também lhes era proibido construírem qualquer edifício sagrado ou – o crime mais grave de todos – tentarem afastar qualquer muçulmano da verdadeira da fé ou insultarem o Islão, dois actos puníveis com a morte. A lei proibia-os de montarem a cavalo, de construírem casas mais altas do que as dos seus vizinhos muçulmanos, e de possuírem escravos muçulmanos. Também os obrigava a usarem uma faixa identificativa, chamada *zunnar*. Nalguns casos, o estatuto de *dhimm* foi alargado para incluir os zoroastristas e, na Índia mongol, os hindus (duas escolas jurídicas, os hanafitas e os maliquitas, chegaram ao ponto de estenderem este estatuto a todos os não muçulmanos). A aplicação destas regras variou consideravelmente, entre períodos de grande tolerância com os primeiros califas abássidas, e períodos de severas perseguições com monarcas como al-Mutawakkil (847-861) e al-Hakim (996-1021).

Este é o limite efectivo de tolerância às outras crenças que muitos intelectuais modernos ocidentais, fundamentalmente seculares, e até alguns muçulmanos, atribuem ao Islão. Esta tolerância, contrariamente ao que tantas vezes parece pressupor, não significa que os muçulmanos estejam preparados para aceitarem outras interpretações das intenções de Deus como sendo tão válidas como as suas. Significa estarem preparados para tolerarem a presença daqueles que eles *sabem* estarem errados([12]). No entanto, esta postura era muitíssimo mais do que a maioria das comunidades cristãs aceitou até ao século XVII. Não obstante todas as restrições, para alguns grupos cristãos, enquanto integrantes da *dhimmah*, em particular os membros das igrejas gregas dissidentes, os nestorianos e os monofisitas, que tinham estado sujeitos a perseguições pelo governo de Constantinopla, serem súbditos de um príncipe muçulmano podia ser preferível a viverem governados por um amo cristão ortodoxo. E até ao fim do século XIX, os judeus viveram geralmente muito melhor sob domínio muçulmano do que em qualquer Estado cristão.

II

A integridade do Islão, a fusão da religião e da política, a noção de que não pode existir uma lei que não seja, de algum modo, a expressão da vontade de Deus, ofereceu às tribos muito indisciplinadas da Península Arábica uma unidade que nunca tinham possuído. Maomé pegara no monoteísmo de judeus e cristãos e transformara-o numa religião inteiramente árabe, criando algo de que os Árabes, como povo, nunca tinham desfrutado: uma única identidade cultural. Não duraria para sempre, mas enquanto durou fez das tribos da Arábia uma formidável força conquistadora. A chegada do Islão transformou a antiga luta entre a Europa e a Ásia, que os Gregos e os seus herdeiros romanos tinham concebido como uma luta entre modos de vida antagónicos, numa contenda entre duas fés.

Após a ocupação de Meca, Maomé controlou os oásis e mercados das áreas mais ricas da Península Arábica. Os líderes das outras tribos da região necessitavam da sua assistência, e à sua morte, em 8 de Junho de 632, muitos haviam-lhe já jurado fidelidade e alguns tinham-se convertido ao Islão. Contudo, a morte de Maomé criou um grave problema para a *umma*. Não se tinham tomado medidas para designar um sucessor. Durante a vida de Maomé, Medina carecera de um governo, de uma cadeia de comando, de instituições políticas – apenas existira Maomé. Aliás, como poderia o «Selo dos Profetas» ter sucessor? Muitas das tribos do deserto eram da mesma opinião: a sua fidelidade fora concedida a um homem, não a uma instituição, e quando ele morreu a sua obediência cessou.

Mas uma coisa era clara: à semelhança do fundador, os futuros governantes do Islão, fossem quem fossem, ainda que estivessem mais afastados de Deus, tinham que derivar a sua autoridade da Sua vontade manifesta. Isto significava que tinham que pertencer à família do Profeta. Após alguma luta entre os candidatos óbvios, a escolha recaiu sobre Abu Becre, um dos Companheiros que tinham seguido Maomé na Hégira e cuja filha, Aixa, fora uma das muitas mulheres de Maomé. Abu Becre foi designado *khalifa* (califa), «sucessor», e poderá até ter-se intitulado *khalifat rasul Allah*, «sucessor do mensageiro de Deus»([13]).

A primeira tarefa de Abu Becre foi reintegrar no rebanho, à força, as tribos que tinham desertado após a morte de Maomé, o que resultou nas «Guerras da *Ridda*» (apostasia). Quando estas terminaram, em 633, o novo califa viu-se na posse de um formidável exército e sem nada para fazer com ele. A Arábia estava em paz, mas a paz nunca fizera parte da experiência histórica dos Árabes. No ano em que visitou Meca pela última vez, Maomé terá declarado: «sabei que todo o muçulmano é irmão de um muçulmano, e que os muçulmanos são uma irmandade; as lutas entre eles devem ser evitadas». E acrescentou: «Os muçulmanos devem combater contra todos os homens, até eles dizerem: "Não há outra divindade senão Deus"»([14]).

A Chegada do Islão

Para observarem a primeira parte desta injunção, os Árabes teriam que começar imediatamente a cumprir a segunda. Consequentemente, desviaram as suas atenções das extensões inóspitas do deserto e centraram-nas nas ricas presas que sabiam encontrar-se a norte e a leste.

Em meados do século VII, o Médio Oriente estava dividido entre os impérios bizantino e sassânida – «os maiores poderes do mundo na sua época», como lhes chamou o historiador norte-africano Ibn Khaldun, um dos grandes pensadores históricos([15]). Nalguns aspectos, tal como tende a acontecer com as superpotências, estas assemelhavam-se estreitamente. Ambas tinham resquícios do legado de Alexandre, mas enquanto que Bizâncio era um Estado helenizado e cristão, os Sassânidas, que em 226 haviam sucedido aos Partos, tinham-se esforçado por restaurarem a antiga herança aqueménida que fora destruída por Alexandre e pelos seus sucessores ptolomaicos. Os Sassânidas tinham convertido um conjunto de crenças não muito coeso, associadas ao profeta Zoroastro, num sistema formal de culto conhecido por mazdaísmo – o culto do deus Ahura Mazda. Tal como os Partos, os Sassânidas tinham-se envolvido num conflito quase permanente com os seus vizinhos ocidentais, primeiro a Grécia, depois Roma e agora Bizâncio.

Entre 602 e 628, Bizâncio e a Pérsia iniciaram uma série de guerras que acabariam por exauri-los. Em 615, um exército persa, comandado pelo xá Cosróis II, conquistou Jerusalém e levou a Verdadeira Cruz para a sua capital, Ctesifonte. Em 619, os Persas entraram no Egipto e tomaram Alexandria, restaurando efectivamente o antigo Império Aqueménida. Mas foi sol de pouca dura. Em 628, o imperador bizantino Heráclio conduziu um exército até Dastragird, onde Cosróis tinha um palácio, e reapoderou-se da cruz. No mesmo ano, as duas potências acordaram uma paz definitiva. Contudo, aos olhos da sua nobreza, os Sassânidas estavam divididos e diminuídos em estatuto. As suas ambições expansionistas tinham eliminado toda a lealdade da corte, que constituía a única fonte de coesão no seio do império. Fracos e expostos, não estavam à altura do avanço letal das forças muçulmanas.

No princípio de 635, os Árabes empurraram os Persas para o outro lado do Eufrates e anexaram Hira. Em Setembro, um jubilante e vitorioso exército árabe entrou na cidade bizantina de Damasco. Menos de um ano mais tarde, Heráclio abandonou a Síria e os Árabes apoderaram-se rapidamente das grandes cidades de Antioquia e Alepo.

Os exércitos árabes vitoriosos impuseram condições que se tornaram a norma para todas as futuras conquistas muçulmanas. Desde que as popula-

177

ções se rendessem, não eram alvo de represálias. Desde que aceitassem pagar o imposto de capitação, eram autorizadas a observarem a sua religião, a salvo de quaisquer interferências, e tal como Khalid ibn al-Walid, conquistador de Damasco, disse aos habitantes cristãos da cidade, receberiam «o pacto de Alá e a protecção do Seu Profeta, dos califas e dos Crentes»[16]. Em finais de 636, mil anos de ocupação greco-romana foram terminados, nas palavras de um cristão sírio do século IX, pelo «mais desprezível e menosprezado dos povos da terra»[17].

Em 637, o novo xá sassânida, Yezdegerd III, decidiu passar à ofensiva e – esperava ele – libertar definitivamente as suas terras daquilo que considerava ser uma turba indisciplinada e incivilizada. O seu general mais capaz, Rustam, aconselhou-o a permanecer na margem oriental do Eufrates e atrair os Árabes do deserto, onde gozavam de uma vantagem esmagadora. Depois de atravessarem o rio e se internarem nas planícies entrecruzadas pelos canais, em terreno completamente desconhecido e sem hipótese de retirada, os Árabes seriam uma presa fácil.

Mas Yezdegerd rejeitou liminarmente esta sugestão. Considerava os Árabes um povo insignificante, e era abaixo da sua dignidade imperial ficar à espera deles. Assim, no princípio de 637, um exército persa de cerca de 20 000 homens atravessou o Eufrates, internou-se no deserto e entrou em combate contra uma força árabe muito menor, em al-Qadisiyya, a sul da moderna cidade de Najaf. Tal como Rustam previra, os Árabes fizeram uso do deserto e, ao fim de três dias, aniquilaram o exército persa. A derrota significou não só o fim do domínio sassânida, mas também o início da introdução do Islão na Pérsia. A batalha tornou-se um momento de enorme simbolismo na história árabe. Não se tratou apenas de uma batalha na qual o Islão triunfou sobre o paganismo; foi uma batalha que, para os Árabes, marcou a sua vitória final sobre um opositor formidável e implacável. E assinalou também o momento em que os Persas foram libertados da sua absurda religião e da servidão na qual os seus reis sempre os haviam mantido. «Nós somos todos iguais», disse um árabe aos Persas. «Não nos escravizamos uns aos outros, excepto em caso de guerra»[18].

Séculos mais tarde, o nome e o significado da batalha ainda evocavam memórias poderosas. Em 1980, a máquina de propaganda ba'thista representou a guerra de Saddam Hussein contra o Irão como uma luta entre Árabes virtuosos e «iguais» – uma improbabilidade no Iraque de Saddam – e iranianos traiçoeiros, e descreveu-a como a «Qadisiyya de Saddam» ou «Segunda Qadisiyya». Pouco antes do início da guerra, um filme épico acerca da batalha, de proporções «hollywoodescas», começou a ser rodado num cenário nos arredores de Bagdad. O seu objectivo, explicou o vice-presidente do Conselho de Comando Revolucionário, era apresentar a história do passado como algo vivo, para encorajar a juventude do Iraque a sacrificar-se pela nação e pelo mundo árabe, tal como os seus alegados antepassados haviam feito, 1400 anos antes, contra o mesmíssimo inimigo. Na al-Qadisiyya histórica, as forças persas tinham sido mais numerosas e mais bem equipadas do que as dos Árabes, mas estes, com a ajuda de Deus, com coragem e determinação, haviam vencido. Do mesmo modo, nos meses que se seguiriam, as forças de Saddam destruiriam o novo exército «persa». Provenientes da própria província de al-Qadisiyya, oito cegos apresentaram-se para alistamento no exército iraquiano, seguindo o nobre exemplo do árabe cego que terá sido porta-bandeira na batalha.

Escusado será dizer que os Persas nem sempre viram as coisas assim. O Islão poderá ter-lhes levado a verdade e os Árabes tê-los-ão libertado da servidão, mas uma civilização com centenas de anos de existência ficara reduzida a nada. Quatro séculos depois, o grande poeta persa Firdausi, autor do épico nacional iraniano, o *Shah-Namah* ou «Livro dos Reis», escreveu sobre a batalha:

> Maldito seja este mundo, maldita seja esta época, maldito seja
> este destino,
> Os incivilizados Árabes
> Fizeram de mim um muçulmano.
> Onde estão os teus valentes guerreiros e os teus sacerdotes,
> Onde estão as tuas caçadas e os teus feitos?
> Onde está aquele ar aguerrido e onde estão
> Aqueles grandes exércitos que destruíram os inimigos do nosso
> país?
> Considera a Pérsia uma ruína, uma toca
> De leões e leopardos. Vê e desespera.

De seguida, os Árabes incivilizados atravessaram o Eufrates e caíram sobre Ctesifonte. Os seus tesouros foram enviados a Omar, que sucedera a Abu Becre quando este morrera, em 634, e que terá colocado a coroa de Cosróis em exibição na Caaba, em Meca. Parecia iminente a conquista do mundo pelos muçulmanos. Os *hadiths*, provavelmente escritos nesta altura, estão repletos de certezas. «Irás certamente conquistar Constantinopla», diz um; «excelente aquele emir e o exército que a tomará». Noutro, o Profeta prediz não só a queda de Constantinopla, mas também a da própria Roma([19]).

O novo senhor do ex-Império Sassânida, o califa Omar, era um homem enorme que usava uma longa barba e trajava roupas toscas e simples, emulando o Profeta, e percorria as ruas de Medina com uma chibata com a qual zurzia quem encontrasse a transgredir a lei santa. Isto tornava-o respeitado mas não popular, e em 644 foi assassinado por um escravo persa que humilhara pessoalmente. Sucedeu-lhe Otman, membro da tribo dos Omíadas de Meca, e um dos genros de Maomé. Otman prosseguiu a expansão dos domínios árabes para oeste, até ao Egipto e à Líbia, para leste, até Khorasan, e para norte, no Cáucaso, até à moderna Tbilisi. No entanto, tinham começado a surgir fissuras naquilo que sempre fora uma ténue aliança mantida apenas pela força da convicção religiosa e do desejo de pilhagem. As famílias dos *Muhajirs*, os Mequenses que tinham emigrado para Medina, viam com crescente apreensão – e uma recém adquirida repulsa aristocrática – conversos mais recentes assumirem o poder nos territórios conquistados, enquanto os povos do coração do território árabe assistiam à deslocação do seu poder para norte, para as terras mais ricas e populosas da Síria e do Iraque.

Otman fora escolhido por um pequeno número de Coraixitas, o que se pareceu demasiado, em Medina, como uma tentativa de assalto ao poder por parte dos de Meca. Além disso, recaíam sobre ele suspeitas generalizadas de nepotismo, de favoritismo e de haver introduzido inovações nos ritos muçulmanos e na administração dos bens que eram contrários aos ditames do Alcorão e do *Hadith*. Entretanto, os soldados dos vitoriosos exércitos muçulmanos, agora recrutados em todo o mundo islâmico, eram obrigados a ver uma grande parte das riquezas que tinham conquistado no campo de batalha enriquecer os notáveis das remotas Meca e Medina.

A oposição a Otman começou a aumentar. Um dos líderes contestatários era Ali ibn Abi Talib, um dos primeiros conversos, primo de Maomé e marido de Fátima, sua filha, um óbvio candidato ao califado e que, segundo a maioria dos relatos, esperara impacientemente a sua oportunidade desde a morte do Profeta. Por fim, em 17 de Junho de 656, um grupo de soldados rebeldes de Medina e do Egipto, entre os quais se encontrava um filho de Abu Becre, assassinaram Otman quando ele estava sentado a ler o Alcorão. Ali instalou-se como califa em Kufa, no Iraque. Porém, o gover-

A Chegada do Islão

nador da Síria, Muawiya, que à semelhança de Otman também era omíada, congregou à sua volta, em Damasco, outro grupo de dissidentes. Em Maio de 660, declarou Ali indigno de governar e intitulou-se califa. Em Janeiro do ano seguinte, quando se preparava para marchar sobre Damasco, Ali foi apunhalado até à morte na mesquita de Kufa. Depois de persuadir al-Hasan, o filho de Ali, a abdicar das suas pretensões ao trono, Muawiya foi confirmado como único califa. Devido ao facto de, ao contrário de Otman, afirmar possuir um direito dinástico ao califado, Muawiya é geralmente considerado como o primeiro dos califas omíadas.

A maioria dos muçulmanos aceitou Muawiya como herdeiro de Maomé, mas não todos. O conflito entre Ali e Muawiya daria origem a uma divisão no seio do Islão, que ainda perdura. Os membros da esmagadora maioria que seguiu Muawiya tornaram-se *ahl al-sunna* – sunitas –, isto é, seguidores da *Suna* ou via do Profeta. Os que permaneceram leais a Ali estabeleceram um grupo religioso-político que viria a chamar-se Shiat Ali ou «Facção de Ali» – são os xiitas. O desentendimento entre xiitas e sunitas começou por se referir ao exercício do poder, não sendo uma discórdia religiosa. Contudo, em 681, em Karbala, no Iraque, o califa omíada Yazid I matou o último filho de Ali, al-Hussein, juntamente com todos os membros da sua família. A matança tornou-se um momento definidor da história xiita. Hussein foi representado como um mártir cujo sacrifício, de um modo similar ao de Jesus, abrira à humanidade o caminho do Paraíso, e o movimento que começara como um partido político converteu-se efectivamente numa seita religiosa.

O xiismo era muito apelativo para os muçulmanos não árabes – mas não exclusivamente. Maomé criara uma religião que pretendia ser, pelo menos em teoria, universal. Ao tornar-se muçulmano, o indivíduo adquiria um estatuto de igualdade com todos os outros muçulmanos. Mas na prática, e particularmente na prática administrativa e fiscal, o Islão dependia largamente – e continuou a depender, até ao colapso do califado omíada, em 750 – das alianças tribais árabes. Os muçulmanos não árabes, persas, arménios, egípcios e berberes, eram classificados como *mawali* – uma palavra originariamente usada para descrever um escravo libertado. Eram aludidos, muito pouco lisonjeiramente, como «despojos que Deus nos concedeu, juntamente com estas terras [as deles]», e tinham que pagar impostos não como se fossem muçulmanos, mas sim como seguidores de uma das «religiões protegidas». Os *mawali* viram no xiismo um meio de resistência às elites governantes, e a seita encontrou os seus mais dedicados

181

aderentes principalmente no Irão, no Norte de África berbere e no Egipto, onde um califado xiita rival foi estabelecido no Cairo, em 969.

Dado que, ao converterem-se, os *mawali* tinham levado inevitavelmente consigo algumas das suas tradições religiosas anteriores, o xiismo desenvolveu, com o tempo, algumas doutrinas muitíssimo pouco ortodoxas, que incorporaram elementos de crenças pré-islâmicas. Para os xiitas, apenas existe um governante legítimo do Islão, o imã, que é descendente directo de Ali pela filha do Profeta, Fátima. Só ele detém a capacidade de fornecer a interpretação definitiva do Alcorão e do *Hadith*, baseando-se não na sabedoria humana, mas na orientação milagrosa de Deus, chamada *ta'yid*. Isto introduziu no Islão uma noção totalmente ausente de todos os ensinamentos anteriores, a de que as escrituras reveladas possuíam um significado literal (*zahir*) mas também um significado oculto (*batin*). Devido a este poder único, conferido por Deus, o imã era considerado imaculado pelo pecado e infalível – o que o tornou muito semelhante a um pontífice. Com o passar dos séculos, houve naturalmente muito debate acerca de quem poderia ser esta pessoa. Mas quando a linhagem de Ali desapareceu definitivamente, no século IX, surgiu o conceito de um imã «ocluso» ou escondido. Segundo esta versão, o décimo segundo e menos plausível candidato, Muhammad al-Mahdi, que desapareceu em 874, com cinco anos de idade, não morreu. Foi escondido por Deus e aparecerá um dia, quando o mundo se tornar irremediavelmente corrupto, para conduzir os justos à vitória. Será o *mahdi* – o messias – o «Guiado», e é ele quem liderará o Islão na sua vitória final sobre a *dar al-Harb* (embora o conceito de *mahdi* seja comum aos dois ramos do Islão, possui um significado mais preciso para os xiitas do que para os sunitas).

Com a subida ao poder de Muawiya, o califado transferiu-se definitivamente da Península Arábica para a Síria e para o Iraque, e sofreu uma transformação radical. Com o tempo, os exércitos árabes originais foram substituídos por tropas regulares e multiétnicas. Os califas converteram-se nos monarcas do Próximo Oriente, derivando as práticas da corte e muitas outras coisas dos seus antecessores bizantinos e persas. As lealdades tribais foram lentamente substituídas por associações políticas, e começou a emergir um império, embora ainda algo desorganizado.

À semelhança das tribos godas que se tinham instalado no Império Romano do Ocidente e dos Mongóis na China, os Árabes viviam pouco à-vontade no seio das elevadas culturas dos mundos antigos que haviam invadido. Porém, ao contrário dos Godos e dos Mongóis, que levaram muito pouco consigo e que se conseguiram adaptar rapidamente aos seus novos ambientes culturais – os Godos foram romanizados e os Mongóis sinicizados –, os Árabes tinham chegado com uma religião e uma concepção de como o homem deveria viver a sua vida para agradar a Deus – e estavam resolvidos a impô-la, pela persuasão ou à força, ao mundo inteiro.

III

Com o califa Walid, que ascendeu ao poder em 705, os Árabes, depois de ultrapassarem os conflitos internos do meio século anterior, recomeçaram o seu avanço. Os exércitos omíadas atravessaram o Oxo e ocuparam Bukhara e Samarcanda, enquanto outra força árabe se apoderava da província indiana de Sind. Um grande número de tribos berberes do Norte de África converteu-se ao Islão, e a maior parte do Noroeste africano ficou sob domínio muçulmano. Mas a movimentação mais significativa para a história do relacionamento entre o Islão e a Cristandade foi a invasão da Península Ibérica.

Em 711, durante uma crise dinástica entre os governantes visigodos da Península, o general árabe Tariq ibn Ziyad, governador de Tânger, atravessou o estreito que separa o Norte de África da Europa e desembarcou com um exército no lugar que ficou conhecido por Jabal Tariq – «montanha de Tariq» – ou, como lhe chamaríamos hoje, Gibraltar. Avançou para o interior e, provavelmente perto do rio Guadalete, derrotou o exército visigodo e matou o último dos seus reis, Rodrigo. A resistência foi ligeira e ineficaz. Os bandos de servos e escravos fugitivos que povoavam os campos passaram-se para os invasores. Os judeus, que tinham sofrido uma grave perseguição em 616 e sabiam que viveriam muito melhor sob domínio muçulmano, entregaram a cidade de Toledo a Tariq. Tariq e a maioria dos seus homens eram berberes, e foram eles que se tornaram conhecidos na Europa por *mauri*, «Mouros». Este termo, originariamente aplicado a todos os habitantes do Norte de África e da África Ocidental, independentemente da religião ou da cor da pele, acabou por ser gradualmente utilizado para descrever apenas as populações muçulmanas, tornando possível uma confusa elisão entre «muçulmano», «turco», «mouro» e até «negro».

A invasão da Península Ibérica deixou o mundo cristão mediterrânico cercado por Estados muçulmanos. «A partir de então», escreveu, em 1935, o grande historiador belga Henri Pirenne, «passaram a existir nas costas do *Mare nostrum* duas civilizações diferentes e hostis. E embora o europeu tenha actualmente o asiático subjugado, não o assimilou. O mar que foi o centro do cristianismo tornou-se a sua fronteira»[20].

Diz a lenda que a invasão muçulmana da Península Ibérica foi engendrada por um certo «conde Julião», um cristão residente onde se situa hoje a delapidada cidade militar espanhola de Ceuta, na costa norte-africana. Julião parece ter sido um comandante de muito sucesso, que conseguiu preservar Ceuta de uma ocupação muçulmana até 700, ano em que, por razões obscuras, se passou para o inimigo. Reza a história que enviou a filha para ser educada na escola da corte em Toledo, a capital. O rei visigodo, Vitiza, o antecessor de Rodrigo – ou talvez mesmo o próprio Rodrigo, as opiniões divergem –, viu-a banhar-se num rio. Quando a virtuosa donzela resistiu aos seus avanços, ele, à boa maneira dos Godos, violou-a. Para se vingar, Julião, que conhecia a fraqueza das defesas visigóticas, foi ter com o governador do Norte de África muçulmano, Musa ibn Nusayr, e mostrou-lhe como poderia subjugar o reino. Esta história tornou-se favorita dos trovadores espanhóis dos séculos seguintes:

> Se dormes, Dom Rodrigo,
> por favor, acorda
> e verás o teu mau fado,
> o mau fim dos teus dias
> e verás as tuas gentes mortas
> e a tua batalha destroçada
> e as tuas vilas e cidades
> destruídas num dia:
> os teus castelos e fortalezas
> nas mãos de outro senhor.
> Se me perguntasses quem o fez,
> dir-te-ia facilmente:
> foi o conde Dom Julião,
> por amor a sua filha,
> porque a desonraste
> e era tudo o que ela tinha.
> Ele jurou
> que pagarás com a vida[21].

Esta história é quase certamente uma fantasia. Contudo, ajudou a explicar à perplexa população cristã que agora se via sob domínio muçulmano porque é que Deus a abandonara. Vitiza – e/ou Rodrigo – pecara e tivera a paga que merecera. Talvez fosse demasiado severo obrigar o povo a sofrer assim por causa de um capricho régio, mas o Deus cristão nunca fora um democrata. Os cronistas muçulmanos também apontam a luxúria de Vitiza ou Rodrigo, juntamente com a sua crueldade, impiedade e ganância, como causa principal do colapso dos Visigodos. Para os cristãos da península, a conquista muçulmana permaneceu, durante séculos, como um aviso do que Deus era capaz de infligir a uma população impenitente e pecaminosa. A Espanha, escreveu, em 1552, Bartolomé de Las Casas, o famoso «Defensor dos Índios», num protesto inflamado contra as depredações dos colonos espanhóis nas Américas, já tinha sido «destruída uma vez pelos Mouros... e agora ouvimos dizer a muitos, "Queira Deus que Ele não destrua [outra vez] a Espanha, pelos muitos males que nos dizem serem cometidos nas Índias»([22]).

Deus parecia efectivamente a favor dos «Mouros». Em 720, a maior parte da Península Ibérica estava nas mãos dos muçulmanos. O que restava do antigo reino visigótico retirou para as montanhas das regiões noroeste e nordeste da península, e para as marcas do Sul do império franco de Carlos Magno, e fragmentou-se em vários reinos. Decorridos apenas sete anos sobre a invasão de Tariq, teve início uma contra-ofensiva cristã, liderada por um antigo membro da guarda pessoal de Rodrigo, chamado Pelágio. Não deve ter conseguido grande coisa, e os relatos árabes dizem que o exército enviado para esmagar Pelágio, em lugar de ter sido derrotado, regressou simplesmente a casa, deixando os cristãos entregues às suas montanhas. «O que são trinta bárbaros empoleirados numa rocha?», pergunta um. «Estão condenados a morrer»([23]).

Mais uma vez, assim reza a história. Alguém chamado Pelágio existiu certamente, mas as suas realizações estão envoltas em ficções rebuscadas, datando a maioria delas do século X. Todavia, lentamente, durante os sete séculos seguintes, os descendentes dos «trinta bárbaros» empurrariam os «Mouros» para sul. Na história espanhola, esta migração foi, quase desde o início, referida como «Reconquista» – *la Reconquista*. Mas a maioria dos rótulos históricos são intencionalmente enganadores, e este não constitui excepção. Pressupõe que os cristãos eram os legítimos senhores da Península Ibérica, mas num mundo de incessantes conquistas e reconquistas, migrações e deportações, a posse não era definida por quem chegava primeiro, mas sim por quem conseguia manter-se no lugar durante mais tempo. Os Visigodos tinham desapossado os Romanos, os quais, por sua vez, tinham desapossado os antigos Iberos, que tinham desapossado sabe-se lá que bando errante, e assim sucessivamente, até aos primeiros hominídeos terem saído de África. Quando o reino nasrida de Granada foi finalmente eliminado pelos exércitos vitoriosos dos Reis Católicos, Fernando e Isabel, em 6 de Janeiro de 1492, as várias dinastias árabes que desde 720 tinham devastado o território hoje constituído por Espanha e Portugal haviam estado na posse da Península Ibérica por mais tempo do que os seus antecessores visigóticos. Durante mais de setecentos anos, a Península Ibérica islâmica, o chamado al-Andalus, foi parte tão integrante do *dar al-Islam* como a Síria ou a Pérsia.

O reino fundado, em 720, nas regiões montanhosas perto de Oviedo, tornou-se o reino cristão das Astúrias. No século seguinte, o seu rei, Afonso III, transferiu a capital para a cidade romana de Leão, e o reino tornou-se o Reino de Leão. No início do século ix, adquiriu um santo patrono muito importante. Uma manhã em que chovia torrencialmente, no litoral da moderna Galiza, um caixão de pedra deu à costa perto da cidade romana de Íria Flávia (hoje Padrón). Quando foi aberto, descobriu-se que continha o corpo do apóstolo São Tiago Maior, milagrosamente trazido de Jerusalém onde, séculos antes, o rei Herodes Agripa I lhe cortara pessoalmente a cabeça.

São Tiago tornou-se o santo patrono não tanto de Espanha (como é hoje) – a Espanha não existia –, mas da Reconquista. Na Batalha de Clavijo, em 844, o apóstolo apareceu no céu, montado num cavalo branco, e conduziu os cristãos ao combate, no qual se saíram vitoriosos. Adquiriu então o cognome de «Mata-mouros». É sempre representado montado, de espada em punho, com um mouro de turbante morrendo aterrorizado sob os cascos da sua montada. ¡*Santiago y cierra España!* – que se pode traduzir aproximadamente por «Santiago e vamos a eles, Espanha!» – tornou-se o grito de guerra dos exércitos crescentemente vitoriosos dos reinos cristãos, à medida que a Reconquista se deslocava inexoravelmente para sul. E em cada igreja reconquistada era pendurada das empenas uma cabeça de mouro de turbante, feita de cera e crina, feroz, de dentes arreganhados e hirsuta. Ainda lá se encontravam na década de 60, quando foram mandadas retirar pelo general Franco, que tentava restabelecer relações comerciais com o reino muçulmano de Marrocos.

A grande igreja de Santiago de Compostela, construída para albergar a relíquia, tornou-se um dos mais importantes locais de peregrinação de toda a

A Chegada do Islão

Cristandade. Em 996, Mansur, vizir do califa Hisham II, ciente da crescente importância de Santiago para a oposição cristã ao Islão, saqueou a cidade de Compostela mas as relíquias sagradas escaparam incólumes. Se o ataque se destinara a minar o poder emocional do «Mata-mouros», o tiro saiu pela culatra. Longe de provocar medo e desencanto, o saque suscitou indignação e fúria por todo o mundo cristão, que transformou Santiago, de um santo ibérico relativamente local, no símbolo da luta mundial contra o Islão.

Foi criada toda uma rede europeia de estradas, partindo da Alemanha, da Itália e de França, convergindo para os desfiladeiros dos Pirinéus, de onde o famoso Caminho de Santiago serpenteava, perigosamente perto da fronteira com o Islão, por Navarra, Castela, Leão e Astúrias, até Santiago. Ao longo destas estradas existiam pequenos santuários, hospedarias e fraternidades cuja missão era acolherem e cuidarem – e amiúde roubarem – os peregrinos. No século XII, o controlo do caminho foi assumido pelos monges da abadia beneditina de Cluny, na Borgonha, sob os auspícios do zeloso abade Odilão – que os seus inimigos conheciam por «rei Odilão» –, que enriqueceram enormemente. Devido a esta riqueza, Cluny tornou-se o centro de um renascimento da aquisição de conhecimentos cristã, a qual, talvez paradoxalmente, levaria a uma tentativa concertada para compreender (e refutar) o Islão nos seus próprios termos e à primeira tradução completa do Alcorão para latim.

A Península Ibérica não era apenas um campo de batalha permanente. Era também a fronteira final, o lugar, mais do que qualquer outro, onde se encontravam o Islão e a Cristandade, a Europa e a Ásia. No início da Idade Média, as fronteiras entre as religiões eram frequentemente tão porosas como as fronteiras entre as nações. Nos séculos em que a maior parte da península esteve sob domínio muçulmano, registou-se inevitavelmente um grande número de conversões ao Islão. Homens e mulheres também mudavam a sua fidelidade religiosa por amor, e os casamentos entre muçulmanos e cristãos não eram invulgares. Todavia, talvez devido à proximidade da Europa cristã, ou talvez porque menos muçulmanos migravam para a península do que para as regiões conquistadas do Oriente, o grosso da população ibérica manteve-se obstinadamente cristão[24].

Consequentemente, cristãos e muçulmanos hispânicos foram obrigados a encontrar um modo de coabitação ímpar no resto do mundo islâmico. Ficou conhecido pelo nome de *convivencia*. Em finais do século XIX, esta realidade foi muito gabada pelos historiadores nacionalistas espanhóis, que procuravam reapresentar a sua pátria como uma sociedade multi-cultural idealizada, muito antes do próprio termo ter sido inventado ou de alguém ter sentido a sua necessidade. Mas a *convivencia* não foi inteiramente criação de uma nostalgia romântica. As fronteiras culturais entre muçulmanos e cristãos eram ainda mais fluidas do que as religiosas e políticas. Existiu um tipo de poesia, conhecida por *Muwashashah*, escrita em espanhol mas com o alfabeto árabe e ocasionalmente hebraico, e a língua espanhola foi enriquecida com palavras árabes. Muitos cristãos hispânicos eram bilingues e estavam profundamente imersos na cultura árabe. «Muitos dos meus correligionários», lamentou-se, no século ix, um cristão cordovês chamado Álvaro,

> lêem a poesia e os contos dos Árabes, estudam os escritos dos teólogos e filósofos maometanos, não para os refutarem mas para aprenderem a exprimirem-se em árabe com maior correcção e elegância [...]. Entre milhares de nós, raramente se encontra um que consiga escrever aceitavelmente uma frase em latim a um amigo, mas são inúmeros aqueles que se conseguem expressar em árabe e compor poesia nessa língua com mais arte do que os próprios Árabes[25].

Os cristãos vestiam à árabe e adoptavam hábitos alimentares árabes. Usavam cosméticos árabes, adoptaram a falcoaria – um desporto originalmente árabe –, a equitação e a decoração de interiores árabes. E nalguns casos, até começaram a tomar banho regularmente. O nobre checo Leão de Rozmital, que em 1466 visitou o rei Henrique IV de Castela – conhecido por Henrique, o Impotente –, ficou chocado ao descobrir que até o rei «come, bebe, traja e adora à maneira pagã [muçulmana]», e quando Rozmital foi recebido na corte, «ele e a Rainha estavam sentados lado a lado, no chão»[26].

Durante quase três séculos, a vida quotidiana de cristãos e judeus na maior parte do al-Andalus foi relativamente fácil. Muitos moçárabes – cristãos que viviam sob domínio muçulmano – guindaram-se a posições de importância. Alguns até chegaram ao outro extremo do Mediterrâneo e encontraram emprego nas grandes cidades do califado. Em 723, um certo Vilibaldo, do reino anglo-saxónico de Wessex – muitíssimo distante do *dar al-Islam* – e líder de um grupo de peregrinos ingleses à Terra Santa, foi preso na Síria, acusado de ser um espião. Os cristãos foram atirados para a prisão, onde receberam a visita de um «homem de Espanha [...]

A Chegada do Islão

cujo irmão era o camareiro [presumivelmente o vizir] do rei dos sarracenos»([27]). Devido à intervenção do vizir, os cristãos foram libertados e autorizados a prosseguirem a sua peregrinação. Não sabemos quem eram os irmãos, mas dado que Vilibaldo se lhes refere simplesmente por «hispânicos», devem ter sido, pelo menos originalmente, cristãos. Se fossem judeus ou muçulmanos, ele tê-lo-ia referido. De acordo com os hábitos de nomeação dos cronistas medievais, só os cristãos tinham nações às quais podiam pertencer.

Os hispânicos de Vilibaldo não eram únicos, mas eram invulgares. Os moçárabes menos capazes e afortunados viviam sob um regime que consideravam estrangeiro, sacrílego e – assim esperavam – temporário. Sofriam, nem sempre em silêncio, e esperavam pela inevitável salvação. Em 953, um monge alemão chamado João, da abadia renana de Görz, integrou uma missão diplomática enviada por Otão I da Alemanha a Abd Rahman III, em Córdova, então capital do al-Andalus. Encontrou-se na cidade com um bispo hispânico, também chamado João, que lhe explicou as condições nas quais o seu rebanho era obrigado a viver. «Foi por causa dos nossos pecados», começou ele,

> que ficámos sujeitos ao domínio dos pagãos. As palavras do Apóstolo proíbem-nos de resistirmos ao poder civil. Apenas nos resta uma causa de consolo, a de que nas profundezas de tamanha calamidade não nos proíbem de praticarmos a nossa fé [...]. Por enquanto, mantemos a seguinte posição: desde que nenhum mal seja feito à nossa religião, obedecemos-lhes em tudo o mais, e cumprimos as suas ordens em tudo o que diz respeito à nossa fé.

João de Görz parece ter-se sentido insultado por esta demonstração de colaboracionismo. «Esses sentimentos seriam mais próprios na boca de outrem, não de um bispo», repreendeu ele o seu correligionário. «És um propagandista da fé», prosseguiu, «e o teu estatuto superior deveria obrigar-te a defendê-la». Cada vez mais exaltado, João acusou a comunidade moçárabe de praticar a circuncisão e de «rejeitar certos alimentos para manter boas relações com os muçulmanos». Porém, como implicava o lamento de João de Córdova, a injunção «dai a César» tornava a colaboração com o poder civil um dever moral. «Caso contrário», protestou ele timoratamente face ao arrebatado alemão, «não haveria como vivermos entre eles»([28]).

189

Na década de 50 do século IX, vários moçárabes, em busca do martírio, insultaram publicamente o Islão e foram prontamente executados. Ficaram conhecidos por «Mártires de Córdova» e foram celebrados em toda a Cristandade como testemunhas – que é o significado da palavra grega «mártir» – da verdadeira fé numa terra entregue às selvagens tiranias dos «sarracenos». Mas o principal bispo do al-Andaluz, Recafredo de Sevilha, denunciou estes martírios como falsos por terem sido provocados. Foi injuriado pelas suas censuras, mas tal como o bispo João ele era responsável pela sua congregação, e sabia que semelhantes demonstrações melodramáticas de piedade conduziriam inevitavelmente a uma crescente perseguição religiosa. Pelo menos para João, a *convivencia* era tanto uma opção como uma condição de sobrevivência.

Homens como João e Recafredo esperaram pacientemente que Deus lhes perdoasse pelos pecados cometidos, e pela inevitável e definitiva aniquilação do Islão. Na verdade, embora ninguém o soubesse na época, a conquista muçulmana da Cristandade chegara ao fim pouco depois da ocupação da Península Ibérica. Nos anais da Cristandade, o ponto de viragem foi marcado por duas célebres batalhas – uma no Oriente, a outra no Ocidente. Talvez nenhuma tenha sido tão decisiva nem significativa como gerações futuras vieram a acreditar, mas como todas as grandes vitórias ofereceram um sentimento de esperança a uma geração acossada e, com o tempo, uma visão vertiginosa do que poderia ter sido o futuro com um desfecho contrário.

Em Agosto de 717, o califa Solimão reuniu um enorme exército árabe, com cerca de 80 000 homens, e, apoiado por uma armada de 1800 navios, sitiou Constantinopla durante um ano inteiro. A esquadra foi impedida de entrar no Corno de Ouro por uma corrente que os defensores tinham suspenso à entrada. O exército não se saiu melhor, sofrendo pesadas baixas provocadas pelo «fogo grego», uma potente mistura de nafta, enxofre, petróleo e cal viva que formava uma massa gelatinosa flamejante e inextinguível que era lançada sobre o inimigo de um modo semelhante ao *napalm* de futuras guerras. Na Primavera de 718, o imperador bizantino Leão, o Isáurio, persuadiu o khan dos Búlgaros, Tervel, a atacar os Árabes pela retaguarda. No dia 15 de Agosto de 718, o sucessor de Solimão, Omar II, abandonou a campanha e regressou à Síria com o que restava do exército. Foi a maior derrota sofrida pelas forças do Islão até então, e pôs fim a quaisquer avanços em território bizantino até os Turcos otomanos começarem a deslocar-se da Anatólia para ocidente, no século XIII.

A Chegada do Islão

Catorze anos mais tarde, em 25 de Outubro de 732, um exército franco comandado por Carlos Martel, «Carlos, o Martelo», avô de Carlos Magno, infligiu uma derrota esmagadora aos Árabes na estrada entre Tours e Poitiers, a alguns quilómetros da confluência dos rios Vienne e Creuse, no centro da França. A Batalha de Poitiers foi menos significativa do que o proclamado pelos vencedores e pelos seus propagandistas francos e papais. Os cristãos não enfrentaram o gigantesco exército frequentemente referido nas narrativas ocidentais subsequentes. Os Árabes, sob o comando de Abd-ar-Rahman, governador do al-Andalus, embora tivessem conseguido derrotar um exército comandado pelo duque da Aquitânia e conquistado a cidade de Bordéus antes de enfrentarem as forças de Carlos Martel, não passavam de um grande grupo empenhado numa incursão cujo objectivo principal não era conquistar terreno mas sim pilhar o santuário fabulosamente rico de São Martinho de Tours. Ao descrever a batalha, o historiador medieval árabe 'Izz ad-Din Ibn al-Athir (1160-1233) diz que Abd-ar-Rahman «partiu numa *ghaza*» – uma razia – «à terra dos Francos», e embora registe efectivamente a derrota muçulmana não lhe atribui qualquer importância épica. A fronteira norte do Islão era a cidade de Narbona, a mais de 700 km a sul; mas até esta se encontrava no limite máximo da capacidade militar dos Mouros, e eles sabiam-no. Dizia-se inclusivamente que havia uma estátua na cidade com a inscrição: «Voltai para trás, filhos de Ismael, não podeis ir mais longe. Se me questionardes, responder-vos-ei, e se não voltais para trás, destruir-vos-eis uns aos outros até ao Dia da Ressurreição»([29]).

Mas independentemente do que de facto aconteceu naquele dia, na historiografia ocidental da luta contra o Islão a Batalha de Poitiers foi representada como outra Maratona. Afinal de contas, tratou-se de um grande confronto contra um exército muçulmano substancial, no qual os cristãos, habituados à derrota, tinham saído vencedores. Foi um momento que deu algum encorajamento a toda a Cristandade, razão pela qual, possivelmente, em meados do século VIII, um clérigo anónimo de Toledo descreveu os Francos vitoriosos como «europeus». Embora seja extremamente duvidoso que as tropas de Carlos Martel se tivessem identificado deste modo, às gerações posteriores pareceu evidente que Poitiers representou um momento na história do Ocidente no qual a Europa fora salva das forças do barbarismo, eternamente postadas para a engolirem. Eis, por exemplo, como a viu Edward Gibbon:

MUNDOS EM GUERRA

Uma linha de marcha vitoriosa estendera-se por mais de mil milhas, do Rochedo de Gibraltar às margens do Loire, e a repetição de idêntica extensão teria levado os sarracenos aos confins da Polónia e às Terras Altas da Escócia; o Reno não é mais inultrapassável do que o Nilo ou o Eufrates, e a esquadra árabe poderia ter entrado, sem travar um único combate naval, no estuário do Tamisa. Talvez a interpretação do Alcorão fosse hoje ensinada nas escolas de Oxford, cujos alunos demonstrariam a um papa circuncidado a santidade e a verdade da Revelação de Maomé.

«A Cristandade foi salva destas calamidades», prossegue Gibbon, «pelo génio e fortuna de um homem»([30]).

Mas Poitiers não pôs definitivamente termo às incursões árabes no Sul da Europa. Em 734, um exército árabe ocupou Avinhão e saqueou Arles. Três anos depois, outra *ghaza* resultou num ataque à Borgonha que rendeu uma enorme quantidade de escravos. Em 827, os Árabes invadiram a Sicília, onde permaneceriam até serem expulsos pelos normandos, em 1091. Durante algum tempo, mantiveram bases em Bari e Tarento, no Sul de Itália. Em 846, saquearam a Basílica de São Pedro, em Roma, e em 881 o grande mosteiro beneditino de Monte Cassino.

Mas apesar de tudo isto, os devaneios alternativos de Gibbon não eram totalmente fantasiosos. Depois de Poitiers, e não obstante as repetidas incursões sobre os portos de Itália e da Península Ibérica, nenhum exército muçulmano conseguiu estabelecer uma base permanente mais a norte do que Narbona, que foi inclusivamente recuperada à força pela sua população cristã, em 759, e entregue ao rei franco Pepino.

IV

Nos anos que se seguiram às derrotas em Constantinopla e Poitiers, o califado sofreu grandes mudanças. Durante o reinado do califa Marwan II, a crescente oposição aos Omíadas culminou numa revolução levada a cabo pelos descendentes de Abbas ibn Abd al-Muttalib, um dos tios do Profeta. Em 750, os exércitos de Marwan II foram finalmente derrotados no rio Grande Zab, e Abu' l-'Abbas, conhecido por «*as Saffah*», «o Sanguinário», foi proclamado califa pelo irmão, Dawud, do púlpito da mesquita de Kofa.

192

A Chegada do Islão

Os membros da nova dinastia tornaram-se conhecidos por Abássidas. A revolução que provocaram na sociedade árabe e muçulmana tem sido comparada às revoluções francesa e russa, e teve provavelmente consequências semelhantes. Os Abássidas subiram ao poder parcialmente auxiliados por forças persas, e com algum apoio dos xiitas. O homem que é considerado o fundador da dinastia, Muhammad ibn Ali, tio do Profeta e bisavô de al-Abbas, começara a enviar emissários ao Irão em 718, durante o reinado de Omar II, procurando construir uma oposição ao califado omíada entre aqueles que tinham mais razões para o odiarem. Os Abássidas também adoptaram os estandartes negros associados aos movimentos messiânicos persas, e até na China se tornaram conhecidos pelos homens «vestidos de negro».

As tribos árabes que tinham dominado a vida política durante o reinado dos Omíadas viram a sua importância diminuir. O poder passou a estar investido na pessoa do califa e nos seus favoritos, frequentemente indivíduos de origem humilde. Gradualmente, a distinção entre Árabes e não árabes deixou de ter importância. O Islão substituiu o arabismo como o verdadeiro sinal de identidade, e a *umma* lançou-se na sua carreira de comunidade mundial verdadeiramente universal.

Os Abássidas também transformaram a rede de alianças familiares e tribais numa poderosa monarquia absolutista. Modificaram a administração, copiando intencionalmente os Sassânidas. Criaram *diwans* (divãs) ou ministérios, e colocaram-nos sob o controlo supremo de um *wazir* (vizir), um cargo que parece ter sido inventado por eles e que se tornaria sumamente importante em todo o mundo muçulmano[31]. O exército passou a socorrer-se cada vez mais de escravos especialmente treinados, conhecidos por Mamelucos, na sua maioria Turcos da Ásia Central, uma inovação que teria consequências dramáticas e duradouras para muitas dinastias islâmicas, entre as quais a dos Turcos otomanos.

Mas o acto possivelmente mais significativo teve lugar em 750, quando o sucessor de as-Saffah, al-Mansur, transferiu a capital imperial da Síria para o Iraque. Doze anos mais tarde, edificou uma nova cidade, Bagdad, numa fértil planície, num ponto onde o Tigre e o Eufrates distam menos de 40 km entre si e estavam ligados por uma série de canais. O lugar situava-se exactamente no centro do Médio Oriente islâmico. Segundo o grande geógrafo al-Muqaddasi, as gentes locais disseram a al-Mansur que, ao escolher a sua cidade, ele ficaria num lugar onde «As caravanas virão pelo deserto, e chegar-te-á toda a espécie de bens da China, no mar, do país dos Gregos [o Império Bizantino], e de Mossul, junto ao Tigre»[32]. Bagdad

193

seria o que Constantinopla fora, uma nova capital imperial para assinalar a fundação de um novo Estado. Al-Mansur construiu uma cidadela real. De forma circular e conhecida por «Cidade da Paz», tornou-se a sede de uma corte luxuosa e sofisticada, e foi a base a partir da qual os Abássidas governaram um império que se estendia do Sul de Itália até às fronteiras da China e da Índia, até serem finalmente expulsos pelos Mongóis, em 1258.

Os Abássidas não se limitaram a transformar o Estado árabe; também criaram as condições para o grande florescimento da cultura muçulmana, que durou do IX ao XI séculos. De facto, foram os Abássidas que presidiram àquela que é consensualmente considerada, pelo menos no Ocidente, a grande era das realizações culturais islâmicas, estreitamente identificada com os reinados de al-Mansur (712-775), Harun-al Rashid (786-809) e al-Ma'mun (813-833).

Contudo, durante mais de meio milénio, continuou a existir um bastião omíada isolado. Em 755, o príncipe omíada Abd Rahman, fugindo à destruição da sua família, desembarcou em Almuñecar, na costa da Península Ibérica, com um exército de seguidores. Derrotou rapidamente o governador do al-Andalus, que reconhecera os Abássidas, e no ano seguinte entrou triunfalmente em Córdova. Com base na cidade, estabeleceu um emirato independente que, em 921, se tornou um califado rival, e que durou até 1031. Todavia, Abd al-Rahman II reorganizou o al-Andalus ao modelo abássida, e foram restabelecidas as ligações culturais e políticas entre a Península Ibérica e o califado oriental.

Com os primeiros Abássidas, as terras do *dar al-Islam* tornaram-se incomparavelmente mais sofisticadas, tolerantes, abertas e ricas em todos os aspectos da vida do que os rudes reinos cristãos do Ocidente. O mundo islâmico era um mundo de cidades e de comércio, da cultura urbana – em todos os sentidos – que as cidades inevitavelmente promovem. A Europa cristã, com poucas excepções – a maioria das quais em Itália –, era um mundo de aldeias e de vilas fortificadas às quais os cristãos chamavam «cidades», com uma economia predominantemente agrária. O antigo mundo romano, com a sua riqueza e a sua administração organizada, as suas estradas, as suas grandes vilas e os seus soldados protectores, desaparecera ou caíra em ruínas. Os hipocaustos e os aquedutos tinham sido quase todos danificados e deixados ao abandono. Os grandes edifícios romanos haviam-se convertido em pedreiras para a construção dos castelos toscos, sem aquecimento e sujos a partir dos quais uma nobreza de guerreiros analfabetos tiranizava os campos circundantes. O próprio império de Carlos Magno, que cobria uma grande parte de Itália, da França e das actuais Baixa Saxónia e Vestefália, nada era em tamanho quando comparado com os reinos governados pelo seu contemporâneo muçulmano, Harun-al Rashid. Na Europa carolíngia, muito pouco havia que se comparasse com os complexos sistemas administrativos que controlavam os domínios do califado, infinitamente mais extensos e muitíssimo mais dispersos. A capital imperial, Aachen ou Aix- -la-Chapelle, embora sumptuosa – para não dizer pomposa, pelos padrões ocidentais da época – era uma aldeola quando comparada com Bagdad ou Damasco.

Este período também foi de grande renascimento cultural na Península Ibérica. Com os seus governantes visigóticos, a península fora um reino francamente caótico, pobre e atrasado, muito distante da próspera província romana da Hispânia, local de nascimento de um imperador – Trajano – e dos antepassados de dois outros – Adriano e Marco Aurélio –, e lar de alguns dos maiores escritores de Roma, nomeadamente Séneca, Columela, Quintiliano e Marcial. «De tudo o que ela outrora possuiu», escreveu um antigo cronista, «manteve apenas o nome»[33].

Os Mouros alteraram tudo isto. Reconstruíram as grandes cidades de Málaga, Córdova, Granada e Sevilha, proporcionando-lhes águas correntes e adornando-as com sumptuosos palácios e jardins. Introduziram a irrigação científica e várias novas espécies de cultivo, incluindo os citrinos – as famosas laranjas de Sevilha –, o algodão e a cana-de-açúcar. O al-Andalus foi a principal fonte de açúcar para grande parte da Europa até à extinção da Espanha muçulmana, em 1492. Criaram indústrias têxteis em Córdova, Málaga e Almeria, de cerâmica em Málaga e Valência, de armamento em Córdova e em Toledo – onde pobres imitações do «aço de Toledo», damasquinado e dourado, ainda são produzidas para o mercado turístico. Produzia-se couro em Córdova, tapetes em Beza e Calcena, e papel – que os Árabes levaram da China para a Europa, no século VIII – em Játiva e Valência. Em finais do século X, quando se encontrava no seu apogeu, o emirato muçulmano do al-Andalus, com a sua capital em Córdoba, era o Estado mais próspero, estável, rico e culto da Europa.

No entanto, o mundo do Islão, este vasto e extenso conglomerado, unido pela religião e – pelo menos nas classes clericais – pela língua, quase não se interessava pelos habitantes do *dar al-harb* ocidental e conhecia-os muito mal. Esse reino apenas existia em sofrimento, enquanto esperava o dia em que seria finalmente incorporado no Islão. O que unia os Árabes aos iranianos, Berberes, Fulanis, Senegaleses da África Ocidental e inúmeros povos através do globo não era a cultura, a língua ou um entendimento mais amorfo de «civilização». Era a reverência pela palavra de Deus, transmitida pelo seu profeta.

Esta realidade tinha algumas implicações. Os muçulmanos possuíam muito pouco acesso linguístico directo ao que designavam frequentemente por «terra dos Francos». O conhecimento de outras línguas que não o árabe, o persa e posteriormente o turco, as línguas oficiais do *dar al-Islam*, era considerado desnecessário e talvez até ímpio. Uma tradução da Bíblia em árabe, efectuada por um muçulmano, teria sido algo de impensável. Até ao século XVIII, nenhum erudito muçulmano demonstrou o mínimo interesse por qualquer língua europeia, e não existia nada que igualasse o inexorável crescimento, no Ocidente, do que viria a ser chamado «Estudos Orientais» ou as cadeiras de árabe criadas em Oxford, Cambridge, Paris e Leiden, nos séculos XVI e XVII, nem nada minimamente comparável à tradução da Bíblia para árabe, latim e castelhano realizada por João de Segóvia, no século XV (embora seja forçoso admitir que esta obra notável suscitou aparentemente tão pouco interesse nos professores da Universidade de Salamanca, aos quais foi confiada, que eles a perderam e nunca mais foi encontrada). Os contactos que tinham lugar entre muçulmanos e «Francos» confinavam-se maioritariamente à diplomacia e ao comércio, e socorriam-se de intermediários não muçulmanos que sabiam falar árabe ou de uma calão pan-mediterrânico composto por fragmentos de português e italiano, liberalmente misturados com o árabe, conhecido por língua franca – a «fala dos Francos».

Quando um embaixador da rainha franca Berta da Toscânia chegou a Bagdad, em 906, levando uma carta escrita em latim que aparentemente propunha um matrimónio entre Berta e o califa, ninguém na corte a conseguiu ler. Nem sequer conseguiram identificar o alfabeto em que estava escrita. Segundo um contemporâneo árabe, fora elaborada «numa escrita semelhante à grega, mas mais direita». Por fim, um franco que trabalhava numa loja de vestuário foi levado ao califa, al-Mutawakkil. «Leu a carta e escreveu-a no alfabeto grego. De seguida, foi chamado Hunayn ibn Ishaq, que a traduziu do grego para árabe»([34]). Este relato tem obviamente algo de errado. Como é que a *transcrição* de um texto latino para grego ajudaria um homem como Hunayn ibn Ishaq, um cristão de Jundayshapur e tradutor de Hipócrates e Galeno, que sabia grego mas não latim, a traduzi-lo para árabe? E como é que um franco conhecia os alfabetos latino e grego? Mas uma coisa que este relato deixa clara é que, para os califas de Bagdad, o

A Chegada do Islão

Ocidente latino era possivelmente mais remoto do que a China[35] (escusado será dizer, o califa recusou a proposta de casamento de Berta, mas desconhece-se a forma como lhe foi transmitida a recusa).

Os Francos eram reconhecidos como uma raça valente e frequentemente selvagem, com poucas noções de higiene pessoal. «Os fraguis», escreveu, no século XVII, um muçulmano do Sul da Ásia, seriam um grande povo «se não tivessem três defeitos: primeiro, são cafres – isto é, um povo infiel(*) –; em segundo lugar, comem carne de porco; finalmente, não lavam as partes através das quais a natureza farta expele o supérfluo da barriga do corpo»[36]. Quanto às terras de onde vinham estes «Francos», a atitude do geógrafo Ibn Hawkal, no século X, foi típica e continuaria a sê-lo durante séculos. A «terra dos francos», disse ele, era uma boa fonte de escravos. Nada mais havia a dizer sobre ela[37].

Mas existiu uma notável excepção a esta indiferença generalizada face aos produtos e povos do Ocidente – ainda que, como tantas outras excepções, tenha acabado por confirmar a regra. Os estudiosos muçulmanos não se interessavam pela cultura do Ocidente, e ainda menos pela filosofia dos cristãos, pela sua teologia ou por qualquer outra ciência que eles pudessem possuir – e que não era muita. Mas tal como os seus homólogos cristãos, foram atraídos pelo imenso poder intelectual do antigo mundo grego. Era certamente um mundo pagão mas antecedia o Islão, o que o tornava muitíssimo menos tóxico, e muito poucos escritos gregos ou, pelo menos, nenhum daqueles a que os Árabes tiveram acesso, tratavam directamente de assuntos religiosos. Tal como aconteceu no Ocidente, os escritos dos antigos foram sondados em busca do acesso privilegiado que proporcionavam ao funcionamento da natureza. O aparente argumento de Aristóteles a favor da existência de Deus, o de que todo o movimento deve ter a sua origem num «ser que se move sem ser movido», adequava-se tão bem ao espírito teológico muçulmano como ao cristão.

Durante os reinados de al-Mansur (712-775), Harun-al Rashid (786--809) e al-Ma'mun (813-833), a tradução de textos em grego, siríaco e copta tornou-se respeitável e foi até patrocinada pelo próprio califa (ainda que os tradutores fossem maioritariamente cristãos). E al-Ma'mun estabeleceu uma escola de tradutores em Bagdad, dotada de pessoal próprio e de uma biblioteca. Os califas enviaram estudiosos à procura de manuscritos a lugares distantes, incluindo a própria Bizâncio, e várias obras apenas nos

---

(*) Do árabe *kaffir*, «infiel», com o sentido de «pagão». (*N. do T.*)

são conhecidas nas suas versões árabes realizadas neste período. A maioria das obras escolhidas era de carácter científico ou filosófico, principalmente os escritos de Platão e Aristóteles, juntamente com alguns estudos herméticos, gnósticos e neoplatónicos sobre medicina, astronomia e astrologia, alquimia, química, física e matemática.

Esta actividade deu origem a toda uma escola de filósofos, juristas e médicos helenizantes, na sua maioria persas: o médico e alquimista al--Razi, conhecido no Ocidente por «Rhazes»; o cirurgião Abdul Qasim Al--Zahravi, conhecido por «Albucasis»; o matemático e astrónomo Muhammad ibn Mūsā al-Khwarizmi, que tem uma cratera com o seu nome na Lua; o astrónomo Thabit ibn-Kurra; al-Kindi, o único árabe entre eles, e Abu Nasr al-Farabi, que tentou não só reconciliar o Islão com a filosofia grega, mas também Platão com Aristóteles, e transformou a noção platónica do «filósofo-rei» no «imã-filósofo» que combina, na sua pessoa, a perfeição da religião e da «vida contemplativa». Para al-Farabi, a perspectiva grega de que a «felicidade» (ou aquilo a que os Gregos chamavam *eudaimonia*) só poderia ser alcançada vivendo-se num tipo específico de comunidade – neste caso, a *polis*, a cidade-estado grega, fora de cujas fronteiras, na célebre frase de Aristóteles, viviam «feras e heróis» – tinha um paralelo exacto na afirmação muçulmana de que a salvação só podia ser encontrada na *umma* do Profeta([38]) (os cristãos estabeleceram um paralelo semelhante na Igreja).

O maior de todos – e certamente o mais variado nos seus interesses e realizações – foi possivelmente Muhammad ibn Ahmad al-Biruni, médico, astrónomo, matemático, físico, químico, geógrafo e historiador, que em 1018, recorrendo a instrumentos da sua criação, calculou o raio e a circunferência da terra, com uma variação de entre 15 km e 200 km relativamente às estimativas de hoje. Depois de 1022, viajou até à Índia com os exércitos de Mahmud, o soberano afegão de Ghazna. Aprendeu sânscrito e escreveu um tratado, o *Livro da Índia*, o qual, sem se perder de amores pelo politeísmo hindu, não deixa de oferecer uma visão simpática da cultura e, em particular, da filosofia indianas.

No entanto, o mais conhecido no Ocidente foi Ibn Sina, chamado «Avicena». Era iraniano e nasceu em Bukhara, em 980. Tentou sintetizar o aristotelismo, o platonismo e o neoplatonismo numa obra apropriadamente intitulada *Kitab ash-Shifa* ou «Livro da Cura». Todavia, o seu contributo mais duradouro, chamado *al-Qanun* ou *Cânone*, foi um vasto tratado sobre medicina que reuniu todos os conhecimentos médicos do mundo antigo

A Chegada do Islão

então disponíveis, de Aristóteles, Hipócrates e Galeno, enriquecendo-os a partir de outras fontes, em especial as farmacologias persa e hindu. Esta obra tornou-se não apenas uma referência para todos os médicos árabes, mas também foi generalizadamente usada nas faculdades de medicina da Europa cristã até ser substituída, no século XVII, por uma abordagem mais experimental.

A Península Ibérica também teve os seus juristas, teólogos e filósofos, cujas obras eram conhecidas e respeitadas no Ocidente. Ibn Tufayl, chamado «Abubacer», foi autor de uma novela filosófica que se tornou uma das fontes de Daniel Defoe para *Robinson Crusoe*([39]). Ibn Bajja, conhecido por «Avempace», desenvolveu uma visão do homem virtuoso como um indivíduo solitário, separado do mundo inevitavelmente desvirtuoso e imperfeito no qual está destinado a viver, uma filosofia corporizada, no Ocidente, pela vida monástica. Mas o maior dos filósofos hispânicos, e seguramente o mais influente de todos os helenistas muçulmanos, foi Abu al-Walid Muhammad ibn Rushd ou, como lhe chamavam os seus leitores latinos, «Averróis». Nasceu em Córdoba, em 1126. Os seus comentários a Aristóteles eram tão prezados no mundo cristão que ele se tornou conhecido simplesmente por «O Filósofo», e é assim que surge, espreitando por cima do ombro de Aristóteles, no grande fresco de Rafael, conhecido por «A Escola de Atenas», na Capela Sistina, em Roma. Dante encontrou para ele e Avicena um lugar no Inferno, mas deu-lhes um lugar relativamente confortável no segundo círculo, em boa companhia, com o próprio Aristóteles como «mestre dos que sabem», Sócrates, Platão, Cícero e Séneca, entre outros, todos eles «pagãos virtuosos» e que pertenciam ao Inferno não por serem culpados de qualquer pecado, mas por não terem sido baptizados. E assim, porque «antes do Evangelho viveram, não serviram Deus».

> Por estes defeitos
> E nenhum outro mal nos perdemos,
> Vivendo em desgraça
> Desejando sem esperança([40]).

Mas Dante não diz o que faziam dois muçulmanos nesta companhia.

Os comentários de Averróis, em particular sobre a *Física*, a *Metafísica*, *Sobre o Céu* e *Sobre a Alma*, obras que constituem a base das ciências naturais e humanas gregas, permaneceram um componente central dos currículos universitários europeus até ao fim do século XVI. Entre 1230 e

199

1600, Averróis, juntamente com o próprio Aristóteles, foi o responsável pela introdução do racionalismo filosófico no Ocidente cristão. O seu tratado *Fasl Al-Maqal* (*Discurso decisivo sobre a harmonia entre a religião e a filosofia*), desencadeou uma controvérsia que envolveu uma figura tão importante como São Tomás Aquino, «Príncipe dos Teólogos» e «Doutor da Igreja Universal». Segundo Averróis, a filosofia – ele refere-se à lógica silogística – era recomendada e até exigida pela lei divina, dado que o homem tinha a obrigação de «conhecer, pela demonstração, Deus e todas as coisas às quais Ele deu existência»[41]. A filosofia era um dos três modos de o fazer, sendo os restantes a dialéctica e a retórica. Cada homem deve escolher o seu, pois tal como diz o Alcorão (16.125), «Chama à senda do teu Senhor com a sabedoria e a bela exortação. Discute com eles aquilo que é mais formoso». Somente aqueles que Averróis descreve depreciativamente como «o pequeno número de literalistas tacanhos» negam esta realidade, e podem ser facilmente «refutados pelas perguntas mais unívocas a partir da escritura revelada»[42].

A reacção dos muçulmanos mais ortodoxos – e não apenas dos «literalistas tacanhos» – ao recurso à razão secular foi variada. O impacto dos escritos de al-Kindi, al-Farabi e Ibn Sina foi profundo e duradouro, mas a resposta de muitos teólogos foi desconfiada e até mesmo hostil (verificou-se uma reacção semelhante quando Aquino se virou para Aristóteles; os teólogos tendem a desconfiar da inovação, particularmente quando esta provém de fontes seculares ou pagãs). O ataque mais potente e célebre aos filósofos partiu de Abu Hamed al-Ghazali (1058-1111) – conhecido por «Algazel» no Ocidente –, cuja obra *Tahafut al-falasifa* (*A Incoerência dos Filósofos*) denuncia os escritos dos antigos como «incoerentes» por serem contrários à sabedoria revelada de Deus, fonte de toda a verdade. Aqueles a quem chama «os Filósofos», e que são o seu alvo principal, limitam o conhecimento de Deus a generalidades que constituem uma negação da imagem corânica (e bíblica) de um Deus que conhece e cuida de todos os seres da Sua criação. O intelecto humano não pode ter acesso directo ao verdadeiro conhecimento sem a orientação divina dos profetas. A perspectiva de Ghazali teve o condão de reforçar o dogma face ao que muitos consideravam um desafio puramente humano às injunções divinas – a alcunha pela qual Ghazali era conhecido, «Prova do Islão», era bem merecida. Mas deve dizer-se que ele chegou às suas conclusões devido a um profundo cepticismo em relação às fontes de todo o conhecimento humano, que era ele próprio filosófico e de origem – mas não de inspiração – grega, o mes-

A Chegada do Islão

mo cepticismo que, no século XVII, levaria muitos europeus a abandonarem totalmente a ideia de um mundo controlado por um deus.

Esta «Renascença Árabe» foi indubitavelmente poderosa, pelo menos quando vista do Ocidente, mas não durou muito tempo. Perdurou quase meio milénio e contribuiu duradouramente para o pensamento islâmico subsequente – as suas obras ainda eram citadas «e injuriadas» no século XX –, mas terminou em finais do século XII. Averróis não foi apenas o maior dos eruditos árabes muçulmanos, e talvez o mais influente de todos os filósofos muçulmanos; foi também o último. Quando morreu, em 1198, exilado em Marrocos, vítima de uma guerra contra a «filosofia» e seus praticantes em todo o mundo islâmico, a «Renascença Árabe» morreu com ele.

Para muitos autores posteriores, dentro e fora do mundo islâmico, particularmente depois do patente declínio do poder muçulmano, nos séculos XVIII e XIX, esta explosão de criatividade filosófica, legal e científica também colocou algumas questões difíceis. Se a sociedade muçulmana fora capaz de criar e sustentar uma cultura que, na época, ultrapassara tudo o que a Europa tinha para oferecer, porque é que não continuara a desenvolver-se? Como é que o Ocidente conseguira ultrapassá-la? E talvez mais perturbadoramente, depois de se ter guindado a tamanhos píncaros intelectuais, não poderia voltar a fazê-lo? Por outras palavras, não seria um pouco precipitado considerar a cultura muçulmana – como tantos faziam no Ocidente – totalmente incapaz de modernização?

Um dos que pretendeu ter a resposta foi o grande teólogo, historiador e polemista francês Ernest Renan. Em Março de 1883, no salão nobre da Sorbonne, em Paris, Renan deu uma palestra subordinada ao tema «O Islão e a Ciência». Renan pretendia mostrar que não apenas o Islão, mas todas as religiões monoteístas, eram incompatíveis com os avanços da ciência moderna. Todavia, o mundo nominalmente cristão fizera grandes progressos, enquanto que ninguém que tivesse viajado pelo «Oriente» ou por África poderia deixar de se espantar com o atraso, a decadência e a «nulidade intelectual» de todos aqueles que «derivam exclusivamente a sua cultura e educação desta religião» – isto é, do Islão.

A explicação avançada por Renan para as imensas distâncias que separavam as duas herdeiras do judaísmo é hoje bastante conhecida: a diferença entre o Islão e o cristianismo não está na natureza das suas respectivas crenças, mas no facto de o Islão, ao contrário do cristianismo, se ter conseguido assenhorear de toda a vida civil e política. «O Islão», declarou Renan, «é a união indiscernível do espiritual com o temporal. É o reino do dogma,

201

o fardo mais pesado que a humanidade jamais carregou.» Uma espécie de «círculo de aço» oprime a cabeça do verdadeiro crente, «tornando-o totalmente fechado à ciência, incapaz de aprender seja o que for ou de se abrir a qualquer ideia nova».

Somente nas nações islâmicas e nos Estados Papais tem a religião exercido «tamanho domínio sobre a vida civil». Mas enquanto que nos Estados Papais esta realidade oprimira apenas um número muito pequeno de pessoas, o Islão tem oprimido «vastas porções do globo, nas quais vem mantendo a ideia que mais se opõe ao progresso: um Estado fundado com base numa suposta revelação, a teologia governando a sociedade». A teologia cristã só conseguira esmagar o espírito humano num país, a Espanha, onde «um terrível sistema de opressão eliminou o espírito da ciência» (mas não há que recear, acrescentou ele profeticamente, «esse nobre país» não tardará a vingar-se). Mas o Islão esmagou o «espírito moderno» em todos os países que conquistou.

Como explicamos então a chamada «Renascença Árabe»? A resposta de Renan foi simples. Se, disse ele, acompanharmos «século a século a civilização do Oriente», de 775 até meados do século XIII, o que iremos descobrir? Descobriremos que a «superioridade momentânea» desfrutada pelo mundo árabe foi uma ilusão, que nada deveu aos Árabes e que aconteceu não por causa do Islão mas apesar do Islão. Observemos de perto, argumentou ele, e toda a «Renascença Islâmica» desaparecerá. Os primeiros Árabes, declarou Renan, tinham sido poetas e guerreiros, homens simples cuja religião os impedia de empreenderem qualquer espécie de inquérito racional.

Os Beduínos, «os mais literários dos homens», também são os menos dados à reflexão. Ao contrário da crença popular, o califa Omar não incendiou a célebre biblioteca de Alexandria, que desapareceu muito antes de ele chegar ao Egipto, em 642. Mas se tivesse podido incendiá-la, não teria certamente hesitado. Tudo o que ele representava, tudo o que ele ajudara a disseminar pelo mundo conhecido, era «destrutivo para a pesquisa académica e para os variados labores da mente». Mas apesar de simplórios, estes guerreiros primitivos também eram relativamente tolerantes, ou pelo menos demasiado desorganizados para conseguirem provocar muitas desgraças. Todavia, na «segunda idade», quando o Islão caiu sob o domínio das raças tártaras e berberes, «opressivas, brutais e desalmadas», um reinado de «dogma absoluto» apoderou-se de um sistema que, «nas suas injustiças persistentes e perseguições injustas, só foi ultrapassado pela Inquisição espanhola»[43].

202

A Chegada do Islão

Depois, em 750, a Pérsia sassânida caíra perante os exércitos da recém inaugurada Dinastia Abássida, e o centro do Islão trasladara-se para as margens do Tigre e do Eufrates, onde fora domesticado pelo que restava da grande cultura da corte dos imperadores sassânidas, em particular do último grande rei zoroastrista, Cosróis II. Quando a filosofia fora «corrida de Constantinopla», Cosróis dera-lhe um lar na Pérsia. Mandara traduzir livros do sânscrito, e as suas realizações tinham, em grande parte, sido sustentadas por refugiados cristãos, particularmente nestorianos. A cidade de Harran, na Síria, antigo lugar de culto a Sin, a deusa-lua, e conhecida por «Cidade pagã» pelos Pais da Igreja, conseguira, mesmo durante o reinado dos imperadores cristãos, manter os seus costumes pagãos – mas não exactamente o seu paganismo –, tendo assim «preservado toda a tradição científica da Antiguidade grega».

Os califas abássidas, que se tinham rodeado de conselheiros e soldados persas, haviam dado origem a um revivalismo parcial das glórias de Cosróis II. «Os seus conselheiros mais íntimos, os tutores dos seus príncipes», afirmou Renan, «e os seus principais ministros eram oriundos dos Barmécidas, uma família persa iluminada que se manteve fiel ao culto nacional do zoroastrismo e apenas se converteu ao Islão tardiamente e sem convicção». (Nada disto parece ser verdade. Khalid al-Barmaki, um dos primeiros vizires abássidas, era um islamizado oriundo da Ásia Central e a sua família fora budista e não zoroastrista.) Na interpretação de Renan, a Bagdad abássida torna-se uma sociedade mista, e embora fosse de língua árabe e de confissão muçulmana era uma cultura sustentada por parsis e cristãos. Na opinião de Renan, os grandes califas da época de Carlos Magno – al-Mansur, Harun-al-Rashid e al-Ma'mun – «nem sequer eram muçulmanos. Praticavam a religião da qual eram os líderes, os papas, por assim dizer, mas o seu espírito estava noutro lado». E nem sequer eram Árabes, mas «uma espécie de Sassânidas ressuscitados». Por vezes, para apaziguarem os seus súbditos mais puritanos, estes homens eram obrigados a agir como os bons muçulmanos deviam ser, ferozes, intolerantes e irreflectidos. Alguns amigos ímpios e livres pensadores eram sacrificados aos fiéis, e depois «o califa chamava novamente o seu conselheiro e os seus companheiros de prazer e a vida despreocupada recomeçava». Na perspectiva de Renan, só isto poderia explicar um texto como *As mil e uma noites*, essa «bizarra mistura de rigor oficial e laxismo secreto». Sob a égide destes homens florescera uma cultura que, no século XII, se estendia de Bagdad a Córdova.

As obras de Galeno, Aristóteles, Euclides e Ptolomeu haviam sido traduzidas para árabe. Homens como al-Kindi tinham começado a especular sobre os «problemas eternos que os indivíduos se colocam sem nunca conseguirem resolver». Por outras palavras, tinham começado a filosofar, algo que nenhum verdadeiro muçulmano – para o qual não podia existir um problema que não tivesse resposta no Alcorão – jamais poderia fazer. E dois homens, Alfarabi e Avicena, «poderiam ser colocados ao nível dos maiores pensadores de sempre».

Toda esta actividade fora chamada árabe por ter sido escrita em árabe, e por ter sido escrita em árabe partira-se do princípio de que, em certa medida, também era muçulmana. Mas na verdade era «greco-sassânida»; os seus criadores eram nominalmente muçulmanos, cristãos e judeus mas, tal como todos os verdadeiras realizações intelectuais, estava totalmente intocada por qualquer convicção religiosa[44]. Fora um clarão momentâneo numa noite sem fim. Não se repetiria. Com a morte de Averróis, «a filosofia árabe perdeu o seu último representante, e o triunfo do Alcorão sobre o pensamento livre ficou garantido, no mínimo, para os seiscentos anos seguintes»[45]. «O maior serviço que podemos prestar aos muçulmanos», concluiu Renan, sob uma tremenda ovação, «é libertá-los do Islão». O renascimento científico europeu fora criado em oposição ao cristianismo. A modernidade, para alguma vez chegar ao Oriente, teria similarmente de surgir em oposição ao Islão. As religiões – todas – deviam ser tratadas como diferentes «manifestações do espírito humano». Mas nunca se devia deixar os seus seguidores apoderarem-se do controlo da sociedade civil. No seu feroz ataque aos efeitos negativos não apenas do Islão mas de todas as religiões reveladas sobre o progresso da razão, Renan foi, como sempre, polémico. Mas em relação a este último ponto, não estava muito enganado.

Apesar de finalmente eliminadas no mundo islâmico, as obras dos grandes eruditos muçulmanos contribuíram duradouramente para a ciência cristã ocidental. A obra dos tradutores de Bagdad, declarou o tradutor inglês Daniel de Morley, constituía os novos «despojos dos Egípcios», tal como tinham sido para Moisés os tesouros materiais dos faraós que os judeus haviam levado ao fugirem através do Mar Vermelho. «Assim», escreveu ele, «em conformidade com as ordens do Senhor e com a Sua ajuda [...] despojemos estes infiéis para que possamos enriquecer a nossa fé»[46].

E despojaram-nos. No século XI, os textos que haviam sido traduzidos do grego e do siríaco para árabe começaram a ser traduzidos do árabe para latim, juntamente com as obras dos helenistas árabes mais apelativas para as sensibilidades cristãs, nomeadamente as de Avicena, al-Kindi e al--Farabi, bem como os escritos de Averróis sobre medicina.

Deve dizer-se que o processo de tradução foi muito errático, com os textos a serem traduzidos do grego para siríaco – um dialecto do aramaico –, do siríaco para árabe, depois do árabe para espanhol e finalmente do espanhol para latim. Mas apesar destas traduções «a quatro» serem atabalhoadas e frequentemente hilariantes, tiveram o mérito de disponibilizarem no Ocidente uma grande número de fontes clássicas desconhecidas, da autoria de Aristóteles, Galeno, Ptolomeu e outros.

E também levaram outros estudiosos, nos séculos seguintes, a tentarem as suas próprias traduções directamente do grego. Quando morreu, em 1286, o dominicano flamengo Wilhelm von Moerbecke deixou o essencial da obra de Aristóteles disponível em traduções relativamente fiáveis, realizadas a partir dos originais gregos. Foi a versão de Moerbecke da *Ética a Nicómaco*, *Política* e *Os Económicos* de Aristóteles (embora esta última obra se tenha revelado não ser da autoria de Aristóteles) que São Tomás Aquino utilizou para transformar integralmente a paisagem teológica e filosófica da Europa. As actividades científicas, literárias e filosóficas dos eruditos ocidentais nos séculos XII e XIII culminariam na tentativa de traduzir e editar tudo o que se conseguisse recuperar dos escritos científicos, filosóficos e literários do mundo antigo. E foi isto que lançou as bases para o Renascimento dos séculos XV e XVI.

V

Enquanto que a resposta muçulmana à existência da Cristandade era de ignorância e indiferença, a resposta ocidental e cristã à ascensão do Islão foi inicialmente de pânico. O medo, a curiosidade e a repugnância marcariam a maior parte dos contactos da Europa com os vários povos islâmicos, primeiro os Árabes e depois os Mongóis, os Turcos otomanos, os Safávidas no Irão e os Mongóis na Índia, até começarem a dar sinais de fraqueza e decadência, no século XVIII. Da perspectiva do século XXI, talvez seja difícil imaginar uma época em que as sociedades daquilo a que chamamos Ocidente não estavam em ascendência. Todavia, durante quase mil anos, a maioria dos europeus, mesmo em lugares tão remotos como a Inglaterra, não podiam estar absolutamente seguros de que,

MUNDOS EM GUERRA

se não eles então os seus filhos ou netos, não seriam um dia obrigados a viver sob domínio muçulmano. Para Gibbon, a sua visão de minaretes em Oxford era uma fantasia especulativa. No entanto, para os seus antepassados – não muito distantes – fora fortuitamente uma potencial realidade.

No princípio, os ocidentais cristãos não compreenderam quem eram exactamente aqueles bárbaros intrometidos. Nunca lhes chamavam Árabes mas sim ismaelitas, isto é, descendentes de Ismael, um dos filhos de Abraão, «um selvagem», segundo o Livro do Génesis, «a sua mão erguer--se-á contra todos, a mão de todos erguer-se-á contra ele». Mais frequentemente, eram os «sarracenos», que se acreditava serem descendentes de Sara, uma das mulheres de Abraão. Mas independentemente da linhagem que lhes fosse atribuída, eram sempre párias, o flagelo bíblico do mundo civilizado. «Nada pode ser mais terrível», escreveu, em Alexandria, entre 634 e 640, Máximo, o Confessor,(*) do que «uma nação bárbara do deserto subjugar outra terra como se fosse sua, vermos a nossa civilização devastada por feras selvagens e indomáveis que de humano apenas têm a forma»([47]).

O Islão era igualmente desconcertante. Algumas das histórias que corriam as tabernas e os mosteiros na Alta Idade Média europeia eram delirantes. Maomé era um deus ou, melhor ainda, um deus num panteão que por vezes até incluía o Alcorão. Os seus associados mais próximos chamavam-se Jupin, Apollon e Tervagant, corrupções de nomes de divindades clássicas. No entendimento do diácono Nicolau, Maomé era o fundador dos nicolaítas, uma seita obscura condenada por São João no *Livro da Revelação* e que, segundo Santo Irineu, levavam «vidas de incontida indulgência»([48]). Segundo outro relato, ele era um cardeal descontente que, tendo sido preterido para papa, fundara a sua própria religião no deserto([49]).

Estas histórias persistiram até ao século XII. No entanto, lentamente, com o avanço das fronteiras do Islão para ocidente e o aumento da frequência dos contactos directos entre cristãos e muçulmanos, foi-se tornando disponível mais informação. Rapidamente se tornou claro que os muçulmanos, tal com os cristãos, acreditavam num só deus; muito provavelmente, acreditavam no mesmo deus. De facto, a sua divindade parecia possuir algumas das características do deus do Antigo Testamento.

(*) São Máximo, monge, teólogo e erudito cristão. (*N. do T.*)

206

A CHEGADA DO ISLÃO

Alá era um guerreiro, um deus ciumento, vingativo e censório. Mas Jeová também. E Alá era igualmente «beneficente e misericordioso», tal como o deus do Novo Testamento. Não havia aqui nenhuma diferença de grande significado teológico. Os muçulmanos também reconheciam os patriarcas, os profetas e os reis do Antigo Testamento. Reconheciam Jesus, ou Isa, como o último dos profetas antes de Maomé, e veneravam a sua Mãe, Maria, à qual é dedicada a totalidade da décima nona *sura* do Alcorão. Pelo menos para alguns, as similaridades entre as duas fés pareciam indicar a possibilidade de uma reconciliação. Em 1076, o papa Gregório VII escreveu ao governante muçulmano da Argélia, al-Nasir, dizendo,

> Existe uma caridade que devemos uns aos outros, mais do que a outros povos, porque reconhecemos e confessamos um só Deus, ainda que de modos diferentes, e louvamo-Lo e adoramo-Lo diariamente como criador e soberano do mundo[50].

O papa tinha motivos próprios para procurar um entendimento com al-Nasir, razões que se prendiam menos com artigos de fé do que com o desejo de proteger as cada vez mais reduzidas comunidades cristãs do Norte de África que ainda aceitavam a sua soberania. Contudo, era manifesto que em relação à compreensão da natureza da divindade o que contava era a unicidade de Deus, e o Seu papel como único criador e fonte única de toda a autoridade. Quanto a isto, o cristianismo e o Islão estavam de acordo. Onde diferiam claramente era em relação às doutrinas cristãs centrais. Aos olhos dos muçulmanos, a Trindade – Deus, Pai e Espírito Santo, distintos mas indivisíveis – assemelhava-se, com alguma justificação, ao politeísmo, ofuscado e dissimulado pelos apologistas cristãos. A Incarnação queria dizer que os cristãos tinham transformado o seu Profeta num deus, e a Ressurreição era um acontecimento que nunca ocorrera. Jesus não era o Cristo e nunca fora crucificado (a ideia de um deus sofredor, ou até de um filho de deus sofredor, é completamente estranha ao Islão – aliás, à maioria das religiões; os deuses não sentem a dor, infligem-na). Jesus nem sequer morrera. Fora levado directamente para o Céu (os dois campos estão de acordo neste ponto). Consequentemente, não necessitava de ser ressuscitado.

Os cristãos tinham problemas semelhantes com o que entendiam ser a crença dos muçulmanos. Mas dado que no Islão não existem «mistérios»,

MUNDOS EM GUERRA

e porque conseguiam reconhecer mais facilmente a sua própria divindade na adorada pelos muçulmanos do que o contrário, os cristãos apontaram as suas baterias ao Profeta. No princípio, o Islão pareceu ser pouco mais do que uma nova heresia. Maomé era apenas mais um falso profeta, com semelhanças com Mani (com quem tinha efectivamente muito em comum), e que, na opinião de São João Damasceno, Doutor da Igreja e último dos Pais gregos, «depois de casualmente exposto ao Antigo e ao Novo Testamentos, e de ter supostamente conhecido um monge ariano, criou a sua própria heresia»([51]).

Muitos dos relatos subsequentes acerca do Islão e do seu fundador eram deste tipo, parte mal-entendido, parte distorção e – por exemplo, na afirmação de São João de que um muçulmano pode ter «quatro mulheres e mil concubinas, se puder, tantas quantas conseguir sustentar além das quatro mulheres» – parte simples descrição tornada grotesca por comparação com os costumes cristãos, considerados normas ordenadas por Deus para toda a humanidade([52]).

A primeira tentativa para compreender a substância e não o mito do Islão foi possivelmente a primeira tradução completa do Alcorão para latim. Em 1142, Pedro, o Venerável, abade do mosteiro beneditino de Cluny, partiu em visita de inspecção das várias fundações cluniacenses ao longo do caminho dos peregrinos, entre Paris e Santiago, e viajou algum tempo com a corte de Afonso VII, rei de Leão e Castela. Durante a viagem, parece ter-se apercebido, pela primeira vez, da presença do Islão e, talvez mais preocupantemente, do fascínio que a cultura árabe parecia exercer sobre muitos clérigos espanhóis. Consequentemente, decidiu iniciar uma guerra, não de armas, que se havia revelado manifestamente infrutífera, mas de palavras. «Contactei», recordou ele mais tarde, «especialistas na língua árabe, de onde provém o veneno letal que infectou mais de metade do mundo e persuadiu as suas gentes [...] a traduzirem do árabe para latim a origem, vida, ensinamentos e leis daquela maldita alma [Maomé] que se chama Alcorão»([53]). Um ano mais tarde, um inglês chamado Robert de Ketton completou a sua tradução do Alcorão. Dados os objectivos do seu patrono, o seu labor não foi propriamente desinteressado. Ketton declarou que a obra era prova da excelência e santidade do cristianismo, e para justificar a sua afirmação dotou-a de um comentário que repetia muitas das piores invenções de autores anteriores (e ficou, praticamente sem ser lida, na grande biblioteca de Cluny, até ser redescoberta e publicada, no século XVI).

A imagem que os tradutores e comentadores de Pedro – e seus sucessores – criaram do Islão foi a de uma heresia, na verdade, a da maior das heresias. «Mesmo que enumerássemos todas as heresias que surgiram do Espírito Diabólico durante mil e cem anos, desde o tempo de Cristo», disse Pedro a São Bernardo de Clairvaux – que foi parcialmente responsável pelo lançamento da Segunda Cruzada –, «e as colocássemos todas numa balança, não conseguiriam igualar esta»([54]). Apesar de o Islão ser claramente maléfico, aos olhos dos cristãos, do ponto de vista teológico, pouco mais era do que uma variante particularmente virulenta do arianismo, que fora condenada e, ao que se esperara, aniquilada pelo Concílio de Niceia, em 325.

Maomé era claramente um falso profeta. «Os sinais de um verdadeiro profeta», escreveu Pedro de Alfonso, um converso judeu do século XI, «são a probidade, a realização de verdadeiros milagres e uma verdade constante em todos os seus ditos»([55]). Maomé podia ser obviamente considerado falho nas três matérias. Não realizara nenhum milagre, pela simples e lógica razão de, ao contrário de Cristo, nunca ter afirmado ser capaz de os realizar. Mas para a maioria dos cristãos isto foi tido como prova, da boca do próprio Maomé, de que ele era um impostor. Maomé era o auto-nomeado «Selo dos Profetas», sucessor de Moisés e Jesus, e maior do que ambos. Mas Moisés e Jesus tinham recebido de Deus o poder de realizarem milagres. Porque não o recebera Maomé? Aos olhos dos cristãos, os milagres que os muçulmanos excessivamente devotos tinham atribuído ao seu profeta, não obstante a sua negação da capacidade de realizar milagres – um boi falante, uma figueira que se prostrava e aparecia quando o Profeta a chamava, a lua que se dividia em duas e se voltava a unir, uma perna de borrego envenenada que avisara Maomé para não a comer – eram, não surpreendentemente, simplesmente ridículos. Quanto ao Alcorão, não passava de uma fabricação, uma paródia da Bíblia, repleta de fábulas grotescas e absurdas – São João Damasceno chamara-lhes «contos inúteis, dignos de chacota» – e era mais do que óbvio que não continha nada que fosse verdade.

Mas o alvo preferencial dos ataques cristãos mais violentos era sempre a vida de Maomé. Dado aceitarem Jesus como um verdadeiro profeta, os muçulmanos limitavam os seus comentários negativos sobre o cristianismo às tentativas cristãs para transformar um simples homem numa divindade. Mas os cristãos não estavam sujeitos a essas restrições quando se tratava de descreverem Maomé. Ali estava, ao que parecia, um arrivista de baixo nascimento, um impostor e uma fraude, que fabricara profecias incríveis e monstruosas para promover os seus fins, sempre ignóbeis e frequentemente repulsivos, maioritariamente políticos e sexuais. Era a vida sexual de Maomé, em particular, e a não condenação dos prazeres do sexo pelos muçulmanos – pelo menos para os homens – que mais fascinava e agitava os polemistas cristãos. Maomé era um «adúltero desavergonhado», «lascivo», «fétido» e «insaciável», que «ardia com um ardor libidinoso acima de todos os outros», um mulherengo instável e descontrolado, que inventara muitas das leis do «seu Alcorão» simplesmente para sancionar o seu próprio comportamento libertino([56]).

A história mais popular acerca das alegadas tendências sexuais de Maomé, que os polemistas cristãos contaram repetidamente, em versões cada vez mais refinadas, era a do seu casamento com Zaynab bint Jahsh depois de ela se ter divorciado de Zayd ibn Haritha. Zayd ibn Haritha era filho adoptivo de Maomé. Dizia-se da sua mulher, Zaynab, que era a mais bela da terra. Assim que Maomé lhe pôs a vista em cima, foi tomado de incontrolável paixão. Consequentemente, foi ter com Zayd e disse-lhe, «Deus ordenou-me (que te dissesse) que deves divorciar-te da tua mulher». Zayd, que era um homem obediente e crente, divorciou-se prontamente.

Maomé regressou alguns dias mais tarde. Agora, anunciou ele, «Deus ordenou-me que a tomasse». E tomou-a. «E depois ela costumava ir triunfalmente junto das mulheres de Maomé e dizia-lhes, "Fostes dadas ao Mensageiro de Deus como mulheres pelos vossos amigos na terra, mas Deus casou-me nos Céus como o Mensageiro de Deus"». Segundo São João, com base nesta pequena escapadela, Maomé saiu-se com a lei do *muhallil* ou repúdio, que na tradução cristã autorizava qualquer homem a divorciar-se quando bem entendesse, bastando para isso renunciá-la duas vezes([57]).

Algum tempo depois de ter conquistado Zaynab – assim rezava a história –, o Mensageiro de Deus foi apanhado em flagrante por outra das suas mulheres, chamada Hafsah, com uma mulher chamada Maria, a Copta. Não foi a sua infidelidade – um conceito sem o mínimo significado numa sociedade poligâmica – que a incomodou, mas sim o facto de Maomé ter sido apanhado em sua casa, na cama de ambos e em flagrante. Para a apaziguar, Maomé jurou nunca mais se «deitar» com Maria. Mas depois, «contra esta promessa e juramento, deitou-se outra vez com Maria, e disse no seu Alcorão, *Deus concedeu aos muçulmanos satisfação*

A Chegada do Islão

pelos seus juramentos, isto é, se os muçulmanos fizerem um juramento e depois quiserem ir contra ele, podem fazê-lo sem expiação, sem darem satisfação». Não contente com fazer uso da sua falsa reputação de profeta para seduzir a mulher de outro homem, Maomé transformara o matrimónio numa mera questão de conveniência ao permitir que os maridos repudiassem as mulheres a seu bel-prazer, e para cúmulo afirmara que a mentira e a hipocrisia eram direitos que ele e os seus seguidores tinham recebido de Deus.

Os seus detractores cristãos, que não eram dados a ironias subtis nem à contenção verbal, sugeriram que, não obstante toda aquela promiscuidade, havia mais do que um indício de que Maomé era efeminado. «Maomé trajava de púrpura e usava óleos perfumados», alegou São Pedro Pascal, «para cheirar bem, e pintava os lábios e os olhos, como costumam fazer os líderes dos Mouros e muitos outros de ambos os sexos». Obviamente, Deus não podia ter confiado a sua palavra a um indivíduo daqueles.

Tudo isto não passava de uma paródia. Sabia-o certamente pelo menos São João, que tal como Ibn Mansur vivera uma grande parte da sua vida adulta como servo leal do califa de Damasco, tendo-se depois retirado para o mosteiro de São Sabas, nas terras desoladas entre Jerusalém e o Mar Morto([58]). Mas esta visão do Islão teria uma vida longa e poderosa. A luta entre os virtuosos paladinos da Cristandade e as hordas monstruosas dos sarracenos tornou-se um tópico popular na literatura sacra e secular da Europa medieval.

A Cristandade surgia ameaçada, numericamente inferior e frequentemente fraca, mas sempre virtuosa, nobre e justa, enfrentando em incessante conflito o mundo do Islão, poderoso mas corrupto e monstruoso. Um dos exemplos mais coloridos é o grande poema épico francês do século XI, *A Canção de Rolando*, que pegou num recontro relativamente menor, em 778, quando um grupo de bascos isolou a retaguarda do exército de Carlos Magno no desfiladeiro de Roncesvales, nos Pirinéus – um combate entre cristãos – e o transformou numa luta titânica entre o cristianismo e o Islão. Nesta versão, o «almirante» da Babilónia, que é mais velho do que Homero ou Virgílio, reúne um exército de todos os cantos do Oriente, da Hungria à África. Os invasores muçulmanos adoram a já familiar tríade de ídolos, «Mahumet, Apollin e Tervagent», cuja imagem adorna as bandeiras que os «sarracenos» levam para o combate. Escusado será dizer, estas divindades revelam-se impotentes face ao vitorioso exército cristão. Rolando morre heroicamente – mas não sem antes cortar a mão direita do rei sarraceno «Marsile» –, e a sua morte imaginária merece-lhe de Dante um lugar no Paraíso. Mas mesmo sem ele, Carlos Magno, o da *barbe fleurie*(*), já com 200 anos de idade, auxiliado pelo anjo Gabriel, repele os muçulmanos para Saragoça.

A *Canção de Rolando* é um exercício manifesto de chauvinismo cristão, um autêntico texto cruzado – mesmo que tenha sido escrito antes da pregação da Primeira Cruzada, em 1095. Mas mesmo nesta representação extrema da luta entre Deus e o Mal nem tudo é como poderíamos esperar. Mesmo aqui, existem muçulmanos bons, bons no sentido em que aderem a noções ocidentais de valor e cavalaria. «Meu Deus, que Cavaleiro», exclama o poeta acerca de um deles, «é pena não ser cristão!»([59])

E a *Canção de Rolando* não está sozinha na sua ambivalência. Houve muitos que, sem nunca perderem de vista o seu dever cristão de levarem a verdade aos hereges muçulmanos, não se pouparam a esforços para conseguirem um entendimento entre as duas religiões. Um dos mais notáveis foi o maiorquino Ramón Lull (1232-1315), polímato, cavaleiro, poeta, novelista místico, um viajante incansável e intrépido, e autor de mais de 2000 escritos de vários tipos. Estabeleceu um colégio para formar missionários destinados ao Islão, e em 1311, no Concílio de Vienne, persuadiu o papado a criar escolas em Paris, Oxford, Bolonha e Salamanca para ensinar não apenas a língua árabe mas também, e com a mínima polémica possível, a história, a teologia e a filosofia islâmicas. Porém, Lull acabou vítima das suas insistentes tentativas de concretizar as suas convicções. Convencido de que um público muçulmano respeitável ouviria a sua defesa do cristianismo, foi lapidado na Tunísia, em 1315.

Em muitos aspectos, Lull, com a sua insistência na possibilidade de um intercâmbio de opiniões civilizado entre as duas fés, com o seu apelo a que «quando orarmos, lembremo-nos dos pagãos [referia-se aos muçulmanos], que são do nosso sangue», foi uma excepção nascida numa sociedade de fronteira. Mas não foi único. Um século mais tarde, o grande humanista alemão Nicolau de Cusa escreveu uma obra intitulada *Cribatio Alcorani* – «Crivo do Alcorão». Incumbido da sua tarefa pelo papa Nicolau II para apoiar uma nova cruzada, Nicolau de Cusa, para alarme do papa, argumentou que se o Alcorão fosse interpretado correctamente

---

(*) Na versão em francês antigo, datada de cerca de 1090, lê-se, no verso LXXVII, 970, «Carles li velz a la barbe flurie». Não há consenso quanto ao significado da expressão, sendo avançadas hipóteses como «barba branca» ou «barba bem fornecida». (*N. do T.*)

A CHEGADA DO ISLÃO

– ou seja, «crivado» –, tornar-se-ia claro que, nos aspectos mais importantes, era compatível com os ensinamentos do cristianismo. Nicolau de Cusa é hoje mais conhecido pelo seu conceito de «douta ignorância», o argumento de que todo o conhecimento humano só pode ser aproximado ou conjectural, e pela sua convicção de que existem forçosamente no universo outros planetas com seres humanos. Talvez por causa da amplitude da sua visão e de uma vontade óbvia para acreditar não apenas na pluralidade dos mundos mas também na sua eventual compatibilidade, ele estava mais inclinado do que a maioria dos cristãos a ver algum mérito no outro grande desvio do judaísmo.

Embora Ramón Lull e Nicolau de Cusa possam ter sido excepcionais na distância que estavam preparados para percorrer nas suas tentativas de reconciliação do Islão com o cristianismo, as suas opiniões foram respostas explicadas por uma longa exposição ao Islão e ao omnipresente medo do avanço das conquistas muçulmanas. Foram necessárias repetidas derrotas em combate para imprimir nas mentes – pelo menos, nas dos cultos – que o Islão talvez fosse muito mais do que uma seita perversa e quase cómica, e que embora a miscelânea popular da *Canção de Rolando* pudesse ser de grande entretenimento e útil para levantar o ânimo de uma população desmoralizada, a sobrevivência – pelo menos – exigia uma melhor compreensão do que era verdadeiramente o Islão, e do que inspirava os seus aderentes a realizarem feitos aparentemente tão irresistíveis. Séculos mais tarde, seriam igualmente as derrotas em combate que obrigariam finalmente os altivos muçulmanos a olharem para ocidente e fazerem uma avaliação mais equilibrada dos até então desprezados «Francos».

Foram também estes os anos em que, na Península Ibérica e posteriormente no Mediterrâneo e no Norte de África, se começou a alterar o equilíbrio de poder entre muçulmanos e cristãos. Em 1031, o califado de Córdova desmoronou-se e o al-Andalus fragmentou-se numa série de pequenos reinos taifa – ou «partido» –, muito menos aptos a resistirem ao avanço cristão.

Em 1085, Afonso de Leão e Castela, aliado ao emir de Sevilha, cuja filha era sua concubina, conquistou a grande cidade de Toledo. Foi uma vitória de enorme significado. Toledo não era apenas a maior e mais poderosa das taifas, fora também a capital da península visigótica. Afonso intitulou-se «imperador de Toledo», «imperador de Espanha» e, pelos menos segundo as fontes muçulmanas, «imperador das duas religiões». Lentamente, sofrendo inúmeros reveses, mas inexoravelmente, os cristãos avançaram para sul. Um ano após a conquista de Toledo, cavaleiros normandos apoderaram-se de al-Mhadiyya, no Norte de África, e em 1091 expulsaram os Árabes da Sicília. Em 1118, Saragoça caiu perante os exércitos de Afonso I de Aragão. Em 1147, forças cristãs conquistaram Lisboa e Almeria, e no ano seguinte, Tortosa e Lérida. Em 1212, uma força combinada de Espanhóis, Franceses e templários, oficialmente designada cruzada pelo papa Inocêncio III, destruiu um grande exército muçulmano na planície de Navas de Tolosa, cerca de 60 km a norte de Jaén, na Andaluzia. A batalha assinalou praticamente o fim do poder muçulmano na região, e com a conquista de Córdova, em 1236, e de Sevilha, em 1248, a maior parte da Península Ibérica ficou na posse dos cristãos.

Mas os muçulmanos ainda se apegavam a um bastião no Ocidente, grande, próspero e culturalmente esplêndido: o reino nasrida de Granada, um triângulo no Sul de Espanha que ia de Gibraltar, a oeste, a Cartagena, a leste. A sua capital, a «Cidade da Romã»(*), com os seus jardins suspensos e as suas fontes, o vasto complexo palaciano conhecido por Alhambra, as suas mesquitas e as suas cúpulas douradas, era uma das mais deslumbrantes capitais da Europa. Mas também ela cairia perante um exército cristão, no dia 2 de Janeiro de 1492, liderado por Fernando e Isabel, os Reis Católicos dos reinos unidos de Castela e Aragão, adequadamente trajados para a ocasião à maneira dos Mouros.

A conquista de Granada passou a ser considerada um ponto de viragem na luta entre o cristianismo e o Islão, o momento em que o Islão foi finalmente repelido para o outro lado daquilo que, durante séculos, se assemelhara a uma espécie de fronteira natural da Europa. Assim pareceu a conquista de Granada aos contemporâneos, e a máquina de propaganda eclesiástica dos Reis Católicos garantiu que assim continuaria a ser até ao século XIX. Contudo, na verdade, a última batalha significativa da Reconquista fora travada em 1212, e há mais de um século que Granada era tributária de Espanha. Os Nasridas, facciosos e decadentes, não constituíam uma ameaça séria para ninguém. As campanhas ao longo das fronteiras entre os dois reinos eram eventos regulares, até porque era do interesse de ambos os lados disporem de um campo de batalha para onde enviarem os seus jovens mais aguerridos e quezilentos. Tal como observou perspicazmente Maquiavel, aquelas guerras intermitentes faziam-nos sentirem-se

---

(*) «Granada» em espanhol. (N. do T.)

importantes. E Granada proporcionou à rainha Isabel, celebremente gulosa, um inesgotável abastecimento de açúcar.

Entre 1474 e 1479, Fernando e Isabel tinham travado uma longa e desgastante guerra civil para garantirem a sucessão de Isabel à coroa castelhana, e agora necessitavam desesperadamente de terras para recompensarem e continuarem a garantir a lealdade dos seus apoiantes. Também necessitavam de uma imagem, de um evento que pudesse ser apresentado como momentoso, para darem à sua frágil aliança dinástica a legitimidade de que carecia. Isabel era uma cristã devota, um modelo de frugalidade – excepto no que dizia respeito ao açúcar –, que terá remendado um gibão do marido não menos de sete vezes, e imposto um código de vestuário sóbrio à indulgente corte castelhana. Mas também era uma mulher de grande perspicácia, que compreendia totalmente o potencial coesivo da conformidade religiosa. Todas as fontes indicam que Fernando, além de muito menos devoto, era um político matreiro, manipulador e astuto. Maquiavel, que o observara pessoalmente de muito perto, descreve-o em *O Príncipe* como «sempre a pregar a paz e a boa fé, quando não tem o mínimo respeito por nenhuma delas»[60]. Mas Fernando sabia tão bem como Maquiavel o potencial lucro político a retirar da imposição da ortodoxia religiosa. Consequentemente, a Espanha tornar-se-ia pura. As antigas ideologias da *convivencia*, apesar de negligenciadas na prática, seriam postas de lado.

Após a conquista da cidade, foi concedido ao último rei muçulmano, Abu Abd-Allah Muhammad XII, que os cristãos conheciam por Boabdil, e a todos os que lhe permaneceram leais, um exílio – que se veio a verificar temporário – nas montanhas das Alpujarras, e pouco depois foram definitivamente expulsos de uma Espanha cristã unida (os judeus que recusaram converter-se foram imediatamente expulsos). Os propagandistas de Fernando trataram de o representar como um homem providencial, escolhido por Deus para assestar o golpe de misericórdia às forças do Islão no Ocidente e restaurar a verdadeira religião ao seu lugar de direito.

Uma pessoa que testemunhou o acontecimento e absorveu toda a propaganda foi um navegador genovês inspirado mas sem emprego, de meia idade e cabelo grisalho, chamado Cristóvão Colombo. Conforme recordaria mais tarde, ele viu «a bandeira real de Vossa Alteza, hasteada pela força das armas nas torres do Alhambra», e tomou-o como um sinal de que a sua própria grande empresa, levar uma frota cristã para ocidente, até «às terras da Índia e de um príncipe chamado Grande Khan [...] ver os príncipes, povos e terras e a sua disposição e tudo o mais e o que deve ser feito para sua conversão à nossa santa fé», alcançaria finalmente, pela mão de Isabel, o sucesso que merecia[61].

A queda de Granada foi tema popular de poemas e peças até ao século XVIII. Foi saudada como compensação pela queda do reino latino de Jerusalém, em 1187, e pela subsequente perda de quase toda a Cristandade oriental. Mas embora a conquista da cidade marcasse o fim formal do domínio muçulmano em Espanha, a própria Reconquista, como reconheceram muçulmanos e cristãos contemporâneos, fora muito mais do que uma luta para reaver a Península Ibérica. Na verdade, fora apenas uma fase de uma guerra mais prolongada entre o Islão e o cristianismo, travada não apenas na Europa e no Mediterrâneo, mas muito mais a leste, em Constantinopla e na própria Jerusalém. Era a *Jihad* cristã – as Cruzadas.

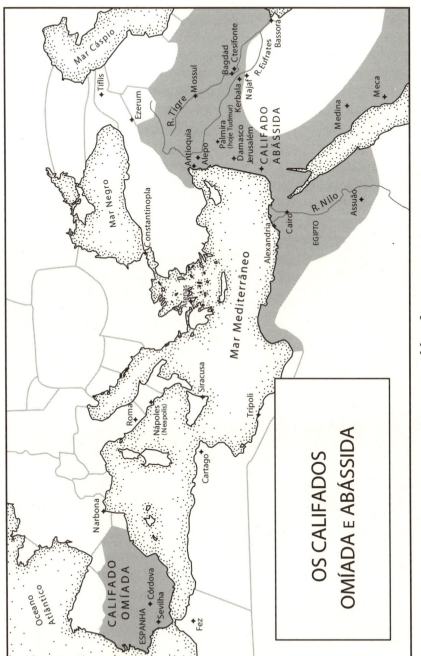

Mapa 3

Capítulo 6

Casas da Guerra

I

No dia 17 de Novembro de 1095, o papa Urbano II, sentado num trono sobre uma plataforma instalada num campo junto à cidade de Notre Dame du Pont, em França, falou para uma enorme multidão de bispos, cavaleiros e populares. Apelou à criação de um exército para ir ao Oriente libertar – uma palavra que usou muitas vezes – as igrejas e lugares santos do cristianismo, que tinham caído nas mãos dos pagãos. Não seria uma guerra normal, disse ele. Seria uma «peregrinação», uma «vocação», seria «levar a cruz»; por outras palavras, uma Cruzada.

Urbano foi arrebatador e eloquente([1]). Mal acabou de falar, Ademar de Monteil, bispo de le Puy, avançou, prostrou-se perante o pontífice e jurou levar a cruz a Jerusalém. A multidão emitiu um clamor de aprovação. Instados pelo clero, os presentes começaram a entoar as palavras hoje ignominiosas *Deus hoc vult* – «Deus assim o quer» –, que se tornariam para sempre o grito de guerra dos cruzados. Um cardeal caiu tremulamente de joelhos e começou a conduzir a multidão na recitação do *Confiteor*. As gentes alistaram-se aos magotes.

Após este sucesso, Urbano iniciou uma digressão triunfal, percorrendo o Sul de França em todos os sentidos, pregando a cruzada. Àqueles com quem não se avistou pessoalmente, enviou uma infindável série de cartas. «No seu frenesim», escreveu ele aos cavaleiros da Flandres, instando-os a

MUNDOS EM GUERRA

participarem na cruzada, «os bárbaros invadiram e devastaram as igrejas de Deus nas regiões orientais. Pior ainda, apoderaram-se da Cidade Santa de Cristo, adornada pela sua paixão e redenção, e – é blasfémia dizê-lo – venderam a urbe e as suas igrejas para uma abominável escravatura»([2]).

Os papas já tinham proclamado Cruzadas muitas vezes, mas nunca antes um papa declarara uma guerra santa, uma guerra conhecida por *via Dei* – «A Via de Deus» –, uma guerra em nome de Cristo, uma guerra cujos exércitos seriam os «exércitos do Senhor» e cujos guerreiros seriam os «cavaleiros de Cristo» – *milites Christi*([3]). Nunca antes um papa deixara bem claro que a participação numa guerra seria considerada um acto meritório. Urbano chamou-lhe *recta oblatio* – a justa oblação –, um acto de devoção que contribuiria para a salvação da alma de quem participasse([4]). Todo o soldado seria um peregrino que jurara «matar por amor a Deus», e levaria uma cruz costurada ao peito, uma alusão ao apelo de Cristo, «se alguém quiser vir comigo, renuncie a si mesmo, tome a sua cruz e siga-me» – agora dotado de um significado indubitavelmente estranho ao que Cristo pretendera dizer([5]). Como nunca fizera antes, a Igreja virou as costas à mensagem de Deus no sentido de se perdoar aos inimigos e «oferecer a outra face».

Pela primeira vez na história, um povo europeu embarcava numa guerra santa oficialmente santificada. Em alguns aspectos, era o equivalente exacto da *Jihad*. Em outros, não. Os cruzados combatiam para recuperaram terras que, na perspectiva da Igreja, já eram parte integrante do mundo cristão. Ao contrário dos guerreiros da *Jihad*, não estavam empenhados na conquista e conversão do mundo inteiro. Mas relativamente ao seu sentido de missão e à sua convicção de que estavam a realizar a obra de Deus, as diferenças eram insignificantes. A Cristandade nunca tivera guerreiros santos. Apenas tivera mártires, aqueles que haviam morrido sem resistência para «testemunharem» a verdade da sua fé. Agora, a vítima passiva e o herói que morresse em combate tinham-se tornado um só e que, tal como os seus homólogos muçulmanos, iria directamente para o céu. «Foram para o céu, em triunfo», escreveu um cruzado acerca dos seus camaradas que tombados durante o cerco de Niceia, «trajando as vestes do martírio e dizendo, em uníssono, "Senhor, vingai o sangue que por Vós derramámos, pois sois abençoado e digno de eternos louvores"»([6]).

Os apelos de Urbano e os desordeiros exércitos que lançaram sobre o Oriente também assinalaram uma mudança radical na concepção ocidental da guerra. Até então, a Igreja olhara para a guerra como um meio, sem-

220

CASAS DA GUERRA

pre pecaminoso mas autorizado em circunstâncias precisas e claramente definidas dado que o mundo natural, o mundo da humanidade caída, era necessariamente um lugar imperfeito e desordenado e que por vezes só podia ser corrigido através da violência. Uma guerra era justa quando travada por uma causa justa – invariavelmente para corrigir uma injustiça – e sancionada por uma autoridade política legítima. «A guerra», escrevera Santo Agostinho naquilo que se tornou, na Idade Média, a sua definição mais absoluta e rigorosa,

> apenas deve ser travada em caso de necessidade, e travada apenas para que Deus possa, através dela, libertar os homens da necessidade e preservá-los em paz. Porque a paz não se procura para desencadear a guerra, mas a guerra faz-se para garantir a paz... Assim, deve ser a necessidade e não o desejo a destruir o inimigo em combate[7].

Os sermões de Urbano tinham alterado tudo isto. A partir de então, os católicos chacinariam os protestantes, os protestantes chacinariam os católicos e ambos chacinariam os judeus e os muçulmanos não para reconquistarem territórios nem para vingarem injustiças, e nem sequer por simples ganância dinástica. Fá-lo-iam porque acreditavam – ou diziam acreditar – que Deus desejava que assim procedessem, porque estavam, como tantas vezes diziam os cruzados, a agir em nome de Deus. O desejo substituíra a necessidade. Mais tarde, após o êxito totalmente inesperado da Primeira Cruzada, o poetastro Graindor de Douai imaginaria Cristo na Cruz clamando vingança contra os muçulmanos, que ainda não tinham vindo ao mundo: «Amigo», diz Cristo ao primeiro ladrão,

> ainda não nasceram as gentes
> Que virão vingar-me com as suas lanças de aço
> Que virão matar os pagãos infiéis
> Que sempre recusaram os meus mandamentos.
> Honrarão a Santa Cristandade,
> Conquistarão a minha terra e libertarão o meu país[8].

Como que em reconhecimento dos horrores que se anunciavam, a digressão de Urbano foi marcada por um série de alarmantes portentos. Verificaram-se chuvas de meteoros, houve um eclipse da Lua e viu-se uma

MUNDOS EM GUERRA

assustadora auréola em volta do Sol. Uma seca terrível, que provocara uma sucessão de más colheitas e fome generalizada, chegou subitamente ao fim. Em finais de Agosto, Urbano regressou a Roma. Mas enquanto se pregaram as Cruzadas por toda a Europa, estes sinais continuaram a aparecer. No Outono de 1097, surgiu nos céus um cometa; em Fevereiro do ano seguinte, o céu ficou vermelho. No Outono, viu-se uma luz tão brilhante que pareceu que o céu estava a arder. Em Dezembro, houve um eclipse do sol, e em Fevereiro de 1099 outra aurora boreal vermelha encheu os céus orientais.

Encorajados por tão misteriosos sinais de aprovação divina, os pregadores populares levaram a mensagem ainda mais longe do que Urbano. E terão inclusivamente sido ainda mais brutais e histéricos. A cruzada seria uma guerra de terror, um acto de vingança contra os muçulmanos pelos danos que durante séculos eles tinham infligido ao Ocidente cristão. Seria o acerto de contas final. Por toda a Europa, da Inglaterra à Itália, os «membros da casa de Cristo» foram chamados a erguerem-se e «tomarem firmemente aquela cidade – Jerusalém –, a nossa comunidade». «Se um estranho batesse num dos vossos parentes, não o vingaríeis?» E perguntaram-lhes, «Não vingaríeis então muito mais o vosso Deus, vosso pai, vosso irmão, que vedes injuriado, banido das suas terras, crucificado?»([9])

A vendeta constituíra, desde sempre, um elemento central da vida medieval europeia. Contudo, durante séculos, a Igreja lutara para a suprimir. Mas agora fora-lhe subitamente atribuído, pelo próprio papa, um papel nuclear na concepção cristã da guerra justa([10]).

Por muito deturpada que fosse a teologia subjacente a tudo isto, teve um efeito electrizante numa sociedade que se encontrava em estado de conflito e crise. A Europa feudal, e a França em particular, eram um lugar instável e tumultuoso. Após o desaparecimento gradual do Império Carolíngio, os grupos armados locais, bandos de cavaleiros e barões feudais que tinham defendido o império, caíram sobre as populações, obrigando-as a produzirem cada vez mais, lançando-as para a miséria e empurrando-as muitas vezes para o banditismo.

O rei francês controlava muito pouco do que é hoje a França. Condes e duques, descendentes dos funcionários da corte carolíngia, tornaram-se soberanos nos seus próprios territórios. Um dos objectivos da cruzada foi a implementação daquilo que a Igreja designava eufemisticamente por «Paz de Deus», substituindo a autoridade limitada e ineficaz do rei pelas sanções da Igreja e livrando-se de alguns dos elementos mais desordeiros do rei-

CASAS DA GUERRA

no. Esperava-se que as Cruzadas fornecessem um escape para as energias reprimidas e para as ambições frustradas de inúmeros jovens de toda a Europa. «Deus», declarou o cronista beneditino Guiberto de Nogent, «instituiu no nosso tempo as Guerras Santas para que a ordem dos cavaleiros e a multidão que os segue, que vêm emulando o exemplo dos antigos pagãos, matando-se entre si, possam encontrar uma nova maneira de alcançar a salvação»([11]). Pelo menos neste aspecto, pode dizer-se que as Cruzadas foram um sucesso.

II

Na Primavera de 1096, um grande exército de cavaleiros errantes, alguns nobres alemães importantes e uma horda de pobres, arrastando atrás de si bandos de mulheres e crianças, reuniu-se no Sul de França. A primeira vaga foi liderada por um pregador itinerante chamado Pedro, o Eremita, que afirmava ter sido chamado a chefiar a cruzada pelo próprio Cristo, e para o provar mostrava a toda a gente uma carta incumbindo-o da missão, escrita, dizia ele, pelo punho de Cristo. Era acompanhado por uma pandilha de maníacos, charlatães e desesperados, entre os quais um certo abade Balduíno, que gravara a ferro uma cruz na testa e sacava dinheiro aos ingénuos dizendo-lhes que a recebera de um anjo, e uma seita cujos membros veneravam um ganso que acreditavam estar imbuído do Espírito Santo. O fanatismo ocidental estava em marcha.

Mas o seu primeiro alvo não foram os muçulmanos, foram os judeus. Os cruzados não possuíam praticamente o mínimo conhecimento de teologia ou de história sacra, desconheciam por completo as Escrituras e possivelmente nem sequer conseguiam fazer uma distinção clara entre os vários «inimigos de Cristo», acerca dos quais tinham ouvido muitas histórias sinistras, contadas pelos seus padres, tão ignorantes como eles. Um autor posterior escreveu que os cruzados «consideravam detestáveis, pela mesma medida, os judeus, os hereges e os muçulmanos, chamando-lhes a todos inimigos de Deus». Nas palavras de uma testemunha, iam «aniquilar ou converter» qualquer não cristão que encontrassem pelo caminho.

Entre 25 e 29 de Maio, a numerosa e próspera comunidade judaica de Mainz, na Renânia, foi aniquilada, «ficando aberto o caminho», nas palavras dos cruzados alemães, para Jerusalém. Satisfeito com a sua obra, o exército parece ter-se dividido. Alguns dirigiram-se para norte, para Co-

223

MUNDOS EM GUERRA

lónia. Os judeus haviam entretanto fugido da cidade, refugiando-se nos campos o melhor que puderam. Durante Junho e Julho, os zelosos peregrinos de Cristo, à sua passagem, caçaram-nos, incendiaram sinagogas, queimaram Toras e profanaram cemitérios. Outro grupo dirigiu-se para sudoeste, para Trier e Metz, onde continuou a matança. Em Regensburgo, outro contingente, provavelmente sob a liderança do próprio Pedro, o Eremita, foi um pouco mais indulgente e apenas obrigou a comunidade judaica a baptizar-se.

Contudo, a hierarquia da Igreja recusou-se a aprovar estes comportamentos, não obstante membros do clero local estarem claramente implicados. Alguns bispos, honra lhes seja feita, protegeram os judeus nas suas dioceses, oferecendo-lhes refúgio nas suas praças fortificadas e dispersando-os pelos campos em Speyer, Mainz e Colónia. Mas os *pogroms* que assinalaram o lançamento da Primeira Cruzada e as paixões anti-semitas que ela suscitou foram os piores registados até então e deixariam a sua marca nas comunidades judaicas da Europa durante séculos. Mais de 8000 pessoas perderam a vida naquilo que veio a ser chamado – não sem justificação – o «primeiro holocausto», e ainda hoje são recitadas nas sinagogas endechas em memória dos mártires alemães.

Depois de massacrarem os judeus, os cruzados reagruparam-se e entraram nos Balcãs, onde o exército, praticamente sem nenhum controlo, atacou a cidade de Zemum e saqueou Belgrado. Embora muitos tenham perecido durante as represálias que se seguiram, alguns contingentes chegaram até à cidade seljúcida de Niceia (hoje Iznik), onde foram totalmente aniquilados pelos Turcos.

Todavia, em Agosto, uma tropa mais ordeira – comandada por Godofredo de Bulhão, duque da Lorena; Hugo de Vermandois, irmão do rei de França; Raimundo de St. Gilles, conde de Toulouse; Roberto, conde da Flandres; e Roberto, duque da Normandia – iniciou a longa e arriscada viagem através da Europa Oriental, com destino a Constantinopla. Chegaram em grupos, entre Novembro de 1096 e Maio do ano seguinte, famintos, imundos, com ferimentos provocados pela excessiva permanência na sela, cansados e frequentemente desalentados. Sem perder tempo, Aleixo, o imperador bizantino, transportou-os de barco para o outro lado do Bósforo. Os «Francos», como chamavam habitualmente os muçulmanos a todos os europeus, «um enxame de moscas», «gafanhotos sem asas», «uivantes cães selvagens», tinham finalmente penetrado no solo sagrado da *dar al-Islam*([12]).

CASAS DA GUERRA

O mundo no qual este desgarrado exército irrompeu tão inesperadamente, no Verão de 1097, estava a emergir lentamente de uma série de terríveis conflitos intestinos. Os Turcos seljúcidas, que governavam o que são hoje o Iraque, a Síria e a Palestina, apesar de terem, em 1071, alcançado a célebre vitória de Manzikert sobre o imperador bizantino Romano Diógenes IV(*), estavam efectivamente divididos em vários Estados semi-independentes, todos sob a suserania nominal do califa de Bagdad mas profundamente desconfiados uns dos outros. E como bons sunitas, tinham estado envolvidos, entre 1063 e 1092, num combate contra o califado fatimida xiita, sedeado no Cairo. Os Fatimidas, que controlavam a maior parte da Terra Santa, tinham sobrevivido a esta luta mas estavam muito enfraquecidos. Consequentemente, no princípio, viram nos Francos, desorganizados e mal equipados, um mal muito menor do que os Turcos.

Os cruzados devem seguramente ter sido postos ao corrente da situação pelos seus informadores gregos. Avançaram rápida e decisivamente, aproveitando-se da aparente incapacidade muçulmana para oferecer uma resistência eficaz. Em 19 de Junho de 1097, Niceia, uma importante cidade da antiga rota imperial para o Oriente, capitulou. Uma semana mais tarde, os cristãos, à beira da fome e envergando as suas pesadas armaduras sob um sol escaldante, marcharam sobre Antioquia. Chegaram junto das muralhas da cidade em finais de Outubro, e depois de sete meses de cerco, durante os quais conseguiram derrotar dois exércitos de socorro, entraram na cidade, em 3 de Junho de 1098. Antioquia já não era o que fora durante o domínio bizantino, mas ainda continha algumas das grandes igrejas do Oriente e controlava a rota da Ásia Menor para a Síria.

No dia 28 de Junho, chegou outra força muçulmana. Os cruzados também a conseguiram derrotar, afirmando alguns que uma hoste celestial de anjos e santos combatera a seu lado, acompanhada pelos fantasmas dos seus camaradas mortos. Ainda que rebuscada – mesmo para um cristão devoto do século XI – esta explicação parecia ser a única que podia justificar o seu sucesso. No fim de Janeiro, os cruzados estavam novamente em marcha. Avançaram rapidamente junto à costa, e entraram em território controlado pelos Fatimidas. No fim da tarde de 7 de Junho de 1099, uma terça-feira, chegaram às muralhas da cidade santa de Jerusalém, o «Umbigo do Mundo».

(*) Além de derrotarem e capturarem o imperador, os seljúcidas instalaram-se definitivamente na Anatólia, onde nasceria o Império Otomano. (*N. do T.*)

Durante todo este tempo, enquanto os exércitos progrediam inexoravelmente para oriente, o seu deus, sempre encorajador, assinalara a sua passagem com uma série de sinais notáveis, ainda que algo ambíguos. No princípio de Outubro de 1077, foi avistado um cometa no céu nocturno, com a cauda em forma de espada (este caso não se tratou de uma alucinação, pois está bem documentado em registos chineses e coreanos)[13]. Seguiu-se um terramoto, no dia 30 de Dezembro; o céu ficou vermelho e apareceu uma grande luz, em forma de cruz, tal como acontecera, séculos antes, a Constantino. Na noite de 13 de Junho de 1098, um meteoro proveniente do Ocidente – significativamente – caiu sobre o acampamento muçulmano nos arredores de Antioquia. Em 27 de Setembro, surgiu uma aura tão brilhante que foi vista em toda a Europa e na Ásia. No dia 5 de Junho de 1099, quando o extenuado exército cruzado se aproximava de Jerusalém, registou-se um eclipse lunar que foi interpretado como uma previsão do fim do domínio do crescente, o símbolo do Islão.

Mas Jerusalém revelou-se muito mais resiliente do que Niceia ou Antioquia. Durante mais de um mês, os cristãos sitiaram uma cidade aparentemente inexpugnável, lançando vários assaltos infrutíferos contra as suas maciças muralhas. Finalmente, temendo a chegada iminente de um exército egípcio, reuniram escadas e engenhos de cerco em número suficiente e, na manhã de 14 de Julho, desencadearam um ataque geral à secção oriental das muralhas.

O lendário Tancredo, um normando do Sul de Itália, herói de muitas histórias subsequentes relativas aos cruzados, foi o primeiro a entrar na cidade. Os habitantes muçulmanos fugiram, procurando refúgio na mesquita de al-Aqsa. Após uma breve e fútil resistência, renderam-se a Tancredo, o qual, à imagem do verdadeiro cavaleiro, prometeu poupar-lhes a vida. Depois, hasteou o seu estandarte sobre a mesquita, jurando que ele os protegeria dos seus correligionários. A meio da tarde, era já claro que estava tudo perdido. O governador fatimida, Iftikhar-ad-Daulah, ofereceu a cidade, com tudo o que continha, a Raimundo de St. Gilles, conde de Toulouse, em troca de lhe ser poupada a vida, e também à sua família e aos membros da sua guarda pessoal. Raimundo aceitou, e Iftikhar foi escoltado para fora da cidade para se juntar à guarnição egípcia de Ascalão, na costa.

Teve sorte. O resto da população, homens, mulheres e crianças, foi massacrado. Os muçulmanos refugiados na al-Aqsa não tardaram a descobrir que o estandarte de Tancredo não constituía nenhuma protecção. Foram arrastados para o exterior e feitos em pedaços. Ao que se diz, Tancredo

Casas da Guerra

ficou furioso, não tanto pela carnificina mas por o seu estandarte não ter sido respeitado. Os judeus procuraram refugiar-se na sinagoga principal, mas «os Francos incendiaram-na com eles lá dentro»([14]). Quando a chacina terminou, quase ao anoitecer, a área do Templo ficou cheia de pilhas de cadáveres e o sangue corria como um rio pelas ruas([15]). «Nunca ninguém viu ou ouviu falar de tamanha matança de pagãos», escreveu uma testemunha cristã, «pois foram cremados em piras como pirâmides e só Deus sabe quantos eram»([16]).

Quando as notícias da vitória chegaram ao Ocidente latino, foram saudadas com espanto e júbilo. «O Senhor», escreveu o papa, «reviveu os seus milagres de antigamente». Caso contrário, raciocinou ele, como poderia um exército tão mal comandado, tão mal equipado, tão carente de provisões e tão estorvado pelos não combatentes ter prevalecido contra as aparentemente invencíveis forças muçulmanas([17])?

Com a conquista de Jerusalém, a relação entre a Cristandade ocidental e o Oriente muçulmano – e subsequentemente o cristão – alterou-se irrevogavelmente. Os líderes da cruzada criaram Estados e principados para si próprios nos novos territórios – Balduíno de Bolonha em Edessa, Boemundo de Tarento em Antioquia, Raimundo de Toulouse em Trípoli. Estes constituíram os Estados Cruzados do Levante ou *«Outremer»* – «ultramar» –, como vieram a ser conhecidos na Europa. A cidade de Jerusalém tornou-se um reino que se estendia até norte de Beirute e ao longo da costa, para sul, até Gaza e aos Montes Golan. Durante quase um século, entre 1099 e 1187, um reino cristão latino, com dependências de Antioquia a Acre, existiu no coração da *dar al-Islam*.

Com o passar do tempo, os governantes destes Estados e as ordens militares religiosas, os Cavaleiros de São João ou Hospitalários e os mal afamados Cavaleiros Templários, que combateram a seu lado, construíram uma linha de castelos para protegerem as fronteiras dos seus vizinhos muçulmanos – e dos cristãos também. Muitos ainda existem: Marquab, construído pelos Cavaleiros de São João, o Castelo de Bagras, nas montanhas de Amanus, na Turquia, Tartus, na costa da Síria, o Castelo de Belvoir, empoleirado à beira do vale do Jordão, e o mais imponente de todos, o Krak dos Cavaleiros(*), no interior do território de Trípoli. Quando T. E. Lawrence – «Lawrence da Arábia» – viu o Krak, em 1909, considerou-o «o castelo mais bem preservado e mais admirável do mundo [...] se Bai-

---

(*) Do siríaco *karak*, fortaleza. (*N. do T.*)

bars [o sultão mameluco que sitiou o Krak, em 1271] regressasse à vida, considerá-lo-ia tão formidável como antigamente»([18]).

Os Estados Cruzados que estas enormes fortalezas tinham sido edificadas para proteger eram inevitavelmente multiculturais e multi-religiosos. Os europeus, embora constituíssem o mais poderoso e mais bem armado dos vários grupos que viviam na região, encontravam-se em grande inferioridade numérica em relação aos muçulmanos e aos cristãos sírios, os quais aceitavam os seus novos senhores, na melhor das hipóteses, com alguma relutância, e face aos judeus, que não ganhavam nada e perdiam muito trocando o domínio muçulmano pelo cristão.

Durante toda a sua história, o Outremer foi uma região fronteiriça, e os seus habitantes católicos romanos, à semelhança dos seus homólogos na Península Ibérica, acabaram por ter mais em comum com os seus vizinhos muçulmanos do que com os seus correligionários na Europa. Adoptaram a gastronomia muçulmana, trajavam frequentemente uma curiosa variação das vestes arábico-turcas, e vieram gradualmente a aceitar a necessidade de uma tolerância religiosa que era praticamente desconhecida no Ocidente cristão. Um aristocrata sírio muçulmano de visita a Jerusalém, Usamah Ibn-Munqidh, referiu que costumava rezar na antiga mesquita de al-Aqsa (entretanto ocupada pelos Templários e convertida numa igreja). Os Templários disponibilizaram-lhe amavelmente um pequeno espaço contíguo, onde ele poderia estender o seu tapete, e deixaram-no entregue às suas devoções. Naturalmente, Usamah virava-se para ocidente, para Meca, e um dia, «um dos francos correu para mim, agarrou-me e virou-me para oriente, dizendo, "é assim que deves rezar"». Os Templários puseram o homem na rua e pediram desculpa a Usamah, explicando que se tratava de «um estranho chegado recentemente da terra dos Francos». Não era preciso dizer mais nada([19]).

O Outremer tornou-se imensamente rico, particularmente no seu apogeu, no século XII, com as rotas comerciais da Índia e do Extremo Oriente para o Ocidente, que passavam por Damasco e seguiam para os portos de Acre e Tiro. Mas apesar de todo o seu multi-culturalismo e de todas as suas riquezas, continuou a ser um bastião de uma civilização estrangeira, uma longa farpa da *dar al-harb*, enterrada no flanco do Islão e que, mais tarde ou mais cedo, teria que ser extraída à força. Conseguiu sobreviver durante quase dois séculos, criando um precário equilíbrio de poder entre as facções antagónicas da região, na qual a Jerusalém cristã enfrentava a Damasco muçulmana, a Antioquia cristã enfrentava a Alepo muçulmana,

CASAS DA GUERRA

e a Trípoli cristã enfrentava grupos de cidades muçulmanas menos importantes situados na parte superior do vale do Orontes. De facto, o Outremer foi absorvido por um sistema político sírio que envolvia alianças com os senhores da guerra muçulmanos que o rodeavam, inclusivamente, quando necessário, contra outros cristãos. Era uma situação delicada e inevitavelmente precária, que só duraria enquanto os Estados muçulmanos da região permanecessem numa condição de conflito quase permanente entre si.

Mas não poderia durar eternamente. O primeiro golpe foi sofrido em 1144, ironicamente na véspera de Natal. Imad-ad-Din Zengi, senhor de Mossul e Alepo, convocou todos os seus aliados para uma *Jihad* contra os intrusos cristãos e conquistou e saqueou a cidade de Edessa, matando todos os Francos. «As tropas entregaram-se à pilhagem», escreveu um contemporâneo árabe, «matando e capturando, violando e saqueando, e a enorme quantidade de dinheiro, objectos, animais, despojos e cativos com que se encheram satisfez-lhes o espírito e alegrou-lhes o coração»[20]. As notícias do sucedido causaram sensação em todo o mundo islâmico, e apesar de Zengi ter sido assassinado dois anos mais tarde, antes de conseguir consolidar os seus ganhos, ficou patente para todos, tanto muçulmanos como cristãos, que começara a «Reconquista» muçulmana da Palestina.

A resposta cristã foi lançar uma nova cruzada. Encorajados pela arrebatadora retórica de São Bernardo de Clairvaux e comandados por figuras tão importantes como Conrado III, o sacro imperador romano, e Luís VII de França, os seus exércitos começaram a deixar a Europa em Maio de 1147. Foi um desastre. As tropas de Conrado, indisciplinadas e mal aprovisionadas, chegaram até Dorileu(*), onde, no dia 25 de Outubro, foram atacadas e praticamente aniquiladas. Mas os sobreviventes juntaram-se ao exército maior, comandado pelo rei de França, e chegaram à Síria no Verão seguinte.

Os comandantes do exército decidiram sitiar Damasco. Foi um erro que lhes saiu caro. O cerco durou apenas cinco dias, até os cruzados serem obrigados a fugir perante um exército de socorro liderado pelo filho e sucessor de Zengi, Nur-ad-Din. Os sobreviventes, incluindo o rei de França e o imperador, regressaram de rastos à Europa, humilhados. «Os Filhos da Igreja e aqueles que se contam entre os cristãos foram subjugados nos desertos», lamentou-se São Bernardo, «mortos pela espada ou consumidos pela fome.» Ele foi obrigado a concluir que a explicação para o desastre era

---

(*) Na Anatólia. (*N. do T.*)

o descontentamento de Deus com os seus seguidores, por razões que eles não deveriam presumir questionar, pois nenhum humano seria «atrevido ao ponto de emitir opiniões sobre algo que escapa totalmente à sua compreensão»[21]. Talvez consolados por este pensamento, durante os quarenta anos seguintes os reinos cristãos do Ocidente viraram as costas ao Outremer e à Terra Santa, concentrando-se nas suas rivalidades internas.

Nur-ad-Din conseguiu consolidar os ganhos de seu pai, e reduzir o principado de Antioquia a uma faixa costeira, enviando como presente ao califa de Bagdad o crânio do seu governante, o príncipe Raimundo, incrustado com prata. Mas o homem que poria fim à cruzada no Oriente foi um dos melhores lugar-tenentes de Nur-ad-Din, o guerreiro curdo Salah-ad-Din Yusuf ibn-Ayyub («Rectidão da Fé, José, filho de Job»), conhecido no Ocidente por Saladino.

Apesar de sunita, Saladino tornara-se sultão do Egipto fatimida em 1169. Dois anos mais tarde, e sem grande oposição, o Egipto passou para a suserania nominal do califado abássida de Bagdad, pondo fim – até hoje – ao controlo político xiita a oeste do Crescente Fértil[22]. Em 1174, Saladino ocupou Damasco, e um ano depois tornou-se formalmente soberano da Síria. Por esta altura, Saladino estava claramente empenhado numa *Jihad* e na unificação do Islão contra os seus inimigos cristãos. «No interesse do Islão e dos seus povos», escreveu ele em reposta à exigência dos emires de Damasco para que pensasse primeiro no bem da sua família, «pomos em primeiro lugar e acima de tudo aquilo que posa combinar as suas forças e uni-las num mesmo objectivo»[23]. Em 1183, Saladino sitiou Kerak, o castelo cruzado que dominava a rota das caravanas que ligava Alepo e Damasco ao Mar Vermelho. À chegada do exército de Saladino, o senhor de Kerak, Reinaldo de Châtilton, celebrava a boda do cunhado, Humphrey de Toron. A festa prosseguiu, enquanto Saladino bombardeava as muralhas. Num daqueles intercâmbios que tanto deliciavam os cronistas medievais dos dois lados, a Dama Estefânia, mãe do noivo, enviou pratos do banquete à tenda de Saladino. Em resposta a este gesto de hospitalidade, Saladino, sempre cavalheiro, mandou perguntar onde é que os noivos iriam passar a sua primeira noite, e ordenou às suas tropas que evitassem essa secção das muralhas. Todavia, antes do fim da lua-de-mel, as forças de Saladino foram escorraçadas por um exército de socorro enviado de Jerusalém.

Saladino retirou para Damasco, mas não por muito tempo. Controlava o mundo muçulmano do Nilo ao Eufrates, e apesar dos sucessos dos cruzados contra Saladino era óbvio que eles tinham os seus dias contados no Oriente.

CASAS DA GUERRA

No princípio de 1187, violando uma trégua entre Saladino e Balduíno IV, o célebre «Rei Leproso» de Jerusalém, Reinaldo, atacou uma caravana que se deslocava do Cairo para Damasco, apoderando-se não só de uma considerável quantidade de despojos, mas também de vários prisioneiros, incluindo uma das irmãs de Saladino. Quando Balduíno, tentando manter a paz, exigiu que ele reparasse os danos que causara, Reinaldo recusou. Era a ocasião pela qual Saladino vinha esperando. Reuniu todas as suas forças – do Egipto, de Damasco, de Alepo, da Mesopotâmia, de Mossul e de Diyar--Bakr. O exército cruzado que foi ao seu encontro estava fatigado, disperso e desesperadamente sedento. O calor era esmagador, e os cruzados foram tão completamente cercados que, observou um deles, «nem um gato teria escapado»([24]). Ao montarem o acampamento, no dia 3 de Julho, Raimundo, conde de Trípoli, declarou: «Infelizmente, Deus, nosso Senhor, a batalha já terminou. Fomos traídos e mortos. O Reino está acabado». Tinha razão. No dia seguinte, o exército de Saladino aniquilou as forças dos cruzados perto da aldeia de Hattin. Foi a batalha mais significativa das Cruzadas, e embora tenha sido há muito esquecida no Ocidente, excepto pelos historiadores, a sua memória continua viva na mente dos Árabes como o momento do triunfo sobre as forças da Cristandade, um momento que a maioria dos muçulmanos crê que nenhum cristão esqueceu e nunca perdoará.

Saladino executou Reinaldo de Châtillon pela sua traição; tal como prometera, fê-lo com as suas próprias mãos. Os duzentos Templários e Hospitalários capturados foram passados pelas armas. Os cavaleiros seculares foram resgatados. A soldadesca foi vendida para a escravatura em tão grande número que, durante meses, deu origem a um excesso de oferta no mercado sírio. Nos dias que se seguiram, os bastiões cristãos de Acre, Toron, Sídon, Beirute, Nazaré, Cesareia, Nablus, Jafa e Ascalão, defendidos por forças minúsculas, caíram nas mãos de Saladino e dos seus generais. «Assenhoreaste-te das terras de oriente a ocidente», cantou o poeta Ibn Sana'al-Mulk,

> Abraçaste o horizonte, a planície e a estepe.
> Deus disse: Obedecei-lhe;
> Ouvimos o Nosso Senhor e obedecemos([25]).

Em Setembro, Saladino reuniu todo o seu exército e acampou frente às muralhas de Jerusalém. A cidade, agora sob o comando de Balian de Ibelin, filho do senhor de Beirute e Chipre, estava deficientemente aprovisionada e repleta de refugiados, na sua maioria mulheres e crianças. Os cavaleiros eram tão poucos que Balian foi obrigado a recrutar todos os homens com mais de 16 anos de idade que conseguiu encontrar e pôs-lhes espadas nas mãos.

O ataque teve início em 20 de Setembro. A cidade resistiu seis dias. Depois, Balian aceitou render-se na condição de que os habitantes cristãos fossem autorizados a resgatar as suas vidas. Se Saladino recusasse, ameaçou ele, mataria todos os muçulmanos da cidade e destruiria todos os seus lugares santos. Depois de Meca e de Medina, a mesquita de al-Aqsa, em Jerusalém, é o terceiro lugar mais sagrado do Islão, e a população muçulmana da cidade era substancial. Saladino não teve alternativa senão aceitar.

No dia 2 de Outubro, entrou em Jerusalém, sem oposição e num claro contraste – como muitos cristãos e muçulmanos têm observado ao longo dos séculos – com a entrada cristã na cidade, oitenta e oito anos antes. Não houve derramamento de sangue, não houve destruição nem pilhagens. Aqueles que puderam resgatar-se, incluindo o patriarca Heráclio – o qual, ignorando as multidões de pobres que tinham pela frente uma vida de servidão, fugiu para Tiro –, pagaram os seus 10 dinares e foram autorizados a partir. Num último acto de magnanimidade, Saladino libertou incondicionalmente vários milhares de cativos. Os restantes foram encaminhados para os mercados de escravos. Os cristãos sírios foram autorizados a manterem as suas igrejas e permanecerem em Jerusalém se o pretendessem – a maioria ficou. Os judeus, que tinham fugido da cidade algum tempo antes, foram encorajados a regressar. Pouco depois, Saladino celebrou um tratado com o imperador bizantino, Isaac Angelus, pelo qual os lugares santos cristãos de Jerusalém seriam devolvidos ao cuidado da Igreja Ortodoxa Grega. Dos Estados Cruzados do Levante, restavam apenas três cidades: Tiro, Trípoli e Antioquia.

Saladino adquiriu um estatuto lendário no mundo islâmico. Todos os relatos confirmam que era um herói cavalheiresco na tradição árabe, experiente em toda a elegância e sofisticação, chamadas *zarf* em árabe, honrado, tolerante nos termos determinados pelo Alcorão – algo que poucos governantes muçulmanos eram na prática –, generoso, fiel à palavra dada e dedicado à causa do Islão ao ponto de relegar para segundo plano as suas ambições pessoais ou as da sua família[26]. Praticava excepcionalmente bem o pólo, um desporto que gozava de um estatuto semelhante ao que as justas tinham adquirido na Europa. A acreditarmos num membro da sua corte,

Baha' Ad-Din, passara todos os testes religiosos possíveis aos quais fora submetido pelos melhores doutores e juristas, «pelo que conseguia conversar com eles ao seu nível»[27]. E as ambições que tinha para si próprio e para o Islão iam muito mais longe do que o desejo de expulsar os odiados cristãos da Palestina. Em 1189, ele disse ao seu ajudante e biógrafo, Ibn Shaddad, «Quando Deus Todo-poderoso me permitir conquistar o resto do litoral... atravessarei o mar até às ilhas [dos cristãos] para os perseguir até não restar nenhum à face da terra que não reconheça Alá – nem que morra a fazê-lo!»[28]. Todavia, à semelhança de outros soberanos islâmicos da época, ele estava preparado para fazer alianças com os governantes cristãos, quando fosse do seu interesse, e travou guerras contra chefes muçulmanos seus rivais, poucos ou nenhum dos quais poderiam ser classificados como «hereges». Mas quase todos os relatos dão a entender que era um homem de profundas convicções, moralmente e intelectualmente muitíssimo acima da horda que existia à sua volta nos campos muçulmano e cristão[29].

No Ocidente, Saladino adquiriu a reputação de ser o «digno inimigo» tão apreciado pelos romances de cavalaria da Idade Média cristã. Muito mais tarde, Voltaire disse que ele era «ao mesmo tempo um homem bom, um herói e um filósofo», ainda que, acrescentou, poucos dos «cronistas com os quais a Europa está sobrecarregada» tenham feito justiça às suas realizações[30]. «Numa época de fanatismo», escreveu Edward Gibbon, «Saladino foi um fanático, mas as suas virtudes mereceram a estima dos cristãos»[31]. Ainda mais tarde, Saladino foi transformado no arquétipo do herói romântico, cavalheiresco, cortês, generoso e, acima de tudo, dedicado à defesa da sua pátria contra um bando de salteadores cujos motivos eram tão vis como a sua conduta. «Não existe nome maior», disse sir Walter Scott, «gravado na história oriental»[32].

Em 1898, quando o Kaiser Guilherme II efectuou uma visita oficial a Istambul e à Síria, numa tentativa para aumentar a influência alemão sobre o Império Otomano, deslocou-se a Damasco e, perante o túmulo de Saladino, descreveu o libertador de Jerusalém como «um cavaleiro sem medo nem mácula, que muitas vezes teve que ensinar aos seus adversários como praticarem correctamente os ditames da cavalaria»[33]. De seguida, Guilherme declarou-se amigo dos «três milhões de maometanos» e depositou junto ao túmulo de Saladino uma bandeira de cetim e uma coroa de louros de bronze dourado, com a inscrição «de um grande imperador para a outro». Em Novembro de 1918, estes objectos foram levados para Inglaterra como despojos de guerra pelo próprio T. E. Lawrence. Encontram-se em exposição no Imperial War Museum, em Londres, com uma nota escrita por Lawrence explicando que, libertada Jerusalém dos Otomanos, «Saladino já não necessitava deles»([34]).

Saladino continua a ser um herói para o mundo muçulmano. Uma enorme estátua equestre, erigida a expensas municipais, em 1992 – dois anos após a Guerra do Golfo –, encontra-se frente à cidadela de Damasco. Representa o herói na mesma pose e no mesmo vestuário em que ele aparece retratado em várias representações ocidentais das Cruzadas, datadas do século XIX (o mundo muçulmano carece de uma tradição de estatuária independente). De cada lado da montada de Saladino encontram-se dois infantes e um sufi. Atrás do cavalo vêem-se dois cruzados por terra, Guido de Jerusalém e Reinaldo de Châtillon. O escultor Abdallah al-Sayed explicou que não desejara que Saladino fosse retratado como um guerreiro individual, mas sim como um líder corporizando uma vaga de sentimento popular contra os «Francos», que incluiriam presumivelmente George Bush pai e os soldados da operação «Tempestade no Deserto». Os sufis representam (algo improvavelmente) a religião simples do povo, e os infantes a união dos humildes guerreiros com o seu herói sob a bandeira do Islão([35]).

A perda de Jerusalém foi um golpe terrível. Mas a Cristandade não seria derrotada assim tão facilmente. Em Maio de 1189, o imperador Frederico Barbarossa, já quase com 70 anos de idade, partiu para Bizâncio à frente do maior exército cruzado jamais reunido. Porém, no dia 10 de Junho, afogou-se ao tentar atravessar a nado o rio Saleh, e embora muitas das suas tropas tenham conseguido chegar a Tiro, estavam seriamente desmoralizadas. Saladino, que assim recebera um súbito e inesperado adiamento, viu na morte do velho imperador um acto de Deus. Mas o adiamento não durou muito tempo. Em Julho do ano seguinte, Filipe Augusto de França e um dos mais célebres de todos os cruzados, Ricardo «Coração de Leão» de Inglaterra, reuniram um exército e zarparam para a Terra Santa.

Da perspectiva cristã, a Terceira Cruzada, apesar de ineficaz, revelou melhorias em relação à Segunda. Em Julho de 1191, os cruzados conseguiram reconquistar Acre e Jaffa, e no ano seguinte, Ascalão. Mas Ricardo acabara entretanto por compreender que as condições que haviam permitido ao Outremer sobreviver tanto tempo já não se verificavam. Nenhum exército cristão seria suficientemente grande ou poderoso para reconquistar Jerusalém, e muito menos para resistir significativamente às forças de Saladino. Em Setembro, depois de ter obtido de Saladino um acordo que deixava os cristãos na posse das cidades costeiras, até Jafa, Ricardo retirou para Acre e, no dia 9 de Outubro de 1192, zarpou com destino a Inglaterra.

Em 1203, foi levada a cabo outra tentativa, pelo menos inicialmente, de reconquista de Jerusalém. Os exércitos da Quarta Cruzada partiram de Veneza, em Outubro de 1202, parando primeiro para reconquistarem aos húngaros Zara, um antigo bastião veneziano no Adriático. Em Zara, Aleixo, filho do imperador bizantino deposto, ofereceu aos cruzados uma contribuição de 2000 marcos e a promessa de estacionar permanentemente na Terra Santa uma força de 500 cavaleiros gregos se eles o ajudassem a reclamar o trono. Os cruzados aceitaram e, no dia 24 de Junho de 1203, a esquadra partiu para o Bósforo. Em Janeiro do ano seguinte, Aleixo já fora reinstalado no trono, renegara a sua promessa dos 2000 marcos, fora deposto e estrangulado. Os cruzados, exasperados e enfurecidos face a uma cidade grega cuja religião olhavam com desconfiança, decidiram apoderar-se do decadente Império Romano do Oriente. No dia 13 de Abril, pela primeira vez na sua longa história, Constantinopla caiu. «O império», escreveu, séculos depois, Edward Gibbon, «que ainda tinha o nome de Constantino e o título de romano foi subvertido pelas armas de peregrinos latinos»([36]).

Os vencedores saquearam a cidade, matando todos os habitantes que conseguiram apanhar, pilhando as igrejas e destruindo os ícones, que consideravam sacrílegos. O véu do santuário da grande basílica de Hagia Sophia foi arrancado por causa das suas franjas douradas, e o magnífico altar, dourado e incrustado de jóias, foi feito em pedaços e repartido pelos soldados. As portas e os púlpitos foram destituídos dos seus ornamentos esculpidos. No trono dos patriarcas foi instalada uma prostituta que dançou e cantou uma versão parodiada dos hinos ortodoxos.

Os despojos foram imensos. Jóias, esculturas, quadros e manuscritos afluíram à Europa Ocidental durante os anos que se seguiram ao saque, com destaque para os quatro cavalos de bronze do hipódromo, datando do princípio do século III a. C., que foram colocados na fachada da Catedral de São Marcos, em Veneza. Balduíno, conde da Flandres, foi devidamente coroado *basileus* pelo patriarca de Veneza, e o veneziano Tomasso Morosini foi instalado como patriarca. O Reino Latino de Constantinopla, designado pelos seus governantes «Império da Romênia», duraria até 1261. Foi a maior traição perpetrada põe uma comunidade cristã contra outra. «Consequentemente», observou secamente Voltaire, «o único benefício que os cristãos retiraram da sua bárbara cruzada foi o de terem chacinado outros cristãos»([37]). Até o papa, que não morria de amores pelo seu homólogo gre-

MUNDOS EM GUERRA

go, denunciou o feito, e o cisma por ele originado entre os ramos oriental e ocidental do cristianismo nunca seria completamente sanado.

Entre 1219 e 1270, foram lançadas outras três Cruzadas. Contudo, nenhuma chegou mais perto da Terra Santa do que o Egipto ou Túnis. Foi aqui que, em 1270, depois de ter comprado a maioria das relíquias santas da cidade de Constantinopla ao último e empobrecido «imperador da România», o rei Luís IX de França morreu de peste, garantindo a sua canonização. Em 1291, quando Acre, o último bastião cristão na Terra Santa, caiu perante o sultão al-Ashraf Khalil, as Cruzadas chegaram ao fim no Oriente. Apesar das tentativas periódicas e sempre infrutíferas de lançar novas Cruzadas durante os séculos seguintes, até ao século XIX nenhum exército cristão regressaria ao coração do Islão.

III

O enorme significado histórico atribuído às Cruzadas no Ocidente e no mundo islâmico é, em muitos aspectos, uma criação de gerações posteriores. Durante os séculos XVI e XVII, enquanto o papado fez apelos frequentes e infrutíferos ao lançamento de uma nova cruzada, ainda era possível, na Europa, olhar para as Cruzadas como um feito heróico – embora, no cômputo final, sem sucesso – contra o inimigo comum de todo o mundo cristão e europeu. O poema imensamente popular de Torquato Tasso, *Jerusalém Libertada* (*Gerusalemme Liberata*), escrito em 1574, reinventou a Primeira Cruzada como uma história de amor, cavalaria, magia, intriga e – pelo menos implicitamente – sexo. Nobres guerreiros cristãos digladiam-se contra «sarracenos» ferozes mas nobres. Tal como acontece na *Eneida*, fonte de inspiração do poema, os agentes dos deuses – ou antes, de Cristo e Satã – manipulam os seus respectivos paladinos. Armida, uma bela bruxa, é enviada por Satã, através do feiticeiro «Hidraort», senhor de Damasco, para semear a discórdia no campo cristão, mas é transformada numa devota cristã pelo seu amor por Eustáquio, «um ousado e amoroso cavaleiro», irmão mais novo de Godofredo de Bulhão. Num dos episódios mais famosos e que foi tema de peças de teatro e óperas até ao século XIX, Clorinda uma princesa muçulmana, para defender a sua fé, enverga uma armadura, como um homem, e acaba por combater contra o melancólico Tancredo, que ama em segredo. Tancredo fere-a de morte e ela morre-lhe nos braços, sendo finalmente acolhida na verdadeira fé. E assim por diante.

CASAS DA GUERRA

Todavia, no século XVIII, com o declínio da ameaça turca e a crescente secularização da sociedade europeia, as Cruzadas e a ideia de uma «Guerra Santa» acabaram por ser vistas como nada mais do que o produto exacto do tipo de fanatismo religioso que a maioria dos europeus esclarecidos deplorava. Toda aquela empresa fora, disse o filósofo escocês David Hume, «o maior e mais duradouro monumento à loucura humana surgido em qualquer época ou nação»([38]). E Hume não foi o único. «O princípio das Cruzadas», escreveu Gibbon, «foi um fanatismo selvagem; e os seus efeitos mais importantes foram análogos à causa». Com as Cruzadas, afirmou ele – reagindo com o horror de um homem que se convertera ao catolicismo e depois regressara ao protestantismo –, a Igreja tornou-se cada vez mais dada à superstição, «e o estabelecimento da Inquisição, as ordens de monges e frades mendicantes, os últimos abusos das indulgências e o progresso final da idolatria jorraram da maligna fonte da guerra santa»([39]).

Contudo, no século XIX, a Idade Média, que em tempos parecera ser apenas a «Idade das Trevas», uma longa noite separando a Antiguidade Clássica do Renascimento, encheu-se subitamente de romance, grandes feitos de heroísmo e amor altruísta. Johan Gottfried von Herder, percursor do romantismo alemão (e do nacionalismo alemão, diriam alguns), equiparou-a «às monstruosas instituições dos cargos sacerdotais honoríficos, os mosteiros e as ordens monásticas». Fazia parte de uma profunda, sombria e «monstruosa estrutura gótica, [tão] pesada, opressiva, negra e sensaborona» que a própria terra «parecia afundar-se sob o seu peso». Mas também tinha sido um «milagre dos espírito humano, e certamente um instrumento da Providência». Era «o espírito da honra cavalheiresca nórdica», e embora o iluminismo a tivesse menosprezado como o que estava «entre os Romanos e nós», Herder via nela aquilo que mais prezava na civilização europeia, a luta «contra a imperfeição, o esforço por melhorar» que fizera do gótico um «passo gigantesco no curso do destino humano»([40]).

Para gerações subsequentes de Franceses e Alemães (e um ou outro inglês), as Cruzadas tornaram-se um momento no qual a nação – essa grande e gloriosa fabricação do século XIX – começou a emergir. Em Outubro de 1807, François-René, visconde de Chateaubriand, diplomata, ministro de Estado e um dos grandes escritores franceses do século XIX, foi investido na ordem dos Cavaleiros do Santo Sepulcro, com o que imaginava (erradamente) serem a espada e as esporas de Godofredo de Bulhão. «Ao tocar aquela longa e pesada espada de ferro, outrora brandida por tão nobre mão», ele não conseguiu abster-se de meditar bombasticamente: «Vistas

bem as coisas, a cerimónia não era totalmente vã. Eu era francês. Godofredo de Bulhão era francês; ao tocarem-me, as suas antigas armas comunica-
ram-me um maior amor pela glória e pela honra do meu país»[41].

É claro que os Franceses não tinham sido a única nação de cruzados
– os Alemães também haviam partido em cruzada. Em Outubro de 1898,
o kaiser alemão, Guilherme II, duas semanas depois de ter prestado homenagem ao espírito de Saladino, entrou em Jerusalém por uma brecha
aberta nas muralhas para o efeito. Montado num cavalo negro, envergando
um uniforme de cerimónia vagamente reminiscente do de um cavaleiro
medieval e de capacete emplumado, declarou que «de Jerusalém veio a luz
em cujo esplendor a nação alemã se tornou grande e gloriosa, e foi sob a
bandeira da cruz que o povo alemão se tornou o que hoje é»[42]. A revista
satírica inglesa *Punch* saudou o acontecimento com um *cartoon* mostrando
o kaiser vestido de cavaleiro templário e com uma lança cujo pendão tinha
inscrito: «Cruzado Turista».

A ideia de cruzada permaneceu uma imagem potente dentro e fora da
Casa da Guerra. A malograda *mission civilisatrice* de Napoleão ao Egipto, em 1799, foi vista por alguns como uma tentativa de compensação do
fracasso dos cruzados para estabelecerem colónias europeias duradouras
no Médio Oriente[43]. Em 1915, Pierre-Étienne Flandrin, líder do chamado «partido sírio» no Senado francês – cujo objectivo era tornar a Síria
uma dependência da França –, emitiu um manifesto no qual afirmava que
a Síria e a Palestina eram efectivamente um país que fora uma «França
do Próximo Oriente» desde as Cruzadas, e que a França tinha a «missão
histórica» de recuperar , se não o Reino Latino de Jerusalém, então pelo
menos alguma forma de soberania sobre a área. O mesmo argumento foi
expresso após a Primeira Guerra Mundial, quando, durante a Conferência
de Paz de Paris, a França reclamou o direito a um mandato sobre a Síria,
parcialmente devido ao seu papel nas Cruzadas. Em resposta, o emir Faisal, que lutava para impedir que o que conquistara aos Otomanos caísse
nas mãos dos aliados ocidentais, perguntou acidamente, «por gentileza,
podem dizer-me quem é que venceu as Cruzadas?»[44]. Não admira que,
quando o Museu das Colónias foi inaugurado, em Paris, por ocasião da
Exposição Colonial de 1931, a primeira sala foi dedicada à Síria e a Chipre
do tempo das Cruzadas.

Este sentimento de que as Cruzadas tinham sido o princípio e não o fim
de um processo histórico ainda não concluído era partilhado, numa forma

muito aguda, pelo mundo muçulmano. As percepções ocidentais do passado são geralmente breves. A modernização faz com que assim seja, dado que a modernização exige algum esquecimento. Nem a União Europeia nem a NATO seriam possíveis se os Franceses ainda nutrissem rancor contra os Britânicos por causa da Batalha de Waterloo, ou os Britânicos contra os Alemães por causa do *Blitz*. No mundo islâmico, a história sempre se moveu a um ritmo diferente. O presente está ligado ao passado por uma narrativa contínua e ainda em curso, a história da luta contra o «Infiel» pela conquista muçulmana do mundo.

Consequentemente, as Cruzadas e o imperialismo europeu tornaram-se indissolúveis da visão muçulmana do Ocidente, particularmente – e com justificação – a partir de 1918. «As Cruzadas não se confinaram ao clangor das armas. Acima de tudo, foram uma inimizade intelectual», escreveu, em 1948, Sayyid Qutb, ideólogo da Irmandade Muçulmana egípcia e de grande parte do moderno «Islão». Qutb estava convicto de que «todos os Estados imperialistas» vinham, «há séculos, atacando e reprimindo esta religião [o Islão]». Segundo ele, este facto podia ser atribuído a várias causas, à «manha anglo-saxónica», «à influência financeira judaica sobre os Estados Unidos», à «luta entre o bloco oriental e o ocidental».

Mas todas estas causas, apesar de claramente significativas, ignoravam «o verdadeiro cerne da questão», que era simplesmente «o espírito de Cruzada que todos os ocidentais têm no sangue». Fora este sangue que dera origem ao «interesse imperial europeu», e este nunca poderá esquecer que «o espírito islâmico é um bastião que resiste a esta propagação do imperialismo, e que tem que destruir este bastião ou, pelo menos, abalá-lo». Isto poderá parecer uma declaração estranhamente contraditório à luz da sua afirmação de que as conquistas árabes dos impérios bizantino e persa foram os pontos altos de uma luta perpétua entre o Islão e aquilo que ele designa por «politeístas», principalmente os cristãos e judeus. Mas como tantas outras coisas nesta retórica, aparentemente só os ocidentais são culpados de «cruzadas» e de «imperialismo». Pelo contrário, as conquistas muçulmanas foram um acto de libertação, levando a verdadeira fé ao infiel ignorante (é bem sabido que os europeus têm sido frequentemente culpados da mesma duplicidade de critérios. Para os seus inimigos, o «imperialismo» só é praticado pelos outros)[45].

Talvez se possa também perdoar a Qutb por acreditar que só os ocidentais são «cruzados» e que sempre o foram, se tivermos em conta o modo descuidado como os termos «cruzada» e «cruzados» vieram a ser aplicados a qualquer guerra considerada justa por aqueles que a travam. Quando, em 16 de Setembro de 2001, cinco dias após a destruição das Torres Gémeas, George W. Bush declarou imprudentemente que «sabemos, e o povo americano sabe, que esta cruzada, esta guerra contra o terrorismo, vai levar algum tempo», ele não pretendeu aludir especificamente às Cruzadas históricas[46]. Quis simplesmente dizer que a causa era boa e nobre. Mas para os muçulmanos que o ouviram usar a palavra odiada, ele pareceu aludir a uma guerra perpétua, uma guerra em curso, excluindo breves interrupções, desde o século x, uma guerra não contra nada tão amorfo como «o terrorismo», mas sim contra o Islão[47].

O uso do termo «cruzada» foi particularmente infeliz dada a associação que se formou subsequentemente no espírito da administração Bush entre «guerra contra o terrorismo» e a guerra contra Saddam Hussein, o ditador iraquiano, uma guerra praticamente sem qualquer relação com o terrorismo. Efectivamente, Saddam tinha algo a retirar da história das Cruzadas: se os dois George Bush podiam assemelhar-se tenuemente a Godofredo de Bulhão ou Reinaldo de Châtillon, Saddam era inequivocamente Saladino. Quando eclodiu a Guerra do Golfo, em 1991, a imprensa iraquiana comparou-a imediatamente com a Batalha de Hattin. «Cheiramos o odor de Hattin», escreveu um jornal, «e da batalha do santuário mais íntimo». E era a Hattin que Saddam aludia sempre que ameaçava com a «mãe de todas as batalhas» – uma frase comum em árabe, embora soasse muito estranha à maioria dos ocidentais –, que eliminaria definitivamente as forças aliadas[48]. No auge da guerra, o diário iraquiano *Al-Qadisiyya* publicou um poema para recordar aos seus leitores o que ligava Hattin à futura «mãe de todas as batalhas»:

> A história regressa.
> Ontem foi a guerra dos cruzados,
> Hoje é a ofensiva dos sionistas,
> Amanhã serão as nossas vitórias.

No tipo de história que o poeta tinha em mente, às Cruzadas seguiram-se a conquista ocidental dos territórios otomanos após 1918, a criação do Estado de Israel, em 1948, o estabelecimento da autocrática e ocidentalizante Dinastia Pahlavi, no Irão, até ser varrida do poder pela Revolução Islâmica do *ayatollah* Khomeini, em 1979, continuando com a Guerra do Golfo, em 1990, a Guerra do Afeganistão, em 1991, e mais

Casas da Guerra

recentemente a Guerra do Iraque. Todas eram apenas fases de uma mesma «cruzada».

Até o líder líbio, o coronel Qaddafi, que é relativamente secular – e parece ansiar mais pela vida primitiva do beduíno do que pelo domínio dos califas –, se fez retratar, na década de 80, como condutor de uma nova *Jihad* contra os «cristãos cruzados americanos» que tinham desencadeado «a ofensiva da Cruz contra o Islão». Para Qaddafi, a linha da frente encontrava-se no mesmo sítio do que há novecentos anos, entre «o Islão e os cristãos, entre o Oriente e o Ocidente». Postado em defesa do mundo oriental e muçulmano estava o valente Qaddafi, descrito, numa bizarra mistura das retóricas de Lenine e Maomé, como «aquele que desmascarou os conspiradores, expôs os governantes fascistas reaccionários e apelou à verdadeira e sagrada *Jihad*»[49]. É difícil imaginar um grupo oposicionista ocidental definindo os seus objectivos nestes termos.

As Cruzadas foram um tipo de luta entre o Ocidente cristão e o Oriente muçulmano. Mas nas memórias históricas de ambos os lados, foram apenas uma fase de uma contenda muito mais longa e mortal. A reconquista de Acre, em 1291, pode ter posto fim às ambições europeias de reconquista da Terra Santa, mas decorrida uma década sobre a extinção definitiva dos Reinos Latinos do Oriente a luta entre a Cristandade e o Islão já começara a assumir um aspecto novo e, para o Ocidente, muito mais ameaçador.

Capítulo 7

O Presente Terror do Mundo

I

O poder do califado estava em declínio desde o fim do século X. No dia 10 de Fevereiro de 1258, os exércitos do khan mongol Hulagu saquearam a cidade de Bagdad. Acerca do método de conquista mongol, dizia-se que não deixava «nenhum olho aberto para chorar os mortos». Bagdad não foi excepção. Os Mongóis destruíram o sistema de diques que controlava as águas do Tigre. As torrentes inundaram os campos e as aldeias, e os camponeses afogaram-se aos milhares. Por fim, quando a cidade caiu, o califa Mu'tasim, o último dos Abássidas, foi obrigado a entregar todos os seus tesouros. Dez dias mais tarde, junto às muralhas da cidade, foi enrolado num tapete e espezinhado por cavalos até à morte. Apesar de pagão, Hulagu tinha aparentemente alguns receios de derramar sangue real. Depois, à sua maneira, os Mongóis caíram sobre a cidade: incendiaram as bibliotecas e as academias, símbolos odiados de tudo o que a horda mongol não era, pegaram fogo às mesquitas e mataram tanta gente que o fedor dos cadáveres putrefactos obrigou o khan e a sua corte, receosos de uma epidemia, a refugiarem-se no campo.

Contudo, à semelhança de todas as conquistas mongóis, a da Síria e do Iraque, apesar de brutalmente espectacular, foi efémera. Hulagu viu-se obrigado a regressar a leste para confrontar a ameaça de outra horda mongol. Em Setembro de 1260, em Ain Jalut, na Palestina, um exército mongol

MUNDOS EM GUERRA

foi derrotado pelos Mamelucos, uma dinastia de soldados-escravos turcos e circassianos. Esta batalha, que travou definitivamente o avanço mongol, tornou-se um dos momentos mais celebrados da história do Islão, e é habitualmente referida pelos militantes islâmicos a par da Batalha de Hattin e da conquista de Jerusalém. Com a derrota dos Mongóis, aquilo que fora o Império Abássida passou para as mãos dos Mamelucos. Composta pelos actuais Síria, Iraque, Egipto, Líbano e Palestina, a área foi retalhada por facções e tribos turcas divididas, nenhuma das quais constituía uma ameaça para os reinos cristãos do Ocidente, também eles desunidos.

Todavia, no início do século xiv, emergiu do coração da Anatólia um novo povo turco, o qual viria a destruir definitivamente o que restava do Império Romano do Oriente e, durante meio milénio, ameaçaria a existência da Europa Ocidental e da própria Cristandade: os Turcos otomanos.

Os Otomanos começaram por ser apenas um dos mais bem sucedidos dos muitos grupos tribais turcomanos da Ásia Central que combatiam pelo controlo das terras delimitadas pelo Mar Negro, o Mediterrâneo, o Egeu e o flanco oriental do cada vez menor Império Bizantino([1]). Derivaram o seu nome de Osman, o fundador lendário da dinastia. No princípio do século xv, Osman foi dotado de uma ascendência mítica legitimadora, remontando, através da tribo turca Oguz, ao próprio Noé, o qual teria alegadamente dado todo o Oriente ao seu filho Jafet e assim, por descendência, aos sultões otomanos. Na realidade, Osman era provavelmente um camponês, embora possuísse indubitavelmente dotes militares e autoridade pessoal. Em 1301, Osman dispunha já de seguidores suficientes para derrotar um exército bizantino na costa sul do Mar da Mármara, a poucos quilómetros da própria Constantinopla. Este êxito inicial deu aos Otomanos um prestígio considerável, e por alturas da morte de Osman, provavelmente em 1323, eles haviam já consolidado a sua autoridade sobre uma área substancial do Noroeste da Anatólia, entre o Império Bizantino, a oeste, e o Império dos Turcos seljúcidas – suseranos nominais de Osman –, a leste.

Quando surgem nos registos históricos, os Otomanos já são muçulmanos. Orhan, filho de Osman, descreveu-se como «Paladino da Fé», e em finais da década de 1330 os emires otomanos começaram a assumir o título de «Sultão dos Gazis». Um *gazi* era alguém que partia numa *ghaza* ou «guerra pela fé», um equivalente formal da *Jihad* árabe. Todavia, na prática, mais do que verdadeiros «Guerreiros Sagrados», os *gazis* eram maioritariamente salteadores, e contavam nas suas fileiras com um elevado número de cristãos renegados – gregos e árabes. Tal como todos os senhores fronteiriços, os Otomanos iam alternando entre as boas relações e a hostilidade face aos seus vizinhos; os cristãos das áreas sob o seu controlo parecem ter praticado livremente a sua religião, e os casamentos entre os dois grupos não eram invulgares. Devido às suas origens, e não obstante a reputação de ferocidade e tirania que adquiriram no Ocidente cristão, os Otomanos viriam a constituir o mais tolerante, pragmático e extenso de todos os impérios muçulmanos. Aliaram-se frequentemente aos seus inimigos cristãos – ocidentais e orientais –, e Orhan chegou mesmo a desposar a princesa bizantina Teodora.

Em 1326, Orhan conquistou a cidade bizantina de Bursa, que se tornou a capital dos domínios otomanos, em rápida expansão, e permaneceu o local de sepultura para membros da casa real mesmo depois das conquistas de Adrianopla, em 1362, e Constantinopla, em 1453. Em 1331, a cidade de Niceia (hoje Iznik) caiu após um prolongado assédio que, segundo o viajante marroquino Ibn Battuta, que a visitou pouco depois da sua capitulação, a deixou «num estado ruinoso e despovoada, excepto alguns homens ao serviço do sultão»([2]). Tornara-se evidente ao imperador bizantino, Andrónico, que a menos que chegasse a acordo com o sultão otomano, o que lhe restava do império desapareceria em poucos anos. Assim, em 1333, fez uma humilhante visita a Orhan, que sitiava Nicomédia (hoje Kocaeli). Em troca do pagamento de um tributo, o outrora poderoso sucessor de Constantino, o Grande, foi autorizado – temporariamente – a manter os poucos territórios que ainda possuía na Anatólia (mas isto não salvou Nicomédia, que foi forçada a capitular quatro anos mais tarde). Andrónico preservou precariamente as suas fronteiras durante vinte e oito anos mas depois, em 1361, Murad I ocupou a cidade trácia de Adrianopla – que se converteu em Edirne – e a dissolução do mundo bizantino recomeçou.

A leste, os Otomanos foram também absorvendo lentamente os outros emiratos turcomanos e muçulmanos. Quando Orhan morreu, em 1362, o Estado otomano estendia-se do Sul da Trácia até Ancara, a capital da moderna Turquia. Era uma máquina militar formidável. O núcleo compunha-se do corpo dos janízaros – os *yeniçeri* ou «nova tropa» –, criado pelo sucessor de Orhan, Murad I. Os janízaros eram obtidos através de um imposto chamado *devşirme*, cobrado às comunidades cristãs e pago sob a forma de rapazinhos, muitas vezes bebés, que eram levados e criados como muçulmanos, para se tornarem membros de uma casta de guerreiros de elite. Constituiriam o principal recurso dos exércitos otomanos até ao século XIX, quando se tornaram um impedimento ao progresso e foram definitivamente abolidos pelo sultão Mahmud II, em 1826.

Entretanto, no seu assediado enclave, os imperadores bizantinos tentavam desesperadamente conseguir auxílio do Ocidente latino. Não era fácil. As Igrejas oriental e ocidental andavam às turras pelo menos desde a coroação de Carlos Magno, no ano de 800. Os Gregos acusavam os latinos de inclinações judaicas porque jejuavam ao sábado. Diziam-se chocados pelo facto de os sacerdotes latinos fazerem a barba, e não viam nenhuma razão para estarem proibidos de se casarem. E também sentiam algum desconforto face à doutrina do Purgatório – uma invenção latina relativamente tardia –, que lhes parecia sugerir que os simples mortais poderiam dispor de informações precisas sobre o que Deus pretendia fazer com as almas errantes após a morte. Por seu lado, os latinos achavam a crença dos Gregos nas «incriadas Energias de Deus» demasiado mística para ser compreensível, e consideravam o ritual ortodoxo grego – tal como a maioria dos aspectos da vida bizantina – excessivamente «oriental».

Mas o debate mais acesso prendia-se com a utilização do pão ázimo na Eucaristia. Os latinos insistiam no pão ázimo, argumentando razoavelmente que, com toda a probabilidade, fora o que Cristo usara na Última Ceia. Os Gregos, hostis a tais historicidades, insistiam que o pão ázimo era um insulto ao Espírito Santo. Só o melhor pão era digno de se tornar a carne de Cristo. Um termo que os Gregos empregavam amiúde para insultarem os cristãos latinos era «azimitas», «não levedados», o que implicava não só que comiam um alimento inferior, mas também que não tinham sido tocados pelo Espírito Santo.

Desde 1054, quando o papa excomungara o patriarca de Constantinopla, Miguel Cerulário, e este respondera lançando um anátema sobre o sumo pontífice, a Igreja Ortodoxa Grega fora rotulada pelo Ocidente latino de cismática e heterodoxa. Do ponto de vista histórico, isto era obviamente um absurdo. O cristianismo fora uma religião greco-oriental muito antes de se tornar latino-ocidental. Na perspectiva da Igreja Ortodoxa Grega, a «Grande Igreja» – como lhe chamavam os seus fiéis – era *a* Igreja. Não obstante a aceitação da primazia do papa sobre todos os outros patriarcas, a trânsfuga era Roma.

Mas estes pormenores históricos eram pouco importantes. O que estava em jogo nesta luta entre pontífice e patriarca era a autoridade. De quando em quando, o papado exigia insultuosamente que a Grande Igreja abrisse mão da sua independência e aceitasse a união com Roma para formar uma

O Presente Terror do Mundo

única e verdadeira Igreja «Católica»(*), na qual, inevitavelmente, o papa se converteria no líder indisputado de toda a Cristandade. Enquanto puderam, os imperadores bizantinos ignoraram estas exigências. Ao contrário do imperador ocidental, o *basileus* mantivera a estreita associação com a Igreja que fora criada por Constantino. Era o vice-rei ungido de Deus na terra, pelo que aceitar a união com Roma significaria efectivamente abdicar de grande parte da sua autoridade política. E se isto não bastasse, as memórias ainda bem presentes da ocupação latina de 1204-1261 eram suficientes para tornar qualquer grego nervoso quanto ao deixar os indisciplinados e rapaces cavaleiros latinos aproximarem-se dos seus territórios. Os patriarcas ainda eram mais opostos à união do que os imperadores. A união com Roma significava não só o eventual desaparecimento da sua independência, mas também a extinção definitiva da Grande Igreja. Se tinham que ser governados por estrangeiros, preferiam que fossem muçulmanos, que pelo menos não queriam saber que tipo de pão era usado na Eucaristia e que certamente deixariam a hierarquia eclesiástica intacta. Nas alegadas palavras do último grande ministro de Bizâncio, o *megadux* Lucas Notaras, «mais vale o turbante do sultão do que o chapéu do cardeal»([3]) (ironicamente, alguns meses depois da queda de Constantinopla, ele foi decapitado às ordens de Mehmed por – reza a história – ter recusado entregar o filho «para deleite do sultão»).

Todavia, desesperado face ao inexorável avanço dos Otomanos para ocidente, o imperador João V Paleólogo, filho de mãe latina e talvez por isso menos hostil a Roma do que os seus predecessores, pediu ajuda ao papa, esperando convencer os latinos de que o inimigo era comum. Em 1355, escreveu a Inocêncio VI, comprometendo-se a converter todos os seus súbditos num prazo de seis meses se o papa lhe fornecesse cinco galés e mil infantes. Até ofereceu enviar o seu segundo filho, Manuel, para ser educado na corte papal, e abdicar em seu favor caso não conseguisse concretizar a união prometida. Mas o papa não tinha navios nem tropas para enviar. Tudo o que pôde oferecer foi um legado papal, portador da sua bênção. Em 1364, João procurou auxílio junto de outro Estado cristão ortodoxo, a Sérvia, e face ao insucesso virou-se para o rei Luís da Hungria. Também não teve sorte. Em 1369, desesperado, deslocou-se pessoalmente a Roma e submeteu-se publicamente ao papa. Mas nenhum clérigo o quis seguir, e ele regressou a casa de mãos vazias.

(*) Do Lat. *catholicu* < Gr. *katholikós*, universal. (*N. do T.*)

MUNDOS EM GUERRA

Dois anos mais tarde, o rei da Sérvia reuniu um exército e marchou para leste, mas foi atacado de surpresa pelos Otomanos em Chernomen (Cirmen), no rio Maitsa, e os seus homens foram massacrados em tão grande número que o local da contenda ficou conhecido por «Destruição dos Sérvios». A batalha pôs termo ao reino sérvio do Sul e converteu em vassalos otomanos os Sérvios e os súbditos dos três soberanos búlgaros que se lhes tinham juntado.

Ficara aberto o caminho para a Macedónia e para os Balcãs, mas passaram-se dezoito anos até os Otomanos conseguirem aproveitar a situação. Em 15 de Junho de 1389, em Kosovo Polje, o «Campo dos Melros», perto da cidade de Pristina, Murad I derrotou um exército de Sérvios, Albaneses e Polacos, e incorporou a Macedónia no Estado otomano. A Batalha de Kosovo veio a ser considerada um ponto de viragem na história da Sérvia, o momento em que uma presença estrangeira, muçulmana e oriental se estabeleceu num reino cristão que, não sendo exactamente ocidental, era certamente europeu. E não foi esquecida. Na subsequente história sérvia, a batalha foi representada como tendo imposto a todos os Sérvios o dever de lutarem contra o odiado jugo otomano e muçulmano até ao dia em que voltassem a ser um povo livre. «Quem não combater em Kosovo», escreveu, em 1814, o poeta nacionalista Vuk Karadzic,

> Nada lhe crescerá do que as suas mãos semearam
> Nem o trigo branco nos campos
> Nem as uvas na sua montanha.

Lazar(*) foi declarado um santo, e até representado como Cristo em quadros dos séculos XIX e XX, rodeado por doze cavaleiros-discípulos. Na década de 90 do século XX, durante as guerras civis que se seguiram ao colapso da Jugoslávia, as relíquias do príncipe-Cristo Lazar percorreram em procissão a província do Kosovo, e as atrocidades posteriormente cometidas pelos Sérvios cristãos contra a minoria muçulmana e largamente secularizada – cujos membros tinham sido significativamente rotulados de «turquizados» pelos Sérvios cristãos – foram frequentemente justificadas como uma vingança pelo «martírio» de Lazar e pelo «gólgota sérvio»(4).

Os Sérvios tinham sido aniquilados no «Campo dos Melros», mas conseguiram alcançar um sucesso notável. Murad foi morto por um cer-

---

(*) O príncipe Stefan Lazar, comandante das forças sérvias. (*N. do T.*)

O PRESENTE TERROR DO MUNDO

to Milos Obilic, posteriormente comparado por Vuk Karadzic a Aquiles e apresentado como modelo para todos os Sérvios. Quando a notícia da morte do sultão chegou à Europa, o rei Carlos VI de França mandou cantar uma missa de graças em Notre Dame. Mas se Carlos pensava que a morte do sultão pararia o avanço otomano sobre a Europa estava enganado. A Murad sucedeu Bajazeto, seu filho, o qual, na Primavera de 1394, cercou a própria Constantinopla. O fim do Império romano do Oriente parecia ser apenas uma questão de tempo.

Mas o que contava era precisamente o tempo. Antes da utilização da pólvora, uma cidade tão bem defendida como Constantinopla, apresentando no lado de terra duas maciças muralhas concêntricas, quase inexpugnáveis, só podia ser obrigada a submeter-se cortando-lhe o aprovisionamento. Embora a grande cidade pudesse ser isolada por terra, era muito difícil, mesmo para a marinha otomana, cada vez mais poderosa, impedir o abastecimento por mar. Bajazeto não foi o primeiro soberano muçulmano a descobrir este facto. Tinham sido feitas onze tentativas de conquista da cidade desde um primeiro cerco árabe, cerca do ano de 650, no qual participara supostamente Ayyub Ansari, um dos companheiros do Profeta. Decorridos oito anos de cerco pelos exércitos de Bajazeto, a cidade continuava invicta. É impossível dizer por quanto tempo mais teria o bloqueio continuado, porque Constantinopla não foi salva pelos seus defensores, mas sim por uma inesperada invasão que partiu de leste e que quase extinguiu o Estado otomano.

Ao princípio da manhã de 28 de Julho de 1402, os exércitos do lendário chefe turco-mongol Timur-i-Lang, Timur, o Coxo, conhecido na Europa por Tamerlão ou Tamburlaine, enfrentaram um exército otomano reunido à pressa na planície junto de Ancara. Ao anoitecer, Timur, cujos trinta e dois elefantes haviam bombardeado os Otomanos com fogo grego, tinha destruído as forças de Bajazeto, capturado o sultão e o filho, Musa, aprisionado o seu harém e destituído o monarca turco da maior parte do território que ele adquirira ao longo da sua vida. Bajazeto morreu em Março do ano seguinte, na cidade de Aksehir, em circunstâncias algo misteriosas.

Quando chegaram à Europa, as notícias da vitória mongol foram saudadas com regozijo. Timur, apesar de muçulmano e de ser tão inimigo da Cristandade como fora Bajazeto, passou a ser visto como um salvador, e a história do seu triunfo sobre os Otomanos foi um tema popular durante muitos anos. A peça *Tamburlaine the Great*, de Christopher Marlowe, um sucesso imediato de popularidade, estreou em Londres em 1597, mais de um século após a batalha e três anos depois de a Inglaterra ter iniciado relações comerciais formais com os Otomanos. Em 1648, o tema ainda foi apelativo para o dramaturgo francês Jean Magnon, que encenou uma versão fantasiosa da história, com Bajazeto no cativeiro, acompanhado pela mulher e pela filha. Handel compôs uma ópera intitulada *Tamerlano*, em 1725, e o mesmo fez Antonio Vivaldi, dez anos depois, com *Bajazet*. A maior parte destas obras eram apenas dramatizações, com um bom enredo e o tipo de cenário exótico que deleitava o público dos séculos XVI e XVII, tal como acontecia com as histórias sobre a Roma e a Grécia antigas. Mas nem todas eram assim. Enquanto o sultanato otomano permaneceu bem presente no horizonte mental europeu, como ameaça à segurança da Europa e imagem exemplar do despotismo oriental, a história da sua quase aniquilação continuou a ser imensamente gratificante.

A Batalha de Ancara permitiu ao Império Bizantino sobreviver mais meio século. Contudo, não foi o fim da ascensão aparentemente ineludável dos Otomanos, e constituiu um incentivo para a sua consolidação. Em 1403, Timur retirou para oriente, e morreu dois anos mais tarde, a caminho da China. Em 1415, após uma prolongada luta pela sucessão, Mehmed I, o sucessor de Bajazeto, tinha já recuperado praticamente todos os antigos territórios otomanos na Anatólia. Constantinopla, que beneficiara de mais de uma década de relativa tranquilidade – durante a qual o imperador se libertara do seu estatuto de vassalo, expulsara os mercadores otomanos residentes na cidade e destruíra a mesquita que fora construída para eles – voltou a estar ameaçada.

Mas foi somente depois da morte de Mehmed, em 1421, que o seu filho, Murad II, tentou de novo apoderar-se da cidade. Em Agosto de 1422, os seus engenheiros construíram uma enorme plataforma de pedra a todo o comprimento das muralhas do lado de terra, a partir da qual ele bombardeou a cidade com a sua artilharia. Como de costume, o imperador, João VIII Paleólogo, apelou ao Ocidente. Como sempre, não chegou nenhuma ajuda. Todavia, no princípio de Setembro, Murad foi obrigado a abandonar o cerco. Apesar de breve e infrutífero, o assédio demonstrara claramente até que ponto o uso da artilharia alterara as regras do jogo. A antiga estratégia de cerco, que se revelara tão eficaz, já não era necessária. Agora, bastava apenas reunir canhões suficientes e suficientemente poderosos para abrir brechas nas muralhas. Tornado óbvio este facto, Constantinopla estava condenada, a menos que o Ocidente fosse

O Presente Terror do Mundo

persuadido a lançar uma campanha massiva e sustentada em sua defesa. Os imperadores bizantinos estavam cientes da situação e redobraram os seus esforços para obterem algumas garantias de auxílio por parte dos seus correligionários da Europa.

Tiveram algum sucesso inicial. Em 1439, a união entre as Igrejas latina e grega, há muito adiada, foi finalmente consumada no Concílio de Florença. Após meses de deliberações sobre abstrusas questões teológicas, enquanto a delegação grega era – dizia-se – privada de conforto e alimento suficientes, o imperador João VIII cedeu finalmente à maioria das exigências do papa – embora a Igreja Ortodoxa Grega fosse autorizada a continuar a usar pão levedado. Porém, ao regressar a Constantinopla, o imperador teve a maior dificuldade para persuadir qualquer dos seus súbditos a aceitar os termos da união. Quando morreu, cansado e desiludido, em 1448, já a união se tornara efectivamente letra morta, e o seu sucessor, Constantino IX – que viria a ser o último imperador romano do Oriente –, nada fez para a impor aos súbditos que ainda lhe restavam, e em 1453 era já tarde demais.

Em finais do século XIV, Bizâncio carecia de qualquer importância estratégica e não constituía uma ameaça militar real para as ambições otomanas. A grande cidade de Constantino e o pouco que restava do Império Bizantino nunca tinham recuperado completamente da ocupação latina de 1204-1261. Em 1400, quando o imperador Manuel II Paleólogo, em desespero de causa, visitou Henrique IV de Inglaterra na vã tentativa de recrutar tropas para defender os seus domínios em vias de extinção, o advogado Adam de Usk, que o viu e admirou a sua cultura e as suas imaculadas vestes brancas, reflectiu tristemente, «que penoso é que este grande príncipe cristão seja levado pelos sarracenos a deslocar-se do longínquo Oriente até estas distantes terras ocidentais em busca de ajuda contra eles». «O que é feito de ti», perguntou ele, «antiga glória de Roma?»[5].

A antiga glória de Roma, o outrora poderoso Império Bizantino, fora reduzida a pouco mais do que a própria cidade de Constantinopla e os campos circundantes. Era um lugar melancólico e moribundo, cuja população, em finais do século XIII, diminuíra para uns meros cem mil habitantes e continuava a diminuir. Quando Ibn Battuta visitou a cidade, em meados do século XIV, contou treze lugarejos intramuros, restos de dos prósperos distritos da grande urbe. Em muitas deles, escreveu, «pensaríamos que estávamos nos campos, com rosas bravas florindo nas sebes primaveris e rouxinóis cantando nos ramos»[6].

251

MUNDOS EM GUERRA

Mas independentemente da condição em que se encontrava, Constantinopla ainda era a «Maçã Vermelha» – *Kizil Elma*(*) – a capital do antigo Império Romano, reconhecida por muçulmanos e cristãos como a maior potência que jamais existira. Para o sucessor de Murad, Mehmed II, Constantinopla, não obstante o seu estado ruinoso, era o prémio mais ambicionado de todos, cuja posse o transformaria no senhor do mundo. Se não pudesse governar um império que incluísse Constantinopla, disse ele aos seus ministros, preferia não governar império nenhum([7]).

Mas não seria fácil conquistar a cidade. Apesar da sua população diminuída e da decadência das suas defesas, os 22 km de muralhas que cercavam a cidade ainda eram considerados quase inexpugnáveis, mesmo face à artilharia. Consequentemente, Mehmed preparou o seu assalto com muito cuidado. Começou em 1451, construindo, com espantosa rapidez, uma fortaleza 5 km a norte da cidade. Chamada Bogazkesen, «Cortador do Estreito» (ou «Cortador da Garganta»), e hoje Rumeli Hisar, destinava-se a servir de base avançada para o assédio e proteger a travessia do Bósforo pelas tropas otomanas. Em resposta à visão desta fortaleza que se erguia mesmo debaixo do seu nariz, o imperador Constantino prendeu todos os turcos residentes em Constantinopla, mas depois, compreendendo a futilidade do gesto, libertou-os. De seguida, enviou embaixadores a Mehmed, na esperança de obter a garantia de que a nova fortaleza não se destinava ao seu claro propósito. Mehmed atirou-os para a prisão e depois mandou decapitá-los. Foi o equivalente a uma declaração de guerra.

Mais uma vez, o imperador apelou urgentemente ao Ocidente. Mais uma vez, recebeu apenas respostas evasivas e condicionais. Ingleses, Franceses e borgonheses explicaram que necessitavam de todas as tropas de que dispunham para se digladiarem entre si. As repúblicas marítimas de Génova e Veneza estavam relutantes em porem em risco as harmoniosas mas sempre precárias relações comerciais que mantinham com o mundo muçulmano ao auxiliarem um aliado do qual desconfiavam e cujo destino, na sua opinião, já estava efectivamente traçado. Excluindo os residentes latinos de Constantinopla e arredores, maioritariamente genoveses e venezianos, os Gregos estavam entregues a si próprios. A Cristandade latina, que os traíra em 1204, ia traí-los de novo.

(*) Referência a um antigo mito turco segundo o qual a soberania universal, representada pela maçã, é restaurada aos turcos. (*N. do T.*)

No dia 5 de Abril de 1453, o exército de Mehmed chegou às muralhas exteriores da cidade. Segundo o mercador veneziano Nicolò Barbaro, que as viu chegar, as forças otomanas numeravam 160 000 homens. Mas foi apenas uma estimativa. Outros relatos, todos eles cristãos, põem o número entre 200 000 e 400 000. Os efectivos eram maioritariamente muçulmanos, reunidos em todo o império. Mas eram acompanhados por renegados de toda a espécie, na expectativa de ricos despojos, incluindo um grande contingente comandado por Djurajd Brankovic, rei da Sérvia, e até alguns gregos.

Mehmed mandou montar a sua tenda atrás da linha da frente, virada para a Porta de São Romano, e ficou à espera.

Dentro da cidade reinava o terror, agudizado por sinais inequívocos da calamidade que se avizinhava. Um ícone da Mãe de Deus, levado em procissão, escorregou das mãos do seu portador sem motivo aparente, e revelou-se tão pesado que foram necessários «grandes esforços e muitos gritos e orações de todos os presentes» para o levantar. No dia seguinte, a cidade foi envolvida por um denso nevoeiro que, segundo o cronista grego Kristovoulos, «indicou claramente a partida da presença divina»([8]). Os portentos eram mais do que credíveis. A população masculina da cidade era de aproximadamente 30 000 indivíduos, mas o estadista bizantino Jorge Frantzes estimou que menos de 5000 podiam e queriam combater (alguns historiadores latinos viriam a observar desdenhosamente que os Gregos, mesmo quando estava em causa a sua sobrevivência, preferiam discutir o sexo dos anjos do que fazer a guerra)([9]). Estava também presente um punhado de latinos, quase todos Genoveses da colónia de Galata, na costa ocidental do Bósforo, reforçados por 5000 soldados comandados pelo lendário corsário Giovanni Giustiniani.

Mehmed colocou nada menos de catorze baterias de artilharia a quase todo o comprimento da linha exterior de muralhas, chamada «Muralha de Teodósio». Todos estes canhões tinham sido fabricados por um fundidor húngaro renegado chamado Orbain, da cidade de Edirne, e eram muito maiores do que qualquer peça de artilharia que os cristãos tivessem alguma vez visto. O maior conseguia disparar uma bala de 550 kg a mais de quilómetro e meio – uma distância enorme para a época. Foram necessários vinte pares de bois para rebocar cada canhão até à respectiva posição, com duzentos homens para apoiarem as enormes rodas dos reparos devido às irregularidades do terreno. No dia 12 de Abril, estes beemotes, alcunhados de «Basiliscos», começaram a bombardear a muralha o mais rapidamente que conseguiam ser recarregados pelas centenas de serventes. Dia após dia, as maciças balas de pedra arrancaram grandes pedaços de muralha, por vezes torres inteiras; hora após hora, enquanto toda a população aproveitava a noite para reconstruir o que podia, as defesas da cidade iam-se desmoronando(*).

O primeiro assalto teve lugar no dia 12 de Maio. Cerca de 50 000 homens lançaram-se sobre as portas de Adrianopla e Kaligaria. Mas depois de um dia de combates que deixou pilhas de cadáveres obstruindo as estradas, os Turcos retiraram. Decorridos seis dias, quatro torres de assédio gigantescas, verdadeiros «castelos de madeira» que os Gregos alcunharam de «conquistadoras de cidades», com os lados protegidos por três camadas de cortinas de couro, foram encostadas às muralhas. Mas os atacantes foram novamente repelidos, e durante a noite os Gregos esgueiraram-se sorrateiramente da cidade e incendiaram completamente as torres.

À semelhança de Xerxes, séculos antes, Mehmed esperara que o tamanho do seu exército, da sua marinha e das suas baterias de artilharia lhe concedesse uma vitória rápida contra uma cidade que estava, segundo todas as informações, escassamente defendida. Mehmed interrogou-se: será que, afinal, fora mal informado relativamente à capacidade de resistência dos cristãos? As tropas turcas, acostumadas a vitórias fáceis, estavam desmoralizadas devido aos repetidos fracassos e às suas enormes baixas, e não tardou que começassem a circular boatos no acampamento otomano, apontando para a aproximação de um gigantesco exército cristão. No dia 27 de Maio, Mehmed convocou um Grande Conselho para decidir o rumo a seguir. O grão-vizir, Halil Paxá, estava inclinado a considerar que a cidade seria mais útil ao sultão como um entreposto comercial cristão, e instou o seu amo a abandonar o cerco. No entanto, Mehmed decidiu lançar um último assalto geral. Se fracassasse, retiraria.

No dia seguinte, falou às tropas. Louvou-as pelo seu zelo, pela sua piedade e pela sua bravura, mas para garantir que não falhariam nas últimas horas também lhes prometeu grandes riquezas, «ouro, prata, pedras preciosas e pérolas valiosas». Acenou-lhes com a perspectiva de uma vida rodeados de jardins, belos edifícios públicos e casas magníficas, na com-

---

(*) Após a conquista de Constantinopla, o sultão mandou fundir 42 destes enormes canhões (18 t de peso e 760 mm de calibre) para guardar os Dardanelos. Em 1809, decorridos mais de trezentos anos, impediram uma esquadra britânica de forçar a passagem do estreito. (*N. do T.*)

O PRESENTE TERROR DO MUNDO

panhia de «mulheres muito belas, jovens e bem parecidas, virgens encanta-doras para desposarem, nunca vistas por olhos masculinos». E para os que tivessem outras inclinações haveria «também rapazes, muitos, muito belos e de nobres famílias». Prometeu-lhes, «como vosso despojo e saque», uma «grande e populosa cidade, capital dos antigos Romanos, líder de todo o mundo habitado»([10]).

Tudo isto foi registado por Kristovoulos, que embora não tenha estado presente no cerco parece ter interrogado muitos dos participantes, e ter co-nhecido Mehmed suficientemente bem para garantir a sua nomeação como governador da ilha de Imbos, no Egeu. O seu relato afigura-se demasiado sintonizado com as opiniões ocidentais acerca dos rapaces Turcos – em particular, a referência a virgens e rapazes – para ser entendido literalmen-te, mas o sentido geral soa a verdadeiro, nomeadamente a alusão a Cons-tantinopla como capital do *oikoumene*, o «mundo habitado», que Mehmed, o *Amir al-Mu'minin*, o «Comandante dos Fiéis» e os seus descendentes não tardariam a governar até ao fim da criação.

Mehmed enviou um emissário a Constantino. «Entreguemos este as-sunto nas mãos de Deus», disse ele. «Parte da cidade com todos os teus dignitários superiores e inferiores, e todos os teus haveres, e vai para onde te aprouver. Deste modo, o teu povo não sofrerá às minhas mãos nem às tuas. Ou preferes resistir e perder a tua vida e todos os haveres, os teus e os da tua corte, e ver as tuas gentes transformadas em escravos dos Turcos e dispersadas por todo o mundo?».

Foi a oferta tradicional que todo o guerreiro da *Jihad* era obrigado a fazer ao seu inimigo antes de lhe declarar guerra. Constantino recusou-a. Observou a Mehmed que a sua vitória não era garantida e que, em qualquer caso, «não está nas minhas mãos nem nas dos cidadãos que vivem na cida-de entregar-ta, porque todos nós decidimos, de livre vontade, morrer e não poupar as nossas vidas» em sua defesa([11]).

Cerca de três horas antes do alvorecer de terça-feira, 29 de Maio – dia que ainda é considerado de mau agoiro no mundo grego –, Mehmed deu a ordem para o assalto final. Os Gregos conseguiram repelir as primeiras duas vagas de atacantes, mas as muralhas exteriores da cidade estavam praticamente em ruínas e, enquanto os enormes canhões de Orbain destru-íam o que delas restava, os janízaros, as tropas de elite do sultão, arrom-baram a Kerkoporta ou «Porta do Circo» e penetraram na cidade. A luta foi feroz, mas «ao fim da manhã», recordou o historiador otomano Tursun Bei, «o frenesim do terrível tumulto e a poeira da peleja tinham desaparecido»([12]). O imperador bizantino, de nome apropriadamente idêntico ao do fundador da cidade imperial, o último «romano» a governar em Constantinopla, tombou em combate. Ninguém sabe onde nem como morreu, mas uma cabeça que os conquistadores afirmaram ser a sua foi posteriormente exibida numa coluna de mármore no fórum de Augusto, e depois levada em digressão triunfal pela Anatólia, Arábia e Pérsia (mas ele já tinha vendido o título imperial de *basileus* ao rei Fernando de Aragão, o qual, em 1494, o vendeu a Carlos VIII de França – mas nem um nem outro tiveram o descaramento de o usar).

Durante três dias, o exército de Mehmed foi autorizado a saquear a cidade. «Esta multidão, constituída por homens de todas as raças e nações, congregada pelo acaso», caiu sobre a população indefesa, lamentou-se Kristovoulos, «como animais selvagens e ferozes, rapinando, roubando, pilhando, matando, insultando, tomando e escravizando homens, mulheres e crianças, velhos e novos, sacerdotes e monges – em suma, todas as idades e classes»([13]). O sangue correu pelas ruas «como se tivesse chovido», escreveu Nicolò Barbaro, e «os cadáveres eram atirados ao mar como os melões aos canais de Veneza»([14]). Não se vira nada de tão devastador no mundo cristão desde o Saque de Roma pelos vitoriosos Godos de Alarico, em 410. Segundo Kristovoulos, no fim, a contagem dos corpos, incluindo os mortos civis, deu «muito perto de quatro mil»([15]) (embora alguns observassem sarcasticamente que por muito má que a soldadesca muçulmana de Mehmed tivesse sido, não fora certamente pior do que os cavaleiros cruzados em 1204. Se os Turcos levaram mais do que os latinos, também é verdade que causaram muito menos destruição permanente).

Um dos que participaram na defesa da cidade foi o cardeal Isidoro de Kiev, um grego ao serviço do papado. Foi ferido nos combates e capturado pelos Turcos, mas conseguiu escapar e chegar a Candia, na ilha de Creta, controlada pelos Venezianos. Foi de lá que escreveu ao cardeal Bessarion, seu conterrâneo, desesperado e horrorizado pelo que vira: «Todas as ruas e avenidas, e até as vielas, estavam cheias de sangue e entranhas, abarrotadas com corpos esventrados e retalhados». Maomé, declarou ele, era o predecessor do Anticristo. Tal como Kristovoulos, e como Pelágio durante o saque de Roma, Isidoro estava particularmente perturbado pelo total desrespeito dos invasores pelas distinções sociais e sexuais. Queixou-se de que os saqueadores não tinham respeitado estatuto, sexo ou idade. Ele vira «mulheres nobres e bem nascidas arrastadas de suas casas com

O PRESENTE TERROR DO MUNDO

cordas amarradas ao pescoço». Esta brutalidade fora depois agravada por outro tipo de sacrilégio. «Logo que puderam», recordou ele, «entraram no templo conhecido por Hagia Sophia – e que é hoje uma mesquita turca – e derrubaram e despedaçaram todas as estátuas, ícones e imagens de Cristo e dos santos»([16]). Foi o fim. «A Cidade de Constantinopla», chorou ele, «está morta».

Ao fim da tarde do terceiro dia, quando já não havia mais nada para pilhar, o próprio Mehmed entrou na «Maçã Dourada», montado num cavalo branco. As «forças de peito férreo» da Ásia, que Públio Cornélio Cipião vira em sonhos séculos antes, tinham finalmente chegado. Escoltado por uma guarda de janízaros, Mehmed percorreu lentamente as ruas praticamente desertas até às portas de Hagia Sophia. Aí desmontou, pegou numa mão cheia de terra e deitou-a sobre o turbante em sinal de humilhação perante o deus que lhe concedera a vitória. Mais tarde, atravessou a praça e vagueou pelos salões semi-arruinados do Palácio Sagrado, e diz-se que terá murmurado para si próprio as palavras da *Sha-Namah* de Firdausi: «A aranha tece as cortinas do palácio dos Césares; a coruja marca as vigílias nas torres de Afrasiab»([17]).

Desde que os exércitos do califa Omar II tinham sido forçados a abandonar o primeiro cerco sustentado de Constantinopla, em 718, haviam-se disseminado por todo o mundo muçulmano profecias acerca do dia inevitável em que a grande cidade, último bastião do antigo inimigo, passaria para a *dar al-Islam*. Agora, com um sultão que tinha o nome do próprio Profeta, essas predições haviam-se finalmente concretizado. O sultão Mehmed II passou a ser conhecido, por muçulmanos e cristãos, como «o Conquistador».

Para o Ocidente, a queda de Constantinopla foi uma calamidade. Parecia assinalar a oclusão daquela parte da Ásia onde se originara tanta da cultura ocidental, e fez descer uma cortina sobre a Europa Oriental durante mais de quatro séculos. Não caíra apenas uma grande cidade cristã, o último bastião do império de Constantino no Oriente. Desaparecera também o último elo vivo com o antigo mundo grego. Num célebre e amplamente difundido lamento pela cidade, o papa Pio II escreveu, «Ó famosa Grécia, olha para o teu fim! Quem não chora por ti? Até hoje permaneceu, em Constantinopla, a memória da tua antiga sabedoria… Mas agora que os Turcos conquistaram e possuem tudo o que em tempos foi do poder grego, estou convicto de que as letras gregas estão acabadas». E todo este passado brilhante fora apagado por uma horda de bárbaros muçulmanos, saída das profundezas da Ásia([18]). «Um povo bárbaro», lamentou-se Lauro Quirini,

257

MUNDOS EM GUERRA

um veneziano de Candia que pertencia à casa do cardeal Bessarion, «um povo inculto, que vive sem leis nem costumes fixos, mas disperso [isto é, nómada], vago, arbitrário, pérfido e fraudulento, espezinhou um povo cristão de um modo infame e ignominioso». Pior ainda, na sua perspectiva, do que as matanças fora a destruição deliberada de toda uma cultura. «A língua e a literatura dos Gregos», declarou ele com algum exagero, «inventadas com tanta indústria e labor, e aperfeiçoadas durante tanto tempo, pereceram – ai, pereceram!»([19]).

A Grande Cidade começou a transformar-se rapidamente em «Istambul», um nome que deriva de uma corrupção da frase grega *is tin polin*, que significa «para a cidade», embora continuasse a ser oficialmente conhecida por «Konstantiniyye» em turco, até 1930, quando o nome foi alterado por lei([20]). A Hagia Sophia, uma igreja construída pelo próprio Constantino, o Grande, foi transformada numa mesquita. Foram-lhe acrescentados minaretes, os objectos do culto cristão foram removidos e substituídos por um nicho de oração e um púlpito. As bandeiras com as quais o vitorioso exército de Mehmed entrara na cidade foram penduradas nas paredes, e tapetes de oração que tinham supostamente pertencido ao Profeta foram dispostos pelo chão. A estátua colossal de Constantino, o Grande, com uma bola na mão, erguida a 543,9 m de altura e colocada sobre uma coluna com 30 m de altura que, segundo a lenda, duraria tanto tempo como o Império Bizantino, foi removida. Partes dela acabaram no Palácio Topkapi, construído por Mehmed no local da antiga acrópole bizantina. Foi lá que, na década de 40 do século XVI, o humanista francês Pierre Gilles viu a perna de Justiniano, que era, registou, mais larga que ele, e o nariz, que tinha «mais de 20 cm de comprimento»([21]).

Excluindo a incomodativa presença do Império Persa Timúrida a leste, Mehmed era agora senhor de toda a Ásia muçulmana. E também podia afirmar não apenas ser o herdeiro legítimo da sucessão de imperadores – Salomão, Constantino e Justiniano – que, miticamente e na realidade, tinham construído e reconstruído a cidade, mas também ter cumprido uma parte da profecia constante do *Hadith*, de que um dia um emir muçulmano conquistaria Constantinopla e Roma.

Excedendo o habitual tom de lisonja, o historiador cretense Jorge Trapezountios disse a Mehmed: «Ninguém duvida de que sois o imperador dos Romanos. Quem é legalmente senhor da capital do império é o imperador, e Constantinopla é a capital do Império Romano». Os sacros imperadores romanos nunca o aceitariam, mas com a queda da «Maçã Dourada» os Otomanos tornaram-se o único Estado do mundo aos quais os príncipes da Cristandade estavam dispostos a conceder o título de «império».

O Império Otomano era a maior potência do Oriente, e o sultão, embora só mais tarde viesse a assumir formalmente o manto dos califas, era o «comandante dos fiéis», o auto-designado líder do mundo islâmico. Consequentemente, talvez não seja de admirar que Mehmed, que ordenou – diz-nos o historiador veneziano Nicolò Sagundino – que lhe lessem Heródoto e Lívio em grego e latim, e que mandou copiar para a sua biblioteca a *Ilíada* e a *História das Expedições de Alexandre*, de Arriano, se tenha associado a Alexandre Magno[22]. Em 1462, em trânsito para atacar a colónia veneziana de Lesbos, Mehmed, emulando Alexandre, parou no suposto local de Tróia para homenagear os heróis da Guerra de Tróia. No entanto, foi com Heitor que Mehmed se identificou, não com Aquiles.

Kristovoulos registou as seguintes palavras de Mehmed:

> Foram os Gregos, os Macedónios, os Tessálios e os Peloponésios que devastaram este lugar no passado, e cujos descendentes, decorridos muitos anos, pagaram, através dos meus labores, o devido castigo pelas injustiças que perpetraram contra nós, asiáticos, nessa época e muitas outras vezes desde então[23].

Num fantasioso relato latino da conquista de Constantinopla, o «Grão-Turco» viola uma virgem na igreja de Hagia Sophia, enquanto grita que está a vingar a violação pelos Gregos de Cassandra, filha de Príamo, rei de Tróia[24].

No entanto, a relação de Mehmed com os seus novos súbditos gregos não era tão brutal nem destrutiva como a faziam aqueles que tinham fugido para o Ocidente. Mehmed estava, talvez mais do que qualquer sultão subsequente, decidido a governar um povo unido, próspero e, acima de tudo, disciplinado. Em Janeiro de 1454, libertou Jorge Gennadios Scholarios do seu cativeiro em Edirne e nomeou-o patriarca de Constantinopla. Diz-se que terá tido discussões regulares com Gennadios relativamente aos respectivos méritos do Islão e do cristianismo, do qual Gennadios escreveu uma breve história «objectiva» para ser traduzida para turco. O filósofo Jorge Amiroutzes também escreveu um livro para o sultão, explicando o muito que o Islão e o cristianismo tinham em comum, e sugerindo até que as duas religiões poderiam combinar-se numa só. As diferenças entre a

Bíblia e o Alcorão, argumentou ele, haviam sido exageradas por más traduções e pelos judeus, que eram responsáveis por exacerbarem as falsas percepções que cada religião formara acerca da outra. Mehmed não ficou impressionado por estes extremos de ecumenismo, mas devolveu à Igreja Ortodoxa os poderes e privilégios de que ela beneficiara sob domínio bizantino, juntamente com uma grande parte dos seus bens[25].

Todavia, a percepção que existia do outro lado dos Dardanelos era de que a Cristandade oriental desaparecera de vez. No seu lugar, encontrava-se a potência mais imponente a ameaçar as liberdades dos povos da Europa desde os tempos de Xerxes. Toda a Cristandade esperou para ver o que aconteceria a seguir. Iria Mehmed ficar onde estava e consolidar os seus ganhos? Ou deveriam esperar-se novas conquistas a ocidente? Toda a gente sabia que Constantinopla fora «Maçã Dourada» das ambições otomanas. Mas a cidade sagrada do Ocidente, onde ainda batia o coração da Cristandade, era evidentemente Roma, e o próprio Mehmed teria jurado que também Roma seria um dia incorporada na *dar al-Islam*.

Angelo Giovanni Lomellino, líder (*podestà*) da comunidade genovesa de Galata, que observava os acontecimentos do outro lado do Corno de Ouro, não tinha quaisquer dúvidas quanto ao que aconteceria a seguir. No dia em que Constantinopla caiu, escreveu ao irmão, em Génova, dizendo que «o sultão afirma que em dois anos estará em Roma»[26]. Isidoro de Kiev era da mesma opinião. Em Julho, escreveu ao papa Nicolau V para o avisar de que Mehmed ameaçava erradicar «o próprio nome dos cristãos», e para o caso de Nicolau não pensar que isto não se lhe aplicava também, Isidoro acrescentou que o objectivo final do sultão era «subjugar pelas armas a vossa cidade de Roma, líder do império dos cristãos».

No dia 30 de Setembro de 1453, Nicolau emitiu uma bula dirigida a todos os príncipes do Ocidente, instando-os a derramarem o seu sangue e o sangue dos seus súbditos numa nova cruzada contra o Anticristo de Constantinopla. Alegando insolvência ou a pressão dos assuntos domésticos, os príncipes da Cristandade – Carlos VII de França, Henrique VI de Inglaterra (o qual, aliás, tinha enlouquecido), o rei Afonso de Aragão e o imperador Frederico III – declinaram cortesmente. O papa virou-se para o governante mais rico da Europa, Filipe, o Bom, duque da Borgonha. Em Fevereiro de 1454, em Liège, Filipe deu um banquete durante o qual um faisão vivo, decorado com pedras preciosas, foi solto sobre a mesa real, enquanto um homem enorme, vestido à turca, cabriolava pelo salão ameaçando os convivas com um elefante de brincar, e um jovem chamado Olivier de la Marche (que narrou o evento no seu diário), vestido de donzela, representou os sofrimentos da Santa Igreja. Profundamente comovidos, os convidados ergueram-se em peso e juraram partir em cruzada. Mas era apenas uma pantomina. Nenhum daqueles que fez o «Juramento do Faisão», como veio a ser conhecido, deixou o seu lar[27].

Mas a ameaça turca tornou-se uma obsessão para o sucessor de Nicolau. Eneias Sílvio Piccolomini, eleito papa Pio II em 1458, era um humanista, um estudioso e poeta, e autor de comédias em latim. Para ele, a queda de Constantinopla significara não apenas a destruição de uma grande cidade cristã, mas também, e talvez mais significativamente, «a segunda morte de Homero e Platão»[28]. Pio II não era apenas culto, também era perspicaz e muito viajado. E tinha uma visão muito mais ampla do que os seus antecessores acerca das possibilidades e da necessidade de unidade entre os cristãos. Em 1459, iniciou uma digressão por Itália que culminou no Congresso de Mântua, em 1459, onde proclamou uma nova cruzada para reconquistar Constantinopla. O resultado foi apenas a tomada de uma resolução que ninguém estava disposto a cumprir. Seguiram-se quatro anos de altercações e questiúnculas. «Ansiamos por declarar guerra aos Turcos», escreveu posteriormente o papa, mas «se enviamos emissários para pedir ajuda aos monarcas, riem-se deles. Se impomos dízimas ao clero, apelam à convocação de um novo concílio... As pessoas pensam que o nosso único objectivo é acumular ouro. Ninguém acredita no que dizemos»[29].

Em 23 de Setembro de 1463, Pio II fez um discurso perante o colégio dos cardeais, exigindo novamente acção antes que os Turcos devastassem toda a Europa. Em Outubro, declarou formalmente uma nova cruzada que pretendia liderar pessoalmente, na vã esperança de que a visão do frágil e doente Vigário de Cristo zarpando sozinho ao encontro do Infiel envergonhasse os quezilentos príncipes da Cristandade e os levasse finalmente a agir. Em Junho do ano seguinte, partiu de Roma para o porto de Ancona, na costa do Adriático, de onde deveriam partir os exércitos cristãos combinados. Não estava lá ninguém. No dia 11 de Agosto, apareceram dois navios venezianos. Mas era tarde demais. Três dias depois, ainda à espera da armada que o conduziria finalmente ao Oriente, o papa morreu.

Pio II também tentara a diplomacia e a lisonja. Escrevera ao sultão uma longa carta – conhecida por *Carta a Mehmed* e distribuída por toda a Cristandade –, na qual propusera não só reconhecê-lo na sua pretensão de governante do Império Romano do Oriente, mas também transferir para ele o *imperium* do Ocidente, tal como seis séculos e meio antes, o seu antecessor, Leão III, através da coroação de Carlos Magno, o transferira (ou «trasladara», para usar o termo técnico) dos Gregos para os Francos. Bastaria ao sultão converter-se ao cristianismo. Afinal de contas, disse o papa – em termos muito pouco «papais» –, o que eram «algumas gotas de água baptismal» em troca do direito de governar todo o mundo romano[30]? Tal como o papa certamente sabia, foi um gesto fútil.

Mas Mehmed nunca chegou a Roma. De facto, passou a maior parte do resto do seu reinado a consolidar o seu domínio sobre os Balcãs e a proteger as suas fronteiras orientais. Quando morreu, aos 49 anos de idade, no dia 3 de Maio de 1481, o seu império estendia-se até ao Adriático, a oeste, à linha Danúbio-Sava, a norte, e englobava a maior parte da Anatólia, a leste. O Mar Negro, ponto de escoamento para o comércio de um vasto interior que chegava até à Polónia, à Lituânia, à Moscóvia e à Pérsia, convertera-se efectivamente num lago otomano[31]. É verdade que o Mediterrâneo permanecia dividido, mas ao tomar Constantinopla, Mehmed passara a controlar a sua extremidade oriental, e podia declarar ter concretizado o antigo sonho islâmico de se tornar «Soberano das Duas Terras e dos Dois Mares» – ou seja, da «Rumélia» (o Império Bizantino) e da Ásia, do Mediterrâneo e do Mar Negro.

Em 1480, perto do fim da sua vida, Mehmed encomendou o seu retrato ao pintor veneziano Gentile Bellini – uma atitude algo herética por parte de um governante muçulmano. O quadro, que hoje se encontra na National Gallery, em Londres, mostra o barbudo sultão de perfil, a três quartos, de turbante e tendo enrolado nos ombros o que parece uma enorme pele de lobo, o animal totémico dos Otomanos. Na base do quadro, uma inscrição descreve-o como *imperator orbis* – «imperador do mundo». Está enquadrado por arcos triunfais, à esquerda e à direita dos quais se vêem três coroas que simbolizam o número de reinos incluídos nos seus domínios, e as quatro flores feitas de pedras preciosas que aparecem no tapete, em primeiro plano, poderão ser uma alusão ao sonho que teria tido Osman, o fundador da dinastia, no qual fora prevista a conquista otomana do mundo. Também podem simbolizar a subjugação do mundo por Constantinopla, sendo as pétalas ou rubis os continentes, e as gemas pretas e brancas o Mar Negro e o Mediterrâneo[32].

O que é claro é que o eventual responsável pela iconografia pretendeu que o espectador soubesse que aquele imperador era o herdeiro de todos os soberanos da Ásia e da Europa. Quando o seu corpo embalsamado foi a enterrar, uma efígie do sultão seguiu em cima do caixão. Nunca um gover-

O Presente Terror do Mundo

nante muçulmano fora enterrado assim. Mas no ano de 337, o imperador Constantino, o Grande, fora. Mehmed não se assumira apenas como outro Heitor, outro Alexandre; mesmo depois de morto, representara-se como o novo Constantino. Este homem, «percursor do Anticristo, príncipe e senhor dos Turcos», estava às portas do mundo ocidental e cristão([33]).

Todavia, o fracasso de Mehmed no cumprimento da sua alegada jura de marchar sobre Roma não fez diminuir no Ocidente o receio de que continuasse a ser este o objectivo final dos seus sucessores. Desde 1480, quando forças otomanas tinham ocupado e saqueado a cidade de Otranto, na costa de Puglia, em Itália, a marinha turca, apoiada pelos piratas da costa da Barbaria, cruzava o Leste e o Sul do Mediterrâneo, criando uma atmosfera de alarme quase constante. Ao longo das costas do Sul de Itália e do Sul de Espanha, construíram-se torres, muitas das quais ainda existem, para manter uma permanente vigia face aos assaltantes. Ainda hoje se diz «anda mouro na costa», um alerta para indícios de que algo inesperado ou perigoso pode acontecer. Nos círculos humanistas e literários, eram frequentes os apelos a uma nova cruzada, ao aparecimento de um novo Pausânias – o rei espartano que comandara as forças gregas na Batalha de Plateia, que expulsara definitivamente os Persas de solo grego – ou de um novo Cipião, o Africano, para lidar com este novo Aníbal.

Os receios não se circunscreviam ao Mediterrâneo nem às fronteiras orientais da Cristandade. Nas palavras de um observador anónimo inglês, em 1597, «o terror que o seu nome inspira ainda deve fazer os reis e príncipes do Ocidente, com as relíquias fracas e desmembradas dos seus reinos e Estados, tremerem e estremecerem com medo das suas forças vitoriosas»([34]). Estava a exagerar. Nem todos os reinos e Estados dos governantes da Cristandade eram tão fracos e desmembrados como ele julgava. Mas havia certamente muitos que tremiam de medo, e com razão. Até na longínqua Islândia os cristãos rezavam para serem libertados «do terror do turco» (e os seus receios eram justificados; em 1627, corsários norte-africanos apoiados pelos Otomanos internaram-se no Mar do Norte e apoderaram-se de quatrocentos cativos para venda nos mercados de escravos da Argélia). Aquilo a que o historiador inglês Richard Knolles chamara «o glorioso império dos Turcos» tornara-se, para todos quantos viviam ainda fora das suas fronteiras, «o presente terror do mundo»([35]).

A cada vitória turca seguiam-se apelos ao lançamento de uma nova cruzada, desta vez não com o objectivo de recuperar a Terra Santa, mas de expulsar os Turcos da Europa, de Constantinopla e talvez mesmo de todos os territórios que outrora haviam constituído o Império Bizantino. Em 1517, o papa Leão X solicitou um relatório sobre o assunto aos seus cardeais, que lhe responderam que estando os Otomanos manifestamente empenhados na destruição da Cristandade, não havia alternativa a uma cruzada. Mas embora o imperador Maximiliano tivesse proposto uma trégua de cinco anos entre os príncipes da Cristandade, de modo a que pudessem concentrar os seus esforços contra o inimigo comum, nada resultou desta iniciativa nem das outras que se lhe seguiram. As chamadas Cruzadas lançadas a partir de finais do século XIII tiveram como alvo seitas cristãs dissidentes, consideradas heréticas pela Igreja, e não os muçulmanos[36].

Nenhum pontífice poderia fazer muito mais além de pontificar – e reunir dinheiro. Para se realizar, uma nova cruzada, tal como as anteriores, teria que ser dotada de recursos humanos e financeiros pelos governantes seculares da Europa. E sempre que possível, estes preferiam a diplomacia ao conflito. Enquanto os seus líderes se envolviam em intermináveis quezílias, o cristianismo assistiu ao lento avanço dos Otomanos na Europa. No fim do ano de 1461, tudo o que restava do *oikoumene* bizantino – o ducado de Atenas, o despotado da Moreia e o Império de Trebizonda – tinha já passado para as mãos dos Turcos. A Sérvia capitulou em 1459, a Bósnia quatro anos depois. A Albânia foi conquistada em 1468. No outro lado do Danúbio, o Estado transilvano da Valáquia, que mantivera uma precária independência sob a liderança do infame Vlad Dracul – conhecido por «Empalador» devido ao seu método favorito para eliminar os adversários e fonte de inspiração para o «Conde Drácula», o vampiro de Bram Stoker – caiu em 1504. E assim sucessivamente. Depois de fracassos sofridos em 1440 e 1456, à terceira tentativa, em 1521, um exército otomano apoderou-se da cidade húngara de Belgrado. E com Belgrado, lamentou-se Paolo Giovio, historiador e bispo de Nocera, caíram «as defesas não apenas da Hungria, mas de toda a Cristandade», deixando o mundo civilizado à mercê do «bárbaro turco»[37].

Em Agosto de 1561, o sultão Solimão I derrotou Luís II da Hungria e da Boémia nos pântanos de Mohács, cujas águas lamacentas se fecharam sobre a cabeça do infeliz monarca antes de ele conseguir escapar à cavalaria otomana que o perseguia. Na época, a Batalha de Mohács pareceu uma vitória magnífica para os Otomanos, mas no longo prazo veio a revelar-se pírrica. De facto, a morte de Luís colocou no trono húngaro Fernando II, o arquiduque habsburgo de Viena, irmão do sacro imperador romano, Carlos V,

O Presente Terror do Mundo

senhor de Espanha, da América espanhola, de grande parte de Itália, da Holanda e de extensos territórios na Europa Central. Os Otomanos tinham agora pela frente a maior e mais unida potência cristã que haviam alguma vez enfrentado. Na expressão do poeta italiano Ludovico Ariosto, havia agora «dois sóis» brilhando sobre o globo, e dois soberanos competindo pela supremacia mundial: um imperador cristão no Ocidente e um sultão muçulmano no Oriente.

Solimão I, chamado «o Magnífico» na Europa, criou uma imagem imperial para si e para a sua dinastia que ultrapassou inclusivamente tudo o que Mehmed II criara. Ele via-se como o herdeiro de Alexandre Magno, como o «Último Imperador Mundial» que destruiria o seu rival, Carlos V, e depois marcharia para ocidente e conquistaria Roma. Desde que subiu ao trono, assumiu o papel do governante perfeitamente justo, de grande codificador da lei, creditado pelo jurista otomano Kinalizade Ali Cebeli – um observador talvez pouco imparcial – por ter tornado realidade a «Cidade Virtuosa na Terra». Foi o construtor de instituições burocráticas ao estilo ocidental, que permitiriam ao Império Otomano, pelo menos durante algum tempo, ultrapassar as tensões internas entre o sultão e os seus governadores provinciais, que tinham sido a desgraça do califado abássida. Solimão era o defensor do Islão sunita e ortodoxo contra o Sacro Império Romano, a ocidente, e o império xiita e heterodoxo dos Safávidas, a oriente. Tal como os seus adversários ocidentais, Solimão ansiava por ver-se como o beneficiário de uma tradição apocalíptica ligeiramente baseada no Livro de Daniel, que era lida como tendo previsto que nos finais do século XVI nasceria o Grande Ano, no qual uma religião verdadeira (o cristianismo católico para Carlos V, o Islão sunita para Solimão) triunfaria sobre todas as outras, passando a existir um único império na terra, governado por um soberano divinamente nomeado – o *Sahib-Kiran*, «Imperador da Última Era».

Preparando-se para esta transformação, Solimão, embora não pudesse pretender ser descendente dos Coraixitas – todos os califas sunitas eram –, assumiu o título de califa([38]). Na época, verdade seja dita, o gesto não significou grande coisa, nem lhe foi atribuído grande significado. A designação de «califa» era puramente política, e dado que Solimão governava a maioria das terras outrora ocupadas pelos Abássidas (excepto a Pérsia), tinha uma boa justificação política para se apropriar dos seus títulos. Quando se curvava perante o sultão, o grão-vizir Ibrahim Paxá chamava-lhe não apenas *zill Allah* – «Sombra de Deus» –, um título islâmico convencional para o Comandante dos Fiéis, mas também «governante universal e refúgio do mundo» e «governante universal do mundo habitado» – que não eram. Em 1560, quando mandou construir a grande mesquita de Istambul, Solimão ordenou a colocação de uma inscrição sobre o portal da entrada principal, onde se lê: «conquistador das Terras do Oriente e do Ocidente com a ajuda de Deus Todo-poderoso e do seu vitorioso exército, Possuidor dos Reinos do Mundo»([39]).

Em 1529, Solimão voltou a marchar para ocidente, com a mira na capital do imperador Fernando I, Viena. Contudo, desta vez, o sultão, como tantos outros líderes imperiais anteriores e posteriores, excedeu as suas capacidades. A natureza centralizada do Estado otomano requeria que o exército, recrutado em todas as províncias do império, se concentrasse nos arredores de Istambul antes de partir em campanha. Foram necessários meses. Depois, já em marcha, o exército foi atrasado por chuvas intensas e inundações, e levou mais de quatro meses a chegar a Viena. As tropas estavam desmoralizadas e exaustas, e as provisões começavam a escassear. Decorridas apenas três semanas, Solimão levantou o cerco e retirou para Istambul. Embora as condições meteorológicas tivessem provocado mais danos às forças otomanas do que os Austríacos, os relatos ocidentais apresentaram o acontecimento como outra Maratona, outro momento em que a torrente de barbárie que irrompia do Oriente fora repelida por uma força ocidental numericamente inferior mas heróica.

Mas o júbilo pelo fracasso do cerco foi seriamente ensombrado, na mente ocidental, pelo puro atrevimento da empresa e pela devastação que os exércitos de Solimão tinham deixado à sua passagem. Se as forças do sultão conseguiam penetrar tão profundamente no coração da Cristandade, através de um terreno proibitivo, cruzado por poderosos rios, entre os quais o Danúbio, não poderiam também, com muito menos dificuldade, apoderar-se de outra capital cristã, como Roma, de fácil acesso por mar? Em 1534, alarmado por esta perspectiva, o papa Paulo III encomendou ao arquitecto Antonio da Sangallo a construção de uma muralha protectora em redor da Cidade Eterna, ostentando nada menos de dezoito bastiões. A escassez de fundos obrigou-o a abandonar o projecto, mas permaneceu o receio de que Solimão regressasse um dia para cumprir a jura de Mehmed.

Para Solimão, Viena fora apenas uma contrariedade. Em 1551, o porto de Trípoli, defendido pelos Hospitalários por conta de Carlos V, caiu perante um ataque conjunto da armada imperial otomana e do lendário corsário Turgut Reis. No mesmo ano, Piri Reis, o almirante otomano que mandara fazer um mapa das Américas (hoje no Museu Topkapi, em Is-

O Presente Terror do Mundo

tambul) para que o seu amo pudesse ver os reinos ainda por conquistar, saqueou a cidade portuguesa de Ormuz, no Golfo Pérsico. Aos europeus, parecia que a cada pequena vitória cristã se seguia sempre uma derrota cristã muito maior. «Tremo ao pensar no que o futuro irá trazer», escreveu o embaixador do imperador Fernando I na corte otomana, o barão Ogier Ghiselin de Busbecq, em 1560:

> quando comparo o sistema turco com o nosso; um exército tem que prevalecer e o outro que ser destruído, pois não podem certamente ficar os dois incólumes. Do lado deles estão os recursos de um império poderoso, força ilimitada, experiência e prática no combate, tropas veteranas, habituação à vitória, resistência ao labor, unidade, ordem, disciplina, frugalidade e vigilância. Do nosso lado está a pobreza pública, o luxo privado, força limitada, desalento, falta de resistência e de instrução; os nossos soldados são insubordinados, os oficiais gananciosos; existe desprezo pela disciplina; a libertinagem, a negligência, a embriaguez e o deboche são endémicos, e o pior de tudo é que o inimigo está habituado à vitória e nós à derrota. Poderemos duvidar do resultado([40])?

Em conformidade com os receios de Ghiselin de Busbecq, o avanço otomano prosseguiu praticamente sem oposição. Em 1565, uma esquadra otomana sitiou a ilha de Malta. Foi repelida, mas o sucesso cristão foi breve. No ano seguinte, Quios e Naxos foram invadidas. Em Agosto de 1571, uma força otomana conquistou Chipre aos Venezianos e massacrou a população cristã da cidade de Famagusta. Seis anos depois, Samos sofreu um destino similar. Aos olhos dos desalentados observadores cristãos no Mediterrâneo Oriental, os Otomanos pareciam tão invencíveis no mar como em terra.

Todavia, um mês após a capitulação de Chipre, a Cristandade alcançou uma das suas maiores vitórias sobre os Otomanos, perto de Nafpaktos, então chamado Golfo de Lepanto. Em Maio de 1571, Veneza, Espanha e o papado forjaram uma aliança algo periclitante em resposta ao ataque a Chipre e na esperança de impedirem novas incursões otomanas no Mediterrâneo. Uma esquadra combinada foi rapidamente reunida sob o comando de D. João de Áustria, filho ilegítimo de Carlos V e meio-irmão de Filipe II de Espanha. Dotada de 170 galés de combate venezianas, cada uma com mais de 50 m de comprimento e chegando a atingir 9 m de largura, pro-

MUNDOS EM GUERRA

pulsionadas por vinte a quarenta bancos de remos, era a maior esquadra cristã que alguma vez se aventurara no Mediterrâneo(*). Na primeira linha seguiam seis enormes navios a remos, tipo barca, conhecidos por galeaças, que os Otomanos nunca tinham encontrado. Dispondo de quase cinquenta bocas de fogo, cada uma podia disparar seis vezes mais projécteis do que as maiores galés da época[41].

Em Setembro, D. João partiu do porto de Messina, na Sicília, e rumou para oriente. A sua intenção era reconquistar Chipre. Porém, na manhã do dia 7 de Outubro, um domingo, ele surpreendeu uma enorme esquadra otomana no Golfo de Patras, à saída do Golfo de Corinto. A contenda durou um pouco mais de quatro horas.

Antes do início da batalha propriamente dita, as galeaças inutilizaram, destruíram ou dispersaram um terço da esquadra otomana, que era numericamente superior. Pouco depois das galés entrarem em combate, a *La Reale*, o navio almirante de D. João de Áustria, conseguiu abalroar a *Sultana*, o navio do almirante otomano, Müezzinzade Ali Paxá, que morreu com uma bala na cabeça. Os cristãos, vitoriosos, decapitaram-no e espetaram a cabeça num pique, exibindo-a no tombadilho de popa da *La Reale*. A bandeira sagrada do Profeta foi arrancada do mastro da *Sultana* e substituída pelo pendão papal. Quando o resto da frota otomana compreendeu que o almirante estava morto e que o navio fora abordado pelos cristãos, os navios turcos dispersaram em pânico. Ao início da tarde, estava tudo consumado. Cerca de 40 000 homens, cristãos e muçulmanos, tinham morrido na carnificina, fazendo da batalha uma das mais mortíferas da história da guerra europeia. Mais de dois terços da poderosa esquadra otomana estavam no fundo, em chamas ou na posse de D. João de Áustria e dos seus vitoriosos almirantes.

A vitória foi saudada por toda a Europa como uma nova Ácio, uma nova Salamina. Até o futuro Jaime I de Inglaterra, o qual, enquanto monar-

---

(*) Um ordem de batalha alternativa (Angus Konstam, *Lepanto 1571: The Greatest Naval Battle of the Renaissance*, Oxford, Osprey, 2003), oferece os seguintes números para as forças em presença: armada cristã – 109 galés e 6 galeaças venezianas, 80 galés de Espanha/Nápoles/Sicília, 12 galés papais, 3 galés genovesas, 3 galés saboianas, 3 galés maltesas e algumas galés privadas, num total de 206 galés e 6 galeaças, com 12 000 marinheiros e 28 000 soldados; armada otomana: 220 galés e 56 galeotas, com 13 000 marinheiros e 34 000 soldados. Além da inegável vantagem táctica oferecida pelas galeaças, os cristãos eram superiores em peças de artilharia (1800 contra 750) e na qualidade das tropas. (*N. do T.*)

O PRESENTE TERROR DO MUNDO

ca protestante, poderia ter tido algumas dúvidas em relação a uma vitória católica e papal, tentou a sua sorte numa celebração poética da batalha. Uma esquadra europeia e cristã esmagara um inimigo oriental e, mais uma vez, salvara a Europa e todos os valores que ela representava do jugo de um poder despótico. Obviamente, as analogias não tinham a mínima validade. As forças de D. João não representavam a liberdade democrática grega nem o civismo romano. A Espanha de Filipe II não era menos despótica do que o Império Otomano – em muitos aspectos, era mais. Os remadores das galeras de Salamina tinham sido homens livres, combatendo pelas suas cidades. Os de Lepanto, de ambos os lados, eram escravos.

Além do mais, da perspectiva otomana, Lepanto estava longe de ter sido a vitória apregoada pelos cristãos. Decorrido um ano, a armada imperial fora praticamente reconstruída. D. João fez-se novamente ao mar em 1572. As duas esquadras travaram escaramuças ao largo do Peloponeso, mas nenhuma pôde clamar vitória. Veneza aceitou a perda de Chipre e até se comprometeu a pagar ao sultão uma indemnização de 30 000 ducados. Depressa se tornou claro, até ao observador cristão mais optimista, que Lepanto fora certamente um revés para os Otomanos, mas nada mais. Os Turcos ainda dominavam o Mediterrâneo Oriental, ainda controlavam a maior parte da Hungria e estavam manifestamente determinados e eram certamente capazes de desencadear outro grande assalto ao Ocidente. Era apenas uma questão de tempo. «O fogo progride pouco a pouco», avisou, em 1587, o capitão e estratego militar huguenote François de la Noue; «já consumiu os arrabaldes da Europa, isto é, a Hungria e o grande litoral do Adriático»([42]). Segundo ele, se não fossem imediatamente adoptados os seus planos para uma contra-ofensiva que expulsaria o turco da Europa em quatro anos, os Turcos voltariam às portas de Viena e dessa vez não haveria esperança de os repelir.

No entanto, o assalto que La Noue previra demorou quase um século a concretizar-se. Após a morte de Selim II, em 1574, os Otomanos estiveram mais preocupados com a manutenção da paz nos seus próprios territórios, durante anos de agitação, intrigas palacianas e vários sultões fracos e incompetentes, do que com a realização de novos avanços contra o Ocidente, por terra ou por mar. E havia o problema persa. A luta entre o Império Otomano sunita e o Império Safávida xiita prolongou-se intermitentemente durante a maior parte dos séculos XVI e XVII. Os dois beemotes partilhavam uma fronteira comum que se estendia por mais de 2500 km, do Mar Negro ao Golfo Pérsico. Durante algum tempo, um dos maiores soberanos safávidas, o xá Abbas, criador da grande capital de Isfahan, que os Ingleses que a visitaram em finais do século XVII disseram rivalizar com Londres em tamanho e opulência, procurou activamente o apoio do Ocidente. Isto levou vários governantes cristãos a avançarem esquemas vagos para utilizarem os Safávidas num movimento de tenaz para eliminar, de uma vez por todas, aquilo que no Ocidente era chamado a «Sublime Porta» – devido à porta do palácio do grão-vizir, de onde o governo otomano derivava o seu nome. O xá resistiu cortesmente a estes planos, mas continuou a atacar os seus vizinhos ocidentais. Com a ajuda de dois aventureiros ingleses, os irmãos Anthony e Robert Shirley (que tinham trabalhado na Espanha de Filipe IV), criou uma máquina militar formidável, extremamente ocidentalizada. Em 1603, conquistou as cidades fronteiriças otomanas de Tabriz e Yerevan, e no ano seguinte expulsou os Otomanos dos seus restantes bastiões no Cáucaso e no Azerbeijão, e estendeu o seu poder até à cidade arménia de Kars. E também conseguiu, em 1622, com a assistência dos canhões de Robert Shirley e de vários navios de guerra ingleses, expulsar os Portugueses da fabulosamente rica ilha de Ormuz, no Golfo Pérsico.

Todavia, com a morte do xá Abbas, em 1629, o império caiu nas mãos de uma série de governantes fracos e quezilentos, e entrou em rápido declínio. Libertos da necessidade de manterem uma presença constante ao longo das suas fronteiras orientais, os Otomanos retomaram a ofensiva no Mediterrâneo. Em 1645, a esquadra otomana atacou Creta. Partes da Dalmácia veneziana foram conquistadas em 1646, e perdidas no ano seguinte. Em 1665, uma frota veneziano-maltesa atacou os Otomanos ao largo dos Dardanelos, com os cristãos esperando outra Lepanto. No entanto, após seis horas de combate, os Otomanos retiraram, com as suas forças largamente intactas. Quatro anos mais tarde, Creta, que fora veneziana durante quatro séculos e meio, rendeu-se às forças de Mehmed IV.

No dia 26 de Agosto de 1682, o sultão Mehmed IV decidiu, algo relutantemente, ceder à insistência do grão-vizir, Kara Mustafá Paxá, no sentido de ser chegado o momento de uma campanha militar esmagadora contra os Habsburgos. O sultão assinara um tratado com o imperador Leopoldo I, em 1664, que só expiraria em 1684; mas no princípio do mundo moderno, os tratados, particularmente entre cristãos e muçulmanos, eram frequentemente precários. O sultão contava também com o apoio do líder rebelde magiar Thököly, que reconhecia como «rei da Hungria Central» e colocara sob protecção otomana. Os Franceses, que desde há muito preferiam os

O Presente Terror do Mundo

Turcos aos Habsburgos, tinham prometido não intervir. A outra potência cristã no flanco ocidental otomano, o ducado da Moscóvia, estava mais do que interessada em manter a paz. Ao que parecia, os Habsburgos estavam sozinhos.

Em Outubro, as insígnias do sultão, as *tughras*, foram colocadas frente ao Grande Serralho, em Istambul, proclamando a sua intenção de partir da cidade. No início de Dezembro, chegou a Adrianopla. Mehmed acampou durante quatro meses junto à cidade, enquanto se congregavam as suas forças, vindas de todos os cantos do império. No dia 30 de Março, o sultão e o seu exército, que não parava de aumentar, iniciaram o avanço para ocidente, em direcção a Belgrado. Estavam em movimento várias centenas de milhar de pessoas e as provisões necessárias para as alimentar (Albert Caprara, o enviado habsburgo que acompanhava o sultão, estimou que eram consumidos diariamente 14 toneladas de carne e 60 000 pães). A progressão foi difícil. Chuvas torrenciais transformaram as estradas em lamaçais. Atrás das tropas seguiam grandes rebanhos de ovelhas e manadas de vacas que frequentemente se tresmalhavam ou afundavam na lama, juntamente com incontáveis carros e carroças, e a inevitável caravana de acompanhantes – as esposas, concubinas e outras mulheres que acompanhavam todos os exércitos – arrastava-se penosamente na retaguarda[43]. O cronista Silhadar Findikhh Mehmed Aga, que acompanhou a expedição, queixou-se amargamente das chuvadas torrenciais que prejudicaram os movimentos do exército desde a sua partida de Edirne, em 30 de Março. Ficou particularmente exasperado face às dificuldades para conseguir fazer atravessar o rio perto da cidade de Plodiv, através de uma ponte improvisada, a concubina favorita do sultão, Rabia Gülnüs Emetullha, juntamente com o seu séquito e oitenta coches repletos de mulheres do harém.

No dia 3 de Maio, o exército chegou finalmente a Belgrado e montou acampamento em Zemun, na margem direita do Danúbio. No fim do mês, puseram-se de novo em marcha. Pelo caminho, juntaram-se-lhes tropas da Albânia, do Epiro, da Tessália, até do Egipto. O «rei» Thököly apresentou-se com um contingente considerável, e cerca de 80 000 tártaros apareceram em busca de despojos. No dia 26 de Junho, o exército entrou em território inimigo e avançou sobre a cidade habsburga de Györ. A opinião de Caprara sobre aquela força gigantesca mas díspar e mal coordenada era péssima. Apenas era notável, disse ele, pela sua «fraqueza, desordem e armamento, que era quase ridículo» (pelo menos neste último ponto, Caprara é bem capaz de ter tido razão; um observador turco afirmou que possuíam unica-

271

mente cerca de sessenta canhões e morteiros). O sultão dispunha somente de 20 000 bons combatentes, os restantes eram uma turba. Tal força, concluiu ele, nunca poderia esperar derrotar «os homens da Germânia»[44].

Mas o imperador Leopoldo era de opinião contrária. Já não tinha dúvidas quanto às intenções finais do sultão, e no dia 7 de Julho, a corte abandonou Viena e retirou para Passau com todas as riquezas que conseguiu levar consigo, perseguida pela cavalaria tártara. Em 14 de Julho, o exército otomano montou acampamento frente à cidade. Um enviado turco apareceu junto das portas com a exigência de que os cristãos «Aceitem o Islão e vivam em paz sob o domínio do sultão!». Ernest Rüdiger von Starhemberg, que fora deixado no comando da cidade, interrompeu-o e, algumas horas mais tarde, teve início o bombardeamento. Decorridos dois dias, os Turcos tinham cercado completamente a cidade e, segundo uma estimativa contemporânea, encontravam-se apenas a 2000 passos das saliências da contra-escarpa. O grão-vizir, Kara Mustafá Paxá (Mehmed ficara em Belgrado), montou uma tenda magnífica no centro do que era praticamente outra cidade fora das muralhas. Aí, na companhia de uma avestruz e de um periquito, distribuía favores totalmente confiante na vitória, e inspeccionava diariamente as trincheiras turcas com todo o vagar. Na cidade, a situação era cada vez mais desesperada: escasseava a água, o lixo amontoava-se em pilhas enormes nas ruas, e pouco a pouco manifestaram-se as habituais doenças dos sitiados – cólera, tifo, disenteria, escorbuto. Mas os defensores conseguiram resistir durante dois meses. Tal como Caprara correctamente observara, os Turcos dispunham de muito pouca artilharia pesada, e a que possuíam conseguia matar pessoas e danificar edifícios, mas causava muito pouco impacto nas maciças muralhas, bastiões, revelins, taludes, caminhos cobertos, paliçadas, contra-escarpas e outras obras das fortificações seiscentistas que rodeavam Viena.

Entretanto, um exército de socorro de cerca de 60 000 homens, comandado pelo rei João III Sobieski da Polónia e pelo cunhado do imperador, Carlos da Lorena, avançava lentamente em direcção à cidade sitiada. Atravessaram o Danúbio em Tulln e depois progrediram pela Wienerwald para se aproximarem da cidade de oeste.

A Wienerwald era uma terra de ninguém, montanhosa e coberta de uma densa floresta. Os Otomanos, pressupondo que nenhum exército de socorro poderia penetrar nela, deixaram-na praticamente sem guarda. Foi um erro fatal. A progressão do exército cristão foi lenta, mas ao fim do dia 11 de Setembro, sábado, as tropas estavam concentradas nas colinas na orla

O PRESENTE TERROR DO MUNDO

da floresta. O exército caiu em peso sobre os acampamentos turcos, mal preparados e insuficientemente defendidos. Ao fim da tarde, estava tudo acabado. «Chegámos, vimos e Deus venceu», escreveu Sobieski ao papa Inocêncio XI, aludindo à célebre observação de Júlio César após a subjugação dos Partos: «Cheguei, vi, venci». Os Turcos que não foram mortos ou capturados fugiram o melhor que puderam para Belgrado. A avestruz de Kara Mustafá morreu durante o combate e o periquito voou, mas ele conseguiu fugir com a Bandeira do Profeta, que fora vãmente hasteada num mastro de tenda, e com a maior parte do seu tesouro. Não lhe serviu de muito. Dois meses mais tarde, como tantas vezes acontecia àqueles que falhavam perante o sultão, foi decapitado(*). O museu da cidade de Viena contém um crânio que se diz ser o dele, mas Silhadar Findikhh Mehmed Aga afirma que Mehmed, por respeito – mas não compaixão –, enviou o corpo do seu vizir, com a cabeça, para ser sepultado em Istambul.

Viena, escreveu, em desespero, um historiador otomano, foi uma derrota «tão grande como nunca aconteceu desde o nascimento do Estado otomano»([45]). Tinha quase razão (a Batalha de Ancara fora mais devastadora), e embora talvez nem ele nem nenhum dos seus contemporâneos, cristãos ou muçulmanos, se tenham dado conta, o fracasso de Mehmed foi o primeiro passo no lento mas inexorável declínio daquilo que durante tanto tempo parecera, aos olhos de cristãos e muçulmanos, o imparável avanço do Império Otomano.

Depois de Viena, a relação entre a Cristandade e o Islão começou a mudar. Durante séculos, os cristãos tinham tentado manter os muçulmanos à distância e, quando possível, reconquistar terreno, nomeadamente a Palestina, que consideravam sagrada para a sua religião. Agora, com o poder otomano visivelmente enfraquecido, tornou-se possível imaginar não apenas a contenção do poder muçulmano, mas também a sua eventual eliminação.

Os Habsburgos foram lestos a capitalizar o seu sucesso. Em Março de 1684, numa invulgar demonstração de solidariedade, a Áustria, Veneza, a Polónia-Lituânia, o grão-ducado da Toscana e Malta e o papado formaram a Santa Liga contra a Sublime Porta. Dois anos mais tarde, a 2 de Setem-

---

(*) Em Belgrado. Em conformidade com a punição reservada para as figuras de primeiro plano do Império Otomano, primeiro foi estrangulado com um cordão de seda. A cabeça foi enviada ao sultão dentro de um saco de veludo. Consta que as suas últimas palavras terão sido: «Atem bem o nó». (*N. do T.*)

bro de 1686, alcançaram o seu primeiro grande êxito. A cidade húngara de Buda, que desde 1562 se localizara na fronteira entre a Cristandade e o Islão, caiu perante um exército habsburgo sitiante. Para os Otomanos, foi uma perda de imenso significado psicológico. O fracasso na conquista de Viena constituíra uma humilhação esmagadora para os poderosos exércitos otomanos, mas Viena fora sempre uma cidade cristã que pertencia à «Casa da Guerra». Pelo contrário, Buda era considerada uma cidade muçulmana e parte integral da *dar al-Islam*.

Mas a verdadeira ameaça à sobrevivência dos Otomanos não partiu dos Austríacos. Teve a sua origem numa potência imperial europeia relativamente nova: a Rússia. A conversão dos Russos ao cristianismo, no ano de 988, fora um dos triunfos da Igreja Grega. Enquanto o Império Bizantino cedia lentamente perante os Turcos, os Russos tinham conquistado territórios aos seus antigos amos mongóis, numa luta contínua que, ao colocar cristãos contra muçulmanos, era também vista pelos cristãos como uma «cruzada». Com a queda de Constantinopla e o desaparecimento do Império Romano do Oriente, Moscovo tornou-se, na perspectiva dos Russos, a única defensora do cristianismo ortodoxo e, consequentemente, a verdadeira herdeira do Império Romano, governado agora por um príncipe que se intitulava «czar», o equivalente formal de César. «Os impérios cristãos caíram», escreveu o monge Filóteo, em 1512, ao Czar Basílio III, «e no seu lugar existe apenas agora o Império do nosso soberano [...]. Duas Romas caíram, mas a terceira está de pé e não haverá uma quarta [...]. Sois o único monarca cristão do mundo, senhor de todos os cristãos fiéis»([46]). Começaram então a aparecer por todo o mundo cristão oriental profecias acerca de uma raça de guerreiros louros que chegavam do Norte para expulsarem os muçulmanos. Em 1657, um patriarca ortodoxo, imprudente ao ponto de prever o fim do Islão e o regresso da Igreja Triunfante, foi enforcado pelo seu perverso optimismo([47]).

Mas não obstante todas estas pretensões, os povos da Europa Ocidental não tinham formado uma opinião precisa acerca dos Russos. A vasta dimensão da Rússia e o facto de uma grande parte ter sido governada, durante tanto tempo, por povos nómadas que não eram manifestamente europeus, colocara-a, na mente de muitos europeus, além dos limites formais da «civilização». Enquanto foi teimosamente um despotismo oriental, a Rússia permaneceu firmemente na Ásia – o filósofo alemão Leibniz chamou-lhe «o Turco do Norte». Mas na década de 1690, começando com Pedro, o Grande, criador de São Petersburgo, descrito por Montesquieu

O Presente Terror do Mundo

como tendo «dado os costumes e os modos da Europa a uma potência europeia»([48]), quando os czares começaram a «modernizar», quando a aristocracia começou a vestir seda bordada e a conversar em francês, aquilo que fora visto como o atrasado império da Estepe foi-se parecendo cada vez mais europeu. Em 1760, Voltaire escreveu a sua *Histoire de l'empire de Russie sous Pierre le Grand*, cujo objectivo foi precisamente demonstrar que a Rússia se tornara definitivamente parte da cultura da Europa. Foi Pedro, o Grande, quem trocou o antigo nome de «Moscóvia» pela designação «Império Russo», mais moderna e com um toque mais europeu, e foi também ele quem proclamou que a Rússia se «juntou à comunidade das nações políticas»([49]).

Poucos teriam discordado dele: talvez não fosse uma parte muito refinada ou sofisticada da Europa, mas não deixava de ser europeia. Em 1791, quando o primeiro-ministro britânico, William Pitt, procurando limitar o aumento continuado do poder dos czares, propôs o envio de tropas britânicas para ajudar os Turcos, o grande orador irlandês Edmund Burke exigiu furiosamente saber: «O que têm esses, que são piores do que selvagens, a ver com as potências da Europa, a não ser espalhar entre elas a guerra, a devastação e a pestilência?» A Rússia, garantiu ele à Câmara dos Comuns, pertencia à Europa, e qualquer tentativa para assistir o sultão, independentemente dos objectivos políticos que a determinassem, mais não faria do que ameaçar a integridade e segurança daquilo que ele designou por «grande vizinhança da Europa». E a Rússia permaneceria firmemente uma parte da Europa, ainda que algo remota e exótica, até a Revolução Bolchevique a devolver – pelo menos, na óptica de muita gente no Ocidente – à Ásia.

A modernização ou «europeização» iniciada por Pedro, o Grande, além de transformar um povo asiático num povo centro-europeu, aumentou enormemente as capacidades militares dos czares. A Rússia começou a avançar para oriente, para se apoderar do seu quinhão daquilo que era claramente um gigante em agudo declínio.

Em 6 de Agosto de 1696, Pedro, o Grande, ocupou o porto de Azov, no Mar Negro. Pela primeira vez na história, os Turcos aceitaram entrar em negociações de paz. Em Outubro, os representantes de ambos os lados reuniram-se em Carlowitz, na Voivodina. Finalmente, em 26 de Janeiro de 1699, com a ajuda de mediadores britânicos e holandeses, foi assinado um tratado de paz entre os Otomanos, os Russos e os vários membros da Santa Liga.

275

MUNDOS EM GUERRA

O Tratado de Carlowitz não foi uma capitulação total, mas destituiu os Otomanos de territórios na Europa Oriental, de quase toda a Hungria e da Transilvânia, que eles consideravam não ser sequer europeia nem cristã, mas sim plenamente integrante do mundo islâmico. Pior ainda, pela primeira vez na história, o sultão, «Comandante dos Fiéis» e herdeiro do califado, fora obrigado a assinar um tratado com os seus inimigos. Ao fazê-lo, o sultão aceitou efectivamente respeitar os princípios do direito internacional – ainda que relativamente toscos – tal como eram compreendidos no Ocidente. Foi uma tomada de posição inédita para um cultura político-religiosa para a qual a guerra contra todos os não crentes era um dever necessário e a obrigação permanente de todo o governante. Os muçulmanos podiam celebrar – e celebravam – tratados com governantes não muçulmanos. Esses acordos podiam até vigorar durante bastante tempo, por questões de conveniência. Mas nenhum soberano muçulmano podia aceitar um acordo permanente com um Estado não muçulmano, nem que fosse pela simples razão de a obrigação da *Jihad* impedir o reconhecimento do seu direito a existir.

Em Carlowitz, o sultão, líder supremo do mundo muçulmano, violou – pelo menos implicitamente – um dos princípios da *Sharia*. Este facto alteraria para sempre a natureza do Estado otomano. Enquanto as forças otomanas haviam sido omnipotentes, não parecera existirem muitos motivos para questionar a ordem estabelecida. Agora, havia. É verdade que Mehmed II tinha adoptado o vestuário bizantino e até latino, e se fizera retratar por pintores cristãos, recorrendo a motivos iconográficos ocidentais. Mas antes de Mustafá II, nenhum sultão tivera qualquer razão de força maior para supor que o grande império que governava não sobrevivesse até ao dia em que a *dar al-Islam* cobriria o mundo inteiro, unido sob domínio otomano. Esta visão do futuro começou a toldar-se depois do Tratado de Carlowitz, e nunca mais parou de se desvanecer.

Mais do que qualquer outro acontecimento anterior, Carlowitz impôs aos Otomanos uma nova percepção do poderio do Ocidente e o reconhecimento de que, para o império sobreviver, teria que adoptar novos modos de lidar com a «Casa da Guerra», modos que substituiriam a força da *Jihad* pela diplomacia. Carlowitz também marcou um inequívoco revés da fortuna. Agora seria o Ocidente, totalmente transformado – culturalmente, religiosamente, politicamente e militarmente – do quezilento grupo de Estados que não conseguira deter Mehmed nem Solimão, a passar à ofensiva. E entre 1699 e 1918, quando um contingente de tropas britânicas entrou

276

em Istambul, seria o Ocidente a empurrar inexoravelmente as fronteiras do Islão até elas deixarem praticamente de existir.

Pela mesma altura, outra transformação vinha tendo lugar no seio da própria Cristandade. Nos dias que se seguiram à libertação da França, em 1945, o grande historiador francês Lucien Febvre afirmou que fora outro grande historiador francês, Philippe Commynes (c. 1447-1511) o primeiro a registar a superioridade da Europa sobre a Ásia – «aquela Ásia que durante tanto tempo esmagara a barbárie com o peso da sua superioridade, do poder da sua cultura, do seu brilhantismo». Commynes, o historiador da França de Luís XI, falava certamente em função de um novo sentimento de confiança cultural, não obstante a sombria presença do Império Otomano. E Febvre estava correcto ao ver nele um autor moderno, um homem «liberto do cristianismo e da fé cristã» – o que não quer dizer que não fosse um cristão devoto([50]). Mas Commynes não estava sozinho na sua percepção da existência de algo chamado «Europa». Para Heródoto, a Europa acabava onde acabava a Grécia. Para Roma, o «Ocidente» era idêntico à *civitas*, que chegara às profundezas da Ásia. Depois do século v, a maior parte dos cristãos, embora usassem os termos «Ocidente» e «Europa» com o mesmo significado, pensavam nos reinos que habitavam como equivalentes à «Cristandade». Um milénio mais tarde, começou a emergir uma nova concepção do «Ocidente». Tal como Commynes compreendera, era uma concepção que não baseava a sua identidade nas lealdades religiosas, mas sim numa nova maneira de estar na vida, algo que muito mais tarde viria a designar-se por «civilização». O que o tornou possível foi uma transformação radical dos modos através dos quais as nações da Europa derivavam o seu conhecimento e compreensão do mundo.

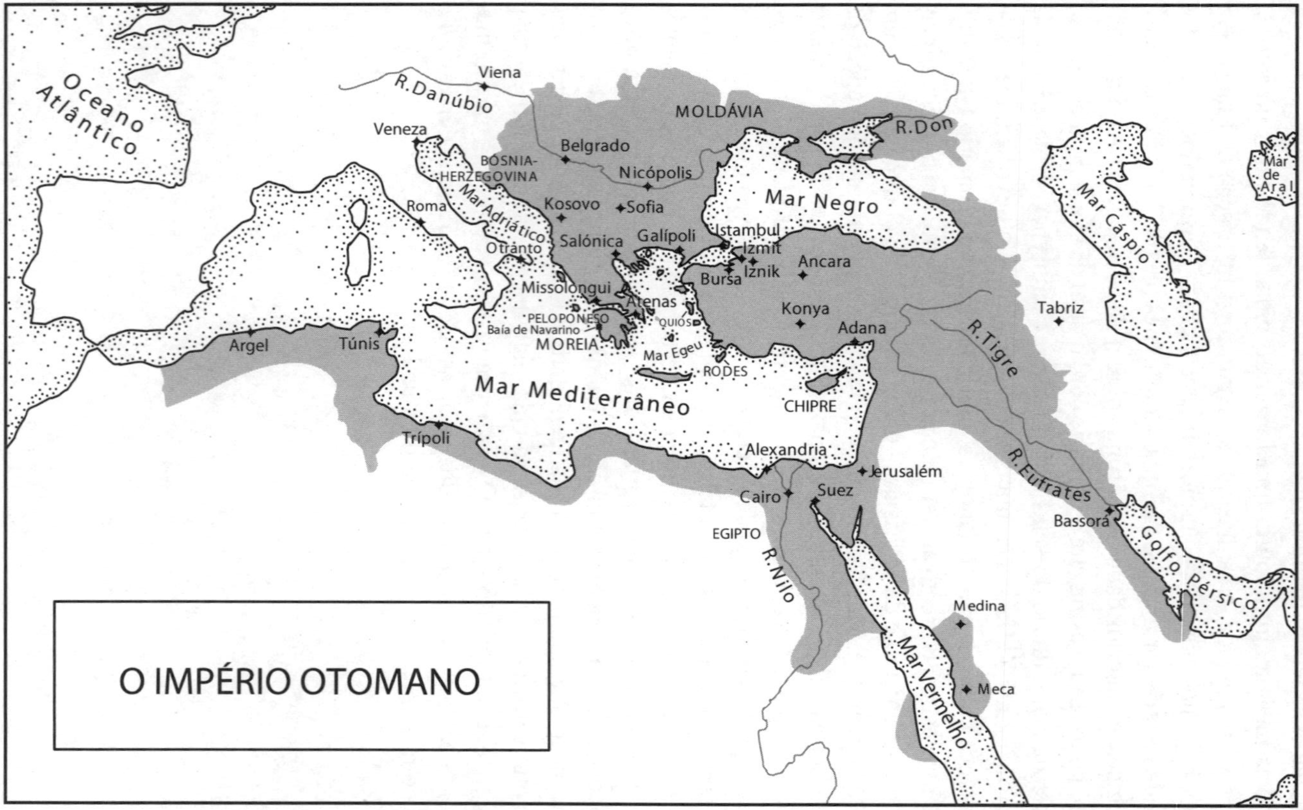
O IMPÉRIO OTOMANO
Oceano Atlântico
R.Danúbio
Viena
Veneza
MOLDÁVIA
R.Don
Belgrado
BÓSNIA-HERZEGOVINA
Nicópolis
Mar Negro
Mar Cáspio
Mar de Aral
Roma
Mar Adriático
Kosovo
Sofia
Istambul
Izmit
Salónica
Galípoli
Otranto
Ancara
Iznik
Bursa
Missolongui
Atenas
PELOPONESO
Baía de Navarino
MOREIA
QUIOS
Mar Egeu
RODES
Konya
Adana
Tabriz
R.Tigre
Argel
Túnis
Mar Mediterrâneo
CHIPRE
Trípoli
Alexandria
Jerusalém
Cairo
Suez
R.Eufrates
Bassorá
Golfo Pérsico
EGIPTO
R.Nilo
Medina
Meca
Mar Vermelho

Mapa 4

Capítulo 8

O Triunfo da Ciência

I

O cristianismo, ainda que de forma espasmódica, unira-se na sua luta contra o Islão. Contudo, internamente, estava dividido por controvérsias desde a sua criação. O Islão possui um texto sagrado, o Alcorão, supostamente dado por Deus a um homem e fixado – com algum trabalho editorial – cerca de vinte anos após a morte de Maomé, em 632. Em contraste, os textos aceites como sagrados pelos cristãos, embora geralmente unidos num único volume chamado Bíblia Sagrada – o *Livro* –, são efectivamente vários. A primeira parte deste corpo deriva directamente do judaísmo, a colecção de mito, história, lei, poesia, profecia e daquilo a que Aldous Huxley chamou «história militar de gelar o sangue» que constitui o Antigo Testamento. Existe ainda o Novo Testamento, que consiste de quatro versões diferentes da vida de Jesus, dos escritos de São Paulo e de outros apóstolos, e do Livro da Revelação, uma profecia referente ao fim do mundo e à chegada do Messias. Finalmente, existem vários escritos apócrifos, incluindo os evangelhos gnósticos, obra de um grupo com origens possivelmente pré-cristãs que afirmava que a alma apenas pode atingir a salvação através de uma compreensão quase mística dos mistérios do universo (os «gnósticos» derivam o seu nome da palavra grega *gnosis*, «conhecimento»). Todos estes fragmentos, extremamente divergentes, estão escritos em várias línguas diferentes, hebreu, grego e aramaico. Além disso, embora o mais autoritário destes textos, o Novo Testamento, registasse as palavras de Deus, não pretendia ter sido ditado por Ele. Consequentemente, não podia escapar à necessidade de interpretação – e a interpretação resultou inevitavelmente em cismas e confrontos.

Na Igreja cristã, durante séculos, a versão ortodoxa oficial da Bíblia foi uma tradução numa quarta língua, o latim, efectuada por São Jerónimo entre 382 e 405, conhecida pela Vulgata. No século XV, vários outros textos tinham já adquirido um estatuto canónico ou quase canónico entre os cristãos: os escritos dos primeiros teólogos gregos, conhecidos por «Pais da Igreja», e de um número restrito de santos, chamados «Doutores da Igreja» (são actualmente trinta e três), e ainda alguns dos escritos da Antiguidade clássica, em particular, após o século XIII, as obras de Aristóteles. Pelo contrário, o Alcorão foi obviamente escrito numa única língua, o árabe, e embora existam traduções, nenhuma goza de credibilidade oficial no mundo muçulmano. Além do mais, como vimos, embora as interpretações do Alcorão e do *Hadith* constituam uma parte legítima da teologia islâmica, são muito restritas.

Não é, pois, de admirar que o interminável desacordo no seio da Cristandade, consideravelmente acrimonioso, tenha sido suscitado pelo modo como compreender esta estonteante variedade de elocuções. As heresias floresceram particularmente entre os primeiros cristãos. Parte desta áspera discórdia era de origem puramente teológica. Cristo é um homem, parte homem, parte deus, ou totalmente divino? Qual é a relação entre as três pessoas da Trindade – Deus, Pai e Espírito Santo? O que significa «filho de Deus»? Como pode Deus ser Filho de Si próprio? Será a Trindade um absurdo, já que Deus existiu necessariamente antes de conceber Jesus e sobreviveu à sua morte? O Espírito Santo procede do Pai e *do* Filho, ou do Pai *através* do Filho? A comunhão deve ser tomada nas duas espécies – o sangue e o corpo de Cristo –, ou apenas numa pelo laicado e por ambas pelo clero? E assim por diante. Outros motivos de discórdia eram obviamente políticos. O papado tinha poder sobre toda a humanidade ou somente sobre os cristãos? O papa podia dar ordens aos governantes seculares em questões puramente seculares, ou a sua autoridade estendia-se ao domínio espiritual e às questões de consciência? Que direito tinham os governantes seculares – se é que o tinham – de fazerem nomeações eclesiásticas ou de taxarem a propriedade da Igreja? Todas estas questões tinham provocado conflitos ocasionalmente sangrentos nas partes ocidental e oriental da Cristandade. A acérrima disputa relativa à humanidade de Cristo (ou sua

O Triunfo da Ciência

ausência) levara à criação, no Oriente, de duas igrejas dissidentes, os nestorianos (que a natureza de Cristo era dividida, parte humana, parte divina) e os monofisitas (que afirmavam que a natureza de Cristo era uma só). Uma grande variedade de grupos dissidentes floresceu por toda a Europa, entre os quais os cátaros, os fraticelos e os valdenses, a Irmandade Taborita, os hussitas e os lolardos. A Igreja estigmatizou-os a todos como heréticos, e todos foram suprimidos, por vezes, como no caso dos cátaros e dos hussitas, depois de sangrentas guerras civis.

A Igreja também estava dividida em questões sociais e políticas, e agudamente fracturada quanto ao seu papel e lugar no mundo como instituição. Desde a sua fundação, estivera refém de um paradoxo. O seu fundador, à semelhança de todos os homens santos – particularmente os orientais –, fizera exigências impossíveis aos seus seguidores. Se quiserem seguir-me, dissera ele, larguem tudo, família, casa, bens pessoais. Mas a grande instituição que fora construída em seu nome assentava precisamente na família, na casa e nos bens pessoais. Os Evangelhos, apesar da inteligente leitura que deles fizera São Paulo, continham muito poucas justificações para a edificação de uma religião de Estado todo-poderosa.

O cristianismo estava e permaneceria nuclearmente dividido. Deve-se aos Pais da Igreja e a uma sucessão de papas poderosos o facto de ter sobrevivido durante tanto tempo como única fonte de autoridade na Europa.

Porém, no início do século XVI, a némesis atacou. Em 1518, um obscuro frade alemão chamado Martinho Lutero lutava para descobrir uma solução para a sua crise pessoal. Um dia, sentou-se a meditar na torre do mosteiro de Wittenberg. Quando estava a ler a primeira Epístola de São Paulo aos Romanos, a sua atenção ficou presa a uma frase, uma única frase que lhe dilacerou a alma, do versículo 1,17: «*O justo viverá da fé*». O que quereria aquilo dizer exactamente?

Grande, dispéptico, impulsivo e dado a acessos de melancolia e cólera, Lutero, cuja mãe, Margarida, ao que se dizia, «em mais do que uma ocasião acreditara que tinha dado à luz uma tocha flamejante», não era homem para fazer as coisas pela metade([1]). Ao ponderar nas palavras de Paulo, foi subitamente atingido pelo tipo de revelação que chega a todos os auto-declarados detentores da verdade. A experiência transformou a sua vida e acabaria por transformar a vida de metade da população da Europa. Paulo dissera que tinha «renascido» e sido levado para o Paraíso. Lutero descobrira o que significavam aquelas crípticas palavras: Deus não fazia exigências às Suas criaturas; concedia-lhes, através da Graça, as benesses ganhas pelo Seu sacrifício. Ao contrário do que a Igreja sempre afirmara, a humanidade não precisava de labutar para conquistar o favor de Deus; podia ser justificado apenas pela fé. Para se justificarem aos olhos de Deus, bastava aos homens acreditarem e viverem uma vida verdadeira e boa. Não era necessário fazer penitências, peregrinações dispendiosas, venerar as arruinadas carcaças de alegados santos; não era necessário fazerem sacrifícios. Acima de tudo, não era necessário comprar os arrebiques que a Igreja vendia ao seu iludido rebanho para obter o dinheiro para as suas guerras, para os seus vastos edifícios, para os quadros e estátuas, para a madeira esculpida, para os biombos decorados, para as taças de ouro, para os turíbulos de prata, e para as caixas incrustadas de jóias e trabalhadas que albergavam as relíquias dos santificados – tudo isto encomendado aos melhores e mais caros artistas e artesãos da Europa.

Lutero vira todas estas coisas em primeira mão. Em 1510, fora em peregrinação a Roma e ficara horrorizado. Se não era uma espécie de fundamentalista à partida, quando regressou já se convertera num. O papado, na pessoa de Júlio II, patrono de Miguel Ângelo, um homem do qual se dizia ser melhor a montar a cavalo do que a rezar, estava a transformar a basílica de São Pedro no magnífico edifício que hoje vemos. Para o fazer, necessitava de dinheiro, pelo que, na óptica de Lutero, pusera a Cristandade à venda, sob a forma das chamadas indulgências. Dizendo de um modo simples – e foi de um modo simples que Lutero percepcionou tudo aquilo –, as indulgências eram documentos, emitidos pela Igreja, que prometiam eliminar o ónus do pecado humano e assim reduzir, em milhões de anos, o sofrimento que o penitente, por muito virtuoso que tivesse sido, enfrentaria inevitavelmente no Purgatório. Quanto mais se pagava, mais depressa se acedia ao Paraíso.

Mas apesar de terríveis e cínicas, as indulgências foram apenas a última gota de água. O que verdadeiramente ofendeu Lutero, o que as palavras de São Paulo lhe tinham feito descobrir, era a ideia de que as nossas acções pudessem influenciar a atitude de Deus para connosco. Toda a doutrina católica das «obras», a crença de que podemos conquistar as graças do Todo-poderoso dando dinheiro aos seus representantes terrenos, ou até fazendo boas acções e permanecendo inteiramente e fundamentalmente impenitentes, era a pior espécie de blasfémia para Lutero.

Em 31 de Outubro de 1517, num acto de desafio tornado célebre, Lutero enviou um texto contendo noventa e cinco teses contra a venda de indulgências e outros abusos a vários amigos e bispos que esperava que

O Triunfo da Ciência

fossem simpáticos para com a sua causa. Perto do fim do ano, as teses apareceram impressas em Leipzig, Nuremberga e Basileia, e Lutero começou a adquirir notoriedade e seguidores (infelizmente, a história de que Lutero pregou as suas 95 teses na porta da igreja do castelo de Wittenberg é uma lenda). Lutero começou a publicar furiosamente panfleto atrás de panfleto contra o que era, na verdade, uma das doutrinas centrais da Igreja à qual ele pertencia. Essa Igreja, insistia ele constantemente, numa linguagem poderosa e directa, fora irremivelmente corrompida por aqueles que haviam transformado a congregação de Cristo na terra – a «Cidade de Deus» de Santo Agostinho – numa instituição política rica e poderosa. O grande reformador holandês Desidério Erasmo, um católico pouco ortodoxo mas devoto, afirmou, sem meias palavras, que o principal alvo de Lutero era atacar «a coroa do Papa e as barrigas dos Monges»([2]).

A revolta de Lutero poderia ter seguido o caminho de todas as heresias anteriores, não fosse a precária situação política que se vivia na Alemanha no princípio do século XVI. No início da Europa moderna, a religião estava estreitamente ligada ao poder do Estado. Cristo, São Paulo e os príncipes da Santa Igreja Católica Romana tinham criado e mantido um distinção inquestionável entre o que era de Deus e o que era de César. Mas os príncipes da Igreja haviam edificado, no centro de todo o Estado europeu, aquilo que era, para todos os efeitos, um conjunto de autoridades separadas e autónomas, e no meio de Itália, um poderoso Estado independente cujo soberano era como qualquer outro soberano, com a diferença de ser também o ungido de Deus, o papa. Estado e Igreja poderiam ser poderes separados, tal como Cristo decretara, mas os reis acreditavam-se legitimados pela autoridade divina. Ao contrário do Islão, onde o Estado serve os interesses da religião, o cristianismo encontrava-se frequentemente em oposição ao Estado, e quando tal acontecia, afirmou mordazmente John Locke, um filósofo inglês do século XVII, «a religião do Estado» tornava-se «o problema do Estado»([3]). A recusa da Igreja em curvar-se perante o seu poder soberano foi a principal razão pela qual, em 1532, Henrique VIII de Inglaterra, para se divorciar de uma mulher e casar com outra, rejeitou a autoridade do papa e se tornou «Protector e Líder Supremo da Igreja de Inglaterra», uma posição que os seus herdeiros continuam a deter.

Ao contrário do Islão, o cristianismo fora criado em desafio à ordem estabelecida; ao contrário do Islão, fora a religião dos pobres; e ao contrário do Islão, as doutrinas do seu fundador estavam repletas de toda a espécie de implicações potencialmente revolucionárias. Não obstante as suas

283

MUNDOS EM GUERRA

ocasionais pretensões igualitárias, o Alcorão e o *Hadith* não contêm nada que se compare ao inquietante aviso de Cristo de que seria mais fácil «um camelo passar pelo buraco de uma agulha» do que um rico entrar no Reino dos Céus; não contêm nada que se assemelhe ao mundo virado do avesso invocado no Sermão da Montanha, onde os pobres em espírito, os perseguidos, os ultrajados, os espezinhados e os martirizados serão abençoados, e os mansos herdarão a terra. Por não conterem este tipo de mensagem, o Alcorão e o *Hadith* tiveram que ser protegidos dos fiéis, não fossem eles interpretá-los erroneamente de uma forma literal. Mas os Evangelhos careciam de protecção.

Quase desde o momento em que se aliou ao Estado de Constantino e começou a beneficiar dos seus amplos favores, a Igreja cristã – oriental e ocidental – não se poupou a esforços para esconder dos olhos dos fiéis o potencial subversivo da mensagem literal e não mediada do seu fundador. Esta foi uma razão pela qual os Evangelhos permaneceram no latim de São Jerónimo, fora do alcance dos «vulgares», e a mensagem de Cristo aos seus seguidores era transmitida aos fiéis em termos que nenhum simples pescador da Galileia poderia ter compreendido. Assim, na Cristandade, ao contrário do Islão, as crenças religiosas transformaram-se facilmente em ideologias políticas muito antes de o próprio termo «ideologia» ter sido cunhado, em finais do século XVIII.

Na maior parte da Europa, os bispos exerciam um rigoroso controlo sobre o seu clero, e o Estado mantinha um controlo distante mas firme sobre os bispos. Mas as coisas eram muito diferentes na Alemanha. Os territórios das actuais Alemanha, Áustria, parte da Hungria e a República Checa eram tudo o que restava do império franco de Carlos Magno, que fora, pelo menos em teoria, o sucessor do Império Romano do Ocidente. No século XV, numa insana mistura de contradições, estes territórios eram chamados «Sacro Império Romano da Nação Alemã». Na realidade, a área estava dividida em várias comunidades políticas diferentes: cidades, principados e principados-bispados, cujos senhores eclesiásticos governavam as suas terras como qualquer príncipe secular – e geralmente com muito mais dureza. Acima de todas estas facções políticas encontrava-se o sacro imperador romano. Em conformidade com as antigas tradições da realeza germânica, ele era tecnicamente eleito, de entre as cabeças coroadas da Europa, por um colégio de seis «Eleitores»: os governantes de Brandenburgo, Colónia, Mainz, Palatinado, Saxónia e Trier. Na verdade, desde 1438 que o império estava nas mãos da mesma família, os Habsburgos, que eram

O TRIUNFO DA CIÊNCIA

austríacos, e a eleição, embora ainda tivesse lugar, tornara-se pouco mais do que uma formalidade. Em 1519, o império passou para Carlos V, o qual, através de uma afortunada herança dinástica, adquiriu não só a Áustria, a Hungria, a Boémia, a Holanda, a Bélgica e partes da moderna França, mas também a Espanha, uma boa porção da Itália e, a seu tempo, as conquistas espanholas na América.

O título imperial, descendente dos Césares e de Carlos Magno, encerrava imenso prestígio, mas pouco mais. O imperador nem sequer era – excepto no nome – senhor absoluto do seu reino, mas apenas, num bom termo de compromisso, o «primeiro entre iguais». Durante séculos, os imperadores tinham-se limitado a agir deste modo, como uma espécie de juízes entre os seus conflituosos súbditos, convocando regularmente assembleias conhecidas por dietas. Mas Carlos V era muitíssimo mais poderoso do que os seus antecessores, e decidiu pôr os príncipes alemães na linha. Em 1521, na Dieta de Worms, pôs fim à ideia de um primeiro entre iguais, declarando, «este império terá apenas um imperador». Mas os príncipes não faziam tenções de aceitar calmamente a situação.

Lutero também estivera presente em Worms. No Outono de 1520, recebera uma bula (decreto) papal, intitulada *Exsurge domine*, condenando quarenta e uma afirmações dos seus escritos e exigindo uma abjuração sob pena de excomunhão. No dia 10 de Dezembro, ele respondeu queimando publicamente a bula, juntamente com várias obras de teologia escolástica e o texto do direito canónico em frente da Elstertor(*), em Wittenberg. Toda a universidade foi convidada a assistir. Terminada a participação de Lutero na conflagração, os estudantes desfilaram pelas ruas, levando um fantoche do papa e uma bula papal falsa que depois queimaram juntamente com todos os livros que conseguiram encontrar dos adversários de Lutero. Seguiu-se rapidamente a excomunhão. Lutero foi depois convocado a apresentar-se ao imperador, de modo a ter, segundo foi informado, uma última oportunidade para regressar ao rebanho.

No dia 2 de Abril, Lutero partiu para Worms. A viagem transformou-se numa marcha triunfal, e ele pregou em Erfurt, Gotha e Eisenach, condenando não apenas a venda de indulgências, mas também toda a doutrina católica das obras. Chegou a Worms em 16 de Abril, e entrou na cidade ao som de uma enorme ovação. Não fora certamente isto que Carlos V pretendera. Lutero compareceu por duas vezes perante o imperador. Por

---

(*) A porta oriental da cidade. (*N. do T.*)

MUNDOS EM GUERRA

duas vezes lhe foi dito que abjurasse. Por duas vezes recusou. Insistiu que os papas e os concílios da Igreja, embora supostamente soberanos (mas não infalíveis) em todas as questões de doutrina, podiam errar, e além disso, declarou ele numa frase que seria repetida por toda a Cristandade, a sua consciência ficara «cativa do próprio Espírito Santo». Negar o que o Espírito Santo lhe dissera no seu coração seria provocar a danação eterna. E em comparação com as chamas da eternidade, o que era a fogueira dos inquisidores?

Ao abandonar a câmara, Lutero disse, «estou acabado». Carlos V proclamou o Édito de Worms, colocando Lutero e todos os seus seguidores fora-da-lei – qualquer pessoa poderia legalmente matá-los –, e proscrevendo os seus escritos. Lutero fora condenado pela Igreja e pelo Estado, e podia muito bem ter acabado nas masmorras imperiais e depois na fogueira. Mas Lutero dispunha de apoiantes poderosos, o primeiro dos quais era Frederico, príncipe-eleitor da Saxónia, governante dos territórios onde Lutero residia, e Carlos V ainda não estava à procura de um confronto declarado com os príncipes alemães. Consequentemente, Lutero recebeu um salvo-conduto limitado para que pudesse ter tempo para reconsiderar a sua posição. Lutero partiu com destino a casa, mas no caminho foi raptado por ordem de Frederico e mantido, para sua protecção, no Castelo de Wartburg, perto de Eisenach. Passava os dias a traduzir o Novo Testamento para alemão, a primeira tradução deste tipo e um feito literário que teria um impacto tão duradouro na língua alemã como a Bíblia do Rei Jaime exerceria na inglesa.

Tivera início a Reforma – que nunca foi um só movimento, mas muitos. Deu origem, na Europa, a uma conflagração muito maior e muito mais radical do que Lutero alguma vez pretendera. Na sua visão da verdadeira Igreja, cada pessoa tinha que enfrentar directamente o seu Deus. Os padres da Igreja Católica, que declaravam possuir poderes quase sobrenaturais e agiam como intermediários entre os homens e Deus, eram substituídos por «pastores» cuja tarefa era guiarem e auxiliarem os fiéis, mas que não eram diferentes do comum dos mortais. Os calvinistas mais radicais chamar-lhe--iam o «sacerdócio de todos os crentes». Isto significava que era negado aos padres o poder de transformarem o pão no corpo de Cristo e, mais esmagadoramente ainda, a autoridade de expulsarem os desobedientes da Igreja se, por exemplo, não pagassem a dízima. Pior ainda, uma das ideias de Lutero era a de que a palavra de Deus, a Bíblia, não deveria ser filtrada e transmitida aos seus seguidores num língua conhecida apenas dos cultos.

O Triunfo da Ciência

A Vulgata, a versão em latim de São Jerónimo, foi gradualmente substituída pela tradução de Lutero. Pela primeira vez, o povo alemão tinha acesso directo ao Verbo numa linguagem que podia compreender.

O efeito foi devastador. Em 1525, os camponeses alemães insurgiram-se contra os seus amos numa revolta crescentemente bem orquestrada. A Guerra dos Camponeses, como veio a ser chamada, espalhou-se rapidamente da Alta Suábia e da Floresta Negra para a Alsácia e o Tirol, e depois para a Floresta da Turíngia e a Saxónia. Impelida por séculos de opressão económica e social, excitados por pregadores populares que tornaram as palavras de Lutero e de Cristo ainda mais radicais do que os seus autores haviam pretendido, a arraia-miúda revelou-se imparável. O príncipe-abade de Fulda, os bispos de Bamberg e Würzburg, e por fim, em 7 de Maio, o arcebispo de Mainz, governante do mais importante principado da Alemanha, foram forçados a aceitar os seus termos. Significativamente, um deles era que nos casos em que as injustiças sociais e económicas não pudessem ser justificadas pelas Escrituras deveriam ser abolidas.

Mas a insurreição, apesar de feroz, não durou muito. A guerra acabou em meses, sendo o povo esmagado com uma ferocidade espantosa. Lutero, que não pretendera perturbar a ordem social estabelecida, ficou horrorizado com os usos que tinham sido dados às suas ideias e, furibundo, escreveu um panfleto intitulado *Contra as Hordas Saqueadoras e Assassinas de... Camponeses*, no qual condenou a insurreição como obra do Diabo e instou os príncipes a punirem implacavelmente os perpetradores. É um texto terrível. Mas a situação já estava fora do controlo de Lutero. Tinham surgido outros reformadores mais radicais – Zwingli na Suíça, Bucer, Ecolampádio, os anabaptistas, menonitas, hutteritas e a Irmandade Suíça –, com pretensões ainda mais extremas. O mais importante, e o único cujas doutrinas perdurariam – até hoje –, foi o francês João Calvino, que criou uma nova comunidade política na cidade suíça de Genebra.

A revolução de Lutero também armou os príncipes alemães na sua luta contra o imperador. Em 1530, cinco príncipes e catorze cidades tinham-se já declarado protestantes, embora não se deva tomar a sua conversão como muito credível. Em 1531, formaram uma aliança contra Carlos V, conhecida por Liga Schmalcáldica. Apesar de derrotada no ano seguinte, em Mühlberg, a liga desencadeou uma série de guerras que acabariam por dividir a Cristandade de modo irreversível. E com a sua expansão, a Reforma deu também origem a conflitos internos cada vez mais frequentes. Estas lutas, que consumiram quase todas as regiões da Europa,

MUNDOS EM GUERRA

de meados do século XVI a meados do século XVII, são denominadas por Guerras da Religião.

Entre 1559 e 1600, a França esteve envolvida numa sucessão de conflitos entre a coroa, católica – com os seus apoiantes, frequentemente indisciplinados – e a nobreza, calvinista. Em 1566, a nobreza da Holanda, que era há séculos uma região dos domínios habsburgos dotada de autodeterminação – Carlos V nascera em Gand –, converteu-se a diferentes ramos do protestantismo e liderou uma rebelião contra o seu arrogante amo habsburgo e espanhol, Filipe II, que se prolongaria por oitenta anos(*). A Guerra dos Oitenta Anos ou Revolta da Holanda, como a designavam os Espanhóis, travada a toda a extensão da então chamada «Monarquia Católica», que chegou a estender-se do Golfo do México às Filipinas, pode, com alguma propriedade, ser considerada a primeira guerra mundial. No fim, fora criada, no Norte, uma república protestante moderna, a Holanda, que controlaria uma grande parte dos destinos económicos da Europa e construiria um império comercial da África ao Mar da China.

Depois, em 1618, teve início a maior conflagração de todas. Na manhã de 23 de Maio, três figuras foram atiradas das janelas de Hradčany, o Castelo de Praga, na Boémia, na actual República Checa. Atirar pessoas das janelas – defenestração – era o modo checo tradicional de exprimir desagrado(**). Os três homens caíram em cima de um monte de lixo (provavelmente colocado no local para o efeito – a defenestração não se pretendia letal) e foram-se embora, imundos e mal cheirosos mas vivos. Eram eles Bořita e Slavata, os regentes do sacro imperador romano, e um dos seus escrivães. A «Defenestração de Praga» foi o sinal para uma revolta que levou à deposição do imperador Matias de Habsburgo e à instalação do rei protestante Frederico V do Palatinado. Foi a descarga inicial numa série de guerras que durariam ininterruptamente até 1648. A Guerra dos Trinta Anos, como foi subsequentemente designada, foi o último e maior confronto entre católicos e protestantes. Devastou toda parte central e oriental da Europa, engolindo, mais tarde ou mais cedo, todos os principais Estados do continente, da Espanha à Suécia. «Todas as guerras da Europa estão agora combinadas numa só», escreveu o rei sueco Gustavo Adolfo. Os enormes exércitos que esta guerra

---

(*) Entre 1568 e 1648. (*N. do T.*)

(**) Em 1419, na Primeira Defenestração de Praga, os hussitas tinham atirado pelas janelas da câmara municipal o burgomestre e seis funcionários municipais. Nenhum sobreviveu à queda. (*N. do T.*)

O TRIUNFO DA CIÊNCIA

criou, verdadeiras populações em marcha, transformaram vastas áreas do continente em ruínas fumegantes. Quando o conflito acabou, um terço da população da Europa Central estava morto.

Estas desordens deixaram a Cristandade ocidental permanentemente dividida. Pela primeira vez na sua história, os povos da Europa não se digladiavam entre si por razões dinásticas, por territórios ou para defenderem os supostos direitos dos seus governantes. Lutavam por crenças. É verdade que esteve frequentemente em jogo algo mais do que um desacordo face à natureza da Graça de Deus, ou até da autoridade da Igreja. Tal como a maioria das ideologias, o catolicismo, nas suas várias formas, e as diversas tonalidades do protestantismo, reforçaram divisões mais antigas e armaram grupos dissidentes em todo o continente com novos argumentos para defenderem pretensões antigas.

Mas apesar de todo o cinismo e oportunismo que qualquer conflito ideológico necessariamente envolve, aquilo que dividiu a Europa, aquilo que, finalmente, através do Tratado da Vestefália, em 1648, fez descer uma cortina sobre o continente, entre um Sul católico e um Norte predominantemente protestante, como ainda hoje se verifica, foi a religião.

Em 1644, os representantes de cerca de 200 entidades políticas católicas e protestante reuniram-se na província da Vestefália, no Nordeste da Alemanha, para negociarem um acordo. As partes ainda não se dignavam a conversar directamente; os católicos instalaram-se na cidade de Münster, os protestantes em Osnabrück, a cerca de 45 km. O processo revelou-se moroso. As negociações arrastaram-se durante quase quatro anos, atrasadas, meses a fio, por questiúnculas menores relativas à agenda e ao protocolo, e até à forma da mesa à qual se sentariam os negociadores, enquanto a guerra prosseguia imparavelmente (um diplomata observou: «No Inverno, negociamos; no Verão, combatemos»)([4]). Por fim, em 30 de Janeiro e 24 de Outubro de 1648, foi alcançado um acordo duradouro entre os vários representantes. A Paz de Vestefália, como ficou conhecida, foi efectivamente o primeiro tratado moderno. Os combates arrastaram-se ainda durante nove anos na Alemanha, e entre 1648 e 1656 a Polónia e a Lituânia foram invadidas por vagas de Suecos, Russos e cossacos ucranianos que deixaram morto um terço da população. Os Polacos ainda se referem a estes acontecimentos como «o Dilúvio», considerando-os como a pior calamidade na sua história particularmente calamitosa.

Mas não obstante tudo isto, a Paz de Vestefália foi o primeiro tratado entre nações soberanas com o objectivo de criar uma paz duradoura e não apenas, como tinham feito todos os tratados anteriores, garantir um cessar-fogo temporário. E também foi a primeira congregação verdadeiramente internacional de Estados europeus, e a primeira a reconhecer formalmente a existência de dois novos Estados: a Holanda Unida, a qual, na verdade, se tornara independente de Espanha quarenta anos antes, e a Confederação Suíça, que se tornou uma república soberana, independente do Império Habsburgo.

Mas o mais importante foi o facto de o Tratado de Vestefália ter banido a religião do palco político mundial. As nações europeias não mais entrariam em guerra por discordarem quanto à compreensão dos desígnios de Deus para a humanidade (talvez a única excepção em que as diferenças confessionais tenham consequências demasiado sangrentas seja a Irlanda; mas na Irlanda a religião tornou-se uma causa anti-colonialista, um meio de libertar o país de um governante odiado que além de protestante era também inglês).

Nas monarquias da Europa, começou a ser usada uma fórmula para descrever a relação entre Igreja e Estado: *cuius Regio, eius religio* – «a religião do Rei é a religião do Povo». Era uma solução clara, aceitável e essencialmente secular para um problema que, durante quase um século, deixara o continente pejado de mortos. Não admira, pois, que o único poder a rejeitar os termos do Tratado de Vestefália tenha sido o papado. Inocêncio X, recorrendo a todos os epítetos pejorativos de que se conseguiu lembrar, disse que o tratado era «nulo, vazio, inválido, iníquo, injusto, danoso, réprobo, inane, desprovido de significado e efeito para todo o sempre»([5]). Mas excepto os seus bispos e um punhado de fiéis, ninguém lhe deu ouvidos. Até as suas mui católicas majestades, os reis de Espanha e de França, aceitaram calmamente que de futuro a religião não teria nenhum papel a desempenhar na política internacional.

A partir de 1648, as monarquias desordenadas e divididas da Europa começaram lentamente a transformar-se nas modernas nações-estado que a maioria ainda é. Tal como escreveu John Stuart Mill, em 1859, a Reforma e a violência que libertou criaram uma situação em que nenhuma parte emergiu vitoriosa, pelo que «cada igreja ou seita se viu reduzida a limitar as suas esperanças a manter a posse do terreno que já ocupava; as minorias, compreendendo que não tinham hipóteses de se tornarem maiorias, viram-se na necessidade de pedirem aos que não conseguiram converter autorização para diferirem». Ele sabia que até pelas «pessoas religiosas» mais tolerantes, a tolerância apenas «é concedida com reservas tácitas».

O Triunfo da Ciência

Foi a necessidade, a derrota no campo de batalha, que obrigou as Igrejas cristãs da Europa a abrirem mão do seu controlo sobre o julgamento do indivíduo([6]).

No entanto, a última e irrevogável divisão da Cristandade, e a emergência definitiva de poderosos Estados protestantes – Inglaterra, Holanda, Suécia e várias partes da Alemanha – resultou em muito poucas alterações nas atitudes cristãs face ao Islão. Nas várias obras que escreveu sobre o Islão, a maioria das quais sobre a ameaça turca, nem a linguagem nem as opiniões de Lutero diferiram assinalavelmente das dos seus antecessores católicos. A única mudança significativa era terem passado a existir dois inimigos da verdadeira religião em vez de um, embora unidos frequentemente como um, com o Islão como corpo do Anticristo e a Igreja de Roma como a cabeça. «O Turco e o Papa não diferem minimamente quanto à forma da religião», declarou Lutero, «variam apenas nas palavras e nas cerimónias».

II

A consequência mais perene das Guerras da Religião, e que teria o significado mais duradouro para a relação entre Ocidente e Oriente, foi a emergência, na Europa, de um modo completamente novo de olhar para o mundo. Na opinião do filósofo inglês Thomas Hobbes – que sofrera com a Guerra Civil Inglesa –, a Reforma e os conflitos por ela desencadeados tinham resultado directamente das quezílias entre os teólogos ou, como eram habitualmente chamados, «escolásticos»([7]). Na perspectiva de Hobbes, a má filosofia era fonte de todos os conflitos ideológicos, e o conflito entre protestantes e católicos, além de pejar de mortos e moribundos os campos da Europa durante décadas, destruíra a fé no sistema intelectual que até então sustentara a autoridade da Igreja Católica. Agora que a religião deixara de oferecer certezas, a humanidade teria que criar a sua própria segurança. Por toda a Europa, homens dos mais variados sectores da sociedade estavam a chegar à mesma conclusão.

Contudo, a religião e os conflitos religiosos não eram a única coisa que havia despertado a Europa da complacência na qual vivera durante tanto tempo. Durante mais de um século, um movimento – hoje referido genericamente por «Renascimento» – vinha corroendo inexoravelmente as antigas certezas. O Renascimento ou «Renascença» foi uma tentativa para

MUNDOS EM GUERRA

recuperar e emular as enormes realizações do mundo antigo nas artes e nas ciências. A Europa começou a sair progressivamente do período ao qual o grande poeta italiano do século xiv, Francesco Petrarca, chamara «Idade das Trevas». O chamado «humanismo», o estudo da literatura, da filosofia e da ciência da Grécia e de Roma, embora não desafiasse directamente a ordem intelectual estabelecida, afastou-se dos problemas filosóficos e teológicos mais abstrusos que preocupavam os professores universitários e voltou-se para a história e a literatura. A filosofia, insistiam os humanistas, devia, acima de tudo, ser bem escrita – num latim decente e não no confuso calão técnico e «académico» usado nas universidades –, e devia ser prática. A verdadeira filosofia existia para ensinar como estar no mundo. Consequentemente, os humanistas concentravam os seus estudos na história, na política, na ética e na metafísica.

Ao mesmo tempo, e sem qualquer relação com estes desenvolvimentos, durante uma grande parte do século xv, os europeus, em particular a Itália, Espanha e Portugal, tinham sondado continuadamente os limites do espaço geográfico. A partir de 1434, quando uma pequena frota de navios portugueses dobrou o Cabo Bojador – um promontório que se projectava no Atlântico, a partir do Sara Ocidental e que se acreditava marcar os limites do oceano navegável –, os Portugueses começaram a descer regularmente a costa ocidental de África. Depois, em 1492, como todos os alunos da escola primária sabem, quando tentava infrutiferamente demonstrar que era possível chegar à China e à Índia navegando para oeste, um obscuro marinheiro genovês chamado Cristóvão Colombo deu com um continente totalmente desconhecido na Europa.

Até à sua morte, Colombo insistiu que a ilha na qual desembarcara, pouco depois do alvorecer do dia 12 de Outubro, se localizava na parte mais ocidental do Oriente, de «Catai» ou «Terras do Grande Khan». Mas a maioria dos europeus que possuía alguns conhecimentos geográficos e astronómicos compreendeu rapidamente que ele estava errado. Este facto era alarmante, mas as coisas não se ficaram por aqui. Os conhecimentos geográficos da Europa do século xv dependiam substancialmente das especulações de Ptolomeu, um astrónomo e geógrafo grego do século I. Colombo, sem ter intenções de o fazer, provara que Ptolomeu estava enganado. E se os antigos, em cuja filosofia e ciência tanto se baseava o conhecimento europeu, se tinham enganado tão redondamente nas suas descrições do globo, escreveu Erasmo, em 1518, não poderiam ter-se também enganado noutros aspectos importantes?

292

Gradualmente, começou a chegar à Europa cada vez mais informação sobre o novo continente, e dados ainda mais importantes relativos ao comportamento dos seus habitantes, frequentemente espantoso e intrigante. As histórias da conquista dos impérios asteca e inca, que revelaram a existência de grandes civilizações, complexas e sofisticadas, diferentes de tudo o que alguém imaginara na Europa, tornaram-se êxitos de vendas. Eram mundos nos quais, a fazer fé em crédulos viajantes, existiam pessoas que se comiam e sacrificavam umas às outras; que viviam mais de cem anos; que copulavam com os irmãos; que não conheciam deuses e deixavam os corpos dos seus mortos a apodrecerem ao ar livre.

Tudo isto contradizia peremptoriamente a visão cristã tradicional de que só podiam existir verdadeiramente um tipo de pessoa e um tipo de sociedade, uma sociedade que, apesar das enormes diferenças nos costumes, no vestuário, na língua e até nas crenças, se conformava inquestionavelmente com determinadas regras morais, sexuais, religiosas e culturais. Estas regras constituíam as «leis da natureza», e as leis da natureza eram imutáveis. Tal como Santo Agostinho dissera, tinham sido inscritas «no coração dos homens» no acto da Criação. Ninguém escolhia o sexo do cônjuge nem se devia ou não acreditar num deus (embora a ilusão e a fraqueza humana pudessem determinar a escolha do deus errado); ninguém decidia se devia acolher o estrangeiro que batia à porta ou comê-lo. Era a lei da natureza que determinava como cada indivíduo agia em cada ocasião.

Seguindo esta lógica, qualquer pessoa que fizesse as coisas que se dizia que os índios americanos faziam não poderia ser verdadeiramente humana. Mas embora existisse quem estivesse preparado para os rotular de bestiais, exclusivamente adequados para a escravidão e condenados, como tantas outras raças, a uma extinção garantida, era difícil ver como poderia a sua desumanidade ser reconciliada com a convicção de que Deus não comete erros graves nas suas criações. «A incapacidade que atribuímos aos índios», objectou, em 1512, Bernardo de Mesa, futuro bispo de Cuba, «contradiz as benesses do criador, pois é certo que quando uma causa produz os seus efeitos sem conseguir atingir os seus objectivos, é porque existe algum defeito na causa; consequentemente, deve existir algum defeito em Deus»([8]). Algumas excepções – um ou outro anão ou louco – podiam passar, mas acreditar que todo um continente estava repleto de semi-humanos era negar a própria virtude da Criação.

Assim, confrontada, por um lado, com incessantes derramamentos de sangue em nome de fés antagónicas, e por outro, com uma irreconciliável diversidade de crenças e comportamentos, qualquer pessoa reflectiva só poderia concluir que não existiam certezas no mundo. Deus teria certamente criado um padrão no universo, mas este não se podia resumir aos costumes e práticas dos povos da Europa. Consequentemente, o pressuposto generalizado de que certas coisas eram «naturais» e outras «contranaturais» estava errado. A lei natural não tinha quaisquer bases na natureza. Era apenas uma questão de opinião. Afirmar que algo era contranatural equivalia meramente a condená-lo como diferente, outro, estranho e assustador. Tal como explicitou o filósofo e matemático francês Blaise Pascal (1622-1662), a palavra «natural» mais não significava do que algo que fosse geralmente aceite «deste lado dos Pirinéus» – caso se fosse francês. Do outro lado, reinava outra espécie de «natureza». E se já não se podia confiar que a «natureza» fosse igual entre a França e a Espanha, quem saberia o que era natural na China ou em Ceilão? Ou como observou sarcasticamente Hobbes, todos aqueles que apelam «à razão para decidir qualquer controvérsia, estão a referir-se à *sua* razão»[9].

Os europeus, que tinham vivido num mundo de certezas teológicas, que tinham, pelo menos ao nível das crenças, partilhado uma mesma cultura, deram por si à deriva. E dado que a teologia providenciara as bases não apenas da forma como compreendiam a sua relação com Deus, mas também o seu mundo físico e até moral, eles foram obrigados a reexaminar todas as antigas certezas e ainda, mais significativamente, todos os antigos métodos de inquirição. O poeta inglês John Donne capturou esta situação comoventemente e com algum desespero, em 1611:

> E a nova filosofia põe tudo em dúvida,
> O Elemento do fogo é completamente extinto;
> Perdem-se o Sol e a terra, e o engenho do homem
> Não consegue dizer-lhe onde os procurar.
>
> Está tudo aos bocados, desapareceu toda a coerência;
> Todo o oferecimento justo, e toda a Relação:
> Príncipe, Súbdito, Pai, Filho, são coisas esquecidas,
> Pois todo o homem julga que é
> Uma Fénix, e que dessa espécie a que pertence
> Mais ninguém existe, apenas ele[10].

Todo o homem, todo o indivíduo, tinha que se erguer, qual Fénix, das cinzas da antiga ordem mundial, e tinha que o fazer sem ajuda. Mas tal

O TRIUNFO DA CIÊNCIA

como Donne sabia, era uma tarefa impossível. Todos necessitamos de orientação para não entrarmos em desespero. Mas se a autoridade da Igreja e a confiança na correcção dos nossos hábitos culturais já não podiam suportar as gigantescas estruturas políticas, morais e intelectuais pelas quais havia afirmado legislar, o que poderia?

A resposta era simples: a ciência moderna.

No século XVII, um grupo de pensadores que incluiu o próprio Hobbes, Francis Bacon e John Locke em Inglaterra, René Descartes em França, Galileu em Itália, Gottfried Wilhelm Leibniz na Alemanha e Hugo Grócio na Holanda, dedicaram-se, cada um à sua maneira, a derrubar algo que era desprezivelmente chamado «escolástica». Aquilo que se entendia geralmente por este termo era a teologia baseada nos escritos de São Tomás de Aquino, a qual, em finais do século XVI, dominava as faculdades da maioria das grandes universidades europeias. Nas mãos de uma sucessão de autores dominicanos e jesuítas, a teologia transformara-se num estudo abrangente do mundo natural da criação de Deus e, acima de tudo, do lugar que nele cabia à humanidade. Era, na frase tradicional, a «Mãe das Ciências». O método utilizado pelos escolásticos era essencialmente à base das Escrituras. A sua ciência consistia em ler e reler minuciosamente um cânone e textos supostamente definitivos, a Bíblia, os escritos dos Pais da Igreja e um corpo de escritos clássicos, predominantemente os de Aristóteles. Tradicionalmente, as críticas à escolástica prendiam-se com o fascínio aparentemente interminável com preocupações completamente fúteis, sendo a mais famosa – mas apócrifa – o debate sobre quantos anjos podiam dançar em cima de uma cabeça de alfinete. Mas aos olhos dos seus críticos, não era este o defeito principal da escolástica. O verdadeiro crime dos teólogos era confinarem o conhecimento, todo o conhecimento possível, aos textos antigos, ao ponto de, queixou-se mordazmente Hobbes, a filosofia se ter reduzido a uma mera «*aristotelia*».

Consequentemente, a primeira tarefa daquilo a que Donne chamou «nova Filosofia» foi libertar as ciências das garras da teologia e do abraço do pensamento e das tradições antigas. Esta «nova Filosofia», que surgiu logo após a morte da escolástica – que também foi, com efeito, a morte da teologia – começava com uma pergunta simples: «como posso conhecer qualquer coisa?» Era uma pergunta que a antiga escola dos filósofos chamados cépticos fizera com grande acuidade. O cepticismo era frequentemente referido como «desafio de Carnéades» porque um dos seus exponentes mais conhecidos fora Carnéades de Cirene, um orador dos séculos II-I a. C.

295

que afirmara que se fosse possível – e ele demonstrara frequentemente que era – argumentar tão convincentemente a favor como contra no mesmo caso, não se poderia ter nenhuma certeza acerca do mundo. Numa célebre ocasião, quando integrava uma embaixada a Roma, ele fez um discurso apaixonado a favor da justiça. No dia seguinte, voltou ao mesmo sítio e fez um discurso igualmente convincente contra a justiça. Isto levou à sua expulsão imediata da cidade para proteger a moral da juventude romana.

No seu aspecto mais extremo, o cepticismo assumiu a forma de o indivíduo questionar a sua própria existência. E se, perguntou Descartes, «eu me tiver convencido de que não existe absolutamente nada no mundo, nenhum céu, nenhuma terra, nenhuma mente nem corpo? Decorrerá daqui que eu também não existo?» Não, respondeu ele, porque «se me convenci de alguma coisa, é porque existo». Daqui concluiu «que esta proposição – sou, existo – é necessariamente verdadeira sempre que é avançada por mim ou concebida pela minha mente»([11]). Este argumento, subsequentemente vertido na frase latina *cogito ergo sum* – «penso, logo existo» – tornou-se uma das pedras de toque da nova filosofia. Não eram muitos os cépticos que iam ao ponto de duvidarem da existência do mundo, mas o argumento de Descartes é praticamente idêntico ao de John Donne: as únicas coisas das quais posso ter a certeza emanam de mim próprio. Para a visão tradicional do mundo, as implicações desta forma moderada de raciocínio céptico foram silenciosamente devastadoras. Durante séculos, o cepticismo fora praticamente ignorado ou evitado como uma forma insidiosa de niilismo. Afinal de contas, a Igreja tinha uma resposta simples para a questão da dúvida: vós sabeis porque Deus, ou os intérpretes de Deus, vos disseram que assim é. Acreditai e obedecei. Agora que isto perdera a sua força, parecia inevitável algum grau de cepticismo. Mas para o mundo ser novamente reordenado, teria que se encontrar uma resposta duradoura para o «desafio de Carnéades».

A resposta parecia ser confiar apenas no conhecimento que pudesse derivar directamente dos sentidos, e não no que antes fora dito por outros, por muito sábios que fossem. É verdade que os sentidos nem sempre eram de fiar, mas podiam ser corrigidos. Além do mais, o conhecimento definitivo, do género supostamente disponível a Deus – o chamado conhecimento das «causas primeiras» –, era, tal como alertara o grande matemático Isaac Newton, inacessível aos simples mortais. Todavia, o conhecimento humano – o conhecimento das «causas segundas» – era acessível aos simples mortais, e isso, nas belas palavras de John Locke, era «suficiente para todas as nossas preocupações». Mas o conhecimento humano só podia ser

O Triunfo da Ciência

adquirido em primeira mão, através da observação e da experimentação. Deitem fora os livros, sugeriu Locke. Comecem com os sentidos, com os primeiros princípios. Muito disto não passava de retórica. Locke possuía uma excelente biblioteca e conhecia profundamente os antigos. Mas o seu argumento era que por muito que os livros pudessem ajudar-nos a melhorarmos as nossa vidas, e auxiliar os seres humanos, como ele se explanou, a «olharem para o exterior, por cima do Fumo das suas próprias Chaminés», a verdadeira compreensão do mundo tinha que começar pelo mundo, e não com o que gerações de mortos tinham pensado sobre ele([12]).

Durante o século XVII, teve lugar uma revolução na ciência e na filosofia. Têm havido inumeráveis desacordos relativos a esta revolução, quanto à sua natureza e extensão, quanto à sua influência e ao seu significado. Foi observado que a magia, a alquimia e a astrologia continuaram a ser ciências reverenciadas ao lado da nova física e da nova astronomia. Por exemplo, Isaac Newton, que descobriu as leis da gravidade e foi o arquitecto teórico de tanta da ciência moderna, também escreveu extensivamente sobre teologia, astrologia e o oculto. Mas apesar de alguns dos modos de pensar mais antigos viverem em precária simbiose com os novos, em finais do século XVII, aquilo que fora um consenso universal desaparecera por completo, excepto nalguns cantos resistentes da Europa. Foi substituído por vários métodos de inquirição baseados no exame rigoroso das provas. Tudo o que se pudesse demonstrar como verdadeiro tinha que ser suportado de baixo para cima, e isto aplicava-se tanto à compreensão do funcionamento da mente humana como ao movimento dos planetas.

Esta ciência não tentava negar a existência de Deus. De facto, muitos dos seus criadores eram cristãos praticantes – ainda que nem sempre devotos –, e nenhum era ateu confesso (Hobbes estava muito próximo de o ser). Mas esta ciência negava à Igreja todo e qualquer direito de falar com autoridade fosse do que fosse, excepto da natureza de Deus, de «teologia» no sentido mais estrito da palavra. O mundo seria compreendido apenas nos termos das leis que pudessem ser descobertas por indução, através da observação e da experimentação. Estas eram as leis que estavam escritas naquilo a que Galileu chamara «o grande livro da natureza», e não as garatujas dos seguidores de uma divindade judaica.

Pela mesma lógica, tudo o que era humano só podia ser compreendido em termos humanos. A moralidade, outrora considerada o resultado de um decreto divino, tornou-se uma questão de convenção. «Em todo o lado», escreveu Locke, «os homens dão o Nome de *Virtude* às acções que entre

297

eles são consideradas louváveis, e chamam *Vício* ao que têm por censurável»([13]). Mas o motivo pelo qual consideravam umas coisas «louváveis» e outras «censuráveis» passara a ser reconhecido como uma questão de convenção. Na opinião de Anthony Ashley Cooper, 3.º conde de Shaftesbury, filósofo, político *whig* e deísta, que fora pupilo de Locke na infância e não tinha boas recordações dele, «Foi o Sr. Locke quem atacou todos os princípios fundamentais, quem expulsou do mundo toda a ordem e virtude, e quem tornou as próprias ideias de ordem e virtude (que são idênticas às de Deus) *contranaturais* e infundadas na nossa mente»([14]).

A indignação de Shaftesbury talvez seja compreensível. Mas estava enganado. É verdade que Locke «atacou todos os princípios fundamentais», mas a sua rejeição da validade absoluta das leis morais não as tornava menos obrigatórias do que os antigos códigos teocêntricos. E também não alterava fundamentalmente o seu conteúdo, pois uma coisa era certa acerca da natureza humana: em circunstâncias normais, as pessoas sãs pretendem, enquanto humanamente exequível, adiar o mais possível a morte. Era, disse Hobbes, uma lei «tão poderosa como aquela pela qual uma pedra cai». E se aceitarmos isto – algo que nenhum indivíduo razoável, fosse ele finlandês ou índio americano, turco ou hindu, poderia de algum modo negar –, não era de todo «repreensível nem contrário à razão fazer todos os esforços para defender corpo e membros da morte e preservá-los. E aquilo que não é contrário à razão, é considerado por todos ser justo e de Direito»([15]). A antiga «lei natural» fora, assim, reduzida a uma simples proposição ou, nas palavras do humanista holandês Hugo Grócio – que tinha chegado praticamente à mesma conclusão do que Hobbes –, a duas: «É permissível defendermos a nossa vida e evitarmos o que ameaça tornar-se perigoso» e «é permissível adquirirmos e mantermos as coisas que são úteis à vida»([16]). Nesta base, podia demonstrar-se que era errado matar tão facilmente como recorrendo ao mandamento «não matarás». A questão, agora, era que qualquer código moral tinha que ser aceite pelo que era: uma mera solução para um problema, e não um decreto divino imperscrutável e inquestionável, escrito pela mão de Deus na natureza humana como numa tábua.

Nem Locke, nem Grócio, nem Hobbes nem nenhum dos criadores da «nova filosofia» acreditavam que ao reduzirem as ordens da natureza a um simples impulso de auto-preservação estavam a negar a possibilidade de julgar o comportamento humano. Muito pelo contrário. Mas Shaftesbury tinha razão ao ver o potencial letal de transformar a ideia do bem em algo que não uma parte inata do carácter humano. De facto, é em afirmações como as de Locke que residem as origens do relativismo moderno, a ideia de que tudo o que praticamos, pensamos, cremos ou prezamos – independentemente de quem *nós* sejamos – tem uma legitimidade que é meramente relativa face ao que os outros praticam, crêem ou prezam. Não se pode fazer nenhum juízo moral sobre as actividades de ninguém fora do nosso mundo particular porque não estamos em posição de as compreender. O outro é o outro e deve ser respeitado como tal.

Nenhum dos filósofos do século XVII, nem nenhum dos seus herdeiros do iluminismo, eram relativistas no sentido em que o termo é hoje entendido. A ideia de que o direito civil pudesse assistir impassivelmente enquanto as mulheres eram «circuncidadas» contra a sua vontade (ainda que com o apoio activo das mães) para satisfazer uma manifestação supersticiosa das ansiedades masculinas ter-lhes-ia parecido tão repelente como desculpar os maridos por assassinarem as mulheres. A falácia do relativismo moderno é partirmos do princípio de que pelo facto de a nossa cultura europeia e ocidental não poder afirmar-se «natural», o modelo que todas as outras deveriam aspirar, daqui decorre que todas as culturas, independentemente das suas práticas, são igualmente válidas.

Na verdade, o argumento avançado pela nova ciência do século XVII e desenvolvido pelo iluminismo do século XVIII não é o de que se não existirem leis na «natureza», tudo é válido. O argumento é o de que nada é válido a menos que seja demonstrado como tal com base em determinados princípios, com os quais todas as pessoas razoáveis estarão supostamente de acordo. A infibulação feminina – assim se chama –, a circuncisão feminina, é uma prática tão desumana como, por exemplo, o *sati* – o costume hindu de imolar a mulher ao lado do cadáver do marido – porque se trata de uma violação do corpo e dos direitos das mulheres em causa. O propósito do cepticismo não era privilegiar a ignorância e a crueldade onde se encontravam; era oferecer uma base para a compreensão do que constituía a ignorância e a crueldade, onde quer que pudessem ser encontradas.

Um outro aspecto do racionalismo moderno teria um impacto duradouro no desenvolvimento do Ocidente. A divisão entre Igreja e Estado fora uma ordem de Deus. No entanto, os cristãos ainda se apegavam à crença de que o poder político, apesar de exercido pelo homem, derivava de Deus. Os reis eram seres semi-divinos porque a sua autoridade lhes fora conferida por uma divindade.

No século XVII, surgiu uma teoria das origens e fontes do poder político radicalmente diferente. Esta teoria afirmava que a autoridade política só

MUNDOS EM GUERRA

podia derivar daqueles sobre os quais era exercida, ou seja, os próprios indivíduos. Além do mais, só podia ser exercida com o seu consentimento e no seu interesse. Isto designa-se por teoria do contrato social. Os seus exponentes originais mais poderosos foram ingleses, Thomas Hobbes e depois John Locke. Mas foi rapidamente adoptada em França, onde serviu de inspiração ideológica para aquilo que, em 1789, foi a maior rebelião contra o poder dos reis no mundo moderno: a Revolução Francesa. A teoria do contrato social não era totalmente nova – nenhuma teoria é. Os reis medievais também tinham detido o poder com o consentimento tácito dos seus súbditos, e governado supostamente no seu interesse. Mas foi a convicção central de que o governo dependia de um contrato, voluntariamente aceite e obrigatório para governantes e governados, que tornou possível a moderna democracia liberal ocidental. Os governantes deixaram de ser pais benevolentes mas despóticos, tornando-se servos. Os indivíduos deixaram de ser súbditos, tornando-se cidadãos.

A «revolução científica» alterou para sempre a natureza do mundo ocidental. Abriu um imenso potencial para o conhecimento científico. Mas ao contrário do que grande parte da ciência antiga fora, a ciência moderna não era apenas conhecimento teórico. Estava ligada, directamente e irremediavelmente, à tecnologia.

Na ordem antiga, um médico era alguém que se sentava num estúdio, numa universidade, e se debruçava sobre as obras dos antigos, Galeno, Hipócrates, Celso e Aristóteles. Estes não eram os homens que curavam uma perna partida, aplicavam sanguessugas ou abriam as veias do doente na vã esperança de libertarem o sangue «mau» que causara o problema, que podia ser um ligeiro caso de gripe ou um cancro do pâncreas. Esses pobres talhantes ou cirurgiões-barbeiros – também cortavam o cabelo e faziam a barba – eram tarefeiros, praticamente sem quaisquer conhecimentos de medicina, e os poucos que tinham estavam, tal como indicavam os seus diagnósticos e prescrições, invariavelmente errados.

A «revolução científica» alterou tudo isto. Após o século XVII, a medicina tornou-se gradualmente uma ciência integrada e respeitada. Com Copérnico e Galileu, a astronomia, que fora praticamente indistinguível da astrologia, tornou-se uma ciência exacta que, em meados do século XVIII, transformara já completamente a imagem dos céus e do lugar que a terra neles ocupava. Botânicos e geólogos começaram a traçar e cartografar a superfície do planeta. Foram enviadas expedições – elas próprias produtos de uma nova curiosidade científica e das novas tecnologias de navegação –, em número cada vez maior, aos quatro cantos do globo, para recolherem amostras que pudessem ser estudadas por uma nova estirpe de cientistas. Nas grandes cidades da Europa, foram criados jardins botânicos, recintos sumptuosos e enormes, um tributo manifesto às larguezas do poder para com o conhecimento: o Jardin des Plantes em Paris, os Jardins de Kew em Londres, o Hortus Botanicus em Leiden. Toda esta actividade levou à criação de novas ciências que aumentaram grandemente o controlo humano sobre o ambiente, a navegação, a geologia, a estatística, a economia moderna. Indirectamente mas inevitavelmente, foi também responsável pela criação de imensas riquezas. Mais sombriamente, conduziu ao desenvolvimento de tecnologias militares formidáveis, desde os canhões de grande calibre, as espingardas estriadas e as armas de retrocarga até ao couraçado a vapor, as quais, num curtíssimo espaço de tempo, fariam da Europa e dos Estados Unidos senhores da maior parte do mundo.

E toda esta actividade abriu também o caminho para uma revolução na percepção e compreensão da humanidade.

III

No início do século XVIII, a maioria daquilo que hoje consideramos ciências – naturais e morais – tinham já sido libertadas das garras da Igreja e dos clérigos. A Europa, o Ocidente, permanecia – e permanece – de inspiração predominantemente cristã, mas o conflito que surgira, no século XVI, entre razão e dogma, fora substancialmente – mas não inteiramente – resolvido a favor da razão. Foi isto que lançou as bases para o movimento intelectual europeu que viria a ser chamado «iluminismo», uma afirmação cosmopolita das virtudes da razão informada e benigna que, assim esperavam os seus defensores, transformaria o mundo inteiro. Nas últimas duas décadas do século XVIII, em quase todos os países da Europa, existiram os que se auto-denominavam «iluminados» e os que por isso os condenavam. Até um clérigo escocês, numa das mais remotas ilhas da Europa, era capaz de asseverar a James Boswell(*), um urbano habitante das Terras Baixas,

---

(*) James Boswell de Auchinleck (1740-1795), ilustre homens de letras e viajante escocês, célebre pela sua biografia de Samuel Johnson. A língua inglesa retém o seu nome (*Boswell, Boswellian, Boswellism*) como termo para companheiro e observador constante. (*N. do T.*)

MUNDOS EM GUERRA

que lá em cima, na *ultima thule*(*), ele e os seus companheiros eram «mais iluminados» do que se poderia supor([17]).

Este «iluminismo» e o que significou para a Europa já foi objecto de muitas definições. O iluminismo podia significar liberdade dos preconceitos, «dos quais», disse o barão d'Holbach, grande materialista, «a raça humana foi durante tanto tempo vítima»([18]); liberdade de constrangimentos, a vontade, como afirmou o maior dos filósofos do século XVIII, Immanuel Kant, de a humanidade emergir da sua «auto-infligida imaturidade»([19]). O iluminismo implicava maior igualdade social. Significava reforma jurídica. Significava também uma maior consciência da existência e das necessidades dos outros. Significava, talvez principalmente, o direito de sujeitar tudo a um escrutínio racional e desinteressado: poder criticar livremente. «A nossa Idade», declarou Kant numa famosa passagem da sua obra mais célebre, *Crítica da Razão Pura*,

> é, a um nível especial, a idade da crítica, e tudo deve submeter--se à crítica. A religião, através da sua santidade, e a justiça, através da sua majestade, tentarão eventualmente isentar-se. Mas eles [que têm esta pretensão] despertam justas suspeitas e não podem reclamar o sincero respeito que a razão unicamente concede ao que é capaz de passar o teste de um exame livre e aberto([20]).

Nenhuma sociedade, insistiu Kant, com alguma indignação, se podia «comprometer por juramento com um determinado conjunto de doutrinas inalteráveis, em ordem a garantir uma vigilância constante sobre os seus membros». Isto, como Kant bem sabia, era precisamente o que a maioria dos sacerdócios da maioria das religiões procurava fazer. Mas era «um crime contra a natureza humana» qualquer grupo, por muito poderoso que fosse e independentemente da autoridade que o apoiasse, «colocar a idade seguinte numa posição em que lhe fosse impossível aumentar e corrigir o seu conhecimento, particularmente em assuntos tão importantes, ou progredir na sua iluminação»([21]). Esta foi a base dos valores do iluminismo que determinaram o fim do dogma religioso e o início do secularismo que tem garantido o progresso – não obstante os seus muitos reveses e deficiências – do Ocidente.

(*) Ilha mítica situada no Norte da Grã-Bretanha, possivelmente as Órcades ou as Shetland, ou na Escandinávia. No presente contexto, o interlocutor de Boswell referir-se-ia possivelmente ao longínquo norte das Terras Altas da Escócia. (*N. do T.*)

O Triunfo da Ciência

Talvez a descrição mais simples e comovente do que significava o «iluminismo» para aqueles que se consideravam os seus paladinos intelectuais provenha do marquês de Condorcet, antigo secretário permanente da Academia das Ciências e pai da moderna ciência da estatística. Em 1793, num minúsculo quarto na rue Servandoni, em Paris, escondido da Revolução que pretendia transformar e iluminar o mundo, Condorcet escreveu um relato breve e extremamente optimista do progresso da raça humana. A idade moderna, disse ele, a idade da razão e da filosofia, era uma idade na qual se apoderara dos povos da Europa uma verdade que era «independente dos dogmas da religião, dos princípios fundamentais e das seitas», trazendo consigo a convicção de que «era na constituição moral do homem que se deviam procurar as bases das suas obrigações, a origem das suas ideias acerca da justiça e da virtude»[22].

Mas ainda havia muito a fazer. Com os agentes do Terror jacobino perseguindo-o pelas ruas de Paris, Condorcet teria certamente a consciência de que iluminismo e razão nem sempre eram soberanos. Mas enquanto escrevia furiosamente à luz encoberta de uma vela, para não ser descoberto, a sua fé no progresso da humanidade parece nunca ter sido abalada. Não se verificaria mais nenhuma interrupção no progresso da humanidade, nenhuma ruptura do género das que tinham entravado a marcha da civilização desde o colapso do Império romano. Não estava longe o dia, garantiu ele aos seus leitores, em que «todas as nações atinjam o estado civilizacional ao qual já chegaram os povos mais iluminados, os mais livres de preconceitos, os Franceses e os anglo-americanos». Condorcet foi um dos primeiros a reconhecer que a cultura da deliberação racional, da liberdade e da ciência, que surgira na antiga Grécia e fluíra através de Roma até ao resto da Europa, fora depois transplantada, através do Atlântico, para a América do Norte (a América do Sul permanecia atolada na superstição e na tirania do mundo do antigo regime), e foi também um dos que primeiro descreveu esta cultura não apenas como «europeia», mas também «ocidental». Restava, acreditava ele, os africanos e os asiáticos acolherem os ocidentais iluminados como amigos e libertadores dos seus «déspotas sagrados» e dos «conquistadores estúpidos» que durante séculos os tinham mantido numa escuridão idêntica à que os povos da Europa haviam sofrido sob o domínio de sacerdotes e monarcas[23].

Esta foi a fonte da grande ilusão do iluminismo, simultaneamente nobre e perigosa. Partiu do princípio de que todas as pessoas eram indivíduos. A religião ou os costumes podiam ser usados para não os deixar ver onde

MUNDOS EM GUERRA

estavam os seus verdadeiros interesses e a sua verdadeira felicidade, mas em última análise, por muito tenaz que fosse o controlo que os deploráveis costumes locais pudessem exercer sobre os povos do mundo, seriam inexoravelmente eliminados pela ciência e pela educação. Quando as vítimas dos reis e sacerdotes de antanho vissem com os seus olhos os benefícios que só uma cultura iluminada – o que significava inevitavelmente ocidental – lhes poderia trazer, não deixariam de a adoptar. Os próprios europeus tinham seguido este caminho histórico. Também eles tinham vivido anos e anos na ignorância e na pobreza, calcados por autocratas e fanáticos ambiciosos que lhes haviam confundido a razão com os absurdos da religião revelada. Mas eles tinham-se conseguido libertar daquelas monstruosas deformidades e estavam agora em posição de oferecerem a um mundo expectante o benefício da sua iluminação.

Assim, a ciência e a compreensão humana andavam de mãos dadas. Ambas serviam para libertar a mente humana, e a libertação da mente oferecia poder, progresso e, em última análise, uma vida melhor(*).

Em *Rasselas*, o curioso conto oriental de Samuel Johnson, escrito em 1759, Rasselas, um «príncipe abissínio», é confinado a uma espaçoso palácio num vale do «reino de Amhara». Apesar de se chamar Vale Feliz, o vale é, na realidade, uma prisão. O príncipe tem tudo o que precisa para viver, excepto o que é necessário para aceder ao conhecimento. Um poeta chamado Imlac, do «reino de Goiama», visita Rasselas e tenta explicar-lhe a natureza do mundo que existe além do vale. Fala-lhe de tudo o que viu na Índia, na Arábia, na Pérsia, na Síria e na Palestina. Mas aquilo que, não surpreendentemente, é particularmente interessante para ele e para Rasselas, são os europeus. Eles são, declara Imlac, irresistíveis. Estão «na posse de todo o poder e conhecimento». Estabelecem colonatos em todos os lugares onde chegam, e as suas armadas «controlam as mais remotas partes do mundo». «Quando os comparei», afirma Imlac, «com os nativos do nosso reino e dos que nos rodeiam, pareceram-me quase seres de outra ordem.» Mas como, pergunta o perplexo Rasselas, pode isso ser? Se os europeus podem viajar até aos quatro cantos da terra, «para comércio ou conquista», não poderão os asiáticos e os africanos pagar-lhes na mesma moeda? Não poderão eles também «implantar colónias nos seus portos, e estabelecer leis para os seus príncipes? O mesmo vento que lhes permite regressarem

---

(*) Condorcet foi capturado e morreu na prisão, supõe-se que se terá suicidado. A sua obra foi publicada postumamente, em 1795. (*N. do T.*)

304

O TRIUNFO DA CIÊNCIA

levar-nos-ia lá.» A resposta de Imlac é simples. Os europeus são mais poderosos simplesmente porque são mais sábios; e «o conhecimento predominará sempre sobre a ignorância, tal como o homem governa os outros animais». E este conhecimento, embora Imlac o atribua, em última análise, à «imperscrutável vontade do Ser Supremo» (Johnson era um bom *tory* anglicano), fora adquirido através «do progresso da mente humana, do melhoramento gradual da razão, dos sucessivos avanços da ciência»[24].

Hoje em dia, é fácil escarnecer de toda esta confiança na natureza beneficente da razão e da ciência. A história negra e trágica dos séculos XIX e XX, na Europa e no Ocidente em geral, mostra que esta visão do iluminismo foi de curtíssima duração. Sabemos que os reis e sacerdotes da antiga Europa não foram substituídos pelos cientistas iluminados de Condorcet, mas por outros tipos de dogmáticos, ao serviço de outros tipos de religião, e por outras espécies de tiranos. Os africanos e asiáticos, se tivessem sido imprudentes ao ponto de acolherem os seus irmãos europeus na suas costas, ter-se-iam visto consignados ao trabalho escravo ainda mais rapidamente do que aconteceu na realidade.

É impossível negar os usos pérfidos que foram dados ao racionalismo e à ciência ocidentais. Mas não obstante todo o escárnio de que o iluminismo já foi alvo, apesar de todos os defeitos da cultura ocidental – do colonialismo ao nacional-socialismo – que lhe foram atribuídos, algo incongruentemente e geralmente por intelectuais ocidentais em busca de auto-satisfação, o iluminismo continua a ser mais admirável, compassivo e humano do que tudo o que tentou substituí-lo[25]. Até um espírito tão livre como o filósofo alemão Friedrich Nietzsche instou os seus compatriotas a insurgirem-se contra o que considerava ser o obscurantismo difundido pelos românticos,

> Temos que fazer progredir este Iluminismo: deixemos de nos preocupar com a «grande revolução» e com a «grande reacção» contra a qual surgiu – não passam de pequenas ondas em comparação com a torrente verdadeiramente grande que *nos* leva[26].

Levou-os, e com eles todos os Estados democráticos do Ocidente, cujos valores, ridicularizados, coagidos, ameaçados por fundamentalismos religiosos e extremos de relativismo cultural, sobreviveram – maltratados mais ainda reconhecíveis – até hoje.

Capítulo 9

Orientalismo Iluminado

I

No início do século XVII, o «Oriente», identificado com as terras dos antigos impérios de Alexandre e Bizâncio, do Bósforo aos Himalaias, encontrava-se na posse firme de três grandes impérios muçulmanos: os Turcos otomanos, os Safávidas do Irão e os Mongóis da Índia. Estes eram os inimigos ideológicos confirmados da Cristandade. No entanto, todos eles mantinham relações comerciais e diplomáticas regulares, ainda que ocasionalmente turbulentas, com a maioria do Estados da Europa cristã, e eram cada vez em maior número os mercadores e aventureiros cristãos que se deslocavam à Ásia. Alguns escreveram livros sobre as suas experiências, três dos quais se tornaram imensamente populares: *The Present State of the Ottoman Empire* de Paul Rycaut (1665), *Les six voyages de Jean Baptiste Tavernier... qu'il a fait en Turquie, en Perse et aux Indes...* de Jean-Baptiste Tavernier (1676-1677), e *The Travels of Sir John Chardin in Persia and the East Indies* de Jean Chardin (1686). Estas obras foram de uma marcada melhoria em relação às dispersas fantasias e histórias sinistras que tinham alimentado a imaginação europeia do «Oriente», e embora os seus relatos, frequentemente desonestos, não fizessem a Ásia menos exótica e ameaçadora do que fora para gerações anteriores, tornaram-na muito mais familiar.

Porém, as viagens eram praticamente em sentido único. A partir de finais do século XV, um número cada vez maior de europeus deslocou-se às várias regiões da Ásia. No entanto, muito poucos asiáticos chegaram à Europa. Na sua maioria, o Oriente, da Turquia à China, demonstrou muito pouca curiosidade acerca do Ocidente até ao fim do século XVIII. Mas houve excepções. O legado persa Muhammad Riza Beg, que foi recebido por Luís XIV, em 1715, suscitou muita curiosidade (breve) na corte francesa. Em 1799, um indiano de origem persa, chamado Mirza Abu Talib Khan Isfahani, visitou Inglaterra, a narrativa que fez das suas viagens gozou de considerável popularidade depois de ser traduzida para inglês, em 1810 (*Talib's Travels in the Lands of the Franks*). Há também o caso do famoso embaixador otomano, Mehmed Said Efendi, que em 1719 decidiu descobrir o máximo que pudesse acerca dos segredos do sucesso do Ocidente, e escreveu um relato da sua estada em França, que teve várias edições em otomano e francês. E o persa Mirza I 'tizam al-Din, que visitou a Grã-Bretanha, em 1766, escreveu uma narrativa da sua experiência, *The Wonder Book of England*([1]). De ainda mais a oriente, Hu, um infeliz chinês convertido ao cristianismo, viajou para a Europa em 1722, onde passou três anos, a maioria dos quais no hospital para loucos de Charentan, nos arredores de Paris, antes de ser recambiado para casa([2]).

Todavia, os mais conhecidos de todos os visitantes «orientais» à Europa nunca existiram. Em 1721, foi publicado, na Holanda, um livro pretendendo ser o registo, sob a forma de cartas, de uma viagem realizada a França por dois persas. Os seus nomes – quase ridículos – eram Usbek e Rica. O livro intitulava-se *Cartas persas*. O autor decidiu permanecer anónimo, mas quase todo o mundo literário francês sabia que ele era um pequeno aristocrata de Bordéus, conhecido pelas suas preocupações científicas e legais, chamado Charles-Louis de Secondat, barão de Montesquieu. As *Cartas persas* falavam demoradamente de sexo e ofereciam aos seus ávidos e numerosos leitores uma cintilante imagem de diferença. Ali estava aparentemente um lugar onde a imaginação algo limitada e limitadora do estilo europeu se poderia expandir sem limites. Levantava questões perturbantes acerca das origens e do possível futuro da Europa e do próprio Ocidente, e erguia um espelho sombriamente distorcido em frente das convenções, da moral e da complacência europeias.

As *Cartas persas* foram um êxito enorme, com mais de dez edições num ano. Montesquieu viria a observar que os editores fizeram os impossíveis para conseguirem uma sequela – escrita por ele ou por outro. «Puxavam pela manga de toda a gente que conheciam», escreveu ele. «"Senhor", diziam, "escreva-me um segundo livro de *Cartas persas*, imploro-lhe"»([3]). Alguns – mas não Montesquieu – acederam. Às *Cartas persas*, seguiram-se, em 1755, as *Lettres chinoises* (infinitamente menos divertidas), do marquês d'Argent, autor da novela erótico-filosófica *Thérèse philosophique*, e em 1726, da pena de Oliver Goldsmith, *Letters from a Citizen of the World to his Friends in the East*. Ambas as obras foram muito lidas, mas nenhuma conseguiu igualar o brilhantismo e a popularidade do original.

O Oriente de Montesquieu, tal como o de d'Argent, de Goldsmith e de muitas outras figuras menores, é assumidamente uma criação das suas paixões políticas. Montesquieu não se arrogou pretensões de exactidão etnográfica, e embora viesse a escrever, em 1748, o primeiro tratado sustentado de sociologia comparativa – *O Espírito das Leis* –, que retirava exemplos de uma vasta gama de culturas, entre as quais a persa, a sua visão da vida persa e do Islão era bastante dependente do que ele lera em Chardin e Tavernier. A imagem do harém que ele cria através da correspondência de Usbek com o chefe dos eunucos pretende ser um retrato da França sob a monarquia de Luís XIV, e o seu retrato do Islão é tão hostil à religião em geral como é a sua representação da Igreja cristã vista pelos olhos de um persa. Os seus Persas são fictícios, porta-vozes de críticas devastadoras às instituições e costumes da França pré-revolucionária, à hipocrisia dos hábitos sexuais europeus e ao estultificante vazio da religião convencional, que ele considerava ser a principal fonte do medo, da desconfiança e da miséria sexual, e que apenas reflectiam a visão preconceituosa que o crente tinha do mundo.

Montesquieu não era um orientalista, mas beneficiou de uma nova atitude face às várias nações da Ásia e das substanciais informações novas sobre as mesmas. Usbek e Rica não são totalmente fantasiosos. Por muito artificiais que sejam, vêm de um lugar com uma história reconhecida e pertencem a um mundo que estava a tornar-se cada vez mais familiar aos leitores europeus. É verdade que os Franceses, quando ouvem dizer que Rica é um persa, gritam, «Oh! Oh! Que coisa extraordinária! Como se pode ser um persa?»([4]). Mas é Rica quem vê constantemente para lá do tecido das convenções europeias. É Rica quem conclui estoicamente, acerca das pretensões de todas as religiões, que «quando vejo homens que rastejam sobre um átomo, isto é, a terra, que não passa de um ponto no universo, arvorarem-se directamente modelos da Providência, não sei como conciliar tanta extravagância com tanta pequenez». É Rica quem faz a célebre

MUNDOS EM GUERRA

observação – escandalosa para a época – de que se os triângulos criassem um deus, dar-lhe-iam três lados([5]). Permitir a um «oriental» e muçulmano, mesmo fictício, criticar em semelhante linguagem algo que era claramente identificável com os prezados hábitos e crenças dos cristãos, marcou um afastamento do fervor religioso, das certezas dogmáticas que tinham sido inscritas em tantos dos relatos anteriores sobre a Ásia.

Na época em que Montesquieu escreveu a sua novela, as atitudes face às culturas do Oriente tinham começado perceptivelmente a mudar em relação ao que haviam sido cem anos antes. Já não havia uma voz a clamar acerca dos «pagãos», dos «infiéis», dos «sarracenos» – havia várias. E essas vozes não eram unanimemente hostis. A Europa aproximava-se cada vez mais da Ásia. Contudo, o que atraiu os dois mundos não foi a diminuição das convicções religiosas e o surgimento do secularismo iluminado na Europa, embora estes dois factores se tenham feito sentir. Foi a grande máquina do progresso esclarecido do século XVIII: o comércio. Tal como era entendido no século XVIII, o comércio ou, no célebre epíteto de Montesquieu, «o doce comércio», era muito mais do que simplesmente negociar([6]). Trocar bens significava também trocar pontos de vista. Significava, tal como o haviam humildemente demonstrado homens como Chardin, Tavernier e Rycaut, aceitar povos que, à primeira vista, poderiam parecer estranhos e ameaçadores. «O interesse», declarou o grande «orientalista» sir William Jones – referindo-se ao interesse económico –, «foi a varinha mágica que os trouxe [Ocidente e Oriente] para dentro do mesmo círculo».

O comércio também teve consequências práticas mais imediatas. Para comerciar com povos distantes, era necessário conhecer um pouco os seus costumes e saber falar com as pessoas. O comércio, nas palavras de Jones, foi «o encantamento que deu às línguas do Oriente uma importância real e sólida»([7]). Em 1453, na Europa, eram poucas as pessoas que dominavam o árabe, e ainda menos o persa, o sânscrito ou o turco – para não falar no chinês ou no japonês. Cerca de dois séculos mais tarde, havia cadeiras de árabe em Leiden, na Holanda, em Cambridge, Oxford e no Collège de France.

Tornou-se um lugar-comum atribuir a maior parte deste crescente interesse pelo Oriente, pelas suas línguas, cultura, história, literatura e religião a um maior desejo das potências colonizadoras europeias, em particular da França e da Grã-Bretanha, de criarem uma imagem do «Oriente» como essencialmente fraco, monocromático e subserviente. Nesta perspectiva, o «Oriente» é uma fabricação, uma cultura imaginada que se estende do

Bósforo ao Mar da China, construída a partir de uma díspar colecção de histórias de viajantes e de alguma dose de erudição desonesta, de modo a permitir às potências coloniais da Europa afirmarem o seu poder político sobre os povos muito diversos que o habitam. «As ideias europeias acerca do Oriente», declarou o polemista e teórico literário Edward Said, apenas serviam para reiterar «a superioridade europeia sobre o atraso do Oriente, geralmente pondo de lado a possibilidade de que um pensamento mais independente ou mais céptico pudesse ter opiniões diferentes sobre a matéria»([8]).

Isto é uma descrição muito tosca de uma situação muito complexa([9]). É certamente verdade que alguns relatos europeus sobre o Oriente eram patentemente falsos, e também tentativas manifestas para demonstrar como eram cobardes e inferiores os seus povos (se isto facilitou ou não a sua subjugação, é outra história). Também é verdade que muitos dos auto-designados orientalistas, e posteriormente muitos antropólogos, em particular os ligados à Índia, estiveram estreitamente ligados à administração imperial. Os primeiros europeus a interessarem-se activamente pelas vidas e sociedades dos povos não europeus da Ásia, África e Américas foram os soldados, os mercadores, os administradores imperiais e os missionários – pessoas directamente envolvidas e frequentemente com interesses pessoais muito óbvios. Antes de o turismo – de um ou de outro tipo – se desenvolver, no século XIX, praticamente ninguém tinha a oportunidade, o incentivo ou os recursos para estar muito tempo longe de casa.

Mas os soldados costumam compreender muito perspicazmente os seus potenciais adversários, os mercadores conseguem frequentemente ver além dos seus interesses económicos imediatos, e, por vezes, os missionários punham a sua missão de lado; estar envolvido na administração imperial não significava necessariamente ser-lhe subserviente. Sir William Jones, um dos maiores linguistas do século XVIII, celebrizou-se particularmente por ter sugerido que as afinidades linguísticas entre o sânscrito – uma língua que ele declarou ser «mais perfeita do que o grego, mais copiosa do que o latim e muitíssimo mais refinada do que ambas» – e a maioria das línguas a que chamamos indo-europeias implicavam uma ascendência comum([10]) (esta ideia viria a dar origem à afirmação muito menos inócua – e muito menos plausível – de que, por consequência, os seus falantes também partilhariam uma mesma origem racial). Além de linguista, Jones era um jurista de nomeada. Em 1783, tornou-se juiz do supremo tribunal de judicatura de Calcutá, o que o tornou efectivamente funcionário da Companhia das Índias Orientais. Tal como Jones, o legislador e filólogo Nathaniel Halhed também era empregado da companhia, e o mesmo aconteceu, a determinada altura da sua carreira, com Henry Sumner Maine, um grande jurista do século XIX, que reclamou uma origem indo-europeia comum para a cidade-estado grega e a aldeia indiana, localizando assim firmemente na Ásia as origens da democracia europeia.

Nenhum destes homens foi um mero lacaio da ideologia colonial, nem um simples instrumento da propaganda imperial. Longe de retratar os «orientais» como inferiores aos ocidentais, Jones lamentou-se de que «os europeus, na sua maioria, tratam os orientais como selvagens ignorantes». Eram apenas, queixou-se ele, «os nossos preconceitos, que derivam integralmente das mesmas fontes: amor-próprio e ignorância [...] que nos levam a acreditar que tudo o que é nosso é superior a tudo o resto»([11]).

E ele albergava dúvidas maiores acerca da sensatez do processo europeu de «civilização». A civilização, escreveu ele, pode ser descrita em muitos termos, «cada indivíduo aferindo-a pelos hábitos e preconceitos do seu próprio país; mas se a cortesia e a urbanidade, o amor à poesia e à eloquência, e a prática da virtude exaltada forem uma medida mais justa da sociedade perfeita», então os Árabes já eram «eminentemente civilizados muitos séculos antes da sua conquista da Pérsia», logo muito antes dos europeus modernos([12]). Jones colocou os sábios da antiga Índia, Valmiki, Vyasa e Kalidasa, em pé de igualdade com Platão e com o poeta grego Píndaro. Em 1784, disse ao seu amigo Richard Johnson que «Judishtêir, Arjun, Corneo e os outros guerreiros do *Mahabharata* afiguram-se-me maiores do que Agamémnon, Ájax e Aquiles me pareceram quando li pela primeira vez a *Ilíada*»([13]). E não se cansou de insistir que os Persas eram «uma nação tão distinta na história antiga» como os Gregos e os Romanos, e que o persa Hafiz não era menos poeta do que Horácio([14]). Era apenas o desconhecimento que nos levava a elogiar um e ridicularizar o outro.

Mas importa dizer que a erudição de Jones não era totalmente desinteressada – nenhuma erudição superior ou cativante é –, e ele também não era hostil aos objectivos últimos da administração que servia na Índia. Jones desejava vê-la melhorada, não substituída. Ele acreditava firmemente que graças às nossas «belas e sábias leis, ou talvez à nossa santa religião, na qual se baseiam, nunca seremos tão despóticos como os reis do Oriente», e isto, pelo menos, tornava o domínio britânico moralmente tolerável([15]). Mas ele também acreditava, tal como acreditariam muitos outros funcionários britânicos na Índia, que as leis europeias não podiam ser simplesmente

ORIENTALISMO ILUMINADO

impostas às populações hindu e muçulmana da Índia. «Um sistema de *liberdade*», argumentou ele, se «imposto a um povo *invencivelmente* apegado a *hábitos* opostos, seria um sistema de cruel *tirania*»[16]. E no interesse de harmonizar os vários sistemas jurídicos que prevaleciam na Índia, ele iniciou, em 1788, a tarefa colossal de compilar uma súmula de leis hindus e muçulmanas. Isto, disse ele ao governador-geral, lorde Cornwallis, daria ao povo da Índia «segurança para a devida administração da justiça, à semelhança do que Justiniano deu aos seus súbditos gregos e romanos»[17]. Equipado com o código de Jones, Cornwallis converter-se-ia no «Justiniano da Índia». Mas Jones morreu antes de conseguir concluir a sua tarefa.

Todavia, é verdade que a enorme admiração de Jones pelas literaturas indiana, persa e árabe não derivava apenas de um desejo de reabilitar algumas culturas ricas mas injustamente desprezadas[18]. O que estava em jogo, o que inspirara esta nova preocupação esclarecida com a Ásia era, em última análise, o desejo de descobrir a fonte da civilização europeia e, por fim, de toda a civilização humana, para explicar porque é que diferiam umas das outras, como tinham evoluído e, crucialmente, como seria provável que acabassem. Foi isto que levou o Dr. Johnson(*) a alcunhá-lo de «Harmonious Jones»[19]. Homens como Jones ou Charles Wilkins, que em 1784 completou a primeira tradução inglesa da Bhagavad Gita(**), ou Nathaniel Halhed, que compilou a primeira gramática de bengali, eram movidos pelo desejo de descobrirem como o «Ocidente» chegara ao que era.

Para o conseguirem, sabiam que tinham que começar por olhar para o Oriente, pois tal como Jones disse aos membros da Sociedade Asiática de Calcutá (da qual era um dos fundadores),

> bastará pressupor, nesta dissertação, o que pode ser provado sem qualquer controvérsia, nomeadamente que vivemos [na Índia] entre os seguidores das divindades que foram adoradas, sob diferentes nomes, nas antigas Grécia e Itália, e entre os mestres dos princípios filosóficos que os autores jónicos e áticos ilustraram com toda a beleza da sua melodiosa língua[20].

(*) Samuel Johnson (1709-1784), ensaísta, poeta, biógrafo, lexicógrafo e crítico literário, figura maior do panorama cultural inglês do século XVIII. (*N. do T.*)

(**) Um dos textos que integram o Mahabharata, um dos grandes épicos em sânscrito da antiga Índia. (*N. do T.*)

MUNDOS EM GUERRA

Nos mais remotos confins da Índia encontrava-se a fonte primeira daquilo que se convertera, com o tempo, nas grandes civilizações do mundo antigo, às quais a Europa Iluminada de Jones devia a sua existência.

Jones concluiu o tratado que escreveu (em francês) sobre a «literatura oriental» com um apelo aos «príncipes da Europa» para que encorajassem o estudo das línguas asiáticas, «para que possais

> oferecer ao mundo os tesouros preciosos dos quais sois apenas os depositários, e que apenas são tesouros quando se tornam úteis, iluminar os admiráveis manuscritos que adornam as vossas prateleiras sem vos enriquecerem o espírito, como os caracteres chineses nos jarrões de porcelana, cuja beleza admiramos sem compreendermos o seu significado[21].

Para Max Müller, grande «orientalista» alemão do século XIX, a descoberta da associação entre as culturas do Oriente e do Ocidente fora uma das maiores da humanidade. O estudo das origens das línguas indo-europeias demonstrara, sem sombra de dúvida, que houvera uma época na qual «os antepassados primeiros de Indianos, Persas, Gregos, Romanos, Eslavos, Celtas e Germanos» tinham vivido juntos «dentro dos mesmos recintos, ou melhor, sob o mesmo tecto»[22]. Poderiam, reconheceu ele, «existir ainda alguns trogloditas» que se recusassem a reconhecer qualquer afinidade entre as culturas grega e indiana, como se a mitologia grega fosse «um lótus vogando sobre a água sem caule, sem raízes», mas eram inevitavelmente comparáveis àqueles que ainda persistiam na crença de que o mundo era plano[23]. Todos os «orientalistas» estavam empenhados num projecto extremamente ambicioso: escrever uma complexa história interligada não da Europa, mas de todo o mundo indo-europeu. Este projecto prosseguiria com Müller e Maine, que afirmaram ter descoberto uma associação formal entre a aldeia indiana, a *polis* grega e a *mark* escandinava[*] – todas elas experiências indo-europeias análogas à democracia –, até ao grande indo-europeísta francês Georges Dumézil, em meados do século XX. Depois, enlameado pela exploração nazi do mito «ariano», o projecto adquiriu má fama. Mas se hoje é facto aceite que a história da Europa não pode ser desligada da de partes significativas da Ásia, tal deve-se, em larga medida, aos «orientalistas» do iluminismo.

---

[*] Comunidade aldeã das florestas, regida por princípios democráticos. (*N. do T.*)

ORIENTALISMO ILUMINADO

II

Um dos homens que mais tomou a peito a mensagem do novo orientalismo – e que, paradoxalmente, viria a ser detestado e a detestar William Jones – foi o sanscritista francês Abraham Hyacinthe Anquetil-Duperron[24]. A sua vida e a história de como ele esteve no centro de uma das grandes controvérsias intelectuais do século XVIII dizem muito acerca da enorme transformação sofrida pela imagem ocidental do «Oriente» durante o iluminismo, e de como ela preparou intelectualmente o cenário para o conflito final entre Ocidente e Oriente que teria lugar nos séculos XIX e XX.

A seguir a Jones, Anquetil-Duperron terá sido o orientalista mais célebre do seu tempo. Um homem gárrulo e narcisista, que o que mais gostava era de falar de si próprio, ele era, em muitos aspectos, o antiquário típico. Consequentemente, fez poucos amigos no mundo culto e literário de Paris, que se fascinou com os seus estudos mas se revoltou perante os resultados. Ele era, disse Fernando Galiani, filósofo e embaixador napolitano em França, «tudo o que um viajante deve ser, exacto, preciso, incapaz de criar qualquer sistema, incapaz de ver o que é útil e o que não é»[25]. Esta apreciação não é justa. Os escritos de Anquetil-Duperron são indubitavelmente enfadonhos e estão sobrecarregados de pormenores frequentemente irrelevantes (a maioria dos quais sobre si próprio), mas apesar do seu cansativo narcisismo ele estava convicto de ter construído um sistema poderoso e cabal para compreender o «Oriente» e, através do Oriente, aquilo que ele descrevia como «o Homem, centro da natureza, o ser que é de maior interesse para nós»[26]. Ele acabou por se interessar vivamente não apenas pela Ásia antiga mas também pela Ásia moderna (e até, no fim da vida, pela América)[27], e escreveu uma defesa apaixonada dos modos de governo turcos e árabes. O estudo do Oriente, afirmou ele entusiasticamente, «aperfeiçoará o conhecimento da humanidade e, acima de tudo, garantir-nos-á os direitos inalienáveis da humanidade»[28].

Anquetil-Duperron nasceu em Paris, no dia 7 de Dezembro de 1731. Foi o quarto filho de um modesto comerciante de especiarias[29]. Iniciou a sua carreira estudando teologia e hebreu na Sorbonne, e posteriormente persa e árabe num seminário em Rhynwijk, na Holanda. Em 1752, regressou a Paris para ocupar o cargo de assistente no departamento de manuscritos orientais da Biblioteca Real. Foi aqui que, em 1754, lhe mostraram um fac-símile de quatro folhas de um manuscrito do *Vendidad*, que fora adquirido por um agente inglês aos parsis de Surat e oferecido à Biblioteca Bo-

315

MUNDOS EM GUERRA

dleiana, em Oxford. Ao olhar para aquele ininteligível manuscrito antigo, o jovem Abraham Hyacinthe descobriu a sua vocação. «Naquele preciso instante», recordaria ele com a sua modéstia habitual, «decidi enriquecer o meu país com aquela obra notável. Atrevi-me a formular um plano para a traduzir e, com esse objectivo, deslocar-me a Gujarat ou Kirman para aprender persa antigo». O pouco que ele conhecia do Avesta mostrara-lhe que ali, no «antigo Oriente», ele poderia encontrar «a iluminação que fora em vão procurada entre os latinos e os Gregos»[30].

O que Anquetil-Duperron viu naquele dia na Biblioteca Real era um fragmento das vinte e duas secções da «Lei Contra os Demónios», ou regras relativas à pureza da fé do Avesta. O Avesta ou Zend-Avesta – ambos os nomes descrevem as formas do persa antigo na qual a obra está escrita – é o livro sagrado dos parsis, e data do período sassânida da história iraniana, pouco antes da conquista islâmica de 634. Compõe-se de 21 livros divididos em 815 capítulos, dos quais sobrevivem apenas 348, e afirma ser tudo o que resta dos escritos do sábio e profeta persa Zoroastro[31].

No século XVIII, não se sabia grande coisa acerca de Zoroastro nem da religião que se considerava consensualmente ter sido fundada por ele, excepto algumas referências dispersas e pouco úteis, constantes de vários textos gregos, onde ele é retratado como líder religioso – na verdade, um criador de deuses – e legislador. Também se acreditava que ele era o autor de um corpo de sabedoria arcaica pré-cristã, possivelmente até anterior a Moisés, algo que, se fosse mais bem conhecido, talvez pudesse demonstrar os elos que ligavam o antigo mundo grego às suas raízes asiáticas. Se Anquetil-Duperron conseguisse descobrir um texto fiel e completo do Avesta, e traduzi-lo para uma língua europeia moderna, transformaria todo o conhecimento existente acerca do período mais formativo da história do Ocidente.

Já tinha a sua grande ideia, faltava-lhe um patrocínio. Entrou em contacto com alguns dos mais proeminentes membros das várias instituições académicas de Paris. Escutaram-no. Ficaram entusiasmados. Mostraram--lhe – de longe – a Academia das Belas Letras, que era o mais distinto corpo académico de França, e prometeram-lhe torná-lo membro se ele fosse bem sucedido. Aceitaram falar ao ministro em seu nome, e procurar o apoio para o projecto da Companhia das Índias, que controlava partes do Sul da Índia. Como resultado de toda esta actividade, ele teve «a honra de ser recebido várias vezes» por Étienne de Silhouette, que era não só o comissário régio para a Companhia e director-geral das finanças de França, mas também autor de um tratado sobre moralidade e governação chinesas, um homem bem conhecido como «protector de jovens talentos», particularmente dos que se interessavam pelo Oriente. Mas nada aconteceu. Anquetil-Duperron era um homem impaciente e, em finais de 1754, decidiu tomar a situação em mãos. No dia 7 de Novembro, levando apenas consigo quatro pares de ceroulas, dois lenços, um par de peúgas, um manual de matemática e a Bíblia hebraica, os *Ensaios* de Montaigne e o tratado *De la sagesse* do jansenista(*) Pierre Charon, alistou-se como soldado de infantaria no exército da Companhia.

Em 24 de Fevereiro de 1755, partiu para a Índia a bordo do *Duc d'Aquitaine*, uma «fortaleza móvel» destinada à Índia francesa. As notícias do seu alistamento tinham entretanto chegado a Silhouette, que lhe proporcionou uma cabina, um salário de 500 libras – não muito, como observou indelicadamente Anquetil-Duperron, mas dava para sobreviver – e um lugar à mesa do capitão. Em suma, viajou para a Índia com algum luxo, mas que não diminuiu os horrores da viajem. A doença matou uma centena de pessoas; metade da tripulação jazia prostrada nas redes. Dia sim, dia não, ele ficava deitado na sua cabina, ouvindo os gemidos do madeirame, intercalados, com alguma frequência, dos disparos de canhão que anunciavam mais um cadáver lançado borda fora. Escreveu no seu diário: «O omnipresente fedor dos moribundos era sufocante».

No dia 9 de Agosto, a morgue flutuante chegou a Pondicherry, a colónia francesa no Sul da Índia. Anquetil-Duperron despediu-se cortesmente da Companhia das Índias e deu início a uma árdua viagem – quase sempre passada, segundo o seu próprio relato, num estado de semi-inconsciência devido às várias febres – até Benares, para estudar sânscrito. Pouco depois da partida, a sua saúde, sempre frágil, obrigou-o a parar num bordel, em Bernagor. Duas prostitutas cuidaram dele durante cinco horas, dando-lhe a beber chá de salva. Encantado «pela humanidade daquelas pobres vítimas do deboche», ele recompensou-as «amplamente» – mas o pudor impede-o de referir a forma da recompensa([32]).

(*) Originário dos escritos do teólogo holandês Cornelius Otto Jansen, o jansenismo foi um movimento galicano que surgiu no contexto da Contra-Reforma, dando enfoque ao pecado original, à depravação humana, à necessidade da graça divina e à predestinação. O termo «jansenismo» foi criado pelos jesuítas, seus inimigos, que acusavam os jansenistas de estarem demasiado próximos dos calvinistas. O movimento, sedeado no convento parisiense de Port-Royal, esteve particularmente activo nos séculos XVI-XVIII, e integrou figuras como Racine ou Blaise Pascal. (*N. do T.*)

Entretanto, Franceses e Britânicos tinham entrado em guerra. Em Março, Anquetil-Duperron chegou à feitoria francesa de Chandernagore ao mesmo tempo que os Britânicos a tomavam de assalto. Disfarçado de muçulmano indiano, foi obrigado a retirar apressadamente para Pondicherry, de onde seguiu para Calicute, Cochim, Mangalore e a colónia portuguesa de Goa[33]. Pelo caminho, falou incansavelmente, praticamente com qualquer pessoa disposta a ouvi-lo. Reflectiu sobre o sistema das castas, a migração da alma, as origens dos cristãos do Malabar e, com alguma profundidade, sobre a relação entre os Maratas(*) e os Espartanos. Finalmente, às cinco da tarde de 30 de Abril de 1758, «extremamente enfraquecido pela disenteria», chegou a Surat, fonte dos fragmentos que haviam tomado conta da sua imaginação quatro anos antes, e onde ele iria passar os três anos seguintes.

Após alguns obstáculos iniciais, conseguiu entrar em contacto com um sacerdote parsi chamado Darab Sorabji Coomana e com o seu primo, Kaos. Eles proporcionaram-lhe uma cópia do *Vendidad*, ou pelo menos de um documento que afirmaram ser o *Vendidad*. Todavia, este sucesso inicial não tardou a dar lugar a dificuldades. Sucediam-se os adiamentos e os atrasos. Por fim, Anquetil-Duperron desconfiou que Coomana e Kaos o viam como uma fonte segura de receitas, e estavam alarmados com os seus rápidos progressos. Também descobriu que a cópia do *Vendidad* que tinha na sua posse era deficiente. Finalmente, parece que Coomana se tornou sincero e lhe forneceu uma transcrição correcta do *Vendidad* e uma gramática pahlavi, «juntamente com vários manuscritos em persa antigo e moderno, e uma pequena história, em verso, da retirada dos parsis para a Índia»[34]. Em finais de Março de 1759, Anquetil-Duperron pôde dar início à tradução. Em Junho, o texto do *Vendidad* estava terminado.

Mas aconteceu outro desastre. Como se uma disenteria semi-permanente não bastasse, no dia 26 de Setembro, Anquetil-Duperron foi atacado, em pleno dia e na presença de uma multidão de 400 pessoas, por um mercador francês chamado Jean Biquant. Afastou-se ensanguentado, ferido por três golpes de espada e dois de sabre – Biquant não quisera obviamente fazer a coisa pela metade. Não se sabe bem porque é que Biquant o quis matar. Anquetil-Duperron descreve o incidente como não provocado, embora seja evidente que os dois homens se conheciam. Outras fontes sugerem que o conflito foi por causa de uma mulher que Anquetil-Duperron tentara se-

---

(*) Guerreiros que construíram o vasto Império Marata, que abrangeu a maior parte da Índia, nos séculos XVII e XVIII. (*N. do T.*)

duzir. O facto de ele ter sido forçado, após o sucedido, a pedir asilo aos Britânicos, implica que não era tão inocente como pretendia. Debaixo do seu aspecto afectado e severo, e apesar da sua saúde delicada, Anquetil--Duperron parece ter tido uma vida sexual picaresca durante a sua estada na Índia. Talvez a convalescença no bordel de Bernagor não tenha sido tão inocente como ele afirmou.

Um mês depois, e já sob a protecção da feitoria britânica de Surat, regressou ao trabalho, traduzindo outras partes do Avesta. Começou a reunir manuscritos em persa, zend, pahlavi e sânscrito, e a desfrutar dos prazeres da região – intelectuais e físicos –, enquanto fazia planos para regressar a Benares e de lá viajar para a China e aprender chinês. Contudo, a sua principal tarefa estava cumprida, e isto era o bastante para – assegurou--lhe o abade Jean Jacques Bathélémy, guardião do expositor das medalhas da Biblioteca Real – «iluminar o seu nome por toda a Europa e torná-lo famoso»([35]).

Todavia, a situação política na Índia piorava para os Franceses, facto que, não obstante a sua estreita amizade pessoal com o governador da feitoria inglesa de Surat, o incomodava cada vez mais. Além disso, a sua saúde, persistentemente fraca, parecia estar a degradar-se. Por fim, ele decidiu pôr de lado a ideia de novas viagens no Oriente e regressar à Europa. No dia 15 de Março de 1761, partiu de Surat para Bombaim, e dois meses mais tarde, apesar de a França ainda estar em guerra com a Grã-Bretanha, abordou um navio da carreira das Índias, o *Bristol*, com destino a Portsmouth.

Chegou a Inglaterra no ano seguinte. Deslocou-se de imediato a Oxford, onde foi autorizado a ver, pela primeira vez, o original do manuscrito que tão potentemente o afectara oito anos antes. Ficou algo surpreendido ao vê-lo preso à parede da biblioteca por uma corrente (o que ainda acontece com muitos livros raros da Biblioteca Bodleiana). A sala onde o manuscrito se encontrava era «muito fria», e ele ficou algo zangado por não lhe ser permitido levar o volume para o hotel para o comparar com as suas cópias. Depois de lançar um longo olhar à sala de leitura, concluiu arrogantemente que «no geral, está aquém das nossas bibliotecas públicas», e preparou-se para partir para França([36]).

Regressou sem percalços a Paris, em 1762, onde deu por si mais pobre do que quando partira, em 1754, mas «rico em manuscritos raros e antigos, e em conhecimentos que a minha juventude (tinha apenas 30 anos de idade) me daria tempo para desenvolver em profundidade – a única fortuna que eu procurara na Índia»([37]). Começou a preparar os vários manuscritos e a longa narrativa da sua viagem para publicação. Levou nove anos. Em 1771, foram publicados, em Paris, em três grossos volumes, a versão final da tradução do Avesta por Anquetil-Duperron, juntamente com o relato completo dos seus périplos e métodos de trabalho, um ensaio sobre os costumes e práticas religiosas dos parsis e um dicionário zend-francês e francês-zend. Ali se apresentavam ao público culto europeu, declarou ele, pela primeira vez, as obras autênticas do profeta Zoroastro, «um dos primeiros legisladores do mundo antigo».

Foi um enorme engano. Friedrich Melchior Grimm, um prolífico escritor de cartas a todos aqueles que eram de algum significado literário ou cultural, afirmou mordazmente que se tratava de uma obra que «não vendeu e que ninguém consegue ler»[38]. Contudo, legível ou não, suscitou uma controvérsia que se arrastaria até ao fim do século e envolveria todos os principais orientalistas europeus.

Imediatamente após a publicação, William Jones, então com 25 anos de idade, publicou, anonimamente e em francês, uma carta aberta a Anquetil--Duperron. Jones, que viria a acusar o seu rival – com alguma razão – de ser «desbocado e arrogante», detestara a longa descrição da viagem, com a qual Anquetil-Duperron prefaciara a tradução. «Quinhentas páginas repletas de detalhes pueris», escreveu ele, «descrições repugnantes, palavras bárbaras e sátiras tão injustas como grosseiras»[39]. Jones detestara a falta de educação com que Anquetil-Duperron descrevera a sua visita a Oxford («Que castigo», perguntou ele, «ordenaria o seu Zoroastro por tamanha ingratidão? Quanta urina de boi seríeis obrigado a beber?»)[40]. Acima de tudo, Jones detestara os comentários arrasadores que Anquetil-Duperron fizera sobre a obra de Thomas Hyde, um orientalista de Oxford que, em 1700, num tentativa similar para tentar recuperar a essência do zoroastrismo, combinara o que conseguira descobrir dos relatos muçulmanos acerca do Irão pré-islâmico com «os verdadeiros e genuínos monumentos dos antigos Persas»[41].

Mas tudo isto era mais do que uma desavença sobre métodos académicos ou sensibilidades nacionais feridas na eterna contenda pela proeminência intelectual entre os académicos de França e de Inglaterra – e que ainda prossegue. O Zoroastro que a Europa culta esperava era um sábio. Anquetil-Duperron deu-lhe, nas palavras de Voltaire, uma «abominável salganhada». Como poderia, inquiriu Voltaire, uma colecção de historietas tão disparatadas, de deuses e demónios grotescos e de leis absurdas ser obra de alguém tão reputadamente sábio como Zoroastro? As «banalidades, disparates e contradições» que Voltaire considerava tão ofensivos tinham sido

ORIENTALISMO ILUMINADO

oferecidas por Anquetil-Duperron precisamente como prova da grande antiguidade dos textos que usara. «Exactamente por essa razão», retorquiu Jones, «chegámos à conclusão de que são muito modernos ou que não podem ter sido elaborados por um homem inteligente e filósofo, tal como Zoroastro nos é apresentado pelos historiadores». Se aquela colecção de frases sem nexo fosse efectivamente as leis e a religião dos antigos Persas, «valeria a pena ter ido tão longe para as conhecer?»[42]. Mais valia ficar em casa, disse Jones, lançando uma farpa à bajuladora dependência do patrocínio régio por parte de Anquetil-Duperron, e contentar-se «com as suas belas leis feudais e a religião romana que parece apreciar». Os escritos que Anquetil-Duperron fora até Surat para encontrar eram «bárbaros e não ganharam nada com a sua bárbara tradução»[43]. A obra, afirmou Jones, era obviamente o resultado da colaboração entre um homem que sabia muito pouco de persa moderno e, não obstante as suas pretensões, quase nada de pahlavi, com outro – o difamado Dr. Darab Sorabji Coomana – que mal compreendia o que estava a ler. Ou então, não passava de uma fraude. Jean Chardin concordou com ele, e o mesmo fizeram o erudito alemão Christoph Meiners, o linguista inglês John Richardson, que tentou demonstrar que o texto do Avesta estava repleto de palavras árabes e que a dura textura da língua na qual fora escrito contrastava fortemente com o que seria de esperar de um antigo mago persa[44]. Quase todo o círculo da *Encyclopédie* chegou à mesma conclusão. «Se são estes os livros originais de Zoroastro», disse Grimm, «este legislador dos antigos Persas não passou de um ilustre idiota senil que, a exemplo dos seus confrades, misturou uma pitada de opiniões absurdas e supersticiosas com um pouco da moralidade comum que se pode encontrar em todas as leis da terra». O pobre Anquetil-Duperron tinha manifestamente desperdiçado a sua vida, «inutilmente e laboriosamente», ao «deslocar-se aos confins da terra para descobrir uma colecção de inanidades»[45].

Estavam todos enganados. O vão e comodista Anquetil-Duperron estava certamente errado, mas não era o farsante linguístico retratado por Jones. Todavia, foi necessário esperar até ao ano de 1826 para que o linguista dinamarquês Rasmus Rask demonstrasse que o Avesta que Anquetil-Duperron lera não era sânscrito corrupto, e que fora efectivamente escrito antes de 334 a. C.[46] Tal como Max Müller observou, tudo o que Jones e os restantes tinham verdadeiramente feito era demonstrar que «os autores do Avesta não tinham lido a *Encyclopédie*»[47]. Mas fora esse o objectivo. O que estava em jogo era mais do que uma discordância de filólogos quan-

321

MUNDOS EM GUERRA

to às fontes. Era um conflito sobre as origens da civilização europeia e o grau a que Ocidente e Oriente se podiam distinguir um do outro. Zoroastro era indo-europeu. Como tal, embora fosse um «oriental», as suas obras pertenciam ao Oriente de Heródoto, o Oriente que os Gregos tinham partilhado com os Persas, o Oriente que fora o berço da civilização ocidental. Da tradução que Anquetil-Duperron fizera do Avesta emergira apenas uma confusão de disparates supersticiosos, tão absurdos, diriam alguns, como o que constava da Bíblia ou do Alcorão.

III

A atribulada tentativa de Anquetil-Duperron para conquistar a fama, se não enriquecer, oferecendo os escritos de Zoroastro ao público culto da Europa iluminada, foi apenas uma parte da redescoberta da Ásia no século XVIII. Outra parte é preferencialmente abordada através da obra de Voltaire. Como vimos, Voltaire foi um dos participantes no coro de descrença que saudou a publicação da tradução de Anquetil-Duperron. Tinha boas razões para ficar chocado, dado que, à semelhança da maioria dos outros críticos da obra, ele investira muito na imagem de uma Ásia antiga cuja civilização ombreara com a dos Gregos e Romanos. Em 1740, Voltaire lançara-se na escrita de um novo tipo de história, uma história que olharia para a civilização da Europa e todas as suas realizações de uma perspectiva verdadeiramente cosmopolita. Todas as histórias universais anteriores tinham visto o Ocidente da perspectiva dos judeus ou dos cristãos, algo que, na sua opinião, era tão absurdo como escrever a história do Império Romano da perspectiva de Gales[48]. Para contrariar esta tendência, ele descreveria e compararia todos os povos civilizados do planeta, e traçaria a trajectória da civilização de Oriente para Ocidente. Chamou a esta grande obra *Ensaio sobre os costumes* (*Essai sur les mœurs et l'esprit des nations et sur les principaux faits de l'histoire depuis Charlemagne jusqu'à Louis XIII*), sendo os «costumes» o que mais distinguia um povo de outro, e o que determinava o carácter, o comportamento e as crenças. A perspectiva secular, irreligiosa e cosmopolita do *Ensaio sobre os costumes* daria aos europeus, «que tanto orgulho têm na sua civilização, uma preciosa lição de humildade».

Voltaire esperava também que a sua obra fornecesse a resposta para uma pergunta que, sob várias formas, os europeus vinham fazendo a si próprios há séculos. Se o Oriente fora, nas palavras de Voltaire, «o viveiro de todas as artes, ao qual o Ocidente deve tudo o que hoje desfruta», porque é que nós, as nações da Europa, do Ocidente, que «parecíamos ter nascido ontem [...] vamos hoje mais longe do que qualquer outro povo, e em mais do que um campo?»[49]. Platão fizera praticamente a mesma pergunta a si próprio; fraseara-a de um modo diferente, é certo, mas a pergunta, como Voltaire bem saberia, fora essencialmente a mesma. Os europeus continuariam a colocar esta pergunta até que, no início do século XX, o colapso do Império Otomano fez parecer inevitável o triunfo do Ocidente, pelo menos temporariamente. E continua a ser feita por muitos muçulmanos, que se sentem cada vez mais perplexos e humilhados. Da resposta a esta pergunta decorre toda a teia de relações que, desde os tempos de Heródoto, constituiu a inimizade perpétua entre Ocidente e Oriente, e que, de forma muito ligeiramente disfarçada, tem continuado a determiná-la.

Uma resposta pode encontrar-se onde Montesquieu acreditava tê-la descoberto, desenvolvendo uma teoria que, na verdade, existia desde Aristóteles. Ele argumentou que os povos eram produto do meio ambiente e, em particular, do clima nos quais habitavam. A Ásia carece de zona temperada, pelo que os seus povos estariam envolvidos numa luta constante entre extremos, nos quais os fracos (do tórrido Sul) enfrentavam os fortes (do gélido Norte). «Assim», concluiu Montesquieu, «um tem que ser o conquistador e outro o conquistado.» Mas na Europa, os fortes tinha sempre enfrentado os fortes, o que resultara numa situação de equilíbrio alcançado em luta quase constante. Na Europa, a liberdade decorria da vontade humana. Na Ásia, pelo contrário, parecia que por muito que os seus povos pudessem lutar contra os seus tiranos, os fracos estariam sempre destinados a submeterem-se aos fortes, sem nunca se tornarem fortes. «Razão pela qual», concluiu Montesquieu, «a liberdade nunca aumenta na Ásia, enquanto que na Europa aumenta ou diminui em função das circunstância» (a observação caracteristicamente céptica de David Hume acerca desta argumentação foi a de que a ser verdade que os nortistas sempre haviam saqueado os sulistas, era algo que nada tinha a ver com o clima, e tudo com a pobreza. O Norte era pobre, o Sul era rico).

Embora Montesquieu declarasse orgulhosamente que este motivo para a divisão entre Ocidente e Oriente «nunca antes foi observado», a explicação não convenceu muita gente[50]. O clima poderia ter sido um factor na determinação do «carácter nacional», mas existiam as populações da moderna Grécia e do moderno Egipto para nos recordarem, segundo Voltaire,

MUNDOS EM GUERRA

de que «mesmo que esteja irrefutavelmente provado que o clima influenciou o carácter dos homens, o governo teve sempre muito mais influência». David Hume era da mesma opinião. «Julgo que ninguém», observou ele causticamente, «atribui a diferença de modos entre WAPPING e ST JAMES'S [respectivamente, um distrito pobre e outro rico de Londres] a uma diferença no ar ou no clima»([51]).

Não, os europeus, embora pudessem ter começado mais tarde do que os Árabes ou os Persas, tinha apanhado ambos, não por causa do clima nem de alguma propriedade peculiar da mente «oriental», que a inclinaria para a preguiça e a imitação. Se a natureza humana era, na célebre frase de Hume, «praticamente a mesma em todas as épocas e lugares, pois a história não nos diz nada de novo nem de estranho a este respeito», então a razão para as diferenças entre os vários povos do mundo tinha que se procurar fora das suas alegadas disposições naturais. As nações podiam efectivamente ter um carácter próprio, mas era um carácter adquirido e não inato.

Se os povos da Ásia, de Constantinopla a Delhi, jaziam num estado de torpor, incapazes de se libertarem dos seus tiranos e até de beneficiarem das grandes realizações dos seus antepassados, esta situação tinha que estar relacionada com as culturas que partilhavam, as religiões que veneravam e, ainda mais significativamente, os governos que as governavam.

Em finais do século XVII, o sistema político que prevalecia supostamente em toda a Ásia era conhecido por «despotismo oriental»([52]). Em larga medida, devemos o termo, ou pelo menos a sua popularidade, ao filósofo e médico francês François Bernier (1620-1688), e baseou-se na sua experiência da Índia mongol. Mas os princípios seriam válidos para os três grandes impérios muçulmanos da época e, num registo algo diferente, também para a China([53]).

Bernier passara doze anos na Índia como médico do imperador mongol, Aurangzeb, e em 1684 publicara aquilo que deve ser uma das mais antigas obras racistas – *Nouvelle division de la terre par les différentes espèces ou races qui l'habitent* – embora uma grande parte do texto seja dedicado à beleza feminina. No entanto, os seus longos escritos sobre a Turquia, a Pérsia e a Índia mongol viriam a exercer uma influência prolongada e persistente([*]). Impressionaram manifestamente o utilitário radical James Mill, autor da

---

([*]) A obra intitula-se *Voyages de François Bernier: contenant la description des Etats du Grand Mongol ou il est traité des richesses, des forces, de la justice & des causes principales de la decadence des Etats de l'Asie... (N. do T.)*

324

ORIENTALISMO ILUMINADO

mais antiga crítica – e certamente uma das mais devastadoras – à ocupação britânica da Índia, e pai do grande filósofo liberal John Stuart Mill. Também forneceram a Karl Marx uma grande parte das provas que ele usou para elaborar a sua célebre noção do «modo de produção asiático»(*).

O argumento de Bernier era simples, apoiava-se numa alegada experiência em primeira mão. A governação muçulmana ou «hindu» carecia de leis. A legislação dependia dos caprichos do príncipe ou, no caso da *Sharia*, dos caprichos compilados de um governante há muito falecido, disfarçados de escritura divina. O déspota oriental não governava o Estado, possuía-o. No Ocidente, o estatuto e a identidade do indivíduo eram, em larga medida, determinados pela sua capacidade de possuir bens. No Oriente, tudo pertencia ao soberano, e era isto que ligava as três grandes civilizações islâmicas – o Império Otomano, a Pérsia e a Índia mongol. De facto, afirmou Bernier, todas elas tinham abolido

> o direito à propriedade privada, que é a base de tudo o que é belo e bom neste mundo. Consequentemente, parecem-se todos muito uns com os outros. E como todos têm os mesmos defeitos, sofrem irremediavelmente, mais tarde ou mais cedo, o destino que se segue inevitavelmente à tirania, à ruína e à desolação[54].

No Oriente, a escravidão mais abjecta era uma condição em que vivia muita gente, tal como acontecia em muitas partes da Europa, e com uma brutalidade cada vez maior. Mas só no Oriente existia, nas designação de Montesquieu, «escravatura política», a ausência da mínima liberdade para o indivíduo agir ou se exprimir independentemente da vontade do soberano. E a vontade do soberano não é aplicada através da honra, como acontece nas monarquias, nem através da virtude, como é o caso nas repúblicas, mas através do medo, razão pela qual nos Estados despóticos, em particular nos da Ásia, a religião é tão importante, pois toda a religião é

(*) Trata-se, na essência, de um modo de produção alicerçado em comunidades aldeãs auto-suficientes, com uma estrutura produtiva mista (agrícola e artesanal), onde a propriedade privada da terra não consegue impor-se. O governo apropria-se dos excedentes, garantindo em troca a defesa e realizando grandes obras públicas, das vias de comunicação aos sistemas de irrigação, apoiando-se num pesado aparelho burocrático. Daqui resulta, segundo Marx, a imobilidade das sociedades orientais, com a subordinação da massa dos súbditos ao poder central (o «despotismo oriental»). (*N. do T.*)

sempre «medo acrescido ao medo»[55]. Por este motivo, afirma Rhedi, um dos correspondentes das *Cartas persas*, com a excepção de algumas cidades da Ásia Menor, e talvez ainda mais perturbadoramente, de Cartago, as repúblicas foram desconhecidas na Ásia e na África, «as quais estiveram sempre esmagadas pelo despotismo»[56].

As leis que existem nos despotismos orientais são escassas e imutáveis, dado que «quando se ensina um animal, é preciso ter o cuidado de não o deixar mudar de donos, de exercício ou de andar; imprimem-se-lhe no cérebro dois ou três impulsos, e nada mais»[57]. As sociedades despóticas de Montesquieu não se assemelhavam a Estados, mas sim a grandes famílias. «Tudo se resume», escreveu ele, «a conciliar a governação política e civil com a governação doméstica, os funcionários do Estado com os do serralho».

Nesta nova imagem do Oriente, Maomé conseguia escapar do seu lugar na demonologia cristã, mas apenas para ser atirado para um papel talvez menos atractivo mas bastante mais plausível na qualidade de arqui-tirano, um condutor de homens habilidoso e arguto, mas também de reputação algo duvidosa (e que profeta não era?). É assim que Voltaire o retrata na sua tragédia *Le Fanatisme, ou Mahomet le Prophete*, de 1742. O Maomé de Voltaire ainda é um déspota ardiloso, com fortes apetites sexuais. Mas também é um táctico brilhante, e apaixonadamente dedicado ao futuro dos Árabes, aos quais chama «este generoso povo, por demasiado tempo desconhecido».

«Falarei apenas através do Deus que me inspira», diz ele a «Zópiro», o xerife de Meca,

> A espada e o Alcorão, nas minhas mãos sangrentas
> Silenciarão o resto da humanidade
> A minha voz parecer-lhes-á um trovão
> E eu verei a sua testa encostada ao chão
>
> Sou ambicioso. Todo o homem o é, sem dúvida
> Mas nunca rei, papa, chefe ou cidadão
> Concebeu um projecto tão grandioso como o meu
> Todos os povos têm o seu momento de glória na terra,
> Pelas suas leis, pelas suas artes e, acima de tudo, pelas suas guerras.
> Chegou finalmente o momento da Arábia[58].

ORIENTALISMO ILUMINADO

Condorcet, Gibbon, Hume e Rousseau retratam Maomé num papel muito semelhante. «Para proporcionar um líder a uma nação até então ingovernável», escreve Condorcet com cautelosa admiração, «ele começou por edificar, sobre os escombros dos antigos cultos, uma religião mais refinada. Legislador, profeta, pontífice, juiz, general – todos os meios para subjugar homens estavam nas suas mãos, e ele soube usá-los com habilidade, com grandeza»([59]). Não era uma afirmação particularmente original, nem sequer era exclusivamente ocidental. Quatro séculos antes, Ibn Khaldun dissera algo semelhante, com a diferença natural de que, para ele, o estatuto de Maomé como «Selo dos Profetas» era inquestionável. «Só é possível dotar os Beduínos», escreveu ele,

> de uma autoridade real com o auxílio da religião, recorrendo a profetas ou a santos, ou a um grande acontecimento religioso em geral. Isto acontece porque os Beduínos, devido à sua selvajaria, são os menos dispostos a subordinarem-se uns aos outros [...]. Mas quando existe religião [entre eles], através de profetas ou santos, tornam-se mais contidos([60]).

Mas original ou não, a imagem de Maomé como profeta armado tornava-o a corporização perfeita de uma sociedade que, em quase todos os aspectos importantes, era uma transposição para o mundo muçulmano da imagem que os Gregos tinham formado dos seus potenciais conquistadores aqueménidas.

Isto tornava-a confortavelmente familiar. Na história triunfal do mundo antigo, em Maratona e depois em Salamina, os Gregos – pouco numerosos, independentes, amantes da liberdade e respeitadores da lei – tinham-se defendido com êxito contra um gigantesco Estado despótico. E Salamina não representara apenas o fim da ameaça persa. Como vimos, fora também o início do Império Grego, que continuaria a crescer até Alexandre invadir a Pérsia, incendiar a sua capital e começar a unir o mundo, tal como ele o compreendia, numa única cultura. A história de sucesso da Europa, que todos os europeus com educação do século XVIII, sabiam de cor, iniciara-se em Salamina, fora consolidada por Alexandre e depois convertida numa civilização mundial por Roma, da qual os modernos Estados europeus e as suas populações de colonos ultramarinos eram os herdeiros. Do outro lado do Bósforo, os Aqueménidas tinham sido substituídos pelos Partos, por sua vez substituídos pelos Sassânidas,

327

por sua vez substituídos pelos Árabes, e estes finalmente subjugados por Safávidas, Otomanos e Mongóis.

O problema com esta visão era que, após uma análise mais próxima e menos preconceituosa, os Otomanos, Safávidas e Mongóis não eram – de todo – os bárbaros que tantos europeus supunham. Um governante como Mehmed II, conquistador de Constantinopla, que Voltaire cumula de elogios, era generalizadamente visto como um homem de grande cultura e, de certo modo, era ele o verdadeiro portador dos valores do mundo antigo – valores que os cristãos, simbolizados pelos quezilentos e rapaces cruzados, verdadeiros causadores da queda do Império Bizantino, ou pelos corruptos e decadentes Gregos, haviam há muito abandonado. Mehmed, observou Voltaire, estabelecera em Istambul uma academia onde se ensinava o grego antigo – praticamente esquecido pelos Gregos modernos –, juntamente com «a filosofia de Aristóteles, a teologia e a medicina»[61].

Neste ponto, pelo menos, Anquetil-Duperron e Voltaire eram a mesma opinião. Em 1778, exasperado com o simplismo da imagem tradicional do Estado oriental, Anquetil-Duperron escreveu um tratado intitulado *Législation orientale*, para demonstrar, nas suas palavras, que «o modo como o despotismo tem sido retratado», em relação à Turquia, à Pérsia ou à Índia, «dá inevitavelmente uma imagem falsa do governo daqueles lugares». Ele lamentou-se de que muito do que fora escrito sobre o Oriente derivara não apenas da incompreensão, mas de uma tendência para atribuir males que eram muito comuns em todo o mundo, ou até resultado de causas naturais, à vontade dos homens ou, disse ele, ao «governo». «Tudo o que está errado na Ásia», escreveu,

> resulta sempre do governo. Os gafanhotos devastam um cantão, a guerra despovoa outro, a falta de chuva dá origem a uma fome que obriga um pai a vender um filho para sobreviver (assisti a isto em Bengala, em 1755). É culpa do governo. O viajante escreve o seu relato em Paris, Londres ou Amesterdão, onde é possível dizer seja o que for contra o Oriente. Quando o seu próprio país é afectado pelos mesmos males, atribuem-nos ao céu ou à malícia dos homens[62].

Voltaire concordou. Perguntou insistentemente, «Como teria um cronista persa ou turco avaliado o sistema feudal europeu? Será menos parecido com a posse dos súbditos pelo soberano do que o que prevalece actualmente entre os muçulmanos? Um exame mais pormenorizado

ORIENTALISMO ILUMINADO

demonstrava que as sociedades orientais eram marcadamente diferentes umas das outras – por exemplo, como a França diferia de Veneza –, e que nem a mais extrema, isto é, segundo o consenso geral, o Império Otomano, poderia ser verdadeiramente qualificada como «despótica». Era absurdo supor, declarou Voltaire,

> que as pessoas são escravas do Sultão, que nada têm de seu, que os seus bens e eles próprios são propriedade do seu amo. Uma administração assim destruir-se-ia a si própria. Seria bizarro que os Gregos, conquistados, não fossem escravos, e os seus conquistadores fossem[63].

Um dos pontos fortes (e em última análise, das fraquezas) do Império Otomano era, na perspectiva de Voltaire, o facto de nem os Turcos nem os Árabes, ao contrário dos Romanos, terem tentado transformar o mundo numa única nação. E em contraste com o que haviam feito as hordas mongóis na China, também não se tinham deixado absorver pelas culturas que haviam subjugado. O que tinham feito era criarem sociedades que, longe de serem os lugares sinistros e satânicos referidos na maioria dos relatos cristãos, eram, de facto, acolhedoras, tolerantes e ecuménicas. Para se ascender às mais altas posições do poder, bastava a conversão ao Islão. O sultão otomano era inquestionavelmente um governante supremo, mas governava por intermédio de potentados locais.

Um visitante à Sublime Porta, o marquês de Marsigli, um aventureiro italiano que passou algum tempo em Istambul, no início do século XVIII, escreveu um tratado intitulado *Militare dell'Imperio Otomano* ou *L'Etat Militaire de l'Empire Ottoman*, no qual concluiu que o sultanato era efectivamente despótico, mas que era mais uma democracia do que uma monarquia, já que, tanto quanto pudera ver, a fonte última de poder era o Corpo dos Janízaros, e cada região era administrada pelo seu próprio governante[64]. Depois de o conquistador triunfar, o governo era devolvido aos conquistados[65]. Quanto à Pérsia, a qual, como herdeira directa do Império Aqueménida, era, sob todos os aspectos, mais civilizada do que a Turquia ou a Índia, «não existe monarquia», declarou Voltaire, «onde existem direitos humanos superiores [*droits de l'humanité*][66]. Nesta visão, os Otomanos e os Safávidas surgem muito mais como herdeiros de Alexandre, «monarca de cada nação e primeiro cidadão de cada cidade», do que de Xerxes[67].

Muitas destas afirmações eram meramente provocatórias, dirigidas a governantes europeus que homens como Voltaire consideravam tão despóticos como os seus homólogos orientais. Mas mesmo que os grandes impérios do Oriente não fossem verdadeiramente despóticos – ou pelo menos, não fossem mais despóticos do que a maioria das monarquias europeias do *ancien régime* –, mesmo que tivessem, até muito recentemente, sido militarmente e culturalmente superiores à maioria das sociedades da Europa, era manifesto, no século XVIII, que haviam começado, de forma aparentemente inexorável, a definhar. A força que impelira os Árabes para fora da Península Arábica e pelo mundo inteiro, até ao Sul de França, que levara os Turcos otomanos a descerem das montanhas da Anatólia e a expandirem-se através dos centros das civilizações asiática e europeia, até Solimão, o Magnífico, no século XVII, ter ultrapassado as ambições do próprio Xerxes, parara imediatamente a seguir ao Danúbio e parecia praticamente esgotada.

Os Árabes tinham adoptado parcialmente a organização política dos Sassânidas, e a maior parte das suas tecnologias militares provinham também dos Sassânidas e dos Gregos. Os Turcos terão apreendido muito com as sociedades persa e bizantina que subjugaram. Construíram um aparelho governamental centralizado a par dos melhores, dispondo de arquivos inauditos na Europa. Adoptaram as técnicas arquitectónicas e a decoração gregas. Contudo, aos olhos da maioria dos observadores europeus, nenhum destes povos tinha aparentemente aprendido o suficiente para progredir muito além da fase das razias e pilhagens da história humana. Não obstante os seus muitos e assinaláveis sucessos iniciais, tinham estagnado. Os seus feitos militares, apesar de verdadeiramente admiráveis, não tinham sido acompanhados, ao contrário das conquistas dos Gregos e dos Romanos, por nenhum desenvolvimento correspondente nas artes e nas ciências. Tinham-se limitado a adquirir territórios. O Estado otomano concretizara as ambições dos seus predecessores aqueménidas recorrendo praticamente aos mesmos meios. Os Turcos modernos não sabiam nada, observou Voltaire, de economia moderna, impostos extraordinários ou empréstimos por conta. Não eram assombrados pelo espectro da dívida pública ou da banca estatal. «Estes potentados», disse ele acerca dos sultões, «só sabem acumular ouro e pedras preciosas, como têm feito desde os tempos de Ciro»[68]. A Pérsia safávida poderia constituir uma excepção parcial à regra, mas até as suas ciências, outrora iguais às dos Gregos, tinham perecido «devido às alterações do Estado»[69]. Ler as «Viagens» de Chardin era, segundo Voltaire, «imaginar um relato do tempo de Xerxes»[70].

ORIENTALISMO ILUMINADO

Mas porque acontecera isto? No século XVI, os Otomanos, tal como o califado e os Safávidas, eram mais avançados do que os Estados cristãos da Europa. Porque não tinham conseguido manter a sua vantagem? A resposta mais simples e mais apropriada era e continuaria a ser: por causa da religião.

A Europa conseguira resistir às tentativas da Igreja para se imiscuir na governação dos mortais. No século XVI, como vimos, as lutas internas verificadas na Igreja destituíram-na da maior parte da sua autoridade em qualquer reino que não o puramente espiritual. A secularização foi apenas parcial – ainda o é –, mas bastou para garantir o desenvolvimento de uma cultura científica independente. Porém, no mundo islâmico a situação era muito diferente. O Islão era a base do direito civil. Era visto como o instrumento supremo empregue por Maomé, no seu papel de déspota e hábil líder militar, para manter em cheque um povo indisciplinado e beligerante. Para continuar a desempenhar a sua função, tinha que estar isento de interpretações como aquelas a que estava sujeito o direito civil no Ocidente. As interpretações do Alcorão existentes pouco mais eram, como disse Voltaire, «do que uma recomendação para não questionar os sábios». A própria palavra «Islão», observou ele, significava resignação, aceitação da palavra de Deus[71].

IV

No entanto, esta explicação apenas era válida para os mundos otomano, persa e mongol. Na altura em que Voltaire escrevia, outra cultura, também asiática, nalguns aspectos similar e noutros marcadamente diferente dos mundos familiares do Próximo e Médio Orientes, vinha-se impondo cada vez mais à imaginação europeia: a China. Se tal como Voltaire dissera a madame de Châtelet(*), para quem ele escrevera o seu *Ensaio sobre os costumes*, a nova história universal traçasse a passagem da civilização do Oriente para o Ocidente, teria que começar na extremidade mais distante da Ásia, com os Chineses, «um povo cuja história fora registada numa língua fixada antes de nós termos aprendido a escrever»[72].

Englobar a China nesta visão alargada do Oriente apresentava dificuldades consideráveis. À semelhança da maioria dos europeus cultos

---

(*) Gabrielle Émilie Le Tonnelier de Breteuil, marquesa de Châtelet (1706-1749), matemática, física e escritora francesa. (*N. do T.*)

do século XVIII, Voltaire via a história do «Médio Oriente», nos aspectos mais fundamentais, como uma continuação da do Império Aqueménida. Similarmente, o Norte da Índia, ou pelo menos a Báctria, as terras entre o Hindu Kush e o Amu Darya (mais ou menos o moderno Afeganistão) tinham conquistado há muito um lugar na história grega – logo, ocidental. Afinal de contas, eram a terra semi-mítica dos gimnosofistas(*), junto dos quais, na expressão de Voltaire, «os Gregos, antes de Pitágoras, se tinham ido instruir», a terra que, juntamente com o Egipto, era a fonte reconhecida da ciência e da filosofia das antigas Pérsia e Grécia([73]).

Contudo, os laços da China com a Europa eram muito mais difíceis de estabelecer. Desde a Antiguidade, os Chineses – os Romanos tinham-lhes chamado *seres* ou «povo da seda» – haviam comerciado indirectamente e por vezes directamente com os Gregos bizantinos, com os Persas e com os Árabes através da famosa «Rota da Seda», pela qual não apenas a seda mas também marfim, ouro, animais exóticos e especiarias chegavam da Ásia Central. Os Sassânidas tinham estabelecido feitorias no Sri Lanka, e o cronista bizantino Cosmas Indicopleustes diz que «de toda a Índia, da Pérsia e da Etiópia, muitos navios chegam a esta terra [...]. Das regiões mais longínquas – refiro-me à *Tsinista* [China]»([74]). Poderá ter inclusivamente existido, já no século VII, uma igreja nestoriana em Qal'ah, um porto da Birmânia ou da Malásia. No século XI, navios provenientes de Siraf, na costa iraniana do Golfo Pérsico, e de Sohar, no Mar de Omã, viajavam regularmente até ao Sri Lanka e à China. Estas viagens eram muito longas e arriscadas – a viagem de ida e volta à China implicava percorrer 16 000 km de águas infestadas de piratas. Mas os lucros potenciais também eram muito grandes. Todavia, não obstante tudo isto, foram muito poucas as informações acerca da China e dos seus povos que chegaram ao Ocidente, além das fronteiras do Império Bizantino.

O que chamou a atenção dos europeus para a China não foram os Chineses, mas sim os Mongóis. Pouco antes de 1209, um príncipe menor chamado Temujin conseguiu unir as aguerridas tribos turco-mongólicas que viviam no planalto além dos montes Altai, e assumiu o nome de «Gêngis Khan» ou «Senhor Muito Poderoso». Gêngis Khan conseguiu fazer pelos Mongóis o que Maomé fizera pelos Árabes, e quando morreu, em 1227, já

(*) O nome, que significa «filósofos nus», era dado pelos Gregos aos filósofos indianos que praticavam o ascetismo ao ponto de considerarem os alimentos e o vestuário prejudiciais à pureza do pensamento. (*N. do T.*)

se tinha apoderado de quase todo o Norte da China e de um vasto território que se estendia da Pérsia ao Afeganistão. O seu sucessor, Ogedei Khan, completou a conquista da China e avançou para oeste, através da Rússia, até à Hungria. Esta era a «terra do Grande Khan», em cuja costa oriental Colombo acreditou ter desembarcado, em 1492. Foi o maior império de todos os tempos, cobrindo uma área onde hoje habitam para cima de três biliões de pessoas.

À medida que as notícias destas conquistas foram chegando à Europa, o medo e a ignorância, muito como acontecera no caso dos Árabes, conjuraram as mais desregradas fantasias acerca dos cavaleiros selvagens e de cabelos compridos oriundos das estepes. Seriam eles, como garantiam alguns, os descendentes dos reis magos que se julgava terem sido aniquilados por Dario I? Seriam a descendência dos gigantes Gog e Magog, que o lendário Alexandre Magno – indistinguível, mesmo pelas pessoas mais cultas da Idade Média, do indivíduo histórico – encarcerara atrás dos montes Cáspios? A sua intenção era conquistarem Roma? A sua chegada anunciava o fim do mundo? Os povos aterrorizados da Europa Oriental, irremediavelmente destinados a viverem durante quinhentos anos na expectativa diária de uma invasão por parte deste ou daquele povo não cristão da Ásia, chamavam-lhes «Tártaros». Ironicamente, este era o nome de uma tribo, «Tatar», que fora praticamente aniquilada por Gêngis Khan. Mas para os receosos, a palavra conjurava imagens apropriadas do «Tártaro» – o Inferno. Em 1295, tornando a situação ainda pior, um antigo monge budista chamado Mahmud Ghazan tornou-se khan, converteu-se ao Islão e obrigou a maioria do império a fazer o mesmo.

Todavia, antes da sua adopção do Islão, os Mongóis, com aparente indiferença, tinham tolerado e patrocinado várias religiões: o budismo, o cristianismo, o judaísmo, o Islão e várias formas de paganismo. Durante todo o século XIII, os representantes destas diferentes fés – excepto os judeus – haviam-se digladiado pela posse exclusiva da alma mongol. Em Março de 1245, o papa Inocêncio IV, na esperança de que os Mongóis, dado terem destruído o império muçulmano dos Seljúcidas, na Pérsia, pudessem ser persuadidos a tornarem-se cristãos, enviou uma missão ao Grande Khan, Güyük. Um dos membros da missão era um notável dominicano italiano chamado Giovanni di Pian di Carpini. Carpini viajou até ao «Acampamento Amarelo» de Güyük. Em Junho de 1246, foi-lhe concedida uma audiência com o khan. Carpini entregou-lhe uma carta do papa, solicitando-lhe que ele e todo o seu povo se submetessem à autoridade do papado. Güyük respondeu-lhe à letra:

MUNDOS EM GUERRA

Disseste: «Torna-te cristão, será bom». Foste presunçoso […].
Como podes tu saber a quem é que Deus perdoa, a quem mostra a
Sua misericórdia? Pelo poder de Deus, Ele entregou-Nos todas as
terras, do sol nascente à sua descida […]. Como podemos nós dizer,
com sinceridade no coração: «Tornar-nos-emos teus súbditos; dar-
te-emos a nossa força»? Tu, em pessoa, à frente de todos os reis,
deves vir imediatamente jurar-nos fidelidade[75].

Assim mandado embora, Carpini regressou à Europa. No entanto, durante o ano e meio que passara a viajar por todos os domínios do khan, ele
aproveitara para estudar os Mongóis com algum pormenor. Pouco depois
do seu regresso, em 1247, escreveu a sua *Ystoria Mongolorum*. Foi o primeiro escrito pormenorizado e perceptivo acerca de um povo asiático a
aparecer na Europa desde Heródoto. E tal como Heródoto, Carpini combi-
nou observações etnográficas precisas – sobre as crenças, os costumes matrimoniais, a alimentação, o vestuário, a adivinhação, as práticas funerárias
e o ritual da purificação pelo fogo – com observações sobre a obediência,
a dureza, a castidade e a honestidade dos Mongóis, sobre a sua arrogância
e impaciência, os seus sujos hábitos alimentares e a sua tendência para a
embriaguez, e rematou com as maravilhas do costume: os ciópodes(*), uma
terra de monstros e de cães machos, e pessoas que apenas se alimentavam
do cheiro da comida[76]. Descreve os Chineses, que acredita serem cristãos
e aos quais chama «*kitayoi*», como «amigáveis e muito humanos», dizendo
que vivem numa terra que é «rica em milho, vinho, ouro, prata e seda».
Mas como não os viu com os seus próprios olhos, teve que se basear no
que ouviu dizer.

Em 1248, dois nestorianos que afirmavam representar Eljigidei, comandante do exército mongol da Ásia Ocidental, apareceram em Chipre, onde
Luís IX se preparava para uma cruzada contra o Egipto. Informaram-no
de que Güyük, o Grande Khan, se convertera ao cristianismo, e de que a
mãe dele era a filha do «Prestes João». Este «prestes» – ou presbítero – era
uma figura predilecta do folclore medieval, um mítico governante cristão de
imenso poder e riqueza que, em 1165, teria escrito uma carta ao imperador

―――――――――
(*) Seres fabulosos dotados de uma única perna e de um pé enorme. São extremamente rápidos e protegem-se do sol deitando-se de costas e ficando à sombra
do seu pé. (*N. do T.*)

bizantino Manuel I, prometendo auxiliá-lo nas suas lutas contra os «sarracenos». A carta fora forjada e os reinos do Prestes João, com os seus edifícios de ouro e as suas ruas de prata, revelaram-se mais ou menos baseados em narrativas de viajantes ao reino copta da Etiópia. A história da conversão de Güyük e a revelação da identidade da sua mãe parecia boa demais para ser verdade, mas também não podia ser totalmente ignorada. Cinco anos depois, o franciscano Guilherme de Rubruck foi enviado pelo rei Luís IX de França à capital mongol – Karakorum, hoje desaparecida – para verificar se o líder mongol se tinha efectivamente tornado cristão; caso contrário, deveria ser persuadido a fazê-lo e a submeter-se perante a Santa Sé.

É claro que a história da conversão fora a mera expressão de um desejo. Mas o khan estava aparentemente aberto a uma eventual conversão e, no dia 30 de Maio de 1254, organizou um debate entre os representantes das fés do Oriente e do Ocidente. Rubruck, que não fora preparado para uma contenda teológica, deu por si a lutar publicamente para defender a pretensão do cristianismo católico romano a ser a única religião verdadeira. Os seus adversários eram os representantes dos nestorianos, dos budistas e dos muçulmanos. Segundo o seu diário – que é o único relato que possuímos deste extraordinário acontecimento –, Rubruck começou por fazer causa comum com os nestorianos contra os muçulmanos e os budistas, o que não foi difícil, dado que, na sua óptica, os nestorianos eram hereges mas cristãos. Depois, persuadiu os muçulmanos de que eles e os cristãos estavam de acordo quanto à maioria dos princípios fundamentais relativos à natureza e existência de Deus. Teve tanto êxito nesta iniciativa que eles capitularam e abandonaram o debate para prepararem a sua própria conversão ao cristianismo. Ficaram apenas os budistas, que não tinham qualquer experiência na argumentação dialéctica em que os outros eram especialistas, e se atolaram em complexas genealogias teológicas. A dada altura, declararam que nenhum Deus era omnipotente, o que suscitou uma boa gargalhada dos cristãos e muçulmanos presentes na assistência[77].

A Cristandade latina ocidental parecia ter triunfado. Mas pelos vistos, não impressionou o khan, que disse sabiamente a Rubruck, «tal como Deus deu diferentes dedos à mão, também deu diferentes vias aos homens». Apesar do seu triunfo, Rubruck regressou de mãos a abanar. Mas o mito do khan mongol, imperador da China e senhor de todas as terras vagamente imaginadas a leste dos Urais, à espera de ser convertido, perdurou durante séculos. Enquanto era balançado pela ondulação do Atlântico, no meio de um oceano que parecia quase infinito, Colombo, que acreditava firmemente encontrar-se algures ao largo da costa de «Catai», deu-se ao trabalho de registar no seu livro de bordo que o «Grande Khan», o qual, explicou ele, era o governante de toda a «Índia», tinha pedido «muitas vezes [...] a Roma mestres da nossa santa fé que o pudessem instruir, mas o Santo Padre nunca lhos enviou, pelo que muitas pessoas se perderam, caindo em idolatrias e adoptando seitas malditas».

Tal como Carpini, Rubruck passou muito do seu tempo livre a observar os povos entre os quais se encontrou. Mas também como Carpini, não conseguiu chegar à China, ou a «Catai» – foi o primeiro a usar este nome –, embora tenha identificado os Chineses como sendo um povo distinto dos Mongóis, e passou claramente uma grande parte da sua estada na capital mongol a informar-se sobre a China. Rubruck estava evidentemente intrigado pelo povo extremamente dotado e civilizado que os seus anfitriões mongóis se preparavam para subjugar. Devemos-lhe a primeira impressão de um europeu sobre os costumes chineses, a descrição, com algum detalhe, da medicina e da caligrafia chinesas («com um único carácter, fazem várias letras que formam uma palavra», escreveu ele espantado) e – coisa inaudita na Europa – da utilização do papel-moeda. Eram inúmeros, à sua volta, os sinais de grande riqueza e luxo de uma civilização muito mais refinada e delicada do que tudo o que Carpini vira entre a horda mongol. As muralhas de «Catai» poderiam não ser de ouro, nem os pavimentos de prata. Mas no palácio do imperador, Rubruck viu uma maravilhosa árvore de prata sustentada por quatro leões de cujas bocas jorrava leite de égua. No cimo da árvore havia um anjo mecânico que soprava numa trombeta da qual corriam quatro tipos diferentes de vinho. Embora esta obra fosse da autoria de um ourives parisiense chamado Guillaume Boucher, a sua presença num ambiente tão exótico e tão distante da Europa era, reflectiu Rubruck, motivo de espanto[78].

Mas o mais pormenorizado e lido relato sobre a China foi escrito por um mercador veneziano chamado Marco Polo, que afirmou ter vivido com os Mongóis, entre 1271 e 1295, como agente de Kublai Khan. Kublai foi provavelmente o maior dos khans. Unificou a China, tornou-se imperador chinês e construiu uma nova capital onde hoje se situa Beijing. Marco Polo ofereceu, pela primeira vez, um vislumbre deste mundo exótico e aparentemente miraculoso, maior, mais rico e mais refinado do que tudo o que se conhecia na Europa. Existem algumas dúvidas sérias quanto à autenticidade do texto de Marco Polo, *Descrição do Mundo*, também conhecido por *Il Milione* – com o sentido aproximado de «senhor milhão, o milionário»

ORIENTALISMO ILUMINADO

– supostamente ditado por Marco Polo, na prisão, a um certo Rusticello. A *Descrição do Mundo* combina a observação detalhada e aparentemente presencial com as descrições fantásticas às quais estavam habituados os leitores das narrativas de viagens.

Mas poucos ou nenhum dos contemporâneos de Marco Polo, ou dos seus muitos leitores, que incluiriam um ávido e crédulo Cristóvão Colombo, duvidaram da precisão das suas descrições. Ali estava, pela primeira vez, um vislumbre da China a partir do interior, e a imagem do Reino do Meio(*) dada pelo livro de Marco Polo, uma imagem de vastos territórios ocupados por um povo governado por uma ditadura benévola, decoroso, sofisticado, rico, urbano e mercantil mas fraco nos costumes bélicos e muito ignorante em matéria de tecnologia e ciência, perduraria durante séculos e assombraria a opiada imaginação do poeta inglês Samuel Taylor Coleridge:

> Em Xanadu decretou Kubla Khan
> Um magnífico domo de prazer:
> Onde Alph, o rio sagrado, corria
> Por cavernas imensuráveis ao homem
> Até um mar sem sol.
> Duas vezes cinco milhas de solo fértil
> Foram rodeadas de muralhas e torres:
> E havia jardins cintilando com sinuosos regatos,
> Onde floresciam muitas árvores-do-incenso;
> E havia florestas tão antigas como as colinas,
> Abraçando soalheiros salpicos de verdura.

Durante a maior parte do Período Ming, de 1368 a 1644, o magnífico domo de prazer da China fora praticamente impenetrável aos viajantes ocidentais. Todavia, os sucessores da Dinastia Ming, os Qing, abriram-se ligeiramente ao Ocidente e autorizaram o estabelecimento, em solo chinês, de um número crescente de legações e embaixadas de Estados europeus. A consequência mais significativa foi um fluxo constante de objectos exóticos para o Ocidente: sedas, estatuetas de madeiras, ornamentos de bronze, mobília «japonesa» (lacada), mesas de mogno para chá e louceiros. E acima de tudo, «louça da china», isto é, porcelana produzida em grandes

---

(*) Este termo designa a localização do reino no meio, no centro do universo. (*N. do T.*)

quantidades e de todas as qualidades para o mercado europeu. Os pagodes chineses tornaram-se um acrescento da moda aos jardins cuidadosamente tratados das casas de campo inglesas. Foram construídas aldeias de aspecto «chinês» em Drottningholm, na Suécia, e em Tsarkoe Selo, na Rússia.

Independentemente de tudo o mais que os Chineses pudessem ser, os artigos que produziam revelaram que eram artesões de primeira água. Contudo, não obstante a forma ávida como consumiam os artigos de luxo chineses, quase todos os europeus continuavam ignorantes quanto à história, religião, cultura e até, muitas vezes, à localização dos seus criadores. Em 1621, mais de três séculos depois de Guilherme de Rubruck ter descoberto que Mongóis e Chineses eram dois povos distintos, e 235 anos depois de o khanato mongol se ter convertido no Império Ming, o ensaísta inglês Robert Burton, autor de *The Anatomy of Melancholy*, um homem bem informado, ainda dizia que necessitaria de uma máquina voadora para descobrir se «aquilo a que *Matth Riccius*, o jesuíta, chamou *China* e *Cataia* são a mesma terra, e se o grande *Cham* da *Tartária* e o Rei da *China* são a mesma pessoa»[79].

Para a maioria dos europeus, a China existia mesmo à beira do mundo, nos limites mais longínquos do universo. Os Chineses estavam tão isolados do resto da humanidade, escreveu o bispo Wilkins, em 1688, no seu *Essay towards a Real Character*, que a sua língua poderia muito bem ser a língua original da humanidade, pois ter-lhes-ia sido impossível participarem na construção da Torre de Babel. O filósofo e poeta alemão Johann Gottfried von Herder – que parece ter desenvolvido uma feroz antipatia pela China – descreveu a China como «enfiada num canto da terra, colocada pelo destino tão longe da ligação das nações» que era incapaz de desempenhar qualquer papel significativo na história humana[80].

Mas existia um elo entre as duas partes da Ásia que teria um significado duradouro, e que já fora estabelecido pelos missionários jesuítas de finais do século XVI. Surpreendentemente, dada a longa história de tentativas falhadas para converter os khans mongóis, esse laço era a religião.

Os missionários têm naturalmente uma missão. Eram homens como Mateus Ricci – o jesuíta ao qual Robert Burton se referia –, que viveu na China entre 1583 e 1610, ano em que morreu, e foi amigo de membros da elite intelectual chinesa; escrevia num chinês elegante e poderá ter sido o responsável pela imagem do confucionismo que hoje temos[81]. Mas não obstante a sua manifesta admiração por quase todas as coisas chinesas, ele fora para a China com o propósito de persuadir os Chineses a trocarem as suas religiões – fossem quais fossem – pelo cristianismo, tal como os seus colegas, com os quais se correspondia regularmente, tinham ido para a Índia e para a América. Mas os Chineses não eram os índios americanos, nem eram Indianos. Os seus sistemas de crenças – o budismo, o taoísmo e, acima de tudo, o confucionismo – eram demasiado complexos e, em muitos aspectos, demasiado próximos da ética cristã para serem condenados, como os dos astecas e dos incas, ou até dos hindus, como obras de Satã. Pelo contrário, pareciam apresentar marcadas semelhanças com alguns dos princípios éticos que o cristianismo absorvera do paganismo.

Consequentemente, Ricci procurou estabelecer uma ligação entre as várias crenças chinesas e o cristianismo. Não poderia o confucionismo, que apresentava algumas similaridades com o platonismo (pelo menos na interpretação que Ricci dele fez), reflectir uma busca tacteante e primitiva, por parte de uma cultura extremamente sofisticada, da indiscutível verdade dos Evangelhos? Tal como muitos dos seus colegas jesuítas, Ricci estava convencido que sim.

E havia muitos que afirmavam que todas aquelas formas de paganismo virtuoso eram os restos de uma antiga teologia, anterior até aos Dez Mandamentos. Um destes era um excêntrico jesuíta alemão chamado Atanásio Kircher, o qual, em 1667, incluiu a Próxima e a Média «Índias», isto é, o Egipto e o subcontinente indiano, na sua *China Illustrata*, uma das primeiras – e mais fantásticas – descrições do que se supunha serem crenças religiosas chinesas. Ao fazê-lo, esperava estabelecer uma continuidade religiosa e cultural distinta entre as várias regiões do «Oriente». Para Kircher, o antigo Egipto e a moderna China eram ambos governados por um código cujas origens se encontravam na obra de um imaginário sábio grego chamado «Hermes Trismegisto»(*), o nome dado a um corpo de escritos helenístico sobre filosofia, astrologia, alquimia, cosmologia e medicina, entre várias outras coisas. Acreditava-se que os escritos herméticos tinham sido copiados pelo próprio Hermes das elocuções do deus egípcio Toth, inventor da escrita e patrono das artes e das ciências. Consequentemente, eram a única coisa que restava de uma sabedoria ainda mais antiga do que Platão ou Moisés (de facto, foram provavelmente escritos entre os séculos I a III[82]). Para Kircher, que oferece uma ilustração de um «templo» chinês, juntamente com um mandarim prostrado e um altar cheio até cima com uma pilha de cabeças cortadas mas incongruentemente sorridentes, Confúcio

---

(*) Sobrenome que os Gregos davam a Hermes, deus do comércio, e que significa «três vezes máximo». (*N. do T.*)

era simplesmente o nome que os Chineses tinham dado a Hermes/Toth, o que significava que os conhecimentos chinês, egípcio e grego partilhavam um mesmo legado. Outro jesuíta, Joachim Bouvet, líder da missão jesuíta em Beijing, demonstrou que «Fuxi», o lendário criador do «Livro das Mutações» – o *I Ching* –, Zoroastro, Hermes e Enoch eram efectivamente a mesma pessoa com nomes diferentes, ligando assim os antigos conhecimentos persa, grego e judaico ao chinês([83]).

No princípio do século XVIII, os escritos de Ricci, Kircher, Bouvet e dos proto-egiptólogos Paul Beurrier e Gottlieb Spitzel tinham formado uma imagem dos Chineses generalizadamente aceite, uma imagem que teria um impacto duradouro sobre a visão europeia do Extremo Oriente durante mais de um século. Ali estava, acreditavam eles, um povo que era extremamente hábil, misterioso e enigmático. E os Chineses também eram cerimoniosos, corteses e, acima de tudo, virtuosos em moldes que os cristãos fariam bem em emular. A pessoa de longe mais influente a promover esta imagem do chinês virtuoso mas, ao mesmo tempo, a apontar o que faltava mais obviamente na cultura chinesa, foi o alemão Gottfried Wilhelm Leibniz (1646-1716), filósofo, matemático e criador do cálculo diferencial.

A China, declarou Leibniz, era diferente de todas as outras nações do mundo porque apenas ela aderira, o mais que era humanamente possível, a uma vida regida pelas leis da natureza. Dado que a China carecia aparentemente de um credo religioso dogmático, para não falar das seitas antagónicas que tinham transformado a Europa num matadouro durante grande parte dos séculos XVI e XVII, o confucionismo era uma «religião da razão». Leibniz acreditava que os Chineses tinham conseguido preservar aquilo que qualquer pessoa razoável suporia serem os desejos de Deus, e onde todas as outras religiões do mundo, em particular o cristianismo e o Islão, tinham falhado. Leibniz era um cristão profundamente devoto, mas via, segundo disse, que «o governo da China seria incomparavelmente melhor do que o de Deus se Deus fosse como o retratam os Doutores Sectários, que associam a salvação às quimeras do seu partido»([84]).

Isto era algo que também os próprios Chineses tinham observado. Os tumultuosos diferendos entre tipos de cristãos praticamente indistinguíveis contrastavam marcadamente com a natureza educada e calma do debate chinês, e fizeram muito para diminuir a credibilidade intelectual dos «ocidentais» aos olhos dos Chineses. O segundo imperador Ching, K'ang-Hsi, exasperado pelos quezilentos missionários que se digladiavam entre si pela alma do seu povo, comentou sarcasticamente que, ao contrário dos

ORIENTALISMO ILUMINADO

muçulmanos, dos Mongóis «ou de outros estrangeiros», todos eles possuidores de um espírito que reverenciavam,

> nesta religião católica, a Sociedade de Pedro guerreia os jesuítas, Bouvet peleja com Mariani, e entre os jesuítas os Portugueses só querem o seus nacionais na igreja, enquanto que os Franceses só querem os deles... Estas dissenções não podem ser inspiradas pelo Senhor do Céu [o termo de Ricci para o Deus cristão], mas sim pelo Diabo, o qual, segundo ouvi dos ocidentais, leva os homens a fazerem o mal porque não pode fazer outra coisa[85].

Leibniz teria concordado. Referiu que nada tinha a obstar contra o envio de missionários para a China por parte da Igreja, mas a Europa, no estado em que se encontrava, tinha muito mais necessidade de «missionários chineses, que nos pudessem ensinar o uso e a prática da religião natural»[86]. Para Leibniz, os Chineses não eram apenas grandes artesãos e criadores de engenho, eram também um povo profundamente moral. O seu verdadeiro ponto forte era a ética, que no seu caso – e crucialmente – se abstinha da especulação metafísica ou teológica e praticava a educação e a conversação. «Porque a filosofia verdadeiramente pragmática», escreveu Leibniz a Bouvet, «consiste muito mais destas boas ordens para educação, e para a conversação e socialização dos homens, do que de princípios gerais sobre virtudes e direitos»[87]. Os Chineses, insistiu posteriormente Voltaire, eram essencialmente o que os europeus tinham muitas vezes tentado ser, mas sem sucesso: verdadeiros estóicos. «A sua moralidade», declarou ele (sem contudo saber grande coisa acerca dela), «é tão pura e severa, e ao mesmo tempo tão humana, como a de Epicteto»[88] (Epicteto foi um estóico grego dos séculos I-II que ensinou que a resposta adequada a um erro moral era a educação e não o castigo).

Leibniz transformara os Chineses nos herdeiros naturais de Sócrates. Mas enquanto insistia que eles eram superiores em filosofia moral, também lhes negou qualquer compreensão da lógica, da geometria, da metafísica, da astronomia ou das ciências naturais[89]. O que poderia então ser mais enriquecedor para a humanidade do que um intercâmbio? «Poderíamos», escreveu ele entusiasticamente, «proporcionar-lhes os nossos conhecimentos quase imediatamente e através de uma espécie de infusão, e aprenderíamos, também de imediato, um mundo de novas instruções que, sem eles, não obteríamos em não sei quantos séculos»[90].

MUNDOS EM GUERRA

Mas os Chineses revelaram-se impermeáveis a qualquer infusão deste tipo. Na vã convicção de que a ciência e, em particular, os instrumentos científicos, fossem suficientemente impressionantes para persuadirem os Chineses da superioridade do cristianismo, os jesuítas tinham levado para a China uma gama de presentes engenhosos para o imperador chinês: relógios, astrolábios, telescópios, clavicórdios, prismas e bombas de sucção. Com o mesmo objectivo em mente, Ricci produzira um mapa-múndi para mostrar os avanços da geografia e da astronomia ocidentais, e traduzira parte da *Geometria* de Euclides para chinês, para provar a superioridade das matemáticas ocidentais. O argumento era que se os europeus sabiam criar coisas tão engenhosas, então a sua compreensão do universo seria necessariamente superior à de todos os outros povos. E quem seria, em última análise, responsável por essa compreensão, a não ser o deus cristão? «O que dirão aquelas pessoas», escreveu Leibniz a Colbert, o ministro das Finanças francês, em 1675,

> quando virem essa máquina maravilhosa [o relógio mecânico] que haveis fabricado, que representa o verdadeiro estado dos céus a cada momento? Acredito que reconhecerão que a mente humana encerra algo de divino, e que esta divindade se comunica especialmente aos cristãos([91]).

Mas os Chineses tinham uma opinião diferente. Tinham concepções significativamente diferentes acerca da relação necessária entre a tecnologia e as crenças religiosas, e embora ficassem gratos pelos relógios, declinaram educadamente mas com firmeza a oferta do Evangelho. Esta recusa de aceitarem o óbvio levou Ricci a declarar que «não possuem nenhuma concepção das regras da lógica», enquanto que os Chineses, por seu lado, acusavam os missionários de se entregarem a «inúmeras linhas de raciocínio incompreensíveis»([92]). Até rejeitavam a ideia de que a origem da evidente superioridade dos novos aparelhos – e das matemáticas ocidentais que lhes eram subjacentes – se encontrava nalgum tipo de raciocínio especificamente ocidental. «Embora alguns métodos ocidentais sejam diferentes dos nossos», declarou K'ang Hsi, que era geralmente simpático para os ocidentais, «e possam até constituir um melhoramento, têm pouco de novidade. Os princípios das matemáticas derivam integralmente do *Livro das Mutações*, e os métodos ocidentais são de origem chinesa»([93]) (os nacionalistas egípcios usariam um argumento similar, afirmando que todo o tipo de práticas científicas ociden-

342

tais úteis podiam inferir-se de um escrutínio cuidadoso do Alcorão)[94]. Na China, «novo» tornou-se rapidamente um termo insultuoso, facilmente associado a «ocidental». «A palavra *hsi* [ocidental]», escreveu o jesuíta alemão Adam Schall von Bell, em Novembro de 1640, «é muito impopular, e o Imperador, nos seus éditos, apenas usa a palavra *hsin* [novo]; de facto, a primeira palavra só é usada por aqueles que nos querem rebaixar»[95].

A exasperada convicção ocidental de que se os Chineses não recorressem aos sistemas de lógica usados no Ocidente não poderiam conhecer as leis que regiam o mundo natural, ficando sem acesso à ciência ou à tecnologia, seria uma distinção crucial entre eles e os europeus. Além disso, esta distinção, por muito diferentes que os Chineses fossem dos Árabes, Persas ou Indianos noutros aspectos, também os tornava mais um exemplo do «oriental». Até William Jones cedeu neste ponto. «Em questões de filosofia moral», escreveu ele, referindo-se a todos os povos da Ásia, «o oriental não perde para nenhuma nação». Todavia, a ciência abstracta «ainda está na infância entre os asiáticos». Não que não tenham «matemáticos muito hábeis e astrónomos de excelência; mas estas ciências nunca atingiram entre eles o nível de perfeição» de «Newton, Leibniz, Wallis, Haley ou Bernoulli»[96].

No longo prazo, isto serviria também para explicar como a Europa conseguira ultrapassá-los. A ciência exigia uma confrontação racional da natureza na tentativa de a dominar. No entanto, os sistemas essencialmente quietistas, tais como o confucionismo, não advogavam o domínio do mundo, mas antes um ajustamento racional a ele. Para o grande teórico social do século xx, Max Weber, era este o motivo pelo qual a China, tal como a Índia e o Oriente muçulmano, não tinham conseguido efectuar o arranque económico experimentado pelo Norte da Europa no século xvi, ou criar a sua própria versão da revolução industrial no século xix[97].

Havia outro aspecto da sociedade chinesa que parecia simultaneamente causa de admiração e explicação para o facto de a China, em comum com todos os outros Estados orientais, não ter conseguido acompanhar os avanços científicos feitos pelo Ocidente. É que a China não era apenas um lugar de massas em labuta, de artesãos especializados e de virtuosos confucianos; era também uma das pouquíssimas sociedades do mundo – nalguns aspectos, a única – que durante séculos não fora afectada por guerras civis nem invasões.

Já no século xvi, Giovanni Botero, jesuíta falhado e escritor sobre política (foi o primeiro a empregar o termo «razão de Estado»), referira que os Chineses eram únicos entre os povos civilizados. Apenas eles tinham reconhecido que «não existe loucura maior do que perder-se o que se tem para adquirir o que pertence a outros», e haviam transformado a sua sociedade em conformidade. Para Botero e para a maior parte dos sinófilos posteriores, o símbolo visual desta realidade era a Grande Muralha. Segundo rezava a história, tendo atingido os limites geográficos óbvios dos seus domínios, os imperadores chineses tinham parado a sua marcha. Nesse ponto, erigiram uma barreira fixa e imutável, tanto para manterem os seus ambiciosos súbditos dentro, como para manterem os inimigos de fora.

No século XVIII, com toda a gente preocupada com o declínio e desaparecimento do poder imperial, esta imagem de uma sociedade emparedada atrás de um dos maiores feitos de engenharia civil da história da humanidade começou a ser descrita – por alguns com admiração – como «o Império Imóvel». Se os Chineses haviam permanecido estáveis durante tanto tempo e os grandes impérios da Europa tinham fracassado tão clamorosamente em fazê-lo, não poderia a China oferecer um modelo que o Ocidente faria bem em emular? Um dos que estava convicto que sim era o fisiocrata francês François Quesnay. Quesnay, o intratável e excêntrico médico pessoal de Luís XI e da sua famosa amante, Madame de Pompadour, transformara-se, na fase final da sua vida, num teórico económico notavelmente original, considerado por Adam Smith como «um autor muito talentoso e profundo»[98]. Quesnay, que foi um dos criadores dos princípios da economia de mercado e o originador da frase «*laissez-faire*», acreditava que uma nação só poderia alcançar a verdadeira prosperidade depois de levantadas todas as restrições impostas à economia pelo Estado – que na França do século XVII davam pelo nome de «mercantilismo». Só então aquilo que Quesnay designava por «leis da natureza» – hoje chamar-se-ia «mercado» – poderia assumir o controlo integral da economia, para benefício, no longo prazo, de todos os envolvidos. Quando o rei lhe perguntou o que deveria fazer para pôr termo a uma das escassezes de cereais que afectavam periodicamente a economia francesa, Quesnay terá levantado as mãos e declarado: «não façais nada; deixai a natureza ditar». E Quesnay acreditava existirem apenas duas sociedades onde essas políticas tinham sido postas em prática. Uma fora o Peru inca, infelizmente eliminado pelos Espanhóis antes que as valiosas lições que oferecia à humanidade pudessem ser cabalmente compreendidas. A outra era a China. «A continuação, a extensão e a permanente prosperidade do Império da China», declarou ele, «[é] assegurada pela observância das leis naturais». Num breve tratado intitulado *Despotisme de la Chine*, publicado em 1676, tratou de explicar porquê.

ORIENTALISMO ILUMINADO

Todos os impérios da Europa e do «Médio Oriente», argumentou ele, tinham-se expandido e depois entrado em colapso, ao ponto de essa realidade ter passado a ser considerada «tão geral que a irregularidade dos governos é atribuída à ordem natural». Apenas os Chineses tinham aparentemente desafiado esta ordem. Quesnay acreditava que o sucesso da China neste aspecto podia ser atribuído ao facto de que na China as leis da natureza eram soberanas e inquestionavelmente obedecidas por todos. Na China, não era o governo que era «despótico» – como tinham afirmado tantos que eram hostis à China, incluindo Montesquieu –, eram as leis da natureza. E não era tanto nos aspectos morais que os Chineses eram bons, como Leibniz afirmara, era naquilo a que Quesnay chamava «as leis muito físicas da reprodução perpétua dos bens necessários para a subsistência e preservação dos homens» – ou seja, a economia[99]. De facto, Quesnay parece ter considerado a ética e a economia praticamente inseparáveis. Apenas os Chineses tinham compreendido que o desígnio da natureza para a humanidade era a prosperidade. Apenas eles tinham conseguido substituir a expansão militar – com a qual todas as potências europeias ainda estavam morbidamente obcecadas – por um crescimento económico permanente.

Tinham-no conseguido, acreditava Quesnay, substituindo a paixão pela guerra pela preocupação com a agricultura. De facto, na perspectiva de Quesnay, só uma nação verdadeiramente agrícola pode «estabelecer um império firme e duradouro com um governo estável, directamente sujeito à ordem imutável da lei natural». Era por isto que na China o cidadão modelo não era o guerreiro, mas sim o camponês. E porque as causas soberanas eram as da natureza – e não as de uma ordem feudal e absolutamente artificial –, os camponeses podiam ascender a posições de poder e eminência inimagináveis na Europa. À semelhança de muitos outros europeus, Quesnay estava fascinado pela cerimónia de *K'eng-chi*, na qual o próprio imperador abria o primeiro rego e plantava a primeira semente da estação. Até Diderot, que abominava os princípios do *laissez-faire* de Quesnay, louvou este ritual em que «o pai do seu povo, com a mão pousada no solo, mostra às suas gentes as verdadeiras riquezas do Estado»[100]. Quesnay argumentou que fora o êxito na agricultura que tornara a China auto-suficiente. Ao contrário de todas as nações europeias, que tinham sido obrigadas a depender do comércio externo para sobreviver, a China quase não carecia dessa actividade. Compare-se esta realidade, propôs Quesnay, com os governos das monarquias ocidentais ou com o sultanato otomano, onde o governante estava rodeado de uma corte, isolado dos súbditos, e

345

MUNDOS EM GUERRA

governava por intermédio de um grupo de homens que tinham ascendido ao poder, em grande medida, através da sucessão hereditária. Na China, o imperador, enquanto corporização suprema da lei, submetia-se às críticas regulares dos seus súbditos. Na China, o mandarinato estava aberto a todos os que conseguissem passar um exame. Existia uma aristocracia, é certo, mas – crucialmente – não tinha um direito automático a ocupar cargos públicos. Acima de tudo, as leis da economia eram «geralmente conhecidas entre o corpo ético da nação, isto é, a parte pensante do povo».

A China tivera êxito onde todos os impérios europeus haviam fracassado porque o seu soberano não era representante de um grupo social, mas sim a corporização suprema da lei. As classes governantes da China, por serem escolhidas pelas suas qualidades morais e intelectuais, eram os agentes altruístas do bem comum. A visão que Quesnay tinha da China – bastante fictícia, verdade seja dita, e derivada de uma leitura muito colorida de alguns relatos algo parciais – oferecia um modelo de estabilidade e do que os economistas de hoje designam por «crescimento sustentável».

Mas nem sequer a China de Quesnay conseguia escapar ao que Leibniz já identificara como o seu ponto potencialmente mais fraco. A estabilidade e a coesão chinesas eram evidentemente muito desejáveis, particularmente quando comparadas com as belicistas nações europeias. Mas tinham sido claramente adquiridas a um preço. De facto, estabilidade acarretava estagnação. A paz acarretava passividade, apatia e suspeita e desconfiança em relação a tudo o que fosse novo. E esta postura não era exclusiva dos Chineses. Por toda a Ásia, povos submissos curvavam-se perante uma série de governantes despóticos, e ao fazê-lo tinham renunciado a todas as pretensões à sua criatividade natural. As diferenças entre os governos, as leis, os costumes e os climas da Turquia, Pérsia, Índia e China eram imensas. Mas todos eles eram vítimas de algum tipo de estagnação. A Índia, disse Voltaire, permanecia imutável desde a época de Alexandre[101]. Nas terras dos Turcos, dos Persas e dos Árabes, a cultura, as artes e as ciências quase não tinham progredido desde o grande florescimento da Idade Média, um florescimento que também assentara grandemente em bases gregas. Similarmente, na China, as ciências, na opinião de Voltaire, tinham-se «fixado no ponto de mediocridade no qual estavam entre nós na Idade Média»[102].

Os Chineses tinham permanecido passivos perante a lei da natureza e os decretos do imperador, e os muçulmanos, na sua respectiva esfera, haviam permanecido passivos perante a suposta palavra de Deus (os hindus,

ORIENTALISMO ILUMINADO

na opinião de Jones e Halhed, poderiam ter fugido a esta maldição, mas antes da chegada dos Britânicos estavam sob o jugo dos muçulmanos). Os Chineses tinham alcançado a estabilidade e uma harmonia relativa, mas somente pagando o preço da estagnação. O seu vasto império ficara imobilizado no tempo. Era seguramente estável, mas também era imóvel.

Esta visão da China como uma cultura estagnada, excessivamente adornada e cerimonial, incapaz de progresso ou inovação, permaneceria mais ou menos inalterada até ao colapso da monarquia chinesa, em 1911. Henry Ellis, que acompanhou lorde Amherst numa missão à China para protestar contra o tratamento dado a súbditos chineses pelo imperador, em 1816, capturou o sentimento europeu em relação a toda esta realidade. «A China», admitiu, era «vasta em extensão, produção e população, em energia e variedade artísticas». Contudo, prosseguiu ele,

> o frio da uniformidade entranha-se e entorpece o todo: eu preferiria sofrer repetidamente fadigas e privações entre os Beduínos da Arábia ou os Iliatas da Pérsia do que navegar em inalterado conforto nas águas plácidas do canal imperial[103].

«Valem mais cinquenta anos de Europa do que um ciclo de Catai», escreveu o poeta laureado Alfred Tennyson, em 1842, ao olhar para um brilhante futuro vitoriano, repleto de máquinas voadoras e sob a governação pacífica do «Parlamento do homem, da Federação do mundo». O Oriente não podia contribuir com nada para este futuro. Com o tempo, seria empurrado para ele – ou por ele[104].

Mas mesmo que tudo isto fosse verdade, mesmo que «um ciclo de Catai» mais não fosse do que uma repetição monótona e sem sentido, muito menos valioso do que cinquenta anos de história europeia, o que levara os Chineses, geração após geração, a seguirem tão passivamente os preceitos e regras definidos pelos seus remotos antepassados? Porque não houvera, como na Europa, nenhuma revolução científica – aliás, *nenhuma* revolução?

Segundo um lugar comum muito utilizado, todas as formas de governação despótica eram baseadas no medo. O imperador chinês era claramente um governante despótico, por muito benigna que a sua governação pudesse ser em certos aspectos, e não se poderia esperar que as suas gentes, acobardadas e arregimentadas, produzissem o tipo de inovação que os povos livres do Ocidente tinham gerado. Porém, retorquira Quesnay, embora fosse verdade que os imperadores eram autocráticos, o seu poder não derivava do medo, mas do amor que inspiravam nos seus súbditos([105]).

Mas o que Quesnay não compreendera, o que careceu, para ser revelado, do génio de Diderot – filho de um pai prepotente –, era que o amor, pelo menos o amor paternal, também pode assumir a forma do medo: medo da ofensa, medo do desfavor, medo da rejeição. O imperador poderia governar pelo amor e não pelo medo, mas o resultado era o mesmo. Com efeito, a China era uma grande família em que, na frase de Voltaire, «a autoridade paterna nunca enfraqueceu», na qual «os cultos mandarins são olhados como pais das cidades e províncias, e o rei como pai do império»([106]). Uma grande família na qual, disse Diderot, todo o chinês estava sujeito a uma dupla tirania: «a tirania paterna no seio da família e a tirania civil no seio do império»([107]) (tem sido dito algo similar acerca da União Soviética, à qual o historiador Richard Pipes chamou «Estado patrimonial» e que, apesar de completamente diferente da China do século XVIII em muitos aspectos, era outro exemplo de uma tirania asiática «estagnada», condenada à extinção económica).

E dado que as famílias tendem a preservar o que é antigo e está consagrado em detrimento do que é novo mas potencialmente perturbador, o resultado fora uma veneração excessiva do passado que – novamente segundo Voltaire – «torna perfeito, a seus olhos, tudo o que é antigo»([108]). Ou, tal como Herder se expressou, nos termos quase raciais que dominariam por completo a linguagem da descrição no século seguinte,

> este ramo da humanidade, nesta região, nunca se poderia transformar em Gregos ou Romanos. Eram e continuaram a ser Chineses, um povo dotado pela natureza com olhos pequenos, narizes arrebitados, testas chatas, barbas ralas, orelhas grandes e barrigas salientes; tudo o que aquele povo conseguiria alcançar, alcançou; nada mais lhe podia ser pedido([109]).

A China era, pois, um despotado, não como Quesnay tinha fantasiosamente suposto mas porque, na China, as leis da natureza eram supremas. Era um despotado porque o seu soberano aprendera a empregar a veneração e não o medo para garantir que as suas ordens eram inquestionavelmente obedecidas. De facto, tal como observou William Robertson, historiador escocês do século XVIII, ser um déspota não «supõe necessariamente que o poder do monarca é continuamente exercido em actos de violência, injustiça e crueldade»([110]). Os déspotas podiam governar benignamente no interesse dos seus súbditos. Todos os chamados «déspotas esclarecidos» da Europa – Frederico, o Grande, Pedro Leopoldo, grão-duque da Toscânia, Catarina, a Grande, da Rússia – tinham sido louvados pelos maiores expoentes do iluminismo por trazerem ordem e progresso a Estados limitados e atrasados. Diderot escrevera um comentário sobre o código legal de Catarina – o Nakaz –, e a sua única saída de França, resmungando durante toda a viagem de ida e volta, fora para a visitar, em São Petersburgo. Voltaire, no seu entusiasmo por Frederico, foi insensato ao ponto de aceitar um convite para ficar no palácio de Sanssouci, em Potsdam, de onde foi obrigado a fugir a meio da noite, em roupa interior(*). Afinal, Frederico não gostava de receber lições de um plebeu acerca das suas obrigações políticas, e apenas desejava os conselhos de Voltaire sobre a sua poesia – o comentário de Voltaire foi «vede quanta roupa suja sua majestade me deu para lavar».

Mas a diferença entre Frederico e Catarina e o imperador da China estava em que ambos eram vistos pelos seus conselheiros, frequentemente franceses, como medidas temporárias, passadas na caminhada em direcção a monarquias constitucionais. No Oriente, pelo contrário, os déspotas, esclarecidos ou não, estavam para durar. E enquanto durassem, os países que governavam permaneceriam presos à imutável estagnação que, de povos mais avançados do universo, remetera o califado e a China, de modos muito diferentes, para o grupo dos mais atrasados.

O progresso e o conflito interno andavam de mãos dadas. Sem aquilo a que Immanuel Kant chamou «sociabilidade associal» – o desejo que todos os homens têm de triunfar sobre os outros –, não haveria progresso nas ciências, não haveria progresso de espécie nenhuma. Feitas as contas, era precisamente a instabilidade a que os europeus tentavam há muito fugir – infrutiferamente – que se revelara a sua maior força. As suas guerras, as suas incessantes lutas internas, as suas querelas religiosas, tudo isto fora a condição infeliz mas necessária para o crescimento intelectual que lhes possibilitara, ao contrário dos seus vizinhos asiáticos, desenvolver o poder para transformarem e controlarem os mundos em que viviam. «Perseguimos», escreveu Herder, «a imagem mágica de uma ciência sublime e de conhecimento universal, que certamente nunca alcançaremos mas que nos

---

(*) No seguimento de um processo em tribunal e de um diferendo com o presidente da Academia das Ciências de Berlim, que foi ridicularizado por Voltaire, o que enfureceu grandemente o monarca. (*N. do T.*)

manterá na busca enquanto a constituição da Europa perdurar». Em contraste, nem o mais bem sucedido dos impérios asiáticos «entrou nesta competição». «Atrás das suas montanhas», prosseguiu ele, «a China orbicular é um império uniforme e isolado; as suas províncias, por muito diferentes que sejam as suas gentes, são governadas pelos princípios de uma constituição antiga, não se encontram num estado de rivalidade umas com as outras, mas da mais profunda obediência»[111].

Esta ideia não é particularmente nova. O geógrafo grego do século I, Estrabão, sugerira algo semelhante. O historiador romano do século I a. C., Salústio, seguido por Maquiavel, argumentara que não fora a unidade da *civitas*, mas sim o conflito entre os plebeus e patrícios de Roma que sustentara a república. Aqueles que condenavam os tumultos que eram uma característica constante da vida política da Roma republicana, disse ele, «não estavam a compreender que todas as repúblicas têm duas perspectivas opostas, a dos líderes e a dos cidadãos comuns, e que todas as leis feitas a favor da liberdade nascem da desunião entre elas»[112]. A liberdade, e da liberdade o progresso e o constante melhoramento da humanidade, alimentavam-se do conflito. A ciência, o conhecimento e as artes só podiam avançar numa sociedade que encorajasse a competição, reconhecesse a necessidade de debate, da interpretação em vez da mera repetição, e promovesse a livre comunicação entre os povos. Os Gregos tinham possuído estas qualidades, e também os Romanos, seus herdeiros em todos os sentidos significativos. Esta capacidade de liberdade e, logo, de invenção, fora de algum modo preservada após a queda de Roma. Os cavaleiros nómadas que tinham invadido a Europa – Herder chamava-lhes «ligeiras aves de rapina» – haviam destruído o mundo romano ocidental e depois o oriental, fazendo a Europa regredir séculos[113]. Mas com o tempo, tinham-se romanizado. A administração, os exércitos, a arquitectura e até o sistema legal do antigo Império Romano tinham caído em desuso, mas os valores conducentes à sua criação haviam sobrevivido e, passada a «Idade das Trevas», revigoraram-se.

Os Mongóis poderiam ter desenvolvido um sentido de competitividade idêntico ao dos europeus, mas haviam-se tornado tão hábeis a adoptar os modos dos povos estagnados e tiranizados que conquistavam que se converteram em Chineses na China, Persas na Pérsia e Indianos na Índia, e o seu vigor nativo tinha-se-lhes esgotado. E nas áreas da Índia que tinham escapado à conquista, o sistema das castas desempenhara praticamente o mesmo papel. Apesar de ser, na perspectiva de Herder, «mais culto, mais humano, mais útil e mais nobre» do que todas as religiões mais antigas da

ORIENTALISMO ILUMINADO

Ásia Oriental, aquilo que ele designa por «sistema bramânico» transformara todas as artes e ciências na «ciência secreta de uma casta», com o resultado inevitável de permanecer preso ao «engano e à superstição»([114]).

A história da marcha da civilização para ocidente que Voltaire se propusera registar estava agora completa. Da China ao Egipto, toda a Ásia, um termo clássico vagamente concebido e atribuído apenas às terras além do Helesponto, adquirira uma identidade comum. Os seus povos eram imensamente variados – qualquer europeu, mesmo com conhecimentos mínimos na matéria, concordaria neste ponto. Mas todos tinham algo em comum: cada um à sua maneira, eram governados por déspotas, cativos de sistemas de governo sustentados por religiões ou, no caso chinês, quase-religiões, cujo objectivo era persuadirem as massas de que nem a natureza nem os seus deuses lhes ofereciam outro modo de vida. Eram sociedades compostas por hordas, não por indivíduos. E enquanto permanecessem emparedadas atrás das suas muralhas auto-impostas de ignorância e apatia, nada as poderia ajudar. Para elas, o tempo e o progresso tinham pouco significado, a verdade de tudo o que os europeus consideravam ciência só podia ser estabelecida em relação ao passado. Os muçulmanos olhavam para os seus textos sagrados, vestígios de uma antiga sociedade pastoral; os Chineses para as suas histórias sagradas e para os escritos de sábios do século VI a. C. Dado que Confúcio nunca pretendera ser infalível, os seus escritos eram preferíveis aos de Maomé, e a sociedade chinesa era apreciavelmente mais moderna do que tudo o que existia no mundo muçulmano. Mas toda a Ásia, do Bósforo ao Mar do Sul da China, tinha o rosto resolutamente virado para o passado. Tal como Henry Sumner Maine reflectiu, em 1881, em todas «aquelas grandes e inexploradas regiões que designamos vagamente por Oriente [...] não existe distinção entre Presente e Passado»([115]).

No princípio do século XIX, tornara-se já evidente para todos os observadores ocidentais, excepto para os mais pessimistas, que mais tarde ou mais cedo as várias sociedades da Ásia estavam condenadas a perecer ou a capitular perante o Ocidente. No Inverno de 1822-1823, o grande filósofo alemão Georg Friedrich Hegel deu uma série de palestras sobre a filosofia da história na Universidade de Berlim. O seu objectivo era apresentar aos seus alunos um retrato da progressão do «raciocínio», do progresso constante do espírito humano que, disse ele, à semelhança do próprio sol, se deslocava inexoravelmente do «canto *oriental* do globo – a região das origens» – para o Ocidente, «onde, nas eras que estão à nossa frente, o

351

MUNDOS EM GUERRA

fardo da História Mundial se revelará»([116]). Na terra da Ásia, o mundo era estático. O Oriente muçulmano não fizera quaisquer progressos desde a queda do califado, enquanto que «a nação indiana, que classificamos como pertencente ao começo do mundo, é uma nação estática, tal como os Chineses. O que é hoje sempre foi». Em nenhum desses lugares havia ou poderia alguma vez haver aquilo que ele chamou «progresso para outra realidade». Por este motivo, na Índia, «quem manda são os Ingleses, ou antes, a Companhia das Índias Orientais; o destino irrevogável dos Impérios Asiáticos é serem subjugados pelos europeus; e a China, mais cedo ou mais tarde, será obrigada a submeter-se a este destino»([117]).

V

Hegel podia dar-se ao luxo de ser confiante. Não apenas por quem era, mas também porque muito antes de ele ter chegado às suas fatídicas conclusões o equilíbrio de poder entre a Europa e as sociedades islâmicas da Ásia começara a alterar-se dramaticamente a favor do Ocidente. O Império Otomano estava em retirada desde a década de 70 do século XIX. No Irão, a Dinastia Afshárida afundara-se num manifesto e desconcertante caos após o assassínio de Nadir Xá, em 1747. O grande Império Mongol estava efectivamente nas mãos da Companhia das Índias Orientais desde a Batalha de Plassey, em 1757, quando as forças de Robert Clive, o «general nascido no céu»([*]), tinham derrotado o nababo de Bengala e assumido o controlo da maior parte do Noroeste da Índia. Até a «China orbicular», com os imperadores Qing, tinha começado a abrir-se aos mercadores e missionários europeus, pelo que, em finais do século XIX, uma grande parte do seu comércio estava nas mãos da Europa. Parecia iminente, a muita gente, o colapso das ordens antigas na Ásia e a sua absorção pelo «Ocidente». Seria a realização final das ambições de Alexandre, frustradas durante séculos. Bastaria aparecer alguém com a visão e o poder para a concretizar.

Foi nesta atmosfera de reais possibilidades que, em finais de 1782, Constantin-François Chassebœuf, um irrequieto jovem de 26 anos de idade, oriundo de Mayenne, no Noroeste da França, partiu numa viagem ao Egipto

---

(*) Epíteto que lhe foi atribuído pelo primeiro-ministro britânico, Pitt, *o Velho*, não apenas pelos feitos alcançados, mas possivelmente também pelo facto de Clive nunca ter recebido instrução militar académica. (*N. do T.*)

352

e à Síria, uma viagem que seria de grande significado. Chassebœuf passara os últimos anos em Paris, a estudar medicina e árabe, e frequentando o círculo do barão d'Holbach, conhecido ateu e materialista. A dada altura, decidiu que o seu nome de família (que significa «enxota boi» ou «caça boi») era inapropriado para a carreira literária que planeava seguir e, em honra de Voltaire, adoptou o apelido «Volney», composto pelas três primeiras letras do pseudónimo literário do seu herói, e pelas três últimas de «Ferney», o nome do solar de Voltaire, na Suíça. Volney tornar-se-ia uma figura importante, embora algo transitória, da cena literária francesa pós-revolucionária.

Em Dezembro de 1782, o rebaptizado Constantin-François Volney partiu de Marselha com destino ao Egipto. Em Janeiro do ano seguinte, chegou a Alexandria. O seu primeiro encontro com o Oriente foi literalmente chocante. Conforme mais tarde recordou, foi totalmente diferente do que pudesse ter imaginado. Nenhuma leitura, nenhuma tentativa para reconstruir imaginativamente «o aspecto da terra, a ordem nas cidades, o vestuário e costumes dos habitantes», poderia preparar minimamente o viajante europeu para o que iria encontrar. «Tudo o que possa ter pensado dissolve-se e desaparece, e restam-lhe a surpresa e o pasmo» – e também, viria Volney a descobrir, o horror e a repugnância[118].

Decorridas algumas semanas, Volney partiu de Alexandria para o Cairo, uma cidade que lhe pareceu menos como as capitais europeias com as quais era habitualmente comparada do que como algo saído do século x, um lugar vil e desorganizado, cheio de pó e com ruas não pavimentadas pejadas de camelos, burros, cães e pessoas[119]. Permaneceu na cidade até Setembro, estudando as gentes, a agricultura, os efeitos do vento e da água, a natureza dos vários grupos religiosos e sociais, e as doenças que os afectavam. Em Setembro, depois da obrigatória visita às pirâmides – que o impressionaram pelo seu tamanho e grandeza mas «afligiram-me ao pensar que para construir um túmulo inútil fora necessário torturar uma nação inteira durante vinte anos» –, partiu para a Síria[120]. Viajou depois para Jafa e Acre, Tiro e Beirute, Alepo e Trípoli. Passou algum tempo em Damasco, visitou Jerusalém, Belém, Jericó e o Mar Morto, e depois regressou a Alexandria, de onde partiu para França.

Após o seu regresso, em 1787, Volney publicou um relato da sua viagem, *Voyage en Syrie et en Égypt pendant les années 1783, 1784 et 1785...* O título era prosaico e casual, mas o mesmo não acontecia com o conteúdo, com as suas lancinantes descrições da miséria da vida no Egipto, e os seus emocionantes relatos das ruínas da grande civilização do Próximo Oriente. E a obra também era completamente diferente de todas as anteriores narrativas de viagens, dado tratar-se de uma descrição científica da região e dos seus povos, movida – assim pensava Volney – por um «amor imparcial à verdade».

Um momento da viagem de Volney revelar-se-ia crucial para o seu desenvolvimento intelectual e, ainda mais abrangentemente, para toda a história das percepções ocidentais do Oriente. Em 1784, depois de três árduos dias de marcha «em árida solidão, onde por todo o lado só vi banditismo e devastação, tirania e miséria», ele chegou às ruínas da cidade de Palmira. Sentou-se numa coluna, tal como Gibbon fizera duas décadas antes, no Capitólio, em Roma, apoiou a cabeça nas mãos, fixou o olhar no deserto e meditou sobre a ascensão e a queda das civilizações. Os pensamentos de Volney, tal como os de Gibbon, fixaram-se nos contrastes – no seu caso, o contraste entre a anterior grandeza de Palmira, capital da rainha-guerreira Zenóbia, e o deserto «acinzentado e monótono» que agora a rodeava.

Ele estava consciente de que tudo o que via à sua volta eram os restos de uma civilização outrora grande, que fora romana, parta e sassânida antes de cair nas mãos dos Otomanos e depois em ruínas. Reflectindo sobre o que observava, começou a perguntar-se não apenas, como Gibbon fizera, porque é que os impérios nascem e morrem, mas também qual poderia ser a causa última da prosperidade das nações e «sobre que princípios poderiam ser estabelecidas a paz entre os homens e a felicidade das sociedades». Em busca destes esquivos objectivos, a sua mente vagueou até às fontes de todas as civilizações do mundo antigo, no Oriente e no Ocidente, até Nínive e Baalbek, Babilónia e Persépolis, Jerusalém, Sídon e Tiro. Todas estavam agora em ruínas.

Embrenhado nas suas meditações, ocorreu-lhe um pensamento «que me encheu o coração de preocupação e incerteza». Cada um daqueles lugares, «quando desfrutavam de tudo o que compõe a glória e o bem-estar do homem», tinham sido habitados por povos «infiéis», os quais, ainda que, como os Fenícios, venerassem o homicida Moloch, ou se prostrassem perante serpentes ou adorassem o fogo, não imaginavam que as suas divindades fossem as únicas, nem que povos que nada sabiam delas fossem obrigados pelas mesmas crenças ou leis do que eles. Estes infiéis tinham sido grandes construtores de impérios. Porém, com o tempo, todos tinham sido substituídos pelos avatares de uma ou outra das grandes religiões monoteístas – cristianismo, Islão ou judaísmo –, e tudo o que haviam edificado acabara por ruir. Em tempos, sob os seus amos «infiéis», a cidade de Palmira e o oásis onde fora construída haviam sido ricos e férteis. Mas agora, observou sarcasticamente Volney, «que estas terras estão ocupadas por crentes e santos, apenas existe esterilidade e solidão»([121]). Mas não tinham todos esses santos e crentes afirmado ser «os eleitos do céu, cobertos de graça e milagres»? Porque se tinham então esses povos tão privilegiados revelado incapazes de usufruírem das mesmas benesses do que os malditos e desprezados infiéis?

Esta pergunta sem resposta levou-o a reflectir, ao olhar à sua volta, que era evidente que aquilo a que chamava «ceptro do mundo» passara da antiga Ásia para a moderna Europa. Foi uma reflexão que o fez tremer. Porque embora «me agradasse recuperar o passado esplendor da Ásia na Europa», a visão de tanta miséria também o fez interrogar-se se, um dia, futuros viajantes não encontrariam, junto às margens do Sena, do Tamisa ou do Zuider Zee «ruínas mudas», idênticas às que o rodeavam, «chorando também eles, sozinhos, no meio das cinzas dos profetas e das memórias da grandeza» como ele agora chorava.

Poderia este sinistro processo, esta ascensão e queda de civilizações, ser travado, perguntou Volney? Poderia o ceptro da civilização permanecer onde agora se encontrava, entre o povo que, na sua opinião, era claramente o mais avançado da terra? Poderia a história, que Aristides pensara ter chegado ao fim com Roma, ser levada à sua conclusão no moderno Ocidente? Volney pensava que sim. Ele acreditava que a civilização moderna aproximaria inevitavelmente os homens. Em breve, «toda a espécie tornar-se-á uma grande sociedade, uma mesma família governada pelo mesmo espírito, por leis comuns, com todos os seus membros gozando a mesma felicidade de que a raça humana é capaz». E depois, finalmente,

> A terra originará um poder supremo. A terra aguarda um povo que legisle para ela [...] um grito de liberdade dado em distantes margens ribeirinhas ecoou através do antigo continente [...] está prestes a despontar um novo século, um século que espantará as massas, surpreenderá e enfrentará os tiranos, que emancipará um grande povo e trará esperança à terra inteira([122]).

E de onde viria este povo? Para Napoleão Bonaparte, que declarou que o livro de Volney era o único escrito sobre o Oriente «que nunca mentiu», a resposta era óbvia([123]).

Capítulo 10

O Maomé do Ocidente

I

A Volney, meditando no meio das ruínas de Palmira, toda a Ásia parecia em escombros. Tinha um passado mas carecia de presente e de futuro. Durante mais de dois séculos, a simplicidade e a ferocidade dos Otomanos tinham levado tudo à sua frente. Contudo, em 1780, era óbvio que a Sublime Porta se encontrava num declínio a pique e irreversível. Nada a poderia salvar da desintegração. Tal como todos os impérios, o turco fora criado através da união forçada de diversos povos. Existia na Europa a opinião consensual de que, no caso otomano, estes povos tinham sido mantidos agregados através do medo e da repressão. A servidão à qual estavam sujeitos os Gregos, Egípcios, Búlgaros, Croatas e Sérvios, alguns húngaros e os herdeiros dos antigos e grandiosos califados árabes da Síria e do Iraque era a causa do seu declínio. Libertem-nos, gritavam as vozes esclarecidas da Europa, e eles ainda poderão reconstituir as grandes nações que em tempos foram. «O império do Crescente», previu Volney, não tardaria a sofrer o destino final de todos os Estados despóticos, e «os povos do império, libertos do jugo que os uniu, recuperarão as suas identidades». Para que tal acontecesse, declarou Volney, bastariam «um líder virtuoso» e «um povo suficientemente poderoso e justo» para levar a cabo a tarefa([1]). Mas quem seriam esse líder e esse povo?

Os exércitos do Império Otomano, não obstante as tentativas de modernização, tinham sofrido reveses graves em 1718 e depois em 1730,

MUNDOS EM GUERRA

às mãos dos iranianos. A oeste, os seus antigos inimigos, a Áustria e a Rússia, famintos lobos nórdicos, começaram a acossar o gigante cambaleante. Em 1768, o sultão, instigado pela França a defender a Comunidade Polaco-Lituana, declarou guerra à Rússia. As consequências foram desastrosas para os Otomanos. Os vitoriosos exércitos russos marcharam para oriente, através dos Balcãs, esmagando os Turcos em Khotyn, na Ucrânia, e depois, no ano de 1770, em Kagul, no rio Prut, na moderna Roménia. Ainda no mesmo ano, uma esquadra russa entrou no Mediterrâneo para auxiliar os seus correligionários ortodoxos a sublevarem-se contra os seus senhores otomanos. Eclodiram revoltas no Montenegro, na Bósnia, na Herzegovina e na Albânia. Em 5 de Julho, praticamente toda a marinha otomana foi incendiada nas águas do porto de Cesme, perto de Esmirna, e cerca de 5000 marinheiros turcos perderam a vida. Foi um desastre que os cristãos, em júbilo, compararam a Lepanto, e durante algum tempo deu a sensação de que os Russos conseguiriam avançar até à própria Istambul. Na segunda metade do ano, um exército russo invadiu a Crimeia.

No dia 21 de Julho de 1774, após duas desastrosas batalhas, em Suvorovo e Shumen, a sul do Danúbio, o sultão foi obrigado a concluir um tratado com o czar, em Kücük Kaynarca, cujos termos eram ainda mais humilhantes do que os do Tratado de Carlowitz, assinado setenta e cinco anos antes. Os Russos garantiram o acesso directo ao Mar Negro e ao Mediterrâneo, e o direito de intervirem nos assuntos do Estado otomano em nome das comunidades cristãs ortodoxas russas do império. Os Otomanos foram ainda obrigados a assumir o pagamento faseado de uma indemnização de guerra durante os três anos seguintes.

Uma das consequências mais curiosas do tratado foi a criação – ou recriação – do sultão otomano como «sultão-califa». Embora todos os sultões otomanos, desde Solimão, o Magnífico, tivessem consentido ser chamados de «califa», nenhum adoptara formalmente o título nem fizera grande uso dele, e o Império Otomano nunca fora descrito como um novo califado. Por sugestão do embaixador francês junto da Porta, François Emmanuel Guignard, conde de Saint-Priest, foi inserida, no tratado, uma cláusula reclamando para o sultão a jurisdição espiritual sobre todos os muçulmanos (*ehl-i Islam*), dentro e fora das fronteiras do Império Otomano, os quais se deveriam «conduzir para com [...] o Supremo Califa Maometano [...] de acordo com o prescrito pelas regras da sua religião». É claro que não existiam quaisquer regras mas, através de uma analogia completamente enga-

358

O Maomé do Ocidente

nadora entre califa e papa, o sultão foi transformado no guardião formal de todo o mundo islâmico – e pelos seus inimigos cristãos.

Os sultões subsequentes aceitaram esta posição de bom grado, e a cláusula de Saint-Priest foi inserida em vários tratados posteriores. Em 1808, Mahmud II inaugurou o costume de o sultão, por ocasião da sua subida ao trono, ser cerimoniosamente equipado com a espada do califa Omar, e a constituição otomana de 1876 declarava que «Sua Majestade, o Sultão, como Supremo Califa, é o Protector da Religião Muçulmana».

Tudo isto conduziu à criação de um poderoso movimento político chamado «pan-islamismo», através do qual os sultões otomanos aspiraram a reunir o disperso mundo muçulmano na esperança de compensarem as esmagadoras derrotas sofridas às mãos dos seus inimigos ocidentais([2]). No entanto, como veremos, este movimento também teria consequências graves para o futuro do relacionamento do sultanato com os seus súbditos árabes após a eclosão da Primeira Guerra Mundial, em 1914([3]).

O Tratado de Kücük Kaynarca também estipulara que o sultão reconhecia a «independência» dos khans da Crimeia. Depressa se tornou óbvio que isto foi apenas um passo preliminar na anexação, concretizada em 1783. Para os Turcos, tal como Volney viria a comentar, a ocupação russa «introduziu o seu inimigo no coração do império; plantou-o às portas da capital», e infligiu aos Otomanos «a desgraça da humilhação da sua antiga grandeza»([4]).

Para as outras potências europeias, que aguardavam ansiosamente para verem que consequências poderia ter para elas o fim do conflito russo-turco, o Tratado de Kücük Kaynarca e a subsequente perda da Crimeia significaram inequivocamente o início do fim do Império Otomano. De Istambul, Saint-Priest instou o seu rei a tomar parte activa no desmembramento do império antes que os Russos, os Austríacos e – pior ainda – os Britânicos se adiantassem. O seu olhar fixou-se na província turca mais rica, mais exposta e mais ocidental: o Egipto.

Durante séculos, o Egipto situara-se na fronteira entre Ocidente e Oriente. A antiga civilização dos faraós providenciara as bases de grande parte da ciência grega, e as divindades e os motivos arquitectónicos egípcios tinham penetrado em todos os aspectos da civilização ocidental. A «egiptomania» fora um tema recorrente – mas sempre suspeito – nas relações de Roma com o Oriente, e a imagem do Egipto como terra de poderes antigos, arcanos e por vezes terríveis perdurara até ao século XVIII. Mas o Egipto real – e não as terras quase míticas dos faraós – fora, desde o século V a. C., uma região de conquista, submersa por sucessivas vagas de imigrantes orientais e ocidentais. Fora governado pelos Aqueménidas e depois, brevemente, por Alexandre e pelos seus sucessores ptolomaicos; seguiram-se os Romanos, os Árabes e, por fim, os Turcos. Na década de 1770, o Egipto encontrava-se sob o domínio dos Mamelucos, soldados-escravos turcos e circassianos importados para o Egipto pelos califas aiúbidas, no século XII. Contudo, em 1250, os Mamelucos derrubaram os seus amos e criaram uma oligarquia militar. Foram eles que, em 1291, expulsaram definitivamente os cruzados de Acre – logo, de toda a *dar al-Islam*. Aquando da conquista do Egipto pelos Otomanos, em 1517, os Mamelucos foram reconfirmados no poder, mas sob a suserania de um paxá nomeado por Istambul. Todavia, em meados do século XVIII, a autoridade otomana estava tão diminuída que o paxá era praticamente mantido prisioneiro no Cairo, e o tributo devido ao sultão era pago muito irregularmente.

O país estava dividido em vinte e quatro províncias, comandadas por vários beis (governantes regionais otomanos) que combatiam constantemente entre si. Em 1776, dois deles, Ibrahim, que assumiu o controlo da administração, e Murad, que comandava o exército, formaram uma aliança que conseguiu expulsar todos os outros beis. Em 1786-1787, as autoridades governamentais de Istambul tentaram pôr os beis na ordem, mas o efeito foi de curta duração. Para as expectantes potências europeias, era óbvio que o sultão já não possuía a capacidade para controlar os exércitos feudais semi-independentes através dos quais muitas das províncias fronteiriças do Império Otomano eram tradicionalmente governadas.

Em 1797, o Directório – o conselho executivo de cinco homens que governava a França desde 1795 – enviou um capitão de infantaria, Joseph--Félix Lazowski, em missão de averiguação à Turquia. Após o seu regresso, em Janeiro do ano seguinte, ele apresentou um relatório instando o governo francês a apoderar-se do Egipto e das ilhas gregas. A desculpa, sugeriu ele, poderia ser os alegados maus-tratos infligidos pelos Mamelucos aos mercadores franceses que operavam no Egipto e em todo o Império Otomano desde o princípio do século XVII. Era um pretexto fraco e interesseiro mas, tal como observou Charles-Maurice de Talleyrand, ministros dos Negócios Estrangeiros da República, no pé em que estavam as coisas, os Franceses praticamente nem precisavam de uma desculpa. Bastava-lhes a missão de propagar os valores da Revolução e de providenciar assistência (não solicitada) aos seus aliados otomanos.

No meio de todo este crescente interesse pelo possível destino do Império Otomano, surgiu Napoleão Bonaparte. Desde garoto, Napoleão tive-

O MAOMÉ DO OCIDENTE

ra o olhar fixado no Oriente. Descrevia-se a si próprio como um fervoroso «orientalista». Nas vésperas da Revolução, enquanto esperava pelo seu momento na Córsega, anotou pormenorizadamente a *Histoire des arabes sous le gouvernement des Califes*, do abade de Marigny, e as *Mémoires du Baron de Tott, sur les turcs et les tartares*. Também escreveu um breve «conto árabe», *Le Masque prophète*, a história de uma revolta liderada por um impostor chamado Hakim contra o domínio dos primeiros abássidas. Não é uma literatura superior e a maior parte do texto está directamente plagiado de Marigny mas, tendo em conta o rumo tomado pelos acontecimentos, tem algo de profético. Napoleão descreve «Hakim» em termos muito semelhantes aos da pessoa que ele próprio adoptaria no Egipto. Era um homem «que dizia ser o enviado de Deus, que pregava uma moralidade pura que agradava às multidões: a igualdade de todos os estatutos e fortunas era o tópico habitual dos seus sermões»([5]).

Em 1795, quando Napoleão/Hakim na pele de um oficial sem colocação, impaciente e furioso face à aparente recusa de promoção por parte do governo francês, Napoleão contemplara seriamente ir sozinho para a Turquia e escrevera a Volney pedindo-lhe a sua opinião («Se as circunstâncias o auxiliarem, nem que seja só um pouco», observara Volney depois de conhecer o jovem oficial, «teremos aqui a cabeça de César sobre os ombros de Alexandre»)([6]).

. Mas este fascínio tinha um lado mais sério. O Oriente era uma área grande e ainda muito desconhecida na qual as vastas ambições de Bonaparte se poderiam concretizar. «A Europa é demasiado pequena para mim», terá ele exclamado uma vez, «tenho que ir para o Oriente». E o caminho para o Oriente passava pelo Egipto. A *Histoire philosophique et politique des établissements et du commerce des européans dans les deux Indes*, da autoria do abade Guillaume Raynal, uma das mais devastadoras condenações do colonialismo europeu que surgiram no século XVIII, era um dos livros predilectos de Napoleão, e numa das muitas e extensas notas que fez durante a sua leitura ele copiou a seguinte passagem:

> O Egipto situa-se entre dois mares, na realidade, entre Ocidente e Oriente. Alexandre Magno pretendeu estabelecer a sua capital no Egipto e convertê-lo no centro do comércio mundial. Este conquistador esclarecido compreendeu que só através do Egipto, que ligava a África, a Ásia e a Europa, conseguiria unir todas as suas conquistas num único Estado([7]).

Napoleão sempre se considerara um novo Alexandre. Além disso, compreendia a importância simbólica e estratégica do Egipto como base a partir da qual flagelar os Ingleses no Mediterrâneo Oriental. E também poderia vir a ser a ponte para um novo império na Ásia. Napoleão conseguia imaginar uma expedição francesa que seguiria Alexandre do Egipto para a Síria, depois para o Irão e o Afeganistão, e expulsaria finalmente da Índia os odiados Ingleses. Seria uma compensação adequada pelas humilhações infligidas à França no fim da Guerra dos Sete Anos, em 1763. Em Agosto de 1797, quatro meses depois de negociar com a Áustria os termos do Tratado de Campo Fórmio, que lhe valeu o controlo da maior parte do Norte de Itália, da Holanda austríaca e das ilhas jónias, e que pôs efectivamente fim à guerra na Europa continental, Napoleão escreveu ao Directório: «O império turco esboroa-se a cada dia que passa [...]. Não está longe o momento em que, se quisermos verdadeiramente destruir a Inglaterra, teremos que nos apoderar do Egipto»([8]).

No dia 9 de Fevereiro do ano seguinte, Charles Magallon, cônsul-geral francês no Cairo há mais de trinta anos, enviou uma memória a Talleyrand. A sua longa experiência no Egipto, escreveu, ensinara-lhe que uma conquista francesa seria enormemente vantajosa e «não apresentaria inconvenientes». Ele disse que a anterior tentativa francesa de invasão do Oriente muçulmano – as Cruzadas – fora verdadeiramente promovida pelos desígnios cristãos sobre o comércio da Ásia: «A religião serviu de pretexto para os políticos». O fracasso ficara a dever-se à sua incompetência. «Com alguns êxitos prudentemente geridos», concluiu Magallon, «teríamos assistido à formação de colónias europeias nas costas egípcia e síria»([9]). Fora uma oportunidade desperdiçada. A nova não poderia sê-lo.

Talleyrand concordou com ele e, cinco dias depois, elaborou um plano de invasão. A França, anunciou, preparava-se para inverter o rumo da história no Oriente, tal como já fizera no Ocidente. «O Egipto», disse ele ao Directório, «foi uma província da República Romana, e deve agora tornar-se uma província da República Francesa». A conquista romana, acrescentou ele sem grande consistência, resultara num período de decadência para aquele belo país; «a conquista francesa conduzirá a um período de prosperidade»([10]).

No dia 5 de Março de 1798, Napoleão recebeu o comando do «Exército do Oriente», cuja missão era invadir o Egipto, depor os seus governantes mamelucos em nome do sultão otomano e, algo vagamente, já que semelhante iniciativa pareceria negar o pretexto da aliança da França com o sultão, estabelecer uma colónia francesa.

O MAOMÉ DO OCIDENTE

Atingidos estes objectivos, Napoleão deveria expulsar os Britânicos do Mar Vermelho e assumir o controlo do Istmo do Suez. De seguida, se as circunstâncias o permitissem, as suas instruções eram marchar para oriente, em direcção à Índia, e unir forças com os Maratas e o sultão Tipu, o «Tigre de Misore».

Durante trinta anos, Tipu e, antes dele, Haidar Ali, seu pai, haviam-se empenhado numa luta contra o crescente poder da Companhia das Índias Orientais. Embora Tipu tivesse conseguido derrotar os Britânicos em 1790, estava muitíssimo necessitado de ajuda e há já algum tempo que a vinha solicitando aos Franceses.

Em 1788, Luís XVI prometera-lhe amizade e assistência militar, mas apenas lhe enviara noventa e oito artesãos, algumas sementes e um magnífico serviço de porcelana de Sèvres[11]. Entretanto, o rei foi eliminado pela Revolução e Tipu travou e perdeu sozinho a Terceira Guerra de Misore, em 1792.

Foi então que entrou em cena o Directório, enviando aos Indianos várias cartas encorajando-os a compreenderem que «no momento em que estivermos empenhados a destruir definitivamente a tirania [britânica] na Europa, deverá parecer-vos a altura certa para eliminardes o jugo que tanto pesa sobre a Ásia»[12].

No dia 26 de Janeiro de 1799, Napoleão escreveu pessoalmente a Tipu, inquirindo ansiosamente acerca da sua «Situação Política» e garantindo-lhe que ele e o «Exército Invencível» que trouxera para o Egipto estavam «desejosos de vos libertar do jugo de ferro da Inglaterra»[13].

Mas nenhuma destas cartas chegou a Tipu. Todas foram interceptadas pelos Britânicos, que depois as publicaram para exporem as dúplices manobras francesas, e também deram à Companhia das Índias Orientais a desculpa para romper a trégua com Tipu e lançar uma ofensiva final sobre Misore. Richard Wellesley, governador-geral da companhia(*), disse aos seus directores: «Os desígnios de França e do Sultão são de uma natureza muito mais abrangente e formidável do que tudo o que alguma vez foi tentado contra o Império Britânico na Índia, desde a hora da sua fundação»[14].

(*) E irmão de Arthur Wellesley, futuro duque de Wellington. O facto de Wellington ter iniciado a sua carreira militar na Índia levou Napoleão a apelidá-lo pejorativamente de «general de sipaios», mas os seus marechais, repetidamente vencidos por Wellington na Guerra Peninsular, tinham uma opinião muito diferente. (*N. do T.*)

363

Mas na verdade, a aliança entre a França e Misore nunca constituiu a ameaça pintada por Wellesley. Tipu era muçulmano, e apesar de, em Janeiro de 1798, ter enviado uma embaixada às Maurícias, último bastião francês no Oceano Índico, numa derradeira tentativa para obter auxílio, tinha todos os motivos para desconfiar do comportamento e dos objectivos de longo prazo dos Franceses. Eram eles, com as suas noções de «civilização», «igualdade», «fraternidade» e «Direitos do Homem», que representavam o Ocidente moderno, e isto tornava-os – e não aos Britânicos, mais pragmáticos – os verdadeiros inimigos de todo o mundo muçulmano. Selim III, não obstante ser um soberano ocidentalizante que iniciou (e terminou) o seu reinado como fiel aliado da França, escreveu a Tipu avisando-o do perigo que o exército de Napoleão representava para os lugares sagrados do Islão e instou-o a fazer a paz com os Ingleses para auxiliar os seus «irmãos muçulmanos» contra os «materialistas» que ameaçavam a integridade do Islão. Tal como todos os sultões otomanos, Selim era o «Comandante dos Fiéis» e o líder do Islão sunita. Eram credenciais impressionantes, e embora as suas palavras não possuíssem – ao contrário do que julgavam alguns ingleses – a força que um decreto papal teria tido para os cristãos no século XIV, também não podiam ser ignoradas.

Algo evasivamente, Tipu prometeu a Selim fazer tudo o que estivesse ao seu alcance para travar o avanço do ateísmo ocidental. Todavia, decorrido um ano, foi ultrapassado pelos acontecimentos. Em 4 de Maio de 1799, Tipu foi morto na sua capital, Seringapatam, Misore foi dividido e uma parte foi devolvida aos seus antigos governantes hindus, sob tutela britânica.

Tal como Selim III correctamente vira, Napoleão não tinha apenas preocupações estratégicas. Pelo menos aparentemente, o Exército do Oriente não estava empenhado numa invasão, mas sim numa missão de salvamento. O Directório instruíra Napoleão no sentido de «melhorar, recorrendo a todos os meios ao seu dispor, a sorte dos nativos do Egipto». As analogias históricas são sempre arriscadas, mas se alguma «missão» militar e cultural ocidental ao Oriente anunciou as dificuldades e os desastres que quase todas as seguintes iriam encontrar – da «ocupação» britânica do Egipto, entre 1883 e 1956, à invasão do Iraque liderada pela América, em 2003 – foi esta. Tal como observou sarcasticamente lorde Spencer, primeiro lorde do Almirantado, em Junho de 1789, foi um plano «tão quimérico e tão romântico que pouca credibilidade mereceu»[15]. Os seus sucessores, até hoje, revelaram-se quase todos decididamente menos românticos, mas nenhum foi menos quimérico.

O MAOMÉ DO OCIDENTE

Ao contrário de alguns conquistadores ocidentais do Oriente muçulmano, do general sir Garnet Wolseley, em Alexandria, em 1883, até George Bush – ou os arquitectos da sua política externa –, em Bagdad, em 2003, Napoleão, no ano de 1798, preparou-se para atingir os seus objectivos políticos estratégicos fazendo uso não apenas da força militar, mas também da manipulação, como ele a via, da cultura e da religião. O seu objectivo, declarou o filósofo e matemático Jean-Baptiste Fourier, que acompanhou a expedição, fora «melhorar a condição dos habitantes [do Egipto] e levar-lhes todas as vantagens de uma civilização perfeita». Mas tal objectivo não poderia ser alcançado exclusivamente pela força das armas nem pela persuasão, nem sequer pela legislação. Exigia também a «aplicação constante das ciências e das artes»[16].

Para o efeito, o Exército do Oriente, além de armas e munições, levaria consigo uma biblioteca com 1000 livros, contendo os clássicos da literatura ocidental, bem como, nas palavras de Napoleão, «a elite dos nossos moralistas e novelistas»: Montesquieu e Rousseau, Voltaire e Montaigne, o Alcorão (em árabe e francês) e – para o caso de Napoleão conseguir chegar à Índia – os Vedas. Com o exército seguia também toda uma academia científica, o Instituto do Egipto, uma instituição «dedicada ao progresso de todo o conhecimento útil» e cujas actividades constituiriam, no longo prazo, o legado mais duradouro da empresa.

Napoleão partiu para o Egipto para concluir, à sua inimitável maneira, o que Alexandre começara. Felizmente, também tinha 29 anos, a idade com que Alexandre conquistara o Egipto, e estabeleceu a sua capital na cidade baptizada com o nome do conquistador e que continha o seu túmulo. Num diálogo que o próprio Napoleão afirmou ter ocorrido na grande pirâmide de Quéops, entre si e «vários muftis e imãs», ele põe o principal mufti do Cairo a dirigir-se-lhe como «nobre sucessor de Alexandre»[17]. E muito depois do fim da grande aventura, quando estava exilado na ilha de Santa Helena, ele disse a madame Claire de Rémusat(*),

No Egipto, criei uma religião, vi-me no caminho principal
para a Ásia, montei um elefante de turbante na cabeça, e tive na
mão um novo Alcorão que teria escrito conforme me aprouvesse.
Através das minhas realizações, eu teria unido as experiências de

---

(*) Claire de Rémusat foi uma das damas do séquito da imperatriz Josefina. As suas memórias foram publicadas postumamente, em 1879-1890. (*N. do T.*)

365

dois mundos, buscando os meus objectivos através de todas as histórias do mundo([18]).

Se não se trataram apenas das caprichosas recordações de um conquistador cujas glórias estavam já muito longe, podemos estar certos de que era mais ou menos isto que ele tinha em mente no princípio de 1798.

A resposta à pergunta de Volney tornara-se clara. Seriam Napoleão e os Franceses a libertar os povos dispersos e desmoralizados do Império Otomano da sua servidão para constituírem novas nações (sob tutela francesa, é claro).

Entre Fevereiro e Abril, um exército de mais de trinta mil homens e a frota necessária para o transportar foram reunidos ao longo das costas mediterrânicas de França e de Itália. Depois, juntamente com as munições e provisões, tropas e esquadra concentraram-se no porto de Toulon. Entretanto, em Paris, os agentes de Napoleão recrutavam um formidável grupo de intérpretes, artistas, poetas, arquitectos, economistas, astrónomos, antiquários, desenhadores, mineralogistas, botânicos, zoólogos, químicos, engenheiros, um escultor, 22 pintores, um aeronauta e «um ex-barítono da Ópera de Paris» – um total de 167 especialistas.

A maioria foi recrutada entre os membros do Instituto Nacional. O Instituto fora criado em 1795, para substituir a Academia Francesa e a Academia das Inscrições, ambas de fundação régia. Em 1797, Napoleão arranjou maneira de ser nomeado membro, mas desconhece-se com que base – não foi certamente pelos seus serviços à literatura. Foi um gesto vão, mas Napoleão sentiu-se imensamente lisonjeado e nunca deixou de mencionar «Membro do Instituto» entre os seus títulos, mesmo depois de se ter apropriado do título muito mais grandioso de «Imperador». No século XVIII, as instituições académicas ainda consagravam um grande prestígio, e Napoleão sempre quis ser recordado como algo mais do que um comandante militar brilhante.

Estes «savants» – sábios –, como viriam a ser conhecidos, foram tentados, persuadidos ou forçados a formarem o Instituto do Egipto([19]). Alguns negaram-se, como o linguista Louis-Mathieu Langlès, que «conhecia todas as línguas faladas na Torre de Babel», e Napoleão nunca lhes perdoou; mas a maioria aquiesceu prontamente. No entanto, o grande cientista e explorador alemão Alexander von Humboldt declinou.

É verdade que os objectivos do Instituto eram algo vagos. Fora manifestamente criado para recolher informação e, sempre que possível, coisas.

O MAOMÉ DO OCIDENTE

Os grandes museus da Europa e dos Estados Unidos estão repletos de antigos objectos trazidos, nos séculos XVIII e XIX, por viajantes interessados e frequentemente amadores, de várias partes do Império Otomano. Para os Otomanos, em particular para os governadores locais da Grécia, Iraque e Síria, com muito pouco dinheiro e ainda menos interesse pelo destino daquelas indesejadas recordações de um passado não muçulmano, este tráfico representava uma valiosa fonte de receitas adicionais. Mas não era de todo este o único objectivo do Instituto. A arqueologia não se traduzia num mero saque, mas também não era o desinteressado estudo académico que hoje tende a ser – ou tenta. No século XVIII, tinha objectivos político-culturais precisos. Tal como William Jones, Anquetil-Duperron e os outros «orientalistas» tinham esperado descobrir as origens da civilização europeia na Índia, os membros do Instituto foram à sua procura no Egipto. Fora esta a demanda na qual Volney embarcara na sua viagem à Síria e ao Egipto, entre 1783 e 1785. Tinha ido para o Oriente, disse ele aos leitores de *Voyage en Syrie et en Égypt pendant les années 1783, 1784 et 1785*..., porque eram os lugares onde

> nasceu a maior parte das opiniões que regem as nossas vidas. Foi ali que originaram as ideias religiosas que têm exercido uma influência tão poderosa sobre a nossa conduta privada e pública, sobre as nossas leis e sobre toda a nossa condição social. É, pois, interessante conhecer os lugares onde estas ideias nasceram, os costumes e hábitos que as moldaram, a mente e o carácter dos povos que as estabeleceram. É interessante examinar até que ponto essa mente e esses hábitos e costumes foram alterados ou preservados; investigar qual terá sido a influência do clima, os efeitos do governo ou as consequências do hábito sobre eles – em suma, avaliar, pela sua condição presente, como terão sido no passado[20].

Volney não desempenhou num papel directo na expedição, mas o projecto era tão inspirado por ele como por Napoleão.

II

Na manhã de 19 de Maio de 1798, a frota – quase trezentos navios pesadamente carregados – levantou âncora e internou-se lentamente no Mediterrâneo, com destino à região mais ocidental da Ásia. O navio-almi-

367

rante, apropriadamente chamado *L'Orient* e a maior embarcação do mundo na época, fechava a retaguarda. Napoleão, no tombadilho de popa, com um pé na amurada, olhava para o futuro.

No dia 10 de Junho, a armada ancorou ao largo de Malta e, após uma breve escaramuça, apoderou-se da ilha. Malta era governada, desde 1530, por um grupo internacional de clérigos armados que se auto-denominavam Cavaleiros de São João. Durante mais de dois séculos, tinham vivido bem, dos despojos obtidos em ataques de corsários contra os Turcos e os seus aliados do Norte de África. Embora em 1798 se tivessem já tornado corruptos e decadentes, sem constituírem praticamente nenhuma ameaça ao Império Otomano, ainda eram inimigos jurados do Islão e uma relíquia viva das Cruzadas, algo que Napoleão contava virar a seu favor no Egipto. Os Franceses partiram com os tesouros da maior parte das igrejas da ilha, juntamente com cerca de setecentos escravos muçulmanos oriundos de Trípoli, da Argélia, da Tunísia, de Marrocos, da Síria e da própria Istambul. Estes infelizes foram libertados formalmente, alimentados e vestidos, e conduzidos a bordo do navio-almirante para servirem de intérpretes e porta-vozes do novo regime esclarecido que iria abater-se sobre o povo egípcio.

Dois dias mais tarde, o almirante Horatio Nelson, que se encontrava em Messina, recebeu notícias da ocupação francesa. Considerando que Napoleão estaria a caminho do Egipto, lançou-se em sua perseguição. Mas antes do aparecimento do radar ou do posicionamento por satélite, os recontros navais eram frequentemente uma questão de sorte. Neste caso, foi de azar: a lentidão com a qual a enorme frota de Napoleão era obrigada a navegar favoreceu-a. Os Britânicos ultrapassaram os Franceses durante a noite de 22/23 de Junho, a 22 léguas de distância, fora do alcance de qualquer óculo, sem nunca os avistarem. Cinco dias mais tarde, navegando célere com bom mar, Nelson chegou a Alexandria. Não fazendo a mínima ideia de onde poderiam estar os Franceses, desceu a costa síria e rumou a Chipre. Não avistando o inimigo, regressou a Nápoles para meter mantimentos e água, e esperar.

Entretanto, na manhã de 28 de Junho e desconhecendo por completo o que tinha acontecido, Napoleão chegou a Alexandria. «Meu Amo», escreveu Koraim, xeque de Alexandria, a Murad Bei, «a armada que acabou de chegar é tão vasta que não se consegue ver onde começa nem onde acaba. Pelo amor de Deus e do Profeta, enviai-nos combatentes»[21]. Murad prometeu ajuda, mas não chegou nenhuma.

O Maomé do Ocidente

Na noite de 1 de Julho, os Franceses começaram a desembarcar. Napoleão já abandonara a pia esperança de que os Egípcios o acolhessem como libertador. Mas a determinação da resistência surpreendeu-o – e o calor também. O Exército do Oriente tinha escolhido a altura mais quente do ano para atacar, pelo que as tropas tiveram que lutar não só contra os esquivos e letais Egípcios, com as suas túnicas ondulantes, mas também contra moscas e mosquitos que nunca tinham visto, e contra temperaturas que em Julho podem atingir muitas dezenas de graus centígrados, mesmo à noite. «Os nativos acossavam-nos valorosamente», recordou um dragão, «os nossos capacetes de cobre brilhavam sob o sol, os pesados jaquetões de tecido e as calças de cabedal enfiadas nas botas altas contrastavam marcadamente com as suas ondulantes vestes de lã, muitíssimo mais adequadas do que as nossas para aquele tórrido clima»[22].

Quando chegaram a terra, depois de atravessarem a forte rebentação, quase todos os soldados, encharcados em água salgada, estavam meio mortos de sede. «O exército atingiu um ponto», escreveu um deles, «em que tivemos que descobrir água para não perecermos»[23]. Mas no fim, a força bruta conseguiu prevalecer até contra o implacável sol egípcio. Ao anoitecer do dia seguinte, Alexandria estava na posse dos Franceses. O longo isolamento do mundo islâmico em relação aos seus vizinhos ocidentais chegara bruscamente ao fim.

Napoleão desembarcou. Teria abandonado quaisquer esperanças de uma ocupação pacífica mas, à semelhança de muitos invasores posteriores desta parte da Ásia, ele esperava que, mais tarde ou mais cedo, a população civil compreendesse que ele, tal como Alexandre, não viera conquistar, mas sim libertar. Como a maioria dos seus sucessores, Napoleão reconhecia que o sucesso militar só poderia ser alcançado e – mais crucialmente ainda – sustentado quando os conquistados aceitassem a visão política, ideológica e cultural em cujo nome o invasor se apresentara. Ele marcara cuidadosamente uma passagem de *Voyage en Syrie et en Égypt pendant les années 1783, 1784 et 1785...* de Volney. «Quem pretender controlar o Egipto», escrevera Volney, teria que travar três guerras: uma contra a Inglaterra e outra contra o Império Otomano, «mas a terceira, a mais difícil, será contra os que constituem a população do país. Esta provocará tantas baixas que talvez se deva considerar um obstáculo inultrapassável».

Napoleão não pensava que fosse inultrapassável. Mas para conquistar o povo, ele sabia que os Franceses tinham que evitar tornarem-se alvos daquilo que ele chamava os «anátemas do Profeta» e serem retratados como inimigos do Islão. Com a ajuda dos orientalistas que levara consigo, tratou de adoptar os princípios da Revolução de modo a conseguir, conforme esperava, «conquistar os Muftis, os *ulema*, os Xerifes, os Imãs, para que interpretem o Alcorão a favor do exército»[24].

No mar, durante a passagem de Malta para Alexandria, Venture de Paradis, «Secretário-Intérprete de Línguas Orientais para a República Francesa», sentara-se numa cabina do *L'Orient* e redigira, enquanto Napoleão ditava, uma «Proclamação aos Egípcios», em árabe e em turco (tentando novamente persuadir o sultão de que os Franceses agiam em seu nome). Vale a pena observar de perto este documento, pois resume não só as esperanças francesas para o «Oriente», mas também o fracasso de ambos os lados se conseguirem minimamente compreender.

Começa com uma invocação muçulmana familiar: «Em nome de Deus, Beneficente e Misericordioso. Não há outra divindade senão Deus. Quem tem o domínio dos Céus e da Terra não adopta um filho nem tem associados no Seu poder», que se destina a indicar claramente que os Franceses não são cristãos. De seguida, assegura ao povo egípcio que Napoleão Bonaparte, comandante do exército francês e «em nome da República Francesa, alicerçada na Liberdade e na Igualdade», não vem ao Egipto, ao contrário do que tinham posto a correr os Mamelucos, «como cruzado» para destruir o poder do Islão. Nada está mais longe da verdade, garante Napoleão aos seus leitores.

> Dizei aos caluniadores que apenas vim junto de vós para vos devolver os direitos roubados pelos opressores; porque eu, mais do que os Mamelucos, sirvo Deus – que Ele seja louvado e Exaltado – e reverencio o seu profeta Maomé e o glorioso Alcorão [...] E dizei-lhe também que todas as pessoas são iguais aos olhos de Deus e que as circunstâncias que as distinguem umas das outras são a razão, a virtude e o conhecimento[25].

Depois de fazer o seu melhor para combinar o princípio dos direitos humanos – numa linguagem na qual não existe nenhuma tradução óbvia para a palavra «direito»[26] – com os princípios que os orientalistas lhe tinham persuadido serem os fundamentos básicos do Islão, o homem que Victor Hugo descreveria como «Maomé do Ocidente» prossegue:

> Ouvi, Cádis [juízes], Xeques e Imãs; Ouvi, *Sharbajiyya* [oficiais de cavalaria] e homens de meios, e dizei à nação que os Franceses

O MAOMÉ DO OCIDENTE

também são muçulmanos fiéis, e em confirmação disto invadiram Roma e destruíram a Santa Sé, que não parava de exortar os cristãos a fazerem guerra ao Islão. E depois foram à ilha de Malta, de onde expulsaram os cavaleiros que afirmavam que Deus Exaltado exigia que combatessem os muçulmanos[27].

(Napoleão, como observou sir Walter Scott com desprezo, nunca se cansou de usar e abusar da «linguagem excessiva do Oriente)[28].

Em 2 de Julho, cada um dos escravos que Napoleão salvara de Malta recebeu uma cópia da declaração e foi instado a espalhar a boa nova.

É difícil dizer até que ponto Napoleão acreditava nisto tudo. Um dos seus generais contou posteriormente a um amigo, em Toulouse, que «enganámos os Egípcios com o nosso amor fingido pela sua religião, na qual Bonaparte e nós acreditamos tanto como na do falecido papa»[29]. Mas não se tratava das convicções pessoais de Napoleão. Tratava-se de política. Napoleão sempre praticara a tolerância religiosa porque sabia que as confissões religiosas podiam fazer inimigos mortais. Contudo, tolerância era uma coisa, crédito e até respeito eram outra. De facto, é muito pouco provável que Napoleão tenha lido muito do Alcorão que dizia venerar. Tal como ele disse a madame de Rémusat, o único livro que lhe poderia alguma vez interessar seria um livro que ele próprio tivesse escrito.

Mas lera o *Contrato Social* de Rousseau, o texto que, mais do que qualquer outro, fornecera a inspiração ideológica para a Revolução. E com o último capítulo, apropriadamente intitulado «Da religião civil», Napoleão terá aprendido que «nenhum Estado foi fundado sem ter por base a religião». A religião, mesmo que fosse apenas o reflexo de uma busca infantil de segurança, um «erro esgotado», nas palavras de Rousseau, provara, ao longo dos séculos, possuir um valor perene do qual Napoleão estava plenamente ciente. Uma fé única, baseada, na expressão de Rousseau, na «crença na felicidade dos justos, na punição dos malvados, na santidade do contrato social e das leis» era o único meio de manter unida a sociedade. Não importava se isto era verdade ou não. O que importava é que a fé devia ser una e indivisível, porque, afirmava Rousseau, «Sempre que se permite a existência da intolerância teológica, é impossível não ter um qualquer efeito civil; e quando isto acontece, o soberano deixa de ser soberano, nem sequer nos assuntos temporais. Os sacerdotes passam então a ser os verdadeiros amos; os reis são simplesmente os seus oficiais»[30]. Fora em conformidade com esta premissa geral que Napoleão abrira os guetos em

371

todas as cidades italianas onde entrara. «Foi tornando-me muçulmano», disse ele mais tarde, «que me estabeleci no Egipto, foi tornando-me ultra-montano [seguidor do papado] que conquistei o coração dos homens em Itália. Se eu tivesse que governar um povo judeu, restauraria o templo de Salomão»([31]).

A seu tempo, os princípios da Revolução, consagrados na educação cívica do povo francês, substituiriam os «anátemas do Profeta» no coração do povo egípcio. É claro que nessa altura os Egípcios já teriam sido completamente civilizados. No entanto, para que tal fosse possível, era necessário mostrar-lhes primeiro como os dois credos – o Islão e as doutrinas da Revolução – podiam assemelhar-se.

Tal como quase nenhum muçulmano de hoje acredita que os valores sociais ocidentais se possam compatibilizar com a Lei Sagrada, a *Sharia*, o mesmo aconteceu com os Egípcios que confrontaram Napoleão. Sabemos alguma coisa acerca da forma como reagiram à profissão de amor ao Islão por parte de Napoleão a partir de um relato dos primeiros sete meses de ocupação, escrito por Abd-al Rahman al-Jabarti, um membro do divã ou Conselho Imperial do Cairo. Al-Jabarti era um homem lido e perspicaz, atento às competências e tecnologias francesas (ficou particularmente impressionado com o carrinho de mão), e admirava sinceramente a coragem e a disciplina francesas no campo de batalha, que comparou, em termos honrosos, às dos *mujahidin*, os guerreiros muçulmanos da *Jihad*([32]). Mas não obstante tudo isto, ele era um muçulmano devoto que não conseguia conceber nenhum bem nem nenhuma verdade que não emanassem da palavra de Deus transmitida pelo Profeta.

Denunciou veementemente a declaração de Napoleão, pela sua linguagem, pelo seu estilo medíocre, pelos erros gramaticais e pelas «palavras incoerentes e construções vulgares» em que abundava, e que transformavam frequentemente num disparate a mensagem que Napoleão pretendera transmitir – uma apreciação muito pouco elogiosa para Venture de Paradis e os outros arabistas franceses da expedição. Mas al-Jabarti reservou as suas críticas mais devastadoras para aquilo que descreve amiúde como a hipocrisia francesa. Ao contrário do que Napoleão pretendera, a frase inicial da declaração não lhe sugeria uma preferência pelo Islão por parte de uma nação tolerante; dizia-lhe que os Franceses colocavam as três religiões – Islão, cristianismo e judaísmo – em pé de igualdade, o que significava que não acreditavam em nenhuma. Para al-Jabarti e qualquer outro muçulmano devoto, a tolerância não fazia o mínimo sentido. Era apenas uma

O MAOMÉ DO OCIDENTE

maneira de tolerar o erro. Há muito que passara a época em que teria sido possível uma aproximação entre o judaísmo e as suas duas principais heresias. Agora, só poderia existir uma verdadeira fé, e não várias fés falsas. Napoleão não podia afirmar «venerar» o Profeta sem acreditar também na sua mensagem. E o mesmo se aplicava ao Alcorão. Não se podia simplesmente «respeitar» a palavra literal de Deus. Era necessário aceitá-la como a única lei, e não como uma entre muitas. «Isto é uma mentira», explodiu al-Jabarti; «Respeitar o Alcorão significa glorificá-lo, e só o podemos glorificar acreditando no seu conteúdo.»

Napoleão era claramente um mentiroso. Pior: era o agente de uma sociedade que estava obviamente empenhada na eliminação não apenas do Islão, mas de todas as crenças, de todas as religiões. Al-Jabarti explicou aos seus leitores que a invocação da «República» era uma referência ao Estado ímpio que os Franceses tinham criado para si próprios depois de terem traído e assassinado o seu «sultão». Ao matarem Luís XVI, os Franceses haviam-se virado contra o homem que tinham considerado o representante de Deus na terra – mal, já que a sua compreensão de Deus era errada, mas com sinceridade. No seu lugar, tinham congeminado uma abstracção, a dita «República» que Napoleão, que não viera em paz, como afirmava, mas à frente de um exército conquistador, dizia professar. Dado que para um muçulmano não podia existir um Estado secular nem nenhuma lei que não fosse a lei de Deus, a insistência francesa de que o que distinguia os homens eram apenas «a razão, a virtude e o conhecimento» tornava-se um manifesto absurdo. «Deus», declarou al-Jabarti, «fez alguns homens superiores aos outros, tal como testemunham os habitantes do Céu e os da Terra».

Há poucas coisas que desagradem mais a um crente, especialmente a um crente na sacralidade fundamental de uma escritura, do que um não crente. A al-Jabarti, os Franceses não pareciam potenciais muçulmanos, mas sim ateus. É certo que os muçulmanos lutavam contra os cristãos desde há séculos, mas o cristianismo era uma das religiões aceites. Os cristãos eram um dos «Povos do Livro» e Cristo era um profeta, não o último nem o maior, mas não deixava der ser um genuíno emissário de Deus. Aos olhos dos muçulmanos, um cristão que renunciasse à sua religião sem se tornar muçulmano estava a cometer o pior dos crimes. O anúncio triunfal de que os Franceses tinham destruído a Santa Sé e abolido os Cavaleiros de Malta não foi recebido com regozijo, mas sim com horror.

O que al-Jabarti viu – e bem – foi que, debaixo de todas as declarações de fé de Napoleão existia uma profunda desconfiança face a qualquer uma

373

das supostas palavras de Deus. Tal como ele testemunhara em pessoa, os Franceses eram efectivamente materialistas, pois procuravam compreender o mundo e controlá-lo unicamente através da sua experiência, algo que, constatava al-Jabarti, conseguiam fazer com alarmante sucesso. Mas não obstante a sua admiração pela tecnologia e pela coragem francesas, al-Jabarti não conseguia conceber uma ciência que não começasse e, em larga medida, terminasse por uma revelação divina. Na sua opinião, os Franceses eram ateus e materialistas – como tinham sido os Árabes pagãos –, e dado que o ateísmo e o materialismo se incluíam nos erros que Maomé fora enviado à terra para corrigir, eles teriam, mais tarde ou mais cedo e como todos quantos os haviam precedido, de ser convertidos ao Islão ou destruídos. Bastaria aos Egípcios esperarem e manterem-se firmes na sua fé, em guarda contra todas as novidades tecnológicas – as bugigangas e os carrinhos de mão – com que os invasores pudessem tentá-los.

Al-Jabarti não estava sozinho na sua indignação, nem foi o único a reconhecer a ameaça ideológica que a presença de Napoleão constituía para o Islão. Numa proclamação elaborada em árabe e turco, o sultão otomano avisou os seus súbditos do Egipto contra os novos terrores trazidos pelos europeus.

> A nação francesa (que Deus devaste as suas moradas e derrube as suas bandeiras, pois são infiéis tirânicos e malfeitores dissidentes) não acredita na unicidade do Senhor do Céu e da Terra nem na missão do intercessor no Dia do Juízo Final; abandonaram toda a religião e negam a vida no além e os seus castigos [...]. Afirmam que os livros que os Profetas trouxeram são erros manifestos, que o Alcorão, a Tora e os Evangelhos não passam de mentiras e de conversa fiada, que todos os que se disseram Profetas mentiram a pessoas ignorantes [...] e que todos os homens são iguais em humanidade e como homens, que ninguém é superior em mérito a ninguém, e que toda a gente dispõe da sua própria alma e é senhora do seu destino nesta vida. E com base nesta vã e ridícula opinião, criaram novos princípios e definiram leis, estabeleceram aquilo que Satã lhes sussurrou, destruíram a base das religiões, legalizaram coisas proibidas, fazem tudo o que lhes dita o desejo, atraíram para a sua iniquidade pessoas simples que se tornaram loucos varridos, semearam a sedição entre as religiões e têm semeado a discórdia entre reis e Estados[33].

O Maomé do Ocidente

Pela primeira vez na sua história, o Islão enfrentava um desafio completamente inédito, inimaginável e ininteligível. Durante séculos, o mundo muçulmano acreditara piamente que, mais tarde ou mais cedo, a *Sharia* seria proclamada em todas as cidades, de Londres a Viena; as grandes catedrais da Europa seriam, à semelhança das de Constantinopla, esvaziadas das suas imagens idólatras, os campanários seriam substituídos por minaretes, e por todo o mundo os fiéis, cinco vezes por dia, virar-se-iam para Meca em oração.

Mas agora, além de parecer que as coisas estavam a correr ao contrário, o velho inimigo parecia ter abandonado subitamente a sua identidade. Em vez de insistir que a sua religião era a única verdadeira, falava de algo inteiramente ausente em qualquer religião verdadeira, algo a que al-Jabarti e o autor da proclamação do sultão aludem nervosamente: a visão de uma vida que não exigia obediência a Deus nem a nenhum dos auto-proclamados representantes de Deus na terra. Pior ainda, as sussurradas blandícias de Satã insinuavam que, neste novo mundo ímpio, as massas, tão desprezadas e impotentes com o Islão como com o cristianismo, poderiam alcançar, se não exactamente «tudo o que lhes dita o desejo», pelo menos uma vida com alguma dignidade e segurança e, acima de tudo, liberdade de escolha.

Em todos os encontros entre um Ocidente europeu secularizado e um Oriente islâmico, do Egipto à Índia – dos quais este foi seguramente o primeiro –, aquilo que se interpõe no caminho de um possível entendimento tem sido sempre a mesma coisa. Ambas as partes advogam que os seus valores e, mais fundamentalmente, a sua compreensão do funcionamento do universo, se aplicam por inteiro a toda a humanidade. Mas enquanto que no Ocidente esta compreensão é considerada algo a que os seres humanos chegaram através da aplicação da razão e sem a assistência directa de nenhuma divindade, no Islão, as únicas verdades universais – as únicas verdades de qualquer tipo – provêm da palavra de Deus. Os cristãos advogavam uma perspectiva semelhante – alguns ainda o fazem –, mas tinham sido sempre obrigados a lutar contra uma tendência crescente, no seio da sociedade ocidental, para restringir o papel desempenhado pela divindade, e haviam limitado a autoridade dos seus auto-proclamados intermediários. No Islão, a história movera-se na direcção oposta, ou antes, na opinião de Napoleão e dos seus companheiros, nem sequer se movera.

Sempre que algum ocidental dava origem a um desenvolvimento que aparentava derivar exclusivamente da razão, os muçulmanos respondiam asseverando que todas essas coisas se podiam encontrar nas escrituras sagradas se se soubesse onde as procurar. Em Dezembro de 1798, teve lugar um verdadeiro diálogo de surdos. Um dia, Napoleão estava a jantar com alguns *ulema*, em casa do xeque al-Sadat. Ele disse aos xeques que, no tempo dos califas, os Árabes tinham cultivado as artes e as ciências, mas «hoje viviam na mais profunda ignorância, e nada restava do conhecimento dos seus antepassados». Sadat retorquiu, indignado, que ainda possuíam o Alcorão, repositório de todo o conhecimento. Napoleão perguntou-lhe então se o Alcorão ensinava a fundir canhões. «Os xeques, em uníssono, responderam enfaticamente que sim»[34] (em 1883, um intelectual egípcio exilado chamado Sayyid Jamal al-Din, conhecido por al-Afghani – voltaremos a falar nele – afirmou que coisas como os caminhos-de-ferro, os princípios económicos e fiscais e a teoria dos germes tinham sido previstas no Alcorão)[35].

Mas Napoleão não parece ter compreendido cabalmente estas realidades, tal como aconteceu com gerações posteriores de civilizadores ocidentais, até à mais recente tentativa de introdução da democracia – que é o equivalente moderno formal dos princípios da Revolução Francesa –, recorrendo à força ou à persuasão, em várias partes do mundo árabe. À semelhança de muitos dos seus sucessores, Napoleão parece ter também acreditado que o segredo do sucesso estava na perseverança. Quando os Egípcios demonstraram a sua relutância em acolherem favoravelmente os Franceses, o facto foi inevitavelmente atribuído ao poder esmagador de uma minoria perversa e à manifesta ignorância das massas. Imediatamente após a invasão francesa, ganhou forma uma resistência – chamar-lhe-íamos hoje uma «insurreição». Este movimento, muito à imagem do que se verifica no Iraque desde a invasão liderada pelos Americanos, em 2003, era uma aliança pouco coesa de povos locais, unidos menos por qualquer interesse ou convicção comuns, e mais pelo desagrado face a uma presença estrangeira e não muçulmana no seu solo.

Algumas «pessoas de bom senso», escreveu outro membro do Instituto, o pintor e gravador Dominique Vivant Denon, tinham percebido o que a França lhes oferecia e haviam feito o seu melhor para persuadirem os seus compatriotas. Mas «as massas da nação, aqueles que nada tinham a perder, acostumados a pertencerem a amos cruéis, partiram do princípio de que a igualdade que lhes demonstrávamos era um sinal de fraqueza e continuaram a ser seduzidos pelos seus beis», os quais, «explorando os preconceitos da religião», mantiveram uma oposição constante a todas as tentativas de civilização[36].

O Maomé do Ocidente

Cada soldado e cada sábio do exército de Napoleão sabia que os Egípcios tinham sido transformados no que eram não por serem «orientais» nem por causa da raça – esta interpretação é ligeiramente mais tardia –, mas por causa da brutal tirania dos Mamelucos. No século XIV, os Mamelucos poderiam ter sido, na apreciação de Ibn Khaldun, «verdadeiros crentes», possuídos de «virtudes nómadas imaculadas pela natureza aviltada, impolutas pela imundície do prazer, inalteradas pelos modos da vida civilizada», mas no século XVIII tinham-se tornado, mesmo aos olhos dos seus correligionários, cruéis, ineficientes e corruptos[37]. Os Franceses sabiam que este despotismo gerava escravidão, e a escravidão transformava os homens em animais e arruinava grandes civilizações. Era uma lição que os mais lidos tinham aprendido com os antigos, e mais recentemente com Montesquieu e Voltaire, Rousseau, Condorcet e Volney. Mas também era uma verdade amplamente reconhecida pela soldadesca. Afinal de contas, fora uma das proposições cruciais da Revolução, e Napoleão destilara-a continuamente às tropas durante as suas campanhas na Europa. Olhando para as ruínas da antiga cidade de Alexandre, para o que lhe tinham dito ser o «palácio de Cleópatra», François Bernoyer, o jovem alfaiate-chefe encarregado de vestir o exército, escreveu à mulher afirmando o seu espanto pelo contraste brutal entre os séculos passados, «que geraram aqueles que, por amor ao seu país, criaram coisas tão extraordinárias», e o destino «dos Egípcios de hoje, que nascem no mesmo solo e no mesmo clima do que os seus antepassados, mas as suas casas são miseráveis, quase todas de lama misturada com excrementos de vaca». «São estes, minha cara», concluiu ele, «os efeitos inevitáveis de um governo baseado no despotismo»[38].

Bernoyer também não estava sozinho na sua convicção de que, com tempo e com a derrota dos actuais governantes do Egipto, a acobardada população do país acabaria por compreender os óbvios benefícios que poderia retirar de uma sociedade moderna e secular. Afinal, Napoleão era o portador de um novo modo de vida que já triunfara sobre outros amos despóticos na própria Europa. Tal como ele dissera às suas tropas pouco antes de partirem de Toulon: «O génio da Liberdade, que fez da República o árbitro da Europa desde a sua criação, deseja que ela se torne o árbitro das mais distantes terras e mares». Ou numa expressão mais robusta que ele utilizou noutra ocasião: *«Ce qui est bon pour les français est bon pour tout le monde»*[39].

III

A Alexandria em cujas praias os Franceses desembarcaram é hoje um porto decrépito, com muita da sua construção datando das décadas de 50 e 60 do século XX. Pouco resta da cidade cosmopolita, da «grande prensa de amor» que tanto extasiou o novelista Lawrence Durrell antes da Segunda Guerra Mundial. Já no início dos anos 50, estava reduzida, nas palavras de despedida de Durrell, a «mil ruas atormentadas pela poeira»[40]. E no fim do século XVIII, ainda era certamente menos inspiradora. A cidade árabe, disse o capitão naval dinamarquês Fredrik Ludvig Norden, que passou por Alexandria em 1737, a caminho do Sudão, não era «uma Fénix renascendo das cinzas; mais parece um verme, emergindo da lama e da poeira, um lugar onde o Alcorão infectou toda a gente»[41]. Os Franceses nunca tinham visto gente tão estranha como as massas que se aglomeravam nas estreitas casas e enchiam as vielas poeirentas e barulhentas. «Uma multidão de objectos desconhecidos assalta-nos os sentidos», escreveu Volney à sua chegada, em 1783; uma bizarra miscelânea de pessoas trajando longas vestes sujas e enormes matilhas de cães famintos enchiam as ruas, onde uma cacofonia de barulhos «nos acomete os ouvidos».

Atrás de tudo isto situava-se a antiga cidade de Alexandre Magno, dos Ptolomeus e de António, um emaranhado de ruínas que diminuía diariamente. Em 1806, cinco anos após a partida de Napoleão, François-René de Chateaubriand recordou que tentara vislumbrar, nas sombras das ruínas que o rodeavam, a imagem de uma cidade outrora «rival de Tebas e Mênfis, que tivera três mil habitantes e fora o santuário das musas», ou escutar um distante eco das «ardentes orgias de António e Cleópatra». Mas sem sucesso. As sombras do passado helenístico e romano tinham abandonado o local de vez. Restava a opressiva lembrança, mais uma vez, dos efeitos devastadores de uma governação despótica. «Um feitiço fatal mergulhara o povo da nova Alexandria em silêncio», escreveu ele,

> esse feitiço era o despotismo, que extingue toda a alegria, e eu não consegui abafar um grito de dor. Ah! Que sons seriam de esperar de uma cidade com um terço deserto, outro transformado em cemitério e o terceiro, o habitado, encurralado entre estes dois extremos mortais, era uma espécie de tronco palpitante, impotente, entre as ruínas e as tumbas, para se libertar dos seus grilhões»[42].

O Maomé do Ocidente

Ainda mais longe, além dos limites de qualquer povoação, viviam os Beduínos. A imagem que, no dealbar do século XIX, os Britânicos criariam dos Árabes do deserto, como «magnatas dos ermos»(*), imbuídos de «nobreza, dignidade, masculinidade, graciosidade e virilidade», a evocar o filme *O Xeque*, de 1921, protagonizado por Rodolfo Valentino, ainda estava algures futuro([43]). Os povos que os Franceses encontraram em 1798, disse um dos sábios, o engenheiro Gilbert-Joseph Volvic de Chabrol, eram apenas predadores sem raízes. «Nada sabem de agricultura nem de comércio», escreveu ele, «são bandidos por opção, e a cupidez transformou-os em assassinos»([44]).

Um dia, seis membros do Instituto, levados pelo entusiasmo, deram por si longe das linhas francesas. Foram capturados por um grupo de cavaleiros armados, que os levaram para o seu acampamento. Depois de muito debate, os Beduínos decidiram devolvê-los. Napoleão, que nunca perdia uma oportunidade para dar espectáculo, apresentou-se para os receber e para agradecer ao chefe beduíno pela sua «humanidade». «Enquanto te comportares comigo com rectidão», garantiu-lhe Napoleão, «terás em mim um protector e um amigo». O chefe recusou o dinheiro que lhe foi oferecido pelo seu gesto mas aceitou com gratidão o relógio de ouro com que Bonaparte o presenteou. «Tinham cavalos soberbos», observou François Bernoyer, que testemunhou a cena, «e armas magníficas, decoradas com prata». Mas, acrescentou ele, com o seu olho de alfaiate, as suas roupas eram «lamentáveis, absolutamente miseráveis»([45]).

Para os Franceses, educados na visão sentimental dos «nobre selvagem» que o século XVIII perseguira do Pacífico Sul a África, ali estava uma prova tangível do que verdadeiramente significava viver à margem da civilização. «São selvagens absolutamente horríveis», escreveu Luís Bonaparte, irmão de Napoleão e devoto de Rousseau. «Oh, Jean Jacques [Rousseau]! Se pudesses ver estes homens aos quais chamas "naturais", tremerias de vergonha e surpresa pela admiração que te suscitaram». Até o próprio Napoleão, que quando chegou ao Cairo já tinha perdido a sua esperança de encontrar naqueles nómadas a nobreza a que todo o homem montado num cavalo deveria aspirar, escreveu ao Directório: «A sua ferocidade é igualada pela vida miserável que levam, expostos dias a fio às

---

(*) A expressão é de Gertrude Bell, numa carta datada de Novembro de 1923 (sobre esta temática veja-se, por exemplo, Georgina Lowell, *Daughter of the Desert: The Remarkable Life of Gertrude Bell*, Londres, Pan Books, 2007). (*N. do T.*)

MUNDOS EM GUERRA

areias escaldantes sob a ferocidade do sol, sem água para se refrescarem. Não têm misericórdia nem fé. São o mais hediondo espectáculo do selvagem que se pode imaginar»([46]).

Garantida a posse de Alexandria, o Exército do Oriente atravessou o deserto em direcção ao Cairo, liderado por Napoleão, a camelo e com uma rede anti-mosquito na cabeça. A travessia foi uma provação muito maior do que a invasão de Alexandria. Muitos soldados, demasiadamente carregados, arrastando-se sob o sol escaldante, deitaram fora a comida e a água numa tentativa desesperada para escaparem à exaustão, e sucumbiram à sede e à fome. Até os que tinham água e comida suficientes se viram atacados, recordaria Napoleão, «por uma vaga melancolia que nada parecia ser capaz de vencer [...] vários soldados tentaram afogar-se no Nilo [...]. "Porque viemos aqui?", perguntavam, "o Directório deportou-nos"»([47]).

Inabalável, Napoleão prosseguiu a marcha sobre o Cairo. No dia 21 de Julho, numa planície junto da actual Imbâbah, na margem ocidental do Nilo, foi confrontado por Murad Bei, à frente de um exército de doze mil cavaleiros e quarenta mil infantes.

Napoleão formou o exército em quadrados, uma táctica inovadora que os Austríacos e os Russos tinham utilizado com êxito contra os exércitos otomanos nos primeiros anos do século. «Ide e lembrai-vos dos quarenta séculos de história que vos contemplam», disse Napoleão aos seus soldados, preparando-se para enfrentar as forças mamelucas, que gozavam de uma enorme superioridade numérica. A cavalaria mameluca era célebre pela sua ferocidade e coragem. Mas também era indisciplinada, apenas dispunha de armas de fogo primitivas e carecia de artilharia. Em duas horas, os Mamelucos foram destroçados pelo fogo disciplinado dos quadrados e dos canhões franceses. Morreram somente vinte e nove franceses, mas dez mil egípcios jaziam mortos ou moribundos sob o sol implacável. Murad Bei, acompanhado pelos três mil cavaleiros que tinham sobrevivido à batalha, fugiu para sul, através do deserto, para o Alto Egipto. Os residentes mamelucos do Cairo seguiram-no apressadamente, levando tudo o que puderam. A «Batalha das Pirâmides», como veio a ser chamada – porque soava bem e porque se conseguiam vislumbrar, ao longe, as pirâmides de Gizé – deixou os Franceses na posse da capital egípcia. Mais uma vez, Napoleão assegurou aos Egípcios que não deveriam recear pelas suas famílias, pelas suas casas ou pelos seus haveres, «e acima de tudo pela religião do Profeta, que eu amo»([48]).

380

O Maomé do Ocidente

Depois de se instalar no antigo palácio de Ali Bei(*), que dava para a vasta praça de Ezbekiyya – um observador francês disse que era maior do que a Praça da Concórdia, em Paris –, Napoleão atarefou-se a reestruturar o sistema fiscal e a administração da sua nova dependência. Tal como afirmou ao xeque al-Sarqaui, o presidente do divã, o seu objectivo era «estabelecer um único regime, baseado nos princípios do Alcorão, que são os únicos verdadeiros e os únicos que podem trazer a felicidade à humanidade»([49]).

Não se percebe muito bem como poderia ser aquilo conseguido, dado que, como Napoleão certamente saberia, qualquer tentativa para converter em legislação a sua proclamada conciliação dos Direitos do Homem com a *Sharia* revelaria de imediato as clamorosas contradições entre ambos. De algum modo, tudo dependeria do seu destino pessoal – «pois quem seria incrédulo ao ponto de duvidar de que, neste vasto universo, tudo está sujeito ao império do destino» –, que na sua mente se tornara entretanto idêntico ao de todo o Oriente.

No dia 21 de Dezembro de 1798, Napoleão dirigiu-se ao povo do Cairo, num registo algures entre a Bíblia e *Le Masque prophète*:

> Que o povo saiba que está escrito que eu, depois de ter destruído os inimigos do Islão, de ter destruído as cruzes, chegaria do Ocidente para desempenhar a tarefa de que fui incumbido. Que o povo saiba que no livro sagrado do Alcorão, em mais de vinte passagens, foi previsto o que já aconteceu e também o que acontecerá.

Chegaria o dia, prosseguiu ele mais veemente, em que «o mundo inteiro verá as provas de que sou guiado por ordens do alto e que nenhum esforço humano pode prevalecer contra mim. Bem-aventurados serão aqueles que, de boa fé, forem os primeiros a juntar-se a mim»([50]).

Ele era, afirmou de seguida aos atónitos *ulema*, o novo *Mahdi*. Até tentou vestir-se no estilo «oriental» que muitos europeus julgavam ser o vestuário turco, mas ficou tão deselegante e desconfortável com o seu turbante e vestes ondulantes que quando os seus generais o viram desataram à gargalhada([51]). No exílio, Napoleão admitiria que «era tudo charlatanismo, mas de altíssimo nível»([52]). As únicas pessoas que pareceram ter dado

---

(*) Aventureiro que subtraiu temporariamente a província do Egipto à autoridade otomana (morreu em 1770). (*N. do T.*)

algum crédito às repetidas afirmações de Napoleão de que os Franceses se tinham tornado muçulmanos – logo, os muçulmanos eram agora franceses – foram os Britânicos. Sir Sidney Smith, que derrotaria Napoleão em Acre – e que manifestamente se considerava um novo Ricardo Coração de Leão –, falou da necessidade da «erradicação absoluta desta colónia maometana francesa de África». A aparente «orientalização» e alegada conversão ao Islão de Napoleão – juntamente com as suas origens corsas – deram-lhe uma imagem profundamente exótica que, a par da sua reputação de crueldade e tirania, perduraria até à sua morte[53].

No entanto, um dos generais de Napoleão não parece ter levado muito a sério algumas das afirmações do seu amo. Jacques Menou, então com mais de 50 anos de idade, não era o mais carismático dos homens: era pequeno, gordo e estava a ficar careca. Mas revelou-se um hábil administrador, e mais tarde, em Setembro de 1799, depois de Napoleão ter abandonado o palco e de o seu vice-comandante, Jean-Baptiste Kléber, ter sido morto, Menou viu-se à frente do que restava do exército francês e da administração francesa no Cairo. No início da campanha, para desposar uma muçulmana chamada Zubaida e, segundo admitiu, «por razões políticas», converteu-se ao Islão e assumiu o nome de «Abdallah Jacques Menou», um acto que foi considerado por muitos, entre os quais al-Jabarti, como prova adicional da hipocrisia interesseira dos Franceses[54]. Menou, que tinha manifestamente tão pouco interesse pelo Islão como pelo cristianismo, teria provavelmente concordado com esta avaliação. Mas resulta evidente que tinha algum orgulho no facto de a sua mulher ser descendente do Profeta. «Por conseguinte», gabou-se ele, «uma prima de Maomé e todos os turbantes verdes do mundo são meus parentes». Napoleão desaprovou, dizendo que era contrário aos costumes franceses, que tornava Menou ridículo aos olhos do exército e que daria provavelmente origem a problemas. Mas Menou parece ter esperado criar alguma paridade entre os Árabes e os invasores franceses. «Sede generosos para com os Egípcios», disse ele aos seus soldados. «Mas que digo eu? Agora, os Egípcios são franceses; são vossos irmãos»[55].

Mas as tentativas de Napoleão para transformar o Egipto numa província islâmica da França assumiram a forma pouco prometedora de um divã composto por membros submissos da elite do Cairo, que deveria governar o Egipto em seu nome, e de multas esmagadoras aplicadas às viúvas dos Mamelucos que tinham insensatamente ficado na cidade após a fuga dos maridos. Foi implementada uma nova estrutura fiscal, segundo linhas francesas e com administradores franceses, que rapidamente se tornou odia-

O Maomé do Ocidente

da da população. Empréstimos forçados eram extraídos a vítimas viáveis. A comunidade mercantil de Alexandria foi espoliada de 300 000 francos. Terras agrícolas foram confiscadas aos Mamelucos e redistribuídas como «domínios nacionais». Num plano superior a tudo isto, Napoleão, desempenhando o papel não desconhecido de déspota oriental, dispensava sumariamente a justiça. «Todos os dias», gabou-se ele a Menou, «corto cinco ou seis cabeças nas ruas do Cairo». Era obrigado, explicou ele, a fazer aqueles povos obedecer. «E para eles, obedecer é temer».

Em 21 de Outubro de 1798, o povo do Cairo, enfurecido pela tentativa dos Franceses de levarem a cabo um censo que implicava entrarem nas residências sem autorização dos proprietários, sublevou-se. O principal cádi ou juiz encarregado do censo foi morto, e o mesmo aconteceu a vários oficiais franceses, apanhados nas ruas sozinhos. Os muftis intervieram e transformaram um protesto de rua numa *Jihad* contra os Franceses e seus colaboradores muçulmanos.

A resposta de Napoleão foi rápida, brutal e eficaz. Bombardeou a região rebelde, só parando quando já havia mais de três mil egípcios mortos e depois de os cabecilhas lhe implorarem misericórdia. De seguida, à guisa de retaliação, enviou um contingente saquear o bairro e a mesquita de al-Azhar. A cavalaria francesa entrou com os cavalos no local mais sagrado de todo o Egipto, um acto de profanação que revelou, melhor do que tudo o resto, a pouca consideração que os Franceses tinham pelas realidades do Islão. Talvez não seja de admirar que al-Jabarti insistisse que «a maioria do povo egípcio, e em particular os camponeses, detestavam o governo dos Franceses».

Com a sua implacabilidade característica, Napoleão cometera um erro que os Franceses repetiriam trinta anos mais tarde, na Argélia, ao enfrentarem as forças do emir Abd el-Kader. Nessa ocasião, Alexis de Tocqueville avisou o governo de Paris que se os Franceses se comportassem como bárbaros, os Turcos «terão sobre nós a vantagem de serem bárbaros muçulmanos»[56].

IV

Entretanto, os sábios levavam a cabo outro tipo de assalto contra a consciência egípcia.

Napoleão instalou formalmente o Instituto do Egipto no subúrbio de Nasrihe, cerca de 2 km a sul do centro do Cairo, em quatro palácios abandonados pelos seus proprietários mamelucos. Os sábios mudaram para estes luxuosos edifícios a sua biblioteca, os seus instrumentos matemáticos e físicos, um laboratório de química, um observatório, uma imprensa, expositores de história natural e de mineralogia, uma colecção de objectos arqueológicos e várias oficinas, e criaram um pequeno jardim zoológico e um jardim botânico.

A 5 de Frutidor do ano vi da Revolução – 22 de Agosto de 1798 –, o Instituto foi oficialmente aberto, tendo o matemático Gaspard Monge como presidente, Napoleão – com incaracterística modéstia – como vice-presidente e Jean-Baptiste Fourier como secretário permanente. Foi elaborada uma carta, definindo pormenorizadamente os objectivos do Instituto. Deveria levar a cabo investigações sobre todos os aspectos do Egipto – naturais, humanos, históricos e políticos – e da Ásia em geral, e aconselhar a nova administração em qualquer assunto que fosse consultado. Mas acima de tudo, o seu propósito geral era garantir «o progresso e a difusão do iluminismo no Egipto»([57]). Foi dotado de um jornal oficial, chamado *Décade égyptienne*, cujo primeiro número terminou num tom adequadamente triunfante: «A Europa culta», declarava, «não pode olhar com indiferença para o poder das ciências aplicadas num país para o qual foram trazidas pela sabedoria armada e pelo amor à humanidade, depois do longo exílio que lhes foi imposto pela barbárie e pela fúria religiosa»([58]). Napoleão assistia à maior parte das reuniões, e dizia-se que aquele era o único fórum onde ele podia autorizar que as suas políticas fossem criticadas e contraditas. Gostava tanto de lá ir que o exército começou a chamar ao local «a amante favorita do general em chefe»([59]).

As actividades dos sábios deixaram os Egípcios muito perplexos. Quem eram aqueles homens e o que estavam exactamente a fazer? Não eram soldados nem juristas (embora algumas das suas actividades fossem legislativas); não eram administradores e, dado todos os europeus serem ateus, também não tinham obviamente nada a ver com a religião. Tendo em conta a variedade – para não dizer a peculiaridade – das actividades patrocinadas pelo Instituto, a confusão dos Egípcios não é de surpreender. Nos salões que tinham albergado o harém de Hassan Bei Kachef, liam-se papéis sobre a formação das miragens, a criação do sal de amónia, o fabrico de índigo no Egipto. Fourier ofereceu uma nova solução para as equações algébricas e François Parsefal, um dos poetas do Instituto, leu a sua tradução em verso – apropriadamente para a ocasião – do grande poema de Tasso sobre a conquista cristã de Jerusalém, *Gerusalemme Liberata*. Geoffroy Saint-Hillaire, um dos sábios mais distintos, leu um papel sobre a asa

O Maomé do Ocidente

da avestruz, no qual tentou provar que a ave era incapaz de voar (François Bernoyer assistiu a esta sessão, que durou, segundo ele, quase três horas, no fim das quais não se chegou a nenhuma conclusão sobre se a avestruz fora feita para correr ou para voar. «Nunca ouvi tanto disparate», escreveu ele à mulher. «A pessoa mais ignorante podia ter fornecido uma resposta, bastando-lhe simplesmente observar que se a natureza dera à avestruz pernas grandes, fora obviamente para ela correr. Para voar, a avestruz teria recebido asas grandes»)([60]).

Depois de ouvirem relatos de todas estas actividades, os Egípcios chegaram à conclusão geral de que tudo aquilo não passava de um subterfúgio. O verdadeiro trabalho estava a ser executado no laboratório de química: era óbvio que os sábios tentavam fabricar ouro.

As actividades culturais do Instituto eram uma forma de promoção da «sabedoria armada» e do «amor à humanidade». Mas havia outros meios, mais directos e explícitos. A Revolução Francesa aperfeiçoara o recurso a cerimónias públicas em grande escala para propagar a sua mensagem política, e Napoleão adoptou a mesma estratégia no Egipto. Todas as festividades muçulmanas foram sequestradas para repetirem as afirmações feitas por Napoleão na sua primeira declaração, e que para os muçulmanos eram blasfemas e incoerentes. No dia 21 de Setembro de 1798, numa tentativa para fundir os calendários muçulmano e revolucionário, os Franceses organizaram um festival para celebrar o aniversário da fundação da República. Com a ajuda de membros do Instituto, foi erguido um obelisco de madeira e tecido, com cerca de 18 m de altura, com os nomes dos soldados franceses mortos na campanha. No perímetro da praça Ezbekiyya, foi construída uma colunata sobre a qual assentou um arco triunfal decorado com cenas da Batalha das Pirâmides.

No dia do festival, o exército, os *ulema* e o divã do Cairo, todos os xeques, o comandante dos janízaros e o representante do paxá participaram num grande desfile pela cidade. Seguiu-se um opíparo almoço para 150 dignitários no rés-do-chão da residência de Napoleão, num salão decorado com bandeiras francesas e turcas, barretes frígios e crescentes, e citações da Declaração dos Direitos do Homem e do Alcorão. Foram feitos vários brindes, culminando no de Gaspard Monge, que ergueu o seu copo «ao aperfeiçoamento do espírito humano e ao progresso do iluminismo». O dia terminou com o fogo de artifício da praxe.

Pelo menos, foi este o relato constante da publicação oficial do exército, o *Courrier d'Égypte*. A realidade foi menos espectacular. Tal como

MUNDOS EM GUERRA

tantas outras tentativas francesas para demonstrar simultaneamente poder e boa vontade, os Egípcios olharam para a maior parte das cerimónias de um modo frio e céptico. Muitos convidados não apareceram ou fizeram-no com relutância. Muitos foguetes não funcionaram. A cantata foi uma cacofonia para os ouvidos dos Árabes. O famoso obelisco só causava impressão ao longe. Apressadamente construído de bocados de materiais, começou a afundar-se sob o seu próprio peso. Terminadas as festividades, os soldados escavaram um buraco na base e transformaram o interior num bordel improvisado. Niqula al-Turk, um poeta grego católico que escrevia em árabe e que nos deixou o outro relato presencial da ocupação francesa, assistiu às idas e vindas na base do obelisco. «Os Franceses», observou ele, «afirmaram que esta coluna era a árvore da liberdade; mas os Egípcios retorquiram que parecia mais o pau no qual tinham sido empalados, o símbolo da conquista do seu país»[61].

As tentativas francesas para deslumbrar os Egípcios com as maravilhas da ciência francesa tiveram um destino semelhante. Napoleão levara consigo um aeróstato – um *«mongolfière»*(*) – e um aeronauta-chefe, Nicolas--Jacques Conté, um homem pitoresco com uma carapinha e com o olho esquerdo, perdido numa explosão, em 1795, coberto por uma pala.

No dia 21 de Agosto de 1798, Conté e os seus homens orquestraram cuidadosamente uma largada do balão. O balão, um grande saco de tecido pintado de vermelho, branco e azul, foi suspenso de um mastro. Com grande cerimónia, ao som de trombetas militares, Conté acendeu a mecha. «O seu fumo», refere al-Jabarti, «entrou para o tecido e encheu-o». O balão elevou-se lentamente do chão e «flutuou, empurrado pelo vento, durante muito pouco tempo; depois, a sua cesta [mecha] caiu quando o vento caiu, e o tecido não tardou a fazer o mesmo». Ao atingir no chão, irrompeu em chamas e muitos dos presentes, supondo que se tratava de uma nova arma que os Franceses estavam a preparar para utilizarem contra eles, debandaram da praça em pânico. Os Franceses, escreve al-Jabarti, tinham-se gabado de que «este aparelho é como uma embarcação na qual as pessoas se sentam e viajam até outros países». Fora nitidamente mais uma mentira materialista. Na sua opinião, o tecido, frágil e garridamente colorido, não passava de um brinquedo complexo, «como os papagaios que os servos domésticos constroem para os festivais e outras ocasiões alegres». Impassíveis, os Franceses tentaram outra

---

(*) Do nome dos seus inventores, os irmãos Joseph-Michel Montgolfier (1740--1810) e Jacques-Étienne Montgolfier (1745-1799). (*N. do T.*)

O Maomé do Ocidente

largada, no dia 16 de Janeiro de 1799. Desta vez, o balão flutuou até mais longe, mas voltou a cair à vista dos espectadores. Se ele tivesse conseguido desaparecer de vista, comentou sarcasticamente al-Jabarti, «os Franceses teriam declarado que partira para terras distantes»[62].

V

Mas por altura destes fiascos, o domínio francês sobre o Egipto já começara a enfraquecer. Em 1 de Agosto de 1798, Nelson regressou a Alexandria e apanhou a esquadra francesa desprevenida na baía de Abuquir. A maior parte da artilharia naval francesa fora desembarcada e não tinha alcance para atingir os navios britânicos, e os Franceses, com os seus navios aglomerados na baía, pouco funda e mal defendida, não conseguiram manobrar com facilidade. Os navios de Nelson encontraram uma oposição limitada e durante várias horas bombardearam a encurralada esquadra francesa. Pouco depois das 22:00 h, o *L'Orient* incendiou-se. Ardeu durante uma hora, lançando faúlhas e ocasionais chamas brancas na noite; depois, explodiu, levando consigo o almirante da esquadra, Brueys, e os tripulantes que tinham ficado para trás tentando desesperadamente controlar o incêndio. A detonação foi tão forte que se ouviu em toda a baía; durante alguns minutos, os canhões de ambos os lados permaneceram sinistramente silenciosos. Apenas se ouvia, recorda Bernoyer, o som dos destroços do navio, que a explosão lançara «a uma altura prodigiosa», caindo na água[63]. «Depois disto», escreve Saint-Hillaire, «a desordem apoderou-se da nossa marinha»[64].

Decorridos três quartos de hora, os canhões fizeram-se novamente ouvir. A batalha prosseguiu durante toda a noite, mas no dia seguinte, pelo meio-dia, o almirante Villeneuve (que voltaria a ser derrotado por Nelson, em Trafalgar) decidiu rumar à Europa com o que lhe restava da frota. Para os Franceses, o balanço foi de setecentos homens mortos em combate ou afogados, mil e quinhentos feridos e três mil prisioneiros. Denon, que chegou a Abuquir já a batalha terminara, recordou-se de, «cabisbaixo e angustiado», ver os Beduínos, acampados ao longo da costa, vasculharem os destroços dos navios e os cadáveres à luz bruxuleante das suas fogueiras[65].

O Exército do Oriente ficou isolado. Quando as notícias chegaram a Istambul, o sultão declarou guerra à França. Numa tentativa de evitar a invasão do Egipto, Napoleão enviou uma delegação ao emissário do sultão em Acre,

MUNDOS EM GUERRA

um bósnio implacável chamado Ahmad Paxá al-Jazzar, garantindo-lhe, mais uma vez, que os Franceses, ao contrário do que diziam os boatos, não tinham vindo reconquistar Jerusalém. Não se tratava, insistiu Napoleão, de uma nova cruzada. Era uma tentativa de reconquistar o Egipto aos Mamelucos para o sultão, em nome do qual Napoleão afirmava governar. Al-Jazzar recusou-se a receber a delegação, que foi obrigada fugir apressadamente para o Cairo([66]). No dia 9 de Setembro, Selim III declarou uma *Jihad* contra os Franceses. «É dever de todos os muçulmanos irem para a guerra contra a França», disse ele, pois todas as acções dos Franceses não deixavam dúvidas de que a sua «única intenção é perturbarem a ordem e harmonia do mundo inteiro, e cortarem os laços que unem todos os povos e nações»([67]).

Mas em Paris ainda se acreditava num final feliz para a expedição. Em 21 de Novembro de 1798, Volney escreveu um artigo no jornal revolucionário oficial, o *Monitor*. «Já que toda a gente escreve a sua própria novela acerca do exército do Egipto», disse ele aos seus leitores, «aqui está a minha». Napoleão explorara as divisões entre coptas, beduínos e camponeses para conquistar o povo para o seu lado. Ao «adoptar muitos dos seus costumes para que eles adoptem os nossos», ele lisonjeara-os. Quando os encontrara pela primeira vez, eles eram «sombrios, enfureciam-se com facilidade e eram quezilentos, como consequência da tirania». Mas recorrendo a entretenimentos, à música e às obras públicas, ele tornara-os «alegres, amigáveis e bons». Reparara pontes, estradas e canais. Encontrara os camponeses na condição de servos e tornara-os proprietários. Alterara as leis relativas às heranças, não apenas para que os filhos pudessem receber partes iguais, mas também para que as mulheres pudessem herdar. Proibira os casamentos de crianças e opusera-se moderadamente à prática da poligamia. Estabelecera um novo código civil, que Volney acreditava que iria mudar a Ásia de vez. Transformara a economia, fundara escolas nas quais Árabes, coptas e Franceses aprenderiam lado a lado, em árabe e francês, todas as ciências naturais. Recordara aos Árabes a glória dos seus antepassados. «Numa palavra: criou uma nação».

Volney especulou que, depois da perda da frota francesa em Abuquir, da declaração de guerra otomana contra a França e da entrada de uma esquadra russa no Mediterrâneo, Napoleão viraria as costas à Índia. «Para quê ir até ao fim do universo», são as palavras que ele põe na boca de Napoleão, «até um teatro obscuro e bárbaro, para gastar todos os meus esforços para tão pouca glória e sem benefício?» Não. Ele tem que olhar para a Europa. E já que «o imprudente turco ergueu o estandarte [contra mim], será em Constantinopla que lho tirarei». Após a conquista da capital otomana, Napoleão chamaria às armas Curdos, Arménios, Persas, Turcomanos e Beduínos, para acabarem com «o nosso inimigo comum». E depois de assim criar um «novo Império Bizantino», avançaria pelo Mediterrâneo e pela Europa Central. A Prússia regressaria à sua antiga aliança com a França. Moscovo libertar-se-ia de São Petersburgo(*) (pondo fim ao outro inimigo da França, o Império Russo), e a liberdade regressaria aos Ingleses na sua ilha-fortaleza. Todos os países do mundo poderiam então viver em paz uns com os outros.

«Consigo ver esse dia», gritou Volney, «o único digno de glória». E na base do grande obelisco de Istambul, onde outrora estavam as três serpentes de bronze entrelaçadas, fundidas para comemorar a derrota final dos Persas, seria gravada a seguinte inscrição de graças:

> Ao exército francês, vitorioso
> EM ITÁLIA
> EM ÁFRICA
> E NA ÁSIA
> A Bonaparte, Membro do Instituto Nacional
> PACIFICADOR DA EUROPA[68]

Deste modo, o Oriente unir-se-ia de novo ao Ocidente, e a missão civilizadora – a missão de Alexandre – seria finalmente cumprida após mais de dois milénios.

Mas os objectivos de Napoleão eram muito menos imponentes. Ele estava principalmente preocupado com perder o menos possível do seu controlo do Egipto, cada vez menor, e preparar o regresso a França, levando consigo o maior número que pudesse de tropas do Exército do Oriente. Em 6 de Fevereiro de 1799, com uma força de 13 000 homens, partiu de Katia, a leste de Damieta, e entrou na Síria antes que os Turcos tivessem tempo de reunir as suas tropas. Conseguiu conquistar Gaza e depois Jafa, no dia 3 de Março. Em Jafa, Napoleão levou a cabo o que parece ter sido uma repetição dos massacres perpetrados pelo senhor da guerra mameluco Muhammad Abou Dahab, em 1776, que Volney descrevera horrorizadamente em pormenor. Aparentemente, para Napoleão – como para os seus

---

(*) A capital imperial. (*N. do T.*)

MUNDOS EM GUERRA

predecessores mamelucos – o terror tornara-se o meio principal para conquistar a Palestina[69].

Nesse dia, morreram mais de duas mil e quinhentas pessoas. Foram tantas que os pelotões de fuzilamento esgotaram as munições e tiveram que recorrer à baioneta para darem conta do recado. Terminada a matança, Napoleão, continuando a desempenhar, o melhor que podia, o seu papel de Maomé do Ocidente, dirigiu-se às gentes da Palestina. Anunciou que não lhes viera fazer a guerra, mas sim a al-Jazzar. Como sempre, prometeu-lhes a liberdade de culto e a plena posse de todos os seus bens. Aconselhou-as a não resistirem a alguém que o destino escolhera para as governar. «Sabei que todos os esforços humanos são inúteis contra mim», disse-lhes ele. «Tenho êxito em tudo o que empreendo. Aqueles que se declaram meus amigos prosperam. Aqueles que se declaram meus inimigos perecem.»

Mas quem estava a perecer eram os seus próprios soldados. Mal os Franceses entraram na cidade, foram atingidos pela peste. Com um número cada vez maior de soldados a adoecerem e a impossibilidade de impedir a divulgação das notícias da propagação da doença, Napoleão, em mais uma tentativa para demonstrar que possuía poderes quase imortais, visitou o hospital onde se encontravam os pestíferos. Ironicamente, o quadro pintado por Antoine-Jean Gros, com Napoleão entre os doentes, de lenço encostado ao nariz, enquanto um soldado moribundo tenta tocá-lo de lado, como se ele fosse Cristo, tornar-se a imagem mais duradoura de toda a campanha(*).

Em 14 de Março de 1799, Napoleão partiu de Jafa com que restava do exército e avançou sobre Acre, a capital de al-Jazzar. Uma esquadra britânica, sob o comando de sir Sidney Smith, chegara a Haifa pouco antes dos Franceses, fornecendo a al-Jazzar as munições e linhas de abastecimento necessárias para resistir a um sítio. Os Britânicos também tinham capturado a artilharia de cerco que Napoleão transportara de Alexandria por mar, e que passou para as mãos de al-Jazzar. No dia 20 de Maio, era já claro que Acre não poderia ser tomada de assalto nem forçada à submissão pela

---

(*) Na verdade, não é Napoleão que tem um lenço encostado ao nariz, mas sim um oficial que se encontra atrás dele, enquanto outro tenta impedir Napoleão de tocar num pestífero. A imagem é, pois, mais poderosa: Napoleão descura a protecção de um lenço, e toca e é tocado; a mão direita, enluvada, segura a luva da mão esquerda, que Napoleão tirou para tocar na axila do pestífero (lugar de pústulas por excelência), como se fosse um taumaturgo. (*N. do T.*)

O Maomé do Ocidente

fome. O Exército do Oriente levantou o acampamento durante a noite e iniciou a longa e arriscada retirada para sul. Em 14 de Junho, Napoleão fez uma entrada triunfal no Cairo, cuidadosamente orquestrada. No entanto, tornara-se óbvio para toda a gente que seria apenas uma questão de tempo até ele ser forçado a abandonar o Egipto de vez.

Entretanto, na Europa, as coisas corriam mal para os Franceses. Em Junho de 1799, caiu a breve República Partenopeia, que fora instalada com ajuda francesa em Nápoles. No mês seguinte, os Franceses perderam a maior parte dos seus ganhos no Norte de Itália, e um exército anglo-russo avançou sobre a Holanda. A Vendeia, no Noroeste da França, que sempre nutrira preferências monárquicas e já se rebelara uma vez contra a Revolução, começou a dar ares de que se preparava para o fazer de novo. O Directório foi generalizadamente responsabilizado por estes desastres, por ter, como disse um crítico, «exilado para perecer nos desertos da Arábia a elite do exército de Itália, o seu mais célebre general e os nossos chefes militares mais dotados».

No dia 10 de Setembro, o Directório decidiu retirar o Exército do Oriente quase a qualquer preço, e começou a negociar com o sultão. Napoleão não fazia tenções de perecer em nenhum deserto, nem de ficar para negociar uma paz humilhante. A França, disse ele a Menou, estava encurralada entre uma invasão estrangeira e a guerra civil graças à incompetência do Directório. O Egipto estava seguro e já não carecia da sua presença. Jean-Baptiste Kléber poderia defendê-lo sem mais auxílio. No fim do mês, Napoleão estava de volta em Paris, e Kléber ficou com a ingrata tarefa de salvar o que restava das forças francesas o melhor que pudesse. «Abandonou-nos», disse amargamente Kléber acerca do seu comandante em chefe, «com as suas calças cheias de merda». E jurou regressar a França e «esfregar-lhas na cara». Mas em Junho de 1800, foi assassinado. O seu lugar foi assumido por Menou, o qual, em Julho do ano seguinte, foi expulso do Cairo com o que restava das suas forças. Menou retirou para Alexandria e, em Setembro, rendeu-se ao general John Hely-Hutchinson. Entre Setembro e Outubro de 1801, os últimos sobreviventes do Exército do Oriente, juntamente com os membros do Instituto do Egipto, partiram de Alexandria e do Egipto com destino a França. A Expedição terminara e o Egipto regressou, pelo menos nominalmente, ao domínio otomano, até 1883.

Enquanto operação militar, a Expedição foi um fracasso total. Napoleão não conseguiu implantar uma colónia francesa no Próximo Oriente nem conquistar os Egípcios para a sua causa, apenas persuadiu uma pe-

391

queníssima minoria de muçulmanos das virtudes dos direitos do homem e dos princípios da igualdade, e não conseguiu chegar à Índia. Mas no longo prazo, as suas consequências – algumas das quais não intencionais – foram muitas e profundas.

VI

Uma destas consequências, nalguns aspectos a mais perene, foi obra do Instituto. Regressados a Paris, os sábios, sob os auspícios de Dominique Vivant Denon, começaram a tornar públicos os resultados das suas descobertas. Já que a França não conseguira colonizar o Egipto, então colonizaria a imagem que a Europa viria a ter do Egipto e, através do Egipto, de todo o «Oriente».

Denon revelou-se um hábil publicista. Pertencente à pequena aristocracia, diplomata e desenhador capaz (chegou a fazer um esboço, em Nápoles, de sir William Hamilton e da sua célebre mulher, Emma)(*), tornou-se director do Louvre (rebaptizado Museu Napoleão) e o principal arquitecto da transformação de Napoleão – de talentoso comandante militar em grande príncipe renascentista da cultura. O fruto dos labores editoriais de Denon, a massiva *Description de l'Égypte*, foi publicado em vinte e três enormes volumes tipo fólio, entre 1809 e 1828. Fora a primeira vez que se levara a cabo um inquérito científico detalhado sobre os costumes dos povos do Oriente moderno, baseado numa observação prolongada, e a imagem que transmitiu dos Egípcios e dos muçulmanos em geral influenciaria significativamente todas as percepções futuras do «Oriente».

O aparecimento da *Description de l'Égypte* tem sido frequentemente descrito como um passo importante na fabricação de uma identidade comum e extremamente aviltante para todos os povos de uma área que se estendia do Mediterrâneo Oriental às fronteiras da China[70]. Estas críticas encerram alguma verdade. Com poucas excepções, a imagem que a maior parte dos europeus do princípio século XIX adquirira do Oriente muçulmano era muito negativa. Com o declínio do Império Otomano, declinara também a percepção frequentemente favorável da Sublime Porta que existira na Europa, por parte de Voltaire e outros. O encontro napoleónico com

---

(*) Emma Hamilton (1761-1815), amante do almirante inglês lorde Nelson. (*N. do T.*)

O MAOMÉ DO OCIDENTE

o Oriente egípcio fora também profundamente marcado pelas expectativas existentes. Para os académicos, e até para a soldadesca que acompanhava Napoleão, o Egipto era a terra dos faraós, de Alexandre e dos Ptolomeus, um lugar de antigas e misteriosas sabedorias.

Mesmo depois da explosão destes mitos, ainda era comummente aceite que tinham sido os antigos Egípcios a transmitirem aos Gregos os princípios fundamentais das ciências naturais e matemáticas, nos quais se haviam baseado a civilizações grega e europeia. Teria sido fácil e perfeitamente razoável os visitantes europeus suporem que os Egípcios já não tinham quaisquer ligações com as culturas que haviam florescido nas margens do Nilo, tal como os Italianos já não tinham qualquer ligação aos Romanos e os Gregos aos antigos Gregos. Mas a imaginação histórica europeia, particularmente no século XVIII, nunca pôde aceitar a inexistência de uma associação entre os lugares e os povos que os habitavam. Os europeus perguntavam: O que teria acontecido à civilização do antigo Egipto? Porque é que os modernos Egípcios viviam em tamanha ignorância, no meio das ruínas da sua antiga glória? Porque é que desconheciam por completo – e aparentemente com orgulho – as artes e as ciências que os seus antepassados tinham criado? Porque é que, por exemplo, estes descendentes dos faraós nem sequer conseguiam efectuar as mais básicas operações matemáticas? Um dos membros do corpo de engenharia do Exército do Oriente, Louis Thurman, disse a Chabrol que um dia, quando estava a falar com «um dos seus principais arquitectos,

> ele pegou nas suas contas de oração e começou a fazer cálculos com elas, provavelmente para me impressionar com os seus conhecimentos. Os cálculos demoraram muito tempo, e ele começou a coçar a orelha. Dado que eu estava sentado a seu lado, espreitei para o seu trabalho. Ele estava a multiplicar 250 por 30 (ou outra operação qualquer, com zeros), escrevendo o número 250 trinta vezes e somando depois o total. Ofereci-lhe a minha ajuda e ele aceitou prontamente, certo de que o resultado iria embaraçar-me. Como calcularão, obtive o resultado correcto num ápice. Ao ver tão maravilhosa rapidez, ele exclamou, «Alá! Os Franceses são feiticeiros – tão certo como Maomé é o mensageiro de Deus. Conhecem os segredos dos anjos mais elevados. Foram eles que o ensinaram?» Retorqui que, como oficial, era obrigado a conhecer aquelas coisas, e que não havia entre nós um único sargento-mor que não soubes-

se fazer a mesma coisa. Ele ficou espantado, e ouvi-o murmurar a profissão de fé muçulmana, aparentemente para afastar os maus espíritos»[71].

Poderia contar-se uma anedota semelhante a propósito de qualquer camponês europeu da época. Porém, a incapacidade dos Egípcios modernos para dominarem a multiplicação impressionou fortemente o capitão Thurman – e Chabrol – não apenas porque, na história que ele aprendera, a matemática fora «inventada» no Egipto, mas também porque tinham sido os Árabes a conceber o sistema numérico que ele utilizava.

Os Egípcios também pareciam incapazes – ou desinteressados – de contemplarem qualquer tipo de trabalho, a não ser do tipo mais limitado. Nunca reparavam nada, recorda Denon. Se lhes caísse uma parede da casa, contentavam-se com uma sala a menos. Se a casa se desmoronasse por completo, instalavam-se ao lado das ruínas[72]. Todo aquele imobilismo não era uma simples ociosidade. Os Franceses concluíram que havia algum orgulho na sua indolência.

Todos os aspectos da sociedade egípcia tendiam para a horizontalidade e para a imobilidade. Os sofás nos quais «não se sentam, deitam--se», observou Denon, as vestes que usavam, com as suas longas mangas cobrindo-lhes as mãos e tornando impossíveis quase todas as tarefas manuais, e até os seus turbantes, que ele julgava terem sido concebidos de forma a permitirem-lhes manter a cabeça direita sem esforço, «tudo isto desencoraja toda a actividade, toda a imaginação. Sonham sem propósito, sem prazer, todos os dias a mesma coisa». Um dia, um turco, «tão arrogante como ignorante», explicou-lhe que para os muçulmanos o trabalho estava exclusivamente reservado aos escravos e aos vencidos. Quando um artista francês tentou persuadir um egípcio da «superioridade dos europeus sobre os Árabes nas artes e na indústria», a única resposta que recebeu foi, «Acredito que vós, infiéis, estais condenados a trabalhar, enquanto que nós, discípulos de Maomé, nascemos para descansar e para contemplar o glorioso Alcorão»[73].

Ociosos e indiferentes, os Egípcios também acolhiam cada novo acontecimento, por muito notável ou trágico que fosse, com uma passividade que raiava a impassibilidade. Isto impressionou ainda mais os Franceses do que a miséria e o abandono que os rodeavam. «O seu sangue frio é espantoso», escreveu um; «nada parece perturbá-los. A morte é para eles o mesmo que uma viagem à América para os Ingleses»[74]. Esta era uma das razões que explicavam – assim era confortavelmente sugerido – a sua falta de interesse pelos balões de ar quente.

Não eram apenas as maravilhas da tecnologia francesa que deixavam aquela gente indiferente. «Quer estejam consumidos pela ansiedade ou pelo remorso», observou Chabrol, «ébrios de felicidade, abatidos por um imprevisto revés da fortuna, apoquentados pela inveja ou pelo ódio, ardendo de fúria ou atormentados pela vingança, mantêm sempre o mesmo ar impassível»([75]).

Tinham suportado, pacientemente e sem queixumes, todas as misérias que os Mamelucos lhes haviam infligido, escreveu Bernoyer, misérias que «nenhum povo educado e esclarecido teria tolerado». Esta observação levou-o a tirar a melancólica conclusão de que, afinal, talvez Rosseau tivesse razão ao afirmar que as artes e as ciências, o «iluminismo» em geral, eram um mal se mais não faziam do que demonstrarem aos seres humanos como eram realmente infelizes. Assim, disse ele à sua distante e sofredora mulher, talvez fosse mesmo verdade que o homem «só pode ser realmente feliz no seu estado natural, isto é, na sua condição de selvagem»([76]).

Mas os Egípcios – com a dúbia excepção dos Beduínos – não eram selvagens, e muito menos o tipo de selvagem que Rousseau tinha em mente. Eram o que restava de uma sucessão de grandes civilizações desaparecidas. O que os levara àquela condição?

A resposta imediata foi, mais uma vez, o despotismo. Tal como Denon observara, o egípcio, quando lhe era dada a oportunidade, revelava-se industrioso e hábil. E dado que «como selvagens, carecem de todo o tipo de ferramentas, era notável o que conseguiam fazer com as mãos». E também eram, pelo menos potencialmente, soldados ideais, eminentemente sóbrios e disciplinados, «montam como centauros e nadam como tritões». Porém, «uma população superior a um milhão de pessoas, cada uma possuidora destas qualidades, era mantida em sujeição por quatro mil franceses isolados que controlavam duzentas localidades». Tal era, concluiu ele, a força do hábito da obediência([77]).

Chabrol tinha uma opinião idêntica. Os modernos Egípcios, humildes e passivos, «vegetavam na sua incerteza, sem nunca reflectirem sobre a sua deplorável condição». Outrora, a sua vida cultural e intelectual fora vibrante, mas agora os seus prazeres eram poucos e simples; cantar, contar histórias, afagar a barba e «as delícias do harém»([78]).

Tal como Denon e Chabrol sabiam, o despotismo criava esse tipo de hábitos. Frustrava a imaginação, privava os homens da sua capacidade criativa natural. Mas Chabrol também julgava discernir, dissimulada sob aquela aparência impassível, «uma imaginação ardente». A dissimulação e a ausência de visão tinham-se tornado para os Egípcios, «como para todos os orientais em geral, um refúgio contra a violência». Mas sob o seu exterior não reflexivo, a sua sensibilidade ganhara em intensidade, e «estes homens, que julgamos mergulhados na mais absoluta apatia», elevaram a sua capacidade de concentração e a sua memória «a um nível altíssimo»[79]. Agora, esperavam ser libertados pela imaginação e pelo individualismo europeus, na condição de serem levados a compreender os imensos benefícios que deles derivariam.

Decorrido pouco mais de meio século, John Stuart Mill estendeu esta observação a todo o «Oriente». «A maior parte do mundo», escreveu ele, em 1859,

> carece de história propriamente dita porque o despotismo do costume é absoluto. É o que se passa em todo o Oriente. Em todos os aspectos, o costume é o apelo final: a justiça e o direito significam conformidade com o costume; excepto a algum tirano intoxicado pelo poder, não passa pela cabeça de ninguém resistir ao costume.

Onde estavam agora, perguntou, «as maiores e mais poderosas nações do mundo»? Tornaram-se, respondeu ele, «súbditas ou dependentes de tribos [os europeus] cujos antepassados erravam pelas florestas quando os seus possuíam palácios magníficos e templos deslumbrantes». Por muito bárbaros que estes novos amos pudessem outrora ter sido, entre eles «o costume dividia o seu domínio com a liberdade e o progresso»[80].

Mas tanto para Denon como para Mill, havia outro problema. A maioria dos observadores franceses considerava extremamente improvável que o despotismo, sozinho, transformasse homens no tipo de seres indolentes em que os Egípcios se tinham aparentemente tornado sob os seus amos mamelucos. Tinha que haver algo mais, algo que os predispusera a aceitarem as exigências dos seus senhores com tão pouca resistência. Como sempre, o candidato mais provável era a religião. *«Deus assim o quer. Deus é grande. Deus é misericordioso»*, escreveu Chabrol, «são estas as únicas palavras que lhes saem da boca quando ouvem falar do mais inesperado sucesso ou do mais terrível infortúnio»[81]. O Islão, baseado no «dogma do fatalismo», ensinara aos Egípcios que nada poderiam alcançar neste mundo.

O MAOMÉ DO OCIDENTE

Alguns anos mais tarde, Edward Lane, um arabista e ex-gravador que viveu no Cairo como um egípcio entre 1825 e 1828, e de 1833 a 1835, observou o mesmo fenómeno. Lane, que tinha uma visão do Islão muito mais positiva do que a maioria dos europeus da sua época, interpretou a «resignação e a resiliência, próximas da apatia», dos muçulmanos não como prova de indiferença nem de preguiça, mas de uma «paciência exemplar»([82]). No entanto, em última análise, fazia muito pouca diferença se se lhe chamava paciência ou indiferença: as consequências eram as mesmas. Ao esmagar toda a resistência dos seus seguidores, Maomé tornara-os incapazes de mudança, de progresso. Os muçulmanos aceitavam a predestinação sem sequer compreenderem o que estavam a aceitar. Acreditavam que nada podia ser alterado por influência humana. Nem coisas como as doenças contagiosas podiam ser evitadas. Apenas tinham que as aceitar como parte da insondável vontade de Alá([83]). Por conseguinte, conclui Chabrol, tinham soçobrado numa «resignação ilimitada, que os distingue de todos os outros povos».

No entanto, para a maioria dos europeus, as indicações mais claras do impacto malévolo do Islão nas mentes dos seus aderentes era o modo como os Egípcios tratavam as mulheres. Durante séculos, os povos do Ocidente tinham olhado para os costumes sexuais dos seus vizinhos ocidentais com um misto de lascívia e de desprezo. A poligamia e a concubinagem causavam-lhes horror e fascínio. Os Turcos, em particular, tornaram-se sinónimos de apetites sexuais desenfreados, algo talvez vergonhoso mas também invejável. O harém ou serralho, em particular, era fonte de uma curiosidade aparentemente ilimitada. Um depósito literal de luxúria. Os viajantes à Turquia, à Pérsia e à Índia mongol, embora nenhum tivesse penetrado no santuário interior onde viviam as mulheres, ficavam intrigados não apenas pela sua própria existência, mas também por todos os seus exóticos pormenores, as odaliscas, os eunucos, os seus surdos-mudos e anões. Para Montesquieu, era o modelo perfeito da sociedade despótica, baseado no medo e na reverência, repleto de súbditos que só olhavam para o seu senhor soberano com temor e admiração porque não conheciam melhor. No Islão, as mulheres eram para os seus maridos ou proprietários – muitas delas eram literalmente escravas – o que os súbditos eram para o sultão: coisas, menos valiosas do que um camelo mas mais agradáveis.

Os invasores franceses declararam-se escandalizados por esta situação. Contudo, na prática, havia muito pouco a escolher entre o comportamento dos Egípcios e, em particular, dos Franceses para com as mulheres solteiras.

397

Os jovens que compunham maioritariamente o Exército do Oriente aceitavam convencionalmente a presença de mulheres disponíveis. Em Novembro de 1798, Bernoyer enviou ao seu primo – confessando que não era uma história que pudesse contar à mulher – um relato íntimo e pormenorizado de como, após «tão longa privação», fora levado a adquirir uma concubina. Um dos inúmeros proxenetas que enchiam o bairro francês do Cairo forneceu-lhe doze jovens, todas de véu e vestidas, da cabeça aos tornozelos, com uma «camisa comprida, de tecido azul», de modo a que ele apenas lhes conseguisse ver os pés. «Suscitaram-me mais compaixão do que paixão», confessou ele. Até que uma delas, «com um gesto simples, libertou-se das roupas e ficou desnudada à minha frente, dando uma sonora gargalhada, como que troçando da minha timidez». Ele ficou instantaneamente encantado. «Os seus enormes e arrebatadores olhos negros, e acima de tudo, os seus 14 anos de idade, cativaram-me e eu proclamei-a minha sultana»([84]).

Algum tempo depois, não se contentando com a sua «bela criança», Bernoyer e um certo capitão Lunel, de Avinhão, tentaram comprar duas escravas negras – aparentemente esquecidos ou indiferentes ao facto de que um dos pontos da agenda civilizadora do Exército do Oriente fora precisamente a abolição da escravatura, descrita na Convenção Nacional de 1793 como «a maior afronta à nossa natureza»([85]). A fazermos fé em Bernoyer, quando perguntou ao negociante de escravos se tinha mulheres brancas para vender, ele disse-lhe que só tinha uma mas que o próprio Napoleão ordenara que a pusesse de lado até ele ter a oportunidade de a ver. Confrontado, nas suas próprias palavras, «por um argumento de tanto peso», Bernoyer encolheu os ombros e foi-se embora. Verdadeiro ou não, Bernoyer parece ter aceite inquestionavelmente o argumento, sem se surpreender minimamente pelo facto de o paladino dos direitos do homem – e da mulher – contemplar a compra de uma concubina([86]).

As mulheres orientais que os Franceses encontraram pareceram-lhes literalmente «objectos sexuais», a serem negociados, comprados, usados, trocados e abandonados. Existiam para darem prazer ou para gerarem herdeiros, e as suas vidas eram baratas. E tão baratas que até espantaram o desprendido Bernoyer. Quando a amante de um soldado francês atirou uma pedra à sua «sultana», ferindo-a gravemente, ele mandou dois fuzileiros franceses levarem-na à presença de alguém que denomina por «comissário turco», exigindo-lhe que a mantivesse duas semanas na prisão até ela acalmar. A mulher foi imediatamente agarrada, atada de pés e mãos e enfiada num saco. «Isso é uma maneira estranha de se pôr alguém na prisão», observou Bernoyer. «Mas então», retorquiu o comissário, «não a quer atirada ao Nilo?» Bernoyer ficou horrorizado e ordenou a libertação imediata da pobre mulher, reflectindo que o susto que ela apanhara fora castigo suficiente.

Era esta a imagem do «Oriente» capturada em inúmeros quadros do século XIX, uma imagem de serralhos e leilões de escravos, de raparigas (e ocasionalmente rapazes) semi-nuas, de olhar baixo mas matreiramente lascivo, submissas e disponíveis – na verdade, tudo o que não eram as donzelas europeias, presas nas camisas engomadas e nos espartilhos. Vários anos mais tarde, em 1849, o mesmo imaginário atrairia à mesma cidade o grande novelista francês Gustave Flaubert, pioneiro do turismo sexual. Lá conheceu e dormiu com Kuchuk Hanem, uma bailarina egípcia, atraído e repelido (Flaubert tinha muita dificuldade em distinguir entre estas duas sensações) pelo seu «sexo rapado, seco mas entumecido», que «dava o efeito de uma vítima da peste ou de uma leprosaria».

Pelo seu lado, os Egípcios tinham uma perspectiva igualmente sinistra da sexualidade dos europeus. Pela primeira vez desde as Cruzadas, a invasão de Napoleão expusera uma população muçulmana aos comportamentos culturais europeus durante um período de tempo prolongado. Os únicos infiéis que muitos muçulmanos tinham visto eram viajantes e embaixadores, indivíduos isolados que eram, no geral, discretos e circunspectos, prontos a conformarem-se, nem que fosse apenas pela sua própria segurança, com as convenções locais – em particular, as relativas ao sexo. Com a chegada de Napoleão, os Egípcios viram-se confrontados com um povo que, na melhor das hipóteses, era indiferente às suas sensibilidades, e que, pelo menos temporariamente, esteve na mó de cima. E para piorar a situação, os oficiais e alguns dos sábios tinham trazido as suas mulheres. Nenhum muçulmano, e certamente nenhum egípcio, vira antes mulheres europeias de perto, ou se as tinham visto elas estavam tão abrigadas e segregadas como qualquer muçulmana. Em contraste, no Egipto de Napoleão, as francesas sentiam-se no direito de se comportarem como se não tivessem saído de França.

Os Egípcios não gostaram do que viram. Aquelas criaturas, passeando-se em público com o cabelo e o rosto expostos, que falavam livremente e comiam na presença dos seus homens, eram uma afronta a Deus. O óbvio materialismo dos Franceses, raciocinou al-Jabarti, envenenara claramente a sua compreensão do universo e da relação natural entre os sexos. «As mulheres deles não usam véu nem têm modéstia», são as palavras com as quais inicia uma passagem que, como tantos relatos europeus acerca de «outros» estranhos e assustadores, combina a simples observação com a fantasia igualmente simples, e descreve o que são certamente incidentes isolados e atípicos como se fossem costumes tradicionais. «Não se preocupam em tapar as suas partes pudendas», declara ele. «Têm relações com qualquer mulher que lhes agrade e vice-versa. De vez em quando, uma mulher entra numa barbearia e convida o barbeiro a rapar-lhe os pelos púbicos. Se ele quiser, pode ser pago em serviço»([87]).

As egípcias, quando tiveram oportunidade para tal, parecem ter reagido de modo algo diferente à escandalosa liberdade permitida às francesas. Uma delas, nada menos do que a filha de Shaykh al-Bakri, o maior dignitário religioso do Cairo, ficou tão hipnotizada pelos escandalosos costumes das francesas que começou a vestir roupas europeias e a andar em público sem véu. Depois da partida dos Franceses e do regresso dos Turcos, foi executada publicamente, em nome do bem moral do povo.

A incompreensão, a desconfiança e a repugnância mútuas coloriam a percepção Oriente-Ocidente do sexo e das mulheres desde a Antiguidade. Durante séculos, esta percepção – à semelhança da fantasia de al-Jabarti com as barbearias – centrara-se largamente nas relações sexuais anormais ou, no mínimo, invulgares. Os ocidentais eram sujos, indiscretos e imodestos, e as suas mulheres eram uma afronta à hierarquia divinamente ordenada dos sexos. Os muçulmanos eram lascivos, cruéis, hipócritas, frequentemente bissexuais e também – curiosamente – estéreis e efeminados. Estes estereótipos persistiram, e alguns ainda persistem. Mas na época em que Napoleão chegou ao Egipto, os europeus tinham começado a preocupar-se menos com o modo como as mulheres eram tratadas nas sociedades muçulmanas como seres sexuais, e mais com o modo como eram tratadas como pessoas.

Até ao princípio do século XVIII, houvera relativamente pouco a preferir entre a posição das mulheres nas sociedades muçulmanas ou cristãs. Mas com o recuo da autoridade da Igreja, o lento avanço do iluminismo europeu e a crescente prosperidade em toda a Europa, o estatuto e a condição das mulheres, e acima de tudo, a estima e o respeito que uma mulher podia exigir e esperava confiantemente receber – pelo menos de alguns sectores da sociedade – tinham melhorado incomensuravelmente. Em 1869, John Stuart Mill condenou a continuação da sujeição legal das mulheres aos homens como o último exemplo de uma forma de escravidão que pertencia a uma idade anterior, e que se tornara «um dos principais obstáculos ao melhoramento humano». Foi uma afirmação radical, da qual terão seguramente troçado muitos dos que se encontravam fora dos círculos liberais e cultos

O MAOMÉ DO OCIDENTE

nos quais ele se movia. Todavia, reflectiu uma condição muitíssimo distante do modo como os muçulmanos olhavam para as suas mulheres([88]).

Bernoyer, cujos padrões, em comum com os da maioria dos europeus do seu tempo, não eram certamente apenas duplos mas também múltiplos, embora aceitasse alegremente a existência de escravas, ficou horrorizado ao descobrir que, nas famílias muçulmanas, as mães e as filhas eram vistas – tanto quanto ele se apercebia – como pouco mais do que objectos. Ele concluiu que se tratava de mais um aspecto desmoralizador do despotismo e que, à semelhança da maioria das formas do despotismo, conseguira cooptar as suas vítimas. Para Chabrol, a complacência das vítimas constituía uma indicação adicional da capacidade de todas as formas de despotismo para esmagarem o poder de resistência. Na sociedade muçulmana, cada homem era, para a sua família, o mesmo que o sultão era para a sociedade em geral. «As mulheres», escreveu ele com indignação, «isoladas da sociedade e condenadas ao zero absoluto, mal são, aos olhos dos maometanos, dignas de serem consideradas seres dotados de inteligência e do privilégio da razão»([89]).

O isolamento das mulheres muçulmanas, simbolizado pelas várias formas de vestuário que as envolviam, impressionara Volney com idêntica força aquando da sua visita ao Egipto. Em Alexandria, nada o chocara mais do que a visão de uma «espécie de espectros ambulantes, de cujas roupagens envolventes o único vislumbre de humanidade que se descortina é um par de olhos de mulher»([90]). Uma sociedade da qual as mulheres estavam excluídas, disse ele, «não pode possuir a combinação de doçura e polidez que distinguem as nações da Europa». Para ele, as mulheres eram as criadoras das nações modernas. Sem a sua presença, as convenções sociais que no século XVIII davam pelo nome geral de «polidez» nunca poderiam ter nascido, e sem elas os povos tribais primitivos que, na Europa, tinham por mais de uma vez posto fim a civilizações florescente e estáveis, nunca se poderiam ter convertido em verdadeiras nações.

A culpa residia evidentemente naquilo que se acreditava ser a imagem das mulheres no Alcorão e nas leis que regiam a sua conduta, e na sua exclusão da visão muçulmana do além. Excluir as mulheres do Paraíso, como Chabrol acreditava que o Alcorão fazia – mas efectivamente não faz –, era torná-las não seres e, consequentemente, bani-las e à necessária influência civilizadora do mundo dos vivos([91]). Chabrol observou sarcasticamente que não restavam dúvidas de que «para suportar a monstruosa estrutura do seu suposto Paraíso», com as suas «setenta e duas mulheres seleccionadas de

401

entre as raparigas do Paraíso» e os orgasmos perpétuos aos quais cada crente tinha direito, Maomé tivera que excluir dele as verdadeiras mulheres. Mas não poderia ele, interrogou-se Chabrol, «ter encontrado uma maneira mais equitativa de conciliar o maravilhoso com a razão e a justiça?»([92]).

VII

No entanto, a imagem do Oriente muçulmano como uma terra apodrecendo em despótica letargia, constrangida por uma religião simples e selvagem que negava a metade dos seus povos a sua humanidade, impedindo qualquer possibilidade de progresso e esclarecimento, não foi o único legado da Expedição.

A presença de Napoleão no Egipto também perturbou o instável equilíbrio do mundo otomano. Nos Balcãs e, em particular, na Grécia, os Franceses pareceram oferecer uma promessa de libertação daquilo a que o herói revolucionário grego Rigas Velestinlis chamou «o abominável despotismo otomano» do «tirano chamado Sultão, totalmente entregue aos seus imundos apetites, obcecados pelas mulheres»([93]). A invasão de Napoleão também abriu o caminho para uma presença francesa no Médio Oriente, que levaria primeiro à invasão da Argélia, em 1830 (na qual participaram muitos veteranos da Expedição) e, depois de 1918, ao envolvimento francês na Síria, na Palestina, na Líbia e, mais uma vez, no Egipto. Todas estas intervenções levaram consigo as memórias dos sucessos e fracassos da campanha napoleónica na região. A França, declarou o ministro dos Negócios Estrangeiros, Barthélemy-Saint-Hilaire, em 1881,

> manteve desde sempre, neste país [o Egipto], bem como em toda esta região do Oriente, tradições seculares que lhe granjearam prestígio e uma autoridade cuja diminuição não podemos permitir. No fim do século passado, a nossa expedição, meio militar, meio científica, ressuscitou o Egipto, o qual, desde então, nunca mais deixou de ser objecto da nossa solicitude([94]).

A afirmação de Saint-Hilaire de que Napoleão «ressuscitara» e levara a «modernidade» ao Egipto, ainda popular em finais do século xx, afigura-se hoje uma óbvia fantasia «orientalista». Porém, num sentido indirecto, encerra alguma verdade. O próprio Napoleão e, em particular, a sua tentativa

O Maomé do Ocidente

para fundir as ideologias revolucionárias com o seu entendimento pessoal do Alcorão, poderão ter sido esquecidos, mas a sua presença e a agitação que criou no Império Otomano foram certamente responsáveis pelo início de um lento processo de reforma que, no fim do século XIX, transformaria o Egipto, se não num Estado europeu moderno, seguramente numa nação moderna.

Em 1805, os *ulema* do Cairo, que eram considerados os porta-vozes de Deus e do povo, pediram a Muhammad Ali, um turco albanês líder das tropas albanesas que tinham desembarcado com os Britânicos, em 1801, para substituir o ineficaz governador otomano, Khurshid Paxá. O sultão Selim III, justificadamente desconfiado das óbvias ambições de Ali, ficou relutante, mas aceitou para não se ver confrontado com uma revolta generalizada que não tinha forças nem vontade para suprimir. Consequentemente, Ali foi nomeado váli do Egipto e inaugurou uma dinastia que viria a governar, quase ininterruptamente ainda que, durante grande parte do tempo, sob supervisão britânica, até 1952.

Ali era um homem notável em todos os aspectos. Em poucos anos, pôs em debandada os últimos mamelucos que tinham escapado a Napoleão – massacrando muitos – e assenhoreou-se não apenas de todo o Egipto, mas também do Sudão. Não tardou a estender o seu controlo ao vale do Nilo, ao Mar Vermelho e à maior parte do Mediterrâneo Oriental. A sua ambição declarada era criar um império muçulmano árabe (talvez de modo irrealista, dado que não falava árabe) sobre as ruínas do otomano, assumindo-se como novo califa. Também inaugurou um ambicioso programa de modernização. Criou uma poderosa administração central, reformou a agricultura e estabeleceu diversas indústrias manufactoras, as quais, apesar de toscas e primitivas, foram as primeiras do Egipto, e das primeiras no mundo otomano. E por detrás de todos estes ambiciosos projectos estavam os Franceses. Jovens egípcios foram enviados para França, para estudarem técnicas industriais, engenharia e agricultura. Conselheiros franceses ajudaram a criar um sistema estatal de educação, e foram trazidos médicos franceses para montarem hospitais e um sistema rudimentar de saúde pública.

Um dos que beneficiou da política de Muhammad Ali de enviar jovens prometedores para França foi um escritor chamado Rifa Rafi al-Tahtawi. Em 1834, publicou, em árabe (e em 1839, em turco), uma defesa da «civilização» que forneceu a justificação ideológica para o regime reformador de Muhammad Ali, e que foi também uma das primeiras tentativas para conciliar o Islão com os valores do iluminismo europeu. A visão de al-Tahtawi de uma forma modernizada do Islão devia muito aos cinco anos que ele passou em Paris, entre 1826 e 1831, e ao seu contacto com a literatura francesa do século XVIII, particularmente Montesquieu, Voltaire e Rousseau. Mas fora formada, quando ele era estudante, por Shaykh Hasan al-'Attar, um dos grandes eruditos egípcios do seu tempo e que, vinte anos antes, visitara o Instituto no Cairo e começara a apreciar a moderna ciência europeia.

Al-Tahtawi – que se tornou director do primeiro museu nacional do Egipto – foi o primeiro egípcio a exigir uma forma de nacionalismo que, imitando os conceitos europeus de reconstrução nacional, tentou ligar um presente e um futuro islâmicos ao passado dos faraós[95]. A sua grande história do Egipto encerra algumas palavras duras para o invasor Napoleão, mas à presença francesa e, em particular, ao trabalho do Instituto são creditados o despertar da consciência nacional egípcia e a revelação, ao povo egípcio, da profundeza e das glórias dos seus passados faraónico e islâmico (al-Tahtawi também traduziu para árabe o Código Napoleão e o código comercial francês).

Muhammad Ali, apesar de nunca se ter considerado egípcio e de estar menos interessado nos faraós do que em garantir a assistência francesa para o seu programa de modernização, foi persuadido, em 1859, a reabrir o Instituto do Egipto. Um dos sábios, Edmé-François Jomard, que fora patrono de al-Tahtawi durante os seus anos em Paris, foi suficientemente jovem para ter sido membro da primeira versão do Instituto e suficientemente velho para visitar a segunda.

Este tema é recorrente na história subsequente do nacionalismo egípcio. A ocupação foi um fiasco mas a presença francesa incentivou os Egípcios a conquistarem o controlo da sua herança nacional, primeiro aos Otomanos e depois de 1882 aos Britânicos. A ocupação francesa também estimulou uma forma de nacionalismo que acabaria por se propagar do Egipto a todo o mundo árabe. Em 1962, Gamal Abdel Nasser, o líder nacionalista que, em 1952, obrigou o tetraneto de Muhammad Ali, o rei Faruq, a abdicar, e transformou o Egipto numa república, socorrendo-se algo hesitantemente da tese de al-Tahtawi, descreveu a expedição de Napoleão como tendo dado «uma nova assistência à energia revolucionária do povo egípcio». Os Franceses, afirmou ele, tinham trazido consigo «certos aspectos da ciência moderna aperfeiçoados pela civilização europeia depois de iniciados noutro lugar, particularmente nas duas civilizações dos faraós e dos Árabes»[96].

De acordo com esta perspectiva, Napoleão lançou o Egipto na sua carreira como nação árabe mais proeminente. Em finais do século XIX, o país

O Maomé do Ocidente

dispunha de cidades mais sofisticadas, uma economia mais forte e uma vida literária e intelectual muito mais rica do que qualquer outro Estado do mundo árabe[97]. Tomara tudo o que necessitava do Ocidente mas ao mesmo tempo, como tentou al-Tahtawi demonstrar, permanecera fiel às suas raízes islâmicas.

Para homens como o historiador Jamal Hamdan, até os califas, quando comparados com o papel desempenhado pelo Egipto, tinham sido marginais no rumo da história árabo-islâmica. Os Omíadas tinham caído e fugido para a Península Ibérica, e os Abássidas tinham sido destruídos pelos Mongóis, no século XIII. Fora o Egipto que fornecera a Saladino a base e as forças necessárias para destruir os reinos cruzados do Levante. Ainda antes, tinham existido os Romanos, os Ptolomeus e Alexandre Magno, até aos faraós. E embora não se pudesse dizer que estes tivessem desempenhado um papel directo na história islâmica, a sua passagem pelo Egipto concedera ao país um estatuto e um lugar nos ciclos da história humana inigualados por qualquer outra terra.

São estas, muitas vezes, as consequências involuntárias do imperialismo.

VIII

A invasão napoleónica também teve outro legado duradouro. Em 22 de Maio de 1799, apareceu no *Monitor* esta breve e sintética notícia:

> *Constantinopla* Notícias de uma proclamação do general Bonaparte aos judeus, na qual os convida a acorrerem ao seu estandarte para reconstruírem as muralhas de Jerusalém[98].

Tanto quanto sabemos, nunca foi emitida semelhante proclamação. Um ano antes, contudo, e antes da partida da expedição, um artigo assinado simplesmente «L. B.» fora publicado no *Décade philosophique, littéraire et politique*, o jornal do grupo intelectual ao qual Volney pertencia, cujos membros eram conhecidos por «Ideólogos», e ao qual Napoleão estava, nessa altura, estreitamente ligado. O artigo discutia em pormenor a possibilidade de um futuro Estado judaico na Palestina, a ser criado pelas armas francesas[99]. Este Estado, afirmava o autor, não se limitaria a corrigir uma «perseguição que dura há mais de dezoito séculos»; colocaria no coração do Império Otomano um grupo de colonos financeiramente bem apoiados que levariam con-

405

sigo todos os benefícios que tinham adquirido através da sua participação no «iluminismo» da Europa. De seguida, passariam estes benefícios às miseráveis populações da Síria. Evidentemente, isto corresponde muito de perto às declaradas intenções «civilizadoras» de Napoleão – e tal como veremos, aos posteriores projectos britânicos para a Palestina –, e talvez Napoleão tenha lido o artigo («L. B.» também poderá significar Luís Bonaparte, irmão de Napoleão). Também existem referências dispersas, na correspondência de Napoleão e nas suas reminiscências de Santa Helena, que sugerem que, de tempos a tempos, ele ponderou a ideia de criar um Estado judaico, assumindo-se como um novo Salomão, tal como contemplara a ideia de conquistar Constantinopla como um novo Mehmed II, ou de expulsar os Britânicos da Índia e instalar-se como um novo Akbar.

A atitude de Napoleão face ao judaísmo (mas não face aos judeus) era muito semelhante à sua atitude – real, não a declarada – face ao Islão. Em ambos os casos, ele considerava que a religião tinha usurpado a lei civil, algo que sempre acontecia na «infância das nações»; e em ambos os casos, ele esperava que a exposição aos modos europeus eliminasse progressivamente o que ele descreveu – no caso judeu – como «a tendência do povo judeu para um grande número de práticas contrárias à civilização e à boa ordem da sociedade». Ele acreditava que os judeus, depois de assimilados, «deixarão de ter interesses e sentimentos judaicos, e adoptarão os sentimentos e interesses franceses». Do seu judaísmo, restaria apenas a religião, a qual, à semelhança do cristianismo na Europa e do que aconteceria com o Islão no Egipto e na Síria, passaria a ser uma questão do foro puramente pessoal[100]. De facto, Napoleão nunca conseguiu aproximar-se da cidade de Jerusalém, cuja população conteve os Franceses na costa. Foi somente com o cerco de Acre, em 1799, que Napoleão entrou na Palestina, mas as suas operações militares limitaram-se à Galileia e ele não estava em posição de tentar criar, povoar e defender um Estado independente.

No entanto, os rumores acerca do suposto desejo de Napoleão de devolver os judeus à sua pátria ancestral parecem ter circulado rapidamente pelas comunidades da Diáspora. Napoleão abrira os guetos de Ancona, cujos judeus, em gratidão, tinham plantado Árvores da Liberdade, e recebido cocares tricolores para usarem. Não poderia ele ter planeado algo mais grandioso, se as forças britânicas não o tivessem expulso da Palestina e depois do Egipto? No fim do século XIX, parece ter-se tornado facto aceite nos círculos sionistas que fora efectivamente esta a intenção de Napoleão. Em 1898, Theodore Herzl, o fundador intelectual do Movimento Sionis-

O MAOMÉ DO OCIDENTE

ta, disse ao Kaiser Guilherme II que a criação de um Estado judaico na Palestina, essa «ideia que tomou conta de mim, conquistou o coração do grande governante Bonaparte. Aquilo que não pôde ser realizado durante o seu reinado, poderia ser hoje realizado por outro imperador – Vós!» Em 1915, Israel Zangwill, presidente da Sociedade Histórica Judaica de Inglaterra, escreveu a David Lloyd George, à época ministro das Munições, dizendo que a Grã-Bretanha tinha o dever histórico de «seguir o exemplo de Napoleão» e permitir aos judeus «recuperarem a sua antiga pátria». Dez anos mais tarde, quando a Palestina possuía já uma considerável população judaica mas ainda era um mandato britânico, Zangwill levantou-se durante um encontro da sociedade, no qual estava presente Lloyd George, e apropriando-se da declaração de Napoleão antes das Batalha das Pirâmides afirmou que «Napoleão, sob o fascínio dos quarenta séculos que o olhavam das Pirâmides, anunciou o seu desejo de devolver os judeus à sua terra». Iria a Inglaterra, prosseguiu ele, «com o Egipto igualmente a seus pés, dar seguimento aos planos nos quais frustrara Napoleão?»([101]).

Teve a resposta no fim da conferência. Lloyd George – do qual se dizia que «falava de Jerusalém com o mesmo entusiasmo que das suas colinas nativas»([*]) –, que já não estava no governo mas ainda era uma presença política formidável, fez um discurso no qual comparou a situação de 1799 à do fim da Primeira Guerra Mundial([102]). Os Aliados, afirmou ele, tinham pegado nas ideias de Napoleão, mas enquanto que não se podia confiar que Napoleão, um francês, cumprisse as suas promessas, como aliás se verificara, era certamente possível confiar nos Ingleses. «Os judeus», gritou ele, «sabiam que a assinatura de Napoleão não valia grande coisa, mas sabiam igualmente que a assinatura britânica é invariavelmente honrada». Os presentes levantaram-se e, seguindo Lloyd George, começaram a cantar o *Haitkvah*, o hino sionista.

Independentemente de qual tenha sido o verdadeiro impacto da expedição de Napoleão, haviam entrado em cena dois factores que alterariam para sempre a natureza do mundo muçulmano e de todas as suas relações futuras com o Ocidente: as raízes do nacionalismo e, como uma lança espetada no seu flanco, o Estado de Israel.

([*]) No País de Gales. (*N. do T.*)

Capítulo 11

Imperialismo a Oriente

I

Em Janeiro de 1853, durante um jantar no palácio da grã-duquesa Helena, em Moscovo, o Czar Nicolau I da Rússia disse ao embaixador britânico, sir Hamilton Seymour, que era tempo de os seus dois países partilharem o debilitado Império Otomano. «Temos um doente nos braços», terá dito o czar, «um doente grave. Será uma grande desgraça se, um destes dias, ele nos fugir das mãos» – e poderia ter acrescentado das mãos dos Franceses, dos Austríacos e dos Alemães. A frase vingou. Durante os sessenta anos que se seguiram, até ao seu desaparecimento, o Império Otomano seria conhecido pelo «Doente da Europa»([1]).

A doença já se vinha manifestando há algum tempo. A derrota em Viena, em 1683, as humilhações impostas ao império pelo Tratado de Carlowitz, quando o sultão fora obrigado a aceitar como igual o czar russo, um não crente e governante de uma horda de bárbaros semi-nómadas, a perda da Crimeia, o Tratado de Kücük Kaynarca e a invasão do Egipto e da Síria por Napoleão tinham sido apenas os primeiros sintomas da doença, que se agravou durante o decurso do século XIX. Em 1804, uma força sérvia comandada por Jorge Petrović, conhecido por Karageorge – Jorge, o Negro([*]) –, sitiou a fortaleza de Belgrado. Após onze anos de combates intermitentes, ocasionalmente auxiliados pelos Russos, os Sérvios conseguiram garantir um estatuto próximo da autonomia. Em 1812, a Rússia

---

([*]) «*Kara*» significa «preto» em turco. (*N. do T.*)

apoderou-se de partes da Moldávia, mas a invasão napoleónica obrigou o czar a aceitar um acordo.

Muitos dos males do doente tinham-lhe sido infligidos pelos seus inimigos estrangeiros e cristãos, principalmente os Russos. Mas também estava a ser desmembrado por dentro. Em meados do século XVIII, no Nejd, no centro da Península Arábica, um líder religioso chamado Abd al-Wahhab começou a pregar uma forma extremista de puritanismo islâmico, conhecida por doutrina da *tawhid* – «unidade de Deus».

À semelhança de quase todos os puritanos, al-Wahhab afirmava que os infortúnios do mundo se deviam à apostasia dos fiéis, que eram muito menos fiéis do que deviam, uma postura promovida ou pelo menos tacitamente tolerada pelo regime frouxo e impuro de Istambul. Tal como Lutero, al-Wahhab teria sido ignorado não fosse o apoio político que recebeu de um poderoso chefe tribal chamado Abd al-Aziz bin Muhammad bin Saud, o qual, auxiliado por al-Wahhab, fundou a dinastia que governa a chamada Arábia Saudita.

À época da sua morte, em 1792, al-Saud criara um Estado que abandonara a sua fidelidade ao corrupto e ímpio sultanato otomano. Os guerreiros wahhabitas começaram a avançar para norte, para o Golfo, e depois para o Iraque, onde, em 1802, saquearam os lugares santos dos hereges xiitas, em Karbala e Najaf. No ano seguinte, apoderaram-se da cidade de Meca, e retiraram todos os ornamentos da Caaba, na Grande Mesquita. Apesar de expulsos pelo xerife de Meca, em 1805, regressaram no ano seguinte e conquistaram também Medina. Dois anos mais tarde, o sucessor de Abd al--Aziz bin Muhammad, Saud bin Abd al-Aziz, substituiu o nome do sultão pelo seu nas orações das sextas-feiras, renunciando formalmente e ostensivamente aos seus laços com Istambul. Toda a Península Arábica e os lugares mais santos do Islão estavam nas mãos dos Sauditas. Estrategicamente e economicamente, a Península Arábica contava muito pouco; porém, era de imenso significado religioso, logo político. O domínio do sultão sobre os povos sujeitos dependia muito da sua posição inquestionável como líder supremo do mundo islâmico. Ao usurpar o lugar do sultão nas orações das sextas-feiras e expulsar os seus representantes de Meca e Medina, Saud bin Abd al-Aziz eliminara efectivamente a pretensão de Selim III de ser o «Comandante dos Fiéis», e muito menos califa.

O acesso que o doente sofreu a seguir, mais grave, teve apropriadamente a sua origem no Ocidente, e não apenas no Ocidente mas na Grécia, antigo coração de toda a cultura ocidental.

O Império Otomano era um vasto Estado multi-étnico. Contudo, não era administrado com base na etnia nem na nacionalidade, mas sim da religião. Além de muçulmanos (de várias confissões), incluía diversos tipos de judeus e diversas denominações de cristãos – ortodoxos, romanos, arianos, assírios, arménios e nestorianos. A vida destes súbditos não muçulmanos do sultão raramente era tão precária como o propalado no Ocidente. De acordo com a lei islâmica, como vimos, os chamados «povos protegidos» (*dhimmah*) tinham direito a uma liberdade de culto limitada e à autonomia administrativa desde que pagassem os impostos necessários. Eram pessoas de segunda, mas podiam levar vidas prósperas e tranquilas, e até, ocasionalmente, guindar-se às mais elevadas posições nas várias hierarquias estatais([2]).

Os Otomanos tinham alargado estas disposições no sistema dos *millets*, que criara territórios semi-autónomos, providenciara tribunais separados para os casos envolvendo não muçulmanos, e colocara cada minoria – eram três as principais: Gregos ortodoxos, judeus e Arménios – sob a autoridade de um líder nacional e geralmente também religioso (conhecido em grego por etnarca ou *millet bashi*), que era directamente e pessoalmente responsável, perante o sultão, pela conduta dos membros do seu *millet*. Durante a maior parte da história do império, cristãos e judeus tiveram mais contactos com as suas próprias autoridades religiosas do que com os poderes civis otomanos.

O sistema dos *millets* oferecia aos súbditos não muçulmanos do império algum grau de independência – e também de algo a que poderíamos chamar negligência benigna –; no entanto, não deve exagerar-se a medida em que era negligente e não apenas benigna. Não resulta evidente que, sob o domínio otomano, a maior parte das minorias tivesse subscrito a afirmação de Edward Said de que «aquilo que eles [os povos do Médio Oriente] tinham parece muito mais humano do que o que temos agora» – embora tudo isto dependa naturalmente de quem são «eles» e de quem somos «nós»([3]).

De todos os súbditos não muçulmanos do sultão, os mais significativos, numericamente e em termos de poder, eram os Gregos. Em muitos aspectos, a capital do império ainda era uma cidade grega (em 1918, aqueles que pretendiam tornar Istambul num mandato internacional argumentaram que a cidade não era nem nunca fora muçulmana, pois a sua população contava apenas com 458 000 muçulmanos contra 685 000 não muçulmanos, e que entre os muçulmanos eram poucos os Turcos)([4]).

MUNDOS EM GUERRA

A aristocracia grega sobrevivente, cujos membros eram conhecidos por Gregos fanariotas – por residirem exclusivamente no bairro de Fanar, no Corno de Ouro – compunha-se de um grupo extremamente coeso de onze famílias que afirmavam descender da antiga nobreza bizantina. Constituíam uma comunidade rica e poderosa, que colaborava plenamente e entusiasticamente com os seus senhores otomanos. Alguns fanariotas tornaram-se enviados do sultão ao Ocidente e governadores regionais nos Balcãs. Um deles, o príncipe Alexandre Mavrokordatos, futuro primeiro presidente da república independente da Grécia, disse: «Conformamo-nos com a prescrição do Evangelho, "A César o que é de César" [...]. Como cristãos, não temos por hábito confundir aquilo que é temporal e corruptível com o que é divino e eterno»([5]).

Este admirável pragmatismo chocava frequentemente os estrangeiros como mero oportunismo. Em 1791, sir William Eton, um desdenhoso observador inglês, disse que era estranho ver como aquela gente procurava o favor político do sultão. «Intitulam-se nobres e afectam superioridade sobre os outros Gregos», escreveu ele, «mas são a única parte da sua nação a ter abdicado totalmente do espírito grego; ao contrário dos ilhéus, não parecem ávidos de liberdade, e deleitam-se na falsa magnificência e nas mesquinhas intrigas de serralho»([6]).

O sistema dos *millets* também conferia aos patriarcas, metropolitanos e bispos gregos ortodoxos um grau de poder nunca antes gozado pelos seus antecessores bizantinos. Não obstante a hábil exploração feita por Mavrokordatos da injunção de Cristo para não confundir Deus e imperador, nas comunidades cristãs, «nas terras infiéis» (*in partibus infidelis*), como eram chamadas, o sistema dos *millets* destruíra finalmente a divisão longamente respeitada entre Igreja e Estado – a favor da Igreja.

Em ordem a protegerem esta autoridade e as suas próprias vidas, muitos clérigos instaram os seus rebanhos à submissão absoluta, ao ponto de retratarem a conquista otomana do Império Bizantino como um castigo divino para os muitos pecados da Igreja Ortodoxa.

«Este poderoso império dos Otomanos», disse o patriarca Ântimo de Jerusalém ao seu rebanho, em 1798, fora elevado «mais alto do que qualquer outro reino» para impedir os pobres Gregos ortodoxos de caírem nas garras heréticas da Igreja ocidental latina. Consequentemente, o sultão «outorgou-nos, povo do Oriente, um meio de salvação». E também providenciara sabiamente aos seus súbditos cristãos protecção contra outro mal insinuante, recentemente disseminado pelo Diabo e pela República

IMPERIALISMO A ORIENTE

Francesa, nomeadamente o «muito apregoado sistema da liberdade», que não passava de uma armadilha para «empurrar o povo na corrupção e a confusão»([7]).

Mas se clérigos e fanariotas não tinham deixado de prosperar, nas palavras de Eton, pela «traição, ingratidão, crueldade e intriga que não olham a meios», os camponeses e as comunidades mercantis gregas foram sofrendo cada vez mais durante os séculos XVII e XVIII, à medida que o sultão perdia o controlo dos seus governadores provinciais. A corrupção, o banditismo e a pirataria marítima levou um número crescente de Gregos a emigrar. Na Grécia e noutras partes do Império Otomano, o comércio caiu nas mãos dos europeus ocidentais, preparados e equipados para correrem os enormes riscos envolvidos.

Exiladas na França, na Grã-Bretanha, na Alemanha e até na Rússia, a elite intelectual e a classe mercantil gregas vinham assistindo ao contraste cada vez maior entre a polidez, a sofisticação e o respeito pela vida, pela ordem e pela propriedade existente nas nações europeias e o crescente caos e desgoverno prevalecentes dentro das fronteiras do Estado otomano, onde o sultão, «matando, afogando e enforcando, tendo como lei única a sua vontade», constituía a única fonte de autoridade política([8]). Em 1768, em Amesterdão, um dos exilados, Ioannis Pringos, lançou um apelo: «Erga-se outro Alexandre, que à semelhança do que expulsou os Persas da Grécia, possa expulsar este tirano para que o cristianismo volte a luzir nas terras gregas, como antigamente»([9]).

O iluminismo e a prosperidade e relativa estabilidade política da Europa de finais do século XVIII tinham dado aos Gregos esclarecidos um incentivo para derrubarem os seus transtornados e decadentes governantes otomanos. A Revolução Francesa deu-lhes outro. Em 1797, Rigas Velestinlis (ou Rigas Feraios), um valáquio helenizado da Tessália, poeta, panfletista e proto-mártir da independência grega, apelou à criação de uma república grega multi-cultural – aberta a qualquer turco amante da liberdade –, modelada com base nas constituições francesas de 1793 e 1795. Com efeito, a nova Grécia de Rigas seria uma versão restaurada do Império Bizantino, dotada de uma constituição republicana em lugar de uma constituição monárquica.

Nem estes planos nem qualquer outro dos escritos de Rigas deram frutos. Em 1798, ele partiu para Veneza, com o objectivo de entrar em contacto com Napoleão e oferecer-lhe os serviços de uma nebulosa sociedade re-

MUNDOS EM GUERRA

volucionária grega que poderá ter existido unicamente na sua imaginação. Mas pelo caminho foi traído e entregue ao paxá de Belgrado, que ordenou que ele fosse estrangulado e o seu cadáver lançado ao Danúbio. Pouco antes de morrer, Rigas terá dito aos seus captores, «Assim morrem os valentes. Semeei; virá o tempo em que o meu país colherá»([10]). As palavras de Rigas revelaram-se proféticas, pois ainda que a sua visão política – uma Grécia republicana e esclarecida que restauraria o esplendor da Atenas democrática e a grandeza de Bizâncio – permanecesse praticamente por realizar até à segunda metade do século xx, o seu martírio tornou-se uma potente inspiração para os lideres da sublevação que eclodiu cerca de vinte anos mais tarde – e a título de tributo, o seu rosto surge na versão grega da moeda europeia de 10 cêntimos.

A primeira iniciativa grega séria para expulsar os novos Persas da Grécia verificou-se em Setembro de 1814, quando três expatriados gregos – o mação Emmanuel Xanthos, Nikolaos Skouphas e Athanasios Tsakalov – criaram, no porto russo de Odessa, a Philiki Etairia, a «Sociedade dos Amigos».

Já antes tinham sido formadas outras sociedades com objectivos especificamente helénicos. Em 1807, em Paris, fora criada a Ellinoglosson Xenodocheion («Pousada Grega»), e em 1814, em Atenas e Viena, fora fundada a Philomousos Etairia («Sociedade dos Amigos das Musas»). Mas estas sociedades destinavam-se a recordar aos Gregos a sua ímpar herança cultural, através da educação, da arqueologia e da filologia, carecendo de propósitos políticos declarados.

Pelo contrário, a Philiki Etairia era dedicada à causa da autonomia nacional e à libertação da «Pátria» por meios violentos, e foi prontamente vítima de um anátema por parte do Santo Sínodo de 1821, como um assalto injustificado, «maligno e insubordinado ao nosso Império comum, generoso, solícito, poderoso e invencível»([11]). Mas apesar da censura eclesiástica – ou por sua causa –, o número de membros da Philiki Etairia aumentou consideravelmente durante os anos seguintes. Dado que a sociedade pretendia apenas derrubar o governo otomano e não defendia nenhuma ideologia nem oferecia nenhuma visão do tipo de sociedade grega que substituiria o império, encontrou apoios em todos os sectores da sociedade, até entre o clero menor, embora mais de metade dos seus membros pareçam ter sido comerciantes, na sua maioria pobres e marginalizados. Apesar de a Philiki Etairia, à semelhança de quase todas as sociedades secretas, ser forte em retórica, rituais e esquemas lunáticos, e fraca em estratégias e objectivos, e embora não tenha alcançado quase nada sozinha, conseguiu criar uma rede de patriotas dedicados que realizaram muito do trabalho organizacional de base necessário à revolta.

A faúlha que provocou o incêndio ocorreu em 25 de Março de 1821. Germano, o metropolitano de Patras, desafiando a proibição muçulmana de qualquer exibição de símbolos religiosos por parte dos «povos protegidos», ergueu a cruz em Kalvryta, no Norte do Peloponeso. Reza a lenda que assim começou a Guerra da Independência Grega. Um mês mais tarde, no dia 22 de Abril, sábado de Páscoa, o patriarca ortodoxo Gregório V, que na qualidade de etnarca do *millet* grego era pessoalmente responsável pelo comportamento de todos os súbditos gregos do sultão, foi publicamente enforcado no lintel da porta do patriarcado de Istambul, juntamente com dois dos seus capelães. O corpo, relata uma testemunha inglesa, «ficou pendurado na porta, para que toda a gente que entrasse e saísse fosse obrigada a empurrá-lo para o lado».

Três dias depois, o cadáver foi retirado, lançado a uma turba de judeus congregada para o efeito e arrastado pelo pescoço pelas ruas, «onde se amontoava toda a espécie de desperdícios nauseabundos», e lançado ao porto, «onde as águas o cobriram»([12]). Após a morte de Gregório, a porta do patriarcado foi fechada e ainda assim permanece. Quebrara-se um pacto que existia desde os tempos de Mehmed, o Conquistador.

De todas as guerras de independência travadas pelos povos que constituíram o Império Otomano durante a sua longa história, do Bósforo às costas do Cáspio, esta foi a mais emotiva para o Ocidente. Todavia, a insurreição de 21 de Março não começou em nome da antiga Grécia, mas sim no da Igreja Ortodoxa Grega, e como tal suscitou pouca simpatia imediata na Europa Ocidental. Além de o comportamento da hierarquia ortodoxa ser considerado, até por muitos Gregos, como bajulador e submisso, a perspectiva da maioria dos europeus ocidentais sobre a Igreja grega pouco mudara desde o século V. Nas vésperas da sublevação, um viajante inglês escreveu que nada o revoltava tanto como «as cerimónias inanes e as superstições repelentes» da versão grega do cristianismo([13]).

E os Gregos não eram um povo muito inspirador: ignorantes, facciosos e malcriados, pareciam ser – como tinham parecido a Voltaire – a prova viva da convicção de que o despotismo pode transformar os povos mais amantes da liberdade em simples escravos. Em 1820, o poeta russo Alexandre Pushkin escrevera uma «Ode à Liberdade» em defesa da causa grega (sendo recompensado pelo czar, pouco amante da liberdade, com a prisão na Bessarábia), e apelara aos Turcos para que retirassem da Hélade, «legítima herdeira de Homero e Temístocles». Mas posteriormente, ao cruzar-se com alguns comerciantes gregos em Odessa e Kishinev, ficou horrorizado. Estes «novos Leónidas», escreveu ele repugnado, não eram os heróis que ele esperara, mas sim «um sórdido povo de bandidos e lojistas».

Contudo, apesar da natureza pouco prometedora dos Gregos modernos, não foi preciso muito para transformar a luta pela independência da Grécia numa luta pela libertação de toda a herança do mundo antigo. Ali estava o «berço da civilização ocidental» enfrentando o mais tirânico e feroz de todos os despotados do Oriente. Já em Fevereiro de 1821, um mês antes de Germano ter erguido a cruz no Peloponeso, o príncipe fanariota Alexandre Ypsilantis, que aceitara uma comissão no Exército Russo e se guindara a ajudante de campo do czar, atravessara o rio Prut à frente de um exército desgarrado, apoiado pelos Russos. No dia 24, em Jassy, a capital da Moldávia, ele emitiu uma proclamação instando os seus compatriotas gregos a «convidar a Liberdade para a terra clássica da Grécia». Entremos em combate, prosseguiu ele, «entre Maratona e as Termópilas. Combatamos sobre os túmulos dos nossos pais, os quais, para nos deixarem livres, lá combateram e morreram». E apelou aos fantasmas de todos os Gregos que tinham morrido na causa da liberdade, concluindo com «Leónidas e os Trezentos, que ceifaram os incontáveis exércitos dos bárbaros persas, cujos descendentes mais bárbaros e desumanos nos preparamos hoje para aniquilar completamente».

Todavia, a tarefa de ceifar os Turcos revelou-se bastante mais difícil do que ele esperava. Em Junho, após várias escaramuças inconclusivas, o exército de Ypsilantis e o «Batalhão Sagrado» de estudantes gregos que se lhe juntara foram destruídos na Batalha de Dragatsani. Mas Ypsilantis marcara a sua posição, pelo menos em relação à Europa Ocidental. A luta pela Grécia seria um combate pela virtude do mundo ocidental, que nascera na Grécia e pelo qual, dizia Ypsilantis acreditar, os «povos esclarecidos da Europa» estavam «plenos de gratidão»[14].

Em 9 de Abril, pouco antes da execução de Gregório V, o chefe revolucionário Mavromichalis Petrobey, proclamado líder do senado de Messénia, «comandante em chefe das forças espartanas» no Sul do Peloponeso, dirigiu-se aos governantes da Europa. «A Grécia, nossa mãe, foi a lamparina que vos alumiou», disse-lhes ele. «Tendo isto presente, ela conta com a vossa filantropia activa. Armas, dinheiro e conselhos são o que ela espera de vós»[15]. Mas nenhuma destas necessidades foi abundantemente suprida. De início, o apelo à independência do mundo grego apenas provocou suspeição na maioria dos líderes do Ocidente, sempre cautelosos relativamente às possíveis consequências de um colapso do Império Otomano para o equilíbrio de poder na Europa pós-napoleónica. O príncipe Clemens von Metternich, o chanceler austríaco, relegou a Grécia – como relegaria a Itália – para uma mera expressão geográfica, sem ter verdadeiramente direito a uma identidade nacional. Após a execução do patriarca grego, o Czar Alexandre I retirou o seu embaixador de Istambul; porém, tal como os gestos semelhantes que hoje se vêem, aquele não teve nenhum impacto significativo.

No entanto, a rebelião grega encontrou uma resposta pronta junto das elites cultas, liberais e maioritariamente de classe média da Europa e dos Estados Unidos. «Somos todos Gregos», escreveu entusiasticamente Shelley, em 1821, depois de ter lido acerca da sublevação inicial.

> A apatia dos governantes do mundo civilizado face à espantosa condição dos descendentes da nação à qual devem a sua civilização [...] é algo de perfeitamente inexplicável para um mero espectador dos espectáculos desta cena mortal [...]. As nossas leis, a nossa literatura, a nossa religião, as nossas artes têm as suas raízes na Grécia. Se não fosse a Grécia [...] possivelmente ainda seríamos selvagens e idólatras; ou pior, poderíamos ter atingido um estádio estagnado e miserável de instituições sociais, tal como possuem a China e o Japão.

> Outra Atenas se erguerá
> E a tempos mais remotos
> Legará, como o ocaso aos céus,
> O esplendor do seu apogeu;
> E se nada tão brilhante pode viver, deixará
> Tudo o que a terra puder receber ou o Céu dar.

Alguns meses depois, a partir do exílio, em Paris, um dos primeiros profetas da revolução, o académico clássico Adhamantios Korais, escreveu um apelo aos «Cidadãos dos Estados Unidos», na qualidade de herdeiros dos antigos Atenienses. «Foi nas vossas terras que a liberdade fixou residência», disse-lhes ele. «Livres e prósperos, desejais que todos os homens partilhem as mesmas bênçãos, que todos gozem dos direitos que a natureza lhes concedeu por igual». Cabia agora aos Americanos restaurarem a Grécia ao seu legítimo lugar no mundo([16]).

Apesar da embaraçosa crença de Korais de que a nova morada da liberdade também fora responsável pela abolição da escravatura, a resposta não tardou. Em Julho de 1821, em Paris, vários americanos reuniram-se para jantar. Estavam presentes Washington Irving e Lafayette, e foi feito um brinde à «Terra de Minerva, berço das Artes, da Poesia e da Liberdade – civilizando os seus conquistadores no seu declínio, regenerando a Europa na sua queda. Que possam os seus filhos reconstruir no seu ninho o lar da Liberdade»([17]). Edward Everett, autor do (primeiro) Discurso de Gettysburg([*]), nomeado professor de grego em Harvard, em 1815, aos 21 anos de idade, e editor do *North American Review*, um jornal de enorme tiragem, usou a sua influência para publicar a carta de Korais em jornais de todo o país. Choveram donativos. Por exemplo, no Inverno de 1821-1822, um grupo de doadores particulares de Charleston, na Carolina do Sul, enviou cinquenta barris de carne seca para alimentar os insurrectos.

Nos últimos dias de 1821, foi convocada uma assembleia nacional em Epidauro que declarou a Grécia uma república independente, adoptou uma constituição parcialmente baseada na constituição francesa de 1799, elegeu para presidente o príncipe Alexandre Mavrokordatos e declarou que «a nação grega apela ao Céu e à Terra para que testemunhem que apesar do jugo pavoroso dos Otomanos, que a ameaçou com a destruição, ela ainda existe».

Os Gregos começaram a massacrar os Turcos e estes, em retaliação, começaram a massacrar os Gregos. No fim, foram evidentemente os Gregos que prevaleceram. Mais de vinte mil homens, mulheres e crianças turcos, alguns dos quais viviam na Grécia há gerações, foram caçados por bandos armados com mocas e foices, frequentemente liderados pelos mesmos sacerdotes que meses antes tinham professado a sua inabalável lealdade ao «abençoado Sultão». Decorridas semanas sobre a eclosão da revolução, a população muçulmana turca e albanesa do Peloponeso tinha deixado de existir como comunidade. Os poucos sobreviventes refugiaram-se nos en-

---

([*]) É um dos discursos mais célebres da história dos EUA. Foi proferido por Lincoln durante a Guerra da Secessão, por ocasião da inauguração do Cemitério Militar de Gettysburg, no dia 19 de Novembro de 1863, quatro meses e meio depois de decisiva vitória da União na Batalha de Gettysburg. Existem cinco cópias do discurso, todas manuscritas por Lincoln. Edward Everett não é o autor de uma segunda versão do discurso. Recebeu a sua cópia de Lincoln, que a escreveu, para um evento de caridade, em Fevereiro do ano seguinte. (*N. do T.*)

IMPERIALISMO A ORIENTE

claves turcos junto à costa, mas também estes foram cercados. A lua, disseram os Gregos, devorou-os a todos. Foi uma carnificina que a Grécia e a Europa, entusiasmada com os heróicos libertadores da antiga liberdade, preferiram esquecer([18]).

Apesar destes acontecimentos e de todo o barulho que era gerado nos seus países, os governantes da Europa permaneceram distantes. Contudo, em Abril de 1822, uma força expedicionária turca saqueou a ilha de Quios e chacinou ou escravizou os habitantes. Por toda a Europa, a reacção foi de horror e repulsa([19]). Em Março de 1823, foi formado o Comité Grego de Londres, que começou a recolher fundos em nome da causa. No mesmo mês, o secretário dos Negócios Estrangeiros, George Canning, reconheceu oficialmente os Gregos como beligerantes, uma medida que, entre outras coisas, lhes concedeu o direito de efectuarem buscas de abastecimentos de guerra em navios neutrais.

De forma lenta e hesitante, os governos da Europa passaram a reconhecer – mas não a assistir – a causa grega. No entanto, a relutância oficial foi ultrapassada pelo entusiasmo individual. Acorreram voluntários de todo o mundo ocidental, dispostos a reclamarem o berço da civilização das mãos da «monstruosa dinastia otomana»([20]).

Auto-denominaram-se «filelenos» – amigos da Grécia – e chegaram da Grã-Bretanha, da França, de Itália, dos Estados alemães, da Espanha, de Portugal, da Hungria, da Polónia, da Suíça, da Suécia, da Dinamarca, dos Estados Unidos – e até um de Cuba. Quase todos eram idealistas. Alguns eram ex-soldados à procura de emprego, outros eram especuladores e espiões, outros ainda simples oportunistas. Havia até missionários de Inglaterra e dos Estados Unidos, tentando – com uma singular falta se sucesso – converter cristãos ortodoxos gregos a uma das várias confissões protestantes. E tal como acontece em todos os conflitos irregulares, apareceram os excêntricos do costume: um fabricante bávaro de louça da China que contava montar uma fábrica na Grécia, um actor francês desempregado, um falso conde dinamarquês que viajava com uma prensa litográfica às costas, um professor de dança de Rostock, uma rapariga espanhola disfarçada de homem([21]). E também apareceu – ou antes, não apareceu – Edgar Allan Poe, que pôs a correr a história de que partira, «sem um único dólar, numa expedição quixotesca, para me juntar aos Gregos que combatiam pela liberdade». Na verdade, não passou de Boston([22]).

Mas o mais famoso de todos, embora sem nunca ter entrado em combate, foi George Gordon, lorde Byron.

No dia 7 de Abril de 1823, Edward Blanquiere, um ex-capitão naval irlandês e membro do Comité Grego de Londres, juntamente com um grego chamado Andreas Louriotis, cuja missão era angariar fundos para a guerra, apresentaram-se a Byron, que então residia em Albaro, nos arredores de Génova. Byron, que tivera recentemente uma relação breve e insatisfatória com os guerrilheiros italianos que lutavam pela independência contra a Áustria, e outra – mais duradoura e satisfatória – com a condessa Teresa Guiccioli, estava irrequieto e sem saber se deveria levar, nas suas palavras, «uma vida simples mas útil» na América do Sul, ou ir para a Grécia.

Blanquiere e Louriotis decidiram por ele. «Estou determinado», escreveu Byron, dois meses mais tarde, «a ir para a Grécia; foi o único lugar onde alguma vez me senti satisfeito»([23]). Reuniu 9000 libras esterlinas, uma soma imensa para a época. «O dinheiro é o tendão da guerra», escreveu ele uma vez, «como na realidade da maioria das coisas – excepto do amor, mas às vezes também é». Vendeu o seu veleiro, apropriadamente chamado *Bolivar* em honra das suas aspirações sul-americanas, e alugou um *clipper* de três mastros, de casco redondo e com a proa quase vertical, de 120 toneladas, chamado – também apropriadamente, em nome das suas futuras aspirações gregas – *Hercules*([24]). No dia 16 de Julho, fez-se ao mar com Blanquiere, Louriotis e um grupo de amigos e seguidores. Desceu a costa até Livorno, seguindo depois para Cefalónia. Byron desembarcou, alugou uma casa em Metaxata, na costa sul de Argostoli, e ponderou o que fazer a seguir. Após quatro meses a resistir às constantes exigências das várias facções que se digladiavam pelo controlo da Grécia, decidiu ir para Missolongui, que apesar de localizada junto a uma enorme lagoa infestada de mosquitos (na época), era a urbe mais próspera da Grécia Ocidental. Em 1821, a sua população tinha expulso ou massacrado todos os Turcos, e a cidade estava a transformar-se rapidamente no epicentro da revolta.

A decisão revelou-se um erro fatal. Byron era rico e famoso, era um milorde. Chegou ao som de uma saudação de vinte tiros de canhão e das ovações da multidão, como se fosse, assim se disse na época, o Messias – um Messias trajando um garrido uniforme vermelho, desenhado por ele próprio, e com vários capacetes de ouro (nunca usou nenhum, embora se tenha feito pintar com eles aos pés).

Pouco depois, Byron recrutou o seu exército privado, a «Brigada de Byron», maioritariamente composto por refugiados albaneses e mercenários que se fingiam de vítimas das atrocidades turcas. Todas as manhãs, milorde partia, a cavalo, à frente do seu desgarrado grupo de rufiões, e de tarde realizava conferências inconclusivas numa casa junto à costa. Byron também fazia algo que quase nenhum outro comandante grego queria ou podia fazer: pagava aos seus homens. Não tardou que começassem a afluir recrutas de toda a Europa. Aparentemente, todas as estradas iam dar a Missolongui. Tal como o conde Petro Gamba, irmão mais novo de Teresa Guiccioli, que acompanhara Byron desde Génova, disse reveladoramente acerca dos filelenos, «tínhamo-los de todas as nações – ingleses, escoceses, irlandeses, americanos, alemães, suíços, belgas, russos, suecos, dinamarqueses, húngaros e italianos. Éramos uma espécie de cruzada em miniatura»([25]). Mas esta heterogénea congregação de personagens nada fazia, excepto lutarem uns com os outros enquanto esperavam por um conflito que nunca chegou. Os filelenos brigavam incessantemente entre si por questões de patentes e estatuto. Os Albaneses amotinaram-se por causa do pré e, juntamente com os Gregos, tentaram pilhar o arsenal.

Em finais de Fevereiro de 1824, depois de uma cavalgada debaixo de chuva torrencial, Byron contraiu uma febre – provavelmente a febre das carraças – e caiu à cama. Os médicos deram conta dele. Não se limitaram a deixá-lo sem pinta de sangue (estima-se que a quantidade que lhe tiraram ter-se-ia revelado fatal, mesmo que ele estivesse de boa saúde); também lhe aplicaram desesperadamente uma série de remédios especializados, cáustico lunar(*), purgantes e uma solução à base de creme tártaro conhecida por «limonada imperial». Tudo isto diminuiu a resistência de um corpo já muito enfraquecido. Byron morreu perto das seis da tarde de 19 de Abril de 1824. Após a morte, o seu médico pessoal, Julius Millingen, o principal responsável pela maior parte dos danos, enviou uma conta no valor de 200 guinéus, com o comentário: «Não é todos os dias que morrem lordes»([26]).

Enquanto Byron travava a sua guerra privada a partir de Missolongui, a situação no resto da Grécia deteriora-se ao ponto da guerra civil. Em Dezembro de 1821, Dimitrios Ypsilantis, irmão do príncipe Alexandre, consegui convocar uma assembleia nacional em Argos. Foi redigida uma constituição para uma nova Grécia independente, tendo por modelo, como tivera a de Rigas Velestinlis, as constituições francesas de 1793 e 1795. Dois anos mais tarde, em Astros, realizou-se outra assembleia. Embora estas duas iniciativas tenham lançado as bases para um futuro Estado grego, fizeram muito pouco para pôr fim à hostilidade entre as várias facções. No

---

(*) Nitrato de prata em barra, utilizado como agente cauterizante. (*N. do T.*)

Verão de 1832, o Peloponeso e as regiões oriental e ocidental da Grécia continental foram libertadas do jugo otomano.

Mas não se sabia exactamente quem as governava. Em finais de 1832, existiam dois governos rivais, afirmando ambos representar a insurreição grega mas sem controlarem totalmente nenhuma área. Não tardou a eclodir uma guerra entre eles. Uma das dificuldades com que todas as facções se confrontavam era o facto de que embora toda a gente soubesse – ou pensasse saber – o que tinham sido a Grécia antiga e a Grécia bizantina, ninguém tinha uma ideia clara quanto ao que poderia ou deveria ser a Grécia moderna. Para a maioria dos Gregos, particularmente para a maioria dos que combatiam, o termo «pátria» (*patrida*), usado por Rigas, Ypsilantis e outros patriotas cosmopolitas para descrever a nova Grécia, não se referia a uma nação mas sim a uma região, por vezes até a uma aldeia. Em certa medida, os Otomanos – e Metternich – tinham razão ao afirmarem que a «Grécia» não existia. À semelhança de muitas nações libertadas de um longo domínio imperial, teve que ser inventada. O problema foi que, neste caso, a invenção se revelou um processo prolongado, dispendioso e sangrento.

Em 1824, o sultão Mahmud II persuadiu Muhammad Ali, o váli semi-independente do Egipto, que encontrámos no capítulo anterior, a pôr fim à insurreição grega enquanto os insurrectos ainda estavam ocupados a lutarem uns contra os outros. Em troca, foi-lhe prometido o título de paxalique (governador) de Creta, e o de paxalique do Peloponeso para o filho, Ibrahim. Muhammad Ali comandava um exército muito mais imponente do que as desmoralizadas forças otomanas e, talvez mais significativamente, possuía uma marinha moderna, equipada com navios construídos em França e comandados por antigos oficiais navais franceses. Em Junho, Muhammad Ali conquistou Creta e Chipre. No ano seguinte, Ibrahim desembarcou na Moreia(*). Em Abril de 1826, saqueou e destruiu Missolongui, deixando apenas três edifícios de pé, um dos quais a antiga residência de Byron. A moradia, disse o picaresco aventureiro inglês Edward Trelawny, que pertencera ao séquito do milorde e regressou a Missolongui após o saque, «erguia-se como uma coluna solitária no meio de um deserto»[27].

Em Agosto, Ibrahim estava em Atenas. Tal como fizera em 480 a. C., a população fugiu para a Acrópole, e depois as mulheres, as crianças e os idosos refugiaram-se em Salamina. Infelizmente, desta vez não havia nenhuma frota grega à sua espera, e Temístocles, na pessoa do almirante e

---

(*) A Península do Peloponeso. (*N. do T.*)

IMPERIALISMO A ORIENTE

marinheiro de fortuna britânico lorde Cochrane, só chegou na Primavera seguinte. Ao navegar à vista da Acrópole, ainda sitiada, Cochrane, fazendo uso da sua pobre capacidade descritiva, escreveu no seu diário, «aquele lugar foi sede da ciência, da literatura. Neste preciso instante, o bárbaro turco está a demolir, com projécteis que voam pelos ares, os escassos restos dos tempos outrora magníficos da Acrópole»([28]).

As devastações provocadas por Ibrahim na Moreia forçaram as Grandes Potências europeias a agir. Em 6 de Julho de 1827, a França, a Grã-Bretanha e a Rússia assinaram o Tratado de Londres. A Grécia foi declarada um Estado autónomo mas não soberano, e as três potências comprometeram-se a impor uma mediação aos vários beligerantes gregos e turcos. Todas as facções gregas concordaram, pelo menos em princípio. Não surpreendentemente, o sultão não concordou. Mas tornara-se claro a Ibrahim e a seu pai que a entrada dos Aliados na guerra alterara dramaticamente a situação para pior. O Profeta, disse Ibrahim ao seu representante em Istambul, prometera aos fiéis que o Islão triunfaria um dia sobre todo o mundo; isso poderia implicar medidas desesperadas, mas também cautela. Era melhor retirar agora e regressar mais tarde, numa altura mais propícia, em vez de arriscar a esquadra e os 40 000 muçulmanos que nela navegavam contra um inimigo muito mais poderoso.

Todavia, a sua prudência matreira não foi a tempo de o salvar. No dia 20 de Outubro, a armada turco-egípcia, oitenta e nove navios dispondo de 2240 canhões, estava ancorada na baía de Navarino. Ao fim da manhã, com uma ligeira brisa de popa, a esquadra aliada entrou na baía, liderada pelo almirante britânico lorde Codrington, a bordo de um navio inauspiciosamente chamado *Asia*. A batalha terminou pelas seis da tarde. A armada otomana perdeu oitenta e um navios e entre 4000 a 6000 homens. Os Aliados perderam apenas 174 homens, e nem um único navio. Foi a Batalha de Navarino que garantiu a independência da Grécia.

No entanto, não garantiu a constituição republicana liberal que os pais da revolução tinham imaginado. Com as Grandes Potências firmemente ao leme, os Gregos ganharam outra monarquia. Depois de alguns diferendos relativamente a quem deveria ser rei, em Maio de 1823, a Grã-Bretanha, a Rússia, a França e a Baviera conferiram ao príncipe Frederico Otão de Wittelsbach, com 17 anos de idade, filho do rei Luís da Baviera, a «soberania hereditária» do novo «Estado monárquico e independente» da Grécia. Os seus herdeiros agarraram-se precariamente ao trono durante os cento e cinquenta anos seguintes de guerras civis, invasões, golpes e contra-golpes,

423

MUNDOS EM GUERRA

até o último rei dos helenos, de nome ironicamente idêntico ao do último imperador bizantino, Constantino, partir para o exílio, em 1967.

A secessão da Grécia, a primeira das suas províncias ser reconhecida como Estado independente, foi o pior golpe que o Império Otomano sofrera ou viria a sofrer até 1918. E foi apenas o primeiro. Em 1814, os Britânicos ocuparam Corfu. Em 1882, regressaram ao Cairo, e apesar das repetidas declarações de que não tinham vindo para ficar, permaneceram até à independência formal do Egipto, em 1922. Até ao eclodir da Primeira Guerra Mundial, o Egipto foi um Estado nominalmente quase independente, governado por sucessivos quedivas – todos descendentes de Muhammad Ali –, sob a suserania do sultão otomano. Contudo, na realidade, a independência do Egipto era, nas palavras do primeiro-ministro britânico, lorde Salisbury, um dos grandes responsáveis pela situação, «uma farsa gritante»[29]. O domínio britânico era o mais indirecto possível. Em 1914, Ronald Storrs, «secretário oriental» (ou especialista em «assuntos orientais») do governador-geral do Egipto e do Sudão, lorde Kitchener, afirmou, numa prosa cuidadosamente calibrada segundo os cânones dos Negócios Estrangeiros: «Abstivemo-nos do Imperativo, privilegiando o Subjuntivo, ou até o desejoso modo Optativo»[30]. Mas independente do modo em que os Britânicos decidissem governar, o facto é que o fizeram, e embora o sultão mantivesse as pretensões à suserania o Egipto tornou-se, em tudo menos no nome, um protectorado britânico (um «protectorado velado», chamou-lhe lorde Milner, outro procônsul imperial), no qual o quediva e o seu governo emitiam as ordens que lhes eram escritas pelos seus conselheiros britânicos. Olhando para o êxito da conquista britânica desta importantíssima parte do mundo árabe ao Império Otomano, Evelyn Baring, lorde Cromer, que fora o «agente» de Salisbury – em todos os sentidos – no Egipto durante vinte e quatro anos, comentou com satisfação: «a história comprovava-nos que quando uma Potência civilizada agarra um Estado fraco, bárbaro e semi-civilizado, raramente o larga»[31].

II

O impacto destes mais de dois séculos de humilhações sobre o estatuto do sultão otomano junto dos muçulmanos foi imenso. Se o inimigo infiel ocidental triunfara tão decisivamente e inquestionavelmente sobre os po-

424

vos de Deus, algo estava certamente errado. Mas o quê? Tal como em todas as situações deste tipo, as respostas possíveis limitaram-se a duas: a derrota devia-se à perícia e virtudes do vencedor, ou podia ser atribuída a alguma fraqueza interna dos vencidos. Caso se verificasse a primeira alternativa, a coisa óbvia a fazer seria descobrir o que tornara o inimigo tão bem sucedido e imitá-lo. Se fosse a segunda, o único caminho aberto era descobrir o que correra mal e corrigi-lo. Esta alternativa implicava inevitavelmente partir do princípio de que a sociedade estava corrupta e decadente, ou que fora cometido algum pecado – ou ainda, mais frequentemente, uma combinação de ambas as possibilidades. Consequentemente, o remédio requeria que a sociedade fosse purgada ou – o que era frequentemente a mesma coisa – que Deus, irado, fosse aplacado através da aplicação rigorosa de interpretações terríveis e muitas vezes literais dos seus alegados desejos. Desde finais do século XVIII, a história da resposta do mundo muçulmano ao avanço inexorável do Ocidente tem oscilado, por vezes violentamente, entre estes dois extremos.

A primeira reacção das grandes potências do mundo islâmico foi tentarem descobrir o que tornara os Francos – anteriormente caóticos e ineficazes – subitamente tão poderosos.

No fim do século XV, os sultões otomanos tinham começado a adoptar a artilharia, as armas de fogo e as minas europeias, empregando vários europeus para lhes ensinarem o seu fabrico e modo de emprego. Durante séculos, Turcos e Gregos tinham cooperado a vários níveis nas fronteiras. Influenciaram-se mutuamente nos domínios do vestuário, da alimentação, da língua e até nas observâncias religiosas populares (os cristãos gregos e os muçulmanos turcos têm bastantes santos, lugares sagrados e festivais em comum).

Não era difícil alargar este intercâmbio aos domínios da ciência e da tecnologia. «Nenhuma nação do mundo», escreveu, em 1560, o barão Ogier Ghiselin de Busbecq, embaixador do imperador Fernando I em Istambul, «demonstrou maior prontidão do que os Turcos para se dotar das invenções úteis dos estrangeiros, como o comprova a sua utilização de canhões e morteiros, bem como de muitas outras coisas inventadas pelos cristãos»[32]. Os Otomanos também copiaram as técnicas de construção naval europeia, inicialmente dos Venezianos e depois de Ingleses e Franceses, pelo que, em 1682, os seus estaleiros já fabricavam veleiros com três conveses e pano redondo, capazes de montarem um grande número de canhões, similares aos que os Ingleses e Holandeses vinham empregando há mais de um século.

MUNDOS EM GUERRA

Mas todas estas iniciativas foram limitadas, e não incluíram certamente nenhum interesse pela cultura que conseguira produzir armas melhores, navios maiores e mais rápidos, e mapas mais precisos. «Ainda não é possível», escreveu Busbecq acerca dos Otomanos, «induzi-los a fazerem uso da imprensa nem a instalarem relógios públicos, porque acreditam que as Escrituras, isto é, os seus livros sagrados, deixariam de ser *escrituras* se fossem impressas, e que se introduzissem relógios públicos a autoridade dos *muezzins*(*) e dos seus ritos antigos seria prejudicada»([33]). Coisas que fossem evidentemente úteis e que carecessem de conotações religiosas podiam ser adoptadas, embora os mais devotos tivessem algumas reticências a este respeito; mas tudo o que constituísse a mínima ameaça ao estatuto do Islão e à pureza do Alcorão era inaceitável.

A imprensa e os relógios não foram as únicas inovações europeias sujeitas a um cuidadoso exame e rejeitadas como potencialmente subversivas. Por exemplo, muito poucos conhecimentos de medicina ocidental chegaram ao mundo islâmico, ainda que, se tivessem chegado, não teriam servido de muito a ninguém (afinal de contas, os Otomanos foram os responsáveis indirectos pela introdução da inoculação no Ocidente, talvez a descoberta médica mais significativa do século XVIII)([34]). Mas a mesma antipatia por tudo o que era ocidental, por tudo o que era aparentemente cristão e que rejeitara a medicina europeia, rejeitava também todas as outras ciências europeias. Para a mente islâmica, as obras de Descartes, Kepler ou Galileu eram tão falsas e irrelevantes como os escritos de Lutero e Calvino([35]).

Mas depois de Carlowitz e de outro tratado igualmente humilhante assinado com os Austríacos em Passarowitz, no ano de 1718 – que restaurou as fronteiras da Hungria e da Croácia antes das conquistas de Solimão, o Magnífico –, as autoridades otomanas começaram a considerar seriamente a noção de que a superioridade tecnológica e organizacional dos cristãos, manifestamente inegável, poderia ter algo a ver com o modo como as suas sociedades estavam organizadas e eram governadas.

Em 1719, o grão-vizir Damad Ibrahim Paxá enviou a Paris um embaixador chamado Mehmed Said Effendi, com instruções no sentido de «estudar minuciosamente os meios civilizacionais e educacionais, e informar acerca dos que forem susceptíveis de aplicação»([36]). Foi um início

---

(*) Indivíduo que chama os fiéis à oração, a partir de um minarete. Não é considerado um clérigo. (*N. do T.*)

prometedor, e durante as décadas seguintes vários europeus, quase todos franceses, viajaram para Istambul para ajudarem a modernizar o arcaico e decrépito Estado otomano. Em Julho de 1727, o sultão Ahmed III emitiu um *ferman*(*) imperial autorizando o estabelecimento de uma imprensa na «Cidade de Constantinopla, Guardada por Deus Altíssimo», licenciada para imprimir todo o tipo de livros em turco – excepto o Alcorão, naturalmente. Os Otomanos começaram também a importar relógios e relojoeiros europeus, entre os quais Isaac Rousseau, pai de Jean-Jacques e que, afiança-nos o filho, se tornou «relojoeiro oficial do serralho»([37]).

Em 1731, um nobre francês renegado, o conde Claude-Alexandre de Bonneval, foi contratado para reformar – para todos os efeitos, criar – o Corpo de Bombardeiros, sendo recompensado pelo sultão com o título de paxá. Em 1720, outro francês, chamado David – que se converteu ao Islão e assumiu o nome de Gercek –, organizou a primeira brigada de bombeiros de Istambul. Mais significativamente, em 1734 foi inaugurado, em Üsküdar, um novo centro de instrução e escola de geometria, a Hendesehane, cujo propósito era ensinar aos Otomanos os princípios básicos da matemática ocidental. Um dos seus instrutores, Mehmed Said, desenhou um «quadrante de dois arcos» para apontar canhões de longo alcance e escreveu um tratado sobre trigonometria. Em 1773, foi aberta uma escola de matemática para uso da Marinha, sob os auspícios do barão de Tott, um oficial francês de origem húngara que também ajudou a instruir o Exército do sultão e geriu o seu arsenal, e foi o autor das *Mémoires du Baron de Tott, sur les turcs et les tartares*, onde Napoleão colheu muito do que sabia sobre o Império Otomano. Durante algum tempo, muitas coisas europeias, e em particular francesas, foram cuidadosamente aceites pelos cidadãos mais ricos de Istambul. Até os jardins e o mobiliário franceses gozaram de uma breve popularidade junto dos membros da corte, e pela primeira vez desde o reinado de Mehmed II um sultão otomano deixou-se retratar por um pintor europeu(**).

Este era um dos lados da moeda. O outro é-nos transmitido por um poema que o sultão Mustafá III escreveu, em 1774, pouco antes da sua morte, acerca do estado dos seus domínios. Abunda em auto-comiseração e desespero. «O mundo está em decadência», escreveu ele, «não penseis que será corrigido por nós».

(*) Decreto ou ordem emanado do sultão. (*N. do T.*)

(*) O veneziano Gentile Bellini. (*N. do T.*)

MUNDOS EM GUERRA

O Estado caiu na mesquinhez e na vulgaridade
Na corte, apenas lhes importa o prazer
Nada nos resta, a não ser a misericórdia divina[38].

Na opinião de Mustafá, era o mundo que entrara em declínio, não o Estado otomano; a frivolidade dos súbditos do sultão era a verdadeira responsável pela perda da Crimeia e pelas esmagadoras derrotas às mãos dos infiéis Russos. O único remédio era capitular perante a vontade de Alá e esperar a sua misericórdia – e reformar a moralidade da corte e reforçar o poder da *Sharia*, por outras palavras, reafirmar tudo o que era antigo na vã esperança de que o antigo, depois de suficientemente reforçado, conseguisse resistir ao novo. Como sempre acontece com estas respostas, a pergunta foi inevitavelmente a errada. Não foi «o que fizeram eles que os tornou fortes?», mas sim: «o que *fizemos nós* que nos tornou fracos?».

Mustafá não viveu tempo suficiente para fazer nenhuma das coisas que propôs. E mesmo que tivesse vivido, não é provável que o curso das reformas pudesse ter sido invertido. A presença dos Russos recordava constantemente ao sultão as deficiências técnicas da sua máquina militar. Mas a oscilação entre uma tentativa de mudança, sempre limitada e hesitante, e o apelo ao entrincheiramento moral e espiritual, sonoramente apoiado pelo clero – e que significava invariavelmente a rejeição de tudo o que proviesse do «Ocidente» – prosseguiu até o império deixar de existir.

Mustafá não sobreviveu para assinar o Tratado de Kücük Kaynarca, em 1774. Esta ingrata tarefa coube ao irmão, Abdülhamid I, que viu Catarina entrar nos territórios que recentemente adquirira na Crimeia, aparentemente decidida a restaurar o Império Bizantino e assumir o título de *basileus*. Em 1779, para comemorar o nascimento do neto, provocatoriamente baptizado Constantino Pavlovich, ela mandou cunhar uma moeda com a imagem da Hagia Sophia. Em 1789, avistou-se com o imperador José II num acampamento montado nos arredores de Kherson, na Ucrânia. Numa entrada triunfal cuidadosamente encenada para evocar as dos imperadores romanos, os dois soberanos entraram na cidade sob um arco inscrito em grego (uma língua que nem um nem outro falavam) com a legenda «Caminho para Bizâncio». Independentemente de tudo isto não passar talvez de uma encenação, Abdülhamid levou-o a sério e a Rússia e o Império Otomano entraram de novo em guerra. E o desfecho foi novamente uma paz humilhante, concluída em Jassy, em Janeiro de 1792.

IMPERIALISMO A ORIENTE

A necessidade de reforma tornou-se ainda mais premente. Já em 1791, Selim III, plenamente ciente do futuro desfecho da guerra contra a Rússia, ordenara a um grupo constituído por vinte e dois militares, burocratas e clérigos para conceberem um modo rápido e eficaz para travar a maré de destruição que ameaçava inundar e aniquilar o império. Entre eles encontravam-se dois cristãos, um oficial francês chamado Bertrand e Mouradgea d'Ohsson, o dragomano (tradutor) arménio da Embaixada Sueca em Istambul. O grupo apresentou as suas conclusões sob a forma de memórias – *Layiha* –, talvez por analogia com os *Cahiers* franceses de 1789(*), que tinham ajudado a desencadear a Revolução[39]. Previsivelmente, as respostas foram diversas. Algumas sugeriram um entrincheiramento, uma reafirmação dos valores antigos, um regresso às glórias militares de antanho, recorrendo a métodos antigos que se julgavam apenas corrompidos e não ultrapassados por uma superior tecnologia militar ocidental. Outras advogaram a adopção (cautelosa) das técnicas, instrução e armas ocidentais, mas não das ideias que lhes estavam subjacentes. Mas algumas respostas foram ao ponto de sugerir a substituição integral do Exército por forças completamente novas, treinadas, equipadas e armadas em moldes europeus[40].

Selim, mais audacioso do que qualquer um dos seus predecessores, tendia a concordar com esta última sugestão, e entre 1792 e 1793 implementou uma série de reformas, significativamente conhecidas por *Nizam-i Cedid*, a «Nova Ordem». Foram impostos novos regulamentos aos governadores provinciais, ao sistema fiscal e ao controlo do comércio dos cereais, numa tentativa para modernizar a economia do império e inverter a lenta diminuição do controlo do sultão sobre as províncias. (Não foi por coincidência que trinta anos antes, Carlos III de Espanha, líder de uma monarquia similarmente anárquica, tentou reformas semelhantes – numa tentativa semelhante e igualmente condenada para impedir a desintegração do seu império. A força reformista gerada pelo iluminismo europeu, apesar de moderada, revelou-se irresistível).

A medida mais radical foi a criação de novas escolas militares e navais, para o ensino não apenas dos rudimentos das técnicas ocidentais de artilha-

---

(*) Os *Cahiers de doléances* (cadernos de agravos) foram elaborados, por ordem real, por cada um dos três Estados (clero, nobreza, e burguesia, proletariado e camponeses), em Março/Abril de 1789, em ordem a apresentarem as suas queixas directamente ao monarca. (*N. do T.*)

ria, fortificação e navegação, mas também das ciências ocidentais necessárias ao seu domínio. Estas escolas foram dotadas de um corpo docente constituído por oficiais franceses, e a língua francesa foi definida como obrigatória para todos os alunos. Desafiando o preceito geral islâmico contra todas as formas de conhecimento e escrita não islâmicos, estas escolas foram equipadas com uma biblioteca de cerca de 4000 livros europeus, incluindo a *Encyclopédie* – uma obra que os muçulmanos conservadores consideravam tão ofensiva como os cristãos conservadores.

Tudo isto foi bruscamente interrompido, em 1798, pela invasão do Egipto por Napoleão. Mas não obstante o seu apelo ao universalismo islâmico na tentativa de recuperar o controlo do Egipto, Selim estava resolvido a governar como um monarca europeu. Durante algum tempo, como vimos, criticou o ateísmo do Ocidente, os males da doutrina da igualdade e a força potencialmente destrutiva do racionalismo ocidental. Mas depois de os Franceses abandonarem o Egipto, as políticas de ocidentalização foram retomadas (ele até perdoou a Napoleão a expedição ao Egipto, reconheceu-o oficialmente como imperador em 1806, e ofereceu-lhe um retrato seu).

Todavia, a Nova Ordem revelou-se mais do que a velha guarda, em particular o corpo dos janízaros, podia tolerar. No Verão de 1806, uma série de sublevações contra as reformas de Selim espalharam-se a Istambul. Furibundos, muitos muçulmanos devotos insurgiram-se, nas palavras do cronista imperial, o profundamente conservador Ahmed Asim Efendi, para resistirem «ao grupo malicioso e bando abominável» dos Francos, os quais, «através do incitamento e do aliciamento para os seus modos de pensar», tinham procurado minar «os princípios da Lei Sagrada»[41]. Decorrido um ano, as forças da reacção tinham ganho. No dia 28 de Maio de 1807, Selim III foi deposto. A «Nova Ordem» estava extinta.

Mas não por muito tempo. O sucessor de Selim, Mustafá, breve e ineficiente, foi assassinado no ano seguinte ao da sua ascensão ao poder, e o seu sucessor, Mahmud III, deu início a um processo de reforma muito mais radical do que o próprio Selim tinha imaginado – sensatamente, decidiu não lhe conferir um nome sugestivo nem ameaçador, particularmente nenhum que incluísse a palavra «novo», contra o qual os seus inimigos pudessem centrar a resistência. Os nobres provinciais foram prontamente destituídos do seu poder. Foi criado um novo sistema ministerial e as finanças do império foram reestruturadas. Foi introduzido um novo sistema de impostos, e foi realizado um censo – o primeiro do seu género no império – para determinar quem podia pagar o quê. No princípio do século XIX, o Império

Otomano estava a fazer o que Filipe II de Espanha e Luís XIV de França tinham feito nos séculos XVI e XVII.

No dia 14 de Junho de 1826, os janízaros foram suprimidos após uma luta breve mas sangrenta, durante a qual muitos morreram queimados nos quartéis ou caçados quando tentavam fugir. Um novo Exército, equipado e treinado por europeus, tomou o seu lugar. «Os Vitoriosos Soldados de Mahmud», como eram chamados, receberam uniformes e uma nova cobertura de cabeça, o fez, que substituiu o turbante. O próprio sultão começou a adoptar uma versão modificada, conhecida pelo nome de *istanbulin*, do fraque e das calças tradicionalmente usados pelos monarcas da Europa.

Mahmud tivera o cuidado de introduzir todas as suas reformas com a participação activa, ainda que frequentemente forçada, do clero, fazendo-as passar por uma expressão do dever religioso, e evitara qualquer sugestão de que pudessem constituir a vanguarda de um processo de ocidentalização mais sistemático. No entanto, não obstante todas as suas garantias, era óbvio para os observadores externos que se tratavam dos primeiros e incertos passos na transformação de um império islâmico tribal numa moderna monarquia absoluta.

Todavia, seriam necessários dez anos e outra mudança de sultão para que o processo se iniciasse devidamente. Em 1839, o sultão Abdülmecid I inaugurou aquilo que veio a ser designado por Tanzimat ou «Reorganização». O termo sugeria, cautelosamente, que Abdülmecid apenas estava a tentar reorganizar ou revigorar os antigos costumes. Porém, na realidade, o Tanzimat iria muito mais longe do que as reformas de Mahmud ou a abortada «Nova Ordem» de Selim. Estes movimentos tinham-se confinado à alteração do modo de funcionamento das instituições, deixando-as praticamente inalteradas, com a notável excepção das forças armadas. O Tanzimat apontou ao coração da sociedade islâmica otomana, dado que o seu objectivo nuclear foi uma tentativa radical para substituir a lei islâmica que resultou numa mudança parcial mas significativa de toda a sociedade.

O «Nobre Rescrito da Câmara Rosa», emitido por Abdülmecid no dia 3 de Novembro de 1839, continha vários conceitos desconhecidos no direito otomano: os princípios – não exactamente «direitos» – da vida, dignidade e propriedade dos súbditos, e de um julgamento público e justo para todos. No ano seguinte foi introduzido um novo código legal, que afirmava oferecer igualdade perante a lei «ao pastor da montanha e ao ministro» (ainda sem incluir o sultão)[42].

Mas a questão mais controversa foi o estabelecimento do princípio da igualdade entre todas as religiões, abolindo assim efectivamente a posição fiscal e legal privilegiada à qual todos os muçulmanos julgavam ter direito. Os povos das «religiões protegidas» já não eram obrigados a pagar impostos especiais e os *millets* das minorias perderam o direito a serem governados de acordo com as suas próprias leis – todas as reformas têm consequências infelizes para alguém. O culminar foi a criação, pela primeira vez num Estado islâmico, de um código de direito civil, o *Medjelle*, embora viessem a ser necessários mais quarenta anos até ser completado.

O Nobre Rescrito também foi radical noutro aspecto. Reconheceu abertamente estes princípios como inovações, e a «inovação» (*Bid'a*), de acordo com o uso tradicional muçulmano, era o oposto da *Suna* – a via do Profeta. «As piores coisas são as que são novidade», diz um dos *hadiths*, «toda a novidade é uma inovação, toda a inovação é um erro, e todo o erro conduz ao Fogo do Inferno». Quase todas as reformas anteriores, com a excepção da breve Nova Ordem de Selim III, tinham sido disfarçadas, o melhor possível, de um retorno a costumes antigos que se haviam corrompido. O Rescrito não. Para muitos muçulmanos, era uma afronta directa à religião, um acto de heresia[43].

O Tanzimat implicava uma clivagem entre a justiça – logo, a política – e a religião. Era efectivamente uma violação do princípio mais sagrado do Islão: a lei é e só pode ser as ordens de Deus transmitidas à humanidade pelo último dos seus Profetas. Em 1841, o ministro Mustafá Resid Paxá apresentou ao Conselho Supremo um novo código comercial, derivado quase por inteiro de modelos franceses. Os *ulema* perguntaram-lhe se era conforme à Lei Sagrada. «A Lei Sagrada não tem nada a ver com o assunto», retorquiu ele. «Blasfémia!», gritaram os *ulema*. A agitação que se seguiu obrigou o sultão a demitir Resid Paxá, que no entanto foi readmitido e se tornou ministro dos Negócios Estrangeiros, e subsequentemente grão-vizir. O processo de reforma foi temporariamente interrompido, mas não pôde ser travado. Em 1847, foram criados tribunais mistos – civis e criminais –, dotados de igual número de juízes europeus e otomanos, e obrigados pela regra da prova e por procedimentos derivados da prática europeia – mais uma vez, predominantemente francesa – e não da islâmica.

Não era apenas a administração da lei que estava a ser lentamente retirada aos *ulema*, a educação também. Em 1846, foram criadas várias escolas que, apesar de prestarem instrução nos «deveres e obrigações que a religião impõe ao homem», abriram manifestamente o caminho para a eventual introdução de um sistema educativo totalmente secular. Em 1868, foi inaugurado, em Galatasaray, o Liceu Imperial Otomano. As aulas eram dadas em francês, o currículo era ocidental e os alunos muçulmanos e cristãos sentavam-se nas mesmas salas, lado a lado. O Mulkiye ou colégio de formação para o funcionalismo público, e o Harbiye ou colégio de guerra, foram grandemente expandidos e modernizados. O longamente adiado projecto da Universidade de Istambul, destinada a ser a primeira universidade verdadeira do mundo muçulmano, foi lançado, embora apenas tenha admitido os seus primeiros alunos em 1900.

Em 1871, os *ulema* tentaram novamente travar o processo de reformas. Mais uma vez, o sultão cedeu à pressão. Contudo, o sucesso das forças reaccionárias voltou a ser de curta duração. Os cristãos otomanos foram demitidos dos seus postos (e posteriormente reinstalados) e o *Medjelle* foi posto de parte, mas apenas temporariamente. O império estava demasiado avançado no caminho das reformas para poder voltar atrás. A Turquia moderna tornou-se o mais ocidentalizado, moderno, secular e progressivo de todos os Estados muçulmanos. Muitos turcos afirmam justificadamente que o seu país faz naturalmente parte da Europa, e que nesta base a Turquia não levará provavelmente muito tempo a ser admitida na União Europeia. O facto de o coração daquilo que foi, durante séculos, o mais acérrimo inimigo da Europa procurar agora unir-se à Europa deve-se, em grande medida, ao programa reformista iniciado por Selim III, Mahmud II e Abdülmecid I.

Mas a modernização não foi inteiramente benéfica para todos. A principal preocupação do sultão fora o reforço dos seus exércitos e a preservação do seu império. Como um meio para atingir estes fins, Abdülmecid fizera muito para divorciar a religião da política e criar alguma igualdade entre todos o súbditos do império. O Tanzimat abrira indubitavelmente o caminho para uma sociedade moderna de tipo ocidental, mas fizera-o fortalecendo o poder central do Estado. Durante este processo, algumas das liberdades mais antigas e informais de que o povo beneficiara desapareceram.

Adolphus Slade, um oficial naval britânico que visitou frequentemente a Turquia na década de 1830, disse o seguinte acerca do impacto das reformas de Mahmud II:

> Até agora, o Osmanli beneficiava, por costume, de alguns dos privilégios mais caros aos homens livres, pelos quais as nações cristãs lutaram durante tanto tempo. Nada pagava ao governo, ex-

ceptuando um moderado imposto sobre a terra, embora estivesse sujeito, é certo, a extorsões que poderiam ser equiparadas a outros impostos. Não pagava o dízimo, sendo o *vacouf* [terras arrendadas] bastante para os ministros do islamismo. Viajava para onde queria sem passaporte; nenhum funcionário alfandegário intrometia os seus olhos e dedos sujos nas suas bagagens; nenhum polícia vigiava os seus movimentos ou escutava as suas palavras. Os seus filhos nunca lhe eram retirados pelos soldados, a menos que a guerra os chamasse. As suas ambições não eram restringidas pelas barreiras do nascimento nem da riqueza: a partir das origens mais baixas, podia aspirar, sem presunção, ao cargo de paxá; se soubesse ler, ao de grão-vizir; e a consciência deste facto, instilada e sustentada por inúmeros precedentes, enobrecia-lhe a mente e permitia-lhe assumir os deveres dos mais altos postos sem embaraço. Não é esta a vantagem tão prezada pelas nações livres?»([44]).

Era uma visão algo cor-de-rosa das condições sociais no mundo otomano, mas não inteiramente falsa. O Islão nascera de uma sociedade tribal, e a lei e a prática islâmicas tinham preservado algumas das características igualitárias das suas origens tribais, embora fosse um erro descrever isto como minimamente «democrático», como alguns especialistas modernos tentaram fazer. Além do mais, os próprios Otomanos nunca tinham inteiramente esquecido o seu princípio como guerreiros *ghazi*. Tal como haviam sido o Profeta e os califas, o sultão era um governante único e incontestável – é isto mesmo que significa o termo «sultão» –, e nenhum dos seus súbditos gozara alguma vez de «direitos» no sentido ocidental do termo. Mas embora talvez não fosse inteiramente verdade que alguém «a partir das origens mais baixas» pudesse aspirar ao cargo de grão-vizir, a burocracia otomana, em constante expansão, fornecia efectivamente um meio de progresso para muitos que não teriam uma oportunidade semelhante nas sociedades europeias do Antigo Regime.

Os resultados das reformas não foram, nalguns aspectos, substancialmente diferentes das mudanças verificadas na Europa Ocidental no século XVII, quando as tradições políticas e quase igualitárias das antigas tribos germânicas, que tinham sobrevivido durante a Idade Média – e ressuscitado durante as Guerras da Religião, em França – foram inexoravelmente eliminadas e substituídas pelo poder inquestionável do Estado sob a forma de monarquias absolutas. Na maior parte dos países europeus, com a excepção parcial de Inglaterra e de algumas regiões da Escandinávia, o direito romano codificado, o direito do «legislador sem peias», do imperador Justiniano, substituiu o antigo direito germânico ou consuetudinário, tal como o *Medjelle* substituiu não só a *Sharia* mas também as práticas consuetudinárias do antigo bando de guerreiros turcos. É algo irónico o facto de terem sido necessárias reformas derivadas de modelos europeus para transformar o sultanato otomano naquilo que os seus mais duros críticos afirmavam que ele sempre fora. Tal como Slade observou, Mahmud tornou «a Europa subserviente da Ásia, e não os costumes asiáticos subservientes dos europeus»[45]. A reforma forneceu-lhe os instrumentos que lhe tinham faltado. «O soberano», reflectiu Slade, «que dantes via o seu poder (despótico em nome) circunscrito porque, não obstante toda a sua vontade, carecia da verdadeira arte de oprimir, descobre-se um gigante com a ajuda da ciência – trocou a moca por uma espada»[46].

Nas primeiras décadas do século XIX, os Otomanos tinham abraçado uma forma de ocidentalização – a monarquia absoluta – exactamente na altura em que ela estava a ser lentamente substituída por outra: a democracia liberal. Mesmo quando, em 1876, o sultão Abdülhamid concedeu relutantemente aos seus povos uma constituição, esta não foi, ao contrário de todas as constituições europeias, conquistada ao soberano, uma expressão de um contrato entre governante e governados. Foi antes, como exprimiu um observador moderno, «a "concessão" benevolente de um soberano absoluto aos seus súbditos, uma paródia e não a analogia do que era obtido na Europa»[47], e os Otomanos só conseguiriam fazer a transição de uma concessão benevolente para um contrato quando deixaram de ser Otomanos e se tornaram Turcos, e os Árabes ainda não fizeram esta transição.

A modernização também teve outra consequência que foi, do ponto de vista do sultão, muito mais infeliz. As novas escolas, de carácter secular, deram origem a uma classe média educada que não tardou a ver com maus olhos o incontido apego ao poder por parte do sultão. Perto do fim do século XIX, um grupo que se auto-denominou Jovens Otomanos exigiu o regresso às raízes islâmicas da sociedade otomana e uma forma de governo mais liberal. No dia 23 de Dezembro de 1876, numa tentativa desesperada para manter a paz, Abdülhamid II aceitou a maioria destas exigências. Pela primeira vez, o Estado otomano foi dotado de uma constituição de tipo europeu e de um parlamento, apesar de ser um parlamento quase desprovido de poderes e eleito indirectamente. Mas Abdülhamid não era um «déspota esclarecido». Conhecido no Ocidente por «Abdül, o Maldito» e «sultão vermelho» pela série de atrocidades à qual presidiu durante os seus trinta e três anos de reinado, era profundamente conservador e paranoicamente desconfiado. O seu objectivo não era criar a sociedade de tipo liberal e ocidental exigida pelos Jovens Otomanos, mas sim regressar ao pan-islamismo autocrático dos seus antecessores. Em Fevereiro de 1877, suspendeu a constituição, e um mês depois prorrogou o parlamento. De seguida, retirou-se para o seu «Vaticano islâmico», como lhe chamaram os Franceses, e tentou preservar o mais possível do seu debilitado império socorrendo-se de um máximo de força e de um mínimo de tacto.

Mas tal como acontecera com o Tanzimat, a transição para um governo constitucional não seria facilmente invertida. Foram necessários quarenta e um anos, mas em 1908, em Salónica, os membros de outro grupo revolucionário, formado em 1894 para promover os ideais liberais de unidade e igualdade de todas as raças e credos do império, o auto-denominado Comité de União e Progresso (CUP) ou «Jovens Turcos», como era popularmente conhecido, liderou uma revolta contra o sultão, exigindo a restauração do governo constitucional[48]. «A partir de agora», proclamou o líder da revolta, um major do Exército chamado Enver Bei, da escadaria do edifício governamental, somos todos irmãos. Deixou de haver Búlgaros, Gregos, Romenos, judeus, muçulmanos; somos todos iguais sob o mesmo céu azul, rejubilamos por sermos Otomanos». Abdülhamid cedeu. Em 24 de Julho, emitiu um decreto ordenando a restituição da constituição e marcando uma data para eleições. As multidões encheram as ruas de Istambul, gritando, «Viva o sultão, viva a constituição!»[49]

Mas o tempo de Abdülhamid como monarca constitucional foi breve. A capitulação face ao CUP destruíra a sua credibilidade, e o CUP não pretendia parte do poder, queria o poder por inteiro. Em Abril de 1909, o sultão foi deposto e enviado para o exílio, juntamente com dois dos seus filhos e várias concubinas, para viver até ao fim dos seus dias numa mansão em Salónica – ironicamente, a cidade de onde partira a sua némesis. Foi substituído pelo seu dócil e brando irmão, então com 64 anos de idade, que subiu ao trono como Mehmed V. No Verão, a constituição foi revista. Os poderes do sultão foram reduzidos para um nível inferior ao da maioria dos monarcas contemporâneos. Deixava de reinar e de governar, cabendo-lhe apenas confirmar as decisões tomadas pelo parlamento.

Apresentou-se então aos governos ainda autocráticos da Europa Ocidental uma versão nova e completamente inesperada da «ameaça turca».

IMPERIALISMO A ORIENTE

O radicalismo subversivo, inquietantemente reminiscente da Revolução Francesa, parecia ter subitamente substituído o «despotismo oriental» – e entre um e outro, as potências da Europa Ocidental, no seu conjunto, preferiam de longe o despotismo. Os Jovens Turcos, escreveu sir Gerard Lowther, embaixador britânico em Istambul, em 29 de Maio de 1910, que se vêem como «a vanguarda de uma Ásia despertada», procuram «imitar a Revolução Francesa e os seus métodos ateus e niveladores»([50]) (a expressão «jovem turco» ainda é usada em Inglaterra para descrever qualquer perturbador da ordem pública). A Áustria-Hungria, receosa de que os Jovens Turcos pudessem difundir os princípios do governo parlamentar à Bósnia-Herzegovina, sobre a qual exercia algum controlo desde 1878, e de lá talvez até Budapeste ou à própria Viena, anexou rapidamente a província([51]). Assim começou uma série de crises balcânicas que contribuíram para o desaparecimento do Império Austro-Húngaro, e cujas consequências continuam a acompanhar-nos.

No entanto, depois de conquistarem o poder, os Jovens Turcos revelaram-se muito menos liberais – em todos os sentidos desta problemática palavra – do que tinham sido na oposição. Os seus ideais de unificação religiosa e étnica, que Enver tão sonoramente proclamara em Salónica, converteram-se rapidamente na política muito menos ecuménica de «turquização». Baniram todos os grupos com desígnios étnicos ou nacionais. Impuseram o turco em todas as escolas secundárias e nos tribunais, que até então tinham empregue as línguas das regiões onde estavam localizados. Esta medida suscitou particularmente a ira dos Árabes, a maior minoria não turca do império e, dada a sua relação especial com o Islão, a mais ciosa da sua língua e cultura. O Islão, que outrora servira para unir todos os muçulmanos sob um único governante, estava a originar lentamente consequências que se revelariam desastrosas, no longo prazo, para todo o Médio Oriente.

Em Março de 1912, a Sérvia e a Bulgária, às quais se juntaram a Grécia e o Montenegro, formaram a Liga Balcânica, que exigiu reformas profundas para as áreas ainda sob domínio otomano; não tendo estas reivindicações sido atendidas, declarou a guerra. Em poucos meses, os exércitos da Liga retiraram ao Império Otomano o pouco que ainda lhe restava na Europa. No fim do ano, o exército otomano, pressionado, encontrava-se apenas a 50 km de Istambul. No dia 23 de Janeiro de 1913, Enver Bei e um grupo de oficiais irromperam pela câmara onde se reunia o governo, mataram a tiro o ministro da Guerra, Nazim Paxá, obrigaram o grão-vizir

Kamil a demitir-se e dissolveram o governo. A experiência otomana com o liberalismo chegou ao fim, e com ela todas as esperanças no futuro do Império Otomano.

III

Quando a guerra eclodiu, no Verão de 1914, os Aliados começaram por tentar ao máximo persuadir os Otomanos a permanecerem neutrais. No dia 18 de Agosto de 1914, pouco mais de um mês após os primeiros disparos, o secretário dos Negócios Estrangeiros britânico, sir Edward Grey, garantiu ao embaixador otomano em Londres que se a Porta se mantivesse à margem da guerra, a integridade territorial do império «será preservada em quaisquer condições de paz que afectem o Próximo Oriente»[52]. Mas Enver Paxá persuadira os outros dois membros do triunvirato dos Jovens Turcos que agora governava o império – Jemal Paxá e Talaat Paxá – de que a Alemanha ganharia a guerra, pelo que era uma oportunidade para os Otomanos recuperarem, se não a totalidade, então certamente parte do que tinham perdido na Europa.

A crença de Enver na invencibilidade das armas alemãs foi o triste resultado da presença germânica e prussiana na Turquia desde meados da década de 1830. Em finais do século XIX, conselheiros militares alemães substituíram os franceses e – numa inédita inversão do sentido habitual das viagens – oficiais otomanos começaram a visitar regularmente a Alemanha. Até o grão-vizir, Mahmud Sevket Paxá, instrumental no derrube de Abdülhamid, passou dez anos na Alemanha durante a sua juventude. Em 1885, quando o primeiro-ministro liberal da Grã-Bretanha, William Gladstone, retirou o apoio britânico ao sultão, a Alemanha do «Chanceler de Ferro», Otto von Bismarck, apressou-se a tomar o seu lugar. A partir de 1888, quando acedeu ao trono Guilherme II, sobrinho da rainha Vitória, Bismarck criou uma política conhecida por «*Drang nach Osten*»[*], cujo objectivo era transformar o Império Otomano, com a assistência involuntária do sultão Abdülhamid, que via na Alemanha o único Estado ocidental que não estava aparentemente preso a perigosos ideais liberais e constitucionais, num solícito cliente do ascendente Império Alemão.

---

[*] A «Marcha para Oriente» traduzia o desejo alemão de obtenção de territórios e influência a leste. (*N. do T.*)

Encorajado por uma confiança absoluta na supremacia da eficiência e da indústria alemãs, o sultão Mehmed V, chefe de Estado titular, declarou guerra aos Aliados no dia 11 de Novembro de 1914. Dois dias mais tarde, no Palácio Topkapi, rodeado por relíquias do Profeta, a guerra que se avizinhava foi declarada uma *Jihad*, para a qual o sultão-califa convocou todos os muçulmanos. «A nossa participação na guerra mundial representa a apologia do nosso ideal nacional; o ideal da nossa nação e do nosso povo leva-nos [...] a obter uma fronteira nacional para o nosso império, que deverá incluir e unir todos os ramos da nossa raça», declarou o triunvirato, empregando a novel linguagem do racismo, outra infeliz importação do Ocidente([53]). O Doente ia suicidar-se.

O envolvimento otomano na Primeira Guerra Mundial provocou o colapso final do império e a sua subsequente transformação na moderna República da Turquia. Resultou na criação, por todo o Médio Oriente, de várias satrapias largamente artificiais e apoiadas pelo Ocidente, e dividiu o mundo islâmico contra si próprio de modos que se revelariam irreversíveis. Uma das grandes ironias do conflito moderno entre o Islão e o Ocidente é o facto de ter tido o seu início com a aliança entre um Estado muçulmano e uma potência infiel, empenhada numa luta de morte contra três outras potências infiéis.

A entrada otomana na Primeira Guerra Mundial dividiria, de formas inéditas, os vários grupos muçulmanos que compunham o império há séculos. Longe de se converter na *Jihad* que o sultão, os seus ministros e os seus patronos alemães tinham esperado, a guerra tornou-se o primeiro de muitos conflitos entre um Estado islâmico ocidentalizado e vários líderes islâmicos puristas – hoje designados, algo enganadoramente, por «fundamentalistas» –, resolvidos a fazerem regressar o Islão ao que concebiam ser a verdadeira via do Profeta.

A primeira fractura entre o sultão e os seus súbditos muçulmanos deu-se em Fevereiro de 1915. Com esquadras britânicas e francesas bloqueando os seus portos, Cemal Paxá, comandante do IV Exército otomano e senhor absoluto da Síria, convenceu-se de que os Árabes que se encontravam sob o seu comando planeavam uma sublevação. A título preventivo, executou vários dos seus líderes, deportou as suas famílias para a Anatólia, e o programa de «turquização», quase esquecido, foi vigorosamente reforçado. Todas estas medidas tiveram o efeito previsível de transformar um medo paranóico em algo de real.

A Grã-Bretanha, que até então ignorara os Árabes, começou a ver neles possíveis aliados. Será que eles tinham ou poderiam ser persuadidos

MUNDOS EM GUERRA

a adquirir os sentimentos nacionalistas que haviam sido a desgraça dos Otomanos nos Balcãs? Um dos que se convenceu que sim foi o ministro da Guerra britânico, lorde Kitchener de Cartum, cujo queixo quadrado, intensos olhos azuis e espesso bigode constavam do conhecido cartaz de recrutamento para a guerra, por cima da ominosa e ameaçadora legenda «YOUR COUNTRY NEEDS YOU».

Kitchener fizera uma grande parte da sua carreira no Oriente. Fora ele que, na célebre Batalha de Omdurman, em 2 de Setembro de 1898 (na qual participou um jovem e entusiástico Winston Churchill), destruíra finalmente o regime do sucessor de Muhammad ibn Abdullah, o auto-proclamado *Mahdi*, cujas forças tinham morto o herói nacional britânico, o general Charles George Gordon, na escadaria da sede do governo, em Cartum, em 1885. Em 1911, Kitchener tornara-se governador-geral do Egipto e do Sudão. Durante todo este tempo, à semelhança da maioria dos oficiais do Exército colocados no «Oriente», Kitchener adquirira muitos poucos conhecimentos acerca dos povos contra os quais combatera e que governava. A sua compreensão do Islão era tão profunda e exacta (mas bastante mais favorável) como a que tinha do catolicismo, e ele acreditava, tal como os seus antecessores russos ao tratarem com Abdülhamid I, em 1774, que o califa ocupava uma posição análoga à do papa, ou antes, à posição que um devoto anglicano britânico julgava ser a do papa.

Consequentemente, tal como a maioria dos oficiais britânicos, Kitchener ficou desnecessariamente alarmado com o efeito que a declaração da *Jihad* contra os Britânicos e seus aliados por parte do sultão-califa pudesse ter no Egipto, no Sudão e, mais crucialmente, na Índia, regiões onde habitava mais de metade dos muçulmanos do mundo e que eram governadas directa ou indirectamente pela Grã-Bretanha. A experiência com o *Mahdi* poderá não ter ensinado muito aos Britânicos sobre as complexidades do Islão, mas alertou-os certamente para o potencial do fervor religioso islâmico. Kitchener estava convicto de que uma conflagração religiosa similar à que eclodira no Sudão em 1885 apenas se poderia evitar se o califado fosse desligado do sultão otomano e transferido para alguém mais simpático para a Grã-Bretanha.

A ideia não era propriamente nova. Em 1877, o único califa alternativo plausível, o xerife de Meca, governante hachemita do Hejaz e descendente directo do Profeta, fizera algumas tentativas de aproximação prometedoras mas inconclusivas à administração britânica no Cairo. Na época, os Britânicos não desejavam ver o Império Otomano desintegrar-se ainda mais, e desencorajaram polidamente a iniciativa – mas mantiveram a possibilidade em aberto. Mas agora, o sultão-califa reinante tornara-se o peão de uma potência infiel, e o novo xerife de Meca, Hussein ibn Ali, ansiava por ressuscitar as ambições dos seus predecessores[54].

Todavia, a abertura de Hussein para promover a causa dos Aliados parece ter derivado menos da sua pureza religiosa do que do choque entre o seu tipo de «Despotismo Oriental» e o novo absolutismo do governo otomano reformado. «O Grão-Xerife», escreveu o cônsul britânico interino em Meca, Abdurrahman, «opõe-se naturalmente a qualquer reforma e pretende que tudo continue na mesma rotina»[55]. Além do mais, existia o segredo mal guardado de que a Porta tinha planos para o depor. Em Fevereiro e Abril de 1914, Abdullah, o filho predilecto de Hussein, deslocara-se ao Cairo para tentar persuadir os Britânicos de que os emires árabes rivais da Arábia, os Idrisi de Asir (que permaneceriam pró-Turcos), Ibn Saud do Nejd (inimigo jurado do xerife, «sentindo por ele», comentou Storrs, «o mesmo que uma capela da Igreja Baptista Ebenézer sentiria por Roma»), e possivelmente Ibn Rashid, soberano de Hayil, estavam dispostos a por de lado as suas diferenças e a unir-se sob a liderança de Hussein para lutarem por «uma Arábia para os Árabes»[56].

No dia 31 de Outubro, lorde Kitchener escreveu a Abdullah, reiterando que os Aliados não se tinham poupado a esforços para manterem o Império Otomano fora da guerra, mas dado que «a Alemanha comprou o Governo turco com ouro», tendo-se ele tornado consequentemente apóstata, não restava outra alternativa aos Aliados. A Grã-Bretanha sempre «defendeu e acarinhou o Islão na pessoa dos Turcos; a partir de agora, fá-lo-á na pessoa do nobre Árabe». Kitchener concluiu a sua carta com a saudação: «com as boas novas da liberdade dos Árabes, e o nascer do sol sobre a Arábia»[57].

Em Novembro de 1915, Hussein tinha já persuadido o alto comissário britânico no Egipto, sir Arthur McMahon, de que representava «toda a nação árabe, sem excepção». Não era verdade. Não só não existia nenhuma «nação» árabe, como a vasta maioria dos 8 a 10 milhões de falantes de árabe que se poderiam considerar seus membros, inclusivamente a maior parte dos habitantes de Meca, permanecia leal ao sultão-califa de Istambul. «Entre cidade e cidade, aldeia e aldeia, família e família, credo e credo», escreveu T. E. Lawrence, num memorando datado de 1915,

> existem grandes invejas, diligentemente alimentadas pelos Turcos para tornarem impossível qualquer união espontânea. Na Síria,

MUNDOS EM GUERRA

> a maior entidade política indígena é a aldeia, governada pelo seu xeque, e na Síria patriarcal é a tribo, liderada pelo seu chefe [...]. Tudo o que existe acima é a burocracia artificial do Turco»([58]).

Mas McMahon não leu o memorando de Lawrence, e mesmo que o tivesse lido não lhe teria seguramente prestado muita atenção. Depois de algumas deliberações, escreveu a Hussein, no dia 24 de Outubro de 1915, prometendo-lhe que «a Grã-Bretanha está disposta a reconhecer e garantir a independência dos Árabes em todas as regiões localizadas dentro das fronteiras propostas pelo Xerife de Meca», com a significativa excepção das «partes da Síria a oeste dos distritos de Damasco, Homs, Hama e Alepo» – o que se traduzia não só numa grande parte do interior sírio, mas também de toda a região costeira ocidental – e dos «*vilayets* [distritos administrativos] de Bagdad e Basra», com a justificação de que «não se podem considerar verdadeiramente árabes, pelo que devem ser isentos da delimitação proposta»([59]). Hussein protelou, mas depois respondeu ominosamente que todas aquelas regiões, em particular Bagdad e Basra, tinham formado parte do «reino árabe puro», pelo que seria «impossível persuadir ou forçar a nação árabe a renunciar a esta honrosa associação».

Hussein não tinha a mínima peia em empregar a linguagem da nação-estado quando falava com os Britânicos, mas estaria certamente ciente de que não existia nenhuma nação árabe, e de que um califado nacional só poderia ser um oxímoro. O califado tinha que englobar todos os muçulmanos e, para se concretizarem as injunções das profecias do Profeta, deveria um dia que englobar toda a humanidade. As exigências territoriais iniciais de Hussein – uma Arábia unida, de Alepo a Adem – incluíam não apenas os Árabes, mas também Turcos arménios, Curdos, Assírios, Chechenos e circassianos; e além dos muçulmanos, incluíam ainda vários tipos de cristãos e judeus. Mas o califado de Hussein nunca foi concebido como limitado pelas estreitas concepções ocidentais de nacionalidade. A sua ambição não era criar o simulacro de uma nação-estado moderna – que os Aliados, terminada a guerra, fizeram os impossíveis para lhe impor e a todos os outros senhores da guerra árabes –; era restaurar o califado em toda a sua antiga glória imperial. Tal como Abdullah disse a T. E. Lawrence, em Maio de 1917, «compete [...] ao governo britânico garantir que o reino árabe seja constituído de forma a poder substituir o Império Otomano»([60]). Como primeiro passo, em 2 de Novembro de 1916, Hussein fizera-se proclamar pelos seus seguidores «rei dos Países Árabes». A Grã-Bretanha e a França

IMPERIALISMO A ORIENTE

recusaram imediatamente o seu reconhecimento: «não conseguimos ocultar de nós próprios (e dele, com dificuldade)», observou Ronald Storrs laconicamente, «que as suas pretensões raiavam o tragicómico». Em Janeiro, Hussein foi persuadido a aceitar o título bastante mais modesto e plausível de «rei do Hejaz»([61]).

Entretanto, o deputado britânico sir Mark Sykes, que se achava um especialista nos assuntos do «Médio Oriente» e que viria a desempenhar um papel crucial no desenvolvimento da Revolta Árabe, iniciara uma série de conversações sobre a possível divisão das terras do Império Otomano no pós-guerra. Após meses de regateio, entre 23 de Novembro de 1915 e 3 de Janeiro do ano seguinte, Sykes e o negociador francês, François Georges Picot, chegaram finalmente a acordo. Este dividia a Síria e os antigos *vilayets* otomanos de Basra, Bagdad e Mossul – um vastíssimo território, da Rússia ao Golfo Pérsico, então chamado «Mesopotâmia» e hoje Iraque, e ainda uma grande parte do Sul da Turquia – em esferas de influência directa ou indirecta francesas e britânicas. O quinhão da França correspondia aos actuais Estados da Síria e do Líbano, e a Grã-Bretanha recebia o Iraque e a Transjordânia. O interior ficaria sob o controlo indirecto das duas potências, as quais, no entanto, estavam dispostas a «reconhecer e garantir a independência de um Estado árabe ou de uma confederação de Estados árabes, sob a suserania de um chefe árabe», estendendo-se de Alepo a Rawandaz([*]) e da fronteira otomano-egípcia ao Kuwait.

O acordo Sykes-Picot, subsequentemente tornado infame, tem sido persistentemente retratado, em particular no mundo árabe, como um acto descarado de colonialismo europeu, legado das Cruzadas e portento do imperialismo americano. O líder palestiniano Yasser Arafat limitou-se a exprimir um lugar-comum da história árabe ao afirmar, em Agosto de 1968, que «os nossos antepassados combateram os cruzados durante cem anos, e depois os imperialismos otomano, britânico e francês durante anos a fio»([62]). De facto, embora os Aliados não estivessem dispostos a dar cobertura às fantasias de Hussein – um novo califado para substituir o Império Otomano –, o território finalmente atribuído ao «chefe árabe» ao abrigo do acordo não foi muito menor do que o solicitado por ele. Até à sua morte no Hotel Lotti, em Paris, no ano de 1919, vitimado pela gripe, Sykes parece ter acreditado que conseguira cumprir as promessas feitas pelos Britânicos a Hussein([63]).

([*]) No actual Curdistão iraquiano. (*N. do T.*)

Entretanto, Hussein tentava permanecer neutral enquanto lhe fosse possível, e acumular o máximo de subornos dos dois lados. Em Junho de 1916, tinha já reunido 50 000 libras de ouro, fornecidas por Istambul em apoio de uma luta completamente fictícia contra os Britânicos, e uma quantia substancial dos Britânicos, para o ajudar a montar uma rebelião contra os Turcos. «No amor, na guerra e nas alianças», escreveria Lawrence, «vale tudo»[64].

Mas a Porta começava a suspeitar das actividades de Hussein. Em Abril de 1916, ao ser informado de que um exército otomano suficientemente grande para o destruir planeava atravessar os seus domínios, Hussein decidiu apressadamente que a sua única opção era agir. Entre 5 e 10 de Junho, desencadeou a sua revolta contra o sultão-califa, e no dia 16 conquistou Meca à sua pequena guarnição turca. Depois, esperou que acorressem ao seu estandarte as tropas árabes que ele e Faisal, seu filho, estimavam em 100 000 guerreiros. Ninguém apareceu, excepto alguns milhares de beduínos, atraídos pela promessa de ouro britânico. A mecha da revolta estava húmida. Os subsequentes êxitos militares atribuídos à insurreição – a conquista dos portos de Jeddah, Ranegh e Yanbo, no Mar Vermelho – foram alcançados por navios britânicos e contingentes do exército egípcio controlado pelos Britânicos. Mas os Britânicos não puderam prosseguir o seu avanço, pois Hussein recusou-se a contemplar a ideia de tropas britânicas – cristãs – estacionadas na terra que continha os lugares mais santos do Islão. Hussein acreditava que se o autorizasse comprometeria o seu estatuto junto do mundo muçulmano. A afiançar pelos problemas que os seus sucessores sauditas têm tido devido ao estacionamento de tropas não muçulmanas – mais recentemente, americanas – na Arábia, ele tinha provavelmente razão.

Entretanto, Hussein continuava a tentar jogar em todas as frentes, dando a entender à liderança do CUP, em Istambul, que em troca dos incentivos adequados ele estaria disposto a regressar ao campo otomano. Aparentemente, o emir do Nejd, Abdul Azziz Ibn Saud, tinha razão ao afirmar que o objectivo político imediato do seu odiado rival era «jogar com os Britânicos contra os Turcos e fazer com que os Turcos lhe concedam a independência, garantida pela Alemanha»[65].

Independentemente das manobras de Hussein, da perspectiva do Departamento Árabe, no Cairo, que fora incumbido de supervisionar a revolta, era claro que as forças do xerife, pequenas, indisciplinadas e mal equipadas, pouco uso teriam contra os Turcos. Um membro do departa-

IMPERIALISMO A ORIENTE

mento escreveu acerca dos Beduínos: «Preferem o lado vistoso da guerra, e será difícil mantê-los coesos durante muito tempo, a menos que o soldo e as rações sejam atractivos». O soldo e as rações revelar-se-iam cruciais – principalmente o soldo[66].

É nesta altura que entra em cena T. E. Lawrence. Baixo – Ronald Storrs chama-lhe «o meu pequeno génio» –, demasiado sensível, com «penetrantes olhos de cor azul-genciana», sentindo-se extremamente miserável pela sua condição de filho ilegítimo e ainda mais por ser homossexual, Lawrence era um arqueólogo potencialmente brilhante, um poeta menor e um linguista dotado[67]. Também era um mitómano, e um talentoso auto-publicista. Com a ajuda de Thomas Lowell, um jornalista errante oriundo do Ohio que escrevia despachos noticiosos exagerando enormemente as suas façanhas e enviava fotografias da frente (uma forma de jornalismo relativamente novel para a época), Lawrence transformou-se do filho de um baronete irlandês caído em desgraça no «Lawrence da Arábia». Era exactamente isso que o público britânico, cada vez mais desanimado, necessitava: um herói britânico num teatro de guerra remoto e extremamente romântico, muito distante da miserável e sórdida guerra de trincheiras na Europa, na qual demasiados homens já tinham morrido uma morte anónima – essa «penosa e sanguinária empresa», como lhe chamou o novelista John Buchan. Depois da guerra, Lowell apresentou a sua versão da revolta de Lawrence da Arábia contra os Otomanos, sob a forma de uma palestra com fotografias, que estreou com casa cheia no Century Theatre, em Nova Iorque, em 1919, seguindo posteriormente para Londres. Previsivelmente, chamava-se «A Última Cruzada».

Lawrence sentimentalizou o beduíno. A sua visão do «Oriente» fora moldada por uma geração de românticos – homens como Charles Doughty, para cuja obra *Travels in Arabia Deserta* (1888) Lawrence escreveu um prefácio, em 1921, ou sir Richard Burton, célebre libertino, esgrimista, explorador, diplomata e tradutor do *Kama Sutra* e das *Mil e Uma Noites*, e que em 1853 foi o segundo infiel (depois de Ludovico di Barthema, em 1503) a entrar na grande mesquita de Meca (disfarçado de Pashtun). Estes homens não viam os Beduínos como os implacáveis bandidos que as tropas de Napoleão tinham encontrado, mas sim como os defensores de um antigo credo guerreiro e de uma sociedade ordenada e estratificada que estava a desaparecer rapidamente na Europa sob o peso da democracia e da industrialização: por outras palavras, «traduzindo para outro idioma», eram rijos lavradores ingleses[68].

Mundos em Guerra

Contudo, tal como Doughty e Burton, a atitude de Lawrence para com os Árabes também era bastante paternalista. Eram «homens magníficos», leais, fogosos, orgulhosos e sinceros. Mas também eram instáveis e irresolutos, e estavam mais interessados no saque do que no destino da sua nação. «A nossa luta», disse posteriormente Lawrence ao poeta Robert Graves, seu amigo e biógrafo, «foi um luxo a que nos demos para salvar o amor-próprio dos Árabes»[69] (Quando conheci Graves, em 1971 ou 1972, ele referiu que Lawrence nunca lhe parecera tão enamorado dos Árabes do deserto como afirmava. Tal como toda a imaginação deste tipo, a realidade bruta nunca esteve à altura da imagem. Além do mais, havia um mundo de diferenças separando um homem como Faisal do comum dos pastores).

Na perspectiva de Lawrence, os Árabes nunca passariam de guerreiros tribais do deserto, vivendo do que pilhavam uns aos outros, a menos que algum europeu – preferivelmente ele próprio – estivesse disposto a colocá-los no pedregoso caminho da nacionalidade. «O meu objectivo com os Árabes», disse ele a Graves em 1926, num tom de mestre de escola petulante, fora «conseguir que se aguentassem de pé sozinhos»[70]. Na verdade, embora no princípio da guerra Lawrence pareça não ter acreditado na existência presente ou futura de uma nação árabe, em Novembro de 1916 já mudara claramente de ideias. No *Arab Bulletin*, uma publicação do Departamento Árabe que ele ajudara a criar, Lawrence informou, a partir do Hejaz, que a opinião tribal «impressionou-me como imensamente nacionalista e mais sofisticada do que seria de supor pelo aspecto dos nativos». Atribuiu o facto aos Alemães, os quais, depois de pregarem a *Jihad* «até verem que era uma ideia sem futuro», tinham recorrido ao nacionalismo para tentarem «despertar nas províncias a dormente (na opinião deles) sensibilidade otomana». Mas o efeito não fora o avivar do nacionalismo otomano, e sim do árabe. «Independentemente das causas», concluiu Lawrence, «no Hejaz, o sentimento árabe vai do patriotismo absoluto entre os xerifes cultos ao fanatismo racial entre os ignorantes»[71].

Na sua versão dos acontecimentos, foi ele quem utilizou esses sentimentos para converter os Árabes numa força de combate que lhes permitiria transformarem-se de um grupo de tribos dispersas numa nação. Tal como Lawrence escreveu no poema que abre o seu relato dos acontecimentos, *Os Sete Pilares da Sabedoria* – um livro concebido para fazer dele o Heródoto do princípio do século xx –, foi ele quem tomou aquela «maré de homens» nas suas mãos capazes, o que lhe possibilitou «escrever a sua vontade» no céu da nova Arábia[72].

446

Em Dezembro de 1916, Lawrence tornou-se o oficial de ligação junto do príncipe Faisal, encarregue de salvar a revolta fazendo uso das indubitáveis qualidades dos Beduínos como guerrilheiros e do seu domínio do deserto. Intoxicado pela sua posição, na qual operava por conta própria, e hipnotizado por Faisal, que descreveu como «muito parecido com o monumento de Ricardo I, em Fontevraud»(*) e «um tipo bestial», Lawrence, montado num camelo e trajando ondulantes vestes brancas – dizia-se que eram mais caras do que as de Faisal –, «nativizou-se»([73]). Todavia, o único feito militar de monta no qual participou foi a conquista do porto de Aqaba, na extremidade sul da Palestina. Aqaba ficava à entrada de um canal do Mar Vermelho, e as suas baterias costeiras impediam a Royal Navy de transportar os guerreiros árabes para a Palestina, onde se concentrava a maior parte das forças turcas. A rota terrestre estava bloqueada pela guarnição turca de Medina, cuja população, significativamente, não mostrara o mínimo interesse em aderir à revolta de Hussein, e estava mais do que à altura das tropas beduínas de Faisal. Consequentemente, a conquista de Aqaba poderia alterar por completo a natureza da rebelião.

Na Primavera de 1917, Lawrence desapareceu no deserto. Dez mil libras em soberanos de ouro garantiram-lhe a lealdade de Auda bu Tayi, xeque dos Howeitat Orientais, persuadido por Lawrence a lançar um ataque sobre Aqaba. Atrás de Aqaba localizava-se o deserto do Hejaz, um dos lugares mais inóspitos do planeta. Dado que os Turcos não concebiam nenhuma ameaça oriunda daqueles lados, tinham colocado toda a sua artilharia frente ao mar.

Auda propôs fazer exactamente o que era considerado impossível pelos Turcos – mas não pelos Beduínos: atravessar o deserto e tomar a cidade pela retaguarda. No apaixonante relato que Lawrence faz do acontecimento, a ideia foi dele, embora o plano tenha todas as marcas das tácticas que, doze séculos antes, tinham valido aos Beduínos a vitória sobre o imperador sassânida Yezdegerd em al-Qadidiyya. Lawrence também dá a impressão, velada e algo fugaz, de que foi ele que comandou a incursão. A decisão de Faisal, «até então o líder público», de ficar para trás, em Wejh, escreveu ele, «fez recair sobre mim a ingrata primazia nesta expedição ao Norte»([74]). Só na imaginação de Lawrence um homem como Auda teria consentido ser «tomado nas mãos» de um

---

(*) Lawrence refere-se à estátua jacente do túmulo de Ricardo Coração de Leão, na abadia francesa de Fontevraud. (*N. do T.*)

solitário oficial de ligação britânico, por muito ouro que ele trouxesse nos alforges. Lawrence poderia falar um árabe fluente, ainda que impreciso. Poderia conhecer de cor longas passagens do Alcorão. Poderá até ter conquistado Auda e os outros lideres beduínos com a plena camaradagem masculina constante de *Os Sete Pilares da Sabedoria*. Mas continuava a ser um infiel, e nenhum xeque beduíno teria consentido ser conduzido ao combate por um infiel. À semelhança de todas as incursões beduínas, esta envolveu vários clãs, cada um comandado pelo seu próprio chefe e operando praticamente por conta própria, sob a liderança geral de Auda. É muito pouco provável que, além de talvez auxiliar nas negociações com os Turcos, Lawrence tenha desempenhado qualquer papel militar importante na operação.

No dia 6 de Julho, as forças de Auda irromperam do deserto, para espanto da pequena e desprevenida guarnição turca. Em poucas horas, depois de pilhagens generalizadas mas relativamente poucas mortes – talvez graças à perícia diplomática de Lawrence –, Aqaba estava nas mãos dos Aliados (em Junho de 2002, Aqaba foi escolhida, talvez com involuntária ironia, para uma cimeira entre George W. Bush, Ariel Sharon e o líder palestiniano Mahmoud Abbas).

Lawrence partiu imediatamente para o Suez – praticamente sozinho e através de território inimigo –, para relatar a conquista, presumivelmente com a intenção de evitar que alguma outra versão da história, mais exacta, chegasse ao quartel-general britânico antes da sua. De facto, tão apaixonante foi o seu relato da incursão e tão predispostos estavam os seus superiores hierárquicos para acreditarem que qualquer sucesso seria obrigatoriamente devido a um dos seus, que até se falou na possibilidade de Lawrence ser agraciado com a Victoria Cross, a mais elevada condecoração por bravura face ao inimigo (Lawrence acabou por ver-lhe negada a honra porque os termos da sua atribuição estipulam que o acto de heroísmo que a recomenda deve ser obrigatoriamente presenciado por um oficial britânico, e ninguém – britânico ou de outra nacionalidade – parece ter testemunhado nenhum dos feitos heróicos que Lawrence atribuiu a si próprio). Depois da guerra e da publicação de *Os Sete Pilares da Sabedoria*, tornou-se um facto histórico – exibido a públicos de todo o globo, desde «A Última Cruzada», de Thomas Lowell, até ao gigantesco êxito de bilheteira «Lawrence da Arábia», realizado por David Lean, em 1962 – a ideia de que fora Lawrence, nas suas ondulantes vestes brancas, que conduzira à vitória os cépticos, fatalistas e deferentes Howeitat.

Contudo, a tarefa mais importante de Lawrence, além de fazer de herói de guerra para um desalentado público britânico, fora fornecer aos Árabes ouro britânico em quantidades imensas, transportado de camelo através do deserto, em caixas de cartuchos repletas de soberanos. Terminada a guerra, Ronald Storrs calculou que a revolta de Hussein, largamente ineficaz, custara aos Britânicos cerca de 11 milhões de libras esterlinas, num valor actual aproximado de 400 milhões de dólares. Quase meio século mais tarde, terminado o conflito e com Lawrence morto num acidente de motocicleta na paisagem rural do Oxfordshire, foi perguntado a um xeque beduíno se se recordava de Lawrence. A resposta, lacónica, foi que sim, «era o homem do ouro»([75]).

No dia 11 de Março de 1917, Bagdad caiu, praticamente sem oposição, na posse do «Exército do Tigre» anglo-indiano. Foi uma vitória mais simbólica do que estratégica, mas ofereceu a sir Mark Sykes a oportunidade de fazer uma declaração aos Árabes, expondo, em termos apropriadamente grandiosos mas contidos, as intenções britânicas quanto ao seu futuro. «Desde os tempos de Halaga [o khan mongol Hulagu]», anunciou ele, «os vossos palácios caíram em ruínas, os vossos jardins afundaram-se na desolação e os vossos antepassados e vós próprios haveis gemido na servidão». Pois ele prometia-lhes que «em devido tempo, podereis estar em posição de vos unires aos vossos parentes do Norte, do Leste, do Sul e do Oeste na realização das aspirações da vossa raça». Em 1965, muito tempo decorrido sobre a guerra e a morte de Sykes, o idoso sir Ronald Wingate, que sucedera a Kitchener no Sudão, ainda recordava esta declaração com irritação, como uma «miscelânea de disparates» congeminada por um «orientalista amador com base nas *Mil e Uma Noites* [e] na peça de teatro *Kismet*, que fora um grande sucesso antes da Guerra»([76]).

Muito mais modestamente – e realisticamente –, Sykes também instou os Iraquianos a prepararem o caminho para que os Britânicos, «quando chegar a altura, [possam] dar a liberdade àqueles que se revelaram dignos de desfrutarem da sua própria riqueza e substância, ao abrigo das suas próprias instituições e leis», e apontou vagamente para uma futura federação do Médio Oriente sob a liderança de Hussein, entretanto promovido de xerife a emir e de emir a rei([77]).

Apesar dos seus cuidadosos subentendidos ao estilo dos Negócios Estrangeiros – o uso do «desejoso modo Optativo» e a recusa de fixar sequer a data aproximada na qual os Árabes poderiam estar prontos a governarem-se

MUNDOS EM GUERRA

ou a concretizarem as suas aspirações raciais (pressupondo que tinham algumas) –, a declaração ignorou inteiramente o facto de que a população das províncias de Bagdad e Basra era – e ainda é – predominantemente xiita. Obviamente, Hussein era sunita. Na verdade, enquanto xerife de Meca e agora «rei da Arábia», Hussein era o líder de todos os sunitas, e as antinomias entre ele e os xiitas – e entre sunitas e xiitas e os judeus, que constituíam a minoria economicamente mais poderosa de Bagdad – estavam latentes há séculos. No Sul, nos vales de montanha, onde as fronteiras da moderna Turquia confinam com o Iraque, a Síria, o Irão e a Rússia, viviam os Curdos, pastores transumantes que eram sunitas mas não árabes, e que estavam – e continuam – em conflito com quase todos os seus vizinhos, embora em 1917 não fossem tão numerosos nem tão politicamente significativos como hoje.

Nesta fase ainda não se verificava nenhuma sublevação contra os Britânicos, mas a invasão, com as suas promessas de novas liberdades importadas do Ocidente (constitucional e monárquico, não democrático, mas quase tão estranho) sob a batuta benevolente de uma potência conquistadora infiel, e a sua total indiferença pela divisão étnica e religiosa existente há séculos e que as antigas potências imperiais muçulmanas, primeiros os Abássidas e depois os Otomanos, tinham conseguido conter, foi um ominoso prenúncio da invasão americana (e britânica) da mesma região, em 2003. Não admira que o comandante supremo do Exército do Tigre, o general Stanley Maude, que tinha plena consciência do que poderiam acarretar as vagas esperanças contidas na declaração de Sykes, fez o melhor para suprimir o documento. «Antes de se poder aplicar uma fachada árabe ao edifício», disse ele aos seus superiores na Grã-Bretanha, «afigura-se essencial que sejam bem e verdadeiramente construídos alicerces de lei e de ordem»([78]).

Entretanto, sir Mark atarefava-se a desenhar uma bandeira para a nova «nação» árabe de Hussein. Era uma combinação de preto, branco, verde e vermelho, cores associadas com glórias muçulmanas passadas – mas não exclusivamente árabes. Existe uma grande ironia no facto de ser uma bandeira praticamente idêntica que flutua hoje sobre o edifício do quartel-general do governo palestiniano controlado pelo Hamas, em Ramallah.

No dia 11 de Dezembro, uma força britânico-árabe liderada pelo general sir Edmund Allenby (conhecido por «Touro») entrou em Jerusalém pela Porta de Jafa. Allenby ia apeado, para não ser confundido com um novo Tancredo. O major Vivian Gilbert, que o acompanhou e escreveu um

450

relato popular da campanha, reflectiu, ao percorrer as ruas quase desertas, que «foi uma estranha ironia que forjou uma cidade tão bela do amor e do ódio dos três credos! Mesquita, igreja, convento de tecto comprido, sinagoga e cúpula acotovelando-se; todos brancos e cintilando pacificamente sob a límpida luz do meio-dia». Um novo exército cruzado conquistara Jerusalém, não em nome de um credo nem da glória, mas para libertar um povo oprimido. Gilbert pensou que nada poderia ser mais revelador das «intenções da Inglaterra na Palestina do que a ordem do comandante supremo para que não fosse hasteada nenhuma bandeira britânica na cidade conquistada, e nenhuma bandeira foi arvorada, excepto a da Cruz Vermelha, emblema do socorro aos aflitos, orgulhoso pendão que foi hasteado no Hospital Americano»[79].

Duas das cidades de maior importância simbólica no mundo islâmico encontravam-se efectivamente nas mãos dos infiéis. No dia 1 de Outubro de 1918, Allenby apoderou-se de Damasco, completando a conquista britânica dos territórios de língua árabe do Império Otomano, com a excepção dos Lugares Santos do Islão, Meca e Medina, que não desejavam ocupar. Damasco fora a antiga capital do califado omíada, e embora já não sendo estrategicamente importante era, tal como Jerusalém, de imenso significado político. Por este motivo, a cidade foi entregue a Faisal, o qual, com Lawrence a reboque (e se acreditássemos no relato de Os Sete Pilares da Sabedoria, praticamente no comando das operações), realizou uma entrada em triunfo e tomou formalmente posse da cidade em nome de sua majestade, o «rei dos Árabes»[80].

A entrega de Damasco a Faisal poderá ter salvaguardado as sensibilidades árabes, mas também prometia minar os termos do acordo Sykes-Picot, que garantiam à França o estatuto de «potência protectora» na Síria e o controlo directo sobre Beirute, duas cidades que agora se encontravam, pelo menos nominalmente, na posse de Faisal. Na Grã-Bretanha, eram muitos (incluindo o sempre presente Lawrence) aqueles que, desafiando o acordo que tinham originalmente subscrito, apoiavam agora as exageradas ambições de Faisal na Síria e no Líbano[81].

Outra faceta do mito de Lawrence retrata-o como uma espécie de guerreiro pós-colonial, lutando pela criação de um mundo árabe livre e independente contra os frios e inflexíveis imperialistas decididos a dividirem entre si a região e as suas vastas reservas petrolíferas. É verdade que Lawrence foi crítico relativamente à política britânica na Mesopotâmia, mas isto aconteceu largamente porque, na sua perspectiva, essa política não era suficientemente dura para com os Franceses. De facto, a ambição de Lawrence para o mundo árabe não era criar uma nova «Nação Árabe», e muito menos o novo califado que Hussein perseguira, mas sim um domínio árabe livre – uma espécie de Austrália árabe – que integraria não o Império Britânico, mas a Commonwealth Britânica. Numa frase muito citada, ele escreveu: «A minha ambição é que os Árabes constituam o nosso primeiro domínio de cor, e não a nossa última colónia de cor»[82]. Para se alcançar este objectivo, os Franceses, que viam na Síria outra Argélia, tinham que ser retirados de cena.

A maioria dos decisores em Londres tendia a concordar com Lawrence, pelo menos em relação a libertarem-se dos compromissos assumidos por Sykes perante os Franceses. O formidável lorde Nathaniel Curzon, presidente do Comité Oriental, declarou o acordo Sykes-Picot «absolutamente impraticável», e contava expulsar completamente os Franceses da Síria[83].

Para tornar a situação ainda mais complexa, os Estados Unidos entraram na liça, na pessoa do presidente Woodrow Wilson, que se apresentou brandindo uma nova e inquietante doutrina que os Britânicos tinham subscrito temporariamente mas sem nunca fazerem tenções de a implementar, e à qual Wilson chamava «autodeterminação».

Wilson impôs à Grã-Bretanha e à França o reconhecimento de que no futuro todos os territórios libertados pelos Árabes (uma definição manifestamente ambígua) seriam governados unicamente com «o consentimento dos governados». No seu célebre discurso dos «Catorze Pontos», efectuado perante o Congresso no dia 8 de Janeiro de 1918, Wilson declarou que em todas as discussões sobre o futuro de povos anteriormente colonizados, independentemente de quem tivessem sido os colonizadores, «o interesse das populações em questão» deveria ser soberano[84]. Este também se tornou um dos «Quatro Pontos para a Paz» de Wilson, que ele explanou seis meses mais tarde, em 4 de Julho de 1918, e que foi subsequentemente incorporado na carta da Liga das Nações.

No dia 7 de Novembro, a Grã-Bretanha e a França assinaram um acordo pelo qual se comprometeram a garantir a plena libertação de todos os povos «oprimidos» pelos Otomanos e a criação de governos nacionais que expressassem a vontade das suas populações. O Médio Oriente não seria mais um caso de «transição do império». Os seus povos deveriam ser libertados para prosseguirem o seu próprio caminho, independentemente de como decidissem defini-lo. Todavia, os Aliados e os Americanos estavam extremamente preocupados quanto ao modo como tal seria feito. Pensavam que poderia levar algum tempo, seguramente mais do que Wilson tinha em mente. Num diálogo imaginário entre um egípcio e um inglês que escreveu à viragem do século, lorde Milner resume muito bem as ambiguidades da posição britânica face à autodeterminação. O inglês explica ao egípcio, «Não podíamos ter-vos deixado continuar no vosso caminho antigo, porque vocês fracassaram em toda a linha [...]. Mas por outro lado, nós, Ingleses, não queremos ficar no vosso país para sempre. Achamos que vocês podem aprender a tratar dos vossos assuntos [...]. Precisam que vos mostrem como, mas também precisam de prática. Precisam de energia, iniciativa, auto-confiança. Como poderiam desenvolvê-las se não vos largássemos da mão?»([85]). Era uma postura manifestamente paternalista e condescendente. Mas Milner era suficientemente astuto para saber que o império que ele defendera com tanto labor somente sobreviveria enquanto – e só enquanto – ambas as partes colaborassem na ficção de que aos Britânicos apenas interessava ensinarem os «nativos» a tratarem dos seus assuntos.

No entanto, para Wilson, a «autodeterminação» deveria marcar precisamente o fim da antiga ordem imperial europeia. Wilson esperava que o resto do mundo seguisse o exemplo dado pelo Médio Oriente. A autodeterminação era uma doutrina a ser partilhada por todo o mundo colonizado (mas com a significativa excepção de África). É claro que as coisas não se passaram exactamente assim. Todavia, os dados tinham sido lançados, e embora tivessem de passar cerca de quarenta anos até deixarem de rolar, em 1945, no fim daquilo a que o grande estadista espanhol Salvador de Madariaga chamou trinta anos de guerra civil europeia, tornou-se óbvio para todos – menos para meia dúzia de teimosos – que o imperialismo era uma coisa do passado, mesmo na forma distanciada conhecida por «governação indirecta» preferida pelos Britânicos([86]). É claro que nunca ocorreu a Wilson – nem a presidentes americanos posteriores – que as populações agora autorizadas a seguirem os seus próprios desígnios pudessem optar por algo que se revelasse intragável para os interesses modernos e democráticos. A democracia, que para a maioria dos líderes da Europa ainda constituía um compromisso desconfortável com o tipo de governo autocrático que preferiam, era para Wilson – e tem sido desde então – um novo universalismo, e ele estava confiante de que se demonstraria irresistível.

Em 13 de Novembro de 1918, um exército britânico, seguido pouco depois por Franceses e Italianos, entrou na cidade de Istambul. Muito mais do que as conquistas de Jerusalém e de Damasco, esta última pelo menos nominalmente realizada por Árabes, a conquista de Istambul por forças inteiramente infiéis foi vista por muitos muçulmanos como o regresso final dos cruzados às terras do Islão.

Istambul fora a maior cidade do mundo islâmico. Durante mais de três séculos, fora a *Belde-I Tayybe* («A Cidade Pura»), a *Der-I Saadet* («A Morada da Felicidade») e, acima de tudo, a *Darül'l Islam* («A Morada do Islão»). De todas as cidades muçulmanas conquistadas pelos Aliados, era de longe a mais significativa. «Considerai o que Constantinopla é para o Oriente», escrevera Churchill em 1915, durante a desastrosa campanha de Galípoli; «É mais do que o que Londres, Paris e Berlim – combinadas numa só – são para o Ocidente. Considerai como tem dominado o Oriente. Considerai o que significará a sua queda».

Não estava a exagerar. Constantinopla fora a maior presa jamais arrancada por uma potência muçulmana ao Ocidente. A sua reconquista, decorridos quase quinhentos anos, assinalou o fim de um império que, embora se tivesse tornado um Estado decadente e corrupto aos olhos de muitos dos seus antigos súbditos, ainda era a sede do califa-sultão, o «Comandante dos Fiéis». E também foi o fim da independência da *dar al-Islam* e de mil e trezentos anos de imperialismo muçulmano.

O poderoso terror do mundo fora reduzido a um humilde suplicante dos povos que outrora aterrorizara. O «único e grande espécime anti-humano da humanidade», como William Gladstone chamara furiosamente aos Otomanos em 1876, estava acobardado e na miséria[87].

Para muitos, chegara a altura da correcção de antigas injustiças. Alguns – incluindo Leonard, o marido de Virginia Woolf, sempre pragmático e liberal – defendiam que tendo os Turcos entrado em Constantinopla como conquistadores estrangeiros, em 1453, a cidade deveria ser permanentemente colocada sob uma administração internacional, ficando possivelmente a aguardar a chegada de um novo imperador bizantino para a reclamar[88]. Os Britânicos, e Curzon em particular, estavam desejosos de expulsarem os Turcos da sua capital, nem que fosse apenas para privarem os Otomanos do seu continuado estatuto de grande potência da sua posição de predominância na imaginação de todo o mundo islâmico[89].

De acordo com um esquema apelidado de «proposta do Vaticano», o califa-sultão continuaria a ser o «líder espiritual de todos os maometanos» mas a cidade seria governada por uma comissão composta por delegados de um número determinado de nações não muçulmanas, incluindo os Estados Unidos, e noutra hipótese integrando mesmo o Brasil e o Japão – para demonstrar que a zona deveria ser verdadeiramente «internacional» e não apenas controlada pela Europa Ocidental. Em relação a esta proposta, o primeiro-ministro francês, Georges Clemenceau, observou sarcasticamente que já era «suficientemente mau ter um papa no Ocidente» para criar outro no Oriente[90].

A ocupação de Istambul, apesar de relativamente breve (os Aliados partiram em Outubro de 1923), foi apenas um estágio de um processo de desmembramento-absorção-recuperação-desmembramento que, guerra após guerra, ainda está em curso. Visto por outro prisma, foi o culminar de uma longa série de humilhações que puseram de joelhos o último grande império islâmico – aliás, o último grande império oriental, pois há muito que tinham desaparecido os Mongóis e as várias dinastias que haviam governado a antiga Pérsia. E a ocupação foi também o princípio de um novo tipo de construção de nações sobre as ruínas da Sublime Porta, que influenciaria os destinos do mundo islâmico e do Ocidente num futuro previsível.

Todos os envolvidos neste processo de desintegração imperial, grandes e pequenas potências, arrastaram-se para o ajuste de contas final, que teria lugar em Paris, no princípio de 1919.

A Conferência de Paz de Paris teve início no dia 18 de Janeiro. Nunca antes acontecera algo de semelhante. Tal como o primeiro-ministro britânico, David Lloyd George, disse à Câmara dos Comuns, o Congresso de Viena, que concluíra as Guerras Napoleónicas, em 1814, durara onze meses. Mas Viena apenas resolvera os assuntos da Europa. Em Paris, «Não se trata somente de um continente – todos os continentes são afectados»[91]. A conferência destinava-se a criar uma nova ordem global, para garantir que a Primeira Guerra Mundial fora verdadeiramente a «Guerra para acabar com todas as Guerras». Infelizmente, como veio a acontecer, apenas preparou o terreno para outra série de conflitos que, em várias frentes, ainda prosseguem. Nas amargas palavras que o marechal de campo conde Wavell proferiu no fim da conferência, «depois da "guerra para acabar com a guerra", parece que tiveram muito êxito, em Paris, a criarem a "Paz para acabar com a Paz"»[92].

Quando chegou à altura de traçar o futuro do Médio Oriente, o principal pomo de discórdia entre os Aliados não foi tanto o desejo de autodeterminação dos Árabes, como Wilson pretendera e que os Britânicos diziam apoiar, mas antes a óbvia tentativa britânica de subtrair a Síria ao controlo francês e entregá-la a Faisal sob tutela britânica. O exasperado Georges Clemenceau, que além de se ver a braços com as maquinações de Lloyd George era duramente criticado pela imprensa nacionalista francesa, ávida de adquirir outra colónia muçulmana na Síria, acabou por explodir. «Daqui não saio», disse ele ao antigo primeiro-ministro Raymond Poincaré, em Março, «não vou ceder em mais nada. Lloyd George é um aldrabão»[93].

Foi então que Woodrow Wilson surpreendeu ambas as partes, sugerindo que a melhor maneira de resolver a questão era perguntar aos Árabes o que pretendiam. Franceses e Britânicos interpretaram a sugestão como um exemplo característico da ingenuidade política americana, e recusaram terminantemente. A opinião pública era uma componente própria dos Estados com governos parlamentares. Não existia entre os Árabes. Mas Wilson ignorou-os e insistiu em enviar uma comissão à Síria e à Palestina para descobrir quem é que os Árabes queriam que os governasse – se é que queriam alguém. A comissão era composta por dois compinchas de Wilson, o dr. Henry King, presidente do Oberlin College, no Ohio, e director de obras religiosas da YMCA, e C. R. Crane, um milionário de Chicago. A missão foi uma farsa. King e Crane eram francófobos assumidos, e rapidamente se convenceram de que, entre os Árabes, «a instrução americana e a literatura e civilização anglo-saxónicas são consideradas moralmente superiores às francesas». Regressaram da sua digressão – cuidadosamente gerida – cheios de admiração pelo novo espírito de entusiasmo democrático revelado pelos Árabes. Em relação ao delicado assunto do estatuto e tratamento das mulheres, tinham sido persuadidos de que «os muçulmanos reconhecem que é chegada a altura para a educação das suas mulheres». Mas os Árabes, informaram eles, não gostavam muito do modo como os Franceses haviam lidado com a questão, pois «dizem que as [mulheres] que recebem educação francesa tendem a tornar-se incontroláveis» – talvez se tratasse de memórias da ocupação napoleónica. Era melhor entregar o assunto aos Americanos. E Faisal também lhes garantira que se os Americanos fornecessem a ajuda necessária ele abriria «um colégio americano para mulheres em Meca».

Após o seu regresso, King e Crane recomendaram que a Síria fosse entregue aos Americanos, mas se Wilson não quisesse ficar responsável por ela deveria ser cedida aos Britânicos. Os membros da delegação americana à conferência, muito menos ingénuos do que o seu presidente, ficaram tão embaraçados com todo aquele disparate que se recusaram a mostrar o relatório aos Aliados[94].

456

No fim, depois de muito regateio, os Britânicos abandonaram as suas pretensões sobre a Síria em nome de Faisal. Em Julho, o infeliz Faisal, que apenas quatro meses antes se coroara rei Faisal I da Síria, foi corrido de Damasco. Refugiou-se em Haifa, onde o alto-comissário britânico o recebeu com todas as honras. Um artigo publicado no *Times* de Londres saudou-o como um moderno Saladino, sem no entanto explicar como se aplicava esta comparação a alguém que fora *expulso* de Damasco por um grupo de francos modernos.

A Grã-Bretanha saiu da conferência com o Iraque, o Egipto, a Pérsia (como protectorado informal), a Palestina, a Transjordânia e o controlo dos xecados do Golfo Pérsico. Lloyd George rejeitou categoricamente qualquer sugestão de que tivesse ludibriado os Franceses e faltado às promessas feitas aos Árabes. «Nenhum acordo de paz», escreveu ele nas suas memórias, «emancipou tantas nacionalidades súbditas das garras da tirania estrangeira como o de 1919 [...]. Nenhuma raça beneficiou mais do que os Árabes da fidelidade com que os Aliados cumpriram as suas promessas às raças oprimidas»[95]. Escusado será dizer, gerações sucessivas de Árabes têm visto as coisas de modo diferente.

IV

O Império Otomano não foi a única vítima do inexorável avanço das tecnologias da Europa Ocidental e posteriormente americanas, e das ambições imperiais ocidentais. Mais a leste situava-se a outra grande potência do mundo islâmico: a Pérsia.

Na segunda década do século XVIII, a fortuna da Dinastia Safávida, que durante a maior parte dos últimos duzentos anos mantivera Russos e Otomanos à distância, encontrava-se em errático mas constante declínio. Em 1722, Pedro, o Grande, apoderou-se de parte do país, no que foi imediatamente imitado pelos Otomanos. As duas potências dividiram entre si o Norte e o Ocidente da Pérsia, deixando os Safávidas isolados no coração do império. Todavia, em 1736, o último xá safávida, Abbas II, foi deposto por Nadir Quli Bewg, da tribo turcomana Afshar, que se instalou no trono como Nadir I. Em 1739, depois de expulsar os Otomanos e os Russos, atravessou o famoso desfiladeiro de Khyber, penetrou na Índia, derrotou o imperador mongol Muhammad Xá, e em Março entrou triunfalmente em Delhi. «A riqueza acumulada durante 348 anos», escreveu um historiador indiano, «mudou de mãos num instante». Um dos despojos desta vitória foi o Trono do Pavão, criado em 1635 pelo xá Jahan, que também construiu o Taj Mahal. Jean-Baptiste Tavernier, que o viu em 1676, descreveu-o como inteiramente coberto de pedras preciosas, enquanto que o pavão, empoleirado em cima do dossel, tinha «a cauda aberta, feita de safiras azuis e de outras pedras coloridas, o corpo era de ouro com pedras preciosas incrustadas, com um grande rubi na parte da frente do peito, de onde pende uma pérola de cinquenta carates em forma de pêra»[96]. Nadir levou-o triunfalmente para Isfahan, e embora o trono tenha sido destruído num incêndio, em 1747, vários xás mandaram fazer imitações e o termo «Trono do Pavão» foi usado para descrever a monarquia iraniana até à sua queda final, em 1979.

Nadir regressou à Pérsia e restaurou Muhammad Xá – do qual, enquanto descendente de Timur, reclamava ser parente – ao seu império, agora muito empobrecido, ficando apenas na posse dos territórios na margem sul do Indo, com a justificação de que haviam pertencido ao império de Dario, o Grande. Nadir era um general brilhante, e em 1740 tinha já restabelecido a Pérsia como uma grande potência militar. Mas também era um governante negligente e desumano, famoso por empilhar os crânios das suas vítimas em pirâmides das quais se dizia apenas serem menores do que as construídas por Tamerlão cerca de 350 anos antes. Os seus súbditos estavam cada vez mais insatisfeitos e rebeldes, e em 1747 ele foi assassinado por um grupo de oficiais.

Sucedeu-lhe, em 1794, Aga Muhammad, o fundador da Dinastia Qajar, que durou até 1925. A Pérsia tornou-se uma peça central do chamado «Grande Jogo», um termo apropriadamente imortalizado por Rudyard Kipling, em 1901, na sua novela *Kim*, para descrever a luta entre a França, a Grã-Bretanha, a Rússia e, mais tarde, a Alemanha, pelo controlo da cadeia de Estados islâmicos que se estendia do Mediterrâneo Oriental ao Indo[97].

No decurso do jogo, a Pérsia ricocheteou entre as ambições antagónicas dos Britânicos, na Índia, a oriente, e dos Russos e Otomanos, a ocidente, com a interferência ocasional dos Franceses de Napoleão[98]. Durante a maior parte deste período, a Pérsia foi uma sociedade atrasada e autocrática, na qual o xá reinava sobre uma população de proprietários de terras abastados e quase sempre ausentes dos seus domínios, e camponeses pobres e analfabetos que apesar de legalmente livres, eram, à semelhança dos seus homólogos russos, servos. A hierarquia religiosa xiita, composta por *mullahs* e *mujtahids*, especialistas na lei islâmica, era maior e mais poderosa do que a *ulema* do Islão sunita. Mas dado que a monarquia não a ameaçava, ela não ameaçava a monarquia. Embora a Pérsia Qajar estivesse envolvida em guerras quase constantes com um ou outro dos seus vizinhos, as suas derrotas habituais às mãos dos europeus, tecnologicamente mais evoluídos, em particular os Russos, não resultaram em nenhum desejo de reforma duradouro. Foram efectuadas algumas tentativas pelo empreendedor Mirza Taqi Khan, grão-vizir do xá Nasir al-Din, para introduzir uma versão do Tanzimat. Porém, o fracasso deste movimento na Turquia e o retorno de Abdülhamid à governação autocrática, em 1870, puseram fim à experiência e também, por insistência da formidável mãe do xá, à vida do infeliz vizir.

A corte persa era dispendiosa, espampanante e corrupta. Para manter o seu extravagante estilo de vida, e incapaz de desenvolver algo que se assemelhasse a indústrias manufactoras modernas ou até a uma agricultura mecanizada (os tapetes e os têxteis eram praticamente as únicas exportações da Pérsia) para subsidiar a corte, Nasir al-Din começou a fazer concessões cada vez maiores a interesses económicos estrangeiros. Em 1873, um súbdito britânico naturalizado chamado barão Julius de Reuter, um aventureiro e criador da famosa agência noticiosa, recebeu o monopólio, por setenta anos, de todos os caminhos-de-ferro e eléctricos da Pérsia – que eram quase inexistentes –, e da exploração de todos os recursos minerais e florestas governamentais, incluindo todas as terras não cultivadas, e muitas outras concessões, entre as quais o direito de cobrar a totalidade das taxas alfandegárias persas durante vinte e cinco anos. Em troca, de Reuter pagaria ao xá 20% dos lucros dos caminhos-de-ferro e 15% de todas as outras receitas. Nas palavras de lorde Curzon, foi «provavelmente a mais completa e extraordinária entrega da integralidade dos recursos industriais de um reino em mãos estrangeiras jamais imaginada»[99].

Na Pérsia, ninguém parece ter-se importado muito com a alienação de tantos recursos nacionais a um intrometido estrangeiro e infiel. No entanto, em 1892, outra enorme concessão, desta vez do monopólio do tabaco a uma companhia britânica, originou tumultos generalizados (os Persas eram grandes fumadores). Augurando sinistramente o que viria a acontecer oitenta e sete anos mais tarde, estes tumultos foram liderados pelo clero, que marchou sobre o palácio real à frente de uma turba enfurecida. O xá, aterrorizado, chamou a sua brigada de cossacos, criada uma década antes e comandada por oficiais russos que o xá considerava inabalavelmente leais, mas descobriu que as tropas se tinham passado para os clérigos. O xá capitulou «pelo amor ao povo», fechou-se no harém e passou o resto do seu miserável reinado a cuidar de gatos e a desposar uma longa sucessão de mulheres. Os clérigos rejubilaram e regressaram a casa. Os seus protestos tinham sido de curta duração, e as suas acções foram, no longo prazo, bastante ineficazes. No entanto, o desfecho dos motins do tabaco demonstrou o poder dos *mullahs* para defenderem os seus interesses e os do povo contra qualquer tipo de inovação imposta de cima. Foi uma lição que eles não esqueceriam([100]).

A hemorragia dos recursos persas prosseguiu. A Pérsia, disse o irmão de Nasir al-Din, era como «um torrão de açúcar num copo de água», derretendo-se lentamente. No dia 1 de Maio de 1896, o xá foi assassinado, sucedendo-lhe o ainda mais desastroso Muzaffar al-Din, cuja única ambição parece ter sido realizar uma digressão oficial pela Europa que o obrigou, para a financiar, a hipotecar secções cada vez maiores da economia persa. Finalmente, em 1906, foi-lhe imposto algum controlo parlamentar. Foi criado um parlamento ou *majlis* que elaborou uma Lei Fundamental, subsequentemente conhecida por Revolução Constitucional. Embora outros governos tenham tentado aboli-la ou revogá-la, e o último xá a tenha ignorado durante a maior parte do seu reinado, esta lei sobreviveu e continua presente nas instituições da República Islâmica do Irão.

Mas a reforma não pôs cobro à alienação dos recursos do país. Em 1901, este processo assumiria contornos ainda mais dramáticos, quando um inglês chamado William Knox D'Arcy recebeu a concessão de todo o petróleo e gás do Império Persa durante sessenta anos.

Em finais do século XIX, era já óbvio que o petróleo seria o combustível do futuro. Nessa altura, 90% deste recurso eram produzidos pelos Estados Unidos e pela Rússia, e o mercado mundial era dominado por duas companhias, a Standard Oil e a Royal Dutch Shell. Os Britânicos, particularmente a Royal Navy, necessitavam urgentemente de uma fonte independente que pudessem controlar directamente, pelo que, em 1905, o Almirantado persuadiu a British Burmah Oil Company a associar-se a D'Arcy para procurar petróleo na Pérsia. O único problema era que, apesar de procurar há cinco anos, D'Arcy ainda não encontrara petróleo. Mas um dia, em 1908, no Sudoeste da Pérsia, quando D'Arcy, em desespero, estava prestes a desistir, as brocas deram com o Masjid-i-Sulaiman, um dos maiores campos petrolíferos do mundo. Em Abril de 1909, em Londres, foi constituída a Anglo-Persian Oil Company, que entrou imediatamente na bolsa. Em 1914, dois meses antes da eclosão da guerra, Winston Churchill, então primeiro

460

lorde do Almirantado, persuadiu o governo britânico a adquirir o controlo da Anglo-Persian Oil. Posteriormente, esta converteu-se na Anglo-Iranian Oil Company, e ainda mais tarde na British Petroleum – as mudanças de nome tiveram fundamentos políticos.

Em 8 de Janeiro de 1907, Muzaffar al-Din morreu, sucedendo-lhe Muhammad Ali Xá, que se revelou adverso a qualquer tipo de reforma constitucional e tentou ao máximo – sem grande sucesso – ignorar o *majlis* e abolir a constituição. Entretanto, tendo-se a Pérsia revelado rica em petróleo, a Grã-Bretanha e a Rússia mantiveram-se muito atentas ao que parecia ser um processo de decadência cada vez mais rápido. «A Pérsia era o ponto perigoso», recordaria sir Edward Grey, primeiro-ministro britânico. «A ineficácia dos governos persas, o estado das suas finanças e a desordem interna não só abriam a Pérsia à intervenção estrangeira, como também a convidavam e atraíam»([101]).

No dia 31 de Agosto de 1917, em São Petersburgo, Britânicos e Russos chegaram a acordo. Embora se comprometessem a garantir a «integridade e independência» do Império Persa – pelo menos em princípio –, as duas potências dividiram o país entre si, cabendo o Norte à Rússia e o Sul à Grã-Bretanha. «O objectivo primário e cardinal», admitiu mais tarde lorde Grey, tal como acontecera com muita da política externa britânica na região, fora não apenas o petróleo, mas também «a segurança da fronteira indiana»([102]). Pelo menos durante algum tempo, estes objectivos foram alcançados.

À semelhança de Árabes e Otomanos, os Persas tinham sido momentaneamente engolidos pelo Ocidente. Contudo, em 1907, sir Cecil Spring-Rice, embaixador britânico em Teerão, escreveu a Grey o seguinte memorando:

> Penso que as nações europeias se devem preparar para enfrentarem, na Pérsia, o mesmo que começam a experimentar noutros lugares, um movimento nacionalista e religioso, talvez informe e mal orientado mas de grande vigor e intensidade. E devido eventualmente às realizações superiores da raça persa, julgo não ser improvável que os líderes do movimento neste país [...] venham a ocupar uma posição de relevo, talvez até predominante, no futuro desenvolvimento do movimento nacionalista e constitucional entre os povos muçulmanos([103]).

Esta observação revelou-se notavelmente presciente, embora aquilo que finalmente surgiu no Irão estivesse longe de ser o movimento religioso moderado e de tipo liberal que Spring-Rice parece ter tido em mente – e a posição indiscutivelmente proeminente que o Irão veio a ocupar no desenvolvimento dos «povos muçulmanos» tem infelizmente pouco a ver com as «realizações superiores da raça persa».

V

Com o fim da Conferência de Paz de Paris, os Aliados deram início ao processo de reconstrução e distribuição do que restava do Império Otomano fora das fronteiras da moderna Turquia. Tecnicamente, as áreas do Médio Oriente que cabiam à Grã-Bretanha e à França não tinham sido entregues como colónias mas sim como mandatos, sob a égide da Liga das Nações. O propósito era confiar a uma potência ocidental desenvolvida uma área subdesenvolvida do globo – na maior parte dos casos ex-colónias do império de alguém –, cabendo à potência mandatária a incumbência de preparar o território para a independência e incorporação na Liga o mais cedo possível.

As potências mandatárias deveriam apresentar relatórios anuais sobre as respectivas administrações e a Liga solicitaria petições aos habitantes dos territórios de forma a monitorizar o progresso do processo de emancipação. Todavia, Londres e Paris viam com sombrio cepticismo esta noção, de inspiração americana e impossível de executar. No dia 25 de Junho de 1920, lorde Curzon, secretário dos Negócios Estrangeiros britânico, disse à Câmara dos Lordes que «é um grande erro supor que [...] a atribuição do mandato decorre da Liga das Nações [...]. O mandato sobre a Palestina e a Mesopotâmia foi-nos conferido e por nós aceite, e o mandato sobre a Síria foi conferido à França e por ela aceite». E aquilo que fora conferido e aceite não poderia ser monitorizado nem sujeito a interferências – além do mais, a Liga das Nações, à semelhança da organização sua sucessora, as Nações Unidas, carecia da autoridade operativa para intervir significativamente junto das potências mandatárias.

Assim, os Britânicos trataram de criar nações novas e viáveis nos seus mandatos da forma que entendiam mais adequada. Esta foi descrita por Gertrude Bell – uma veterana viajante «oriental» que, em 1918, se tornou assistente de Arnold Wilson, o comissário civil britânico para a Mesopotâmia –

como a política de «fazer reis»([104]). Os Britânicos sabiam lidar com reis (ao contrário dos Franceses, que pareciam ter perdido o hábito durante a Revolução). Autocráticos e sem terem de prestar contas ao seus povos, sentavam-se no trono e, mantidos no poder pelas armas britânicas, eram muito mais fáceis de controlar do que os parlamentos popularmente eleitos. Consequentemente, o segundo filho de Hussein, descrito por Winston Churchill como «uma pessoa muito educada e agradável», foi instalado na Transjordânia, hoje a Jordânia. Lawrence disse que ele daria um agente britânico ideal porque «não era demasiado poderoso [...] não era oriundo da Transjordânia e dependia do Governo de Sua Majestade para se manter no cargo». Para se manterem no cargo, os seus descendentes continuaram a apoiar-se no governo de Sua Majestade, e hoje apoiam-se no dos Estados Unidos.

Na Mesopotâmia, uma série de insurreições árabes, conflitos inter-tribais e repetidos assassinatos de funcionários britânicos conduziram a uma revolta árabe em larga escala no Verão de 1920. Num aparente ensaio para a presente guerra no Iraque, xiitas e sunitas digladiaram-se entre si e ambos lutaram contra os Britânicos. O *Times* londrino, mais loquaz do que a sua versão actual, que é cautelosamente acrítica, denunciou «a néscia política de governação no Médio Oriente». «Por quanto mais tempo», perguntou um editorial de 7 de Agosto, «se sacrificarão vidas preciosas na vã empresa de impor à população árabe uma administração complexa e dispendiosa que ela nunca solicitou nem quer?»([105]).

A solução, proposta por Winston Churchill, que em 1921 foi nomeado secretário para as Colónias, com responsabilidade pelas políticas britânicas no Médio Oriente, foi instalar Faisal como rei do recém criado Estado do Iraque, constituído pelos antigos *vilayets* otomanos de Basra, Bagdad e Mossul.

Desde o seu breve reinado na Síria, Faisal vinha cultivando a imagem de líder nacional moderno. «Somos um único povo», declarara ele, em Maio de 1919, «que vive numa região limitada pelo mar, a leste, a sul e a oeste, e pela cordilheira do Tauro, a norte». As óbvias divisões étnicas e, acima de tudo, religiosas, que durante séculos tinham fragmentado toda a região, seriam agora levadas pelos rios purificadores do pan-arabismo. «Somos Árabes», repetiu Faisal, «antes de sermos muçulmanos, e Maomé era árabe antes de ser um profeta», uma afirmação talvez literalmente verdadeira, mas que deve ter sido profundamente repugnante para qualquer muçulmano devoto. Mas independentemente de subscrever ou afirmar subscrever as concepções seculares e ocidentais de nacionalidade, Faisal também era um árabe, e de uma família com pretensões impecáveis à fidelidade tribal»([106]).

Em 11 de Julho de 1921, em Bagdad, o conselho de ministros declarou Faisal monarca constitucional do Iraque. Depois, foi perguntado ao «povo» iraquiano se estava de acordo – refira-se que pouco antes da sua morte, em 1923, Faisal admitiu que tal entidade não existia([107]). No dia 18 de Agosto, o ministro do Interior anunciou que os resultados do plebiscito sim/não tinham demonstrado a anuência do povo, e de forma esmagadora. Faisal foi coroado cinco dias mais tarde, e o antigo termo «Iraque» – cujo significado, que viria a revelar-se ominoso, é «terra bem enraízada» – tornou-se o nome oficial do novo reino. A coroação de Faisal pôs temporariamente fim às insurreições árabes mas o Iraque, apesar de indubitavelmente fértil, tem-se revelado muito pouco «bem enraizado» em sentido político. A tentativa britânica de criar uma nação onde nunca existira nenhuma, algo que, como disse sabiamente um missionário americano a Gertrude Bell, em 1918, era negar quatro mil anos de história, originou um problema muito mais intratável do que o que pretendera resolver e que continua sem solução.

Para completar este processo de criação de reis, Fuad I, um descendente de Muhammad Ali, foi instalado como governante do Egipto independente, em 1922. As três áreas sob controlo britânico – com a excepção da Palestina – estavam seguramente transformadas em pequenos reinos, com os respectivos monarcas dançando ao som da música que o governo de Sua Majestade tocava em Londres. Funcionou durante algum tempo, mas não por muito. Tal como Lawrence avisara Churchill, os Árabes eram um povo altivo, com um orgulhoso passado imperial que estavam resolvidos a ressuscitar. Faisal aguentou-se até 1933, e o Reino Hachemita do Iraque até 1958. O Reino do Egipto desapareceria com a revolução nacionalista de Gamal Abdel Nasser, em 1952. Os Franceses, que tinham recebido mandatos na Síria e no Líbano, governavam-nos como se fossem dependências da França metropolitana, em conformidade como uma tradição que remontava ao século XVII. No entanto, em 1930, a Síria libertou-se do seu marionetista europeu e tornou-se uma república parlamentar, independente em todos os aspectos excepto nas esferas da segurança e da política externa, que permaneceram sob controlo francês.

No entanto, o resultado do diferendo entre a Grã-Bretanha e a França em relação aos respectivos mandatos não foi a única nem a mais significativa consequência da Conferência de Paz de Paris. A decisão mais momentosa foi, de longe, a de criar no lugar a que o mundo chamava Palestina – a terra dos filisteus – mas que todos os judeus designavam por Terra de Israel, uma pátria judaica.

Como vimos no capítulo anterior, já em finais do século XVIII tinham circulado rumores, nos guetos da Diáspora, de que Napoleão tencionara fundar um Estado judaico com a sua capital na cidade santa de Jerusalém. Nas décadas de 1830 e 1840, lorde Palmerston, o primeiro-ministro britânico, dera o seu aval à ideia de uma pátria judaica. Em parte, fizera-o por acreditar que um Estado cliente judaico com apoio britânico na Palestina se revelaria um aliado útil na constante contenda da Grã-Bretanha com a França pelo controlo do Médio Oriente e do caminho marítimo para a Índia, e também porque o projecto ressuscitava uma ambição milenar que remontava ao século XVII e à convicção de Oliver Cromwell de que a Inglaterra puritana era o instrumento escolhido por Deus para devolver os judeus à Terra Santa.

Em 1868, a Grã-Bretanha adquiriu, na pessoa de Benjamin Disraeli, conhecido afectuosamente por «Dizzy», o seu primeiro – e único, até à data – líder judeu. Em 1847, Disraeli escrevera uma novela intitulada *Tancredo ou A Nova Cruzada*, a história de um jovem aristocrata que viaja até à Terra Santa, não para conquistar mas para encontrar a iluminação espiritual oferecida pelas três grandes religiões da Ásia – o judaísmo, o cristianismo e o Islão. É uma expressão longa e algo rudimentar do desencanto conservador com a «alegria naufragada da Europa», e tal como muitos outros exemplos de «ocidentalismo» procurava a redenção na Ásia. «O sono da Ásia», diz Tancredo a dada altura, «é mais vital do que a vida acordada do resto do globo»([108]). O verdadeiro tema de *Tancredo* é a condição da Inglaterra, mas a novela joga com a imagem de um Oriente no qual as grandes animosidades que durante séculos tinham dividido as três fés abraâmicas poderiam finalmente ser sanadas, e a sua resolução providenciaria algo que os românticos nostálgicos acreditavam faltar à moderna Europa industrializada: uma alma.

Em finais do século XIX, o sionismo tornou-se um tema de grande preocupação nos círculos liberais da Europa. Em 1876, a novelista George Eliot (cujo verdadeiro nome era Mary Ann Evans) publicou uma longa e complexa novela chamada *Daniel Deronda*, na qual um jovem aristocrata inglês, descobre que, afinal, é judeu. Destroçado mas também profundamente comovido pela descoberta, ele abandona de imediato as suas tradicionais ocupações de cavalheiro inglês e a infeliz mulher que viu nele a sua possibilidade de salvação, e dedica-se à criação de uma pátria judaica na Palestina. O livro fez sensação (mesmo nos círculos liberais, os heróis judeus não eram presença habitual na ficção inglesa), e mereceu a condenação de muitos membros dos meios literários. Mas também suscitou muita simpatia pela causa judaica, e seria visto como uma fonte de inspiração por muitos sionistas. Abba Eban, um dos negociadores da fundação do Estado de Israel, chamaria a Eliot «um dos nossos primeiros visionários», e todas as principais cidades de Israel têm uma rua com o seu nome. Todavia, até ao fim do século XIX, a ideia de uma pátria judaica – ainda ninguém falava em «Estado» – na Palestina permaneceu confinada à ficção profética, tão fugaz como a tentativa de Cromwell de adiantar o dia do Juízo Final devolvendo os judeus à Judeia, ou a alegada intenção de Napoleão de «reconstruir as muralhas de Jerusalém».

Em 1894, um certo Theodore Herzl, correspondente em Paris do jornal vienense *Neue Freie Presse*, recebeu instruções para cobrir o caso Dreyfus. Alfred Dreyfus, um oficial judeu do Exército, aparentemente leal, fora condenado à infame Ilha do Diabo, um campo prisional na Guiana Francesa do qual poucos voltavam, acusado de passar segredos aos Alemães. Quando veio a lume que as provas contra ele eram inconsistentes e circunstanciais, o Exército, alarmado pela possibilidade de um escândalo, impôs um julgamento em conselho de guerra que muitos, entre os quais o enormemente popular novelista Émile Zola, acreditavam ter sido uma farsa.

O que tornou o caso sensacional não foi o dúbio conselho de guerra; foi o facto de Dreyfus ser judeu. A questão abalou e fracturou a sociedade francesa. E transformou a vida de Herzl. Até então, ele fora um judeu completamente assimilado, para quem o judaísmo pouco significava. Agora, assustado pelo anti-semitismo generalizado revelado pelo caso Dreyfus, ele aprendera «a nulidade e a futilidade» de tentar «combater o anti-semitismo». Dois anos mais tarde, publicou *Der Judenstaat* («O Estado Judaico»). Argumentou que o problema dos judeus era internacional, e que só poderia ser resolvido internacionalmente – através da criação de um Estado judaico independente. Os judeus, escreveu ele, tinham sonhado o «sonho régio» de um Estado judaico «durante toda a noite da sua história». «A nossa antiga senha é "Para o ano, em Jerusalém"». Agora, era «uma questão de demonstrar que o sonho pode ser convertido numa realidade viva»[109].

O livro foi um sucesso instantâneo, passando por três edições no ano de publicação, e lançou o movimento chamado «sionismo político». Em Agosto de 1897, o movimento recebeu expressão institucional quando

Herzl convocou o I Congresso Sionista, em Basileia, que por sua vez criou a Organização Sionista Mundial e o elegeu para seu presidente.

A visão que Herzl tinha de uma pátria judaica era muito diferente da «realidade viva» que finalmente emergiu depois de 1948. O seu novo Estado teria dado corpo aos ideais igualitários, transnacionais, multi-raciais, multi-culturais e transconfessionais a que os judeus esclarecidos aspiravam desde Moses Mendelssohn, o grande filósofo ecuménico judeu alemão do século XVIII. Não teria uma língua nacional, e se tivesse nunca seria o hebraico – Herzl perguntou, «quem de nós sabe hebraico suficiente para comprar um bilhete de comboio?» –; cada um dos vários grupos que comporiam o Estado preservaria «a sua língua, que é o precioso lar dos seus pensamentos». O Exército, que se tornou um elemento omnipresente na vida quotidiana em Israel, permaneceria confinado aos quartéis, excepto em emergências, e «Todo o homem será livre e inatacável na sua fé ou na sua descrença, tal como é na sua nacionalidade». Por outras palavras, seria uma verdadeira cosmópolis, uma Suíça do Médio Oriente([110]).

A criação de uma nação judaica seria a solução da «questão judaica» que o nacionalismo, embora não o tivesse criado, pelo menos exacerbara. O anti-semitismo, que era há séculos a doença mais vil da Europa, adquirira uma nova forma no século XIX. Se ia existir uma «Europa das Nações», a que nação – se é que a alguma – pertenciam os judeus? Os judeus alemães eram verdadeiramente Alemães, com um lugar reconhecido na nova nação alemã criada por Bismarck em 1871? Os judeus franceses eram verdadeiros cidadãos da nova sociedade que nascera após a Revolução? Nem sequer os judeus sabiam as respostas a estas perguntas. A criação de uma nação judaica eliminaria as perguntas, mas a «pátria judaica» era mais do que uma simples expressão, carregada de tonalidades raciais, do novo nacionalismo. De facto, desde que os habitantes da Judeia tinham sido forçados ao exílio após a destruição de Jerusalém pelo imperador romano Tito(*), no ano de 70, os judeus sonhavam regressar à Terra Prometida. Todos os anos, na Páscoa, as comunidades judaicas de todo o mundo repetiam a oração ritual: «Para o ano, em Jerusalém». Pela primeira vez em milénios, a sua prece parecia prestes a ser atendida.

O facto incómodo de que, desde o século I, sucessivas vagas de imigrantes, a maioria dos quais árabes, se tinham instalado no mesmo lugar era ignorado por quase toda a gente. Em 1897, quando os rabis de Viena envia-

---

(*) O imperador era Vespasiano, pai de Tito. Este apenas ascendeu ao poder no ano de 79. (*N. do T.*)

ram uma missão à Palestina para se inteirarem da situação, a conclusão que deram a conhecer ficou célebre: a noiva «é bela mas está casada com outro homem». Porém, a implicação deste retorcido comentário – que os sionistas deveriam tentar casar com outra pessoa – foi ignorada. Em 1901, Herzl abordou o sultão Abdülhamid com um pedido para que lhe alugasse parte da Palestina para o seu projecto. A princípio, o sultão pareceu tentado a anuir, atraído pela perspectiva do estabelecimento de ricos investidores judeus na região, mas acabou por declinar quando os seus ministros o convenceram de que tal acto seria desastroso para as suas ambições pan-islâmicas.

Todavia, para Herzl o que importava não era a Palestina. Apesar de ser indubitavelmente «o nosso inesquecível lar histórico», a Palestina não era propriamente a região mais fértil ou convidativa do mundo. Praticamente qualquer lugar serviria, desde que fosse longe das garras da Europa anti-semita. Outra das opções de Herzl era a Argentina, para onde se verificara uma considerável emigração judaica no século XIX, e que era claramente preferível à Palestina em termos de clima, riqueza e fertilidade, e em 1903, quando Joseph Chamberlain, então secretário de Estado para as colónias, lhe ofereceu um local no planalto de Uasin Gishu, perto de Nairobi, na África Oriental Britânica, ele esteve tentado a aceitar, pelo menos como uma medida temporária[111]. Mas o projecto foi rejeitado no ano seguinte, pelo VI Congresso Sionista. O novo Estado judaico tinha que ser onde sempre fora, na própria Judeia, ou em lado nenhum.

A eclosão da guerra deu novo ímpeto à causa sionista. Se o Império Otomano ia ser desmembrado, o que se afigurava muito provável, as hipóteses do apoio dos Aliados a um Estado judaico na Palestina seriam boas. Desde o início, os Britânicos tencionavam exercer algum controlo sobre a Palestina. Para muitos funcionários do Ministério das Colónias, a melhor maneira de o conseguir seria, de longe, não através da criação de um Estado árabe sob domínio britânico, mas de um Estado judaico sob tutela britânica. «No movimento sionista», declarou o *Sunday Chronicle*, em Abril de 1917, «temos uma força motriz que fará da extensão do Império Britânico à Palestina – algo que seria uma necessidade desagradável – uma fonte de orgulho e um pilar de força».

À medida que a guerra foi evoluindo, os Aliados aproximaram-se cada vez mais de um entendimento segundo o qual apoiariam a criação de um Estado judaico na Palestina, desde que tal fosse conseguido sem ameaçar a vida da população existente na região. A declaração final teve lugar em Novembro de 1917. Fora previamente aprovada pela França e pelos Estados

IMPERIALISMO A ORIENTE

Unidos, depois de consultada a Itália e até, algo melindrosamente, o Vaticano. Assumiu a forma de uma carta do secretário dos Negócios Estrangeiros, Arthur Balfour, a lorde Rothschild, o qual, embora não fosse sionista, era o membro mais importante da comunidade judaica britânica. A carta foi publicada no *Times* de Londres, em 2 de Novembro de 1917. Dizia o seguinte:

> Caro lorde Rothschild,
> Tenho o enorme prazer de lhe transmitir, em nome do Governo de Sua Majestade, a seguinte declaração de simpatia pelas aspirações sionistas judaicas, que foram submetidas ao Conselho de Ministros e aprovadas: «O Governo de Sua Majestade vê com bons olhos o estabelecimento, na Palestina, de um lar nacional para o povo judaico, e envidará todos os esforços para facilitar a concretização deste objectivo, ficando claramente entendido que nada será feito que possa prejudicar os direitos civis e religiosos das comunidades não judaicas existentes na Palestina, ou os direitos e estatuto políticos de que os judeus beneficiem em qualquer outro país». Ficar-lhe-ia grato se fizesse chegar esta informação ao conhecimento da Federação Sionista.

A carta estava assinada pelo secretário dos Negócios Estrangeiros de Lloyd George, A. J. Balfour. A «Declaração Balfour», como veio a ser conhecida, foi subscrita pelo governo francês no dia 14 de Fevereiro de 1918, pelo governo italiano a 9 de Maio, e por uma resolução conjunta do Congresso dos Estados Unidos, em 30 de Junho de 1922. A linguagem pode parecer suave – demasiado suave, na opinião de Chaim Weizmann, presidente da Federação Sionista Britânica –, mas o documento foi saudado como «a carta política da nação judaica». Não acontecia nada tão momentoso desde a proclamação de Ciro, o Grande, em 538 a. C.(*)

(*) O célebre édito autorizando os judeus exilados na Babilónia a regressarem à sua terra: «Assim fala Ciro, rei da Pérsia: "O Senhor, Deus do céu, deu-me todos os reinos da terra e encarregou-me de lhe construir um templo em Jerusalém, cidade de Judá. Quem de vós pertence ao seu povo? Que o seu Deus esteja com ele. Suba a Jerusalém, que fica na terra de Judá, e construa o templo do Senhor, Deus de Israel, o Deus que reside em Jerusalém. Todos os sobreviventes, onde quer que habitem, sejam providos pelos habitantes das terras onde se encontram, de prata, ouro, cereais e ofertas voluntárias para o templo do Deus que reside em Jerusalém"» (Esd 1.1-4). (*N. do T.*)

469

Os motivos britânicos para este acto eram complexos e frequentemente confusos. A determinado nível, a Pátria Judaica foi vista como um possível meio para congregar apoios para a causa aliada nos últimos anos da guerra. «Considerou-se», escreveu Churchill em 1922, «que o apoio que os judeus nos poderiam dar em todo o mundo, em particular nos EUA e na Rússia, constituiria uma vantagem absolutamente palpável»([112]). Receava-se também que os Alemães se instalassem na Palestina e que uma «Turquia teutonizada», na expressão de Curzon, viesse a constituir «uma ameaça extrema e perpétua ao Império»([113]).

Mas havia outro objectivo, mais ambicioso e de longo prazo. Uma presença judaica no coração do mundo fragmentado que inevitavelmente se seguiria ao colapso do Império Otomano seria um factor de ordem e estabilidade. A superioridade educativa e técnica dos judeus pressagiava que talvez conseguissem transformar a Palestina não só numa útil satrapia do governo de Sua Majestade, mas também numa próspera comunidade moderna, uma ideia reminiscente da sugestão francesa, avançada em 1798, no sentido de os judeus da Diáspora levarem consigo «o iluminismo da Europa», em cuja criação tinham desempenhado um papel de relevo, para o transmitirem às miseráveis populações da Palestina e da Síria([114]). Fora também esta a visão de Herzl. «Para a Europa», escreveu ele, «representaríamos parte da barreira contra a Ásia; seríamos o posto avançado da civilização contra o barbarismo»([115]). Por outras palavras, uma parte do Ocidente, firmemente alojada no flanco do Oriente.

Mais uma vez, o Oriente iria ser ocidentalizado. Mas desta vez, a tarefa não seria levada a cabo directamente pelos ocidentais, mas por um povo que, apesar de inequivocamente «oriental», tinha, com o tempo, absorvido todas as competências e atitudes da Europa esclarecida. Com a ajuda dos industriosos judeus, emergiria uma nova Palestina que os Árabes, «um punhado de povos filosóficos», nas palavras de Churchill, nunca teriam conseguido criar para si próprios([116]).

A Declaração Balfour ligou dois objectivos que se revelaram incompatíveis. Contudo, na época, a ideia de que judeus e muçulmanos (e alguns cristãos) poderiam ser persuadidos a coabitarem em harmonia numa terra controlada pelos judeus – e sob soberania britânica – não pareceu tão absolutamente improvável como pareceria hoje. Leopold Amery, que ajudou a redigir a Declaração, escreveu posteriormente que ele e outras pessoas da sua geração tinham acreditado que «a regeneração de toda a região do Médio Oriente [...] seria muito mais eficaz e, esperávamos nós, mais aceitável, se fosse levada a cabo por gente que se apoiaria no conhecimento e na tecnologia do Ocidente [mas] que consideravam o Médio Oriente como o seu lar [...]. Nós, os mais jovens, como Mark Sykes, éramos quase todos pró-Árabes e pró-sionistas, não víamos nenhuma incompatibilidade de maior entre os dois ideais»([117]).

Nem toda a gente era desta opinião. O único membro judeu do governo, Edwin Samuel Montagu, denunciou o projecto como a reconstrução da Torre de Babel. «A Palestina», disse ele, «tornar-se-ia o gueto do Mundo». Curzon também criticou a ideia como um acto de «idealismo sentimental», e observou mordazmente que a Grã-Bretanha tinha «pretensões mais sólidas a certas partes da França» do que os judeus tinham à Palestina. Mas os opositores, independentemente dos seus motivos, foram ignorados. Balfour, num clamoroso desrespeito pelo direito internacional e pelo princípio de autodeterminação que lhe cabia defender, disse a Lloyd George que não havia intenção de «cumprir a formalidade de consultar os presentes habitantes da região». As Grandes Potências, prosseguiu ele, estavam comprometidas com o sionismo, «esteja ele correcto ou errado», porque estava «enraizado em antiquíssimas tradições, em necessidades presentes e em esperanças futuras», e estas eram «de uma importância muitíssimo maior do que os desejos e preconceitos dos 700 000 árabes que agora habitam naquela terra antiga»([118]).

No princípio, os optimistas pareceram ser justificados. Até a oposição árabe à Declaração Balfour e a tudo o que ela implicava foi lenta a mobilizar-se. Inicialmente, os Árabes não parecem ter visto como uma ameaça o constante influxo de judeus, que já começavam a comprar terras aos proprietários árabes, quase sempre ausentes. Em Janeiro de 1919, Faisal, tentando garantir a posse da Síria, chegou mesmo a assinar um acordo com Chaim Weizmann, prometendo o seu apoio à Declaração e à adopção de «todas as medidas necessárias [...] para encorajar e estimular a emigração de judeus para a Palestina em grande escala»([119]). O que ele não se comprometeu foi com a criação de um Estado judaico. E em última análise, foi evidentemente esta a causa principal do conflito que se seguiu.

Durante as décadas de 20 e 30, judeus e Árabes continuaram a viver numa incómoda relação. No entanto, a antiga ilusão de uma sociedade multi-cultural comum na qual Herzl tanto investira esfumou-se rapidamente. A imigração judaica intensificou-se, e o mesmo aconteceu com a hostilidade árabe. Entre 1922 e 1939, os colonatos judaicos na Palestina aumentaram de quarenta e sete para duzentos, e as terras na posse dos

471

judeus mais do que duplicaram. Quando eclodiu a Segunda Guerra Mundial, os judeus palestinianos já se governavam efectivamente a si próprios. Desde 1925 que tinham a sua própria universidade, no Monte Scopus, em Jerusalém, e possuíam um exército, o Haganah, que apesar de clandestino era oficialmente tolerado e até auxiliara as tropas britânicas a debelarem a chamada Rebelião Árabe de 1936-1938.

O Holocausto alterou tudo isto. Em 1945, os vencedores da Segunda Guerra Mundial já não podiam conceber a criação de uma pátria judaica como um apego algo quixotesco ao cumprimento de uma profecia bíblica, nem como um meio de contrabandear os ideais da Europa esclarecida para o Oriente muçulmano. Tornara-se um dever moral. Para os judeus, adquirira uma nova urgência como única garantia possível da continuação da sua existência. A torrente de refugiados judeus e a ferocidade da campanha terrorista que os colonos começaram a travar contra os seus antigos benfeitores não tardou a destruir o controlo britânico sobre o território[120]. Desaparecera de vez a hipóteses de o Estado de Israel poder integrar uma federação britânica, uma nova «Comunidade das Nações» sob tutela britânica que substituiria o manifestamente arcaico Império Britânico. Israel teria que ser uma verdadeira nação no novo mundo do pós-guerra, composto por nações-estado independentes e autodeterminadas. No dia 14 de Maio de 1948, sob um retrato de Herzel, o líder sionista David Ben Gurion proclamou a existência do «Estado judaico que se chamará "Israel"»[121]. Decorridas poucas horas, o novo Estado foi reconhecido *de facto* pelo presidente Truman e *de jure* pela União Soviética.

Em muitos aspectos, as razões da Grã-Bretanha para apoiar o Estado de Israel no princípio do século XX não foram muito diferentes das que os Estados Unidos têm hoje. Em ambos os países existiam e existem comunidades judaicas ricas e extremamente influentes. Ambas as nações viram em Israel um Estado potencialmente moderno, estável e esclarecido – acrescentamos hoje democrático – numa região atrasada, instável e não democrática, e além do mais, um Estado que se revelaria um valioso aliado em qualquer conflito que pudesse vir a surgir com os Árabes. Os Britânicos viram Israel como um Estado tampão habitado por «uma raça intensamente patriótica» e favorável aos interesses britânicos. Os Americanos viram igualmente Israel como em Estado tampão, primeiro contra os avanços da União Soviética e agora contra os esguios terroristas islâmicos e os seus apoiantes árabes e iranianos.

VI

A Conferência de Paz de Paris deixara praticamente toda a Ásia a oeste dos Himalaias sob um ou outro tipo de controlo ocidental. Com uma notável excepção. Em 1922, após uma renhida e sangrenta guerra com a Grécia, um membro dos Jovens Turcos chamado Mustafá Kemal apoderou-se do poder e lançou-se imediatamente na tarefa de transformar o que restava do Império Otomano numa moderna nação-estado ao estilo ocidental.

No dia 1 de Novembro de 1922, o sultanato foi abolido e, depois de meio milénio, o império foi finalmente dissolvido. Dois anos mais tarde, tomou o mesmo caminho o califado, o qual, como diria mais tarde Mustafá Kemal, «só poderia ter sido motivo de chacota aos olhos dos povos verdadeiramente civilizados e cultos do mundo»([122]). Um código legal baseado em vários modelos europeus substituiu a *Sharia*, o laicismo foi estabelecido como um dos seis princípios cardinais do novo Estado, e as mulheres foram proibidas de usarem o véu em público – medidas que destruíram efectivamente o poder dos *ulema*. Foi introduzida uma forma de democracia parlamentar, com uma nova constituição que garantiu a igualdade perante a lei e a liberdade de pensamento, expressão, publicação e reunião, e que depositou a soberania nas mãos de uma Grande Assembleia Nacional eleita – embora o verdadeiro poder permanecesse, e alguns dizem que ainda permanece, com as forças armadas.

A nação chamar-se-ia Turquia e os seus povos, independentemente do grupo étnico ou da religião a que pertenciam, adquiririam uma nova identidade nacional: como «Turcos». Onze dias depois de os Aliados terem evacuado Istambul, a capital foi transferida para a pequena e pouco prometedora (na época) cidade de Ancara, onde, talvez ironicamente, em 1402, o khan mongol Tamerlão quase aniquilara o emergente Império Otomano([123]). A escrita árabe foi abandonada em favor de uma versão modificada do alfabeto latino, e todos os Turcos foram obrigados a ter nomes e apelidos. O próprio Kemal assumiu o nome «Atatürk» – «Pai dos Turcos». No dia 29 de Outubro de 1923, um império teocrático converteu-se formalmente numa república secular moderna.

A Turquia tornou-se uma inspiração para outros Estados muçulmanos. Se a adopção do nacionalismo europeu possibilitara a Atatürk proteger o seu país da anexação e do desmembramento, poderia fazer o mesmo para outros Estados muçulmanos. O candidato mais óbvio a um ressurgimento era o Egipto. O Egipto fora a primeira sociedade muçulmana a ser «modernizada», ainda que fugazmente, por Napoleão, depois por Muhammad Ali e finalmente pelos Britânicos. Agora, adoptando o nacionalismo asiático de Atatürk, poderia ser transformado numa nação moderna.

Os Egípcios tinham mais do que uma razão excelente para odiarem os Franceses e os Ingleses como estrangeiros e usurpadores. Mas não se podia negar que graças à sua influência, quando a Primeira Guerra Mundial terminou, o Egipto surgiu como a mais rica e poderosa de todas as sociedades muçulmanas. As suas gentes eram mais cultas, os seus exércitos estavam mais bem equipados e instruídos, as suas cidades eram maiores e mais lustrosas, e a sua agricultura e indústrias manufactoras eram mais produtivas do que as de qualquer outra sociedade do Médio Oriente. Não surpreendeu ninguém o facto de o novo Atatürk ter surgido no Egipto. Chamava-se Gamal Abdel Nasser e era filho de um funcionário dos correios de uma pequena cidade de província. À semelhança de tantos outros líderes nacionalistas do chamado «Terceiro Mundo», entre os quais o próprio Atatürk, Nasser guindou-se ao poder através do Exército. No dia 23 de Julho de 1952, no movimento que veio a ser chamado «Revolução de Julho» por analogia com a «Revolução de Outubro» bolchevique, Nasser derrubou o regime extremamente comprometido do rei Faruq e enviou o obeso monarca e o seu séquito para a desonra nas praias do Sul de França.

Nasser era um nacionalista, e um dos seus primeiros actos foi levar para o Cairo uma estátua do Faraó Ramsés II. Mas compreendeu que sem a unidade do mundo árabe ele nunca se conseguiria livrar dos antigos regimes coloniais que, na sua opinião, eram os grandes responsáveis pela impotência e atraso do Médio Oriente[124]. Era chegada a altura, declarou ele no seu manifesto revolucionário de 1955, de os Árabes cessarem as suas débeis lamentações de que tinham sido traídos e enganados pelo odiado Ocidente. Era chegada a altura de contra-atacar. «Somos fortes», disse-lhes ele. «Não na sonoridade das nossas vozes, quando gememos ou gritamos por socorro, mas quando permanecemos silenciosos e avaliamos a nossa capacidade de acção»[125].

Cumprindo a sua palavra, no ano seguinte, desafiou Britânicos e Franceses e nacionalizou o Canal do Suez, o símbolo mais potente do colonialismo ocidental a oeste de Hong Kong. A Grã-Bretanha e a França, detentoras do canal em parceria, entraram em negociações secretas com Israel, na cidade de Sèvres, nos arredores de Paris. Foi concluído um acordo, segundo o qual os Israelitas invadiriam o Egipto, algo que se acreditava – e comprovou-se – que conseguiriam fazer sem grande oposição. Nessa altura, os Britânicos e os Franceses imporiam um acordo ao Egipto, pelo qual ambos os exércitos retirariam para 15 km da Zona do Canal e as duas potências recuperariam o controlo do Canal. O projecto recebeu o nome de código algo caprichoso de «Operação Musketeer».

No dia 29 de Outubro, o exército israelita invadiu a Faixa de Gaza e a Península do Sinai. Os Britânicos e os Franceses ofereceram-se prontamente para ajudarem a impor o cessar-fogo exigido pelas Nações Unidas. No entanto, Nasser recusou os seus termos. Consequentemente uma força franco-britânica apoderou-se do Canal. Aparentemente, tudo corria de acordo com o plano. Porém, os Estados Unidos, receando que a União Soviética pudesse intervir a favor de Nasser, e embaraçados pela sua condenação da invasão soviética da Hungria quando toleravam tacitamente uma operação similar no Médio Oriente, pressionaram economicamente os aliados e obrigaram-nos a retirar, deixando novamente o Canal na posse dos jubilantes Egípcios. A «Crise do Suez», como é chamada no Ocidente, ou «Guerra da Agressão Tripartida», como é comummente conhecida no mundo árabe, apesar de ter sido uma derrota militar, transformou-se inesperadamente num triunfo ideológico para Nasser[126].

No mundo árabe, passou praticamente despercebido o facto de que a humilhação da aliança franco-britânica-israelita não se devera às armas egípcias, mas sim à pressão económica dos Estados Unidos. No que dizia respeito aos Árabes, o que importava era que um David árabe enfrentara o Golias ocidental e vencera. O nacionalismo revolucionário de Nasser trouxera a esperança de um novo renascimento árabe, pós-imperial. «O nosso combate é contra o imperialismo», proclamara ele ao expulsar Franceses e Britânicos do Canal, «o nosso combate é contra Israel, criado pelo imperialismo para destruir o nosso pan-arabismo, tal como destruiu a Palestina». O fraseamento era de grande significado. O inimigo era o imperialismo, uma palavra que Nasser roubara ao léxico do leninismo mas que agora significava a Europa e os Estados Unidos – por outras palavras, o «Ocidente» – e o objectivo era não apenas destruir a satrapia que o imperialismo estabelecera no coração do *dar al-Islam*, mas também criar um mundo árabe unido e de grande pendor secular – dominado pelo próprio Nasser –, «do Oceano Atlântico ao Golfo Pérsico»[127].

Nasser tornou-se um herói do mundo árabe, um holofote iluminando o futuro, uma demonstração da capacidade dos Árabes unidos não só para destruírem Israel, mas para confrontarem todo o mundo ocidental nos seus próprios termos. Mais de um século antes, Rifa Rafi al-Tahtawi chegara à conclusão de que a força do Ocidente residia menos nas suas proezas tecnológicas ou na sua ciência secularizada, que podiam, na sua perspectiva, ser facilmente replicadas por uma sociedade islâmica, e mais no patriotismo ocidental. Se os muçulmanos conseguissem emulá-lo, argumentou ele, adquiririam «os meios para diminuírem o fosso entre as terras do Islão e a Europa»[128]. Seria uma afirmação devastadoramente eficaz, embora fosse também a negação daquilo que mantivera o Islão unido durante séculos, ainda que instavelmente. Ao abandonar a singularidade da comunidade muçulmana – a *umma* –, Rifa Rafi al-Tahtawi e os novos líderes árabes por ele inspirados viraram as costas ao universalismo e cosmopolitismo que haviam feito do califado uma grande civilização. Foi uma inspiração trágica. Em meados do século XX, praticamente a última coisa de que o mundo muçulmano necessitava era dos arrebiques do nacionalismo europeu.

Todavia, um por um, os Estados árabes caíram sob o seu feitiço, auxiliados e aprovisionados, onde interessava, pela União Soviética. Durante a década de 50, a Síria ficou cada vez mais sob o controlo do Partido Ba'th («Renascimento»), fundado, em 1947, por dois jovens intelectuais sírios, Salah al-Din Bitar e Michel Aflaq, um cristão educado em Paris e que rapidamente se tornou o principal ideólogo do partido e, mais tarde, o seu secretário-geral. Tal como Nasser, Aflaq pregava um novo nacionalismo pan-arábico, uma «nação árabe indivisível», que afirmava não só as raízes muçulmanas de toda a sociedade árabe, como também, ainda mais enfaticamente, as raízes árabes do Islão. «Maomé», disse ele, «foi o epítome de todos os Árabes […] pois que todos os Árabes sejam hoje Maomé». Este era o Ba'th arábico. E tal como veremos, iria contrastar agudamente com o posterior «Ba'th islâmico», cujos ideais inspirariam a maioria dos movimentos revivalistas islâmicos após a década de 60[129]. Na prossecução deste ideal de unidade árabe, o Partido Ba'th apelou não apenas a uma aliança mais estreita, mas sim a uma união com o Egipto. No dia 2 de Fevereiro de 1958, a Síria e o Egipto fundiram-se na República Árabe Unida (mas não durou muito tempo; em Fevereiro de 1966, o Partido Ba'th, mais radicalizado, forçou Michel Aflaq ao exílio e, através de um golpe militar, apoderou-se do poder, no qual se mantém desde então)[130].

Em Julho de 1958, o rei Faisal II do Iraque, o último apoiante de políticas pró-ocidentais de algum significado, foi destronado por um grupo de oficiais liderado por um nasserita assumido, Abdul al-Karim Quasim. Os Estados mais poderosos do mundo árabe encontravam-se agora nas mãos de líderes nacionalistas modernizadores, todos eles apoiados pela União Soviética, todos eles determinados a expulsarem definitivamente da região as antigas potências colonialistas ocidentais. Mas cinco anos mais tarde, Quasim foi derrubado e o seu lugar ocupado por Abd al-Salam Aref e, quando este morreu, pelo seu irmão, Abd al-Rahman Aref. Todavia, o Partido Ba'th assumiu o controlo em 1968, e em 1979 o poder estava nas mãos sangrentas de um homem, da sua família e dos seus clientes: Saddam Hussein.

Saddam tratou de unificar um Estado que, na realidade, era muito pouco unido. Sendo sunita, a sua principal abordagem ao problema foi suprimir, o mais completamente e brutalmente possível, a oposição xiita e curda, não por razões de ordem religiosa mas porque os sunitas eram o único grupo em cuja lealdade podia confiar. Nas décadas de 70 e 80, Saddam deu também início a uma campanha ideológica destinada a persuadir os povos do Iraque de que se podiam identificar com algo mais antigo e mais cativante do que a infeliz coligação de sunitas, xiitas e curdos engendrada pelos Britânicos e agora mantida coesa através de uma ditadura sunita. À semelhança do xá do Irão, Saddam virou-se para o passado pré-islâmico. As antigas Babilónia, Acádia, Assíria e Suméria foram ressuscitadas na qualidade de «iraquianas», e os seus povos, há muito desaparecidos, receberam um *pedigree* «semítico» – logo, árabe – com base em dúbias associações linguísticas oriundas do século XIX, e foram devidamente celebrados como «os nossos avós» e «os nossos antepassados»([131]).

Todas estas sociedades, com a excepção parcial da Turquia, perseguiram praticamente os mesmos objectivos. Todas viraram as costas ao seu passado puramente islâmico, mesmo quando não destruíram completamente, como fez Atatürk, o poder dos *ulema*. Todas viram na modernização e na ocidentalização – embora sob orientação soviética e já não americana ou europeia – os meios para o seu ressurgimento. De modo involuntário, seguiram praticamente os mesmos passos dos sultões otomanos reformadores dos séculos XVII e XVIII. Também eles tinham adoptado as noções ocidentais de reforma. Também eles tinham modernizado e, até certo ponto, secularizado a sociedade, na mesma esperança de conseguirem derrotar os seus inimigos ocidentais. No caso otomano, como vimos, o desfecho não foi a criação do tipo de Estado que os liberais franceses e ingleses do século XIX tinham advogado. O que surgiu foi precisamente aquilo de que os europeus se tinham libertado no século XVIII: a monarquia absoluta, ou o despotismo pouco iluminado.

Os novos nacionalistas foram vítimas de um destino semelhante. Em vez de criarem as democracias liberais que tinham constituído a fonte última de sucesso das potências ocidentais, o que os Árabes colheram foram novos tipos de tiranias, igualmente importados do Ocidente. Se Selim III e Abdülmecid se revelaram versões orientais de Pedro, o Grande, ou Luís XIV, Nasser e os nasseritas eram mais parecidos com Hitler e Estaline, apesar de nunca terem denotado as fantasias genocidas de um e outro. Tal como o constitucionalista britânico Thomas Erskine May observara, em 1877, «nas mãos de governantes orientais, a civilização do Ocidente é estéril; e em lugar de restaurarem um Estado vacilante, parecem ameaçá-lo de acelerada ruína» – uma paternalista observação vitoriana, é certo, mas que as repetidas experiências pareciam desanimadoramente comprovar([132]).

A Pérsia também foi vítima desta triste sina. No dia 21 de Fevereiro de 1921, o comandante da Brigada de Cossacos persa, Reza Khan, encorajado pelos Britânicos, depôs o último representante da Dinastia Qajar. Quatro anos depois, com o apoio esmagador do parlamento, elegeu-se a si próprio xá, mudou o nome do país de Pérsia para Irão, criou uma nova dinastia baptizada numa língua estranha e tornou-se Reza Xá Pahlavi.

Tal como Atatürk, que muito admirava, Reza Xá lançou-se na modernização, na ocidentalização e na secularização do Irão. Introduziu um sistema judicial baseado em modelos franceses, o qual, à semelhança do seu homólogo turco, substituiu a *Sharia*. O uso do véu foi proibido em 1936, e ambos os sexos foram obrigados a abandonarem o vestuário persa tradicional em favor do vestuário europeu. Foi introduzido um sistema de educação ocidental, e fundada uma nova universidade. Mas à semelhança dos seus homólogos do mundo árabe, o novo xá não se tornou um líder democrático, convertendo-se rapidamente num ditador, extravagante no seu estilo de vida e autoritário na sua governação.

Estas duas características da nova dinastia foram continuadas e até exacerbadas pelo filho, Muhammad Reza Xá Pahlavi, que subiu ao trono em 1941, depois de a Grã-Bretanha e a União Soviética terem forçado Reza Xá a abdicar. A «Revolução Branca» do novo xá, financiada por um gigantesco *boom* petrolífero e destinada, como ele disse, a transformar o Irão numa «Alemanha asiática», gerou melhorias significativas na educação, na saúde e na agricultura. Mas beneficiou muito pouca gente, e o nepotismo, a corrupção e os excessos que tinham marcado o reinado anterior prosseguiram impunes.

O enfoque último das ambições destes novos ditadores nacionalistas muçulmanos – com a excepção do xá (ele não era árabe, e aos olhos de muitos muçulmanos nem sequer era muçulmano) – era a destruição do

Estado de Israel. Em finais da década de 50, Israel começara a ser visto como um Estado sucessor dos reinos cruzados do Levante. Os judeus e os «cruzados» cristãos, que os muçulmanos vinham tratando há séculos como dois inimigos distintos, fundiram-se num só. Durante centenas de anos, os judeus tinham sido tolerados e até beneficiados pelos grandes Estados islâmicos. Mas agora que os judeus se haviam convertido num instrumento do Ocidente, várias injunções apelando à sua destruição – praticamente esquecidas durante séculos – foram ressuscitadas e intensificadas. Quando perguntaram a Osama bin Laden, em Outubro de 2001, se concordava com a noção de «choque de civilizações», popularizada pelo cientista político americano Samuel Huntingdon, ele retorquiu:

> Absolutamente. O Livro [Sagrado] afirma-o claramente. Os judeus e os Americanos inventaram o mito da paz na terra. É um conto de fadas... O Profeta disse: «A Hora só chegará depois de os muçulmanos combaterem os judeus e os matarem.» Quando um judeu se esconde atrás de uma rocha ou de uma árvore, a rocha ou a árvore dizem: «Ó muçulmano! Ó servo de Alá! Está um judeu atrás de mim, vem matá-lo!» Aqueles que afirmam que haverá uma paz duradoura entre nós e os judeus são ímpios porque discordam do Livro e do seu conteúdo[133].

Escusado será dizer que nem todos os muçulmanos interpretam deste modo o *hadith* que Bin Laden citou – ou antes, deturpou –, ou o comentário mais ambíguo do Alcorão de que «...[os judeus] imitam as palavras dos seus antepassados [isto é, são politeístas]. Que Alá os combata! Como se afastam da verdade!» (Alcorão 9.30). Nem sequer todos os radicais islâmicos apelam à destruição de todos os judeus – por oposição à de todos os Israelitas. Por exemplo, o xeque Qaradawi, da Irmandade Muçulmana, sempre insistiu na necessidade de uma clara distinção entre os judeus como um dos «povos do livro» e os Israelitas como conquistadores de territórios sagrados do *dar al-Islam*. Mas para muitos árabes, entre os quais Bin Laden, Israelitas, judeus e «cruzados» ocidentais fundiram-se imperceptivelmente num inimigo comum[134]. Antes de o abrangente grupo terrorista que Bin Laden ajudou a criar e financiar se tornar al-Qaeda, «A Base», chamava-se «Frente Mundial para a *Jihad* contra os Judeus e Cruzados».

No princípio, os Árabes acreditaram que poderiam derrotar facilmente o novo Estado cruzado. Alguns terão até raciocinado que tendo os Estados

Cruzados durado menos do que um século, Israel não poderia durar muito mais. Para os muçulmanos, a história está sempre condenada a repetir-se.

O primeiro ataque árabe deu-se em 1948, no preciso dia em que Israel declarou a sua existência. Ao início da manhã de 15 de Maio, unidades regulares sírias, jordanas, iraquianas e egípcias atravessaram a fronteira e entraram na Palestina. O rei Faruq do Egipto estava tão confiante no sucesso que mandou emitir selos postais comemorativos da inevitável vitória. Mas os exércitos pan-arábicos eram caóticos e desorganizados (tal como um árabe comentou com amargura, apenas serviam para desfiles militares).

Quando os combates terminaram, em Janeiro de 1949, os Israelitas tinham ocupado o Négueb até à antiga fronteira egípcio-palestiniana, com a excepção da Faixa de Gaza, uma estreita faixa de território ao longo da costa. Apenas 21% da Palestina permaneciam na posse dos Árabes, e entre 700 000 e 750 000 palestinianos tinham sido forçados ao exílio. Perecera cerca de 1% da população judaica de Israel, mas a «Guerra de Independência» de Israel, como ficou conhecida, demonstrara a capacidade do novo Estado para sobreviver contra uma superioridade esmagadora e a crescente aversão e desespero dos seus vizinhos. Foi o princípio daquilo que em árabe é chamado *al-Naqba*: a «catástrofe».

O segundo golpe, ainda mais catastrófico, foi assestado em 1967. Desta vez, foi Israel que atacou primeiro, no seguimento de repetidos ataques terroristas apoiados pela Síria contra as suas fronteiras. A guerra durou apenas seis dias, de 5 a 10 de Junho, mas matou ou feriu 50 000 pessoas – maioritariamente Árabes. Resultou na perda de tudo o que restava da Palestina, e privou cerca de 300 000 palestinianos dos seus lares. Israel ocupou e uniu as duas partes de Jerusalém, até então uma cidade dividida, e conquistou à Síria os Montes Golan e a margem ocidental do Jordão.

A «Guerra dos Seis Dias», como veio a ser chamada no Ocidente – os Árabes chamaram-lhe *al-Naksah*, «o revés» – também destruiu o potencial militar da Síria e estilhaçou a imagem de Nasser como líder auto-nomeado de um novo mundo árabe. Além disso, destruiu praticamente todas as esperanças de unidade pan-árabe, e comprometeu o nacionalismo radical em cujo nome essa unidade deveria ter sido supostamente criada. Os conservadores sauditas chamar-lhe-iam um castigo divino pelo esquecimento da religião[135].

A derrota também impôs a todo o mundo muçulmano uma nova visão da luta entre o Islão e o Ocidente. Começou a surgir uma nova história, da qual os grandes beneficiários são Osama bin Laden e os seus seguidores. Esta história reza mais ou menos o seguinte:

Houve três cruzadas. A primeira levou os cristãos armados, sob a bandeira da cruz e na sua versão da *Jihad* – vil mas inteligível –, à Terra Santa. Foram expulsos por Saladino e seus herdeiros. A segunda – a época do imperialismo ocidental – teve início com a invasão do Egipto por Napoleão, em 1798. A terceira, que na realidade é indistinta da segunda, não é uma guerra de armas (que no entanto prossegue), mas sim de palavras e ideias. É a tentativa, também iniciada por Napoleão, de persuadir os povos do Oriente da esmagadora supremacia do Ocidente, das suas tecnologias, da sua cultura, das suas leis e das suas instituições políticas. Antes de o Exército do Oriente desembarcar nas praias de Alexandria, o muçulmano comum não tinha contacto com os Francos desde o século XIII. Consequentemente, dera como certo que os ocidentais eram tão atrasados e pobres como ele. Em 1798, os muçulmanos viram-se frente a frente com um povo infiel que era manifestamente mais rico, estava mais bem armado e instruído, e era mais confiante do que eles. Em vez de arrebatados pelo todo-poderoso abraço do Islão, conforme se esperara, os infiéis tinham triunfado e continuavam a triunfar, com cada vaga sucessiva introduzindo-se cada vez mais na *dar al-Islam*.

A resposta dos reformadores do século XIX, homens como Jamal ad-Din al-Afghani, Muhammad Abduh, que esteve com al-Afghani em Paris – onde ambos trabalharam no jornal islâmico revolucionário *O Elo Firme*, e que em 1899 se tornou o principal mufti do Egipto, o seu discípulo, Rashid Rida, futuro presidente do Congresso sírio, em 1919, Alal al-Fasi, de Marrocos, o tunisino Abd al-Aziz al-Thalabi, o argelino Abd al-Hamid ibn Badis e Muhammad Iqbal, da Índia, tinham tentado modernizar o Islão de dentro[136]. O seu objectivo tornou-se conhecido por salafismo, o qual, ao revelar as raízes do modernismo que se acreditava estarem nas tradições dos antepassados (*salaf*) do Islão, procurava combinar a religião com a recém importada doutrina europeia do nacionalismo, na esperança, tal como disse al-Afghani, «de que o Islão, não deixando de ser o Islão, consiga um dia quebrar as suas grilhetas e progredir resolutamente na senda da civilização, à maneira da sociedade ocidental»[137].

Mas a sua jovem e brilhante visão nacionalista fora traída e os seus visionários haviam sido transformados em torturadores e assassinos, por sua vez torturados e assassinados por outros. O culminar desta descida ao Inferno haviam sido as desastrosas revoluções iniciadas pelos Jovens Turcos, traidores ao sultão-califa otomano e que, embora se reclamassem de muçulmanos, tinham efectivamente destruído a ordem tradicional do mundo islâmico. Os pobres dos Árabes, iludidos, acreditando que os Aliados ocidentais cumpririam as suas promessas de os libertarem de um soberano otomano que se tornara corrupto e vil, tinham dado por si, no fim da Primeira Guerra Mundial, «vendidos como escravos», enquanto os infiéis desmembravam o mundo árabe e o dividiam numa série satrapias governadas em função dos seus interesses: judeus na Palestina, alauítas heterodoxos (que são aparentados aos xiitas) na Síria, e cristãos maronitas no Líbano[138].

Sem se deixar desencorajar por esta experiência do que o Ocidente e todos os seus modos tinham verdadeiramente para oferecer, surgira outra geração de líderes nacionalistas, desta vez inspirados não pelo liberalismo nem pela democracia, mas por vários tipos de marxismo-leninismo. Mas tinham seguido o caminho dos seus antecessores. A União Soviética, que em 1918 virara as costas ao imperialismo dos czares russos, revelara-se outro falso amigo. Não obstante toda a sua atractividade para os destituídos, o marxismo continuava a ser um credo ocidental. Em 1969, Muhammad Jalal Kishk, um prolífico polemista com ligações à Irmandade Muçulmana, escreveu: «Marx não apelou a uma nova civilização; ele é um filho fiel da civilização ocidental [...]. Marx acreditava nos valores e na história da civilização ocidental; tinha orgulho nessa história, que considerava um triunfo da humanidade na sua marcha até à vitória final»[139]. Em termos gerais, Kishk tinha obviamente razão.

A fase seguinte e final desta história será o renascimento do Islão, a única força capaz de unir o mundo muçulmano e de resistir ao continuado assalto do neo-colonialismo ocidental. Mas esse Islão não pode ser a coisa débil e anémica na qual os reformadores o transformaram. Terá que ser puro, liberto de todas as excrescências que lhe surgiram no decorrer de séculos de tentativas de entendimento com o Ocidente ateu. Terá que exibir toda a força da *Sharia*. Para Hasan al-Banna, o fundador da Irmandade Muçulmana, que durante muito tempo sustentou uma sociedade separada no seio do Egipto, providenciando muitas coisas que o Estado não podia ou não queria providenciar – hospitais, escolas, fábricas, organizações assistenciais –, o conceito ocidental de governo democrático secular era um forma de blasfémia.

Embora tivesse sido discípulo de Muhammad Abduh, cuja doutrina era a negação de todo e qualquer literalismo, al-Banna insistiu que só o Islão compreendera plenamente que Deus desejava que as Suas criaturas apenas fossem governadas pelos Seus ditames, e não de acordo com os inconstantes caprichos de simples humanos. «É da natureza do Islão dominar, não ser dominado», declarou ele, «impor a sua lei a todas as nações e estender o seu poder a todo o planeta»[140].

Esta visão da relação entre o Oriente muçulmano e o Ocidente – primeiro cristão e depois secular – embora necessariamente demasiado esquemática, é muito mais do que uma simples distorção. À medida que o seu mundo ruía, os muçulmanos, seguindo o exemplo dos Otomanos, viraram-se desesperadamente para o passado. Ao contrário das sociedades asiáticas não muçulmanas, obviamente a China e o Japão, que haviam emergido em triunfo após um breve período de domínio ocidental, as sociedades muçulmanas não tinham falhado por estarem totalmente mal equipadas para virarem a seu favor as normas e tecnologias ocidentais. Tinham falhado por abandonarem e traírem os antigos costumes, ou seja, tinham-se desviado do caminho que lhes fora indicado pelo Profeta. Ao tentarem tornar-se monarcas constitucionais, nacionalistas seculares, liberais ou marxistas, tinham deixado de ser muçulmanos.

Deus, que em finais da década de 60 tinha sido banido da esfera pública em quase todo o mundo, fez uma súbita e violenta reaparição. Mas Deus, como todos os deuses, é notoriamente incapaz de se ajudar a Si próprio. Consequentemente, as Suas criaturas têm que agir por Ele. Na década de 1880, Afghani avisara os Egípcios:

> Se alguém perguntar: «Se a religião islâmica é como dizes, porque estão os muçulmanos em tão triste condição?», responderei: Quando eram verdadeiramente muçulmanos, foram o que foram e o mundo testemunha a sua excelência. Quanto ao presente, contentar-me-ei com o texto sagrado: «Na verdade, Deus não muda o estado de um povo enquanto ele não se mudar a si próprio por dentro»[141].

Esta lógica não é muito boa, mas é uma mensagem que gerações posteriores de muçulmanos pobres, do Egipto ao Irão, têm levado muito a sério. Mas para eles não é tanto a mudança interior que é necessária, mas sim a exterior. Com o decorrer dos anos e os sucessivos fracassos das experiências de modernização, o «movimento nacionalista e religioso» que sir Cecil Spring-Rice vislumbrara sob uma forma nebulosa no Irão, em 1907, tinha-se convertido na última tábua de salvação de uma civilização outrora grandiosa para inverter a humilhação e o desespero no qual soçobrara.

Apropriadamente, foi sobre o Irão, que parecia o mais seguro dos novos Estados nacionais muçulmanos e era o único a não ter sido atingido pela humilhação da Guerra dos Seis Dias, que se abateu o primeiro golpe. A ambição do xá de criar uma «Alemanha asiática» deixara a maioria do seu povo desorientada e insatisfeita. Ele fizera o seu melhor para limitar o poder e a riqueza da comunidade religiosa, mas não providenciara nenhuma alternativa para os bens, caridade e auxílio em alturas de necessidade – por outras palavras, assistência social – que a mesquita tradicionalmente oferecera. A extravagância do seu estilo de vida pessoal, acompanhada nos mais minuciosos pormenores pela salivante imprensa sensacionalista ocidental, deprimia e repugnava muitos dos seus compatriotas, inclusivamente os seus potenciais apoiantes de classe média. E também alienou muitos dos seus potenciais aliados ocidentais, que o viam cada vez mais como indistinto dos inúmeros ditadores que tinham arruinado muitos Estados africanos e latino-americanos. A partir de finais da década de 60, começou a ganhar força uma oposição que se inspirava nos ideais seculares marxistas e fundamentalistas islâmicos. O seu improvável líder era um idoso e azedo *ayatollah* exilado em Paris, de nome Ruholla Khomeini.

O xá subestimara seriamente o nível de hostilidade que a sua «Revolução Branca» originara, particularmente entre os *ulema*, ainda imensamente influente. Quando um visitante estrangeiro lhe perguntou a que se devia uma manifestação de protesto à frente do palácio real, em Teerão, ele retorquiu laconicamente, «São só alguns *mullahs*, a carpirem pelo século XI»(*). Foi uma boa resposta, mas a indiferença que revelava seria a sua desgraça. Em 1978, eram cada vez mais os iranianos que carpiam pelo século XI. Não eram apenas os camponeses e o proletariado descontente sem nada a perder e tudo a ganhar com a promessa de Khomeini de uma revolução islâmica; a classe média e os militares, que tinham sustentado o regime e mais beneficiado com ele, aderiam em número crescente à oposição.

Mas nem eles nem os intelectuais de esquerda europeus e americanos que viam no *ayatollah* um novo Lenine ou Mao compreendiam bem – ou compreendiam sequer – o que se iria ser gerado pela forte mistura de Islão com populismo congeminada por Khomeini. No Irão, praticamente ninguém lera as palestras de Khomeini – e no Ocidente muito menos –, publicadas com o título de *Governo Islâmico*. E mesmo que as tivessem lido, dificilmente poderiam ter acreditado que na segunda metade do sécu-

---

(*) O século de ouro do Império Seljúcida. (*N. do T.*)

lo xx, um líder político popular e respeitado, apesar de servo de um credo religioso obscuro e ignorado, se propusesse usar a sua influência para ressuscitar as leis e costumes de uma primitiva comunidade do deserto. Mas era precisamente isso que ele pretendia fazer.

No dia 16 de Janeiro de 1979, após um ano de tumultos, o xá e a sua rainha abandonaram apressadamente o país – como o «Holandês Voador», comentou Henry Kissinger –, para nunca mais voltarem. Khomeini regressou do exílio ao encontro de uma recepção jubilosa, e lançou-se imediatamente na tarefa de transformar o novo Império Aqueménida ocidentalizado do xá numa república teocrática. O novo Irão basear-se-ia no *Velayat-e faqih*, o «Governo dos Juristas», e seria administrado pelos membros da classe clerical – sempre mais poderosa no Islão do que em qualquer outro lugar do mundo muçulmano – enquanto verdadeiros herdeiros do Profeta e em estrita conformidade com a *Sharia*. Exceptuando o petróleo e o armamento moderno ao seu dispor, a sociedade deveria assemelhar-se o mais possível, no contexto da segunda metade do século xx, à comunidade da época de Maomé. Os *mullahs* não precisavam de continuar a carpir.

A ressurgência da religião foi acompanhada pela ressurgência das aspirações universalistas do Islão, que assumiram a forma não de um levantamento político contra um odiado tirano ocidental, mas de uma *Jihad* mundial em nome de todos os muçulmanos, xiitas e sunitas, em todo o lado, contra todos os povos do Ocidente. A mensagem universal da nova Revolução Islâmica ecoou por todo o globo. Toda a luta, por muito local que fosse, da Bósnia à Chechénia e da Somália às Filipinas, tornou-se apenas mais uma faceta do contínuo combate maniqueísta entre as forças universais do Islão, apoiadas por Deus, e aquilo que Khomeini designava por «Grande Satã» – referia-se aos Estados Unidos. Mas na sua mente, os Estados Unidos eram apenas a manifestação mais recente do Cruzado Ocidental.

No centro da luta continuava a estar o conflito israelo-palestiniano. No entanto, esta contenda deixara de ser uma luta por um pedaço de terra. Tornara-se uma Guerra Santa, obrigatória para todos os muçulmanos, independentemente das suas origens étnicas, uma batalha para reconquistar uma parte crucial da *dar al-Islam* que estava nas mãos dos infiéis. Tal como expressa a carta fundadora da organização terrorista palestiniana Hamas, «quando os nossos inimigos usurpam parte da Casa do Islão, a *Jihad* torna-se um dever obrigatório para todos os muçulmanos»([142]). Aquilo que para os nacionalistas fora uma traição aos Árabes que deveria ser corrigida através da unidade pan-árabe, tornou-se uma traição a todos os muçulma-

MUNDOS EM GUERRA

nos, a maioria dos quais não é árabe, e muitos dos quais nem sequer vivem na «Casa do Islão». A Palestina, o Afeganistão e o Iraque não são teatros de guerra separados, e já não existem várias lutas – se é que alguma vez existiram – mas uma só. Tornou-se possível um indivíduo de origem paquistanesa, nascido na Grã-Bretanha e falando unicamente inglês, fazer-se ir pelos ares numa radiosa tarde londrina, em 8 de Junho de 2005, em retaliação pelas humilhações infligidas sobre povos dos quais ele nada conhecia, em distantes partes do mundo que ele nunca visitara.

Em 1979, enquanto o xá partia para o que se revelou um breve e desconfortável exílio, outra potência «ocidental», a União Soviética, invadiu outra parte da Casa do Islão, o Afeganistão, numa tentativa para apoiar um governo comunista debilitado e impopular contra insurrectos islâmicos patrocinados pelo Paquistão. O mundo muçulmano sentiu-se ultrajado. A União Soviética declarou-se «respeitosa pelos sentimentos religiosos das massas [...] «estendendo a mão da solidariedade e amizade a todos os muçulmanos na sua luta contra as forças imperialistas»([143]). Mas a decrépita linguagem do anti-imperialismo leninista já não impressionava ninguém, e muito menos os «islamitas» – assim vieram a ser chamados –, que a associaram ao nacionalismo falhado dos odiados regimes secularizantes. A invasão apenas confirmou, se é que era necessária alguma confirmação, que os soviéticos estavam a repetir o que os Russos czaristas tinham feito antes deles durante séculos – guerrear os muçulmanos para aumentarem o seu controlo sobre a Ásia Central.

A guerra no Afeganistão atraiu muçulmanos militantes de todo o globo. Foi um movimento no qual os Estados árabes amigáveis para o Ocidente, tais como a Arábia Saudita – que oferecia a cada potencial *mujahidin* 70% de desconto nos voos da Saudi Airlines para Peshawar, no Paquistão – e o Egipto, participaram entusiasticamente, dado que, como declarou Sadat, o presidente egípcio, «são nossos irmãos muçulmanos e estão em apuros»([144]) (mas esses recrutas fizeram muito pouca diferença. O seu principal contributo, em Março de 1981, após a partida do Exército Vermelho, foi cortar prisioneiros afegãos «ateus» aos bocados e metê-los em caixas, um acto que deixou consternados os *mujahidin* afegãos)([145]). A guerra também foi apoiada pelos Estados Unidos e por Israel; os primeiros porque viram – e comprovou-se que bem – que poderia ser um meio para debilitar o regime soviético, e o segundo, em parte, para agradar aos EUA, e também porque o conflito prometia canalizar algumas das forças da oposição palestiniana para fora da Palestina.

Em Fevereiro de 1989, as forças soviéticas abandonaram o combate e retiraram. O mundo muçulmano acreditou que se tratara de uma vitória magnífica. Uma associação pouco coesa de irregulares inexperientes e mal instruídos (mas extremamente bem equipados, graças à CIA) pusera de joelhos uma das superpotências infiéis. Em 1994, após cinco anos de lutas intestinas entre as várias forças *mujahidin*, os talibãs, um grupo de *mullahs* e ex-estudantes, todos eles veteranos de guerra, defensores de uma versão do wahhabismo mais extremista do que qualquer das anteriores, guindaram-se ao poder. Muitos muçulmanos condenaram o reino de terror que eles desencadearam de imediato sobre a infeliz população afegã em nome da pureza islâmica. Contudo, embora os talibãs possam não ter sido do agrado de muitos militantes islâmicos, a sua espantosa vitória apontou o caminho para o dia em que o grande Estado islâmico englobaria todo o mundo. Pelo menos para os militantes, parecia que a luta entre o bem e o mal, entre o Oriente islâmico e o Ocidente cruzado e imperialista começava finalmente a ser resolvida, e a seu favor.

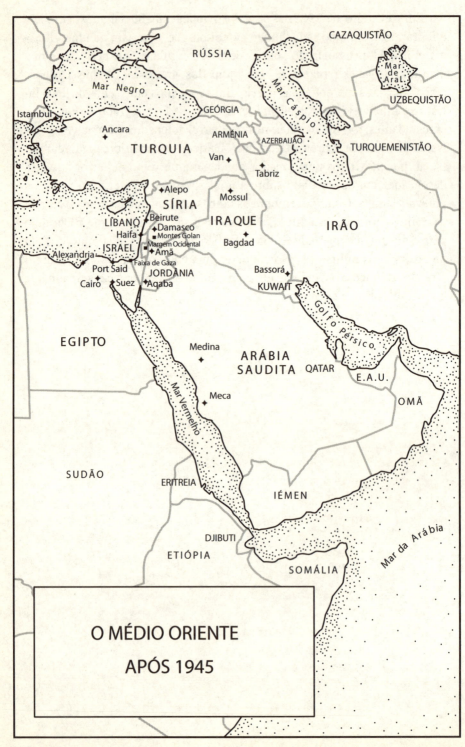

Mapa 5

Capítulo 12

Epílogo: O Futuro

I

As esperanças suscitadas pela derrota do Exército Soviético no Afeganistão foram de curta duração. Em 1991, na Guerra do Golfo, assistiu-se, pela primeira vez desde a Crise do Suez, à invasão de um Estado árabe por uma aliança esmagadoramente ocidental. Embora os Aliados incluíssem os Sauditas e outras nações árabes e muçulmanas, e a invasão se destinasse a expulsar o regime de Saddam Hussein – que muitos muçulmanos devotos consideravam apóstata – de outro Estado árabe, era uma guerra ocidental, travada contra uma população maioritariamente muçulmana. Não que algum dos grupos islâmicos radicais morresse de amores pelo regime kwaitiano. Um dos mentores de Osama Bin Laden, o destacado médico egípcio Ayman al-Zawahiri, disse que o Kuwait não passava de «um oleoduto pilhado pelos Estados Unidos»[1]. Vários líderes islamitas, entre os quais o xeque Tamini, veterano da Guerra do Afeganistão, chegaram mesmo a apoiar a ocupação do Kuwait por Saddam, com a justificação de que podia ser considerada uma guerra contra a América. Mas muitos, incluindo o próprio Bin Laden, condenaram-na como um acto de guerra de um Estado muçulmano contra outro, algo que o Profeta desencorajara fortemente. «Sabei que todo o muçulmano é irmão de um muçulmano», terá ele dito quase com o seu último alento, «e que os muçulmanos são uma irmandade; as lutas entre eles devem ser evitadas»[2].

E também foi uma guerra que não tardou a ser vista como parte da grande conspiração israelo-americana para dominar todo o Médio Oriente. Numa *fatwa* (opinião legal) datada de 23 de Fevereiro de 1998, Bin Laden declarou que «a melhor prova» de que os desígnios dos Americanos e da «aliança entre cruzados e sionistas» no Médio Oriente eram «servir o Estado judaico e desviar as atenções da sua ocupação de Jerusalém e do assassínio dos muçulmanos da cidade» era a sua aparente ânsia de «destruição do Iraque, o mais forte dos Estados árabes vizinhos»([3]).

Saddam justificou inicialmente a invasão com base na integridade nacional iraquiana, sem no entanto mencionar que o emirato do Kuwait, que ele estava supostamente a tentar reintegrar na «pátria», nascera duzentos anos antes de os Britânicos congeminarem o moderno Estado do Iraque. Mas quando a guerra lhe começou a correr mal, ele reclamou, cada vez mais exageradamente, ser o paladino do Islão universal. Apresentou-se como um muçulmano devoto, um acérrimo inimigo do sionismo (isto vindo de um homem que em 1958 garantira aos Israelitas que «nenhum líder árabe anseia pela destruição de Israel») e um ardente pan-arabista, e ainda, como vimos, como um novo Saladino, defendendo as terras sagradas do Islão contra os infiéis.

Poucos muçulmanos se deixaram convencer, e os mais radicais não terão esquecido que, em 1980, Saddam executara o economista Baqir al-Sadr, um importante ideólogo da resistência xiita islamista ao nacionalismo ba'thista. A maioria considerou a guerra de Saddam o que ela efectivamente era: a sua tentativa de se apoderar de um território rico em petróleo numa altura em que a economia iraquiana estava a ruir sob o peso da corrupção, da má gestão e do fardo de uma guerra prolongada e inconclusiva contra o Irão.

O Ocidente também conseguiu virar os argumentos nacionalistas de Saddam contra ele. O Kuwait não era nem nunca fora uma província do Iraque. Consequentemente, a sua invasão constituía uma violação de um Estado soberano por outro, algo que as Nações Unidas e, num sentido mais lato, a «comunidade internacional», não poderiam tolerar passivamente (ainda que, na célebre observação do comandante americano da Operação «Tempestade no Deserto», o general Norman Schwarzkopf, se o Kuwait produzisse cenouras em vez de petróleo, nunca o teriam enviado para lá).

Mas no Ocidente poucos se teriam apercebido de que embora o «Iraque», enquanto nação, fosse praticamente uma invenção ocidental, o território que o país ocupava fora outrora o coração do califado. Apesar de as tropas aliadas terem parado a 250 km de Bagdad e depois retirado, para os

EPÍLOGO: O FUTURO

islamitas, a invasão pareceu ser o início de uma nova tentativa para implantar um Estado cruzado no coração da *dar al-Islam*, algo que a subsequente invasão americana do Iraque viria a concretizar. E para piorar a situação, terminada a Guerra do Golfo, os Sauditas autorizaram o estacionamento de forças americanas perto de Meca e Medina, os lugares mais sagrados de todo o mundo muçulmano. Para homens como Bin Laden, ele próprio súbdito da Casa de al-Saud, foi a maior traição por parte de uma família que, desde que formara uma aliança com o líder religioso Ibn Abd al-Wahhab, no século XVIII, fora considerada por muitos muçulmanos como guardiã da forma mais pura da sua religião.

Em 1991, o Ocidente parecia ter reconquistado a iniciativa. Os militantes islâmicos, outrora confiantes, chegaram à conclusão de que seria necessário algo mais, algo que unisse todos os muçulmanos, afastando-os das suas quezílias intestinas e devolvendo-os à causa universal: a criação de um «Estado islâmico» que um dia reclamaria todo o mundo como seu. Não sendo possível criar facilmente outro Afeganistão, serviria um acto terrorista sensacional contra o coração do território inimigo. Várias organizações algo indistintas planearam diversos ataques contra alvos ocidentais ou contra alegados apoiantes da «Aliança Cruzados-Sionistas». Em Fevereiro de 1993, Ramzi Yousef, um jovem engenheiro de origem palestiniano-paquistanesa, colocou uma bomba no parque de estacionamento do World Trade Center, em Nova Iorque, que abriu uma cratera de 14 m² no rés-do-chão de um edifício e matou seis pessoas. Em 1996, uma bomba destruiu as Khobar Towers, um complexo residencial militar americano na Arábia Saudita, matando dezanove militares dos EUA. Dois anos mais tarde, as embaixadas americanas em Nairobi e Dar es Salaam foram atacadas com carros-bomba, com um intervalo de quatro minutos entre os dois ataques. Depois, no dia 12 de Outubro de 2000, um navio de guerra americano, o USS *Cole*, ancorado no porto de Adem para um rotineiro reabastecimento de combustível, permitiu aparentemente a aproximação de uma pequena embarcação carregada de explosivos. O rebentamento abriu um buraco com 12 m de comprimento no casco de aço, cuja blindagem tinha 13 mm de espessura, e atingiu o refeitório, matando dezassete tripulantes que estavam na bicha para o almoço.

Mas o ataque mais devastador ocorreu em 11 de Setembro de 2001. Com a destruição do World Trade Center, em Nova Iorque, foram derrubadas as torres mais altas do mundo, símbolos, para a maioria dos muçulmanos, da agressão ocidental e do gigantesco poder das economias ocidentais

MUNDOS EM GUERRA

– «as espantosas torres simbólicas», chamou-lhes Bin Laden, «que falam de liberdade, direitos humanos e humanidade»([4]). O Alcorão prometera: «Onde quer que estejais vos alcançará a morte, ainda que estivesses guardados em torres bem construídas, elevadas» (Alcorão 4.78). E assim aconteceu. Um alvo situado nas profundezas do território do «distante inimigo» fora destruído por um pequeno punhado de «mártires», provocando a perda de milhares de vidas infiéis (e de algumas muçulmanas).

Bin Laden e os seus associados ficaram extáticos([5]). Ele terá alegadamente dito nunca ter esperado que a missão fosse tão bem sucedida. Muitos muçulmanos regozijaram-se com ele, até que aqueles que, noutras circunstâncias, poderiam ter tido alguns escrúpulos em relação a ceifar vidas inocentes – se é que eram consideradas como tal –, algo que é naturalmente tão proibido pelo Islão como por todas as outras religiões. Um estudante universitário que estava sentado num MacDonald's, no Cairo, a ler o *Wall Street Journal*, recordou que quando se souberam as notícias, «Toda a gente festejou. As pessoas buzinavam e gritavam que a América tivera finalmente o que merecia»([6]). Não foram os únicos a pensar assim.

Enquanto o mundo ocidental lutava para recuperar do horror das imagens infindavelmente repetidas, transmitidas para milhões de televisores em todo o globo, das torres em chamas ruindo lentamente sobre as pessoas que se encontravam nas ruas, Ayman al-Zawahiri distribuiu através da Internet um texto intitulado «Cavaleiros sob a Bandeira do Profeta». O golpe fora desferido, explicou al-Zawahiri, para mobilizar as massas muçulmanas, desalentadas e inactivas desde o fim da Guerra do Golfo, de forma a mostrar-lhes que os militantes islâmicos conseguiam infligir danos aos Estados Unidos, o inimigo mais poderoso das sociedades muçulmanas de todo o mundo e pilar dos regimes apóstatas do Médio Oriente e do Norte de África. O ataque demonstrara que a democracia liberal ocidental era fraca e moralmente corrupta, e que todos os governos do mundo ocidental não tardariam a ir pelo mesmo caminho que as torres gémeas. Agora, bastaria uma renovação mundial da *Jihad*, do Paquistão às Filipinas, que deveria ser travada por todos os muçulmanos, dentro e fora da Casa da Guerra. O método privilegiado seria o terrorismo, porque a destruição das torres mostrara que se tratava da «única linguagem que o Ocidente compreende».

No dia 7 de Outubro, no primeiro vídeo enviado à cadeia televisiva árabe al-Jazeera desde os ataques, al-Zawahiri apareceu sentado ao lado de Bin Laden, à entrada de uma caverna algures no Afeganistão, usando um turbante (algo invulgar para um pediatra egípcio) e as roupas preferidas

492

EPÍLOGO: O FUTURO

dos actores das telenovelas egípcias que têm por tema a vida e a época do Profeta. Para sublinhar o ponto no qual os islamitas insistem incansavelmente – que o terrorismo é efectivamente a nova fase de uma guerra que remonta pelo menos às Cruzadas –, al-Zawahiri chamou a 9/11 «o dia verdadeiro, o dia sincero, o dia do desafio: chegou o vosso dia de glória». «Começou uma nova época na história do Islão», disse ele para a câmara, «uma nova batalha pela fé, como as batalhas de Hattin e Ain Jalut [a vitória de 1260 sobre os Mongóis], e a conquista de Jerusalém. Esta nova época começou, apressai-vos a defender a honra do Islão»[7].

Embora 9/11 não tenha provocado o anunciado apocalipse, a retaliação ocidental – a destruição do regime talibã, liderada pelos Americanos, e a invasão e ocupação do Iraque – ajudou a difundir a perspectiva dos militantes de que o mundo inteiro está envolvido numa luta de morte entre o Islão e o Ocidente, e tudo o que o Ocidente sempre representou – governo secular, democracia, direitos individuais, livre-arbítrio e igualdade dos sexos. As sociedades islâmicas moderadas e os regimes muçulmanos de pendor mais secular, ou pelo menos os regimes mais favoráveis ao Ocidente – Iémen, Sudão, Arábia Saudita, Argélia, Egipto, Jordânia, Paquistão, Filipinas, Indonésia – também têm sido afectados pela influência crescente de formas extremistas do Islão, e os jihadistas continuaram a atacar alvos «nas profundezas da Europa cruzada»: em Madrid, em Março de 2004, e em Londres, em Julho de 2005[8].

Cada um destes ataques tem alargado o conceito de inimigo. Primeiro, o inimigo foi uma religião: o cristianismo, o judaísmo. Depois, passou a ser uma potência específica: os Britânicos, os Franceses, os Americanos. Agora, é simplesmente o «Ocidente». A resposta ocidental tem sido variada. Com cada ataque, aumenta a hostilidade não apenas aos extremistas islâmicos, mas também ao Islão em geral. E esta hostilidade alimenta inevitavelmente a convicção dos muçulmanos – inclusivamente dos mais moderados – de que a civilização ocidental, independentemente da forma que possa assumir, está apostada na sua destruição total. No entanto, muitos intelectuais ocidentais têm continuado a insistir que os sentimentos religiosos partilhados outrora existentes ao longo das fronteiras entre o Islão e a Cristandade, e a tolerância da sociedade muçulmana para com a existência de cristãos e judeus no seu seio, prova a existência de um mundo partilhado, que o endurecimento das demarcações entre Ocidente e Oriente é um fenómeno recente – muito por culpa do Ocidente e do colonialismo ocidental – e que pode ser facilmente invertido pelos homens de boa vontade[9].

MUNDOS EM GUERRA

Muitos muçulmanos, até os que vivem nos Estados que se encontram na linha da frente, comungam desta convicção – ou esperança – de que a inimizade entre o Ocidente secular (ou cristão) e o Islão pode ser sanada através do diálogo, pelo respeito e pela compreensão mútuos. Mas para outros, muitos dos quais são, infelizmente, os que mais se querem fazer ouvir, toda esta conversa de diálogo e compreensão não passa de outra forma de ocidentalização. Quem diz que a tolerância, o diálogo e a compreensão são virtudes? A resposta é sempre a mesma: os ocidentais seculares. A religião do Profeta não é uma religião de conversões educadas. É uma religião de submissão – afinal de contas, não é isto que implicam as palavras «Islão» e «muçulmano»? Acreditar noutra coisa é cair na armadilha que Napoleão, com a sua combinação de Islão e Direitos do Homem, tentara montar aos Egípcios. Bastará açucarar as modernas crenças ateias com uma dose suficiente do Alcorão para que, mais tarde ou mais cedo, depois de serem persuadidos a abraçar a igualdade, a liberdade individual, a auto-expressão, os direitos individuais e todas as outras pedras de toque da sociedade ocidental, os pobres muçulmanos se dêem conta de como os seus antigos costumes sempre foram toscos, brutais e primitivos. Mawlana Abdullah Mawdudi, um dos fundadores da Jamaat-e Islami (Sociedade Islâmica), na Índia, em 1941, e um dos mais reverenciados mestres dos islamitas modernos, escreveu o seguinte acerca daqueles que privilegiam a reconciliação e o apaziguamento: «Toda essa gente, no seu zelo mal informado e mal orientado para servir o que julgam ser a causa do Islão, está sempre a tentar demonstrar que o Islão encerra os elementos de todos os tipos de pensamento e acção sociais e políticos contemporâneos».

Mas isso era um absurdo, insistiu ele, que não derivava de uma convicção, mas sim de um «complexo de inferioridade» que levara os seus irmãos muçulmanos a acreditarem que «só poderemos [...] merecer honra ou respeito se conseguirmos demonstrar que a nossa religião se assemelha aos credos modernos e está de acordo com a maioria das ideologias contemporâneas»[10]. Numa veia mais estridente, o imã Kadhem al-Ebadi Nasseri disse à sua congregação, em Bagdad, em Maio de 2003: «O Ocidente quer distrair-vos com *slogans* reluzentes como liberdade, democracia, cultura e sociedade civil». Não lhe dêem ouvidos, gritou ele, pois «foi através destes conceitos que a corrupção infiel penetrou na nossa sociedade»[11].

Para Mawdudi, isto não significava rejeitar a democracia ocidental, se apenas se entendesse pelo termo um governo popular e electi-

EPÍLOGO: O FUTURO

vo, do tipo que se julgava ter existido em Medina durante a vida do Profeta([12]). O que significava era rejeitar o secularismo ocidental que acompanhara e que, aos olhos dos muçulmanos, fora principalmente a consequência e não a condição da criação do moderno Estado liberal democrático. E isto significava efectivamente rejeitar aquelas que são, afinal, as premissas básicas de todas as formas de democracia moderna e antiga: a soberania pertence ao povo e não, ao contrário do que tem que ser no Islão, a Deus. O futuro Estado islâmico concebido por Mawdudi basear-se-ia numa liderança devidamente eleita, mas não seria obrigado pelas leis que essa liderança pudesse fazer, mas unicamente pelas leis de Deus, isto é, pela *Sharia*. Mawdudi chamou-lhe «Califado democrático adorador de Deus» – o que parece uma contradição – e «teodemocracia»([13]). Aquilo que ele tinha em mente não era muito diferente da forma assumida pela moderna República do Irão (nem muito diferente do que muitos fundamentalistas cristãos desejariam para os Estados Unidos, não fosse a impossibilidade de construir algo semelhante à *Sharia* a partir da Bíblia).

As opiniões de Mawdudi eram partilhadas por, entre outros, Sayyid Qutb, que é, em muitos aspectos, o santo patrono do moderno movimento jihadista, e um pensador cuja influência sobre o Islão radical tem sido pelo menos tão grande como a de Khomeini, e cuja obra mais extremista, *Pedras Miliárias*, escrita na década de 1960, continua a ser campeã de vendas no mundo muçulmano (o irmão de Sayyid Qutb, Muhammad, foi o responsável pela instrução em estudos islâmicos que Osama Bin Laden recebeu na Universidade de Abfd-al-Azziz, em Jeddah).

Para Qutb, o inimigo era, em primeiro lugar, o Estado nacionalista árabe, em particular o Estado nasserita egípcio. A mensagem que o Profeta recebera fora «uma criação espontânea, um renascimento e uma realidade aparte» que tinham substituído e apagado todas as tradições anteriores, pagãs, cristãs ou judaicas([14]). Uma dessas tradições, nalguns aspectos a mais crucial, era a noção – inicialmente cristã mas depois mais geralmente ocidental – da separação entre religião e sociedade. O fracasso do Ocidente, tal como Qutb experimentara em primeira mão durante a sua estada nos Estados Unidos, em finais da década de 40, fora a sua incapacidade para assumir a forma de um «sistema responsável por toda a vida, ligando o reino da terra ao reino do céu»([15]). Ao adoptarem uma distinção similar entre a governação do homem e os mandamentos de Deus, os nacionalistas árabes tinham, na opinião de Qutb, mergulhado os povos árabes na condição – conhecida por *Jahiliya*(*) – existente antes da chegada do Profeta e que se equiparava agora à vida na escravidão da moderna «civilização ocidental».

Nasser e os seus acólitos eram os agentes imediatos deste processo de retrocesso. Eles e outros muçulmanos dóceis tinham «inventado a sua própria versão do Islão, diferente da que Deus e o Seu Mensageiro – que a paz esteja com ele – tinham prescrito e explicado, e chamavam-lhe, por exemplo, "Islão progressista"»[16]. Ao fazê-lo, haviam-se tornado os bombos da festa do Ocidente e da América em particular, e tinham conseguido envenenar toda a sociedade islâmica, levando-a a virar as costas à vida pura ensinada pelo Profeta e a prostituir-se em troca dos bens, dos prazeres e da moral ocidentais – em particular de ordem sexual (o sexo era algo de particularmente perturbador para Qutb, que a bordo do navio que o levava para os Estados Unidos teve um encontro infeliz com uma mulher meio embriagada. A mulher americana, escreveu ele com horrorizado fascínio, «conhece muito bem as belezas do seu corpo, do seu rosto, dos seus cativantes olhos, dos seus lábios cheios, dos seus seios salientes, das suas nádegas cheias e das suas pernas macias»)[17].

Qutb não era hostil à ciência ocidental. Nenhum islamista alguma vez foi. «O génio da Europa», reconheceu ele prontamente, «criou [...] obras maravilhosas nas ciências, na cultura, na lei e na produção material, devido às quais a humanidade se guindou muito alto a nível da criatividade e do conforto material». Não era fácil, admitiu ele, encontrar defeitos nos «inventores de coisas tão maravilhosas». O problema era que todas essas obras se tinham baseado em «tradições criadas pelo homem», e haviam eliminado todos os «valores vitais» necessários para um «verdadeiro progresso», valores que apenas se encontram no Islão. Não obstante todos os bens materiais que deram à humanidade, os valores da versão moderna do «sistema *jahiliiyyah*» estão, disse Qutb, «fundamentalmente em divergência com o Islão», e isto, «com o auxílio da força e da opressão, está a impedir-nos de vivermos a vida que é exigida pelo Criador»[18] (no Irão, enquanto esteve sob o regime do xá, apoiado pela América, este processo de corrupção era conhecido não por «ocidentalização», mas sim por «ocidentoxicação» – *gharbzadegi*[19]).

O que agora era necessário, argumentou Qutb, era uma «nova geração corânica», para de alguma forma replicar a dos Companheiros

---

(*) «Idade da Ignorância». (*N. do T.*)

EPÍLOGO: O FUTURO

do Profeta e reconstruir o Islão a partir das ruínas do nacionalismo ocidental, tal como Maomé criara a primeira *umma* a partir das ruínas do paganismo árabe[20]. Para o conseguir, seria necessário regressar a uma compreensão pura das fontes originais, o próprio Alcorão e o *Hadith*, e «a biografia do Apóstolo e as suas acções exemplares». Era isto que Qutb e os seus seguidores entendiam pelo verdadeiro significado de *salaf*, e não a apostasia liberal nem as leituras desculpabilizantes que tinham sido propostas por Afghani, Abduh e Rida. Tudo o que não fosse uma compreensão estrita – embora nem sempre muito literal – das fontes canónicas tinha que ser ignorado. Para Qutb, este repúdio incluía mesmo os grandes autores muçulmanos da Idade Média, os «filósofos do Islão», Ibn Sind, Ibn Rushd e al-Farabi, os quais, na perspectiva dele, ensinavam «apenas uma sombra da filosofia grega, estranha em espírito ao espírito do Islão»[21].

A missão desta nova geração corânica seria «afirmar a exclusiva divindade de Deus», «reconquistar o poder aos usurpadores humanos para o devolver a Deus», e declarar «a exclusiva supremacia da lei divina e o cancelamento das leis humanas»[22]. Seria esta a base do «Ressurgimento Islâmico» (*Ba'th*). A nova geração islâmica levaria tempo a atingir os níveis de sucesso material e científico do Ocidente, mas atingiria. «A distância entre o ressurgimento do Islão e a liderança mundial», avisou ele, «pode ser grande, e podem surgir muitas dificuldades pelo caminho; mas tem que ser dado o primeiro passo para o ressurgimento do Islão»[23].

Naturalmente, as autoridades egípcias, maioritariamente seculares, não viam com muito bons olhos a revogação das suas leis puramente humanas. No dia 29 de Agosto de 1966, logo após as orações do alvorecer, enforcaram Qutb, que enfrentou a morte com as palavras «graças a Deus, travei a *Jihad* durante quinze anos, até merecer este martírio»[24].

Para um verdadeiro crente, as opiniões de Qutb não são extremistas nem absurdas. Muitos cristãos poderiam argumentar o mesmo – e argumentam – contra os seus governos seculares, e contra aquilo que percepcionam como as suas próprias histórias de apostasia e secularização[25]. Em muitos aspectos, Mawdudi e Qutb eram literalistas, mas não eram o tipo de literalista militante islâmico representado pelos talibãs, daqueles que acreditam que se o Profeta tinha barba, todo o bom muçulmano deve ter barba; se o Profeta dormia de lado, todo o bom muçulmano deve dormir de lado, e assim por diante. Mas acreditavam que o único caminho aberto ao Islão seria regressar às suas raízes e libertar-se de todas as influências ocidentais, e que qualquer modificação ou diluição da mensagem original do Profeta seria uma traição ao Islão.

Mawdudi, Qutb e os seus seguidores – ainda mais radicais do que eles e que incluem a maioria dos líderes da al-Qaeda – são, em diferentes graus, os herdeiros de dois juristas e teólogos anteriores. Já conhecemos um deles, Muhammad ibn Abd al-Wahhab. No entanto, por detrás de Ibn Abd al-Wahhab encontrava-se o ainda mais influente Taqi al-Din Ahmad ibn Taymiyya, um homem cujos escritos foram frequentemente citados para justificar o assassínio do presidente egípcio Sadat, em 1981, às mãos de um grupo liderado por um jovem engenheiro electricista chamado Abdessalam Faraj, e usados pelos extremistas para apelarem ao derrube do regime saudita, em meados da década de 1990([26]).

Ibn Taymiyya nasceu em 1263, em Harran, no actual território da Turquia, não muito depois da destruição de Bagdad pelos Mongóis. Filho e neto de teólogos de distinção, era um brilhante jurista da escola Hanbalita. Era também um purista, que defendia que só eram permissíveis as interpretações mais restritivas dos textos sagrados, e escreveu um tratado condenando a lógica grega como contrária aos ensinamentos do Islão. Ibn Taymiyya participou em várias campanhas contra os Mongóis e contra o reino arménio da Ásia Menor, aliado dos Estados Cruzados do Levante. Com o passar do tempo, converteu-se num puritano intransigente, convicto de que o califado se tornara negligente e se desviara da verdadeira senda do Islão, e de que somente uma purificação das vidas de todos os que se reclamavam muçulmanos poderia recuperar a graça de Deus para a *umma*. As suas opiniões, iradas e inflexíveis como as de quase todos os puristas, valeram-lhe problemas com as autoridades e ele acabou os seus dias numa cela, em Damasco, com o acesso negado a materiais de escrita, para travar o incessante jorro de panfletos que brotara da sua pena.

Ibn Taymyyia é principalmente conhecido entre os muçulmanos radicais por ter emitido uma célebre *fatwa* contra os Mongóis. Os Mongóis tinham-se convertido ao Islão em 1295, mas na opinião de Ibn Taymyyia eram «desviados» e apóstatas devido à sua desinibida crueldade, ao modo como tratavam os seus súbditos muçulmanos, à sua habitual embriaguez, ao facto de não observarem devidamente o pilar da fé e de não viverem pela *Sharia*([27]). Consequentemente, se os Mongóis eram efectivamente apóstatas, eram puníveis com a morte. Ibn Taymyyia deu o passo (crucial) seguinte, argumentando que a guerra contra os apóstatas também pertencia à *Jihad*, e que a classificação de apóstata podia ser estendida a todos

EPÍLOGO: O FUTURO

aqueles que, independentemente do modo como vivessem a sua vida privada, ajudassem um regime apóstata ou infiel. Caso se verificasse que o tinham feito sem o saberem, eram infortunados, mas Deus redimi-los-ia no além»([28]).

A influência de Ibn Taymyyia sobre Bin Laden e os seus seguidores é evidentemente considerável. Em Fevereiro de 2001, Jamal Ahmad al-Fadl, um renegado da al-Qaeda convertido em informador do FBI, disse ao seu interrogador, em mau inglês, que «Ele [Bin Laden] diz que ibn al Tamiyeh [*sic*] faz *fatwa*. Ele disse que qualquer pessoa ao pé do tártaro [os Mongóis] compra qualquer coisa a eles e vende qualquer coisa a eles devemos matá-lo [...]. Se o matarmos, não temos que nos preocupar com isso. Se ele é uma boa pessoa, ele vai para o Paraíso e se é má pessoa vai para o inferno»([29]). O significado atribuído a esta confusa recordação foi que embora Ibn Taymyyia, em comum com todos os juristas islâmicos, tivesse proibido que se matassem os não combatentes genuínos, as vítimas de 11 de Setembro não eram consideradas inocentes. Até os muçulmanos que pereceram nas conflagrações eram, pela sua presença nas torres, apóstatas. E também o são obviamente todos os regimes, em particular o saudita, que assistiram e continuam a assistir o Ocidente.

À semelhança de Ibn Taymyyia, Ibn Abd al-Wahhab, Sayyid Qutb e Mawlana Mawdudi, os «jihadistas» modernos acreditam que a *Jihad* contra os infiéis e os seus cúmplices muçulmanos apóstatas é dever de todo o verdadeiro crente. Não pode haver reconciliação entre o mundo muçulmano e o Ocidente, cristão ou secular, apenas a absorção, como o Profeta previu, do segundo pelo primeiro.

Todos os militantes e radicais islâmicos comungam mais ou menos desta mesma perspectiva. Alguns dos seguidores de Mawdudi parecem inclusivamente ter tido uma noção territorial do que constituía o «Oriente» muito semelhante às concepções europeias de finais do século XVIII. Toda a Ásia, não apenas o Médio Oriente muçulmano mas também o Extremo Oriente chinês e japonês, está congregada num mundo cultural compatível, embora não exactamente homogéneo. Em 1969, em defesa deste argumento, Muhammad Jalal Kishk instou os seus leitores a terem em conta o crescente antagonismo entre a China e a União Soviética. Também aqui, afirmou ele, tal como no mundo islâmico, uma ideologia europeia – no caso vertente, o marxismo – mascarara brevemente as diferenças irreconciliáveis entre uma cultura ocidental e uma cultura oriental. Mas as antigas rivalidades tinham-se revelado demasiado fortes, e a China virara as costas ao seu parente ocidental e retomara, através da Revolução Cultural, a sua antiga postura «oriental»[30].

Obviamente, estas perspectivas não são típicas. Ibn Taymyyia e al-Wahhab eram extremistas e foram condenados pelos *ulema* ortodoxos do seu tempo. E as perspectivas de muitos dos seus seguidores, entre os quais Bin Laden e os líderes espirituais dos talibãs, ainda são mais radicais. Existem milhões de muçulmanos que, tal como os seus homólogos cristãos, se afastaram discretamente, o melhor possível, dos aspectos militantes e milenários da sua religião. Mas com algumas notáveis excepções – a Turquia, Marrocos, a Tunísia e talvez um dia a Bósnia –, só o mundo muçulmano parece incapaz de conciliar modos de vida e crenças religiosas tradicionais com formas de governo modernas e liberais. Porquê?

Para muitos ocidentais, a resposta tem sido praticamente a mesma. Aquilo que em última análise distingue o Oriente do Ocidente não é a religião, a história ou a cultura. É simplesmente a governação ou, num sentido mais lato, a política. Como vimos, era esta a perspectiva de Heródoto. Não era a raça nem o clima – embora pudessem ter algum peso – que distinguiam os Gregos dos Persas, mas sim uma forma singular de política, a isonomia – «a ordem da igualdade política». E são os princípios fundamentais da isonomia, hoje refundidos sob a forma da moderna democracia liberal, que mais do que qualquer outra coisa definem o «Ocidente» aos olhos dos muçulmanos e dos não muçulmanos. O problema da sociedade muçulmana, dizem os ocidentais, não é o Islão, que muitos consideram uma religião essencialmente pacífica, muito como o cristianismo é em teoria, ainda que raramente na prática. O problema são os regimes tirânicos e não representativos muçulmanos, e poucos deles – se é que algum –, com a notável excepção do Irão, se podem reclamar como autenticamente islâmicos. Convertam-se em regimes democráticos, e o Islão militante deixará de exercer qualquer atracção.

De acordo com esta leitura excessivamente optimista da história islâmica, não existe nenhuma razão pela qual as sociedades muçulmanas não se possam adaptar, como fizeram as cristãs, a formas de governo democráticas. Os defensores da exportação das instituições democráticas para todo o mundo partem do princípio de que todo o ser humano – independentemente da sua raça, credo ou passado – deseja, acima de tudo, a liberdade individual. Este é e tem sido, desde há séculos, um princípio inalterado da civilização europeia. Pode ser facilmente defendido. Porém os pressupostos que dele têm frequentemente derivado são mais difíceis de defender.

Epílogo: O Futuro

Um deles é que depois de instalados os rituais e instituições da democracia liberal – e isto tem frequentemente significado, como no caso do Iraque, uma eleição –, existirá necessariamente algo passível de ser descrito, em termos gerais, por «liberdade». E depois de um povo ter provado a liberdade, nunca mais olhará para trás. Este raciocínio não é inteiramente falso. Existem muitas regiões do mundo – por exemplo, a China – onde as exigências de algum tipo de governo representativo e de alguma liberdade política são permanentes e constantes, não obstante o sucesso do sistema em vigor na criação de riqueza e estabilidade.

O problema inerente à maior parte das tentativas de alteração para um regime democrático é o facto de se basearem quase sempre num entendimento muito simplista do que é a democracia. Os termos-chave da retórica democrática podem significar muito pouco além dos benefícios que podem proporcionar. Ninguém preza a «liberdade» como um benefício puramente abstracto. Aquilo que a liberdade proporciona no Ocidente é uma vida melhor, mais segura e mais rica, permitindo escolhas largamente livres (mas não ilimitadas). A República Democrática Alemã foi provavelmente o mais repressivo dos satélites soviéticos, mas os Alemães de Leste podiam aceder à televisão da Alemanha Ocidental e muitos deles tinham parentes que viviam no Ocidente, com os quais, não obstante as severas restrições, conseguiam manter um contacto regular. Mais do que quaisquer outras pessoas pertencentes ao bloco soviético, os Alemães de Leste podiam ver o que a moderna democracia liberal tinha para oferecer. Por este motivo, foram eles que deram os primeiros passos no processo de colapso dos regimes comunistas da Europa de Leste[31].

Praticamente todos os povos do Médio Oriente já viram que os benefícios a derivar da moderna democracia liberal são os produtos tradicionais da sociedade de consumo americana. E embora esses bens sejam claramente desejáveis, não existe nenhum elo óbvio entre eles e os regimes políticos e económicos que os tornaram possíveis. Afinal de contas, poderiam ter sido produzidos por um Estado comunista como a China, e muitos são-no efectivamente. Não é desprovido de significado o facto de que quando as tropas americanas entraram em Bagdad, em 2004, foram acolhidas por milhares de garotos que corriam excitados ao lado dos Humvees, não pedindo aos soldados «liberdade! liberdade!», mas sim «whisky! whisky!». Se os EUA lhes tivessem dado ouvidos e, em lugar de lhes oferecerem whisky, lhes tivessem proporcionado escolas, hospitais, alguma segurança básica e os rudimentos de um sistema de assistência social, talvez a democracia se afigurasse uma opção mais atractiva, algo pelo qual valeria a pena lutar, em oposição ao antigo e eterno conflito entre sunitas, xiitas e Curdos.

O pressuposto fundamental no Ocidente é que aquilo a que os estudantes da Praça Tiananmen aspiraram e que o «líder supremo» chinês Deng Xiaoping rotulou de «democracia liberal burguesa», constitui um sistema político universal, logo imediatamente reconhecível como o único modo de garantir a igualdade e a liberdade entre os seres humanos vivendo em sociedade. Mas não é assim. Apesar de certas similaridades gerais com alguns aspectos das primeiras sociedades islâmicas, constitui apenas a expressão necessariamente imperfeita e incompleta de uma tradição política – a da antiga Grécia e dos seus auto-denominados herdeiros. É um produto daquilo a que, ao longo do presente livro, tenho chamado «Ocidente».

Isto não significa que os paladinos da democracia não tenham razão ao afirmarem que também constitui a melhor forma de governo e que, após o fracasso do comunismo, é o modo mais equitativo de distribuição de poder e riqueza – pelo menos presentemente. O erro é partir do princípio de que este facto é simples e óbvio, em particular no caso de pessoas sem experiência prévia da democracia moderna, que a equiparam inevitavelmente ao imperialismo e ateísmo ocidentais, e cujo primeiro contacto que têm com ela é muitas vezes na ponta de uma arma.

Tal como observaram Mawdudi e inúmeros outros muçulmanos liberais, o Islão é perfeitamente compatível com a governação colectiva. A República do Irão pode não ser uma democracia no sentido americano, mas não está longe do entendimento que os Atenienses teriam do termo, nem muito longe do Estado criado pelos jacobinos em França, em 1792. Mas o Irão também é uma novidade no mundo muçulmano. A natureza «democrática» da primitiva sociedade islâmica, embora apelativa como conceito para muitos intelectuais ocidentais e muçulmanos, não terá muitos adeptos nos bairros da lata de Bagdad. A experiência real de quase todas as sociedades muçulmanas tem sido, desde a morte do Profeta, um ou outro tipo de governação autocrática. O Ocidente passou por uma série de revoluções até se livrar dos «reis e sacerdotes» de Condorcet, que durante tanto tempo o tinham prejudicado. Na maior parte do mundo muçulmano, eles ainda existem. O Irão libertou-se dos seus reis, mas ainda está por se libertar dos seus sacerdotes.

Otanes não consegue persuadir os seus compatriotas persas do valor da isonomia, não por não expor convincentemente o seu caso, mas porque os Persas não compreendem o que ele diz. No fim, o argumento de Dario

EPÍLOGO: O FUTURO

a favor da retenção da monarquia vence o debate, apoiado na justificação simples mas esmagadoramente persuasora de que «devemos abster-nos de mudar costumes antigos e que nos serviram bem no passado. Fazê-lo não nos traria nenhum benefício»([32]).

Dario tinha a certeza de uma coisa: longe de ser uma forma «natural» de governo, como se supõe habitualmente no Ocidente, a democracia – qualquer governo assente num contrato e em consentimento – é praticamente a mais anti-natural que existe. Ao longo da história, quase todas as sociedades – incluindo, durante séculos, a maioria das ocidentais – têm sido hierárquicas, patriarcais, baseadas no parentesco e muitas vezes consideravelmente teocráticas. Que sentido faz uma eleição e tudo o que ela implica num mundo que desconhece por inteiro a premissa de que a autoridade política deriva de um contrato entre governantes e governados, e onde é inimaginável a ideia de cedência voluntária do poder? O problema do sistema parlamentar, nas palavras de um diplomata britânico que lutava para encontrar instituições funcionais para antigas colónias, é o conceito de «oposição leal». Como é que se consegue, perguntou ele, persuadir pessoas habituadas, há séculos, à ideia de que a autoridade deriva de cima, de que depois de conquistarmos o poder temos que fazer os impossíveis para não o largarmos, e de que devemos usar os nossos cargos para favorecermos família, amigos e clientes – como é que se convence essas pessoas de que a justiça e a boa governação exigem não só que não lucremos com os nossos cargos mas também que se excluamos todos aqueles que nos possam obrigar a algo, e que de quando em quando temos que entregar voluntariamente o poder aos nossos inimigos?

Até no seu lugar de origem, o governo democrático tem tido uma história longa e conturbada. Na sua forma inicial, na antiga Grécia – onde, para dizer a verdade, apresentava muito poucas semelhanças estruturais com o nosso entendimento actual do termo –, a democracia foi suprimida por uma potência militar expansionista, a de Alexandre, e foram necessários os países ocidentais modernos e várias revoluções ocasionalmente violentas para reconstruir algo similar. No fim do século XIX, a democracia ainda era considerada com horror pelos governantes autocráticos da Europa como filha mortífera das revoluções americana e francesa. Winston Churchill disse que de todas as formas de governação, a democracia era a menos má, e estava a fazer uma concessão. Ainda hoje, nas democracias mais desenvolvidas, são muitos os que se irritam visivelmente com a democracia, embora não ousem denunciá-la.

503

Como pode então o conceito de democracia ser «introduzido» em mundos que carecem de uma história comparável, sem preparação prévia e geralmente na ponta de armas estrangeiras? A opinião de que todos os seres humanos desejam naturalmente a liberdade também ignora o facto de que, por vezes com igual premência, também desejam ordem e orientação. Se não o desejassem, a religião, que pressupõe a existência de um princípio organizador – um «desígnio inteligente» – no meio do caos manifesto, e que as nossas vidas são guiadas por uma fonte última de justiça imparcial, teria muito pouca atractividade. Muitas pessoas, mesmo nas sociedades democráticas, estão mais empenhadas na busca de um pai adoptivo, no céu ou na terra, do que preocupadas com abstractos ideais de liberdade. Durante séculos, os europeus consideraram os reis como seus pais – literalmente –, e muitos americanos fazem o mesmo em relação ao presidente.

Os paladinos da «mudança de regime» democrática também laboram com base noutra percepção errónea: a de que o processo democrático deve conduzir necessariamente à criação de uma democracia liberal burguesa. No entanto, a verdade é que é perfeitamente possível ter um governo electivo sem qualquer ligação aos princípios democráticos liberais. O Irão realiza regularmente eleições desde a revolução de 1979, e embora algumas tenham promovido o aparecimento de actores políticos moderados nenhuma alterou substancialmente a natureza do regime original de Khomeini, ao contrário do que é exigido pela teoria democrática moderna. Um governo devidamente eleito, que é teocrático e está muito longe de ser liberal, governa actualmente a Palestina. E para não julgarmos que isto é uma aberração própria do Oriente islâmico, bastará recordarmo-nos do modo como Hitler ascendeu ao poder: através das urnas.

É por esta razão que a maioria dos Estados muçulmanos moderados e pró-ocidentais não se querem comprometer com a realização de eleições populares. Com os islamitas em ascendência por todo o lado, eles sabem que em muitos lugares as eleições livres resultariam inevitavelmente na conquista do poder por regimes islamitas, como efectivamente aconteceu na Palestina e teria acontecido na Argélia, em 1991, se o Exército não tivesse decidido anular o sufrágio depois de a Frente Islâmica de Salvação ter vencido a primeira volta. E o mesmo destino tocará seguramente ao Paquistão e ao Egipto – para referir apenas dois exemplos – se os militares alguma vez abrirem totalmente mão do seu controlo sobre o país.

No único Estado predominantemente muçulmano que realiza eleições regulares, a Turquia, subiu ao poder um governo islâmico – mas não aber-

EPÍLOGO: O FUTURO

tamente islamista. Até agora, tem-se demonstrado talvez até mais moderado e não menos secularizante na esfera pública do que muitos dos seus predecessores. E também tem dado passos de gigante na transformação da Turquia num candidato aceitável para a entrada na União Europeia, o que implicou a abolição da tortura e da pena de morte (excepto em casos limitados), a introdução de uma maior liberdade de expressão e o fim da flagelação dos Curdos e de outras minorias não turcas. Mas tal como acontece no resto do mundo islâmico, a polarização – real ou percepcionada – entre «Ocidente» e «Oriente» também fortaleceu o Islão na Turquia. Entre 1999 e 2006, o número de Turcos que se identificam com o Islão subiu de 36% para 46%, um aumento significativo, por pouco fiáveis que sejam estas estatísticas, num país com uma cultura política intensamente secular([33]). Também se manifestam algumas indicações preocupantes de que começam a ser ouvidas exigências de uma maior observância religiosa, que constituem sempre o ponto de penetração dos islamitas. Juízes que reconfirmaram a proibição do uso de vestuário religioso ostentoso têm sido repetidamente ameaçados, e um deles foi assassinado. Numa ocasião, a televisão estatal cancelou a transmissão de um desenho animado de «Winnie the Pooh» porque uma das personagens – «Piglet» – é um porco, o que ofende a sensibilidade muçulmana.

O outro Estado muçulmano que realizou eleições recentemente é evidentemente o Iraque pós-Saddam, sob ocupação ocidental. Como teria previsto qualquer pessoa não cega pela fé na influência manifestamente liberalizante do processo democrático, o resultado foi a constituição de um governo xiita com fortes ligações ao Irão. Enquanto as tropas americanas e aliadas permanecerem no Iraque, as autoridades tentarão comportar-se como um governo moderado de tipo ocidental, representando os interesses do «povo iraquiano» (uma abstracção ainda mais amorfa do que o «povo americano»). Depois de os ocupantes partirem – se alguma vez o fizerem –, o Iraque degenerará provavelmente num caos ainda maior, para emergir finalmente como outro Estado teocrático, à semelhança do agora admirado e poderoso vizinho anti-ocidental. No momento em que escrevo estas palavras – Março de 2007 –, o Iraque encontra-se em inexorável deterioração para uma condição que poucos já se dão ao trabalho de negar ser de guerra civil, e que não é muito diferente da que prevalecia na Mesopotâmia no Verão de 1920.

505

II

Tal como todas as crenças universais, a democracia baseia-se hoje no pressuposto de que nada de melhor surgirá para a substituir. Têm havido muitas teorias relativas ao «fim da história». Como vimos, o orador grego Aristides acreditava que o Império Romano, assente numa «constituição mista» que decorria da combinação supostamente perfeita de democracia, aristocracia e monarquia, levara finalmente a história a uma conclusão satisfatória. Outros – Platão, Rousseau, Marx – foram mais cautelosos, remetendo os seus fins da história para o futuro. Mas todos partiram do princípio de que haverá um ponto em que a humanidade deixará de evoluir – e no qual nascerá o Estado perfeito – ou deixará de existir. Obviamente, nenhum destes «fins» se revelou o fim de nada, excepto de si próprio.

As histórias narradas pelas religiões têm algo em comum com estas histórias seculares. No entanto, são muito menos fáceis de pôr de parte. Todos os sistemas políticos são uma criação do homem, pelo que, à semelhança de todas as outras coisas criadas pelo homem, até os seus mais fervorosos admiradores têm que admitir que se podem revelar errados ou necessitados de grandes modificações. Isto não se aplica à religião. Supostamente, as religiões não são uma criação do homem, mas de deuses. Consequentemente, as histórias que narram não se podem revelar erradas nem ter fins alternativos. Os três grandes monoteísmos – judaísmo, Islão e cristianismo – contam uma versão ligeiramente diferente da mesma história. Cada um nega a validade dos outros. Todos denotam fortes tendências messiânicas, e pelo menos o cristianismo e o Islão acreditam que um dia triunfarão sobre todas as outras religiões do mundo.

Mas com o decorrer do tempo, o cristianismo foi obrigado a tornar-se notavelmente flexível e tolerante, para conseguir sobreviver num mundo onde o seu principal oponente não é outra religião, mas a indiferença generalizada a todas as religiões. Também tem a sua quota de fundamentalistas, mas são relativamente poucos e até agora têm-se revelado bastante ineficazes.

O Islão também foi assim, mas já não é. Os muçulmanos moderados ainda são uma maioria, mas os «fundamentalistas» estão em franca ascendência. Isto é, em parte, uma consequência do estado político actual do mundo muçulmano, e também uma reacção agressiva contra o neo--colonialismo ocidental.

Também existe uma diferença teológica fundamental entre o Islão e o cristianismo que não reside nos sistemas éticos subjacentes a ambas as

EPÍLOGO: O FUTURO

religiões, na respectiva concepção de Deus nem na sua noção do que consistem o bem e o mal. Tal como insistem todos os militantes, esta diferença reside na associação entre a religião e a lei. Numa «Carta à América», distribuída via Internet em Novembro de 2000 e atribuída (talvez falsamente) a Osama Bin Laden, o principal crime de que os Estados Unidos são acusados é precisamente a separação entre secular e sagrado.

> Sois a nação que, em vez de governar pela *Sharia* de Alá na sua Constituição e Leis, preferiu inventar as suas próprias leis, à medida dos seus desejos. Separais a religião da política, contradizendo a natureza pura que afirma a Autoridade Absoluta do Senhor, vosso Criador [...]. Sois a pior civilização da história da humanidade[34].

Como vimos, Qutb disse praticamente a mesma coisa, e a maioria dos teólogos e juristas muçulmanos teria que concordar com ele – nem que fosse unicamente neste aspecto. Poderiam não se expressar tão rudemente mas, em última análise, é isto que divide o Ocidente e a maior parte das actuais sociedades do mundo muçulmano daquilo em que seriam convertidos pelos islamitas. A sociedade do Islão não se baseou na volição humana nem em nenhum contrato. Baseou-se num decreto divino. Pelo contrário, nas sociedades ocidentais, todos os aspectos da vida têm sido concebidos como uma questão de escolha humana. Para o muçulmano devoto, isto é e só poder ser uma ofensa contra Deus, porque «essa sociedade», protestou Qutb, «nega ou suspende a soberania de Deus na terra quando Deus diz claramente: "É Ele quem nos Céus é um Deus e na terra é um Deus (Alcorão 43.84)"»[35].

A separação entre Igreja e Estado, que existe há tanto tempo como a própria Igreja, foi o que tornou definitivamente possível a secularização do Ocidente. Foi a porta que permitiu a entrada da reforma e da minimização gradual da religião na vida quotidiana. E o Ocidente demonstrou a viabilidade do secularismo. Apesar de todos os males perpetrados pelos seus seguidores no século passado (e neste), apesar de todas as guerras injustas travadas em nome da modernização, da liberalização e da democracia, apesar de todas as desigualdades que ainda existem entre os mundos desenvolvido e em desenvolvimento, apesar de a globalização, além dos seus comprovados e óbvios benefícios, ser também responsável por algumas injustiças e desigualdades grosseiras, apesar de tudo isto, a vida da maioria da população mundial é muito melhor – por causa do que lhe foi oferecido

MUNDOS EM GUERRA

pelo secularismo do Ocidente, directamente ou indirectamente – do que era há um século. As pessoas vivem vidas mais longas e mais livres, talvez até mais felizes. Afirmar o contrário, chorar pelo desaparecimento da tribo e da comunidade, não passa de sentimentalismo. Naturalmente, no novo e cintilante mundo secular, nem tudo é perfeito. E nunca vai ser. Mas isto faz parte da condição humana. O que está errado na terra não pode ser corrigido apelando a Deus. Não existe nenhum Éden no fim da história, nem aqui nem num além imaginado.

Isto é algo que os verdadeiros crentes não conseguem aceitar. Se a obra do homem não se revelou perfeita mas apenas aperfeiçoável, então é para Deus que temos que nos virar, argumentam, pois se estivermos dispostos a aceitar os Seus mandamentos Deus proporcionará aos Seus seguidores aquilo que os simples humanos não conseguem alcançar. E dado que apenas conhecemos esses mandamentos por intermédio dos escritos dispersos que Ele enviou aos Seus profetas, esses escritos devem ser as leis a seguir – por muito desagradáveis que possam ser as consequências.

Em Junho de 2006, Mahmoud Ahmadinejad, o presidente iraniano que nega o Holocausto, escreveu uma carta aberta a George W. Bush, como de crente para crente. Um verdadeiro crente, afirmou ele, quer fosse muçulmano ou cristão, não poderia deixar de ver que «o Liberalismo e a democracia ocidental não conseguiram realizar os ideais da humanidade». «Estes conceitos falharam», prosseguiu ele. «Aqueles que têm visão já conseguem ouvir o estilhaçar e a queda da ideologia e dos pensamentos do sistema democrático liberal». E não poderia ter sido de outro modo dado que, tal como Bush obrigatoriamente reconheceria, essas coisas eram meramente humanas, e um mundo desencantado «gravita presentemente para a fé no Todo-poderoso e na justiça, e a vontade de Deus prevalecerá sobre todas as coisas»([36]). A carta destinou-se claramente a embaraçar o presidente americano, ao implicar que embora ele estivesse sempre a falar em Deus as sua acções não eram diferentes das de qualquer outro infiel ocidental, e a afirmação de que o liberalismo estava nas últimas estava completamente desfasada da realidade. Mas a mensagem que transmitiu foi estritamente conforme com as convicções não apenas de todos os islamitas, mas também de um número crescente de muçulmanos muito mais tolerantes.

Não obstante o ressurgimento, nalguns Estados ocidentais, de fundamentalistas cristãos (na direita do espectro político) e de multi-culturalistas (na esquerda) – grupos que, de modos muito diferentes, procuram privilegiar a crença religiosa e os costumes enraizados e não examinados que

Epílogo: O Futuro

John Stuart Mill descreveu como «obstáculo permanente ao progresso humano» –, são os valores generalizadamente decorrentes do iluminismo que ainda predominam nas democracias ocidentais e que ainda ditam as acções dos seus governos([37]). Se assim não fosse, não haveria pontes aéreas de auxílio a uma África devastada pela pobreza e pela miséria, não haveria programas de ajuda nem médicos sem fronteiras, e os governos ocidentais não despenderiam vastos recursos nem as vidas dos seus cidadãos voluntários para impedirem os genocídios ou porem fim às guerras civis em lugares para com os quais não têm nenhuma dívida especial e com cujos povos não têm nenhuma afinidade particular.

E estes valores do iluminismo conseguiram sobreviver porque o poder das instituições e das leis religiosas foi firmemente mantido no seu lugar, do outro lado da linha divisória entre a política e a religião. Isto não significa sugerir que o cristianismo «fundamentalista» – tão distante, no seu amargo ressentimento, de tudo o que se encontra nos Evangelhos – não representa uma grave ameaça para o Ocidente. Mas nem sequer um cristão «renascido» confesso como George W. Bush, que quando lhe pediram para nomear o filósofo político que mais o influenciara respondeu «Jesus Cristo», consideraria tentar substituir o governo representativo e os valores que lhe estão associados por uma rígida teocracia (e se Bush estivesse a falar a sério, teria que respeitar a injunção «a César o que é de César», que constitui a única declaração política identificável proferida por Jesus).

Mas outras observações do presidente foram mais inquietantes. Em 2000, afirmou perante vários grupos evangélicos que Deus lhe dissera para concorrer à presidência – sem contar como. «Sei que não será fácil para mim nem para a minha família», reconheceu ele piamente, «mas Deus quer que eu o faça». John Ashcroft, cristão pentecostal e então procurador-geral, desferiu um ataque ainda mais directo contra os princípios basilares da democracia moderna ao declarar, durante uma palestra na Universidade de Bob Jones, que «o nosso único rei é Jesus» e que a separação entre Igreja e Estado era «uma muralha de opressão contra a religião»([38]). Nos Estados Unidos, têm havido alguns sinais preocupantes – por exemplo, na investigação sobre as células estaminais – de que a oposição cristã é capaz de travar o desenvolvimento de algo que, no caso vertente, pode vir a revelar-se como o avanço mais significativo na ciência médica desde a descoberta dos antibióticos. No mundo ocidental, Deus pode estar morto, mas ainda não está por terra.

Como vimos, no século XIX, durante algum tempo, a separação entre o secular e o sagrado também pareceu inimaginável para o Islão. Em 1883,

509

MUNDOS EM GUERRA

Muhammad Abduh afirmou que a revelação era inteiramente compatível com a razão e que o Islão condenava o cumprimento cego da tradição (*taqlid*) como contrário aos ensinamentos do Alcorão, e pregou a necessidade de uma revisão das leis que regiam muitos aspectos, desde a cobrança de juros até ao matrimónio e ao divórcio[39]. Insistiu que, embora as leis relativas à religião fossem sagradas e não pudessem ser minimamente alteradas, as que diziam puramente respeito à conduta humana não eram, pelo que podiam ser modificadas em função das circunstâncias. E o que é mais notável é que ele pôde afirmar tudo isto mantendo a sua posição como principal mufti do Egipto, um dos três dignitários religiosos mais importantes do país[40].

Mas esse tempo já lá vai há muito. Nenhum teólogo islâmico de hoje está preparado para adoptar uma posição idêntica. Mesmo que existisse um tipo de Islão liberal que fosse teologicamente viável, é duvidoso que tivesse muita aceitação fora de um pequeno círculo de muçulmanos de classe média já moderados e meio ocidentalizados. A quase todos os restantes, assemelhar-se-ia a mais um acto de prostituição face aos ideais ocidentais.

Na época de Muhammad Abduh, o Islão parecia ter futuro como o sistema de crenças de uma nação moderna e bem sucedida. Na década de 60, tornou-se um meio de resistência ao imperialismo, onde quer que este se encontrasse e sob qualquer forma que assumisse. Tal como afirmou o antropólogo americano Clifford Geertz, em 1968, com a Guerra da Argélia a aproximar-se da sua sangrenta conclusão, o Islão, apesar do seu próprio passado imperialista, podia desempenhar o papel de um credo anti-imperial muito simplesmente porque «a elite colonial só não era nem se podia tornar, exceptuando alguns casos ambíguos, uma única coisa: muçulmana»[41]. Foi por este motivo que, na época, o Islão se tornou tão apelativo para os afro-americanos. Hoje, em muitas partes do mundo, o Islão tornou-se uma religião de protesto e ressentimento – maioritariamente compreensíveis e parcialmente justificados, mas totalmente estéreis.

É também este o motivo pelo qual as sociedades muçulmanas empobrecidas e socialmente divididas do Médio Oriente não são as únicas a virarem-se cada vez mais para as formas militantes do Islão. E é igualmente esta a razão pela qual as comunidades de emigrantes muçulmanos no Ocidente, particularmente na Europa, se têm tentado manter tão à parte daquilo que vêem como a influência ameaçadora do mundo secular ou «cristão» que as rodeia. Vivem em terra estrangeira, na Casa da Guerra, porque a *dar al-Islam* é incapaz de as sustentar economicamente. Mas fazem-no com relutância, odiando o facto de terem que depender dos seus inimigos para

EPÍLOGO: O FUTURO

sobreviverem, sempre à espera de que um dia, de algum modo, a grande revolução do Islão se abata sobre o Ocidente.

Aqueles que se sentem assim são inevitavelmente aqueles que ganharam muito menos do que esperavam com a sua migração. E isto não é minimamente aplicável a todos os muçulmanos. Na maior parte das sociedades ocidentais, existem milhares de muçulmanos bem integrados. É frequentemente esquecido o facto de que antes do presente afluxo de imigrantes muçulmanos para a Europa, houve uma imigração mais pequena e mais silenciosa, maioritariamente originária do Paquistão, da Índia e do Bangladesh, constituída por gente para a qual a religião era uma questão exclusiva do foro privado. Quando eclodiu conflito entre brancos desempregados e os «pakis», como eram insultuosamente chamados, na Grã--Bretanha, nas décadas de 60 e 70, o que esteve em causa foi sempre a raça, nunca a religião.

Mas para aqueles que estão hoje confinados aos miseráveis subúrbios das cidades industriais da Europa Ocidental e da América do Norte, o Ocidente tem sido uma desilusão. E é uma fraqueza humana odiarmos e sentirmos ressentimento em relação ao que nos desilude, o que não é dizer que os agitadores (nem todos eram muçulmanos) que incendiaram os subúrbios de Paris, em 2005, não tinham algumas queixas válidas contra o seu país de adopção e respectivo governo. O Islão é atractivo para os novos destituídos da Europa não só porque oferece um lar cultural e um conjunto de valores inquestionáveis, mas também uma justificação para o ódio, uma causa pela qual lutar e que pode ser facilmente retratada em termos de um combate apocalíptico entre o bem e o mal. O apelo à certeza, até a uma certeza fundada numa premissa tão indemonstrável como a revelação divina, exerce sobre os indivíduos destituídos uma atracção esmagadora e inteiramente compreensível. Para muitos muçulmanos que vivem em condições de grande pobreza e incerteza, a crença no além, mesmo num além que, nos casos mais extremos, pode ser rapidamente alcançado através do suicídio, afigura-se mais real do que os remotos e desconhecidos benefícios que a renúncia a Deus poderá ter para oferecer.

«Ó Profeta!», ordenou o anjo Gabriel a Maomé, «Incita os crentes ao combate! Se entre vós há vinte homens perseverantes, vencereis a duzentos; se entre vós há cem, vencereis a mil» (Alcorão 8.65). Os perseverantes continuam perseverantes.

Hoje, as antigas fronteiras geográficas entre «Oriente» e «Ocidente» estão longe de ter desaparecido. É verdade que elas sempre existiram mais

511

MUNDOS EM GUERRA

mentalmente do que na realidade. Contudo, embora há quarenta anos fosse ainda possível falar do Bósforo como marcando algum tipo de linha entre dois mundos, neste momento isso não faz qualquer sentido. O «Ocidente», de uma forma ou de outra, ocupou cultural, política e economicamente amplas regiões do «Oriente» e, o que é significativo, muito do que hoje resta do mundo otomano. E o «Oriente» estabeleceu-se por todo o «Ocidente». Grandes áreas das modernas cidades europeias e americanas têm significativas populações muçulmanas. Muitas destas escolheram integrar-se nas suas comunidades de acolhimento; outras não. Mas muitos mais, talvez, não encaram a integração nem como necessária, nem como desejável. Num mundo progressivamente globalizado, tudo o que se pede a um imigrante é que respeite um conjunto de leis diferentes. Para os povos de África ou do Extremo Oriente, isto não apresenta grandes dificuldades. Para os muçulmanos devotos é extremamente difícil. Para estes, as vidas que vivem nunca serão realmente «muçulmanas» enquanto forem obrigados a respeitar as leis europeias. É inimaginável (mas talvez não impossível) que novos *ghettos* surjam através da Europa e dos Estados Unidos, com governação autónoma segundo alguma versão da *Sharia*. Mas enquanto houver quem insista que isso faz sentido, a antiga luta entre «Oriente» e «Ocidente» vai continuar. Por enquanto, pelo menos, pode resumir-se a ataques terroristas e a manifestações públicas de ódio, mas nem por isso deixa de ser tão azeda e tão inútil como o foi durante estes dois últimos milénios.

Notas

Prefácio

1 Edith Hall, «Asia Unmanned, Image of Victory in Classical Athens», in RICH, John e Graham Shipley (eds), *War and Society in the Greek World*, Londres e Nova Iorque, Routledge, 1993, pp. 109-133.

2 Embora a primeira pessoa a empregar o termo «Médio Oriente» – para descrever a área em redor do Golfo Pérsico – pareça ter sido o americano Alfred Mahan.

3 Citado em J. G. A. Pocock, «Some Europes in their History», in Anthony Pagden (ed), *The Idea of Europe: From Antiquity to the European Union*, Cambridge, Cambridge University Press, 2002, pp. 55-71 (p. 58).

4 David Gress, *From Plato to Nato: The Idea of the West and its Opponents*, Nova Iorque, The Free Press, 1998, pp. 24-25.

5 O papa citou Manuel II Paleólogo, um imperador bizantino do século XIV, afirmando que o Islão não continha nada de novo que não fosse também «maligno (*schlechtes*) e desumano (*inhuman*)», e que Maomé ordenara aos seus seguidores para «propagarem a fé pela espada». Esta citação foi, tal como muitos declararam então, tirada do contexto. Porém, dado que os comentários de Manuel II têm muito pouco a ver com o contexto em questão – a necessidade de a fé ser guiada pela razão, e da comunidade científica, à qual o papa se dirigia, aceitar a fé como racional – é difícil não ver a citação, como fez a maioria dos muçulmanos, como uma censura. *Faith, Reason and the University: Memories and Reflections*, Cidade do Vaticano, Libreria Editrice Vaticana, 2006.

6 *De lingua latina*, VI., 3, 1.

7 Heródoto, *Histórias*, VII, 10-11. Usei, com algumas modificações, a tradução de Aubrey de Sélincourt, revista por John Marignola, em *The Histories*, Londres, Penguin Books, 1996.

MUNDOS EM GUERRA

8 «On the uses and disadvantages of history for life», in *Untimely Meditations* (trad. R. J. Hollingdale), Cambridge, Cambridge University Press, 1983, p. 59.

9 O relato mais recente do genocídio é Taner Akcam, *A Shameful Act: The Armenian Genocide and the Question of Turkish Responsibility* (trad. Paul Besser), Nova Iorque, Metropolitan, 2007.

Capítulo 1

1 *Metamorphoses*, II, 862-4.

2 Para um brilhante relato e evocação deste mito ver Robert Calasso, *The Marriage of Cadmus and Harmony*, Nova Iorque, Vintage Books, 1993.

3 «Note ou L'Européen», in *Varieté: Essais quasi politiques*, Paris, Gallimard, 1957.

4 Relativamente a estas e outras versões deste mito, ver Luisa Passerini, *Il mito d'Europa: Radici antiche per nuovi simboli*, Florença, Giunti, 2002.

5 Ver J. A. S. Evans, «Father of History or Father of Lies? The Reputation of Herodotus», in *Classical Journal* 64 (1968), pp. 11-17. As inscrições persas falam apenas da terra (*bumi*) e dos povos (*dahyu/dahyava*) do Grande Rei. Ver Pierre Briant, *Histoire de l'Empire Perse: De Cyrus à Alexandre*, Paris, Fayard, 1996, p. 9.

6 *Histórias*, VII, 104. A compreensão que Heródoto tem das divisões do mundo é complexa e ocasionalmente contraditória. Ver Rosalind Thomas, *Herodotus in Context Ethnography, Science and the Art of Persuasion*, Cambridge, Cambridge University Press, 2002, pp. 80-86.

7 Para um relato pormenorizado e vívido da batalha, ver Victor Davis Hanson, *Carnage and Culture: Landmark Battles in the Rise of Western Power*, Nova Iorque, Anchor Books, 2001, pp. 27-59.

8 *Histórias*, I, 209.

9 *The Persians*, 270-311 (trad. Janet Lembke e C. J. Herington), Nova Iorque e Oxford, Oxford University Press, 1981, pp. 45-46. Fiz algumas alterações à tradução.

10 Sobre a história antiga do Império Persa ver Richard N. Frye, *The History of Ancient Iran*, Munique, C. H. Beck'sche Verlagsbuchhandlung, 1984, pp. 91-96.

11 Isaías, 45 e também Esdras, 1, segundo o qual Ciro declara «O Senhor, Deus do céu, deu-me todos os reinos da terra».

12 A. Kuhrt, «The Cyrus cylinder and Achaemenid imperial policy», in *Journal for the Study of the Old Testament*, 25 (1983), pp. 83-94.

13 *Histórias*, I, 205-214.

514

NOTAS

14 Platão, em *Leis*, II, 694, afirma que Cambises perdeu o trono por ser bêbedo e debochado.

15 *Histórias*, III, 27-29.

16 Pelo menos, é esta a versão de Heródoto. A maioria dos historiadores actuais não dá crédito à história da morte do boi sagrado. O boi parece ter morrido de causas naturais, em 524 a. C., durante a estada de Cambises na Etiópia, e este, seguindo a tradição, mandou inscrever o seu nome no sarcófago do animal, acompanhado de uma estela de calcário que mostra Cambises trajando as vestes reais nativas, com a serpente *uraeus* e ajoelhado em reverência perante o animal sagrado. Independentemente de qual tenha sido o verdadeiro comportamento de Cambises, sabemos que ele morreu em Ecbátana, perto do monte Carmelo, e que no dia 11 de Março de 522 a. C., o seu irmão, Bardia, que os Gregos conheciam por Smerdis, se proclamou rei. Bardia foi morto por Dario em Sikayauvatish, em Medina Nisaya, em 29 de Setembro. Ver A. T. Olmstead, *History of the Persian Empire*, Chicago e Londres, University of Chicago Press, 1959, pp. 107-118.

17 *Histórias*, III, 79-83. Este debate tem sido muito discutido. Ver, por exemplo, Norma Thompson, *Herodotus and the Origins of the Political Community*, New Haven e Londres, Yale University Press, 1996, pp. 52-78, e Giulia Sissa, «The Irony of Travel, Herodotus on Cultural Diversity» (a publicar).

18 Pierre Briant sugere que o que as fontes persas de Heródoto poderão ter verdadeiramente descrito não foi um debate sobre a melhor forma de governo, mas sim sobre os problemas da herança dinástica (*Histoire de l'Empire Perse*, p. 121).

19 Citado em Olmstead, *History of the Persian Empire*, p. 107. Para um relato mais pormenorizado das pretensões de Dario ver Pierre Briant, *Histoire de L'Empire Perse*, p. 121.

20 Mas não se deve confundir *isonomia* com democracia (*demokratia*), embora Heródoto use os termos *demokratia* e *plethos*, «governo da maioria», numa referência posterior ao debate, em V, 43. Ver Gregory Vlastos, «Isonomia politike» in *Platonic Studies*, Princeton, Princeton University Press, 1981, pp. 164-203.

21 Ver J. Peter Euben, «Political equality and the Greek polis», in M. J. Gargas McGrath (ed.), *Liberalism and Modern Polity*, Nova Iorque, Marcel Decker, 1959, pp. 207-229.

22 *Histórias*, I, 132.

23 Relativamente à reverência e ao desprezo dos persas pelos estrangeiros, ver *Histórias*, I, 134.

24 *Histórias*, I, 153.

25 *Histórias*, IX, 16.

26 *Histórias*, III, 86. Foi avançada a hipótese de a história de Heródoto ser uma versão mal compreendida e confusa de um ritual persa. Existem também al-

MUNDOS EM GUERRA

guns indícios, entre os quais os fornecidos por Platão (*Laws*, III, 695c) de que Dario poderá ter sido forçado a partilhar o poder com os seus cinco cúmplices. Ver Pierre Briant, *Histoire de l'Empire Perse*, pp. 140-142.

27 Poderá tratar-se de uma alusão à sua política económica. Dario parece ter sido o primeiro soberano persa a padronizar os pesos e as medidas em todos os seus domínios. Ver Olmstead, A. T., *History of the Persian Empire*, pp. 185-194.

28 Relativamente a Mani, ver pp. 00.

29 Para uma brilhante evocação de Persépolis, ver Olmstead, A. T., *History of the Persian Empire*, pp. 172-184.

30 *Histórias*, V, 97, um eco da *Iliad*, V, 62 e XI, 604.

31 *Histórias*, VI, 43. Ver Pierre Briant, «La vengeance comme explication historique dans l'oeuvre d'Hérodote», in *Revue des études grecques*, 84 (1971), pp. 319-335.

32 *Histórias*, VI, 100-102.

33 *Histórias*, VI, 106. Os Espartanos estavam a celebrar a festa das Carneias, e durante as festividades não podiam entrar em guerra.

34 Citado em Nicole Loraux, *The Invention of Athens: The funeral oration in the classical city*, Cambridge, Mass. e Londres, Cambridge University Press, 1986, p. 162.

35 *Histórias*, VI, 111-118.

36 Pierre Briant, *Histoire de l'Empire Perse*, p. 170-172.

37 Pelo menos, segundo fontes de Akkad. Ver R. A. Parker e W. Dubberstein, *Babylonian Chronology*, Princeton, Princeton University Press, 1956, p. 17.

38 *Histórias*, VII, 8.

39 *Histórias*, V, 78.

40 Gress, *From Plato to Nato*, 1.

41 *Histórias*, VII, 10-11.

42 «Discurso Romano», in James H. Oliver, «The Ruling Power: A study of the Roman Emipre in the Second Century after Christ through Discurso Romano of Aelius Aristides», actas da American Philosophical Society New Series, 23 (1953), 5. Ver pp. 00.

43 *Histórias*, VII, 42-44; ver também Olmstead, A. T., *History of the Persian Empire*, pp. 249-250.

44 *Histórias*, VII, 33-36.

45 *Funeral oration*, 29. Sobre as pontes de Xerxes, ver L. J. Roseman, «The construction of Xerxes' bridge over the Hellespont», *Journal of Hellenic Studies* 116 (1996), pp. 88-108.

46 *Histórias*, VII, 56-100.

47 *Panegyricus*, 150.

48 *Histórias*, VII, 101-105.

49 Plutarco, *Vidas Paralelas*, 306, 4.

NOTAS

50 Paul Cartledge, *Thermopylae: The Battle that Changed the World*, Londres, Pan Books, 2006, pp. 194-195, actualmente o melhor relato da batalha, do seu contexto histórico e das suas consequências. Ver também Sarah B. Pomeroy, Stanley Burstein, Walter Donolan e Jennifer Tolbert Roberts, *Ancient Greece: A political, social and cultural history*, Nova Iorque e Oxford, Oxford University Press, 1999, 195-196.

51 *Histórias*, VIII, 51-55.

52 *Os Persas*, 630-642.

53 *Os Persas*, 670-697.

54 *Histórias*, VIII, 85-96.

55 *A Guerra de Peloponeso*, I, 138.

56 *Leis*, IV, 707 c 2-8.

57 *The Philosophy of History* (trad. J. Sibree), Nova Iorque, Dover Publications, 1956, pp. 257-258.

58 Xerxes terá também sido forçado a regressar para suprimir uma rebelião em Babilónia, que eclodira em 479 a. C. Ver Pierre Briant, «La Date des révoltes babyloniennes contre Xersès», *Studia Iranica*, 21 (1992), 12-13.

59 «Discurso Romano», 16.

60 *Oração Fúnebre*, 47. Mas Lísias atribui exclusivamente aos Atenienses a expulsão dos bárbaros da Europa. Ver Loraux, *The Invention of Athens*, pp. 53-54.

Capítulo 2

1 *Histórias*, IV, 177, 183-184; V, 5.

2 *Política*, 1252 b 4.

3 *On the Fortunes of Alexander*, 329 b.

4 *Político*, 262d. Mas a objecção de Platão a esta prática era por existir apenas uma única divisão da espécie humana, o género. Os seres humanos dividem-se em homens e mulheres. Todas as outras divisões são acidentes de lugar e circunstância, certamente significativos mas de modo nenhum decisivos.

5 «Kant on the Metaphysics of Morals: Vigilantius's Lecture Notes», in Immanuel Kant, *Lectures on Ethics* (ed. Peter Heath e J. B. Schneewind), Cambridge, Cambridge University Press, 1997, p. 406.

6 *The Elementary Structures of Kinship* (trad. James Hare Bell), Londres, Eyre and Spottiswoode, 1968, p. 46.

7 *Os Persas*, 331-335.

8 *Os Persas*, 827.

9 Ver A. W. H. Adkins, *Moral Values and Political Behaviour in Ancient Greece*, Nova Iorque, Norton, 1972, p. 100.

MUNDOS EM GUERRA

10   *A Guerra de Peloponeso*, I, 96.

11   *A Guerra de Peloponeso*, I, 74. 1.

12   *A Guerra de Peloponeso*, I, 75.

13   Diodoro Sículo, *Bibliotheca*, 15, 93. Relativamente ao estado da Pérsia nestes anos, ver Briant, *Histoire de l'Empire Perse*, pp. 668-694.

14   *A Filipe*, 40.

15   *Histórias*, 3. 2. 8.

16   Daniel 7,7.

17   *Panegyricus*, 157-158.

18   O meu relato do reinado de Filipe e da vida e campanhas de Alexandre baseia-se consideravelmente em A. B. Bosworth, *Conquest and Empire: The Reign of Alexander the Great*, Cambridge, Cambridge University Press, 1988, e nas brilhantes reconstruções em Peter Green, *Alexander of Macedon 356-323 BCE: A Historical Biography*, Berkeley, Los Angeles, e Londres, University of California Press, 1991, e Robin Lane Fox, *The Search for Alexander*, Boston e Toronto, Little Brown, 1980.

19   Diodoro Sículo, *Bibliotheca*, 17, 17. 2. Porém, veja-se a discussão do significado deste acto em Bosworth, *Conquest and Empire*, p. 38.

20   Para um relato detalhado da batalha ver Green, *Alexander of Macedon*, pp. 172-181.

21   Citado em N. G. L. Hammond, «The Kingdom of Asia and the Persian Throne», in Ian Worthington (ed.), *Alexander the Great: A Reader*, Londres e Nova Iorque, Routledge, 2003, p. 137.

22   Ver a descrição em Peter Green, *Alexander of Macedon*, pp. 213-215, e Paul Cartledge, *Alexander the Great: The Hunt for a New Past*, Londres, Macmillan, 2004, pp. 114-115.

23   Green, *Alexander of Macedon*, pp. 234-235.

24   Plutarco, *Vida de Alexandre*, 34. 1-4.

25   Green, *Alexander of Macedon*, pp. 315-316.

26   Esta história já foi narrada muitas vezes. A minha versão baseia-se em Green, *Alexander of Macedon*, pp. 318-321, e Fox, *The Search for Alexander*, pp. 244-254.

27   Citado em Efraim Karsh, *Islamic Imperialism: A History*, New Haven e Londres, Yale University Press, 2006, p. 198.

28   *Histórias*, VII, 42-44.

29   *Vida de Alexandre*, 43. 3-4.

30   *Geschichten Alexanders des Grossen*, vol. I de *Geschichte des Hellenismus*, Basileia, Schwabe, 1952, p. 83.

31   Arriano, *Campanhas de Alexandre*, 519. 4-5.

32   Estrabão, *Geographia*, xv. I. 6.

33   Fox, *The Search for Alexander*, pp. 417-418.

34   Green, *Alexander of Macedon*, pp. 483-484; Séneca, *Quaest, Nat.* VI, 23 e *Epistolae*, 91. 17.

NOTAS

35 Victor Davis Hanson, «Take me to my leader», *The Times Literary Supplement*, 2 de Outubro de 2004, pp. 11-27.
36 *Florida*, VII.
37 W. W. Tarn, *Alexander the Great*, Cambridge, Cambridge University Press, 1948, i. pp. 145-148.
38 Cartledge, *Alexander the Great*, p. 14.
39 A divindade de Alexandre é discutida pormenorizadamente em Bosworth, *Conquest and Empire*, pp. 278-290.
40 *Panegyricus*, 151.
41 Tarn, *Alexander the Great*, i. pp. 145-148.
42 Cartledge, *Alexander the Great*, p. ix.
43 *Alexandre*, 329.
44 Sobre a importância do estoicismo, ver pp. 00. Plutarco, *Alexandre*, 329.
45 *L'Esprit des lois*, X, p. 14.
46 Tarn, *Alexander the Great*, i. pp. 145-148.

Capítulo 3

1 «Discurso Romano», I.
2 A oração de Aristides e o seu significado são brilhantemente abordados em Aldo Schiavone, *The End of the Past: Ancient Rome and the Modern West* (trad. Margaret J. Schneider), Cambridge, Massachusetts e Londres, Harvard University Press, 2000, pp. 3-15.
3 Paul Veyne, *L'Empire gréco-romain*, Paris, Seuil, 2005, pp. 245-247.
4 *De Consulatu Stilichonis*, III, 150-155.
5 Esta imagem é geralmente atribuída ao poeta italiano do século xvi Ludovico Ariosto, ao referir-se ao império de Carlos V. A formulação de Aristides é muito menos eloquente, mas tem o mesmo significado: «As vossas possessões são equivalentes ao que o sol pode passar, e o sol passa sobre a vossa terra» («Discurso Romano», 10).
6 «Discurso Romano», 104.
7 «Discurso Romano», 90-91.
8 *Declínio e Queda do Império Romano*, III.
9 *Eneida*, xII, 808-842. Agradeço a Maurizio Bettini por ter chamado a minha atenção para esta passagem e para o seu significado.
10 *Ep.* 2. 1. 156-157.
11 Ramsay MacMullen, *Romanization in the Time of Augustus*, New Haven e Londres, Yale University Press, 2000, pp. 2-3.

12 Em geral, ver Fergus Millar, «Taking the Measure of the Ancient World», in *Rome, The Greek World and the East*, i. *The Roman Republic and the Augustan Revolution*, Chapel Hill, CN, e Londres, The University of North Carolina Press, 2003, pp. 25-38.

13 «Discurso Romano», 96.

14 Suetónio, *Os Doze Césares*, V, 42. Recorri à tradução de Robert Graves (Nova Iorque, Welcome Rain, 2001).

15 Michael Grant, *The World of Rome*, Londres, Weidenfeld and Nicolson, 1960, pp. 37-39.

16 *Tusculanae Disputationes*, 4. 70; F. P. V. D. Balsdon, *Roman and Aliens*, Londres, Duckworth, 1979, pp. 33, 225. Políbio (31. 25. 3-5) afirma que a homossexualidade chegou a Roma após a vitória romana sobre Perseu da Macedónia, em 167 a. C.

17 9. 17. 16.

18 R. A. Gauthier, *Magnanimité: L'idéal de la grandeur dans la philosophie païenne et dans la théologie chrétienne*, Paris, Vrin, 1951; Georges Dumézil, *Idées romaines*, Paris, Gallimard, 1969, pp. 125-152.

19 Dumézil, *Idées romaines*, pp. 48-59.

20 *De Republica*, 3. 35; Peter Garnsey, *Ideas of Slavery from Aristotle to Augustine*, Cambridge, Cambridge University Press, 1996, pp. 40-43.

21 *Satyricon*, 119.19, 24-27.

22 *Phars*. 7, 442; 8, 362; Balsdon, *Romans and Aliens*, p. 61.

23 Juvenal, *Sat*. III, 60-85; Ver Mary Gordon, «The Nationality of Slaves under the Early Roman Empire», in M. I. Finley (ed.), *Slavery in Classical Antiquity*, Cambridge, W. Heffer and Sons, 1960, 171-189.

24 *Sat*. III, 6-72.

25 *Catilinae coniuratio*, 11. 5.

26 *Odisseia*, 13. 271-286.

27 F. Mazza, «The Phoenician as seen by the Ancient World», in Sabatino Moscati (ed.), *The Phoenicians*, Londres, I. B. Tauris, 2001, pp. 548-567.

28 Arnaldo Momigliano, *Alien Wisdom: The Limits of Hellenization*, Cambridge, Cambridge University Press, 1975, p. 4.

29 22. 61.

30 Para um relato brilhantemente vívido da batalha, ver Hanson, *Carnage and Culture*, pp. 99-111.

31 Ibid., 110.

32 Narrado por Antístenes de Rodes. Ver Jean-Louis Ferrary, *Philhellénisme et imperialisme: Aspects idéologiques de la conquête du momde héllenistique*, Roma, Bibliothèque des Écoles d'Athènes et de Rome, 1988, p. 362, onde o sonho é atribuido a Cipião, o Africano.

33 Políbio, 38. 21, 1, citado em Momigliano, *Alien Wisdom*, p. 22.

34 Momigliano, *Alien Wisdom*, p. 4.

NOTAS

35   Citado em Benjamim Isaac, *The Invention of Racism in Classical Antiquity*, Princeton e Oxford, Princeton University Press, 2004, p. 377.

36   Yves Albert Dauge, *Le Barbare: Recherches sur la conception de la barbarie et de la civilisation* (Collection Latomas 176), Bruxelas, *Revue d'études latines*, 1981, pp. 99-261.

37   *De Constantia*, 13. 4.

38   Esta história é narrada por Aulo Gélio, in *Noctes Atticae*, iv, 8.

39   Plutarco, *Júlio César*, 60.

40   Plutarco, *Marco António*, 26.

41   Plutarco, *Marco António*, 54.

42   Registado por Díon Cássio, um historiador do século II (50. 24. 6).

43   *Eneida*, VIII, 685-688.

44   *Marco António*, 66.

45   *Childe Harold's Pilgrimage*, XLV.

46   *Os Doze Césares*, II, 17-18.

47   Claude Nicolet, *The World of the Citizen in Republican Rome* (trad. P. S. Falla), Berkeley, Los Angeles, e Londres, University of California Press, 2000, p. 21.

48   *Histórias*, I, xvi.

49   *Os Doze Césares*, V, 41.

50   Tácito, *Anais*, xv. 41-42.

51   «Discurso Romano», 103.

52   «Discurso Romano», 15-26.

53   Em relação a estes. e outros casos de imagética imperial, ver Andrew Lintott, «What was the *Imperium Romanum*?», *Greece and Rome*, 28 (1981), pp. 53-67.

54   *De Republica*, 3. 15. 24.

55   *Naturalis historia*, 3. 39.

56   Ver o notável estudo de Clifford Ando, *Imperial Ideology and Provincial Loyalty in the Roman Empire*, Berkeley, Los Angeles e Londres, University of California Press, 2000, p. 67.

57   Citado em P. A. Garnsey, «Laus Imperii», in P. A. Garnsey e C. R. Whittaker (eds.), *Imperialism in the Ancient World*, Cambridge, Cambridge University Press, 1978, p. 168.

58   Citado em Schiavone, *The End of the Past*, p. 5.

59   8. 13. 16.

60   «Discurso Romano», 22-23.

61   «Discurso Romano», 34.

62   «Discurso Romano», II, 104; Schiavone, *The End of the Past*, pp. 7-8.

63   Veyne, *L'Empire gréco-romain*, p. 166.

64   Maravilhosamente descrita em Peter Brown, *The World of Late Antiquity*, Nova Iorque e Londres, W. W. Norton and Company, 1989, p. 11.

65   Millar, «Taking the Measure of the Ancient World», pp. 31-33.

MUNDOS EM GUERRA

66 *Digesto*, 50. 1. 33.

67 Citado em Brown, *The World of Late Antiquity*, p. 123.

68 «Lectures on Law: XI Citizens and Aliens» (1790-1791), in Robert Green McCloskey (ed.), *The Works of James Wilson* (2 vols.), Cambridge, Mass., Harvard University Press, 1967, ii, p. 581.

69 M. I. Finley, *Ancient Slavery and Modern Ideology*, Harmondsworth e Nova Iorque, Penguin Books, 1983, p. 107.

70 Ibid., p. 93.

71 Citado em Nicolet, *The World of the Citizen in Republican Rome*, p. 39.

72 A cláusula seguinte, «mas deverá manter-se [...] Parte dos *dediticius*», tem dado origem a muita polémica relativamente ao seu significado. Os *dediticius* eram provincianos que se tinham tornado súbditos de Roma através de uma rendição formal na guerra. Ver A. N. Sherwin White, *The Roman Citinzinship*, Oxford, Oxford University Press, 1973, pp. 380-386.

73 Citado em White, *The Roman Citinzinship*, p. 435. Mas à semelhança da maioria dos cristãos, a atitude de Tertuliano face ao Império não estava totalmente desprovida de ambiguidades, e ele era capaz de imaginar uma unidade da humanidade que transcendia a unidade do mundo romano.

74 Tácito, *Anais*, II, 23-24. Para um relato pormenorizado sobre estes acontecimentos e o seu significado, ver White, *The Roman Citizenship*, pp. 237-250. A luta entre o rei gaulês Vercingétorix e César – à qual o senador aludiu – tivera lugar em 52 a. C., quase um século antes, e fora César que sitiara Vercingétorix e não o contrário.

75 Ando, *Imperial Ideology and Provincial Loyalty in the Roman Empire*, p. 41.

76 *De Officiis*, II, 27.

77 «Discurso Romano», 59-60.

78 Nicolet, *The World of the Citizen in Republican Rome*, p. 22.

79 Actos 21,37-39.

80 Actos 22,25-29.

81 Actos 25,10-12.

82 Para uma discussão mais pormenorizada destes acontecimentos, ver Nicolet, *The World of the Citizen in Republican Rome*, pp. 18-20.

83 Petrus Baldus de Ubaldis, citado em Luigi Prosdocimi, «"Ex facto oritur ius": Breve nota di diritti medievale», *Studi senesi* (1954-1955), pp. 66-67, 808-819.

84 Citado em Donald R. Kelly, *Historians and the Law in Postrevolutionary France*, Princeton, Princeton University Press, 1984, p. 45.

85 *Declínio e Queda do Império Romano*, XLIV.

86 Cícero, *De Officiis*, I, 34-35. «Existem dos tipos de conflito: um decorre através do debate, o outro pela força. Dado que o primeiro é inerente ao homem e o segundo aos animais, apenas se deve recorrer ao segundo quando não é possível fazer uso do primeiro».

NOTAS

87 *De Republica*, 3. 34. Ver Jonathan Barnes, «Cicéron et la guerre juste», *Bulletin de la société française de philisophie*, 80 (1986), pp. 41-80.
88 *De Legibus*, I, x, 29; xii, 33.
89 Aristóteles, *Retótica*, 1373[b]; ver A. P. Garnsey, «Laus imperii» in Garnsey e Whittaker (eds.), *Imperialism in the Ancient World*, pp. 159-191.
90 *De Finibus*, III, 63.
91 *The Meditations of the Emperor Marcus Aurelius*, vi. 50, 58.
92 *On the Fortune of Alexander*, 329.
93 «Discurso Romano», 102.
94 Ernest Barker, «The Conception of Empire», in Cyril Bailey (ed.), *The Legacy of Rome*, Oxford, Oxford University Press, 1923, p. 53.
95 «Discurso Romano», 104, 199.
96 «Discurso Romano», 12-13.
97 *Declínio e Queda do Império Romano*, X.
98 Veyne, *L'Empire gréco-romain*, p. 306-311.

Capítulo 4

1   *De Bello Getico*, 78f.
2   Peter Brown, *Augustine of Hippo: A Biography*, Londres, Faber and Faber, 1976, p. 298.
3   Citado em ibid., p. 289.
4   *De Civitate Dei*, IV, 7.
5   Daniel, 7,14.
6   *Hakluytus Posthumus or Purchas his Pilgrimes, contayning a History of the World, in Sea Voyages and lande-Travells by Englishmen & others*, 5 vols. (Londres, 1625), i, p. 45.
7   Citado em Ando, *Imperial Ideology and Provincial Loyalty in the Roman Empire*, p. 63.
8   Citado em Brown, *Augustine of Hippo*, p. 291.
9   MacMullen, *Christianizing the Roman Empire A. D. 100-400*, p. 134 n. 14.
10 W. H. C. Frend, *Martyrdom and Persecution in the Early Church*, Oxford, Oxford University Press, 1965, p. 413, enumera centenas e não milhares de mártires.
11 Henry Chadwick, «Envoi: On taking leave of Antiquity», in John Boardman, Jasper Griffin e Oswyn Muray (eds.), *The Oxford History of the Classical World*, Oxford e Nova Iorque, Oxford University Press, 1986, p. 808.
12 «In hoc signo vinceris»; *Eusebius: Life of Constantine*, (trad. A. Cameron e S. Hall), Oxford, Oxford University Press, 1999, I, 28-32.

MUNDOS EM GUERRA

13 Paul Veyne, *Quand notre monde est devenu chrétien (312-394)*, Paris, Albin Michel, 2007, p. 28.

14 Ver Charles Freeman, *The Closing of the Western Mind: The Rise of Faith and the Fall of Reason*, Nova Iorque, Alfred A. Knopf, 2003, pp. 170-172.

15 A frase é de Brown, *The World of Late Antiquity*, p. 87.

16 A. H. M. Jones, *Constantine and the Conversion of Europe*, Londres, Hodder and Stoughton, 1948, pp. 92-93.

17 Citado em Veyne, *Quand notre monde est devenu chrétien*, p. 22.

18 F. E. Peters, *The Monotheists: Jews, Christians, and Muslims in Conflict and Competition*, Princeton e Oxford, Princeton University Press, 2003, i, p. 248.

19 *De Civitate Dei*, V, 15.

20 Jacques Heers, *Culture et mort à Constantinople 1204-1453*, Paris, Perrin, 2005, p. 20.

21 A descrição é de Steven Runciman, *The Great Church in Captivity: A Study of the Patriarchate of Constantinople from the Eve of the Turkish Conquest to the Greek War of Independence*, Cambridge, Cambridge University Press, 1968, p. 7.

22 Citado em ibid., p. 59.

23 Carl Erdmann, *The Origin of the Idea of Crusade* (trad. Marshall W. Baldwin e Walter Goffart), Princeton, Princeton University Press, 1977, pp. 296-297.

24 Norman Davies, *Europe: A History*, Oxford e Nova Iorque, Oxford University Press, 1997, pp. 341-342.

25 *The Prince* (ed. David Wootton), Indianápolis, Hackett, 1995, p. 5 (Cap. 18).

26 Citado em Freeman, *The Closing of the Western Mind*, p. 176.

27 Gomes Eanes de Zurara, *Crónica dos feitos notáveis que se passaram na conquista de Guiné por mandado do Infante D. Henrique* (ed. Torquato de Sousa Soares), Lisboa, Academia Portuguesa de História, 1978, i, pp. 145-148. Para uma narrativa da carreira do Infante D. Henrique, ver Peter Russell, *Prince Henry «The Navigator»: A Life*, New Haven e Londres, Yale University Press, 2000.

28 Citado em Karen Ordahl Kupperman, *Settling with the Indians: The Meeting of English and Indian Cultures in America, 1580-1640*, Totowa, Rowman and Littlefield, 1980, p. 166.

29 Peters, *The Monotheists*, ii, pp. 138-139.

30 *De Civitate Dei*, XI, 13.

31 Ver Brown, *Augustine of Hippo*, pp. 58-59.

NOTAS

Capítulo 5

1	Existem várias histórias excelentes da ascensão e queda do império dos árabes. Para a narrativa que se segue, apoiei-me substancialmente em: Michael Cook, *Muhammad*, Oxford, Oxford University Press, 1983; J.-Cl. Garcin (ed.), *États, sociétés et cultures du monde musulman médiéval, x^e-xve siècles*, 3 vols., Paris, PUF, 1995-2000; Albert Hourani, *A History of the Arab Peoples*, Londres, Faber & Faber, 1991; Richard Fletcher, *The Cross and the Crescent: Christianity and Islam from Muhammad to the Reformation*, Nova Iorque, Viking, 2003; Bernard Lewis, *The Arabs in History*, Oxford, Oxford University Press, 1993.

2	O relato das várias embaixadas encontra-se em *The Life of Muhammad: A Translation of Ishaq's* Sirat Rasul Allah (introd. e notas de A. Guillaume), Carachi, Oxford University Press, 1955, pp. 652-659.

3	*Res Gestae*, xiv, 4.

4	*The Life of Muhammad*, pp. 181-187.

5	Noutros pontos são feitas afirmações similares, p. ex., em 41.3, «Livro cujos versículos se fizeram inteligíveis numa pregação árabe para gentes que sabem»; 43.3, «And before it the Book of Musa [Moisés] was a guide and a mercy; and this is a Book verifying in the arabic language that it may warn those who are unjust and as good news for the doers of good»; e cf. 13.37; 16.103; 20.113; 39.28; 42.7.

6	O primeiro dia do primeiro mês (*Muharran*) corresponde ao dia 15 ou 16 de Julho no calendário juliano.

7	Cook, *Muhammad*, p. 41.

8	Patricia Crone, *God's Rule: Government and Islam*, Nova Iorque, Columbia University Press, 2004, p. 13.

9	Ver Michael Cook, *Forbidding Wrong in Islam*, Cambridge, Cambridge University Press, 2003.

10	Bernard Lewis, «Politics and War», in Joseph Schnacht e C. E. Bosworth (eds.), *The Legacy of Islam*, Oxford, Oxford University Press, 1979, p. 156.

11	Citado em Bernard Lewis, *The Crisis of Islam: Holy War and Unholy Terror*, Nova Iorque, Random House, 2003, p. 34. Ver também, do mesmo autor, *The Political Language of Islam*, Chicago e Londres, University of Chicago Press, 1988, pp. 71-90.

12	Esta é frequentemente conhecida por tolerância «positiva»; a tolerância «negativa», que é semelhante à indiferença, deriva de um cepticismo geral em relação à validade de qualquer crença.

13	Patricia Crone e Marin Hinds (eds.), *God's Caliph: Religious Authority in the First Centuries of Islam*, Cambridge, Cambridge University Press, 1986, p. 19.

14	Citado em Hourani, *A History of the Arab Peoples*, p. 19.

15 *The Muqaddimah: An Introduction to History* (trad. Franz Rosenthal), Princeton, Princeton University Press, 1967, p. 330.

16 Segundo o historiador persa Ahmad ibn Yahya al-Baladhuri, *Kitâb Futûh al--Buldân* (*The Origins of the Islamic State*) (trad. Philip Hitti), Nova Iorque, Columbia University Press, 1916, p. 187.

17 Citado em John Tolan, *Saracens: Islam in the European Medieval Imagination*, Nova Iorque, Columbia University Press, 2002, p. 40.

18 Patricia Crone, *Medieval Islamic Political Thought*, Edimburgo, Edinburgh University Press, 2004, p. 334.

19 Lewis, *The Political Language of Islam*, p. 75.

20 *Mohammned and Charlemagne*, Cleveland e nova Iorque, Meridian Books, 1957, pp. 152-153.

21 C. Colin Smith (ed.), *Spanish Ballads*, Oxford e Londres, Pergamon Press, 1964, p. 55.

22 Citado em *A Short Account of the Destruction of the Indies* (trad. Nigel Griffith), Londres e Nova Iorque, Penguin Books, 1992, p. xxxviii.

23 Citado em Derek W. Lomax, *The Reconquest of Spain*, Londres e Nova Iorque, Longman, 1978, p. 26.

24 Em geral, ver Richard W. Bulliet, *Conversion to Islam in the Medieval Period: An Essay in Quantitative History*, Cambridge, Mass. e Londres, Harvard University Press, 1979, pp. 114-127.

25 Citado em Lewis, *Arabs in History*, p. 134.

26 *The Travels of Leo of Rozmital* (trad. e ed. de Malcolm Letts), Cambridge, Cambridge University Press, 1957, pp. 91-92.

27 Fletcher, *The Cross and the Crescent*, pp. 22-23.

28 Colin Smith (ed.), *Christians and Moors in Spain*, Warminster, Aris & Philips, 1988, i, pp. 65-67, e Jessica A. Coope, *The Martyrs of Córdoba: Community and Family Conflict in an Age of Mass Conversion*, Lincoln, Nebraska, e Londres, University of Nebraska Press, 1995, pp. 67-69.

29 Citado em Bernard Lewis, *The Muslim Discovery of Europe*, Nova Iorque e Londres, W. W. Norton & Co., 1982, p. 19, e «Europe and Islam: Muslim Perceptions and Experiences», in *From Babel to Dragomans: Interpreting the Middle East*, Oxford, Oxford University Press, 2004, p. 124, onde Lewis compara a derrota «com um revés sofrido por um contingente exploratório na Índia britânica do século XIX, emboscado por guerreiros tribais nos ermos do Afeganistão».

30 *Decline and Fall of the Roman Empire*, LII.

31 D. S. Goiten, «The Origin of the Vizierate and its True Character», in *Studies in Islamic History and Institutions*, Leiden, Brill, 1966, pp. 168-196.

32 Citado em Richard Hodges e David Whitehouse, *Mohammed, Charlemagne and the Origins of Europe*, Ithaca, Nova Iorque, Cornell University Press, 1983, pp. 126-127.

NOTAS

33   Citado em Lewis, *The Arabs in History*, p. 131.

34   G. Levi Della Vida, «La corrispondeza di Berta di Toscano col Califfo Muktafi», *Rivista storica italiana*, 66 (1954), pp. 21-38.

35   Lewis, *The Muslim Discovery of Europe*, p. 76.

36   Citado em Sanjay Subrahmanyam, «Taking Stock of the Franks: South Asian Views of Europeans and Europe 1500-1800», *Indian Economic and Social History Review*, 42 (2005), pp. 6-100 (p. 69).

37   Fletcher, *The Cross and the Crescent*, p. 50.

38   Patricia Crone, *Medieval Islamic Political Thought*, Edimburgo, Edinburgh University Press, 2004, pp. 171-172.

39   H. Fradkin, «The Political Thought of Ibn Tufayl», in E. Butterworth (ed.), *The Political Aspects of Islamic Philosophy*, Cambridge, Mass., Harvard University Press, 1992, pp. 234-261.

40   *Inferno*, iv. 36-39.

41   *Fasl Al-Maqâl*, par. 5: *Averroès: Discours décisif* (trad. Marc Geoffroy), Paris, Flammarion, 1996, p. 107.

42   *Fasl Al-Maqâl*, par. 7: *Averroès Discours décisif*, p. 109.

43   «L'Islamisme et la Science», in *Œuvres complètes de Ernest Renan* (ed. Henriette Psichari), 4 vols., Paris, Calmann-Lévy, 1947, pp. 954-956.

44   *Ibid.*, pp. 947-949.

45   *Averroès et l'Averroïsme* (1852), in *Œuvres complètes de Ernest Renan*, iii, p. 23

46   Citado em Franco Cardini, *Europa e Islam: Storia di un malinteso*, Roma e Bari, Laterza, 2002, p. 130.

47   «Early Eastern Christian Responses to Islam» (trad. John Lamoreaux), in John Tolan (ed.), *Medieval Christian Perceptions of Islam: A Book of Essays*, Nova Iorque, Garland Press, 1996, pp. 14-15.

48   *Adversus haereses*, I, xxvi, 3.

49   James Kritzeck, *Peter the Venerable and Islam*, Princeton, Princeton University Press, 1964, pp. 17-18.

50   Migne, *Patrologia Latina*, CXLVIII, pp. 450-452; ver também os comentários em Hourani, *Islam in European Thought*, p. 9.

51   *De Haeresibus*, in Daniel J. Sahas, *John of Damascus on Islam: The «Heresy of the Ishmaelites»*, Leiden, E. J. Brill, 1972, p. 133.

52   *Ibid.*, p. 139.

53   Migne, *Patrologia Latina*, CLXXXXI, p. 671.

54   Citado em Kritzeck, *Peter the Venerable and Islam*, pp. 142-143.

55   Citado em Norman Daniel, *Islam and the West: The Making of an Image*, Edimburgo, Edinburgh University Press, 1960, p. 68.

56   *Ibid.*, p. 102.

57   *De Haeresibus*, 139, e Daniel, *Islam and the West*, pp. 96-100.

58   *De Haeresibus*, pp. 32-48.

59   *Chanson de Roland*, v. 3164.

MUNDOS EM GUERRA

60 *The Prince* (trad. e ed. David Wootton), Indianapolis, Hackett, 1995, p. 55.
61 Citado em Anthony Pagden, *European Encounters with the New World*, New Haven e Londres, Yale University Press, 1993, p. 36.

Capítulo 6

1 É o que dão a entender os relatos contemporâneos e a reacção dos ouvintes. Infelizmente, não sobreviveu nenhum registo completo das suas palavras.
2 Citado em Jonathan Riley-Smith, *The First Crusaders, 1095-1131*, Cambridge, Cambridge University Press, 1997, p. 61.
3 Ibid., 20.
4 Citado em Jonathan Riley-Smith, *The First Crusade and the Idea of Crusading*, Londres, Athlone Press, 1986, p. 26.
5 Mateus, 16,24.
6 *Gesta Francorum et aliorum Hierosolimitanorum* [*Deeds of the Franks and the Other Pilgrims to Jerusalem*] (ed. Rosalind Hill), Londres e Edimburgo, Thomas Nelson, 1962, p. 17.
7 *Epist.* 189. 6 [a Bonifácio], *Patrologia Latina*, XXXIII, 856.
8 De *La Chanson d'Antioquie*, in Louise e Jonathan Riley-Smith, *The Crusades: Idea and Reality, 1095-1272*, Londres, Edward Arnold, 1981, p. 72.
9 Da *Historia Jerosolimitana* de Baldric de Bourgueil, citado em Riley-Smith, *The First Crusade and the Idea of Crusading*, pp. 48-49.
10 Peter Partner, *God of Battles: Holy Wars in Christianity and Islam*, Londres, Harper Collins, 1997, p. 82.
11 Da *Historia*, in L. e J. Riley-Smith, *The Crusades: Idea and Reality, 1095-1272*, p. 54.
12 Carol Hillenbrand, *The Crusades: Islamic Perspectives*, Edimburgo, Edinburgh University Press, 1999, pp. 295-296.
13 Riley-Smith, *The First Crusade and the Idea of Crusading*, p. 92.
14 Ibn Al-Qalânisi, *The Damascus Chronicle of the Crusades* (ed. e trad. H. A. R. Gibb), Londres, Luzan and Co., 1932, p. 48.
15 Steven Runciman, «The First Crusade: Antioche to Ascalon», in Kenneth M. Setton (ed.), *A History of the Crusades*, Madison, Milwaukee, e Londres, University of Winsconsin Press, 1969, i, pp. 308-342.
16 *Gesta Francorum et aliorum Hierosolimitanorum*, p. 92.
17 Citado em Riley-Smith, *The First Crusade and the Idea of Crusading*, p. 77.
18 *Crusader Castles*, uma nova edição com introdução e notas de Denys Pringle (Oxford, Oxford University Press, 1988, p. 77.

NOTAS

19 Usamah Ibn Munquid, *An Arab-Syrian Gentleman and Warrior in the Period of the Crusades*, Nova Iorque, Columbia University Press, 1929, p. 29.

20 Al-Qalânisi, Ibn, *The Damascus Chronicle of the Crusades*, p. 269.

21 De *De Consideratione*, in L. e J. Riley-Smith, *The Crusades: Idea and Reality, 1095-1272*, p. 62.

22 Partner, *God of Battles: Holy Wars in Christianity and Islam*, p. 93.

23 Citado em Sir Hamilton A. R. Gibb, «The Rise of Saladin 1169-1189», in Kenneth M. Setton (ed.), *A History of the Crusades*, i, p. 569.

24 Citado em Marshall W. Baldwin, *The Decline and Fall of Jerusalem, 1174-1189*, in Kenneth M. Setton (ed.), *A History of the Crusades*, i, p. 612.

25 Citado em Hillenbrand, *The Crusades: Islamic Perspectives*, p. 180.

26 Geoffrey Hindley, *Saladin: A Biography*, Londres, Constable, 1976, p. 49.

27 Francesco Gabrieli (ed.), *Storici arabi delle crociate*, Turim, Einaudi, 1957, pp. 86-87.

28 Citado em E. Karsh, *Islamic Imperialism: A History*, p. 83.

29 Para uma perspectiva mais crítica de Saladino, ver M. C. Lyons e D. E. P. Jackson, *Saladin: The Politics of Holy War*, Cambridge, Cambridge University Press, 1982.

30 *Essai sur les mœurs* (ed. Pierre Rameau), 2 vols., Paris, Bordas, 1990, i, p. 581. Ver pp. 279-80 da presente obra.

31 *Declínio e Queda do Império Romano*, LIX.

32 *O Talismã*, cap. VI.

33 Hillenbrand, *The Crusades: Islamic Perspectives*, p. 593.

34 Elizabeth Siberry, *The New Crusaders: Images of the Crusades in the Nineteenth and Early Twentieth Centuries*, Aldershot, Ashgate, 2000, pp. 67-68.

35 Descrito em Hillenbrand, *The Crusades: Islamic Perspectives*, pp. 594-601.

36 *Declínio e Queda do Império Romano*, LX.

37 *Essai sur les mœurs*, i, p. 585.

38 *History of England*, I, xiv.

39 *Declínio e Queda do Império Romano*, LXI.

40 *This Too a Philosophy of History for the Formation of Humanity* (1774), in FORSTER, Michael N. (ed.), *Herder: Philosophical Writings*, Cambridge, Cambridge University Press, 2002, p. 306.

41 *Itinéraire de Paris à Jérusalem* (ed. Jean-Claude Berchet), Paris, Gallimard, 2003, pp. 445-446.

42 Siberry, *The New Crusaders*, p. 67.

43 Ver pp. 455-57.

44 Citado em Elizabeth Siberry, «Images of the Crusades in the Nineteenth and Twentieth Centuries», in Jonathan Riley-Smith (ed.), *The Oxford Illustrated History of the Crusades*, Oxford e Nova Iorque, Oxford University Press, 1997, pp. 565-585.

MUNDOS EM GUERRA

45 «Social Justice in Islam» [Al-'adalat al-ijtima'iyya fi'l-Islam] in William E. Shepard, *Sayyid Qutub and Islamic Activism: A Translation and Critical Analysis of Social Justice in Islam*, Leiden, Nova Iorque e Colónia, E. J. Brill, 1996, pp. 286-287. Para um retrato brilhantemente vívido de Qutub, ver Lawrence Wright, *The Looming Tower: Al-Qaeda and the Road to 9/11*, Nova Iorque, Alfred Knopf, 2006, pp. 7-31.

46 Todd S. Purdum, «Bush Warns of a Wrathful Shadowy and Inventive War», *New York Times*, 17 de Setembro de 2001, A2.

47 Gilles Kepel, *The War for Muslim Minds: Islam and the West*, Cambridge, Mass., e Londres, Bellknap Press, 2004, p. 117.

48 Ofra Bengio, *Saddam's World: Political Discourse in Iraq*, Nova Iorque e Oxford, Oxford University Press, 1998, pp. 82-84.

49 De um panfleto anónimo intitulado *Documentos Nacionalistas para Confrontar o Ataque Cruzado à Pátria Árabe*, citado em Hillenbrand, *The Crusades: Islamic Perspectives*, pp. 609-610.

Capítulo 7

1 Sobre o princípio da história dos Otomanos, ver Caroline Finkel, *Osman's Dream: The Story of the Ottoman Empire, 1300-1923*, Nova Iorque, Basic Books, 2006, pp. 1-47; Heath W. Lowry, *The Nature of the Early Ottoman State*, Albany, NY, State University of New York Press, 2003; Paul Wittek, *The Rise of the Ottoman Empire*, Nova Iorque, B. Franklin, Londres, 1971; Halil Inalcik, «The Question of the Emergence of the Ottoman State», *International Journal of Turkish Studies*, 2 (1980), pp. 71-79.

2 *The Travels of Ibn Battuta* (trad. H. A. R. Gibb), Cambridge, Cambridge University Press, 1962, ii, p. 453, e citado em Finkel, *Osman's Dream: The Story of the Ottoman Empire, 1300-1923*, pp. 13-24.

3 Citado em Steven Runciman, *The Fall of Constantinople 1453*, Cambridge, Cambridge University Press, 1965, p. 21. Esta obra continua a ser o relato mais evocador e cativante da queda da cidade.

4 Michael A. Sells, *The Bridge Betrayed: Religion and Genocide in Bosnia*, Berkeley, Los Angeles, e Londres, University of California Press, 1996, pp. 38-45.

5 Citado em Runciman, *The Fall of Constantinople 1453*, p. 1.

6 Ibid., p. 10.

7 Kristovoulos, *History of Mehmed the Conqueror* (trad. Charles T. Riggs), Princeton, Princeton University Press, 1954, p. 29.

8 Ibid., pp. 58-59.

NOTAS

9   Heers, *Chute et mort de Constantinople 1204-1453*, p. 247.

10 Kristovoulos, *History of Mehmed the Conqueror*, pp. 60-61.

11 Michele Ducas, *Historia turco-byzantina*, in Agostini Pertusi, *La caduta de Costantinopoli*, ii. *L'eco nel mundo*, Milão, Mondadori, 1976, p. 167.

12 Citado em Finkel, *Osman's Dream*, p. 52.

13 Kristovoulos, *History of Mehmed the Conqueror*, pp. 72-73.

14 Citado em Gustave Schlumberger, *Le Siège, la prise et le sac de Constantinople en 1453*, Paris, Plon, 1935, p. 330.

15 Kristovoulos, *History of Mehmed the Conqueror*, p. 76. Ele também diz que foram feitos 50 000 prisioneiros, o que é certamente um exagero.

16 Isidoro de Kiev ao cardeal Bessarion, Candia, 6 de Julho de 1453, in Agostino Pertusi, *La caduta de Costantinopoli*, i. *Le testimonianze dei contemporanei*, Milão, Mondadori, 1976, p. 76.

17 Citado em Runciman, *The Fall of Constantinople 1453*, p. 149. Afrasiab era o lendário herói-rei de Turan.

18 Citado em James Hankins, «Renaissance Crusaders: Humanist Crusade Literature in the Age of Mehmed II», *Dumbarton Oaks Papers*, 49 (1995), pp. 111-207 (p. 122).

19 Agostino Pertusi, *Testi inediti e poco noti sulla caduta di Constantinopoli*, Bolonha, Patron, 1983, pp. 74, 76.

20 Durante os reinados de Abdülhamid I (1774-1789) e do seu sucessor, Selim III (1789-1807), e ainda com Mahmud II (1808-1839), o nome «Constantinopla» foi substituído na moeda por «Islambol» (Finkel, *Osman's Dream: The Story of the Ottoman Empire, 1300-1923*, p. 383).

21 Finkel, *Osman's Dream: The Story of the Ottoman Empire, 1300-1923*, p. 53.

22 Esta história é provavelmente de uma fantasia. Mas é sabido que Mehmed possuía livros em grego na sua biblioteca, e que tinha alguns conhecimentos de grego. Ver J. Raby, «Mehmed the Conqueror's Greek Scriptorium», *Dumbarton Oaks Papers*, 37 (1983), pp. 15-34.

23 Kristovoulos, *History of Mehmed the Conqueror*, pp. 181-182.

24 Hankins, «Renaissance Crusaders: Humanist Crusade Literature in the Age of Mehmed II», p. 139.

25 Steven Runciman, *The Great Church in Captivity: A Study of the Patriarchate of Constantinople from the Eve of the Turkish Conquest to the Greek War of Independence*, Cambridge, Cambridge University Press, 1968, pp. 182-185.

26 Citado em Heers, *Chute et mort de Constantinople 1204-1453*, p. 263.

27 O acontecimento é descrito em Citado em Runciman, *The Fall of Constantinople 1453*, pp. 166-167.

28 Ibid., p. 166.

29 *The Memories of a Renaissance Pope: The Comentaries of Pius II* (trad. F. A. Gragg), Nova Iorque, Capricorn Books, 1962, p. 237.

30 *Lettera a Maometto II (Epistola ad Mahumetem)* (ed. Giuseppe Tofanin), Nápoles, R. Pironti, 1953.

31 Finkel, *Osman's Dream: The Story of the Ottoman Empire, 1300-1923*, pp. 72-73.

32 Sobre esta e outras possíveis interpretações do quadro, ver M.-P. Oedani-Fabris, «Simbologia ottomana nell'opera di Gentile Bellini», *Atti dell'Istituto veneto di scienze, lettere ed arti*, 155 (1996-1997), pp. 1-29.

33 Isidoro de Kiev aos «Fiéis de Cristo», Candia, 8 de Julho de 1452, in Pertusi, *La caduta de Costantinopoli*, pp. 82, 84.

34 Anónimo, *The Policy of the Turkish Empire*, Londres, 1597, A3ᵛ.

35 Citado em Bernard Lewis, *Islam and the West*, Oxford e Nova Iorque, Oxford University Press, 1993, p. 72.

36 Norman Housley, *The Later Crusades 1272-1580*, Oxford, Oxford University Press, 1991.

37 *Commentario delle cose dei Turchi*, Veneza, 1538, f. diiiʳ.

38 Cornell H. Fleischer, «The Lawgiver as Messiah: The Making of the Imperal Image in the reign of Süleymân», in Gilles Veinstein (ed.), *Soliman le Magnifique et son temps*, Paris, École du Louvre, 1992, pp. 159-178. O termo «califa» fora aplicado a Mehmed I, já em 1421, mas Solimão é o primeiro a ser referido por califa num documento oficial, neste caso o «Livro das Leis de Buda», da década de 1540. Ver Colin Imber, «Süleymân as Caliph of the Muslims: Ebû's-Su'ûd's formulation of Ottoman dynastic ideology», in Veinstein (ed.), *Soliman le Magnifique et son temps*, pp. 176-184.

39 Citado em Finkel, *Osman's Dream: The Story of the Ottoman Empire, 1300-1923*, p. 115.

40 *The Turkish Letters of Ogier Ghiselin de Busbecq* (trad. Edward Forster), Oxford, Clarendon Press, 1927, p. 112.

41 Sobre os pormenores estratégicos e militares da batalha, ver Hanson, *Carnage and Culture*, pp. 233-239.

42 *Discours politiques et militaires* (ed. F. E. Sutcliffe), Genebra, Droz, 1967, p. 439.

43 A marcha sobre Viena é vividamente descrita em John Stoye, *The Siege of Vienna*, Nova Iorque e Chicago, Holt, Rinehart and Winston, 1964, pp. 15-23.

44 Ibid., p. 52.

45 Citado em Bernard Lewis, *What went Wrong? The Clash Between Islam and Modernity in the Middle East*, Londres, Weidenfeld and Nicolson, 2002, p. 16.

46 Citado em Runciman, *The Fall of Constantinople 1453*, p. 178.

47 Mark Mazower, *The Balkans: A Short Story*, Nova Iorque, Modern Library, 2002, p. 69.

48 *L'Esprit des lois*, III, p. 14.

49 Citado em Lindsey Hughes, *Russia in the Age of Peter the Great* (New Haven e Londres, Yale University Press, 1998, p. 296.

50 *L'Europe: Genèse d'une civilisation*, Paris, Perrin, 1999, p. 176.

NOTAS

Capítulo 8

1   Segundo o historiador e propagandista Florimond de Raemond. Citado em Donald R. Kelley, *The Beggining of Ideology: Consciousness and Society in the French Reformation*, Cambridge, Cambridge University Press, 1981, p. 28.

2   Citado em Euan Cameron, *The European Reformation*, Oxford, Clarendon Press, 1991, 1.

3   *First Tract on Government*, in Mark Goldie (ed.), *Political Essays*, Cambridge, Cambridge University Press, 1997, pp. 48-49.

4   Citado em Strobe Talbott, *A Gathering of Tribes: The Story of a Big Idea* (a publicar).

5   Citado em Theodore K. Rabb, *The Struggle for Stability in Early-Modern Europe*, Nova Iorque, Oxford University Press, 1975, p. 81.

6   *On Liberty*, in Stefan Collini (ed.), *On Liberty and Other Writings*, Cambridge, Cambridge University Press, 1918, p. 11.

7   *Leviathan* (ed. Richard Tuck), Cambridge, Cambridge University Press, 1991, I, 3, p. 24.

8   Citado em Anthony Pagden, *The Fall of Natural Man: The American Indian and the Origins of Comparative Ethnology*, Cambridge, Cambridge University Press, 1982, p.67.

9   *The Elements of Law, Natural and Political*, 2. 10. 8 (ed. Ferdinand Tönnies, 2.ª ed.), Londres, Frank Cass & Co., 1969, pp. 188-189.

10 *An Anatomie of the World: The First Anniversary*, II, 205-208, 213-218.

11 *Segunda Meditação*, 7. 25.

12 *An Essay Concerning Human Understanding*, I, iii, p. 2.

13 Ibid., II, xxviii.

14 Carta a Michael Ainsworth, em 1709, in Benjamin Rand (ed.), *Life, Unpublished Letters, and Philosophical Regimen of Anthony, Earl of Shaftesbury*, Londres, Sonnenschein & Co., 1900, pp. 403-405.

15 *De Cive*, 1. 7: *On the Citizen* (trad. e ed. Richard Tuck e Michael Silverthorne), Cambridge, Cambridge University Press, 1998, p. 27.

16 Ver Richard Tuck, «The "Modern" Theory of Natural Law», in Anthony Pagden (ed.), *The Languages of Political Theory in Early-Modern Europe*, Cambridge, Cambridge University Press, 1987, pp. 99-119.

17 James Boswell, *Journal of a Tour to the Hebrides with Samuel Johnson, 1733* (ed. Frederick A. Pootle e Charles H. Bennet), New Haven, Yale University Press, 1961, p. 189.

18 *Système de la Nature*, in Jean-Pierre Jackson (ed.), *Œuvres philosophiques complètes*, 2 vols., Paris, Éditions Alive, 1999, ii, p. 165.

19 «An Answer to the Question: What is Enlightenment?», in Hans Reiss (ed.), *Political Writings* (trad. H. B. Nisbet), Cambridge, Cambridge University Press, 1991, p. 56.

533

MUNDOS EM GUERRA

20 A. xii.
21 «An Answer to the Question: What is Enlightenment?», p. 57.
22 *Esquisse d'un tableau historique des progrès de l'esprit humain* (ed. Alain Pons), Paris, Flammarion, 1988, p. 74.
23 Ibid., pp. 208, 266.
24 *The Prince of Abissinia: A Tale*, Londres, 1759, pp. 47, 116; ver Jack Goody, *The East in the West*, Cambridge, Cambridge University Press, 1992, pp. 2-4.
25 Ver um breve e perspicaz relato destes estereótipos anti-ocidentais em Ian Buruma e Avishi Margalit, *Occidentalism: The West in the Eyes of its Enemies*, Nova Iorque, Penguin Press, 2004.
26 *Daybreak: Thoughts on the Prejudices of Morality* (trad. R. J. Hollingdale), Cambridge, Cambridge University Press, 1993, p. 118.

Capítulo 9

1 Sanjay Subrahmanyam, «Taking Stock of the Franks: South Asian Views of Europeans and Europe 1500-1800», *Indian Economic and Social History Review*, 42 (2005), pp. 6-100 (p. 88).
2 Jonathan Spence, *The Question of Hu*, Nova Iorque, Vintage Books, 1989.
3 «Some Reflections on the Persian Letters», in *Persian Letters* (trad. C. J. Betts), Nova Iorque, Viking-Penguin, Inc., 1973, p. 283.
4 Ibid., p. 83, Carta 30.
5 Ibid. p. 124, Carta 59.
6 *L'Esprit des lois*, XX, p. 1.
7 *A Grammar of the Persian Language*, in *The Collected Works of Sir William Jones* (1807), ed. fac., 13 vols. (Nova Iorque, New York University Press, 1993), v. 165.
8 *Orientalism*, Nova Iorque, Vintage Books, 1979, p. 7.
9 Para uma ideia de quão tosca é esta descrição, ver Bernard Lewis, «The Question of Orientalism», in *Islam and the West*, Oxford e Nova Iorque, Oxford University Press, 1993, pp. 99-118.
10 «The Third Anniversary Discourse, delivered 2 February, 1786» [à Sociedade Asiática de Calcutá],in *The Collected Works of Sir William Jones*, iii. 34.
11 William Jones, *Dissertation sur la littérature orientale*, Londres, 1771, pp. 10-11.
12 «The Fourth Anniversary Discourse, delivered 15 February, 1787» [à Sociedade Asiática de Calcutá],in *The Collected Works of Sir William Jones*, iii. 50.
13 *Letters*, in *The Collected Works of Sir William Jones*, ii, 652.
14 *A Grammar of the Persian Language*, in *The Collected Works of Sir William Jones*, v. 167.

534

NOTAS

15 William Jones, *Dissertation sur la littérature orientale*, p. 50.

16 «The Best Practicable System of Judicature for India», in *The Collected Works of Sir William Jones*, vol. i, p. cxxxiii.

17 Citado em Bernard Cohn, «The Command of Language and the Language of Command», in Ranajit Guha (ed.), *Subaltern Studies*, Deli, 1985, iv. p. 295.

18 Ver S. N. Muherjee, *Sir William Jones: A Study in Eighteenth-Century British Attitudes to India*, Cambridge, Cambridge University Press, 1968.

19 James Boswell, *The Life of Samuel Johnson*, Oxford, Oxford University Press, 1983, p. 159.

20 «The Fourth Anniversary Discourse, delivered 15 February, 1787», 36.

21 William Jones, *Dissertation sur la littérature orientale*, p. 52.

22 Max Müller, *Lectures on the Science of Language*, Londres, Longman, 1864, pp. 210-220.

23 Max Müller, *Theosophy or Psychological Religion*, in *Collected Works of the Right Hon. F. Max Müller*, 18 vols., Londres, Longman, 1898, iv, p. 73.

24 Arnaldo Momigliano, *Preludio settecentesco a Gibbon* (1977), in *Fondamenti della storia antica*, Turim, Einaudi, 1984, pp. 312-327.

25 Citado por Girolamo Imbruglia, «Tra Anquetil-Duperron e *L'Histoire de Deux Indies*: Libertà, dispotismo e feudalismo», *Rivista storica italiana*, 106 (1994), p. 141.

26 *Discours préliminaire ou introduction au Zend-Avesta*, in Abraham Hyacinthe Anquetil-Duperron, *Voyage en Inde 1754-1762* (ed. Jean Deloche, Manonmani Filliozat e Pierre-Sylvain Filliozat), Paris, École française d'Extrême-Orient, 1997, p. 64.

27 *Considérations philosophiques et géographiques sur les deux mondes* (1780-1804), (ed. Guido Abbatista), Pisa, Scuola Normale Superiore, 1993.

28 *Législation orientale*, Amesterdão, 1778, p. 181.

29 A única biografia de Anquetil-Duperron é Raymond Schwab, *Vie d'Anquetil--Duperron*, Paris, Librairie Ernest Leroux, 1934, mas não acrescenta muito ao relato autobiográfico da sua vida, entre 1754 e 1762, em *Discours préliminaire ou introduction au Zend-Avesta*.

30 *Discours préliminaire ou introduction au Zend-Avesta*, pp. 74-75.

31 Sobre Zoroastro e a religião que ele criou, ver pp. 158-59.

32 *Discours préliminaire ou introduction au Zend-Avesta*, p. 95.

33 Ibid., p. 255.

34 Ibid., p. 342.

35 Citado em Schwab, *Vie d'Anquetil-Duperron*, p. 85.

36 *Discours préliminaire ou introduction au Zend-Avesta*, p. 449.

37 Ibid., p. 462.

38 Citado em Schwab, *Vie d'Anquetil-Duperron*, pp. 98-99.

39 «Letter to the University of Oxford», in *The Collected Works of Sir William Jones*, i, p. 367; «Lettre à Monsieur A*** du P*** dans laquelle est compris

Mundos em Guerra

l'examen de sa traduction des livres attribués à Zoroastre [23 de Novembro de 1771]», in *The Collected Works of Sir William Jones*, x, pp. 410-413.

40 «Lettre à Monsieur A*** du P*** dans laquelle est compris l'examen de sa traduction des livres attribués à Zoroastre», p. 417.

41 *Discours préliminaire ou introduction au Zend-Avesta*, p. 74.

42 «Lettre à Monsieur A*** du P*** dans laquelle est compris l'examen de sa traduction des livres attribués à Zoroastre», p. 408-409.

43 Ibid., 438.

44 *A Dissertation on the Languages, Literature and Manners of the East*, Oxford, 1777, p. 126.

45 Citado em Schwab, *Vie d'Anquetil-Duperron*, p. 99.

46 Ver Garland Cannon, *The Life and Mind of Oriental Jones: Sir William Jones, the Father of Modern Linguistics*, Cambridge, Cambridge University Press, 1990, p. 44.

47 *The Sacred Books of the East*, Delhi, Motilal Banarsidass, 1992 (1887), IV, 1; XVI.

48 *Le Pyrrhonisme de l'histoire*, in *Œuvres complètes de Voltaire*, 52 vols, Paris, Garnier frères, 1877-85, xxvii, p. 327.

49 *Essai sur les mœurs* (ed. Pomeau), i, p. 268.

50 *L'Esprit des lois*, XVII, pp. 3-12.

51 «Of National Characters», in *Essays, Moral, Political and Literary* (ed. Eugene F. Miller), Indianapolis, Liberty Classics, 1985, p. 204.

52 Sobre a história do termo ver os artigos clássicos de: Franco Venturi, «Oriental despotism», *Journal of the History of Ideas*, 24 (1963), pp. 133-142, e Richard Kroebner, «Despot and Despotism: Vicissitudes of a Political Term», *Journal of the Warburg and Courtauld Institutes*, 14 (1951), pp. 275-302, e mais recentemente, Joan-Pau Rubiés, «Oriental Despotism and European Orientalism: Botero to Montesquieu», *Journal of Early-Modern History*, 92 (2005), pp. 109-180.

53 Ver Jürgen Osterhammel, *Die Entzauberung Asiens: Europa und die asiatischen Reiche im 18. Jahrundert*, Munique, C. H. Beck, 1988, pp. 284-306.

54 *Evenements particuliers, ou ce qui s'est passé de plus considerable après la guerre pendant cinq ans... dans les etats du Grand Mongol*, Paris, 1670, pp. 256-257.

55 *L'Esprit des lois*, I, p. 14.

56 *Persian Letters*, p. 231, Carta 131. A célebre distinção que Montesquieu faz entre as forças impulsionadoras (*principes*) por detrás dos três tipos de governo – monarquia, republicanismo e despotismo – encontra-se em *O Espírito das Leis*, III.

57 *L'Esprit des lois*, I, p. 3.

58 *Le Fanatisme, ou Mahomet le prophète: Tragédie en cinq actes*, Acto I, cena 5. Foi estreada em Lille, em Abril de 1741.

NOTAS

59 *Esquisse d'un tableau historique des progrès de l'esprit humain* (ed. Alain Pons), Paris, Flammarion, 1988, p. 172.

60 *The Muqaddimah: An Introduction to History* (trad. Franz Rosenthal), Princeton, Princeton University Press, 1967, pp. 120-121.

61 *Essai sur les mœurs*, i, pp. 821-822.

62 *Législation orientale*, p. 32.

63 *Essai sur les mœurs*, i, p. 832.

64 Ibid., i, p. 835.

65 Ibid., ii, pp. 415-416.

66 Ibid., p. 773.

67 Montesquieu, *L'Esprit des lois*, X, p. 14.

68 *Essai sur les mœurs*, ii, p. 767.

69 Ibid., i, p. 231.

70 Ibid., ii, p. 772.

71 Ibid., i, p. 271.

72 Ibid., p. 203.

73 Ibid., p. 59.

74 David Whitehouse e A. Williamson, «Sassanian maritime trade», *Iran*, 11 (1973), pp. 29-49.

75 Citado em John Larner, *Marco Polo and the Discovery of the World*, New Haven e Londres, Yale University Press, 2001, p. 22.

76 Ibid., p. 20.

77 A descrição é de Richard Southern, *Western Views of Islam in the Middle Ages*, Cambridge, Mass., Harvard University Press, 1962, pp. 47-49.

78 Citado em Larner, *Marco Polo and the Discovery of the World*, p. 24.

79 *The Anatomy of Melancholy* (ed. T. Faulkner et al.), Oxford, Clarendon Press, 1989-1990, ii, pp. 34, 38.

80 «Reflections on the Philosophy of History», in Hans Adler e Ernst A. Menze Armonk, *On World History: An Anthology*, Nova Iorque e Londres, M. E. Sharpe, 1997, p. 235.

81 Lionel Jensen, *Manufacturing Confucianism: Chinese Tradition and Universal Civilization*, Durham, Carolina do Norte, Duke University Press, 1997.

82 Ver A. J. Festugière, *La Révélation d'Hermés Trismegéste*, Paris, Les Belles Lettres, 1981.

83 Franklin Perkins, *Leibniz and China: A Commerce of Light*, Cambridge, Cambridge University Press, 2004, pp. 8-9.

84 *New Essays*, citado em Franklin Perkins, «Leibniz and Chinese Morality», *Journal of the History of Ideas*, 63 (2002), pp. 447-464 (pág. 460).

85 Citado em Jonathan Spence, *Emperor of China: Self-Portrait of K'ang-Hsi*, Nova Iorque, Knopf, 1974, pp. 80-81, e em Perkins, *Leibniz and China: A Commerce of Light*, p. 124.

MUNDOS EM GUERRA

86 Prefácio à *Novissima Sinica* (pp. 196-199) in Gottfried Wilhelm Leibniz, *Writings on China* (ed. e trad. Daniel J. Cook e Henry Rosemont Jr.), Chicago e La Salle, Ill., Open Court, 1994, p. 10.

87 Citado em Perkins, «Leibniz and Chinese Morality», p. 455.

88 *Essai sur les mœurs*, i, p. 220.

89 *Novissima Sinica*, pp. 2-3.

90 Perkins, *Leibniz and China: A Commerce of Light*, p. 122.

91 Citado em David Landes, *Revolution in Time: Clocks and Making of the Modern World*, Cambridge, Mass., Harvard University Press, 1982, pp. 242-243.

92 Citado em Jacques Gernet, *China and the Christian Impact: A Conflict of Cultures* (trad. Janet Lloyd), Cambridge, Cambridge University Press, 1982, pp. 242-243.

93 Citado em Spence, *Emperor of China: Self-Portrait of K'ang-Hsi*, p. 74.

94 Ver p. 00.

95 Citado em Landes, *The Wealth and Poverty of Nations*, p. 341.

96 William Jones, *Dissertation sur la littérature orientale*, pp. 8-9.

97 W. Schluchter, *The Rise of Western Rationalism: Max Weber's Developmental History*, Berkeley e Los Angeles, California University Press, 1981, pp. 61-67.

98 *An Inquiry into the Nature and Causes of the Wealth of Nations*, II, p. 672.

99 *Despotisme de la Chine*, in *Ephémérides du citoyen, ou bibliothéque raisonée des sciences morales et politiques*, Paris, 1767, I, p. 3.

100 *État de la Chine selon ses détracteurs* – uma refutação, ponto por ponto, do argumento de Quesnay –, in Guillaume-Thomas Raynal, *Histoire philosophique et politique des etablissements et du commerce des Européens dans les deux Indes*, in *Œuvres* (ed. Laurent Versini), Paris, Robert Laffont, 1995, iii, p. 652.

101 *Essai sur les mœurs*, ii, p. 783.

102 Ibid., i, p. 231.

103 *Journal of the Proceedings of the Late Embassy to China*, Londres, 1817, p. 491.

104 *Locksley Hall*, II, pp. 127-128, 184.

105 *L'Esprit des lois*, VII, p. 21.

106 *Essai sur les mœurs*, i, p. 216.

107 *État de la Chine selon ses détracteurs*, p. 652.

108 *Essai sur les mœurs*, i, p. 215.

109 «Reflections on the Philosophy of History», p. 232.

110 *The History of the Reign of the Emperor Charles V*, 1769; Londres 1802, i, p. 471.

111 «Reflections on the Philosophy of History», p. 247.

112 Quentin Skinner, «Machiavelli's Discorsi and the Pre-Humanist Origins of Republican Ideas», in Gisela Bock, Quentin Skinner e Maurizio Viroli (eds.), *Machiavelli and Republicanism*, Cambridge, Cambridge University Press, 1990, pp. 121-142.

NOTAS

113 «Reflections on the Philosophy of History», p. 169.

114 Ibid., 241-243.

115 *Village Communities in the East and the West*, Londres, John Murray, 1881, p. 7.

116 *The Philosophy of History* (trad. J. Sibree), Nova Iorque, Dover Publications, 1956, p. 99.

117 Ibid., pp. 142-143.

118 *Voyage en Syrie et en Égypte* (1787-1799, ed. Anne Deneys-Tunney e Henry Deneys), in *Œuvres*, Paris, Fayard, 1998, iii, pp. 15-16.

119 Ibid., pp. 161-162.

120 Ibid., p. 194.

121 Para o relato de Volney sobre Palmira, ver Ibid., 474-480. Quanto às suas reflexões, constam de *Les Ruines ou méditation sue les révolutions des empires*, in *Œuvres* (ed. Anne e Henry Desneys), 2 vols., Paris, Fayard, 1989, i, pp. 171-173, 232-234. Esta obra, traduzida para inglês com o título *The Ruins: or a Survey of the Revolutions of Empire*, defende que os impérios – Volney referia-se a todas as civilizações – apenas floresciam onde prosperava aquilo a que hoje chamaríamos «democracia liberal», e as religiões de toda a espécie fossem banidas da esfera pública. Tornou-se imensamente popular em toda a Europa e nos novos Estados Unidos, onde poderá ter sido traduzida para inglês por Thomas Jefferson.

122 *Les Ruines ou méditation sue les révolutions des empires*, i, pp. 245-246.

123 *Moniteur*, 5 de Brumário, Ano viii.

Capítulo 10

1 *Les Ruines ou méditation sur les révolutions des empires*, i, pp. 245-246.

2 Jacob M. Landau, *The Politics of Pan-Islam: Ideology and Organization*, Oxford, Clarendon Press, 1990, pp. 10-11.

3 Bernard Lewis, *The Emergence of Modern Turkey*, Londres, Oxford University Press, 1961, p. 317.

4 «Considerations sur la guerre des Turks en 1788», in Volney, *Voyage en Syrie et en Égypt pendant les années 1783, 1784 et 1785...*, pp. 641-643. Ver Bernard Lewis, *What Went Wrong?*, p. 21.

5 In Fréderic Masson e Guido Biagi, *Napoléon: Manuscrits inédits 1789-1791*, 8 vols., Paris, P. Ollendorf, 1907, iii, pp. 17-19.

6 Citado em Henry Laurens, *Les Origines intellectuelles de l'expédition d'Égypte: L'Orientalisme islamisant en France (1698-1798)*, Istambul, Éditions Isis, 1987, pp.190-192.

MUNDOS EM GUERRA

7 Citado em Yves Laissus, *L'Égypte, une aventure savante 1798-1801*, Paris, Fayard, 1998, p. 18.

8 Citado em Georges Lacour-Gayet, *Talleyrand*, Paris, Éditions Payot, 1990, p. 321.

9 *Mémoires du Prince Talleyrand*, 5 vols., Paris, C. Lévy, 1891-1892, pp. 77-78.

10 Citado em Lacour-Gayet, *Talleyrand*, p. 321.

11 Maya Janasoff, *Edge of Empire: Conquest and Collecting in the East 1750-1850*, Londres, Fourth Estate, 2005, pp. 160-162.

12 Citado em Henry Laurens, *L'Expédition d'Égypte, 1798-1801*, Paris, Éditions de Seuil, 1997, p. 48.

13 Citado em Janasoff, *Edge of Empire: Conquest and Collecting in the East 1750-1850*, pp. 163-164.

14 Ibid., p. 166.

15 Citado em Edward Ingram, *Commitment to Empire: Prophecies of the Great Game in Asia 1797-1800*, Oxford, Oxford University Press, 1981, p. 52.

16 *Description de l'Égypte, ou Recueil des observations et des recherches qui on été faites en Égypte pendant l'expédition de l'armée française, publié par les ordres de Sa Majesté l'empereur Napoléon le Grand*, 2.ª ed., 24 vols., Paris, C. L.-F. Pankoucke, 1821-1830, vol. i, pp. cxlii-cxliii.

17 *Réimpression de l'ancien Moniteur depouis la réunion des États-Generaux jusq'au Consulat* (mai 1789-novembre 1799), xxix, Paris, 1893, p. 501.

18 *Mémoires de Madame de Rémusat*, 3 vols., Paris, Calmann Lévy, 1880, i, p. 274.

19 Existe uma lista completa em Laissus, *L'Égypte, une aventure savante 1798-1801*, pp. 524-525.

20 *Voyage en Syrie et en Égypt pendant les années 1783, 1784 et 1785...*, pp. 11-12.

21 Citado por Niqula al-Turk, *Histoire de l'expédition des Français en Égypte par Nakoula-El-Turk, publiée et traduite par Desgranges aîné*, Paris, Imprimerie royale, 1839, p. 19.

22 Citado em Laissus, *L'Égypte, une aventure savante 1798-1801*, pp. 75-76.

23 Ibid., p. 76.

24 Laurens, *L'Expédition d'Égypte, 1798-1801*, p. 131.

25 Texto retirado da versão árabe em *Al Jabarti's Chronicle of the First Seven Months of the French Occupation of Egypt* (ed. e trad. S. Morhe), Leiden, Brill, 1975, p. 41.

26 A palavra utilizada por Napoleão foi *huquq*, que está mais próxima de «pretensão» do que de «direito», e é geralmente aplicada a Deus, como em «direito de Deus», *huquq allah*, embora possa também designar as pretensões que os indivíduos têm sobre a comunidade.

27 *Al Jabarti's Chronicle of the First Seven Months of the French Occupation of Egypt*, p. 41. Victor Hugo, *Orientales*, XL.

NOTAS

28 *The Life of Napoleon Buonaparte*, 9 vols., Edimburgo, Cadell and Co., 1827, iv, p. 83.

29 Citado em Laurens, *L'Expédition d'Égypte, 1798-1801*, p. 158.

30 *Du contrat social*, IV, p. 8, in *Œuvres complètes* (ed. Bernard Gagnebin e Marcel Raymond), Paris, Bibliothèque de la Pléiade, 1964, iii, pp. 462-463.

31 Citado em C. A. Bayly, *The Birth of the Modern World 1780-1914*, Malden e Oxford, Blackwell, 2004, p. 108.

32 *Al Jabarti's Chronicle of the First Seven Months of the French Occupation of Egypt*, pp. 20-21.

33 Citado em Lewis, *Muslim Discovery of Europe*, p. 183.

34 Laurens, *Les Origines intellectuelles de l'expédition d'Égypte: L'Orientalisme islamisant en France (1698-1798)*, p.184.

35 Elie Kedourie, *Afghani and 'Abduh: An Essay on Religious Unbelief and Political Activism in Modern Islam*, Londres, Frank Cass, 1966.

36 *Voyage dans la Basse e la Haute Égypte, pendant les campagnes du général Bonaparte*, Paris, P. Donot l'aîné, 1802, p. 174.

37 Citado em Hillebrand, *The Crusades: Islamic Perspectives*, p. 226.

38 *Avec Bonaparte en Égypte et en Syrie 1798-1799* (ed. Christian Tortel), Paris, Éditions Curandera, 1981, pp. 46-47.

39 Citado em Clement de la Jonquière, *L'Expédition d'Égypte 1798-1891*, Paris, Lavauzelle, 1899-1907, i, p. 462.

40 Michael Haag, *Alexandria: City of Memory*, New Haven e Londres, Yale University Press, 2005.

41 Citado por Laurens, *Les Origines intellectuelles de l'expédition d'Égypte: L'Orientalisme islamisant en France (1698-1798)*, p. 96.

42 *Itinéraire de Paris à Jérusalem* (ed. Jean-Claude Berchet), Paris, Gallimard, 2003.

43 David Cannadine, *Ornamentalism: How the British saw their Empire*, Londres, Penguin Books, 2002, pp. 78-79.

44 *Essai sur les mœurs des habitants modernes de l'Égypte*, in *Description de l'Égypte*, xviii, p. 26.

45 *Avec Bonaparte en Égypte et en Syrie 1798-1799*, p. 41.

46 Citado em Laurens, *L'Expédition d'Égypte, 1798-1801*, p. 172.

47 Ibid., p. 124.

48 Ibid., p. 128.

49 Ibid., p. 163.

50 *Réimpression de l'ancien Moniteur*, xxix, pp. 654-655.

51 Citado em Laissus, *L'Égypte, une aventure savante 1798-1801*, p. 129.

52 *Mémorial de Sainte-Hélène* (ed. Gérard Walter), 2 vols., Paris, Bibliothèque de la Pléiade, 1956, i, p. 504.

53 Citado em Jasanoff, *Edge of Empire*, p. 201.

54 Ali Bahgat, «Acte de marriage du General Abdallah Menou avec la dame Zobaidah», *Bulletin de l'Institut egyptien*, 9 (1899), pp. 221-235.

MUNDOS EM GUERRA

55 Laissus, *L'Égypte, une aventure savante 1798-1801*, pp. 350-351.
56 «Travail sur l'Algérie», in *Tocqueville sur l'Algérie* (1847) (ed. Seloua Luste Boulbina), Paris, Flammarion, 2003, p. 112.
57 Laissus, *L'Égypte, une aventure savante 1798-1801*, pp. 106-111.
58 Citado em Laurens, *L'Expédition d'Égypte, 1798-1801*, p. 160.
59 Ibid., 74
60 *Avec Bonaparte en Égypte et en Syrie 1798-1800*, p. 131.
61 *Histoire de l'expédition des Français en Égypte par Nakoula-El-Turk*, p. 52.
62 *Al Jabarti's Chronicle of the First Seven Months of the French Occupation of Egypt*, p. 112, e Laurens, *L'Expédition d'Égypte, 1798-1801*, p. 235.
63 *Avec Bonaparte en Égypte et en Syrie 1798-1800*, p. 71.
64 *L'Expédition d'Égypte, 1798-1801*, p. 40.
65 *Voyage dans la Basse et la Haute Égypte*, p. 39.
66 Laurens, *L'Expédition d'Égypte, 1798-1801*, p. 165.
67 Ibid., p. 196.
68 *Réimpression de l'ancien Moniteur*, xxix, pp. 492-493, 497-498.
69 *Voyage en Syrie et en Égypt pendant les années 1783, 1784 et 1785...*, iii, p. 109.
70 Ver pp. 00-00.
71 Citado em Laissus, *L'Égypte, une aventure savante 1798-1801*, p. 195.
72 *Voyage dans la Basse et la Haute Égypte*, pp. 64-65.
73 Ibid., p. 64.
74 Citado em Laissus, *L'Égypte, une aventure savante 1798-1801*, p. 82.
75 *Essai sur les mœurs des habitants modernes de l'Égypte*, p. 31.
76 *Avec Bonaparte en Égypte et en Syrie 1798-1800*, p. 86.
77 *Voyage dans la Basse et la Haute Égypte*, p. 168.
78 *Essai sur les mœurs des habitants modernes de l'Égypte*, p. 68.
79 Ibid., pp. 31-34.
80 *On Liberty*, in *On Liberty and Other Writings*, pp. 70-71.
81 *Essai sur les mœurs des habitants modernes de l'Égypte*, p. 32.
82 *The Manners and Customs of the Modern Egyptians*, Nova Iorque, Dutton, 1966, p. 291.
83 *Essai sur les mœurs des habitants modernes de l'Égypte*, pp. 213-214.
84 *Avec Bonaparte en Égypte et en Syrie 1798-1800*, p. 95.
85 Benjamin Frossard, *Observations sur l'abolition de la traité des nègres presentées a la Convention Nationale* (n. p. 1793), p. 125. No entanto, a escravatura nunca incomodou Napoleão, desde que fosse fora das fronteiras da Europa. Em 1802, a pedido da mulher, Josefina, filha de um plantador de açúcar da Martinica, tentou restabelecer a escravatura na ilha francesa de São Domingos, com consequências desastrosas e sangrentas.
86 *Avec Bonaparte en Égypte et en Syrie 1798-1800*, p. 99.
87 *Al Jabarti's Chronicle of the First Seven Months of the French Occupation of Egypt*, p. 112, e Laurens, *L'Expédition d'Égypte, 1798-1801*, pp. 43-47.

Notas

88 *The Subjection of Women*, in *On Liberty and Other Writings*, p. 119.

89 *Essai sur les mœurs des habitants modernes de l'Égypte*, pp. 95-96.

90 *Voyage en Syrie et en Égypt pendant les années 1783, 1784 et 1785...*, p. 16.

91 Cf. Lane, «tem sido afirmado, por muitos cristãos, que os muçulmanos acreditam que as mulheres não têm alma», sendo assim indignas do Além. *The Manners and Customs of the Modern Egyptians*, pp. 67-68. Na verdade, o Alcorão promete o Paraíso a todos os crentes, independentemente do género.

92 *Essai sur les mœurs des habitants modernes de l'Égypte*, pp. 90, 95-96, 117.

93 «Revolutionary Proclamation for Law and Fatherland», in Richard Clogg (ed.), *The Movement for Greek Independence, 1770-1821: A Collection of Documents*, Londres, Macmillan, 1976, p. 149.

94 Citado em Henry Laurens, «Le Mythe de l'expédition d'Égypte en France et en Égypte aux XIXᵉ et XXᵉ siècles», in Michel Dewachter e Alain Fouchard (eds.), *L'Égyptologie et les Champollion*, Grenoble, Presses Universitaires de Grenoble, 1994, pp. 321-330.

95 Albert Hourani, *Arabic Thought in the Liberal Age 1789-1839*, Cambridge, Cambridge University Press, 1962, pp. 67-102; Laurens, *L'Expédition d'Égypte, 1798-1801*, p. 471.

96 *Congrès national des forces populaires, La Charte*, Cairo, 1962, p. 24. Citado in Henry Laurens, «Bonaparte a-t-il colonisé l'Égypte?», *L'Histoire*, 216 (1997), pp. 46-49.

97 Fouad Ajami, *The Arab Predicament: Arab Political Thought and Practice since 1967*, Cambridge, Cambridge University Press, 1992, pp. 92-94.

98 *Réimpression de l'ancien Moniteur*, xxix, p. 681. Outra versão, marcadamente diferente, que não consta de nenhum *Monitor*, é dada por Nahum Sokolow, *History of Zionism*, Londres, Longmans, 1919, i, pp. 63-79 e ii, pp. 220-225, e repetida in Franz Kobler, *Napoleon and the Jews*, Nova Iorque, Schocken Books, 1975, p. 72. Diz esta: «Política, Turquia e Constantinopla, 28 de Germinal [17 de Abril]: Bonaparte mandou publicar uma proclamação na qual convida todos os judeus da Ásia e de África a unirem-se à sua bandeira para restaurarem a antiga Jerusalém. Um grande número já está em armas e os seus batalhões ameaçam Alepo.

99 Henry Laurens, que também cita a versão de Sokolow e de Kobler da notícia do *Monitor*, acredita que o autor poderá ser Luciano Bonaparte. «Le Projet d'État juif en Palestine, attribué à Bonaparte», *Orientales*, Paris, CNRS Éditions, 2004, i, pp. 123-143.

100 Ibid.,

101 Jacques Derogy e Hesi Carmel, *Bonaparte en Terre Sainte*, Paris, Fayard, 1992, p. 25; Laurens, «Le Projet d'État juif en Palestine, attribué à Bonaparte».

102 Citado em John Darwin, *Britain, Egypt and the Middle East: Imperial Policy in the Aftermath of War 1918-1922*, Londres Macmillan, 1981, p. 171.

MUNDOS EM GUERRA

Capítulo 11

1   Citado em Lewis, «The "Sick Man" of Today Coughs Closer to Home», in *From Babel to Dragomans*, p. 364.
2   Cf. pp. 00-00.
3   Citado em Karsh, *Islamic Imperialism: A History*, pp. 104-105.
4   Nur Bilge Criss, *Istanbul under Allied Occupation, 1918-1923*, Leiden, Boston e Colónia, Brill, 1999, p. 7.
5   Citado em Mazower, *The Balkans*, p. 51.
6   *A Survey of the Turkish Empire*, in Clogg (ed.), *Movement for Greek Independence*, pp. 46-47.
7   «The Paternal Exhortation of Patriarch Anthimos of Jerusalem», in ibid., pp. 59-60.
8   A citação provém de «Greece under Ottoman rule» (1791), in ibid., p. 3.
9   «The Journal of Ioannis Pringos of Amsterdam», in ibid., pp. 42-43.
10   Citado em David Brewer, *The Flame of Freedom: The Greek War of Independence, 1821-1833*, Londres, John Murray, 2001, p. 20.
11   «The Holy Synod Anathematises the *Philiki Etairia*», in Clogg (ed.), *Movement for Greek Independence*, p. 203.
12   Robert Walsh, *A Residence in Constantinople*, in ibid., pp. 207-208.
13   Thomas Smart Hughes, *Travels in Greece and Albania*, 2 vols., Londres, H. Colburn and R. Bentley, 1830, ii, pp. 81, 97.
14   «Fight for Faith and Motherland», in Clogg (ed.), *Movement for Greek Independence*, pp. 201, 203.
15   Relatado em Thomas Gordon, *History of the Greek Revolution*, 2 vols., Londres, T. Cadell, 1832, i, p. 183; ver Clogg, *Short History of Modern Greece*, pp. 47-49.
16   Citado em William St. Clair, *That Greece Might Still be Free: The Philhellenes in the War of Independence*, Londres, Oxford University Press, 1972, p. 59.
17   Ibid., p. 60.
18   William St. Clair oferece um poderoso relato dos massacres (Ibid., pp. 1-2).
19   Thomas Smart Hughes, *An Address to the People of England in the cause of the Greeks, occasioned by the late inhuman massacres on the Isle of Scio*, Londres, Simpkin and Marshall, 1822.
20   Da constituição provisória de 1821, citada em Clogg, *Short History of Modern Greece*, p. 58.
21   Brewer, *The Flame of Freedom: The Greek War of Independence*, p. 139.
22   St. Clair, *That Greece Might Still be Free: The Philhellenes in the War of Independence*, p. 177.
23   Citado in Douglas Dakin, *The Greek Struggle for Independence 1821-1833*, Berkeley e Los Angeles, University of California Press, 1973, p. 107.

NOTAS

24 Citado in Brewer, *The Flame of Freedom: The Greek War of Independence*, p. 198.

25 St. Clair, *That Greece Might Still be Free: The Philhellenes in the War of Independence*, pp. 174-175.

26 Citado em C. M. Woodhouse, *The Philhellenes*, Londres, Hodder and Stoughton, 1969, p. 116.

27 Citado em Dakin, *The Greek Struggle for Independence 1821-1833*, p. 186.

28 Ibid., pp. 202-203.

29 Citado em Niall Ferguson, *Colossus: The Price of America's Empire*, Londres, Penguin Books, 2006, p. 217.

30 *The Memoirs of Sir Ronald Storrs*, Nova Iorque, G. P. Putnam & Sons, 1937, p. 206.

31 Citado em Peter Mansfield, *A History of the Middle East*, Nova Iorque e Londres, Penguin Books, 2003, p. 99.

32 Citado em Lewis, *The Emergence of Modern Turkey*, p. 41.

33 Ibid., p. 222.

34 Em 1717, a dama Mary Wortley Montagu, cujo marido era embaixador junto da Sublime Porta, testemunhou uma inoculação em Istambul e mandou o cirurgião da embaixada inocular o filho, de 5 anos de idade, e posteriormente a filha, com 4 anos. No entanto, a prática parece ter originado na China.

35 Lewis, *The Emergence of Modern Turkey*, p. 53.

36 Ibid., p. 46.

37 Lewis, *The Muslim Discovery of Europe*, pp. 222-223. Apesar da oposição dos *ulema*, desde o século XVII que vinham sendo fabricados relógios de parede e de bolso em quantidade limitada, no distrito de Galata, em Istambul.

38 Citado em Finkel, *Osman's Dream*, p. 376.

39 Lewis, *The Emergence of Modern Turkey*, p. 57.

40 Virginia Aksan, «Ottoman Political Writing, 1768-1808», *Journal of Middle-Eastern Studies*, 25 (1993), pp. 53-69.

41 Lewis, *The Emergence of Modern Turkey*, pp. 71-72.

42 Paul Dumon, «La Période des Tanzimât (1839-1878)» in Robert Mantran (ed.), *Histoire de l'empire ottoman*, Paris, Fayard, 1989, pp. 459-522.

43 Lewis, *The Emergence of Modern Turkey*, p. 106.

44 *Record of Travels in Turkey and Greece atc. and of a Cruise in the Black Sea with the Capitan Pasha, in the years 1829, 1830, and 1831*, 2 vols., Filadélfia, E. L. Carey, 1833, i, pp. 275-276.

45 Ibid., p. 277.

46 Ibid., p. 271.

47 Elie Kedourie, *Arabic Political Memoirs and Other Studies*, Londres, Frank Cass, 1974, p. 2.

48 Ver Feroz Ahmed, *The Young Turks: The Committee of Union and Progress in Turkish Politics 1908-1914*, Oxford, Clarendon Press, 1969.

MUNDOS EM GUERRA

49 Citado em Mansfield, *A History of the Middle East*, p. 126; ver Finkel, *Osman's Dream*, pp. 510-518.

50 Kedourie, *Arabic Political Memoirs and Other Studies*, p. 260.

51 Mazower, *The Balkans*, p. 101.

52 Citado em E. Karsh, *Islamic Imperialism*, pp. 101-102. Contudo, é verdade que depois de o sultão ter declarado a guerra, os Aliados concertaram apressadamente entre si quem ficaria com que parte do Império Otomano depois do conflito. Estas negociações concluíram com o Acordo de Constantinopla, de Março-Abril de 1915, e com o Tratado de Londres, no mês seguinte.

53 Citado em E. Karsh, *Islamic Imperialism*, p. 103, citando Arnold Toynbee, *Turkey: A Past and a Future*, Nova Iorque, George H. Dorn, 1917, pp. 28-29.

54 S. Tufan Buzpinar, «The Hijaz, Abdülhamid II and Amir Hussein's Secret Dealings with the British 1877-80», *Middle Eastern Studies*, 31 (1995), pp. 99-123.

55 Elie Kedourie, *The Anglo-Arab Labyrinth: The McMahon-Usayn Correspondence and its Interpretations 1914-1939*, Cambridge, Cambridge University Press, 1976, p. 5.

56 Ibid., p. 13; *The Memoirs of Sir Ronald Storrs*, p. 168.

57 Kedourie, *The Anglo-Arab Labyrinth: The McMahon-Usayn Correspondence and its Interpretations 1914-1939*, p. 19; *The Memoirs of Sir Ronald Storrs*, p. 192.

58 Citado em Efraim Karsh e Inari Karsh, *Empires of the Sand: The Struggle for Mastery in the Middle East 1789-1923*, Cambridge, Mass., e Londres, Harvard University Press, 1999, p. 173.

59 Kedourie, *The Anglo-Arab Labyrinth: The McMahon-Usayn Correspondence and its Interpretations 1914-1939*, pp. 113-116.

60 Citado em E. Karsh, *Islamic Imperialism*, p. 129.

61 *The Memoirs of Sir Ronald Storrs*, p. 168; David Fromkin, *A Peace to End All Peace: The Fall of the Ottoman Empire and the Creation of the Modern Middle East*, Nova Iorque, Henry Holt and Company, 1989, p. 221.

62 Citado em E. Karsh, *Islamic Imperialism*, p. 180.

63 Ibid., pp. 187-188.

64 Citado em E. Karsh e I. Karsh, *Empires of the Sand: The Struggle for Mastery in the Middle East 1789-1923*, p. 197.

65 7 de Outubro de 1916. Citado in Fromkin, *A Peace to End All Peace: The Fall of the Ottoman Empire and the Creation of the Modern Middle East*, p. 221.

66 Citado do Arab Bulletin, a publicação oficial do Departamento Árabe, in Fromkin, *A Peace to End All Peace: The Fall of the Ottoman Empire and the Creation of the Modern Middle East*, p. 222.

67 *The Memoirs of Sir Ronald Storrs*, pp. 202, 238.

68 Cannadine, *Ornamentalism*, p. 72.

NOTAS

69 Citado em Elie Kedourie, *England and the Middle East: The Destruction of the Ottoman Empire, 1914-1921*, Hassock, Sussex, The Harvester Press, 1978, p. 118.

70 Ibib. p. 101.

71 «Nationalism amongst the tribesmen», *Arab Bulletin*, 26 de Novembro de 1916, in *Secret Despatches from Arabia by T. E. Lawrence*, Cambridge, The Golden Cockerel Press, s/d, pp. 38-39.

72 *The Seven Pillars of Wisdom: The Complete 1922 Text*, Fordingbridge, Castle Hill Press, 1997, p. i.

73 «Personal Notes on the Sherifial Family», Arab Bulletin, 26 de Novembro de 1916, in *Secret Despatches from Arabia by T. E. Lawrence*, p. 35.

74 *The Seven Pillars of Wisdom*, i, p. 239.

75 Citado in Fromkin, *A Peace to End All Peace: The Fall of the Ottoman Empire and the Creation of the Modern Middle East*, p. 312.

76 Citado em Briton Cooper Busch, *Britain, India and the Arabs, 1914-1921*, Berkeley e Los Angeles,University of California Press, 1971, p. 137, n. 57.

77 Ibid., pp. 137-138.

78 Ibid., pp. 139-140. Foi sir Arnold Wilson, o comissário civil para a Mesopotâmia, que chamou «orientalista amador» a Sykes.

79 *The Romance of the Last Crusade with Allenby to Jerusalem*, Nova Iorque e Londres, D. Appleton and Co., 1925, pp. 176-179.

80 As circunstâncias relativas à conquista de Damasco e ao papel auto-exagerado de Lawrence são muito nebulosas. Ver Elie Kedourie, «The Capture of Damascus, 1 October, 1918», in *The Chatham House Version and Other Middle Eastern Studies*, Nova Iorque, Praeger, 1970, pp. 48-51.

81 Kedourie, *England and the Middle East*, p. 97.

82 *The Letters of T. E. Lawrence* (ed. David Garnett), Londres e Toronto, Jonathan Cape, 1938, p. 291.

83 Fromkin, *A Peace to End All Peace: The Fall of the Ottoman Empire and the Creation of the Modern Middle East*, p. 343.

84 *The Public Papers of Woodrow Wilson* (ed. Ray Stannard Baker e William E. Dodd), 6 vols., Nova Iorque e Londres, Harper and Bros., 1925-7, v., pp. 159-161.

85 Citado por Kedourie, de «England in Egypt», in *England and the Middle East*, pp. 25-26.

86 Salvador de Madariaga, *Portrait of Europe [Bosquejo de Europa]*, Nova Iorque, Roy Publishers, 1955, p. 23.

87 Citado por Finkel, *Osman's Dream*, p. 488.

88 Leonard S. Woolf, *The Future of Constantinople*, Londres, George Allen and Unwin, 1917.

89 Darwin, *Britain, Egypt and the Middle East*, pp. 171-172.

90 Bilge Criss, *Istanbul under Allied Occupation*, pp. 7-9.

MUNDOS EM GUERRA

91 Christopher M. Andrew e A. S. Knaya-Forstner, *The Climax of French Imperial Expansion 1914-1924*, Stanford, Califórnia, Stanford University Press, 1981, p. 180.

92 Citado como epíteto em Fromkin, *A Peace to End All Peace: The Fall of the Ottoman Empire and the Creation of the Modern Middle East*. Daqui deriva obviamente o título deste extraordinário livro.

93 Andrew e Knaya-Forstner, *The Climax of French Imperial Expansion 1914-1924*, p. 189.

94 Ibid., p. 203.

95 Citado em Fromkin, *A Peace to End All Peace: The Fall of the Ottoman Empire and the Creation of the Modern Middle East*, p. 401.

96 *Travels in India* (trad. V. Ball), Londres, Macmillan and Co., 1889, i, pp. 381-384.

97 Na verdade, a frase foi usada pela primeira vez pelo coronel Charles Stoddart, que morreu a participar no «jogo» em 1842. Ver Peter Hopkirk, *The Great Game: The Struggle for Empire in Central Asia*, Nova Iorque, Tóquio e Londres, Kodansha International, 1994.

98 Ver p. 362.

99 George Nathaniel Curzon, *Persia and the Persian Question*, Londres, Longmans, 1892, i, p. 480.

100 Nikki R. Keddie, *Religion and Rebellion in Iran: The Tobacco Protest of 1891-1892*, Londres, Cass, 1966.

101 Visconde Grey de Fallodon, *Twenty-Five Years 1892-1916*, Londres, Hodder and Stoughton, 1925, p. 153.

102 Ibid., pp. 165-166.

103 Citado em E. Karsh, *Islamic Imperialism*, pp. 125-126.

104 Citado em Cannadine, *Ornamentalism*, p. 77.

105 Citado em Fromkin, *A Peace to End All Peace: The Fall of the Ottoman Empire and the Creation of the Modern Middle East*, p. 452.

106 Mansfield, History of the Middle East, p. 228.

107 Citado em E. Karsh e I. Karsh, *Empires of the Sand*, p. 288.

108 *Tancred or the New Crusade*, Londres, Longman Green, 1894, p. 309.

109 *The Jew's State: An Attempt at a Modern Solution to the Issue of the Jews*, (tradução crítica de Henk Overberg), Northvale, NJ, e Jerusalém, Jason Aronson, 1991, pp. 134, 145.

110 Ibid., p. 196.

111 Ibid., p. 148.

112 Citado em Ronald Hyam, *Britain's Declining Empire: The Road to Decolonisation 1918-1968*, Cambridge, Cambridge University Press, 2006, p. 51.

113 Citado em Isaiah Friedman, *The Question of Palestine: British-Jewish-Arab Relations, 1914-1918*, New Brunswick e Londres, Transaction Publishers, 1992, pp. 285-286.

Notas

114 Ver p. 406.

115 *The Jew's State*, p. 147.

116 Citado em Ronald Hyam, *Britain's Declining Empire: The Road to Decolonisation 1918-1968*, p. 55.

117 Citado em Friedman, *The Question of Palestine: British-Jewish-Arab Relations, 1914-1918*, pp. 126-127.

118 Hyam, *Britain's Declining Empire*, pp. 53-54, observa que «será difícil encontrar um exemplos mais chocante da extensão e profundidade da complacência do Ocidente no princípio do século XX em relação ao declínio supostamente inevitável do Islão, ou do desprezo do Ocidente pelos interesses muçulmanos».

119 Walter Laquer, *The Israeli-Arab Reader*, Londres, Penguin, 1970, p. 37.

120 Michael Cohen, *Palestine and the Great Powers 1945-1948*, Princeton, Princeton University Press.

121 «Declaration of the Establishment of the State of Israel», in David Armitage, *The Declaration of Independence: A Global History*, Cambridge, Mass. e Londres, Harvard University Press, 2007, p. 240.

122 Citado em E. Karsh, *Islamic Imperialism*, p. 190.

123 Ver pp. 249-50.

124 John Darwin, *After Tamerlane: The Global History of Empire*, Londres e Nova Iorque, Penguin/Allen Lane, 2007, p. 457.

125 Gamel Abdel Nasser, *Egypt's Liberation: The Philosophy of Revolution*, Washington DC, Public Affairs Press, 1955, p. 108.

126 Ver, em geral, Keith Kyle, *Suez*, Londres, Weidenfeld and Nicolson, 1991.

127 Citado em E. Karsh, *Islamic Imperialism*, p. 145.

128 Citado em C. Ernest Dawn, «The Origins of Arab Nationalism», in Rashid Khalidi et al. (eds.), *The Origins of Arab Nationalism*, Nova Iorque e Londres, Columbia University Press, 1991, p. 5.

129 Leonard Binder, *The Ideological Revolution in the Middle East*, Nova Iorque, John Wiley and Sons, 1964, pp. 154-197.

130 Um relatório independente elaborado pelo Institute of International Affairs, de Londres, pouco antes da criação da República Árabe Unida, comparou o «mundo de língua árabe» ao «mundo de língua alemã… antes de Bismarck», e previu que as fidelidades e rivalidades regionais seriam «demasiado fortes para o desenvolvimento de um Estado árabe unitário». *British Interests in the Mediterranean and the Middle East: A Report by a Chatham House Study Group*, Londres, Oxford University Press, 1958, p. 54.

131 Amatzia Baram, «Mesopotamian Identity in Ba'thi Iraq», *Middle Eastern Studies*, 19 (1983), e «A Case of Imported Identity: The Modernizing Secular Ruling Elites of Iraq and the Concept of Mesopotamian-Inspired Territorial Nationalism», *Poetics Today*, 15 (1994), pp. 279-319.

132 *Democracy in Europe*, Londres, Longman Green, 1877, p. 29.

549

MUNDOS EM GUERRA

133 A frase «choque de civlizações» deriva obviamente do muito debatido livro de Samuel Huntingdon, *The Clash of Civilizations and the Remaking of World Order*, Nova Iorque, Simon and Schuster, 1996.

134 Ambos citados em Gilles Kepel, *The War for Muslim Minds: Islam and the West*, Cambridge, Mass., e Londres, Belknap Press, 2004, pp. 123-124.

135 Gilles Kepel, *Jihad: The Trial of Political Islam* (trad. Anthony F. Roberts), Cambridge, Mass., Belknap Press, 2002, p. 63.

136 Elie Kedourie, *Afghani and 'Abduh: An Essay on Religious Unbelief and Political Activism in Modern Islam*, Londres, Frank Cass, 1966; ver Albert Hourani, «'Abduh's Disciples: Islam and Modern Civilization», in *Arabic Thought in the Liberal Age 1798-1939*, pp. 161-192.

137 Citado por Elie Kedourie, *Islam in the Modern World and Other Studies*, Londres, Mansell, 1980, p. 26. Afghani retorquia ao relato de Ernest Renan do Islão como incompatível com a ciência. Ver pp. 201-04.

138 Fouad Ajami, *The Arab Predicament: Arab Political Thought and Practice since 1967*, Cambridge, Cambridge University Press, 1992, pp. 50-60, descrevendo as opiniões de Sami al-Jundi, um dos fundadores do Partido Ba'th.

139 Citado em ibid., pp. 63-64.

140 Citado em Wright, *The Looming Tower*, p. 25.

141 Nikki R. Keddie, *An Islamic Response to Imperialism: Political and Religious Writings of Sayyid Jâmal ad-Dîn «al-Afghânî»*, Berkeley e Los Angeles, California University Press, 1968, p. 81.

142 Citado em E. Karsh, *Islamic Imperialism*, p. 214.

143 Citado em Yossef Bondansky, *Bin Laden: The Man who Declared War on America*, Roseville, Califórnia, Prima Publishing, 2001, pp. 8-9.

144 Ibid., p. 12.

145 Kepel, *Jihad*, pp. 147-148.

Capítulo 12

1 Citado em Bondansky, *Bin Laden*, p. 382.

2 Ver p. 177.

3 Citado em Daniel Benjamin e Steven Simon, *The Age of Sacred Terror*, Nova Iorque, Random House, 2002, p. 149.

4 Citado em Wright, *The Looming Tower*, p. 176.

5 Giles Kepel, *Fitna: Guerre au cœur de l'Islam*, Paris, Gallimard, 2004, pp. 99-105.

6 Benjamin e Simon, *Age of Sacred Terror*, p. 167.

7 Citado em ibid., pp. 104-105.

NOTAS

8   Esta frase provém de um comunicado das Brigadas Abu Hafs al-Misri, que reivindicaram os atentados à bomba de Madrid (citado em Kepel, *War for Muslim Minds*, p. 145).

9   Ver, por exemplo, Richard W. Bulliet, *The Case for Islamo-Christian Civilization*, Nova Iorque, Columbia University Press, 2004: «segundo a hipótese do "choque de civilizações", o Ocidente judaico-cristão sempre esteve e estará em conflito com o Islão. Segundo o modelo da civilização islâmico-cristã, o Islão e o Ocidente são gémeos históricos cujas semelhanças não desapareceram quando os seus caminhos se separaram».

10   *Political Theory of Islam*, in John Donohue e John L. Esposito (eds.), *Islam in Transition: Muslim Perspectives*, Oxford, Oxford University Press, 1982, p. 252.

11   Citado em Nader A. Hashemi, «Change from Within», in Khaled Abou El Fadl, *Islam and the Challenge of Democracy*, Princeton e Oxford, Princeton University Press, 2004, p. 53.

12   Ver Crone, *Medieval Islamic Political Thought*, pp. 334-335.

13   Seyyed Vali Reza Nasr, *Mawdudi and the Making of Islamic Revivalism*, Nova Iorque e Oxford, Oxford University Press, 1996, pp. 84, 88.

14   Olivier Carré, *Mysticism and Politics: A Critical Reading of Fi Zilal al Qu'ran by Sayyib Qutb (1906-1966)* (trad. Carol Artigues), Leiden e Boston, Brill, 2003, p. 153.

15   *Social Justice in Islam*, p. 4.

16   *Milestones*, Dar al-Ilm, Damasco, s.d., p. 93.

17   Citado em Wright, *The Looming Tower*, p. 15.

18   *Milestones*, p. 21.

19   James P. Piscatori, *Islam in a World of Nation States*, Cambridge, Cambridge University Press, 1986, p. 22.

20   Kepel, *Jihad*, pp. 25-26.

21   *Social Justice in Islam*, pp. 24-25; ver *Milestones*, p. 17.

22   Citado em Nazih N. Ayubi, *Political Islam: Religion and Politics in the Arab World*, Londres e Nova Iorque, Routledge, 1991, p. 140.

23   *Milestones*, pp. 7, 11-12.

24   Citado em Wright, *The Looming Tower*, p. 31.

25   O discurso divisório do papa em Regensburgo, no dia 12 de Setembro de 2006, terminou com um apelo à reconciliação entre o cristianismo e a ciência moderna, embora seja claro que para o papa tudo aquilo a que se poderia hoje chamar ética e moral, em termos gerais, pertence à teologia e não ao que ele designa por «ciência moderna». Além do mais, o cristianismo que ele tem em mente é o helenismo racionalizado – o termo é seu – de São Tomás de Aquino, não o «literalismo» das igrejas protestantes e muito menos o fundamentalismo crasso dos modernos evangelistas. *Faith, Reason and the University: Memories and Reflections*.

MUNDOS EM GUERRA

26 Kepel, *Jihad*, p. 72.
27 Emmanuel Sivan, *Radical Islam Medieval Theology and Modern Politics*, New Haven e Londres, Yale University Press, 1985, p. 97.
28 Um relato sucinto e excelente acerca de Ibn Taymyyia e dos seus associados é dado por Benjamin e Steven Simon, *Age of Sacred*, pp. 38-94; ver Gilles Kepel, *Le Prophète et Pharaon: Aux sources des mouvements islamistes*, Paris, Seuil, 1993, pp. 216, 250.
29 Citado em ibid., p. 42.
30 Fouad Ajami, *The Arab Predicament: Arab Political Thought and Practice since 1967*, Cambridge, Cambridge University Press, 1992, pp. 63-65.
31 Albert Hirschman, «Exit, Voice and the Fate of the German Democratic Republic», in *A Propensity to Self-Subversion*, Cambridge, Mass. e Londres, Harvard University Press, 1992, pp. 9-44.
32 Ver pp. 35-37.
33 *New York Times*, 28 de Novembro de 2006, A12, não são citadas fontes.
34 Citado em Bernard Lewis, *The Crisis of Islam: Holy War and Unholy Terror*, Nova Iorque, Random House, 2003, p. 159.
35 *Milestones*, cap. 7.
36 http: www.washingtonpost.com/wrp-srv/world/documtns/ahmadinejad0509. pdf.
37 *On Liberty*, in *On Liberty and Other Writings*, p. 70.
38 Gary Wills, «A country ruled by faith», *New York Review of Books*, 53/18 (16 de Novembro de 2006), p. 8.
39 George Hourani, *Reason and Tradition in Islamic Ethics*, Cambridge, Cambridge University Press, 1985, p. 210.
40 John L. Esposito, *The Islamic Threat: Myth or Reality*, Nova Iorque e Oxford, Oxford University Press, 1999, p. 55.
41 *Islam Observed*, New Haven, Yale University Press, 1968, p. 64.

Bibliografia

A lista que se segue inclui todas as obras citadas nas notas. Não inclui fontes clássicas nem a maioria das obras existentes em múltiplas edições.

ADKINS, A. W. H., *Moral Values and Political Behaviour in Ancient Greece*, Nova Iorque, Norton, 1972.

AHMED, Feroz, *The Young Turks: The Committee of Union and Progress in Turkish Politics 1908-1914*, Oxford, Clarendon Press, 1969.

AJAMI, Fouad, *The Arab Predicament: Arab Political Thought and Practice since 1967*, Cambridge, Cambridge University Press, 1992.

AKCAM, Taner, *A Shameful Act: The Armenian Genocide and the Question of Turkish Responsibility* (trad. Paul Besser), Nova Iorque, Metropolitan, 2007.

AKSAN, Virginia, «Ottoman Political Writing, 1768-1808», *Journal of Middle-Eastern Studies*, 25 (1993), pp. 53-69.

AL-BALADHURI, Ahmad ibn Yahya, *Kitâb Futûh al-Buldân* (*The Origins of the Islamic State*) (trad. Philip Hitti), Nova Iorque, Columbia University Press, 1916.

AL-JABARTI, Abd-al Rahman, *Al Jabarti's Chronicle of the First Seven Months of the French Occupation of Egypt* (ed. e trad. S. Morhe), Leiden, Brill, 1975.

AL-TURK, Niqula ibn Yusuf, *Histoire de l'expédition des Français en Égypte par Nakoula-El-Turk, publiée et traduite par Desgranges aîné*, Paris, Imprimerie royale, 1839.

ANDO, Clifford, *Imperial Ideology and Provincial Loyalty in the Roman Empire*, Berkeley, Los Angeles e Londres, University of California Press, 2000.

ANDREW, Christopher M. e A. S. Knaya-Forstner, *The Climax of French Imperial Expansion 1914-1924*, Stanford, Califórnia, Stanford University Press, 1981.

ANÓNIMO, *The Policy of the Turkish Empire*, Londres, 1597.

ANQUETIL-DUPERRON, Abraham Hyacinthe, *Législation orientale*, Amesterdão, 1778.

Considérations philosophiques et géographiques sur les deux mondes (1780-1804) (ed. – Guido Abattista), Pisa, Scuola Normale Superiore, 1993.

——, *Voyage en Inde 1754-1762* (ed. Jean Deloche, Manonmani Filliozat e Pierre-Sylvain Filliozat), Paris, École française d'Extrême-Orient, 1997.

ARISTIDES, Élio, «The Roman Oration», in OLIVIER, James H., *The Ruling Power: A Study of the Roman Empire in the Second Century after Christ through the Roman Oration of Aelius Aristides*, Actas da American Philosophical Society, NS 23 (1953).

ARMITAGE, David, *The Declaration of Independence: A Global History*, Cambridge, Mass. e Londres, Harvard University Press, 2007.

AVERRÓIS (Abu al-Walid Muhammad ibn Rushd), *Averroès: Discours décisif* (trad. Marc Geoffroy), Paris, Flammarion, 1996.

AYUBI, Nazih N., *Political Islam: Religion and Politics in the Arab World*, Londres e Nova Iorque, Routledge, 1991.

BAHGAT, Ali, «Acte de marriage du General Abdallah Menou avec la dame Zobaidah», *Bulletin de l'Institut egyptien*, 9 (1899), pp. 221-235.

BAILEY, Cyril (ed.), *The Legacy of Rome*, Oxford, Oxford University Press, 1923.

BALSDON, F. P. V. D., *Roman and Aliens*, Londres, Duckworth, 1979.

BARAM, Amatzia, «Mesopotamian Identity in Ba'thi Iraq», *Middle Eastern Studies*, 19 (1983).

——, «A Case of Imported Identity: The Modernizing Secular Ruling Elites of Iraq and the Concept of Mesopotamian-Inspired Territorial Nationalism», *Poetics Today*, 15 (1994), pp. 279-319.

BARNES, Jonathan, «Cicéron et la guerre juste», *Bulletin de la société française de philosophie*, 80 (1986), pp. 41-80.

BAYLY, C. A., *The Birth of the Modern World 1780-1914*, Malden e Oxford, Blackwell, 2004.

BENGIO, Ofra, *Saddam's World: Political Discourse in Iraq*, Nova Iorque e Oxford, Oxford University Press, 1998.

BENJAMIN, Daniel e Steven Simon, *The Age of Sacred Terror*, Nova Iorque, Random House, 2002.

BENTO XVI (papa), *Faith, Reason and the University: Memories and Reflections*, Cidade do Vaticano, Libreria Editrice Vaticana, 2006.

BERNIER, François, *Evenements particuliers, ou ce qui s'est passé de plus considerable après la guerre pendant cinq ans... dans les états du Grand Mongol*, Paris, 1670.

BERNOYER, François, *Avec Bonaparte en Égypte et en Syrie 1798-1800* (ed. Christian Tortel), Paris, Éditions Curandera, 1981.

BINDER, Leonard, *The Ideological Revolution in the Middle East*, Nova Iorque, John Wiley and Sons, 1964.

BOARDMAN, John, Jasper Griffin e Oswyn Muray (eds.), *The Oxford History of the Classical World*, Oxford e Nova Iorque, Oxford University Press, 1986.

BIBLIOGRAFIA

BONDANSKY, Yossef, *Bin Laden: The Man who Declared War on America*, Roseville, Califórnia, Prima Publishing, 2001.

BOSWELL, James, *Journal of a Tour to the Hebrides with Samuel Johnson, 1733* (ed. Frederick A. Pootle e Charles H. Bennet), New Haven, Yale University Press, 1961.

BOSWORTH, A. B., *Conquest and Empire: The Reign of Alexander the Great*, Cambridge, Cambridge University Press, 1988.

BREWER, David, *The Flame of Freedom: The Greek War of Independence, 1821-1833*, Londres, John Murray, 2001.

BRIANT, Pierre, «La Date des révoltes babyloniennes contra Xersès», *Studia Iranica*, 21 (1992), 12-13.

——, «La vengeance comme explication historique dans l'oeuvre d'Hérodote», in *Revue des études grecques*, 84 (1971), pp. 319-335.

——, *Histoire de l'Empire Perse: De Cyrus à Alexandre*, Paris, Fayard, 1996.

British Interests in the Mediterranean and the Middle East: A Report by a Chatham House Study Group, Londres, Oxford University Press, 1958.

BROWN, Peter, *Augustine of Hippo: A Biography*, Londres, Faber and Faber, 1976.

——, *The World of Late Antiquity*, Nova Iorque e Londres, W. W. Norton and Company, 1989

BULLIET, Richard W., *Conversion to Islam in the Medieval Period: An Essay in Quantitative History*, Cambridge, Mass. e Londres, Harvard University Press, 1979.

BURTON, Robert, *The Anatomy of Melancholy* (ed. T. Faulkner et al.), Oxford, Clarendon Press, 1989-1990.

BURUMA, Ian e Avishi Margalit, *Occidentalism: The West in the Eyes of its Enemies*, Nova Iorque, Penguin Press, 2004.

BUSBECQ, Ogier Ghiselin de, *The Turkish Letters of Ogier Ghiselin de Busbecq* (trad. Edward Forster), Oxford, Clarendon Press, 1927.

BUSCH, Briton Cooper, *Britain, India and the Arabs, 1914-1921*, Berkeley e Los Angeles,University of California Press, 1971.

CALASSO, Robert, *The Marriage of Cadmus and Harmony*, Nova Iorque, Vintage Books, 1993.

CAMERON, Euan, *The European Reformation*, Oxford, Clarendon Press, 1991.

CANNADINE, David, *Ornamentalism: How the British saw their Empire*, Londres, Penguin Books, 2002.

CANNON, Garland, *The Life and Mind of Oriental Jones: Sir William Jones, the Father of Modern Linguistics*, Cambridge, Cambridge University Press, 1990.

CARDINI, Franco, *Europa e Islam: Storia di un malinteso*, Roma e Bari, Laterza, 2002.

CARRÉ, Olivier, *Mysticism and Politics: A Critical Reading of Fi Zilal al Qu'ran by Sayyib Qutb (1906-1966)* (trad. Carol Artigues), Leiden e Boston, Brill, 2003.

CARTLEDGE, Paul, *Alexandre the Great: The Hunt for a New Past*, Londres, Macmillan, 2004.

555

——, *Thermopylae: The Battle that Changed the World*, Londres, Pan Books, 2006.

CHABROL, Gilbert-Joseph Volvic de, *Essai sur les mœurs des habitants modernes de l'Égypte*, in *Description de l'Égypte, ou Recueil des observations et des recherches qui on été faites en Égypte pendant l'expédition de l'armée française, publié par les ordres de Sa Majesté l'empereur Napoléon le Grand*, 2.ª ed., Paris, C. L.-F. Pankoucke, 1821-1830, vol. xviii.

CHATEAUBRIAND, François-René, *Itinéraire de Paris à Jérusalem* (ed. Jean-Claude Berchet), Paris, Gallimard, 2003.

CLOGG, Richard (ed.), *The Movement for Greek Independence, 1770-1821: A Collection of Documents*, Londres, Macmillan, 1976.

——, *A Short History of Modern Greece*, Cambridge, Cambridge University Press, 1979.

COHEN, Michael, *Palestine and the Great Powers 1945-1948*, Princeton, Princeton University Press.

COHN, Bernard, «The Command of Language and the Language of Command», in GUHA, Ranajit (ed.), *Subaltern Studies*, Nova Delhi, Oxford University Press,1985, iv. pp. 286-301.

CONDORCET, Marie Jean Antoine Nicolas Caritat, marquês de, *Esquisse d'un tableau historique des progrès de l'esprit humain* (ed. Alain Pons), Paris, Flammarion, 1988.

Congrès national des forces populaires, La Charte, Cairo, Administration de l'information, 1962.

COOK, Michael, *Muhammad*, Oxford, Oxford University Press, 1983.

——, *Forbidding Wrong in Islam*, Cambridge, Cambridge University Press, 2003.

COOPE, Jessica A., *The Martyrs of Córdoba: Community and Family Conflict in an Age of Mass Conversion*, Lincoln, Nebraska, e Londres, University of Nebraska Press, 1995.

CRISS, Nur Bilge, *Istanbul under Allied Occupation, 1918-1923*, Leiden, Boston e Colónia, Brill, 1999.

CRONE, Patricia, *Slaves on Horses: The Evolution of the Islamic Polity*, Cambridge, Cambridge University Press, 1980.

——, *God's Rule: Government and Islam*, Nova Iorque, Columbia University Press, 2004.

——, *Medieval Islamic Political Thought*, Edimburgo, Edinburgh University Press, 2004.

——, e HINDS, Marin (eds.), *God's Caliph: Religious Authority in the First Centuries of Islam*, Cambridge, Cambridge University Press, 1986.

CURZON, George Nathaniel, *Persia and the Persian Question*, Londres, Longmans, 1892.

DAKIN, Douglas, *The Greek Struggle for Independence 1821-1833*, Berkeley e Los Angeles, University of California Press, 1973.

DANIEL, Norman, *Islam and the West: The Making of an Image*, Edimburgo, Edinburgh University Press, 1960.

BIBLIOGRAFIA

DARWIN, John, *Britain, Egypt and the Middle East: Imperial Policy in the Aftermath of War 1918-1922*, Londres Macmillan, 1981

DAVIES, Norman, *Europe: A History*, Oxford e Nova Iorque, Oxford University Press, 1997.

——, *After Tamerlane: The Global History of Empire*, Londres e Nova Iorque, Penguin/Allen Lane, 2007.

DAUGE, Yves Albert, *Le Barbare: Recherches sur la conception de la barbarie et de la civilisation* (Collection Latomas 176), Bruxelas, Revue d'études latines, 1981.

DE LA NOUE, François, *Discours politiques et militaires* (ed. F. E. Sutcliffe), Genebra, Droz, 1967.

DELLA VIDA, G. Levi, «La corrispondeza di Berta di Toscano col Califfo Muktafi», *Rivista storica italiana*, 66 (1954), pp. 21-38.

DENON, Dominique Vivant, *Voyage dans la Basse e la Haute Égypte, pendant les campagnes du général Bonaparte*, Paris, P. Donot l'ainé, 1802.

DEROGY, Jacques e Hesi Carmel, *Bonaparte en Terre Sainte*, Paris, Fayard, 1992.

DIDEROT, Denis, *Œuvres* (ed. Laurent Versini), 3 vols. Paris, Robert Laffont, 1995.

DISRAELI, Benjamin, *Tancred or The New Crusade*, Londres, Longman Green, 1894.

DONOHUE, John e John L. Esposito (eds.), *Islam in Transition: Muslim Perspectives*, Oxford, Oxford University Press, 1982.

DROYSEN, Johann Gustav, *Geschichten Alexanders des Grossen*, vol. I de *Geschichte des Hellenismus*, Basileia, Schwabe, 1952.

DUMÉZIL, Georges, *Idées romaines*, Paris, Gallimard, 1969.

EL FADL, Khaled Abou, *Islam and the Challenge of Democracy*, Princeton e Oxford, Princeton University Press, 2004.

ELLIS, Henry, *Journal of the Proceedings of the Late Embassy to China*, Londres, 1817.

ERDMANN, Carl, *The Origin of the Idea of Crusade* (trad. Marshall W. Baldwin e Walter Goffart), Princeton, Princeton University Press, 1977.

ESPOSITO, John L., *The Islamic Threat: Myth or Reality*, Nova Iorque e Oxford, Oxford University Press, 1999.

ÉSQUILO, *The Persians* (trad. Janet Lembke e C. J. Herington), Nova Iorque e Oxford, Oxford University Press, 1981. (Ed. port.: Edições 70)

EUBEN, J. Peter, «Political equality and the Greek polis», in MCGRATH, M. J. Gargas (ed.), *Liberalism and Modern Polity*, Nova Iorque, Marcel Decker, 1959, pp. 207-229.

EUSÉBIO DE CESAREIA, *Eusebius: Life of Constantine*, (trad. A. Cameron e S. Hall), Oxford, Oxford University Press, 1999.

EVANS, J. A. S., «Father of History or Father of Lies? The Reputation of Herodotus», in *Classical Journal* 64 (1968), pp. 11-17.

FEBVRE, Lucien, *L'Europe: Genèse d'une civilisation*, Paris, Perrin, 1999.

FERGUSON, Niall, *Colossus: The Price of America's Empire*, Londres, Penguin Books, 2006.

557

FERRARY, Jean-Louis, *Philhellénisme et imperialisme: Aspects idéologiques de la conquête du monde héllenistique*, Roma, Bibliothèque des Écoles d'Athènes et de Rome, 1988.

FESTUGIÈRE, A. J., *La Révélation d'Hermés Trismegéste*, Paris, Les Belles Lettres, 1981.

FINKEL, Caroline, *Osman's Dream: The Story of the Ottoman Empire, 1300-1923*, Nova Iorque, Basic Books, 2006.

FINLEY, M. I., *Ancient Slavery and Modern Ideology*, Harmondsworth e Nova Iorque, Penguin Books, 1983.

FLETCHER, Richard, *The Cross and the Crescent: Christianity and Islam from Muhammad to the Reformation*, Nova Iorque, Viking, 2003.

FOX, Robin Lane, *The Search for Alexander*, Boston e Toronto, Little Brown, 1980.

FRADKIN, H., «The Political Thought of Ibn Tufayl», in BUTTERWORTH, E. (ed.), *The Political Aspects of Islamic Philosophy*, Cambridge, Mass., Harvard University Press, 1992, pp. 234-261.

FREEMAN, Charles, *The Closing of the Western Mind: The Rise of Faith and the Fall of Reason*, Nova Iorque, Alfred A. Knopf, 2003.

FREND, W. H. C., *Martyrdom and Persecution in the Early Church*, Oxford, Oxford University Press, 1965.

FRIEDMAN, Isaiah, *The Question of Palestine: British-Jewish-Arab Relations, 1914-1918*, New Brunswick e Londres, Transaction Publishers, 1992.

FROMKIN, David, *A Peace to End All Peace: The Fall of the Ottoman Empire and the Creation of the Modern Middle East*, Nova Iorque, Henry Holt and Company, 1989.

FROSSARD, Benjamin, *Observations sur l'abolition de la traité des nègres presentées a la Convention Nationale* (n. p. 1793).

FRYE, Richard N., *The History of Ancient Iran*, Munique, C. H. Beck'sche Verlagsbuchhandlung, 1984.

GABRIELI, Francesco (ed.), *Storici arabi delle crociate*, Turim, Einaudi, 1957.

GARCIN, J.-Cl. (ed.), *États, sociétés et cultures du monde musulman médiéval, X^e-XVe siècles*, 3 vols., Paris, PUF, 1995-2000.

GARNSEY, Peter, *Ideas of Slavery from Aristotle to Augustine*, Cambridge, Cambridge University Press, 1996.

——, e WHITTAKER, C. R. (eds.), *Imperialism in the Ancient World*, Cambridge, Cambridge University Press, 1978.

GAUTHIER, R. A., *Magnanimité: L'idéal de la grandeur dans la philosophie pa enne et dans la théologie chrétienne*, Paris, Vrin, 1951.

GEERTZ, Clifford, *Islam Observed*, New Haven, Yale University Press, 1968.

Gesta Francorum et aliorum Hierosolimitanorum [*Deeds of the Franks and the Other Pilgrims to Jerusalem*] (ed. Rosalind Hill), Londres e Edimburgo, Thomas Nelson, 1962.

GERNET, Jacques, *China and the Christian Impact: A Conflict of Cultures* (trad. Janet Lloyd), Cambridge, Cambridge University Press, 1982.

BIBLIOGRAFIA

GILBERT, Vivian, *The Romance of the Last Crusade with Allenby to Jerusalem*, Nova Iorque e Londres, D. Appleton and Co., 1925.

GIOVIO, Paolo, *Commentario delle cose dei Turchi*, Veneza, 1538.

GOITEN, D. S., «The Origin of the Vizierate and its True Character», in *Studies in Islamic History and Institutions*, Leiden, Brill, 1966.

GOODY, Jack, *The East in the West*, Cambridge, Cambridge University Press, 1992.

GORDON, Thomas, *History of the Greek Revolution*, 2 vols., Londres, T. Cadell, 1832.

GRANT, Michael, *The World of Rome*, Londres, Weidenfeld and Nicolson, 1960.

GREEN, Peter, *Alexander of Macedon 356-323 BCE: A Historical Biography*, Berkeley, Los Angeles, e Londres, University of California Press, 1991.

GRESS, David, *From Plato to Nato: The Idea of the West and its Opponents*, Nova Iorque, The Free Press, 1998.

GREY, Edward (Visconde Grey de Fallodon), *Twenty-Five Years 1892-1916*, Londres, Hodder and Stoughton, 1925.

HAAG, Michael, *Alexandria: City of Memory*, New Haven e Londres, Yale University Press, 2005.

HALL, Edith, «Asia Unmanned, Image of Victory in Classical Athens», in RICH, John e Graham Shipley (eds), *War and Society in the Greek World*, Londres e Nova Iorque, Routledge, 1993.

HANKINS, James, «Renaissance Crusaders: Humanist Crusade Literature in the Age of Mehmed II», *Dumbarton Oaks Papers*, 49 (1995), pp. 111-207.

HANSON, Victor Davis, *Carnage and Culture: Landmark Battles in the Rise of Western Power*, Nova Iorque, Anchor Books, 2001.

——, «Take me to my leader», *The Times Literary Supplement*, 2 de outubro de 2004.

HEERS, Jacques, *Culture et mort à Constantinople 1204-1453*, Paris, Perrin, 2005.

HEGEL, George Friedrich, *The Philosophy of History* (trad. J. Sibree), Nova Iorque, Dover Publications, 1956.

HERDER, Johann Gottfried von, *On World History: An Anthology* (ed. Hans Adler e Ernst A. Menze Armonk), Nova Iorque e Londres, M. E. Sharpe, 1997.

——, *Philosophical Writings* (ed. Michael N. Forster), Cambridge, Cambridge University Press, 2002.

HERÓDOTO, *The Histories* (trad. Aubrey de Sélincourt, rev. John Marignola), Londres, Penguin Books, 1996. (Ed. port.: Edições 70.)

HERZL, Theodore, *The The Jew's State: An Attempt at a Modern Solution to the Issue of the Jews*, (tradução crítica de Henk Overberg), Northvale, NJ, e Jerusalém, Jason Aronson, 1991.

HILLENBRAND, Carol, *The Crusades: Islamic Perspectives*, Edimburgo, Edinburgh University Press, 1999.

HINDLEY, Geoffrey, *Saladin: A Biography*, Londres, Constable, 1976.

HIRSCHMAN, Albert, «Exit, Voice and the Fate of the German Democratic Republic», in *A Propensity to Self-Subversion*, Cambridge, Mass. e Londres, Harvard University Press, 1992.

HOBBES, Thomas, *The Elements of Law, Natural and Political* (ed. Ferdinand Tönnies, 2.ª ed.), Londres, Frank Cass & Co., 1969.

——, *Leviathan* (ed. Richard Tuck), Cambridge, Cambridge University Press, 1991.

——, *On the Citizen* (trad. e ed. Richard Tuck e Michael Silverthorne), Cambridge, Cambridge University Press, 1998.

HODGES, Richard e David Whitehouse, *Mohammed, Charlemagne and the Origins of Europe*, Ithaca, Nova Iorque, Cornell University Press, 1983.

HOLBACH, Paul Henri Dietrich, barão de, *Œuvres philosophiques complètes* (ed. Jean-Pierre Jackson), 2 vols., Paris, Éditions Alive, 1999.

HOPKIRK, Peter, *The Great Game: The Struggle for Empire in Central Asia*, Nova Iorque, Tóquio e Londres, Kodansha International, 1994.

HOURANI, Albert, *Arabic Thought in the Liberal Age 1798-1939*, Cambridge, Cambridge University Press, 1962.

——, *A History of the Arab Peoples*, Londres, Faber & Faber, 1991.

——, *Islam in Western Thought*, Cambridge, Cambridge University Press, 1991.

HOURANI, George, *Reason and Tradition in Islamic Ethics*, Cambridge, Cambridge University Press, 1985.

HOUSLEY, Norman, *The Later Crusades 1272-1580*, Oxford, Oxford University Press, 1991.

HUGHES, Lindsey, *Russia in the Age of Peter the Great* (New Haven e Londres, Yale University Press, 1998.

HUGHES, Thomas Smart, *An Address to the People of England in the cause of the Greeks, occasioned by the late inhuman massacres on the Isle of Scio*, Londres, Simpkin and Marshall, 1822.

——, *Travels in Greece and Albania*, 2 vols., Londres, H. Colburn and R. Bentley, 1830.

HUME, David, *Essays, Moral, Political and Literary* (ed. Eugene F. Miller), Indianapolis, Liberty Classics, 1985. (Ed. port.: Lisboa, INCM, 2002.)

HUNTINGTON, Samuel, *The Clash of Civilizations and the Remaking of World Order*, Nova Iorque, Simon and Schuster, 1996. (Ed. port.: Lisboa, Gradiva, 1999.)

HYAM, Ronald, *Britain's Declining Empire: The Road to Decolonisation 1918-1968*, Cambridge, Cambridge University Press, 2006.

IBN AL-QALANISI, *The Damascus Chronicle of the Crusades* (ed. e trad. H. A. R. Gibb), Londres, Luzan and Co., 1932.

IBN BATTUTA, Muhammad, *The Travels of Ibn Battuta* (trad. H. A. R. Gibb), Cambridge, Cambridge University Press, 1962.

IBN ISHAQ, Muhammad, *The Life of Muhammad: A Translation of Ishaq's* Sirat Rasul Allah (introd. e notas de A. Guillaume), Carachi, Oxford University Press, 1955.

IBN KHALDUN, Abd Al-Rahman, Ibn Muhammaq, *The Muqaddimah: An Introduction to History* (trad. Franz Rosenthal), Princeton, Princeton University Press, 1967.

BIBLIOGRAFIA

IBN MUNQUID, Usamah, *An Arab-Syrian Gentleman and Warrior in the Period of the Crusades*, Nova Iorque, Columbia University Press, 1929.

IMBRUGLIA, Girolamo, «Tra Anquetil-Duperron e *L'Histoire de Deux Indies*: Libertà, dispotismo e feudalismo», *Rivista storica italiana*, 106 (1994), pp. 140-193.

INALCIK, Halil, «The Question of the Emergence of the Ottoman State», *International Journal of Turkish Studies*, 2 (1980), pp. 71-79.

INGRAM, Edward, *Commitment to Empire: Prophecies of the Great Game in Asia 1797-1800*, Oxford, Oxford University Press, 1981.

ISAAC, Benjamim, *The Invention of Racism in Classical Antiquity*, Princeton e Oxford, Princeton University Press, 2004.

JANASOFF, Maya, *Edge of Empire: Conquest and Collecting in the East 1750-1850*, Londres, Fourth Estate, 2005.

JENSEN, Lionel, *Manufacturing Confucianism: Chinese Tradition and Universal Civilization*, Durham, Carolina do Norte, Duke University Press, 1997.

JOHNSON, Samuel, *The Prince of Abissinia: A Tale*, Londres, 1759.

JOLIVET, J., et al (eds.), *Multiple Averroès*, Paris, Les Belles Lettres, 1793.

JONES, A. H. M., *Constantine and the Conversion of Europe*, Londres, Hodder and Stoughton, 1948.

JONES, sir William, *Dissertation sur la littérature orientale*, Londres, 1771.

——, *The Collected Works of Sir William Jones* (1807), ed. fac., 13 vols. (Nova Iorque, New York University Press, 1993).

KANT, Immanuel, *Political Writings* (trad. H. B. Nisbet), Cambridge, Cambridge University Press, 1991.

——, *Lectures on Ethics* (ed. Peter Heath e J. B. Schneewind), Cambridge, Cambridge University Press, 1997.

KARSH, Efraim, *Islamic Imperialism: A History*, New Haven e Londres, Yale University Press, 2006.

——, e KARSH, Inari, *Empires of the Sand: The Struggle for Mastery in the Middle East 1789-1923*, Cambridge, Mass., e Londres, Harvard University Press, 1999.

KEDDIE, Nikki R., *Religion and Rebellion in Iran: The Tobacco Protest of 1891-1892*, Londres, Cass, 1966.

——, *An Islamic Response to Imperialism: Political and Religious Writings of Sayyid Jâmal ad-Dîn «al-Afghânî»*, Berkeley e Los Angeles, California University Press, 1968.

KEDOURIE, Elie, Afghani and 'Abduh: An Essay on Religious Unbelief and Political Activism in Modern Islam, Londres, Frank Cass, 1966.

——, «The Capture of Damascus, 1 October, 1918», in *The Chatham House Version and Other Middle Eastern Studies*, Nova Iorque, Praeger, 1970.

——, *Arabic Political Memoirs and Other Studies*, Londres, Frank Cass, 1974. *The Anglo-Arab Labyrinth: The McMahon-Usayn Correspondence and its Interpretations 1914-1939*, Cambridge, Cambridge University Press, 1976.

——, *England and the Middle East: The Destruction of the Ottoman Empire, 1914-1921*, Hassock, Sussex, The Harvester Press, 1978.

561

——, *Islam in the Modern World and Other Studies*, Londres, Mansell, 1980.

KELLEY, Donald R., *The Beggining of Ideology: Consciousness and Society in the French Reformation*, Cambridge, Cambridge University Press, 1981.

——, *Historians and the Law in Postrevolutionary France*, Princeton, Princeton University Press, 1984.

KEPEL, Gilles, *Le Prophète et Pharaon: Aux sources des mouvements islamistes*, Paris, Seuil, 1993.

——, *Jihad: The Trial of Political Islam* (trad. Anthony F. Roberts), Cambridge, Mass., Belknap Press, 2002.

——, *Fitna: Guerre au cœur de l'Islam*, Paris, Gallimard, 2004.

——, *The War for Muslim Minds: Islam and the West*, Cambridge, Mass., e Londres, Belknap Press, 2004.

KHALIDI, Rashid et al. (eds.), *The Origins of Arab Nationalism*, Nova Iorque e Londres, Columbia University Press, 1991.

KOBLER, Franz, *Napoleon and the Jews*, Nova Iorque, Schocken Books, 1975.

KRISTOVOULOS, *History of Mehmed the Conqueror* (trad. Charles T. Riggs), Princeton, Princeton University Press, 1954.

KRITZECK, James, *Peter the Venerable and Islam*, Princeton, Princeton University Press, 1964.

KROEBNER, Richard, «Despot and Despotism: Vicissitudes of a Political Term», *Journal of the Warburg and Courtauld Institutes*, 14 (1951), pp. 275-302.

KUHRT, A., «The Cyrus cylinder and Achaemenid imperial policy», in *Journal for the Study of the Old Testament*, 25 (1983), pp. 83-94.

KUPPERMAN, Karen Ordahl, *Settling with the Indians: The Meeting of English and Indian Cultures in America, 1580-1640*, Totowa, Rowman and Littlefield, 1980.

KYLE, Keith, *Suez*, Londres, Weidenfeld and Nicolson, 1991.

LA JONQUIÈRE, Clement de, *L'Expédition d'Égypte 1798-1891*, 5 vols., Paris, Lavauzelle, 1899-1907.

LACOUR-GAYET, Georges, *Talleyrand*, Paris, Éditions Payot, 1990.

LAISSUS, Yves, *L'Égypte, une aventure savante 1798-1801*, Paris, Fayard, 1998.

LANDAU, Jacob M., *The Politics of Pan-Islam: Ideology and Organization*, Oxford, Clarendon Press, 1990.

LANDES, David, *Revolution in Time: Clocks and Making of the Modern World*, Cambridge, Mass., Harvard University Press, 1982.

LARNER, John, *Marco Polo and the Discovery of the World*, New Haven e Londres, Yale University Press, 2001.

LAQUER, Walter, *The Israeli-Arab Reader*, Londres, Penguin, 1970.

LAS CASAS, Bartolomé de, *A Short Account of the Destruction of the Indies* (trad. Nigel Griffith), Londres e Nova Iorque, Penguin Books, 1992. (Ed. port.: Lisboa, Antígona, s/d.)

LAS CASES, Marie Joseph Emmanuel Auguste Dieudonné, *Mémorial de Sainte-Hélène* (ed. Gérard Walter), 2 vols., Paris, Bibliothèque de la Pléiade, 1956.

LAURENS, Henry, *Les Origines intellectuelles de l'expédition d'Égypte: L'Orientalisme islamisant en France (1698-1798)*, Istambul, Éditions Isis, 1987.

BIBLIOGRAFIA

——, «Le Mythe de l'expédition d'Égypte en France et en Égypte aux XIXe et XXe siècles», in Michel Dewachter e Alain Fouchard (eds.), *L'Égyptologie et les Champollion*, Grenoble, Presses Universitaires de Grenoble, 1994, pp. 321-330.

——, *L'Expédition d'Égypte, 1798-1801*, Paris, Éditions de Seuil, 1997.

——, «Bonaparte a-t-il colonisé l'Égypte?», *L'Histoire*, 216 (1997), pp. 46-49.

——, «Le Projet d'État juif en Palestine, attribué à Bonaparte», *Orientales*, Paris, CNRS Éditions, 2004, i, pp. 123-143.

LAWRENCE, Thomas Edward, *The Letters of T. E. Lawrence* (ed. David Garnett), Londres e Toronto, Jonathan Cape, 1938.

——, *Crusader Castles* (uma nova edição com introdução e notas de Denys Pringle), Oxford, Oxford University Press, 1988.

——, *The Seven Pillars of Wisdom: The Complete 1922 Text*, Fordingbridge, Castle Hill Press, 1997.

——, *Secret Despatches from Arabia by T. E. Lawrence*, Cambridge, The Golden Cockerel Press, s/d.

LEIBNIZ, Gottfried Wilhelm, *Writings on China* (ed. e trad. Daniel J. Cook e Henry Rosemont Jr.), Chicago e La Salle, Ill., Open Court, 1994.

LEVENE, Mark, *Genocide in the Age of the Nation State*, 2 vols., Londres e Nova Iorque, I. B. Tauris, 2005.

LEVI-STRAUSS, Claude, *The Elementary Structures of Kinship* (trad. James Hare Bell), Londres, Eyre e Spottiswood, 1968. (Ed. bras.: São Paulo, Vozes, 2003.)

LEVY, Reuben, *A Baghdad Chronicle*, Cambridge, Cambridge University Press, 1929.

LEWIS, Bernard, *The Emergence of Modern Turkey*, Londres, Oxford University Press, 1961.

——, «Politics and War», in SCHNACT, Joseph e C. E. Bosworth (eds.), *The Legacy of Islam*, Oxford, Oxford University Press, 1979.

——, *Islam and the West*, Oxford e Nova Iorque, Oxford University Press, 1993.

——, *The Muslim Discovery of Europe*, Nova Iorque e Londres, W. W. Norton & Co., 1982.

——, *The Arabs in History*, Oxford, Oxford University Press, 1993. (Ed. port.: Lisboa, Estampa, 1996.)

——, *What went Wrong? The Clash Between Islam and Modernity in the Middle East*, Londres, Weidenfeld and Nicolson, 2002. (Ed. port.: Lisboa, Gradiva, 2003.)

——, *The Crisis of Islam: Holy War and Unholy Terror*, Nova Iorque, Random House, 2003. (Ed. port.: Lisboa, Relógio d'Água, 2006.)

LINTOTT, Andrew, «What was the *Imperium Romanum*?», *Greece and Rome*, 28 (1981), pp. 53-67.

LOCKE, John, *First Tract on Government*, in GOLDIE, Mark (ed.), *Political Essays*, Cambridge, Cambridge University Press, 1997.

LOMAX, Derek W., *The Reconquest of Spain*, Londres e Nova Iorque, Longman, 1978.

MUNDOS EM GUERRA

LORAUX, Nicole, *The Invention of Athens: The funeral oration in the classical city*, Cambridge, Mass. e Londres, Cambridge University Press, 1986.

LOWRY, Heath W., *The Nature of the Early Ottoman State*, Albany, NY, State University of New York Press, 2003.

LYONS, M. C. e D. E. P. Jackson, *Saladin: The Politics of Holy War*, Cambridge, Cambridge University Press, 1982.

MAQUIAVEL, Nicolau, *The Prince* (ed. David Wootton), Indianápolis, Hackett, 1995.

MACMULLEN, Ramsay, *Christianizing the Roman Empire A. D. 100-400*, New Haven e Londres, Yale University Press, 1984.

——, *Romanization in the time of Augustus*, New Haven e Londres, Yale University Press, 2000.

MADARIAGA, Salvador de, *Portrait of Europe [Bosquejo de Europa]*, Nova Iorque, Roy Publishers, 1955.

MAINE, Henry Sumner, *Village Communities in the East and the West*, Londres, John Murray, 1881.

MANSFIELD, Peter, *A History of the Middle East*, Nova Iorque e Londres, Penguin Books, 2003.

MANTRAN, Robert (ed.), *Histoire de l'empire ottoman*, Paris, Fayard, 1989.

MASSON, Fréderic e Guido Biagi, *Napoléon: Manuscrits inédits 1789-1791*, 8 vols., Paris, P. Ollendorf, 1907.

MAY, Thomas Erskine, *Democracy in Europe*, Londres, Longman Green, 1877.

MAZOWER, Mark, *The Balkans: A Short Story*, Nova Iorque, Modern Library, 2002.

MAZZA, F., «The Phoenician as seen by the Ancient World», in MOSCATI, Sabatino (ed.), *The Phoenicians*, Londres, I. B. Tauris, 2001.

MILL, John Stuart, *On Liberty*, in COLLINI, Stefan (ed.) *On Liberty and Other Writings*, Cambridge, Cambridge University Press, 1918.

MILLAR, Fergus, «Taking the Measure of the Ancient World», in *Rome, The Greek World and the East*, i. *The Roman Republic and the Augustan Revolution*, Chapel Hill, CN, e Londres, The University of North Carolina Press, 2003.

MOMIGLIANO, Arnaldo, *Alien Wisdom: The Limits of Hellenization*, Cambridge, Cambridge University Press, 1975.

——, *Preludio settecentesco a Gibbon* (1977), in *Fondamenti della storia antica*, Turim, Einaudi, 1984.

MONTESQUIEU, Charles-Louis de Secondat, barão de, *Persian Letters* (trad. C. J. Betts), Nova Iorque, Viking-Penguin, Inc., 1973.

MÜLLER, Max, *Lectures on the Science of Language*, Londres, Longman, 1864.

——, *Collected Works of the Right Hon. F. Max Müller*, 18 vols., Londres, Longman, 1898.

——, *The Sacred Books of the East*, Delhi, Motilal Banarsidass, 1992 (1887).

MUHERJEE, S. N., *Sir William Jones: A Study in Eighteenth-Century British Attitudes to India*, Cambridge, Cambridge University Press, 1968.

NASR, Seyyed Vali Reza, *Mawdudi and the Making of Islamic Revivalism*, Nova Iorque e Oxford, Oxford University Press, 1996.

BIBLIOGRAFIA

NASSER, Gamel Abdel, *Egypt's Liberation: The Philosophy of Revolution*, Washington DC, Public Affairs Press, 1955.

NICOLET, Claude, *The World of the Citizen in Republican Rome* (trad. P. S. Falla), Berkeley, Los Angeles, e Londres, University of California Press, 2000.

NIETZSCHE, Friedrich, «On the uses and disadvantages of history for life», in *Untimely Meditations* (trad. R. J. Hollingdale), Cambridge, Cambridge University Press, 1983.

——, *Daybreak: Thoughts on the Prejudices of Morality* (trad. R. J. Hollingdale), Cambridge, Cambridge University Press, 1993.

OEDANI-FABRIS, M.-P., «Simbologia ottomana nell'opera di Gentile Bellini», *Atti dell'Istituto veneto di scienze, lettere ed arti*, 155 (1996-1997), pp. 1-29.

OLMSTEAD, A. T., *History of the Persian Empire*, Chicago e Londres, University of Chicago Press, 1959.

OSTERHAMMEL, Jürgen, *Die Entzauberung Asiens: Europa und die asiatischen Reiche im 18. Jahrundert*, Munique, C. H. Beck, 1988.

PAGDEN, Anthony (ed), *The Idea of Europe: From Antiquity to the European Union*, Cambridge, Cambridge University Press, 2002.

——, *The Fall of Natural Man: The American Indian and the Origins of Comparative Ethnology*, Cambridge, Cambridge University Press,1982

——, (ed.), *The Languages of Political Theory in Early-Modern Europe*, Cambridge, Cambridge University Press, 1987.

——, *European Encounters with the New World*, New Haven e Londres, Yale University Press, 1993.

PARKER, R. A. e W. Dubberstein, *Babylonian Chronology*, Princeton, Princeton University Press, 1956.

PARTNER, Peter, *God of Battles: Holy Wars in Christianity and Islam*, Londres, Harper Collins, 1997.

PASSERINI, Luisa, *Il mito d'Europa: Radici antiche per nuovi simboli*, Florença, Giunti, 2002.

PERKINS, Franklin, «Leibniz and Chinese Morality», *Journal of the History of Ideas*, 63 (2002), pp. 447-464.

——, *Leibniz and China: A Commerce of Light*, Cambridge, Cambridge University Press, 2004.

PERTUSI, Agostini, *La caduta de Costantinopoli*, i. *Le testimonianze dei contemporanei*, Milão, Mondadori, 1976.

La caduta de Costantinopoli, ii. *L'eco nel mundo*, Milão, Mondadori, 1976.

Testi inediti e poco noti sulla caduta di Constantinopoli, Bolonha, Patron, 1983.

PETERS, F. E., *The Monotheists: Jews, Christians, and Muslims in Conflict and Competition*, Princeton e Oxford, Princeton University Press, 2003.

PICCOLOMINI, Eneias Sílvio (papa Pio II), *The Memories of a Renaissance Pope: The Comentaries of Pius II* (trad. F. A. Gragg), Nova Iorque, Capricorn Books, 1962.

——, *Lettera a Maometto II (Epistola ad Mahumetem)* (ed. Giuseppe Tofanin), Nápoles, R. Pironti, 1953.

PIRENNE, Henri, *Mohammed and Charlemagne*, Londres, George Allen and Unwin, 1968. (Ed. port.: Lisboa, Asa, 1992.)

PISCATORI, James P., *Islam in a World of Nation States*, Cambridge, Cambridge University Press, 1986.

POCOCK, J. G. A., «Some Europes in their History», in Anthony Pagden (ed), *The Idea of Europe: From Antiquity to the European Union*, Cambridge, Cambridge University Press, 2002, pp. 55-71.

POMEROY, Sarah B., Stanley Burstein, Walter Donolan e Jennifer Tolbert Roberts, *Ancient Greece: A political, social and cultural history*, Nova Iorque e Oxford, Oxford University Press, 1999.

PROSDOCIMI, Luigi, «"Ex facto oritur ius": Breve nota di diritti medievale», *Studi senesi* (1954-1955), pp. 66-67, 808-819.

PURCHAS, Samuel, *Hakluytus Posthumus or Purchas his Pilgrimes, contayning a History of the World, in Sea Voyages and lande-Travells by Englishmen & others*, 5 vols., Londres, 1625.

PURDUM, Todd S., «Bush Warns of a Wrathful Shadowy and Inventive War», *New York Times*, 17 de Setembro de 2001, A2.

QUESNAY, François, *Despotisme de la Chine*, in *Ephémérides du citoyen, ou bibliothéque raisonée des sciences morales et politiques*, Paris, 1767.

QUTB, Sayyid, *Milestones*, Dar al-Ilm, Damasco, s.d.

——, *Social Justice in Islam [Al-'adalat al-ijtima'iyya fi'l-Islam]*, in William E. Shepard, *Sayyid Qutb and Islamic Activism: A Translation and Critical Analysis of Social Justice in Islam*, Leiden, Nova Iorque e Colónia, E. J. Brill, 1996.

RABB, Theodore K., *The Struggle for Stability in Early-Modern Europe*, Nova Iorque, Oxford University Press, 1975.

RABY, J., «Mehmed the Conqueror's Greek Scriptorium», *Dumbarton Oaks Papers*, 37 (1983), pp. 15-34.

Réimpression de l'ancien Moniteur depouis la réunion des États-Generaux jusq'au Consulat (mai 1789-novembre 1799), xxix, Paris, 1893.

RÉMUSÁT, Claire-Élisabeth-Jeanne Gravier de Vergennes, condessa de, *Mémoires de Madame de Rémusat*, 3 vols., Paris, Calmann Lévy, 1880.

RÉNÁN, Ernest, *Œuvres complètes de Ernest Renan* (ed. Henriette Psichari), 4 vols., Paris, Calmann-Lévy, 1947.

RICHARDSON, John, *A Dissertation on the Languages, Literature and Manners of the East*, Oxford, 1777.

RILEY-SMITH, Jonathan, *The First Crusade and the Idea of Crusading*, Londres, Athlone Press, 1986.

——, *The First Crusaders, 1095-1131*, Cambridge, Cambridge University Press, 1997.

——, (ed.), *The Oxford Illustrated History of the Crusades*, Oxford e Nova Iorque, Oxford University Press, 1997.

RILEY-SMITH, Louise e Jonathan, *The Crusades: Idea and Reality, 1095-1272*, Londres, Edward Arnold, 1981.

BIBLIOGRAFIA

ROBERTSON, William, *The History of the Reign of the Emperor Charles V*, 1769; Londres 1802.

ROSEMAN, L. J., «The construction of Xerxes' bridge over the Hellespont», *Journal of Hellenic Studies* 116 (1996), pp. 88-108.

ROUSSEAU, Jean-Jacques, *Du contrat social*, in *Œuvres complètes* (ed. Bernard Gagnebin e Marcel Raymond), Paris, Bibliothèque de la Pléiade, 1964. (Ed. port.: Lisboa, Temas e Debates, 2009.)

RUBIÉS, Joan-Pau, «Oriental Despotism and European Orientalism: Botero to Montesquieu», *Journal of Early-Modern History*, 92 (2005), pp. 109-180.

RUNCIMAN, Steven, *The Fall of Constantinople 1453*, Cambridge, Cambridge University Press, 1965.

The Great Church in Captivity: A Study of the Patriarchate of Constantinople from the Eve of the Turkish Conquest to the Greek War of Independence, Cambridge, Cambridge University Press, 1968.

RUSSELL, Peter, *Prince Henry «The Navigator»: A Life*, New Haven e Londres, Yale University Press, 2000.

SAHAS, Daniel J., *John of Damascus on Islam: The «Heresy of the Ishmaelites»*, Leiden, E. J. Brill, 1972.

SAID, Edward, *Orientalism*, Nova Iorque, Vintage Books, 1979. (Ed. port.: Lisboa, Cotovia, 2004.)

ST. CLAIR, William, *That Greece Might Still be Free: The Philhellenes in the War of Independence*, Londres, Oxford University Press, 1972.

SCHIAVONE, Aldo, *The End of the Past: Ancient Rome and the Modern West* (trad. Margaret J. Schneider), Cambridge, Massachusetts e Londres, Harvard University Press, 2000.

SCHLUCHTER, W. *The Rise of Western Rationalism: Max Weber's Developmental History*, Berkeley e Los Angeles, California University Press, 1981.

SCHLUMBERGER, Gustave, *Le Siège, la prise et le sac de Constantinople en 1453*, Paris, Plon, 1935.

SCHWAB, Raymond, *Vie d'Anquetil-Duperron*, Paris, Librairie Ernest Leroux, 1934.

SCOTT, sir Walter, *The Life of Napoleon Buonaparte*, 9 vols., Edimburgo, Cadell and Co., 1827.

SETTON, Kenneth M. (ed.), *A History of the Crusades*, Madison, Milwaukee, e Londres, University of Winsconsin Press, 1969.

SELLS, Michael A., *The Bridge Betrayed: Religion and Genocide in Bosnia*, Berkeley, Los Angeles, e Londres, University of California Press, 1996.

SHAFTESBURY, Anthony Ashley Cooper, 3.º conde de, *Life, Unpublished Letters, and Philosophical Regimen of Anthony, Earl of Shaftesbury* (ed. Benjamin Rand), Londres, Sonnenschein & Co., 1900.

SHAW, S. J., *Ottoman Egypt in the Age of the French Revolution*, Cambridge, Mass., Harvard University Press, 1966.

SIBERRY, Elizabeth, *The New Crusaders: Images of the Crusades in the Nineteenth and Early Twentieth Centuries*, Aldershot, Ashgate, 2000.

567

Sissa, Giulia, «The Irony of Travel, Herodotus on Cultural Diversity» (a publicar).

Sivan, Emmanuel, *Radical Islam Medieval Theology and Modern Politics*, New Haven e Londres, Yale University Press, 1985.

Skinner, Quentin, «Machiavelli's Discorsi and the Pre-Humanist Origins of Republican Ideas», in Gisela Bock, Quentin Skinner e Maurizio Viroli (eds.), *Machiavelli and Republicanism*, Cambridge, Cambridge University Press, 1990, pp. 121-142.

Slade, Adolphus, *Record of Travels in Turkey and Greece atc. and of a Cruise in the Black Sea with the Capitan Pasha, in the years 1829, 1830, and 1831*, 2 vols., Filadélfia, E. L. Carey, 1833.

Smith, C. Colin (ed.), *Spanish Ballads*, Oxford e Londres, Pergamon Press, 1964

——, *Christians and Moors in Spain*, Warminster, Aris & Philips, 1988.

Sokolow, Nahum, *History of Zionism*, Londres, Longmans, 1919.

Southern, Richard, *Western Views of Islam in the Middle Ages*, Cambridge, Mass., Harvard University Press, 1962.

Spence, Jonathan, *Emperor of China: Self-Portrait of K'ang-Hsi*, Nova Iorque, Knopf, 1974.

——, *The Question of Hu*, Nova Iorque, Vintage Books, 1989.

Storrs, sir Ronald, *The Memoirs of Sir Ronald Storrs*, Nova Iorque, G. P. Putnam & Sons, 1937.

Stoye, John, *The Siege of Vienna*, Nova Iorque e Chicago, Holt, Rinehart and Winston, 1964.

Subrahmanyam, Sanjay, «Taking Stock of the Franks: South Asian Views of Europeans and Europe 1500-1800», *Indian Economic and Social History Review*, 42 (2005), pp. 6-100.

Suetónio, Gaio Suetónio Tranquilo, *Lives of the Twelve Caesars* (trad. Robert Graves), Nova Iorque, Welcome Rain, 2001. (Ed. port.: Lisboa, Assírio & Alvim, 2007.)

Talbott, Strobe, *A Gathering of Tribes: The Story of a Big Idea* (a publicar).

Talleyrand-Périgord, Charles-Maurice Camille, príncipe de, *Mémoires du Prince Talleyrand*, 5 vols., Paris, C. Lévy, 1891-1892.

Tarn, W. W., *Alexander the Great*, Cambridge, Cambridge University Press, 1948.

Tavernier, Jean-Baptiste, *Travels in India* (trad. V. Ball), Londres, Macmillan and Co., 1889.

Thomas, Rosalind, *Herodotus in Context Ethnography, Science and the Art of Persuasion*, Cambridge, Cambridge University Press, 2002.

Thompson, Norma, *Herodotus and the Origins of the Political Community*, New Haven e Londres, Yale University Press, 1996.

Tocqueville, Alexis de, *Tocqueville sur l'Algérie* (1847) (ed. Seloua Luste Boulbina), Paris, Flammarion, 2003.

Tolan, John, *Saracens: Islam in the European Medieval Imagination*, Nova Iorque, Columbia University Press, 2002.

——, *Medieval Christian Perceptions of Islam: A Book of Essays*, Nova Iorque, Garland Press, 1996.

BIBLIOGRAFIA

Toynbee, Arnold, *Turkey: A Past and a Future*, Nova Iorque, George H. Dorn, 1917.

Tufan Buzpinar, S., «The Hijaz, Abdülhamid II and Amir Hussein's Secret Dealings with the British 1877-80», *Middle Eastern Studies*, 31 (1995), pp. 99-123.

Valéry, Paul, *Variété: Essais quasi politiques*, Paris, Gallimard, 1957.

Veinstein, Gilles (ed.), *Soliman le Magnifique et son temps*, Paris, École du Louvre, 1992.

Venturi, Franco, «Oriental despotism», *Journal of the History of Ideas*, 24 (1963).

Veyne, Paul, *L'Empire gréco-romain*, Paris, Seuil, 2005.

——, *Quand notre monde est devenu chrétien (312-394)*, Paris, Albin Michel, 2007.

Vlastos, Gregory, *Platonic Studies*, Princeton, Princeton University Press, 1981.

Volney, (Constantin-François Chassebœuf), *Les Ruines ou méditation sue les révolutions des empires*, in *Œuvres* (ed. Anne e Henry Desneys), Paris, Fayard, 1989.

——, *Voyage en Syrie et en Égypt pendant les années 1783, 1784 et 1785* in *Œuvres* (ed. Anne e Henry Desneys), Paris, Fayard, 1988.

Voltaire, (François-Marie Arouet), *Œuvres complètes de Voltaire*, 52 vols, Paris, Garnier frères, 1877-85.

——, *Essai sur les mœurs* (ed. Pierre Rameau), 2 vols., Paris, Bordas, 1990.

White, A. N. Sherwin, *The Roman Citinzinship*, Oxford, Oxford University Press, 1973.

Whitehouse, David e A. Williamson, «Sassanian maritime trade», *Iran*, 11 (1973), pp. 29-49.

Wills, Gary, «A country ruled by faith», *New York Review of Books*, 53/18 (16 de Novembro de 2006).

Wilson, James, *Works of James Wilson* (ed. Robert Green McCloskey), 2 vols., Cambridge, Mass., Harvard University Press, 1967.

Wilson, Woodrow, *The Public Papers of Woodrow Wilson* (ed. Ray Stannard Baker e William E. Dodd), 6 vols., Nova Iorque e Londres, Harper and Bros., 1925-7.

Wittek, Paul, *The Rise of the Ottoman Empire*, Nova Iorque, B. Franklin, Londres, 1971.

Woodhouse, C. M., *The Philhellenes*, Londres, Hodder and Stoughton, 1969.

Woolf, Leonard S., *The Future of Constantinople*, Londres, George Allen and Unwin, 1917.

Worthington, Ian (ed.), *Alexander the Great: A Reader*, Londres e Nova Iorque, Routledge, 2003.

Wright, Lawrence, *The Looming Tower: Al-Qaeda and the Road to 9/11*, Nova Iorque, Alfred Knopf, 2006.

Zurara, Gomes Eanes de, *Crónica dos feitos notáveis que se passaram na conquista de Guiné por mandado do Infante D. Henrique* (ed. Torquato de Sousa Soares), Lisboa, Academia Portuguesa de História, 1978.

Índice Remissivo

Abássidas (dinastia), 175, 193-194, 203, 243, 265, 361, 405, 450
Abbas I, xá safávida, 270
Abbas II, xá safávida, 457
Abbas, Mahmoud, 448
Abduh, Muhammad, 481-482, 510
Abdülhamid I, sultão otomano, 428
Abu al-Walid Muhammad ibn Rushd (Averróis), 199-201, 204-205
Abu Becre, 179-180
Abu' l-'Abbas, «o Sanguinário», califa, 192
Abul Qasim Al-Zahravi (Albucasis), 198
Abuquir, Batalha de (1798), 387-388
Ácio, Batalha de (31 a. C.), 103-104
Acre, 234-236, 241
Adam de Usk, 251
Adhemar de Monteil, bispo de le Puy, 219
Adriano, imperador romano, 85, 120
Adrianopla, 245
Afeganistão, 74-76, 240, 332-333, 362, 486, 489, 491-492
Aflaq, Michel, 476
Afonso I, rei de Aragão, 214, 260

Afonso III, rei das Astúrias, 186
Afonso VII, rei de Leão e Castela, 208, 213-214
Aga Muhammad, xá da Pérsia, 458
Agamémnon e a Guerra de Tróia, 26
Agenor, rei de Tiro, 25
Agripa, 103-104
Agripina, 110
Ahmadinejad, Mahmud, 508
Ahmed III, sultão otomano, 427
Ain Jalut, Batalha de (1260), 243
al-Afghani (Sayyid Jamal ad-Din), 376, 481
Álamo, 51
al-Andalus, 186
Alarico, rei dos Visigodos, 135, 148, 151
al-Ashraf, Khalil, sultão, 236
al-Athir, 'Izz ad-Din Ibn, 191
alauítas, 482
Albânia, 264
al-Banna, Hasan, 482
al-Barmaki, Khalid, 203
albigenses, 160
al-Biruni, Muhammad ibn Ahmad, 198

Alcorão, 163-164, 166, 173-174, 206-210, 279-280, 376, 401, 403, 479
al-Din, Mirza I 'tisam, 308
al-Din, Muzaffar, xá da Pérsia, 460-461
al-Din, Nasir, xá da Pérsia, 459-460
Aleixo, imperador bizantino, 224
Alemanha, 283-284, 287, 438
Alexandre Hélio, 101-102
Alexandre I, czar da Rússia, 415-417
Alexandre Magno, 66-67, 72, 82
Alexandria, 102, 104-106, 368, 378
al-Fadl, Jamal Ahmad, 499
al-Farabi, Abu Nasr, 198, 200, 205
al-Fasi, Alal, 481
Alfonso, Pedro de, 209
Algazel (Abu Hamed al-Ghazali), 200
al-Ghazali, Abu Hamed (Algazel), 200
Alhambra, 214-215
Ali, Muhammad, 403-404, 422-424
al-Jabarti, Abd-al Rahman, 372-375, 382-383, 386, 399
al-Jazeera, 492
al-Jazzar, Ahmad Paxá, 388, 390
al-Kalbi, Dihya bin Khalifa, 161
al-Khwarizmi, Muhammad ibn Musa, 198
al-Kindi, 198, 200, 204-205
Allenby, general sir Edmund, 450-451
al-Ma'mun, 194, 197, 203
al-Mansur, 193-194, 197, 203
Almeria, 214
al-Muqaddasi, 193
al-Nasir, 207
al-Nasseri, Kadhem al-Ebadi, 494
al-Qadisiyya, Batalha de (637), 178-179
al-Qaeda, 479, 498-499
al-Razi (Rhazes), 198
al-Sadat, Shaykh, 376
al-Sadr, Baqir, 490
al-Sarqaui, xeque, 381

al-Sayed, Abdallah, 234
al-Tahtawi, Rifa Rafi, 403-405, 475-476
al-Thalabi, Abd al-Aziz, 481
al-Turk, Niqula, 386
al-Wahhab, Muhammad ibn Abd, 410, 491, 498-499
al-Walid, Khalid ibn, 178
al-Zawahiri, Ayman, 489, 492
Amery, Leo, 470
Amherst, lorde, 347
Amiano Marcelino, 107, 162
Amílcar, 94
Amiroutzes, Jorge, 259
amor e Império Romano, 113
anabaptistas, 287
Anatólia, 31
Ancara, 249-250, 473
Andócides e a Batalha de Maratona (490 a. C.), 44
Andrónico, imperador bizantino, 245
Anglo-Iranian Oil Company, 461
Anglo-Persian Oil Company, 461
Aníbal, 94-95, 115
Anquetil-Duperron, Abraham Hya-cinthe, 315--322, 328
Antígono, 76
Ântimo, patriarca de Jerusalém, 412
Antioquia, 225, 232
anti-semitismo, 223-224, 466
Antonino Pio, imperador romano, 83, 85, 111, 120
António, Marco, 100-105
Apuleio, 77
Aqaba, conquista pelos Beduínos, 447-448
Aqueménidas, 28, 111
Árabes, 162, 167, 177, 180-182, 185-186, 188, 192-193, 205
Arábia Saudita, 410, 486
Arafat, Yasser, 443
Arco de Constantino, 143
Aref, Abd al-Rahman, 477
Aref, Abd al-Salam, 477

ÍNDICE REMISSIVO

Argélia, 95, 115, 135, 207, 263, 368, 383, 402, 452, 493, 504, 510
Argens, marquês de, 309
Argentina (como possível pátria judaica), 468
Argos, 64
Ariabignes, 54
arianismo, 145
Ariosto, Ludovico, 265
Aristágoras de Mileto, 41
Aristides, Élio, 48, 55, 97, 506
Aristóteles, 60, 75, 127, 197-198, 280, 295, 300
Arles, saque pelos Árabes, 192
Ársaces, 97
Artabano, 47
Artaxerxes, 63-64
Artaxerxes II, 64
Artaxerxes III, 64
Ascalão, 234
Ashcroft, John, 509
Asir, Idrisi de, 441
Aspendo, 68
Astério, rei de Creta, 25
astronomia e revolução científica, 300
Astúrias, Reino das, 186-187
Atatürk, Mustafá Kemal, 186-187, 473
Atenas, 42-44, 51-55, 62-63, 75
Auda abu Tayi, 447
Augusto (Octaviano), imperador romano, 100
Aulo Gélio, 118
Aureliano, imperador romano, 80, 131
Áustria-Hungria, anexação da Bósnia Herzegovina, 437
autocracia, 503
autodeterminação, 452-453
autoridade e caracterização grega da Pérsia, 37-38
Averróis (Abu al-Walid Muhammad ibn Rushd), 199-201, 204-205

Avesta, 316
Avicena (Ibn Sina), 198-199, 204-205
Avinhão, ocupação árabe de, 192
Ayyub Ansari, 249
Azov, 275

Ba'th, Partido, 476-477
Babilónia, 31, 71
Bacon, Francis, 295
Badis, Abd al-Hamid ibn, 481
Badr, ataque muçulmano a caravana mequense, 170
Bagdade, 193, 243, 449
Baha' Ad-Din, 233
Bajazeto, sultão otomano, 249-250
Balcãs, crises dos, 437
Balcãs, Guerras dos (1912-1913), 437
Balduíno IV, «Rei Leproso» de Jerusalém, 231
Balduíno, abade, 223
Balfour, Arthur, 469-471
Balfour, Declaração (1917), 468-471
Balian de Ibelin, 231
Barbaro, Nicolò, 253, 256
bárbaros, 59-61, 90-91
Bari, 192
Barker, Ernest, 129
Barthélémy, Jean Jacques, 319
Barthema, Ludovico di, 445
Basílio III, czar da Rússia, 274
batalhas
    Abuquir (1793), 387-388
    Ácio (31 a. C.), 103-104
    Ain Jalut (1260), 243
    al-Qadisiyya (637), 178-179
    Ancara (1402), 249-250
    Canas (216 a. C.), 94
    Cesme (1770), 358
    Chernomen (1371), 248
    Clavijo (844), 186
    Dragatsani (1821), 416

573

Farsália (48 a. C.), 99
Gaugamela (331 a. C.), 71
Grande Zab (750), 192
Granico (334 a. C.), 68
Hattin (1187), 231
Hidaspes (326 a. C.), 74
Isso (333 a. C.), 69
Kagul (1770), 358
Khotyn (1768), 358
Kosovo Polje («Campo dos Melros») (1389), 248
Lepanto (1571), 267-270
Manzikert (1071), 225
Maratona (490 a. C.), 41, 43-45
Mícale (479 a. C.), 55
Mohács (1526), 264
Navarino (1827), 423
Navas de Tolosa (1212), 214
Pidna (168 a. C.), 96
Pirâmides (1798), 380
Plassey (1757), 352
Plateia (479 a. C.), 37, 55
Poitiers (732), 191-192
Ponte Mílvia (312), 140-141
Queroneia (338 a. C.), 28, 65
Salamina (480 a. C.), 29-31, 41, 52, 54-56
Termópilas (480 a. C.), 51
Zama (202 a. C.), 95
«Doente da Europa», 409
«fim da história», teorias, 506
«Grande Jogo», 458
Beduínos, 379, 444-445
Belgrado, 224, 409
Bell, Adam Schall von, 343
Bell, Gertrude, 462, 464
Bellini, Gentile, 262
Ben Gurion, David, 472
Bernier, François, 324-325
Bernoyer, François, 377, 379, 385, 387, 395, 398-399, 401
Berta da Toscânia, 196
Beurrier, Paul, 340
Bíblia, 279-280, 286

bin Laden, Osama, 479, 481, 489, 507
Biquant, Jean, 318
Bismarck, Otto von, 438
Bitar, Salah al-Din, 476
Blanquiere, Edward, 420
Boccaccio e o Rapto de Europa, 26
Boécio, 90
Bogazkesen (Rumeli Hisar), 252
Bonaparte, Luís, 379, 406
Bonaparte, Napoleão, 105, 153, 238, 355, 360-361, 405-406, 465
Bonneval, conde Claude-Alexandre, 427
Borgonha, ataque árabe a, 192
Bósnia, 264, 500
Bósnia-Herzegovina, 437
Boswell, James, 301
botânica e revolução científica, 300
Botero, Giovanni, 343
Boucher, Guillaume, 336
Bouvet, Joachim, 340
British Petroleum, 461
Bucéfala, 74
Bucer, Martin, 287
Buchan, John, 445
Buda, conquista pelos Habsburgos, 274
Bulgária e Liga Balcânica, 437
Burke, Edmund, 275
Burmah Oil Company, 460
Bursa, 245
Burton, Robert, 338
Burton, sir Richard, 445
Busbecq, barão Ogier Ghiselin de, 267, 425
Bush, George W., 365, 448, 508-509
Byron, lorde, 45, 54, 104

Cadija bint Khuwaylid, 163
Cálias, 63
Calígula, imperador romano, 92, 109
Calístenes, 68, 79
calvinismo, 286, 287
Calvino, João, 287

ÍNDICE REMISSIVO

Cambises, 33-35
Caminho de Santiago, 187
Campo Fórmio, Tratado de (1797), 362
Canas, Batalha de (216 a. C.), 94
Canção de Rolando, 211-213
Canning, George, 419
Caprara, Albert, 271-272
Caracala, imperador romano, e Édito de, 119
Carlos I, rei dos Lombardos e dos Francos *ver* Carlos Magno
Carlos III, rei de Espanha, 429
Carlos Magno, 152-153
Carlos Martel, 191
Carlos V, sacro imperador romano, 265, 284
Carlos VI, rei de França, 249
Carlos VII, rei de França, 260
Carlowitz, Tratado de (1699), 275-276
Carnéades de Cirene, 295
Carpini, João de Plano, 333
Cartago, 93, 95-96
castelos, construção pelos cruzados, 226
Catarina II, a Grande, Czarina da Rússia, 428
cátaros, 160, 281
Cavaleiros de São João, 227, 368
Celenas, 68
Celso, 300
Cemal Paxá, 439
cepticismo e a emergência da ciência moderna, 295-296
Cerulário, Miguel, 246
César, Júlio, 79, 99-100, 113
Cesme, Batalha de (1770), 358
Chabrol, Gilbert-Joseph Volvic de, 379, 393-397, 401-402
Chamberlain, Joseph, 468
Chandragupta, 74
Chardin, Jean, 307, 321, 330
Charon, Pierre, 317
Chassebœuf, Constantin-François *ver* Volney, Constantin-François

Chateaubriand, François-René, visconde de, 237, 378
Chernomen, Batalha de (1371), 248
China, 331-333, 335-352
Chipre, conquista otomana de, 268
Churchill, Winston, 440, 454, 460, 463-464, 470, 503
Cícero, Marco Túlio, 26, 112, 120
cidadania, 119-124
Címon, 63
Cipião Emiliano, 84, 95
Cipião, o Africano, (Maior), 94-95, 98
Cipião, Públio Cornélio, 94-95, 257
Ciro, o Grande, 31-33
civitas e o Império Romano, 114
Claudiano, 84, 90, 135
Cláudio, imperador romano, 109-110
Clavijo, Batalha de (844), 186
Clemenceau, Georges, 455-456
Cleópatra Selene, 101-102, 105
Cleópatra VII, rainha do Egipto, 100-106
clima e respectiva influência, 323-324
Clístenes, 37, 42-43, 46
Clito, 68, 76
Clive, Robert, 352
Cluny, abadia beneditina de, 187
Cochrane, lorde, 423
Codington, lorde, 423
Cole, USS, ataque terrorista ao, 491
Coleridge, Samuel Taylor, 337
Colombo, Cristóvão, 215, 292, 335, 337
Colónia, 224
Comité de União e Progresso (CUP) («Jovens Turcos»), 436
Comité Grego de Londres, 419-420
Commynes, Philippe, 277
Cómodo, imperador romano, 130
Companhia das Índias Orientais (britânica), 312, 352, 363
Compostela, 186-187

Condorcet, marquês de, 303, 327, 502

Conferência de Paz de Paris (1919), 238, 455-457

conflito e progresso, 349-350

conformidade, e caracterização grega da Pérsia, 37, 38

confucionismo, 338-340, 343

Congresso Sionista, 467-468

Conrado III, sacro imperador romano, 229

Constâncio, imperador romano, 140

Constantino IX, imperador bizantino, 251, 255

Constantino, o Grande, 131, 139

Constantino, rei da Grécia, 424

Constantinopla, 245

Conté, Nicolas-Jacques, 386

Copérnico, Nicolau, 300

Córdova, 189, 213-214

Corfu, e ocupação britânica, 424

Cornwallis, lorde, 313

corsários e o Império Otomano, 263, 268

Cortés, Hernán, 113

Cosmas Indicopleustes, 332

Cosróis II, 177, 203

Crane, C. R., 456

Creso, rei da Lídia, 31

Creta, conquista otomana de, 270

Crimeia, 358-359

cristianismo, 92, 136-140, 142-144, 146, 150, 152-153, 156-159, 167-168, 172, 207-209, 211-214, 236, 246, 279, 281, 283, 506, 509

Cromwell, Oliver, 465-466

Cruzadas, 220, 222-223, 234, 236-241, 264

Ctesifonte, 179

Curdos, 450

Curzon, lorde Nathaniel, 452, 454, 459, 462, 470-471

Cusa, Nicolau de, 212-213

D'Arcy, William Knox, 460

Damad Ibrahim Paxá, grão-vizir otomano, 426

Damasco, 177-178, 228, 451

Daniel (profeta), 137

Daniel de Morley, 204

Dar es Salaam, ataque à embaixada americana, 491

Dario I, 27, 36-43, 45

Dario III, 52, 68-71, 75

Dátis, 43

Defoe, Daniel, 199

Delos, 62-63

Demarato, 50, 123

democracia, 34-39, 42, 44, 54-56, 300, 453, 500-504

democracia liberal, 300, 492, 500-502, 504

Deng Xiaoping, 502

Denon, Dominique Vivant, 376, 387, 392

Descartes, René, 295-296

Diderot, Denis, 345, 348-349

Dieta de Worms (1476), 154

Diocleciano, imperador romano, 80, 115-116, 131, 140, 160

Diógenes, o Cínico, 121

Díon Cássio, 84, 102

direito internacional e direito romano, 125-126

direitos e direito romano, 124

Disraeli, Benjamin, 465

divinização do soberano e Alexandre Magno, 80

Dom João de Áustria e a Batalha de Lepanto, 267-269

Domiciano, imperador romano, 111, 117

donatistas, 144

Donne, John, 294, 296

Dorileu, 229

Doughty, Charles, 445

Dracul, Vlad, o Empalador, 264

Dragatsani, Batalha de (1821), 416

ÍNDICE REMISSIVO

Dreyfus, Alfred, 466
Droysen, Johann Gustav, 74
dualismo e religião, 158
Dumézil, Georges, 314
Durrell, Lawrence, 378

Ebadi, Shirin, 82
Eban, Abba, 466
Ecolampádio, João, 287
Edessa, 227, 229
Édito de Caracala, 119
Édito de Milão, 141
Efendi, Ahmed Assim, 430
Éfeso, 41, 68
Effendi, Mehmed Said, 308, 426
Egipto, 45, 70, 105-106, 177, 351-353, 359-360, 374-375, 377, 397-407, 424, 464, 473-476, 493
Egipto, Expedição de Napoleão ao, 362-407
Eliot, George (Mary Ann Evans), 465-466
Ellinoglosson Xenodocheion, 414
Ellis, Henry, 347
Eneias, 86, 150
Enver Bei, 436-437
Enver Paxá, 436-438
Epicteto, 341
Erasmo, Desidério, 283, 292
Erétria e as Guerras Pérsicas (490-479 a. C.), 43
escolástica, 295
escravatura, 119, 146
Esparta, 37-38, 43, 51, 63-64
Ésquilo, 34
Estados Unidos, 417, 419, 472, 475, 485-486
Estatira, 69-70
estoicismo, 127-128, 341
Estrabão, 96, 350
Eton, sir William, 412
Euforbo, 43
Eurípides, 60

Europa, Rapto de, 25-26
Eusébio de Cesareia, 140-143
Everett, Edward, 418

Faisal I, rei da Síria (posteriormente do Iraque), 446-447, 456-457, 463-464
Faisal II, rei do Iraque, 476
Famagusta, 267
Faraj, Abdessalam, 498
Farsália, Batalha de (48 a. C.), 99
Faruq, rei do Egipto, 474, 480
Fasélis [Lícia], 68
Fatimidas, 225
Fuad I, rei do Egipto, 464
Febvre, Lucien, 277
Federação Sionista Britânica, 469
Félix, procurador da Judeia, 122
Fernando II, rei da Hungria, 264
Fernando II, rei de Espanha, 186, 214-215
Festo, Pórcio, 123
Fidípides, 43
Filágrio, 43
Filipe II, rei da Macedónia, 28, 65-66
Filipe V, rei da Macedónia, 96
Filipe, o Bom, duque da Borgonha, 260
Filipinas e fundamentalismo islâmico, 492-493
Filóteo, 274
Firdausi, 179
Flandrin, Pierre-Étienne, 238
Flaubert, Gustave, 399
Florença, Concílio de, 251
fogo grego, 190, 249
Fourier, Jean-Baptiste, 365, 384
França, 222, 238, 288, 362-364, 442-443, 451-452, 458, 462, 464-465, 474
Frantzes, Jorge, 253
fraticelos, 281

Frederico I Barbarossa, sacro imperador romano, 153, 234

Frederico III, sacro imperador romano, 260

Frederico, príncipe-eleitor da Saxónia, 286

Frente Islâmica de Salvação, 504

Frente Mundial para a Jihad contra os Judeus e Cruzados, 479

Galba, imperador romano, 111
Galeno, 300
Galério, imperador romano, 115
Galiani, France Fernando, 315
Galileu Galilei, 295, 297, 300
Gamba, conde Petro, 421
Gaugamela, Batalha de (331 a. C.), 71
Gêngis Khan, 332-333
Gennadios Scholarios, Jorge, 259
Germano, patriarca de Patras, 415
Ghassan, 162
Gibbon, Edward, 85, 125, 131, 206, 235, 327
Gibraltar, 183
Gilbert, major Vivian, 450
Gilles, Pierre, 258
Giovio, Paolo, 264
Giustiniani, Giovanni, 253
Gladstone, William, 438, 454
gnósticos, 279
Godofredo de Bulhão, duque da Lorena, 224
Godos, 140
Goldsmith, Oliver, 309
Golfo, Guerra do (1991), 489
Górdio, 68-69
Gordon, general Charles George, 440
Grã-Bretanha, 438-443, 450-452, 457-458, 461-462, 464-465, 471-472, 474
Graindor de Douai, 221

Granada, conquista cristã de, 214-216

Grande Zab, Batalha do (750), 192
Granico, Batalha do (334 a. C.), 68
Graves, Robert, 446
Grécia, 28-30, 34, 36-37, 40, 43-46, 48, 50-51, 56, 63-67, 82, 84, 87-89, 121-122, 257, 410, 412, 437, 502-503
Gregório Magno, papa, 143, 154-156
Gregório V, patriarca ortodoxo grego, 415-416
Gregório VII, papa, 154-156, 207
Gregos fanariotas, 412
Grey, sir Edward, 438, 461
Grimm, Friedrich Melchior, 320-321
Grócio, Hugo, 295, 298
guerra justa, 126
guerras
    Agressão Tripartida (1956), 475
    Balcãs (1912-1913), 437
    Camponeses (1525), 287
    Golfo (1991), 489
    Independência Grega (1821-1829), 419-421
    Israelo-Árabe (1948-1949), 480
    Oitenta Anos (1568-1648), 280
    Peloponeso, 63, 64
    Pérsicas (490-479 a. C.), 27, 40
    Primeira Guerra Mundial (1914-1918), 437-439, 442-443, 449-453, 455-457
    Púnicas
        Primeira (264-241 a. C.), 94
        Segunda (218-201 a. C.), 96
    Religião (1562-1598), 287-289
    Ridda (apostasia) (632-633), 176
    Russo-Turca (1768-1774), 357-358
    Russo-Turca (1787-1792), 428
    Seis Dias (1967), 480

ÍNDICE REMISSIVO

Trinta Anos (1618-1648), 288
Tróia, 26-27
«Hermes Trismegisto», 339
«Juramento do Faisão», 261
«nobre selvagem», 379
Guiberto de Nogent, 223
Guiccioli, condessa Teresa, 420-421
Guilherme II, kaiser, 233, 238, 407, 438
Gustavo Adolfo, rei da Suécia, 288
Güyük, khan mongol, 333

Habsburgos, 284
Hadith, 165
Haganah, 472
Hagia Sophia, 235, 257
Halhed, Nathaniel, 312-313
Halicarnasso, 27
Halil Paxá, grão-vizir, 254
Hamas, 485
Hamdan, Jamal, 405
Hanafita (escola jurídica) e *Sharia*, 169, 175
Hanbalita (escola jurídica) e *Sharia*, 169
Handel, George Frederick, 250
Harun-al Rashid, 194-195, 197, 203
Hattin, Batalha de (1187), 231
Hegel, Georg Friedrich, 351
Helena de Tróia, 26
Helesponto, 41, 48, 51, 66
Hely-Hutchinson, John, 391
Henrique IV, o Impotente, rei de Castela, 188
Henrique IV, rei de Inglaterra, 251
Henrique IV, sacro imperador romano, 154
Henrique VI, rei de Inglaterra, 260
Henrique VIII, rei de Inglaterra, 283
Heráclio, imperador bizantino, 161, 177
Herder, Johann Gottfried, 237, 338
Herodiano, 64

Heródoto, 26-28, 33-34, 36-50, 53, 59, 62, 500
Herzl, Theodore, 407, 466-468
Hidaspes, Batalha do (326 a. C.), 74
Hípias, 42-43
Hipócrates, 300
Hira, 162-163
Hobbes, Thomas, 291, 294-295, 297-298, 300
Holanda, 288
Holanda, e Guerra dos Oitenta Anos (1568-1648), 288
Holbach, barão d', 302, 353
Holocausto e a criação do Estado judaico, 472
Horácio, 87, 108
Hu (converso chinês ao cristianismo), 308
Hugo, Victor, 370
Hulagu, khan mongol, 243
humanismo e Renascimento, 291-292
Humayn ibn Ishaq, 196
Humboldt, Alexander von, 366
Hume, David, 237, 323-324, 327
Hunos, 132
Huntingdon, Samuel, 479
Hussein ibn Ali, xerife de Meca, e a Revolta Árabe, 441-444
Hussein, Saddam, 178, 240, 477
hussitas, 281, 288
hutteritas, 287
Huxley, Aldous, 279
Hyde, Thomas, 320

Ibn Bajja (Avempace), 199
Ibn Battuta, 245, 251
Ibn Hawqal, 199
Ibn Khaldun, 177, 327, 377
Ibn Mansur *ver* São João Damasceno
Ibn Rashid, governante de Hayil, 441
Ibn Sana'al-Mulk, 231
Ibn Saud, Abdul Azziz, emir do Nejd, 441, 444

579

MUNDOS EM GUERRA

Ibn Sina (Avicena), 198-199, 204-205

Ibn Tamiyya, Taqi al-Din Ahmad, 498-499

Ibn Tufayl (Abubacer), 199

Ibrahim Bei, 360

Ibrahim Paxá, 265

Iémen e fundamentalismo islâmico, 493

Iftikhar-ad-Daulah, 226

Igreja Católica, 146, 247, 283, 286, 291

Igreja Ortodoxa Grega, 232, 246, 251, 415

Ílion, 48, 67

iluminismo, 301-305

imigrantes muçulmanos, 511

imperialismo, 98, 155-156, 239, 453-454

Império Asteca, 293

Império Bizantino, 148-149, 162, 177, 244, 250-258, 264

Império Carolíngio, 153

Império Inca, 293

Império Otomano, 174, 225, 233, 259, 265, 269, 273, 277, 323, 325, 329, 352, 357-360, 366-369, 392, 403, 406, 409, 411, 413, 415, 417, 424, 427-428, 437-438, 440-443, 451, 457, 462, 468, 470, 473

Império Persa, 28, 31, 36, 38, 45, 56, 64-65, 74, 77, 258, 460-461

Império Romano, 85, 87, 90, 102, 107, 112, 116, 127, 132, 137, 140, 144-145, 147-148, 151-154, 182, 235, 244, 249, 252, 258, 261, 265, 274, 284, 303, 322, 350, 506

Império Romano do Ocidente, 148, 151-152

Império Safávida, 307, 457

Império Sassânida, 139, 149, 160, 162, 177-178, 180

Império Selêucida, 77, 96-97

imprensa e o Império Otomano, 426, 427

Independência Grega, Guerra da (1821-1829), 413-424

Índia, 198, 324

índios americanos, 293

Indonésia e fundamentalismo islâmico, 493

indulgências, 282

infibulação (circuncisão feminina), 299

Inocêncio III, papa, 214

Inocêncio IV, papa, 333

Inocêncio VI, papa, 247

Inocêncio X, papa, 290

Inocêncio XI, papa, 273

inovação e *Hadith*, 432

Instituto do Egipto, 365-366, 404

Instituto Nacional (França), 365-366

Io, rapto de, 26

Iqbal, Muhammad, 481

Irão, 73-74, 460, 477-478, 483-485, 502, 504-505

Iraque, 463-464, 476-477, 493, 505

Irlanda e a religião, 290

Irmandade Muçulmana, 239, 479, 482

Irmandade Suíça, 287

Irmandade Taborita, 281

Irving, Washington, 418

Isaac Angelus, imperador bizantino, 232

Isabel, rainha de Espanha, 186, 214-216

Isfahan, 270

Isfahani, Mirza Abu Talib Khan, 308

Isidoro de Kiev, cardeal, 256, 260

islamitas, 486

Islândia, 263

ismaelitas, 206

Isócrates, 49-50, 64-65

isonomia, 500

Israel, 472, 474-475, 479-480, 486

580

ÍNDICE REMISSIVO

Isso, Batalha de (333 a. C.), 69
Istambul, 258, 453-455

Jabal Tariq, 183
Jafa, 235, 389-390
Jaime I, rei de Inglaterra, 268
Jalal Kishk, Muhammad, 482, 499
Jamaat-e Islami (Sociedade Islâmica), 494
James, Henry, 88
janízaros, 245, 255, 329, 430-431
Jasão, 26
Jassy, Tratado de (1792), 428
Jerusalém, 177, 216, 225-228, 230-232, 450-451
Jesus Cristo, 137, 147, 171
João de Görz, 189
João de Segóvia, 196
João III Sobieski, rei da Polónia, 272-273
João V Paleólogo, imperador bizantino, 247
João VIII Paleólogo, imperador bizantino, 250-251
Jocundo de Maastricht, 152
Johnson, Richard, 312
Johnson, Samuel, 313
Jomard, Edmé-François, 404
Jones, sir William, 310-311
Jónia, 41-43
Jordânia, 463, 493
Jovens Otomanos, 435-436
Jovens Turcos, 435-437
judeus, 170-171, 174-176, 183, 188-189, 223-224, 405-407, 465-472, 479
Jugoslávia, colapso da, 248
Julião, conde, e a invasão muçulmana da Península Ibérica, 184
Júlio II, papa, 282
Júlios-Cláudios, 108-111
Justiniano, imperador bizantino, 151
Juvenal, 92

K'ang-Hsi, imperador da China, 340
Kader, Abd el-, 383
Kagul, Batalha de (1770), 358
Kalidasa, 312
Kant, Immanuel, 61, 302
Kara Mustafá Paxá, grão-vizir otomano, 270, 272-273
Karadzic, Vuk, 248-249
Karbala, 181
Kerak, cerco de, 230
Khalkhalli, ayatollah Sadegh, 73
Khomeini, ayatollah Ruholla, 73, 484-485
Khotyn, Batalha de (1768), 358
Khurshid Paxá, 403
Kinalizade Ali Celebi, 265
King, dr. Henry, 456
Kiplin, Rudyard, 458
Kircher, Atanásio, 339
Kissinger, Henry, 485
Kitchener, lorde, 424
Kléber, Jean-Baptiste, 382, 391
Knolles, Richard, 263
Korais, Adhamantios, 417
Kosovo, 248
Kosovo Polje («Campo dos Melros»), Batalha de (1389), 248
Krak des Chevaliers, 227-228
Kristovoulos, 253, 255-256, 259
Kublai Khan, 336
Kücük Kaynarca, Tratado de (1774), 358-359, 428
Kuwait, invasão iraquiana do, 489-490

La Noue, François de, 269
lábaro, 141
Lactâncio, 26, 142-143
Lafayette, marquês de, 418
Lane, Edward, 397
Langlès, Louis-Mathieu, 366
Las Casas, Bartolomé de, 185
Lawrence. T. E., 227, 233, 441-442, 451-452, 463-464

Lazar, 248
Lazowski, Joseph-Félix, 360
Lean, David, 448
Leão III, papa, 152
Leão Magno, papa, 156
Leão VI, imperador bizantino, 151
Leão X, papa, 264
Leão, o Isáurio, imperador bizantino, 190
Leão, Reino de, 186
lei natural, impacto da exploração geográfica, 292-293
Leibniz, Gottfried Wilhelm, 274, 295
Leónidas, rei de Esparta, 51
Leopoldo I, sacro imperador romano, 270, 272
Lepanto, Batalha de (1571), 267-270
Lépido, Emílio, 100
Lérida, 214
Lévi-Strauss, Claude, 61
Líbano (mandato francês), 464
liberdade, 46-47, 97, 111, 500
liberdade religiosa e Édito de Milão, 141
Licínio, imperador bizantino, 141, 144
Lídia, 31
Liga Balcânica, 437
Liga das Nações, 77, 462
Liga de Delos, 62-63
Liga Latina, 87
Liga Schmalcáldica, 287
limpeza étnica e Alexandre Magno, 76
línguas indo-europeias, 314
Lisboa, 214
Lísias, 49, 56
literatura, retrato do Islão na, 211
Lívio, 89, 94, 108, 113
livre-arbítrio e cristianismo, 157
Lloyd George, David, 407, 455-457
Locke, John, 283, 295-296
lolardos, 281
Lomellino, Angelo Giovanni, 260
Londres, atentados à bomba em (2005), 493
Londres, Tratado de (1827), 423

Lorena, Carlos de, e o auxílio a Viena, 272
Louriotis, Andreas, 420
Lowther, sir Gerard, 437
Lucano, 92, 105
Luciano, 84, 121, 139
Luís I, rei da Hungria, 247
Luís II, rei da Hungria, 264
Luís IX, rei de França, 334, 335
Luís VII, rei de França, 229
Luís XIV, rei de França, 308
Luís XVI, rei de França, 363, 373
Lull, Ramón, 212-213
Lutero, Martinho, 281-283, 285-287, 291

Macedónia, 248
Macedónia, 64-66, 96, 248
Madariaga, Salvador de, 453
Madrid, atentados à bomba em (2004), 493
Magallon, Charles, 362
Magnon, Jean, 250
magos, 33-35
Mahmud Ghazan, khan mongol, 333
Mahmud II, sultão otomano, 246, 359, 422
Mahmud III, sultão otomano, 430
Mahmud Sevket Paxá, grão-vizir otomano, 438
Maine, Henry Sumner, 312, 314, 351
Mainz, ataques aos judeus em, 223-224
mal, problema do, 158
Maliquita (escola jurídica) e Sharia, 169, 175
Malta, 267, 368
Mamelucos, 193, 244, 360, 377
Mani, 159, 208
maniqueísmo, 158-160
Mântua, Congresso de (1459), 261
Manuel II Paleólogo, imperador bizantino, 251

Índice Remissivo

Manzikert, Batalha de (1071), 225

Maomé, 161-174, 176, 206-211, 326-327

Maquiavel, Nicolau, 155, 214-215, 350

Maratona, Batalha de (490 a. C.), 41, 43-45

Marche, Oliver de la, 260

Marco António, *ver* António, Marco

Marco Aurélio, imperador romano, 83, 85, 128

Mardónio, 37, 45-47, 55

Marigny, abade de, 361

Mário, Marco, 118

Marlowe, Christopher, 249

maronitas, 482

Marrocos, 500

Marsigli, marquês de, 329

Marwan II, califa, 192

Marx, Karl, 325

marxismo e nacionalismo árabe, 482

Masságetas, 32

Matias II, sacro imperador romano, 288

Maude, general sir Stanley, 450

Mauri (Mouros), 183

Mavrokordatos, príncipe Alexandre, 412, 418

Mawdudi, Mawlana Abdullah, 494, 497

Maxêncio, 140-141

Maximiano, imperador bizantino, 140

Maximiliano, sacro imperador romano, 264

Máximo, o Confessor, 206

May, Thomas Erskine, 478

mazdaísmo, 177

McMahon, sir Arthur, 441

Meca, 163, 165-166, 170-173, 410, 444-445

Medeia, 26

medicina e revolução científica, 300

Medina, 166-168, 170-171, 410

Médio Oriente e Conferência de Paz de Paris (1919), 455-457, 462-464

Medos, 31-33

Megabizo e o «Debate Constitucional» persa, 36

Megástenes, 75

Mehmed I, sultão otomano, 250

Mehmed II, sultão otomano, 252-263, 328

Mehmed IV, sultão otomano, 270

Mehmed V, sultão otomano, 436, 439

Meiners, Christoph, 321

Mendelssohn, Moses, 467

Menelau, 26

menonitas, 287

Menou, Jacques, 382-383, 391

Mesa, Bernardo de, 293

Mesopotâmia, 462-463

Messalina, 110

Metternich, príncipe Otto von, 417

Metz, 224

Mícale, Batalha de (479 a. C.), 55

Miguel Paleólogo, imperador bizantino, 151

Milão, Édito de, 141

Mileto, 68

Mill, James, 324

Mill, John Stuart, 44, 290, 325, 396, 400, 509

Millingen, Julius, 421

Milner, lorde, 453

Minos, 25

Mirza Taqi Khan, grão-vizir, 459

Misore, 363-364

Missolongui, 420-422

mitraísmo, 139

Mitrídates VI do Ponto, 88

Modestino, 116

Mongóis, 307, 350

Mohács, Batalha de (1526), 264

Moldávia, 410, 416

monarquia, 34-38, 78-79

MUNDOS EM GUERRA

Monge, Gaspard, 384-385
Mongóis, 132, 243-244, 332-334, 350
monofisitas, 175, 281
Montagu, Edwin Samuel, 471
Monte Cassino, 192
Montenegro e a Liga Balcânica, 437
Montesquieu, Charle-Louis de Secondat, barão de, 82, 274, 308-310, 323, 325-326
moralidade, 297-299
Moreia, 264
Morosini, Tomasso, 235
Mouros, 183, 185, 195
Mu'tasim, califa, 243
Muawiya, califa, 181-182
Müezzinzade, Ali Paxá, 268
Muhammad Abou Dahab, 389
Muhammad Ali Xá, xá da Pérsia, 461
Muhammad al-Mahdi, 182
Muhammad ibn Ali, 193
Muhammad Xá, imperador mongol, 457-458
Muhammad XII, Abu Abd-Allah, rei de Granada, 215
Müller, Max, 314, 321
multi-culturalismo, 508
mundo greco-romano, 87
Murad Bei, 360, 368, 380
Murad I, sultão otomano, 245, 248
Murad II, sultão otomano, 250
Musa ibn Nusayr, 184
Mustafá II, sultão otomano, 276
Mustafá III, sultão otomano, 427-428
Muttalib, Abbas ib Abd al-, 192

nacionalismo, 404, 446, 467, 473-481, 495
Nações Unidas, 77, 490
nações-estados, emergência das modernas, 290

Nadir I, xá da Pérsia, 457-458
Nairobi, ataque à embaixada americana, 491
Napoleão I ver Bonaparte, Napoleão
Nasridas, 214
Nasser, Gamal Abdel, 404, 464
Navarino, Batalha de (1827), 423
Navas de Tolosa, batalha de (1212), 214
Naxos, 63, 267
Nazim Paxá, 437
Nelson, Horatio, 368, 387
Nero, imperador romano, 91-93, 110-111
Nerva, imperador romano, 85
nestorianos, 175, 281, 334-335
Névio, 98
Newton, Isaac, 296-297
Niceia, 74, 145, 209, 224-226, 245
Niceia, Credo de, 145
nicolaítas, 206
Nicolau I, Czar da Rússia, 409
Nicolau V, papa, apelos à Cruzada, 260-261
Nicomédia, 245
Nietzsche, Friedrich, 305
Norden, Friderik Ludvig, 378
Notaras, Lucas, 247
Nur-ad-Din, 229-230

Obilic, Milos, 249
Octaviano ver Augusto
Odilão, abade, 187
Odoacro, 151
Ögedei Khan, 333
Ohsson, Mouradgea d', 429
oligarquia e o «Debate Constitucional» persa, 36
Omar II, califa, 190
Omar, califa, 180
Orbain (fundidor de canhões), 253
Organização Sionista Mundial, 467
Orhan, 244-245

584

Índice Remissivo

Ormuz, 267
Ormuz, 267, 270
Osman, 244
Ostrogodos, 116, 132
Otanes e o «Debate Constitucional» persa, 34-37, 502
Otman, califa, 180-181
Outremer, 227-230, 234
Ovídio, 108

paganismo, 142-144, 156-157
Pahlavi, Muhammad Reza Xá, xá do Irão, 72, 478
Palestina, 405-407, 456-457, 462, 464-471
Palmerston, lorde, 465
Palmira, 131, 354
pan-islamismo, 359
papado, 152-153, 155, 246, 259-264, 267
Paquistão e fundamentalismo islâmico, 492-493
Paradis, Venture de, 370, 372
Paris, tumultos de (2005), 511
Parsefal, François, 384
parsis e o Avesta, 316
Partos, percepção romana dos, 96-97
Pascal, Blaise, 101, 294
Pascal, São Pedro, 211
Passarowitz, Tratado de (1718), 426
passividade, 38, 394
Paulino de Nola, 138
Paulo III, papa, 266
Pausânias, 263
Pavão, Trono do, 458
Pedro I, o Grande, Czar da Rússia, 457
Pedro, o Eremita, 224
Pedro, o Venerável, 208
Pelágio, 185
Pelágio e o saque de Roma, 136
Península Ibérica, 183-190, 194-195, 199, 213-214, 216

Pepino, rei dos Francos, 192
Persépolis, 31, 40, 71-74
Pérsia, 177-179, 457-461, 478
Petrarca, Francesco, 292
Petrobey, Mavromichalis, 416
Petrónio, 91
Petrovic, Jorge (Karageorge – Jorge, o Negro), 409
Philiki Etairia, 414
Philomousos Etairia, 414
Piccolomini, Eneias Sílvio *ver* Pio II, papa
Picot, François Georges, 443
Pidna, Batalha de (168 a. C.), 96
Pio II, papa, 257, 261
Pio XII, papa, 156
Pipes, Richard, 348
Pirâmides, Batalha das (1798), 380
pirataria e o Império Otomano, 263
Pirenne, Henri, 184
Piri Reis, 266
Pitt, William, 275
Plassey, Batalha de (1757), 352
Platão, 55-56, 60, 127, 198-199
Plateia, Batalha de (479 a. C.), 37, 55
Plínio, o Velho, 112, 137
Plutarco, 28, 60, 67, 99-102, 104-106
poder político e teoria do contrato social, 300
Poe, Edgar Allen, 419
Poincaré, Raymond, 456
Poitiers, Batalha de (732), 191-192
Políbio, 83-84, 95
Polo, Marco, 336-337
Polónia e o «Dilúvio», 289
Pompeu, 99
Ponte Mílvia, Batalha da (312), 140-141
Póstumo, Marco Cassiano, 131
Praga, Defenestração de, 288
Prestes João, 334-335
primado da lei e o Império Romano, 123

MUNDOS EM GUERRA

Primeira Guerra Mundial (1914-1918), 437-439, 442-443, 449-453, 455-457
Pringos, Ioannis, 413
Propércio, 108
Protesilau, 66-67
protestantismo e Guerras da Religião (1562-1598), 288-289
Prudêncio, Aurélio, 138
Ptolomeu (astrónomo e geógrafo), 292
Ptolomeu Filadelfo, 101-102
Ptolomeu I, 76, 105
Purchas, Samuel, 137
Purgatório, 246
Pushkin, Alexandre, 415

Qaddafi, coronel, 241
Qaradawi, xeque, 479
Quasim, Abdul al-Karim, 476
Queroneia, Batalha de (338 a. C.), 28, 65
Quesnay, François, 344-348
Questão das Investiduras, 154
Quios, 267, 419
Quirini, Lauro, 257
Qutb, Sayyid, 239

Rabia Gülnüs Emetullha (concubina do sultão), 271
Radamante, 25
Rahman II, Abd al-, 194
Rahman III, Abd, 189
Rahman, Abd, 189, 194
Raimundo de St. Gilles, conde de Toulouse, 224, 226
Raimundo, conde de Trípoli, 231
Rashid Rida, Muhammad, 481
Rask, Rasmus, 321
Raynal, Guillaume, 361
Recafredo de Sevilha, bispo, 190
Reforma, 286-289
Regensburgo, 224

Reinaldo de Châtillon, 230-231
relativismo, 299
relógios e o Império Otomano, 426-427
Renan, Ernest e análise da cultura islâmica, 201-204
Renascimento e humanismo, 291-292
República Árabe Unida, 476
República Democrática Alemã, 501
republicanismo e imperialismo, 97
Resid Paxá, Mustafá, 432
Reuter, Julius de, 459
Revolta Árabe, 439-449
revolução científica, 295-297
Revolução Francesa, 300, 363
Rhodes, Cecil, 113
Ricardo I, Coração de Leão, rei de Inglaterra, 234-235
Ricci, Mateus, 338-342
Richardson, John, 321
Rigas Velestinlis, 402, 413, 421
Riza Beg, Muhammad, 308
Robert de Ketton, 208
Roberto, conde da Flandres, 224
Roberto, duque da Normandia, 224
Robertson, William, 348
Rodrigo, rei dos Visigodos, 183-185
Roma e envenenamento por chumbo, 108-109
Roma e receios do avanço otomano, 259-264, 267
Romano Diógenes IV, imperador bizantino, 225
Rómulo Augústulo, imperador romano, 151-152
Rousseau, Isaac, 427
Rousseau, Jean-Jacques, 327
Roxana e Alexandre Magno, 74-75
Rozmital, Leão de, 188
Rumeli Hisar, 252
Rússia, 274-275, 358, 428-429, 460-461
Rycaut, Paul, 307

Índice Remissivo

Sacramento, e diferenças entre ortodoxos gregos e latinos, 246
Sacro Império Romano, 153, 284
Sadat, Anwar, 486, 498
Sagundino, Nicolò, 259
Said, Edward, 311, 411
Saint-Hilaire, Barthélemy, 402
Saint-Hilaire, Geoffroy, 384, 387
Saint-Priest, François Emmanuel Guignard, conde de, 358-359
Saladino (Salah-ad Din Yusuf ibn-Ayyub), 230-234
Salah-ad Din Yusuf ibn-Ayyub *ver* Saladino
Salamina, Batalha de (480 a. C.), 29-31, 41, 52, 54-56
Salisbury, lorde, 424
Salústio, 92, 350
Samos, 267
Sangallo, Antonio da, 266
Santa Ana, Antonio Lopez de, 51
Santa Liga, 273, 275
Santiago de Compostela, 186-187
Santo Agostinho, 135-138, 146-148, 160, 221, 293
Santo Irineu, 206
São Bernardo de Clairvaux, 209, 229
São Jerónimo, 144
São João Crisóstomo, 151
São João Damasceno (Ibn Mansur), 208-211
São João Latrão, 142
São Paulo, 122, 137, 145-146
São Pedro, Basílica de (Roma), 142, 192
São Tiago Maior, relíquias, 186
São Tomás Aquino, 155, 200, 205, 295
Sapor I, 131
Saragoça, 214
Sárdis, 31, 68
Sarpédon, 25
sarracenos, 206
sati, 299

Saud bin Abd al-Aziz, 410
Saud, Abd al-Aziz bin Muhammad bin, 410
Sauditas (dinastia), 410, 491
Schwarzkopf, general Norman, 490
Scott, sir Walter, 233, 371
Secularismo, 302, 375-376, 507-508
Sejano, 109
Seleuco, 76
Selim II, sultão otomano, 269
Selim III, sultão otomano, 364, 388, 403, 410
Séneca, 76, 90, 97, 102
Sérvia, 247-248, 264, 409, 437
Sétimo Severo, imperador romano, 97, 115, 130
Sevilha, 213-214
Seymour, sir Hamilton, 409
Shafita (escola jurídica) e Sharia, 169
Shaftesbury, conde de (Anthony Ashley Cooper), 298
Sharon, Ariel, 448
Shelley, Percy Bysshe, 417
Shirley, Anthony, 270
Shirley, Robert, 270
Sicília, 192, 214
Silhadar Findikhh Mehmed Aga (cronista), 271, 273
Silhouette, Etienne de, 316-317
sionismo, 405-407, 465-471
Síria, 238, 353, 389, 439, 455-457, 462-464, 476, 480
Sisigâmbis, 69-70
Skouphas, Nikolaos, 414
Slade, Adolphus, 433, 435
Smith, Adam, 344
Smith, sir Sidney, 382, 390
Solimão I, o Magnífico, sultão otomano, 264-266
Solimão, califa, 190
Spencer, lorde, 364
Spitzel, Gottlied, 340
Spring-Rice, sir Cecil, 461, 483

587

Starhemberg, Ernest Rüdiger von, 272
Stoker, Bram, 264
Storrs, Ronald, 424, 441, 443, 445, 449
Sudão e fundamentalismo islâmico, 493
Suetónio, 104, 109-111
Suez, Crise do (1956), 474-475
sunitas, 181-182
Susa, 40
Sykes, sir Mark, 443
Sykes-Picot, Acordo (1916), 443, 452

Tácito, 110, 120
Talib, Ali ibn Abi, 180
talibãs, 487, 497, 500
Talleyrand, Charles-Maurice de, 360, 362
Tamburlaine (Timur-i-Lang), 249
Tamini, xeque, 489
Tancredo, 226
Taranto, 192
Tariq ibn Ziyad, 183
Tarn, W. W., 77, 80, 82
Tártaros, 333
Tasso, Torquato, 236
Tavernier, Jean-Baptiste, 307, 458
Tebas, 64-65
tecnologia, 300, 425, 429
tecnologia militar, 300, 425
Temístocles e a Batalha de Salamina (480 a.C.), 52, 54-56
Templários, 227-228
Tennyson, Alfred lorde, 347
teocracia e Islão, 170
Teodorico, rei dos Ostrogodos, 116
Teodósio II, imperador bizantino, 151
Termópilas, Batalha das (480 a. C.), 51
terrorismo islâmico, 492-493

Terrorismo, guerra ao, e uso do termo «cruzada», 240
Tersandro, 38-39
Tertuliano, 119
Tervel, khan dos Búlgaros, 190
Thabit ibn-Kurra, 198
Thaís (cortesã ateniense), 72
Thököly, Imre, 270-271
Thomas, Lowell, 445, 448
Thurman, Louis, 393-394
Tibério, imperador romano, 109
Tibulo, 108
Timur-i-Lang (Tamburlaine), 249
Tipu, 363-364
Tiro, 232, 234
Tito, imperador romano, 467
Tocqueville, Alexis de, 383
Toledo, 213-214
Tómiris, rainha dos Masságetas, 32
Tortosa, 214
Tott, barão de, 427
Trajano, Coluna de, 157
Trajano, imperador romano, 84-85, 110-111, 115
Transjordânia, 463
Trapezountios, Jorge, 258
Trasos, 62
Trebizonda, 264
Trelawny, Edward, 422
Trier, 224
Trípoli, 231-232, 266
Trogo, Pompeu, 96
Tsakalov, Athanasios, 414
Tucídides, 54, 62-63
Tunísia, 500
Turcos seljúcidas, 225
Turgut Reis (corsário), 266
Turquia, 473, 498, 504-505
Tursun Bei, 255

União Soviética, 475-476, 486
Urbano II, papa, 219-222
Usamah Ibn-Munqidh, 228

ÍNDICE REMISSIVO

Vahram I, 159
Valáquia, 264
valdenses, 281
Valentino, Rodolfo, 379
Valeriano, imperador romano, 131
Valéry, Paul, 26
Valmiki, 312
Vândalos, 132
vanitas e a percepção romana do Oriente, 91-92
Vermandois, Hugo de, 224
Vestefália, Tratado de (1648), 289-290
Viena, 266, 272-274
Vienne, Concílio de, 212
Vilibaldo, 188-189
Virgílio, 108
Virtude e o Império Romano, 89-90
Visigodos, 116, 132, 135, 183
Vitiza, rei dos Visigodos, 184, 185
Vivaldi, Antonio, 250
Volney, Constantin-François, 353-355, 357, 359, 361, 366-367, 369, 377-378, 388-389
Voltaire, 153, 233, 235, 275, 322-323, 326, 328-332, 341, 346, 348-349
Vyasa, 312

wahhabismo, 410, 487
Walid, califa, 183
Wavell, marechal de campo conde, 455
Weber, Max, 343
Weizmann, Chaim, 469, 471
Wellesley, Richard, 363
Wilhelm von Moerbecke, 205
Wilkins, bispo, 338
Wilkins, Charles, 313
William de Rubruck, 335-336

Wilson, Arnold, 462
Wilson, James, 116
Wilson, Woodrow, 452, 456
Wingate, sir Ronald, 449
Winslow, Edward, 156
Wittelsbach, príncipe Frederick Otto de, 423
Wolseley, sir Garnett, 365
Woolf, Leonard, 454
World Trade Center, 491
Worms, Dieta de (1476), 285-286

Xanthos, Emmanuel, 414
Xerxes, 29-30, 45-52, 54-56
xiitas, 181-182

Yathrib, 166
Yezdegerd III, 178
Yousef, Ramzi, 491
Ypsilantis, Dimitrios, 421
Ypsilantis, príncipe Alexandre, 416

Zaid ibn Thabit, 164
Zama, Batalha de (202 a. C.), 95
Zangwill, Israel, 407
Zaynab bint Jahsh, 210
Zemum, 224
Zenão de Cício, 81, 127-129
Zend Avesta, 316, 319
Zengi, Imad-ad-Din, 229
Zenóbia, rainha, 131, 354
Zeus e o Rapto de Europa, 25
Zola, Émile, 466
zoroastrismo, 33, 40, 139, 159
Zoroastro, 158-159, 170, 316
Zwingli, Ulrich, 287

Créditos das Ilustrações

O autor agradece as autorizações de reprodução das ilustrações às seguintes entidades: Arquivos Alinari, Florença, Ils. 6, 7; © Araldo de Luca/Corbis, Il. 2; Arquivo de Arte/Imperial War Museum, Il. 19; Arquivo de Arte/Louvre, Paris/Dagli Orti, Il. 17; Arquivo de Arte/Museum der Stadt Wien/Dagli Orti, Il. 14; Arquivo de Arte/Residenzgalerie Salzburg/Dagli Orti, Il. 12; Bettmann/Corbis, Ils. 8, 20, 21; The Bridgeman Art Library/Arquivos Alinari, Florença, Il. 13; Castelo de Versalhes, França/Peter Willi/The Bridgeman Art Library, Il. 16; Gerald Degeorge/akg-images, Il. 3; Hedda Eid/akg-images, Il. 10; Isabella Stewart Gardner Museum, Boston, Il. 1; Louvre, Paris/The Bridgeman Art Library, Il. 18; Maximilianeum, Munique/akg-images, Il. 4; Musées d'Angers, fotografia: Pierre David, Il. 15; National Gallery, Londres/The Bridgeman Art Library, Il. 11; New Orleans Museum of Art: espólio do museu, 74.281, Il. 9; Colecção privada/The Bridgeman Art Library, Il. 5; The Trustees of the Imperial war Museum, Londres (Q13947).

Índice

	Agradecimentos	9
	Prefácio	11
1.	Inimizade Perpétua	25
2.	À Sombra de Alexandre	59
3.	Um Mundo de Cidadãos	83
4.	O Triunfo da Igreja	135
5.	A Chegada do Islão	161
6.	Casas da Guerra	219
7.	O Presente Terror do Mundo	243
8.	O Triunfo da Ciência	279
9.	Orientalismo Iluminado	307
10.	O Maomé do Ocidente	357
11.	Imperialismo a Oriente	409
12.	Epílogo: o Futuro	489
	Notas	513
	Bibliografia	553
	Índice Remissivo	571

HISTÓRIA E NARRATIVA

1. *História dos Estados Unidos desde 1865*, Pierre Melandri

2. *A Grande Guerra – 1914-1918*, Marc Ferro

3. *História de Roma*, Indro Montanelli

4. *História Narrativa da II Guerra Mundial*, John Ray

5. *Hitler – Perfil de um Ditador*, David Welch

6. *A Vida de Maomé*, Virgil Gheorghiu

7. *Nicolau II*, Marc Ferro

8. *História dos Gregos*, Indro Montanelli

9. *O Império Otomano*, Donald Quataert

10. *A Guerra Secreta*, Ladislas Farago

11. *A Guerra de Secessão*, Farid Ameur

12. *A Guerra Civil de Espanha*, Paul Preston

13. *A Vida Quotidiana no Egipto no Tempo das Pirâmides*, Guillemette Andreu

14. *O Amor em Roma*, Pierre Grimal

15. *Os Templários*, Barbara Frale

16. *No Rasto dos Tesouros Nazis*, Jean-Paul Picaper

17. *História do Japão*, Kenneth G. Henshall

18. *Artur, Rei dos Bretões*, Daniel Mersey

19. *O Islão e o Ocidente. Uma Harmonia Dissonante de Civilizações*, Christophe J. Walker

20. *Pós-Guerra. História da Europa desde 1945*, Tony Judt

21. *A Guerra Fria*, John Lewis Gaddis

22. *História da União Soviética*, Peter Kenez

23. *História do Tibete*, Thomas Laird

24. *A Europa em Guerra*, Norman Davies

25. *Santos e Pecadores. História dos Papas*, Eamon Duffy

26. *A Grande Guerra pela Civilização. A Conquista do Médio Oriente*, Robert Fisk

27. *O Sabor do Conquista - Ascensão e Queda das Três Grandes Cidades das Especiarias*, Michael Krondl

28. *Mundos em Guerra - 2500 Anos de Conflito entre o Ocidente e o Oriente*, Anthony Pagden